제4판

개념을 알면 쉬운 재무회계

김경호 · 윤재원 · 정영기 · 정남철

Financial Accounting

도서출판 청람

제4판 머리말

본서는 회계원리를 수강하면서 회계순환과정과 재무제표 작성원리를 배운 학생들이 그 다음 단계로 이수할 재무회계의 내용을 다룬다. 말하자면 회계원리와 중급회계(또는 고급회계, 회계이론 등)를 연결해주는 다리 역할을 해준다고 보면 된다.

회계학을 가르치면서 가장 많이 느끼게 되는 점은 많은 학생들이 회계의 개념을 이해하려 하기보다 내용을 외우려 하는 경향이 있다는 것이다. 물론 외워야 하는 부분도 당연히 있겠지만 기본개념을 제대로 이해하면 외워야 할 부분이 크게 줄어들거나 최소한 외우기가 쉬워질 것이라고 저자들은 믿는다. 그런 차원에서 본서는 학생들이 쉽게 다가갈 수 있도록 개념을 먼저 소개하고 쉬운 설명으로 재무회계라는 숲을 이해하는데 도움을 주고 내용의 참신성을 위해 정남철 교수님을 새로운 집필진으로 보강하여 제4판을 출간하게 되었다.

이 책을 통해 학생들이 배워야 할 것은 정답이 알려지지 않은 새로운 거래나 상황에 대하여도 적절한 회계처리대안을 생각해낼 수 있는 '회계적 사고의 힘'이다. 저자들이 '개념Plus'와 '저자의 Tip' 박스를 통하여 회계의 기본개념을 충실히 설명하고 그 틀 안에서 현행 회계기준이 어떻게 생겨나고 변화했는지를 이해할 수 있도록 세심한 정성을 기울인 것도 이 때문이다. 부디 이 책이 학생들의 사고와 논리력 개발에 도움이 되길 바라면서 개념을 알면 쉽게 이해될 수 있도록 구성된 제4판의 특징과 이번에 개정된 내용을 정리하면 다음 일곱 가지로 요약할 수 있다.

- 각 장과 관련된 K-IFRS의 내용은 'Key Standard' 박스 안에 표시하되, 설명은 쉽게 풀어서 고쳐쓰거나 '개념Plus', '저자의 Tip', '예제', '공시사례' 등과 같은 보충설명 수단을 통하여 이해를 돕도록 배려하였다.
- 회계순환과정에 대한 복습이 재무회계 학습에 효율적이라고 판단하여 제1장에 배치하고, 그 다음 제2장에서 2019년 개정된 재무보고를 위한 개념체계가 반영된 재무회계의 기본개념을 다루었다. 이렇게 함으로써 수강신청변경 등의 어수선한 개강 첫 주를 지나 본격적으로 강의가 진행될 무렵에 재무회계의 기본개념

을 다루어 학습집중도를 높이고자 하였다.

- 재무회계를 학습하는 데 기초가 되는 현재가치 측정기법을 보다 잘 이해할 수 있도록 다양한 사례를 초반부인 제3장에서 다루되, 관련된 회계처리는 금융자산 및 금융부채를 설명하는 중·후반부의 제8장 및 제9장으로 넘겨 학생들이 수월하게 따라올 수 있도록 배려하였다.
- K-IFRS하에서는 연결재무제표가 주재무제표가 될 정도로 중요하고, 현금흐름표의 작성과 이해 역시 어렵다고 하여 대부분의 학생들이 그냥 지나치게 된다. 따라서 제12장과 제13장에서는 회계원리 수준의 쉬운 설명과 사례를 통해, 중급회계나 고급회계를 공부하지 않는다고 하더라도 최소한 알아야 할 연결재무제표 및 현금흐름표 작성원리와 의미를 설명하였다.
- 재무제표 작성과 보고뿐만 아니라 생산된 재무정보가 기업의 신용평가나 기업가치평가에 활용되는 측면을 보여줌으로써 재무회계의 중요성과 역할을 제대로 이해하고 학습할 수 있도록 그 내용을 쉽게 풀어서 제14장에 담았다.
- 수익인식기준 등 개정된 국제회계기준의 내용을 관련된 장에서 반영하되, 꼭 알아야 할 내용을 간추려 소개하였다. 그뿐만 아니라 과감한 선택과 집중으로 내용을 구성함으로써 다소 어렵다고 느껴지거나, 회계원리 수준에서 조금 벗어나 있다고 보여지는 내용은 별책으로 펴낸 「Study Guide」의 심화학습에서 다루었다.
- 마지막으로 각 장의 서술형 및 문제풀이형 연습문제는 본문의 내용을 이해하면 학생들 스스로 충분히 해결할 수 있는 수준에 맞추어 과도한 부담이 되지 않을 정도의 분량으로 가볍게 하였다. 그리고 풀이과정은 별책으로 펴낸 「Study Guide」에 제시하였다. 이는 이 책이 수험서로서의 성격보다는 회계의 기초를 든든히 해주는 기본서로서의 역할을 강조하였기 때문이다.

감사의 글

오랫동안 저자들이 여러 회계학 과목을 가르치면서 얻게 된 회계학 교육에 대한 생각을 담아내기 위해 의욕적으로 출간한 재무회계 교과서가 책의 제목에 걸맞는 개념을 알면 쉬운 교과서가 될 수 있도록 지난 8년에 걸쳐 본서를 교재로 활용해주신 교수님들과 독자들의 의견을 반영하여 개정작업에 매진하였다. 특히 한글로 번역된 K-IFRS의 난해한 문장들을 강의실에서 학생들에게 설명하듯이 글로 다듬어 내고, 강의용 참고자료와 파워포인트를 수정보완하기 위해 분주하게 보냈다. 같은 학교에서 재무회계를 강의하며 어떻게 하면 학생들이 쉽게 이해할 수 있도록 잘 가르칠 수 있을까에 대해 평소 자주 토론하고 마음을 나누던 저자들이 힘을 합쳐 교과서 개정작업을 성공적으로 마치게 된 것을 큰 보람으로 생각하며 모두에게 감사드리고자 한다. 그리고 동료, 선배 교수로서 재무회계와 회계원리를 강의하시는 김유찬, 이재은, 조형태, 안혜진, 한승엽, 곽소연 교수님으로부터 많은 조언과 격려가 있었기에 힘든 작업을 무사히 마칠 수 있게 되었다.

본서를 통해 학습하는 학생들 모두가 쉽고 재미있게 회계를 배울 수 있으면 하는 저자들의 바램이 결실을 맺었으면 한다. 부디 이 책이 재무회계의 기초적인 내용과 개념을 알기 쉽게 설명하는 교과서로서 자리매김할 수 있기를 바라면서…

2021년 여름방학을 시작하며, 저자들 씀

차 례

제1장 재무제표의 작성과 표시

제2장 재무회계 기본개념

제3장 자산 · 부채의 평가와 측정기준

제4장 재고자산과 수익인식

제5장 유형자산(Ⅰ)

제6장 유형자산(Ⅱ)

제7장 무형자산

제8장 금융상품 및 금융자산

제9장 금융부채와 비금융부채

제10장 충당부채와 종업원급여

제11장 자본회계

제14장 재무분석과 기업가치평가

Chapter

1 재무제표의 작성과 표시

학 · 습 · 목 · 표

이 장의 목표는 회계원리에서 배웠던 내용을 다시 요약하여 정리하는 데 있다. 따라서 회계원리의 내용을 복습하는 의미에서 재무제표를 작성하는 기본원리에 해당하는 복식부기의 내용 및 회계순환과정을 요점 위주로 검토하고자 한다. 또한 회계에서 제공하는 정보가 요약되어 담겨져 있는 재무제표의 기본내용에 대해 학습한다. 여기에서는 우리가 알고있는 손익계산서 대신 포괄이라는 접두사가 첨가된 '포괄손익계산서'의 의미와 내용을 다루고 추가적으로 현금기준과 발생기준의 차이에 대해 복습한다.

이 장에서는 한국채택국제회계기준 제1001호 '재무제표 표시'에 대한 설명도 포함한다.

제1절 재무제표 작성의 기본원리

제2절 회계순환과정

제3절 현금기준 회계와 발생기준 회계

제4절 재무제표의 종류 및 내용

제1절 재무제표 작성의 기본원리

회계원리에서 학습한 바와 같이 기업의 정보를 의사결정자에게 제공하기 위해 재무제표의 형태를 이용하며 이러한 재무제표는 자산, 부채, 자본, 수익 및 비용의 다섯 요소로 구성되어 있다. 자산, 부채, 자본의 내용을 통해 그 기업의 재무상태에 관한 정보를 재무상태표에 담아 보여주며, 수익과 비용의 내용을 통해 그 기업의 경영성과에 관한 정보를 포괄손익계산서에 담아 보여준다. 기업의 경영활동을 위의 다섯 가지 요소의 변동으로 인식하고 기록하는 것이 재무제표 작성의 기본원리이다. 이러한 재무제표의 기본골격을 그림으로 나타내면 다음과 같다.

그림 1-1 | 재무제표의 기본골격

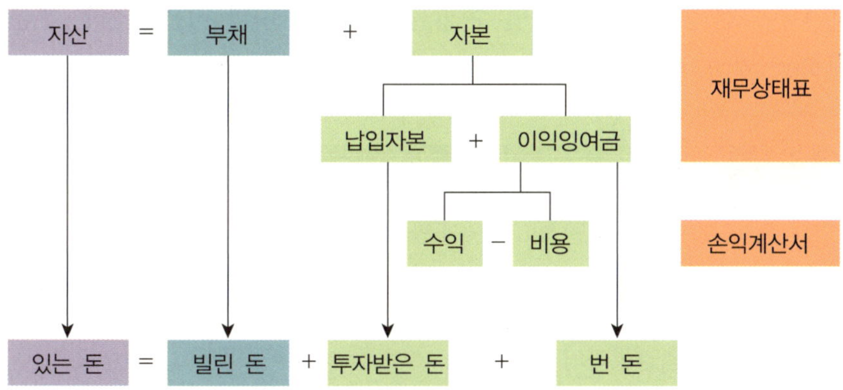

위에서 보듯이 자본은 주주에게서 직접 투자받은 납입자본과 기업이 영업활동을 통해 스스로 벌어들인 이익잉여금으로 나누어진다. 결과적으로 기업이 벌어들인 이익은 기업의 소유주인 주주의 몫이다.

개념 Plus 이해관계자들은 기업의 정보 중 무엇을 가장 알고 싶어할까?

의사결정자의 입장에서 일단 그 기업의 재산(있는 돈 또는 자산)이 얼마나 있느냐를 알고싶을 것이다. 그런데 재산이 얼마나 있는지도 중요하지만 그 재산이 어떻게 형성되어 있는지도 중요한 정보이다. 즉, 빌린 돈(부채)인지 투자받은 돈(납입자본)인지 아니면 벌어들인 돈(이익잉여금)인지도 알고 싶을 것이다. 아주 간단히 얘기하면 빌린 돈은 적고 번 돈은 많은 기업이 좋은 기업일 것이다. → 회계용어로는 재무상태에 대한 정보로 '재무상태표'에 표시된다.
추가적으로 기업이 번 돈(이익잉여금)이 어떻게 형성된 것인지? 즉, 영업을 통해 들어온 돈(수익)과 나간 돈(비용)의 크기와 원천이 어떤가를 알고 싶을 것이다. → 회계용어로는 경영성과에 대한 정보로 '포괄손익계산서'에 표시된다.

재무제표 작성을 위해 회계에서는 복식부기라는 방법을 사용한다. 복식부기는 거래의 이중성에 따라 모든 거래를 원인과 결과로 나누어 이중으로 기록하는 것이다. 복식부기의 가장 기본이 되는 거래를 살펴보면 기업의 자산을 인식할 때 그 발생원인(또는 원천)인 부채(채권자 지분)와 자본(주주 지분)으로 나누어 동시에 양쪽을 기록하는 것이며 이것이 재무상태표의 작성원리가 된다. 또 다른 기본거래는 영업활동을 통해 들어오고 나가는 자산을 그 발생원인인 수익(들어오는 부분)과 비용(나가는 부분)으로 나누어 기록하는 것이며 이것이 손익계산서의 작성원리가 된다.

개념 Plus 계정과목은 무엇이며 왜 만들까?

복식부기에 의한 회계거래의 인식, 즉 분개의 기본은 기업의 경제적 활동을 자산, 부채, 자본, 수익 및 비용의 증감으로 인식하는 것이며 분개시에도 그 다섯 요소 중 무엇에 변화가 있는지를 우선 판단하는 것이 중요하다. 자산, 부채, 자본, 수익 및 비용의 증감을 통해 재무상태와 경영성과의 큰 그림을 보여 줄 수는 있지만 그 다섯 요소만 가지고는 의사결정에 충분한 정보를 제공할 수 없을 것이다. 그래서 그 다섯 요소를 더 세분화하여 파악하고자 하는 것이 '계정과목'이다.

개념 Plus 계정과목은 어떻게 분류하여야 할까?

계정과목의 분류방법이나 명칭에 대한 모든 내용이 회계기준에 규정되어 있지는 않다. 각 기업에 대한 정보이용자의 의사결정에 필요하거나 도움이 되는 방향으로 분류하고 명칭을 붙이면 된다. 물론 일반적으로 사용하는 분류나 명칭을 사용하는 것이 편리할 것임은 자명한 일이며 회계기준도 그런 분류나 명칭을 이용하고 있다.

제2절 회계순환과정

2.1 회계순환과정

회계순환과정은 회계거래를 인식하는 첫 단계인 분개에서 시작하여 전기, 수정전 시산표의 작성, 결산 수정분개, 수정후 시산표의 작성, 그리고 재무제표의 작성 및 계정마감으로 구성된다. 이에 대한 상세한 설명은 회계원리 교과서를 참조하기 바라며, 여기서는 다음의 간단한 예제를 통해 복식부기에 기초하여 회계순환과정에 대한 전체적인 복습을 하도록 한다.

예제 1-1 회계순환과정 연습

2×11년에 이어 세기(주)는 2×12년도에 다음과 같은 거래가 있었다.

■ 2×11년말 계정잔액

현 금	₩800	차 입 금	₩200
자본금	₩500	이익잉여금	₩100

(1) 주주로부터 현금 ₩200의 투자를 받았다.
(2) 고객에게 용역서비스를 제공하고 ₩500을 현금으로 받았다.
(3) 은행으로부터 빌린 돈 중 ₩100을 현금으로 갚았다.
(4) 직원의 급여로 ₩300을 현금으로 지급하였다.

위 거래가 2×12년에 발생한 모든 거래라고 가정하고 다음 물음에 답하시오.

[물음 1] 위에 열거된 네 가지 거래를 분개하시오.
[물음 2] 위 거래를 T계정 양식을 사용하여 총계정원장에 전기하시오.
[물음 3] 2×12년말 현재의 시산표를 작성하시오.
[물음 4] 2×12년도의 손익계산서와 2×12년말의 재무상태표를 작성하시오.

| 풀이 |

1. 2×12년 회계거래의 분개

거래번호	계정과목	(차변)	계정과목	(대변)
(1)	현 금	₩200	자 본 금	₩200
(2)	현 금	₩500	용역수익	₩500
(3)	차 입 금	₩100	현 금	₩100
(4)	급 여	₩300	현 금	₩300

2. 2×12년 T계정 양식의 총계정원장

현금

기초잔액	₩800	(3)	₩100
(1)	200	(4)	300
(2)	500		
잔 액	₩1,100		

자본금

		기초잔액	₩500
		(1)	200
		잔액	₩700

용역수익

		(2)	₩500

차입금

(3)	₩100	기초잔액	₩200
		잔액	₩100

급여

(4)	₩300		

이익잉여금

		기초잔액	₩100

저자의 Tip 자산 · 부채 · 자본에 속하는 계정만 기초잔액이 있음을 확인하여야 한다.

3. 2×12년말 시산표

잔액시산표

세기(주) 2×12년 12월 31일

계정과목	잔액	
	차변	대변
현 금	₩1,100	
차 입 금		₩100
자 본 금		700
이익잉여금		100
용 역 수 익		500
급 여	300	
합 계	**₩1,400**	**₩1,400**

4. 2×12년도 손익계산서와 2×12년말 재무상태표

■ 손익계산서

손익계산서(계정식)

세기(주) 2×12년 1월 1일 ~ 2×12년 12월 31일

비용		수익	
급 여	₩300	용 역 수 익	₩500
당기순이익	**200**		
합 계	**₩500**	**합 계**	**₩500**

손익계산서(보고식)

세기(주) 2×12년 1월 1일 ~ 2×12년 12월 31일

용 역 수 익	₩500
급 여	(300)
당기순이익	**₩200**

■ 재무상태표

재무상태표

세기(주) 2×12년 12월 31일 현재

자산		부채 및 자본	
현 금	₩1,100	차 입 금	₩100
		자 본 금	700
		이익잉여금	300
합 계	**₩1,100**	**합 계**	**₩1,100**

위의 예제에서 손익계산서의 당기순이익이 재무상태표의 이익잉여금으로 어떻게 대체되었는지 생각해보자.

- 계정마감 절차를 통해 연말에 모든 자산, 부채 및 자본계정의 기말잔액을 다음 연도의 기초잔액으로 이월하여야 한다. 또한 모든 수익과 비용계정의 잔액이 집합손익계정을 통해 마감되어 최종적으로 이익잉여금계정으로 대체되며 그 분개는 다음과 같다.

〈거래 2〉	(차) 용역수익	500	(대) 집합손익	500
〈거래 4〉	(차) 집합손익	300	(대) 급여	300
〈거래 5〉	(차) 집합손익	200	(대) 이익잉여금	200

결국은 모든 수익·비용계정의 잔액은 집합손익계정으로 대체되면서 0이 되고 집합손익계정의 잔액인 당기순이익을 다시 이익잉여금계정으로 대체하면서 집합손익계정의 잔액도 0이 된다. 그 결과가 이익잉여금의 증가로 나타난다.

- 개념상으로는 분개시 수익·비용계정을 사용하지 않고 이익잉여금계정을 직접 사용하는 것도 가능하다. [그림 1-1]에서 보듯이 영업활동을 통한 자산의 증감은 결국 이익잉여금의 변동을 수반하기 때문이다. 만약 이렇게 한다면 〈거래 2〉와 〈거

래 4〉에 대한 원래의 분개 대신에 다음과 같은 분개를 하면 될 것이다.

〈거래 2〉	(차) 현금	500	(대) 이익잉여금	500
〈거래 4〉	(차) 이익잉여금	300	(대) 현금	300

이 경우 위와 같은 수익·비용계정의 마감 절차는 필요하지 않을 것이다. 그러나 손익계산서를 작성하기 위해서는 이익잉여금계정의 내역을 보아야 하는데 현실적으로는 회계거래의 양이 많을 것이기 때문에 매우 불편할 것이다. 또한 수익·비용계정의 내용 자체도 의사결정에 도움이 되는 정보를 제공하기 위해 구체적으로 파악할 필요가 있다. 그래서 수익·비용계정을 사용하되 기말의 계정마감 절차를 통해 당기순이익에 해당하는 금액을 이익잉여금으로 대체하는 방법을 사용한다.

■ 회계순환과정에서 왜 수익·비용계정만 기말에 0이 될까?

자산·부채·자본은 재무상태표계정으로 시점에 대한 정보이므로 다음 회계연도로 이월되지만, 수익·비용계정은 손익계산서계정으로 기간의 개념을 가지고 있기 때문이다. 한 회계연도의 수익·비용은 그 회계연도의 것이지 다음 회계연도의 금액을 계산할 때 누계의 개념으로 이월되는 것은 아니다. 즉, 0에서 시작해야 그 다음 연도의 경영성과를 제대로 나타낼 수 있기 때문이다. 단, 영업을 통해 들어온 돈(원천은 수익)과 나간 돈(원인은 비용)의 차이는 벌어서 갖고 있는 돈을 기준으로 본다면 이미 자산의 순증가로 귀결되어 있고 그 원천은 번 돈, 즉 '이익잉여금'으로 재무상태표에 표시되어 다음 회계연도로 이월될 것이다.

개념 Plus 분개의 원칙 중 왜 자산의 증가를 차변, 즉 왼쪽에 기록하는가?

자산, 부채, 자본, 수익 및 비용의 변동을 이중으로 인식하여 기록하는 것이 복식부기의 기본원리이다. 이때 위 다섯 요소의 증감을 차변과 대변 어느 쪽에 기록하느냐 하는 분개의 원칙은 자산의 증가를 차변(즉, 왼쪽)에 기록하는 것으로부터 출발한다. 그리고 그 이유는 재무상태표를 표시할 때 자산을 왼쪽에 기록하고 부채와 자본을 오른쪽에 기록했기 때문이다. 자산의 증가를 차변(즉, 왼쪽)에 기록하게 되었기 때문에 그 원천 또는 원인에 해당하는 부채, 자본, 수익의 증가는 대변에 기록할 수밖에 없고 자산의 감소(증가가 차변이므로 당연히 대변에 기록됨)를 수반하는 비용의 발생은 차변에 기록할 수밖에 없게 되는 것이다.

2.2 회계순환과정과 재무제표 작성 종합예제

다음 [예제 1-2]를 통하여 상품매매업의 회계순환과정을 복습하고, 회계원리에서 배운 내용을 정리해보기로 하자.

예제 1-2 상품매매업의 회계순환과정과 정산표 작성

까사미아(주)의 20×1년도말 시산표의 계정잔액에 결산정리사항을 표시하고 손익계산서와 재무상태표 준비에 기초가 되는 정산표를 완성하고 손익계산서를 작성하시오

[총계정원장 계정잔액]

현 금	₩2,000	선 급 금	₩4,000	매출채권	₩60,000
토 지	10,000	건 물	50,000	(손실충당금)	△1,000
기초상품(500개×₩10)	5,000	(건물감가상각누계액)	△12,000	급 여	3,000
비 품	20,000	매입채무	40,000	자 본 금	40,000
(비품감가상각누계액)	△5,000	미처분이익잉여금	6,000	임대료수익	4,000
이익준비금	13,600	매 입	39,600	이자비용	1,000
매 출	75,000	광 고 비	2,000		

[결산정리사항과 수정분개]

① 기말 현금실사 결과 현금의 실제 잔액: ₩1,700(차이는 원인 불명)

② 매출채권 기말잔액에 대하여 ₩1,400의 손실충당금을 추가 설정한다.

③ 당기 상품 매입의 상세 자료는 다음과 같다.

4월: 1,000개의 상품을 개당 ₩12에 매입

8월: 1,200개의 상품을 개당 ₩13에 매입

12월: 800개의 상품을 개당 ₩15에 매입

회사는 당기 중 총 2,500개의 상품을 개당 ₩30에 판매하였고 회사는 선입선출법에 의해 재고자산을 관리하고 있다. 상품매매거래에 대해서는 매입계정잔액에서 매출원가를 산출하는 실지재고조사법으로 회계처리한다.

④ 토지의 기말 공정가액: ₩11,000(중요한 차이가 아니므로 공정가치로 재평가하지 않는다)

⑤ 건물은 정액법으로 감가상각한다(내용연수 10년, 잔존가치 ₩10,000).

⑥ 비품은 정액법으로 감가상각한다(내용연수 4년, 잔존가치 없음).

⑦ 당기분 임대료수익: ₩10,000

⑧ 당기분 급여: ₩4,000

⑨ 당기분 광고비: ₩1,000

⑩ 당기분 이자비용: ₩3,000

| 풀이 |

① 회계연도말을 기준으로 결산이 이루어져야 하므로 현금실사를 통해 장부상 금액과 실제 현금보유 내역의 일치 여부를 검증하게 된다. 만약 양자 간에 차이가 있음이 발견되면 원인을 밝혀내어 장부에 반영해야 하며, 차이원인을 발견하지 못할 경우 잡손실로 처리한다.

(차) 잡 손 실	300	(대) 현 금	300

저자의 Tip 현금과부족계정에 차기한 후 다시 잡손실로 처리하여도 됨.

② 매출채권은 차후에 대금을 지급받기로 한 약속이기는 하나 현실적으로는 일부 회수하지 못하는 경우도 있다. 따라서 결산일에는 외상매출금과 같은 수취채권의 회수가능성을 평가하여 손상차손이라는 비용으로 처리하고 손실충당금을 설정하여 채권의 장부가액을 감액시키는 방법이 정보이용자에게 보다 유용한 정보가 된다. 이에 대한 보다 자세한 회계처리는 '제8장 금융상품 및 금융자산'을 참조하기 바란다.

(차) 손상차손	1,400	(대) 손실충당금	1,400

③ 선입선출법의 가정에 따라 기말상품재고와 매출원가를 구하면 다음과 같다.

상품계정

기 초 상 품	500개	@₩10	₩5,000	매출원가(2,500개)	500개	@₩10	₩5,000
4월 매입	1,000개	12	12,000		1,000개	12	12,000
8월 매입	1,200개	13	15,600		1,000개	13	13,000
12월 매입	800개	15	12,000				30,000
				기말상품(1,000개)	200개	@₩13	2,600
					800개	15	12,000
							14,600
			₩44,600				₩44,600

위 결과를 반영하여 수정분개를 하면 아래와 같다. 첫 번째 분개는 기초상품재고액을 상품계정에서 제거하고 대신 매입계정에 가산하여 판매가능재고액에 포함시키는 분개이다. 두 번째는 기말상품재고액을 재무상태표에 자산으로 나타내기 위하여 상품계정에 기록하면서 판매가능재고액을 차감시켜주기 위한 분개이다.

(차) 매 입	5,000	(대) 상품(기초)	5,000
(차) 상품(기말)	14,600	(대) 매 입	14,600

④ 토지의 경우 공정가치와 장부가치가 중요한 차이가 나는 경우에는 재평가할 수도 있으나 이 경우를 제외하고는 취득원가(역사적 원가)를 그대로 장부에 기록한다. 토지

는 회계상 가치감소가 되지 않는다고 가정하기 때문에 감가상각 또한 하지 않는다. 따라서 별도의 수정분개가 필요하지 않다.

⑤~⑥ 건물, 비품 등과 같은 유형자산은 내용연수에 따라 감가상각비라는 명칭으로 비용화하고 매년도 감가상각비를 감가상각누계액으로 유형자산에서 차감하는 형식으로 재무상태표에 나타내준다. 이에 대한 보다 자세한 회계처리와 정액법, 정률법 등 감가상각방법은 '제6장 유형자산(Ⅰ)'을 참조하기 바란다.

(차) 감가상각비*	4,000	(대) 건물감가상각누계액	4,000

$$* 감가상각비 = \frac{(취득원가-잔존가치)}{내용연수} = \frac{(₩50,000-₩10,000)}{10년} = ₩4,000$$

(차) 감가상각비	5,000	(대) 비품감가상각누계액	5,000

$$* 감가상각비 = \frac{(취득원가-잔존가치)}{내용연수} = \frac{(₩20,000-₩0)}{4년} = ₩5,000$$

⑦ 임대료수익으로 인식하여야 할 금액은 ₩10,000이나 현재 임대료수익으로 계상되어 있는 금액(시산표상의 계정잔액)은 ₩4,000이므로 임대료 ₩6,000을 수익으로 추가 인식하고 동일 금액을 미수임대료(미수수익; 자산)로 기록한다.

(차) 미수임대료(미수수익)	6,000	(대) 임대료수익	6,000

⑧ 급여의 비용인식은 급여일이 아직 도래하지 않았어도 결산일 현재 종업원이 일한 근무일수를 기준으로 당기분 급여를 비용으로 인식한다. 따라서 현재 급여로 계상되어 있는(시산표상의 계정잔액)은 ₩3,000이므로 급여 ₩1,000을 비용으로 추가인식하고 동일 금액을 미지급급여(미지급비용; 부채)로 기록한다.

(차) 급 여	1,000	(대) 미지급급여(미지급비용)	1,000

⑨ 광고 관련 금액은 지급이 되었으나 차기에도 광고서비스를 받을 수 있다면 당기에는 서비스를 받은 부분만 비용으로 인식하는 것이 타당하므로 서비스를 받지 않은 부분에 대해서는 이미 인식된 광고비를 취소시키고 동일 금액을 선급광고비(선급비용; 자산)로 기록한다.

(차) 선급광고비(선급비용)	1,000	(대) 광 고 비	1,000

⑩ 지급이자는 차입한 기간의 경과에 따라 비용으로 인식한다. 비록 이자지급일이 아직 도래하지 않았어도 결산일 현재 차입한 일수를 기준으로 발생된 당기분 이자 ₩3,000이 비용으로 인식되어야 하나 현재 이자비용으로 인식되어 있는(시산표상의

계정잔액) 금액은 ₩1,000이므로 ₩2,000의 이자비용을 추가인식하고 동일 금액을 부채인 미지급이자(미지급비용; 부채)로 기록한다.

(차) 이자비용	2,000	(대) 미지급이자(미지급비용)	2,000

위의 총계정원장의 계정잔액과 수정분개를 토대로 정산표를 작성하면 다음과 같다. 정산표가 정확히 작성되고 나면 정산표에 기록된 내용을 토대로 손익계산서를 작성할 수 있다. 단, 계정과목의 명칭, 배열순서 등을 성격별 또는 기능별(매출원가 표시)로 하되 영업이익이 표시되도록 한다.

■ 정산표

정산표

까사미아(주) 20×1년 1월 1일 ~ 12월 31일 (단위: 원)

계정과목	잔액시산표		결정수정분개		포괄손익계산서		재무상태표	
현금	2,000			300			1,700	
선급금	4,000						4,000	
외상매출금	60,000						60,000	
손실충당금		1,000		1,400				2,400
상품	5,000		14,600	5,000			14,600	
토지	10,000						10,000	
건물	50,000						50,000	
(건물감가상각누계액)		12,000		4,000				16,000
비품	20,000						20,000	
(비품감가상각누계액)		5,000		5,000				10,000
외상매입금		40,000						40,000
자본금		40,000						40,000
이익준비금		13,600						13,600
미처분이익잉여금		6,000						6,000
매출		75,000				75,000		
임대료수익		4,000		6,000		10,000		
매입	39,600		5,000	14,600	30,000			
급여	3,000		1,000		4,000			
광고비	2,000			1,000	1,000			
이자비용	1,000		2,000		3,000			
합계	196,600	196,600						
잡손실			300		300			
손상차손			1,400		1,400			
건물감가상각비			4,000		4,000			
비품감가상각비			5,000		5,000			
미수임대료(미수수익)			6,000				6,000	

미지급급여(미지급비용)				1,000				1,000
선급광고비(선급비용)			1,000				1,000	
미지급이자(미지급비용)				2,000				2,000
소 계			40,300	40,300	48,700	85,000	167,300	131,000
당기순이익					36,300			36,300
합 계					85,000	85,000	167,300	167,300

■ 손익계산서

손익계산서

까사미아(주)	20×1년 1월 1일 ~ 20×1년 12월 31일	(단위: 원)
매출액		₩75,000
매출원가		(30,000)
매출총이익		45,000
임대료수익		10,000
급여		(4,000)
광고비		(1,000)
감가상각비		(9,000)
손상차손		(1,400)
영업이익		39,600
이자비용		(3,000)
잡손실		(300)
당기순이익		₩36,300

저자의 Tip 까사미아(주)가 기타포괄손익금융자산을 보유하고, 그 공정가치가 결산일 현재 ₩1,000 증가하였다면 다음 분개를 추가하고 당기순이익과 포괄손익까지 나타낼 수 있는 포괄손익계산서를 작성한다. 자세한 내용은 다음 '2.3 포괄손익계산서의 이해'를 참조하기 바란다.

(차) 기타포괄손익금융자산	1,000	(대) 기타포괄손익금융자산평가이익	1,000

포괄손익계산서(예시)

매출액		₩75,000
	-중략-	
당기순이익*		36,300
기타포괄손익**		
기타포괄손익금융자산평가이익	1,000	1,000
총포괄이익		₩37,300

* 당기순이익은 재무상태표 자본의 이익잉여금에 반영된다.
** 기타포괄손익은 재무상태표 자본의 기타포괄손익누계액에 표시된다.

2.3 포괄손익계산서의 이해

영업활동의 성과를 보여주기 위하여 작성되는 재무제표가 '손익계산서'이며, '손익계산서'라는 명칭은 오랜기간 동안 통용된 회계용어이다. 그리고 손익계산서를 통해 공시되는 당기순이익은 작성자인 기업뿐만 아니라 재무분석가 등 이용자에게도 유용한 재무정보의 원천으로 친숙하게 사용되어 왔다. 그런데 국제회계기준의 도입과 함께 그 명칭은 '**포괄손익계산서**'로 바뀌었는데 용어만 바뀐 것인지 아니면 내용도 달라진 것인지 간략하게 살펴보기로 하자.

종전의 손익계산서에서는 '당기순이익'을 보고하기 위하여

- 매출액(sales revenue) − 매출원가(cost of goods sold) = 매출총이익(gross profit/margin)을 산출하고,
- 매출총이익 − 판매관리비(operating expenses) = 영업이익(operating income/profit)을 보여줌으로써 정상적이고 경상적인 주된 영업활동성과를 나타내주었다.
- 영업이익 + 영업외수익(non-operating revenue) − 영업외비용(non-operating expense) = 법인세비용차감전순이익(income/earning before tax)을 산출하여 부수적이며 비경상적인 활동으로부터의 재무성과와 기업활동에 따른 법인세 비용부담까지 나타낸다.
- 법인세비용차감전순이익 − 법인세(income tax) = 당기순이익(net income)을 산출함으로써 '손익계산서'는 최종적으로 투자자인 주주에게 귀속될 몫을 보여준다. 이 점에서 손익계산서의 최종 결과물이자 핵심이라고 할 수 있는 당기순이익을 **보텀라인**(bottom line)으로 지칭하기도 한다.

그러나 국제회계기준은 '손익계산서'를 대신하여 '**포괄손익계산서**'를 기본 재무제표로 하면서 그 내용에도 '**기타포괄손익**'을 추가하여 다음과 같은 구조를 갖추도록 하였다.

- 총포괄손익 = 당기순이익 + 기타포괄손익

그렇다면 기타포괄손익은 무엇인가? 간단히 말하자면 당기손익으로 인식하지 않는

광의의 수익과 비용 항목이라고 할 수 있다. 즉, 토지, 건물 등의 유형자산이나 주식, 채권과 같은 금융자산에 대해 상대방과의 거래가 없더라도 시가가 변동하면 평가이익이나 평가손실을 기타포괄손익으로 구분하고, 이를 손익계산서에 반영하도록 한 것이다. 이러한 비경상적 항목들은 미래에도 계속 발생할 가능성이 높다고 추정되는 경상적인 수익·비용 항목과는 다르다. 따라서 이런 항목들을 당기의 경상적인 수익·비용과 구분하지 않고 같이 인식한다면 의사결정자 입장에서 미래의 수익창출능력과 관계가 있다고 판단할 수 있으므로 구분하여 표시하도록 한 것이다.

이때 재무상태표에서는 평가 후의 가액으로 해당 자산을 표시하고, 그 결과 재무상태표의 차변이 증가·감소될 것이므로, 이와 동일한 금액만큼 재무상태표 대변의 자본에 **기타포괄손익누계액**으로 표시한다. 이와 같이 자산과 부채의 평가손익 중 비경상적인 성격을 가지고 있는 대표적 항목인 유형자산재평가손익과 금융자산평가손익에 대한 상세한 내용은 제6장 '유형자산(Ⅱ)'과 제8장 '금융상품 및 금융자산'을 참조하기 바란다.

요컨대 포괄손익계산서에서는 전통적인 '당기순이익'과 '기타포괄손익'이 구분표시되고, 당기순이익은 재무상태표 자본의 '이익잉여금'으로, 기타포괄손익은 '기타포괄손익누계액'으로 대체되어 마감된다. 이를 표로 나타내면 다음과 같다.

표 1-1 포괄손익계산서와 재무상태표의 연계성

포괄손익계산서		재무상태표
매출		
⋮		
당기순손익	→	이익잉여금의 변동
기타포괄손익	→	기타포괄손익누계액의 변동
총포괄손익		

예제 1-3 포괄손익계산서 작성

꽃샘(주)의 2×11년 9월 1일 현재 재무상태는 다음과 같다.

현금	₩2,500,000	금융자산(삼성전기 주식 10주×₩100,000)	₩1,000,000
토지	1,500,000	자본(자본금 4,500,000, 이익잉여금 500,000)	5,000,000

9월 1달 동안의 주요 경영활동은 다음과 같다.

(1) 청소용역 ₩1,000,000을 제공하고, 대금은 다음 달에 받기로 하였다.
(2) 9월분 관리운영비 ₩700,000이 발생(사용)하였으나, 대금은 다음 달에 지급하기로 하였다.
(3) 삼성전기 주식은 시가로 평가하고, 평가손익은 기타포괄손익으로 보고하며, 결산일 현재 주가는 1주당 ₩140,000이라고 한다.
(4) 토지는 시가로 평가하고 평가손익은 기타포괄손익으로 보고하며, 결산일 현재 토지의 공정가치는 ₩2,000,000이라고 한다.

[물음 1] 포괄손익계산서(2×11년 9월 1일~9월 30일)를 작성하시오.
[물음 2] 2×11년 9월 30일의 재무상태표를 작성하시오.

| 풀이 |

1. 포괄손익계산서

꽃샘(주) 포괄손익계산서 2×11. 9. 1 ~ 9.30

비 용		수 익	
관리운영비	₩700,000	용역매출	₩1,000,000
당기순이익	**300,000**		
		기타포괄이익	
		금융자산평가이익	400,000
		자산재평가이익	500,000
기타포괄손익	**900,000**		
총포괄손익	**₩1,200,000**		

2. 재무상태표

꽃샘(주) 재무상태표 2×11. 9. 30

자 산		부채및자본		
현 금	₩2,500,000	부 채		
금융자산	1,400,000	마지급비용		₩700,000
매출채권	1,000,000	자 본		
토 지	2,000,000	자본금		4,500,000
		이익잉여금		**800,000**
		기초잔액	500,000	
		당기순이익	**300,000**	
		기타포괄손익누계액		**900,000**
		기초잔액	0	
		당기기타포괄손익	**900,000**	
총합계	**₩6,900,000**	**총합계**		**₩6,900,000**

제3절 현금기준 회계와 발생기준 회계

3.1 현금기준과 발생기준에 따른 수익과 비용의 인식

회계순환과정에서 학습한 바와 같이 기본적으로 재무제표는 **발생기준**(accrual basis) 회계에 의해 작성된다. 왜냐하면 현금의 수입이나 지출과는 관계없이 수익과 비용의 발생 여부를 기준으로 당기의 수익과 비용을 확정하고 이에 따라 경영성과를 계산하여야 기간별 경영성과를 올바르게 보여줄 수 있기 때문이다.

한편 발생기준과 대비되는 **현금기준**(cash basis) 회계에서는 상품의 매매활동과 같은 영업활동에서 현금의 수입과 지출의 차이로 경영성과를 계산한다. 발생기준 회계에 의해 재무제표를 작성한다고 하더라도 현금흐름정보의 중요성 때문에 현금기준에 의한 현금흐름표가 추가적으로 작성된다. 따라서 현금기준 회계와 발생기준 회계 차이에 대해 이해할 필요가 있으며 다음의 간단한 예제를 통해 학습해보기로 한다.

예제 1-4 현금기준 회계와 발생기준 회계의 차이(수익항목)

다음의 자료에 기초하여 꽃샘(주)가 당기중 현금으로 회수한 매출채권의 금액을 계산하시오. 단, 현금매출을 포함한 모든 매출은 일단 매출채권으로 기록된 후 현금회수 시점에서 매출채권의 회수로 기록한다고 가정한다.

(1) 재무상태표상의 매출채권 금액	
기　초	₩200,000
기　말	₩100,000
(2) 당기 포괄손익계산서상의 매출액	₩700,000

| 풀이 |

매출채권을 T계정으로 작성하면 다음과 같을 것이다. 당기의 모든 매출은 일단 매출채권 차변에 기록될 것이며 회수금액은 대변에 기록될 것이다.

매출채권

차변	금액	대변	금액
기초금액	₩200,000	당기회수	×××
당기매출	700,000	기말잔액	₩100,000
합　계	₩900,000	합　계	₩900,000

따라서 현금회수액은 ₩200,000 + ₩700,000 − ₩100,000 = ₩800,000이 된다.

저자의 Tip 위에서 보듯이 발생기준 매출액은 ₩700,000, 현금기준 매출액은 ₩800,000이며 그 차이는 매출채권의 기초금액과 기말잔액의 차이와 같다. 물론 진정한 경영성과를 판단하는 데 있어 발생기준 회계에 의한 정보가 의사결정에 더 유용하다는 것이 학계의 다양한 연구결과에 의해 뒷받침되고 있다. 따라서 회계기준에서도 발생기준 회계를 준거하여 수익·비용을 인식하고 당기순이익을 계산하도록 규정하고 있는 것이다.

개념 Plus 위 정보를 토대로 의사결정을 한다면 어떤 추가적인 유용성이 있을까요?

진정한 경영성과를 나타내기 위한 발생기준 회계의 당기순이익이 의사결정에 있어 기본이 되겠지만 '**현금흐름**'도 기업에 있어 중요하기 때문에 의사결정자의 입장에서는 현금흐름표상의 정보도 주의 깊게 보아야 한다. 위 예제에 초점을 맞춘다면 단순히 현금회수액이 얼마인가보다는 현금회수액과 당기매출액과의 상대적 차이(현금기준 회계와 발생기준 회계의 차이)에 관심을 기울여야 할 것이다. 특히 발생기준 회계에 따른 매출액에 비해 현금회수액이 작다면(또는 그 차이가 점점 벌어지고 있다면) 매출채권의 회수가능성에 대한 의문이 제기될 수 있다. 물론 기업이 성장해나가는 상황이라면 이렇게 나타날 가능성도 있으나, 이 경우 거래상대방의 신용도 역시 고려되어야 할 요소이다.

개념 Plus 재무제표의 연계성이 보이나요?

위의 매출채권 T계정을 보면 재무제표 간의 연계성이 보인다. 즉, 매출채권 T계정의 각각의 금액이 다음과 같이 여러 재무제표에 나타나고 있으며, 그 사실은 재무제표가 서로 연결되어 있고 그 근본적인 이유는 복식부기에 기초하여 거래를 이중으로 파악해 왔기 때문이다.

매출채권

차변	금액	대변	금액
재무상태표	₩200,000	현금흐름표	₩800,000
손익계산서	700,000	재무상태표	100,000
합　　계	₩900,000	합　　계	₩900,000

예제 1-5 현금기준 회계와 발생기준 회계의 차이(비용항목)

다음의 자료에 기초하여 블루(주)가 당기중 현금으로 지급한 임차료를 계산하시오.

(1) 재무상태표상의 선급임차료 금액		
	기 초	₩200,000
	기 말	₩100,000
(2) 당기 포괄손익계산서상의 임차료 비용 금액		₩700,000

| 풀이 |

편의상 당기중 현금으로 임차료를 지급할 때 선급임차료(자산)로 기록하는 것으로 가정하면 당기지급분은 선급임차료계정의 차변에 기록될 것이다. 이 경우 임차료라는 비용의 인식은 기말 수정분개를 통해 당기의 비용에 해당하는 부분을 파악하여 이루어진다. 만약 선급임차료 금액 중 차기에 해당하는 금액이 있다면 기말잔액으로 남아서 차기로 이월될 것이다. 즉, 선급임차료의 T계정은 다음과 같을 것이다.

선급임차료

기초금액	₩200,000	당기비용	₩700,000
당기지급	×××	기말잔액	100,000
합 계	₩800,000	합 계	₩800,000

따라서 당기지급액은 ₩100,000＋₩700,000－₩200,000＝₩600,000이 된다. 이 경우 기중 분개와 기말 수정분개는 다음과 같다.

기중	(차) 선급임차료	600,000	(대) 현금	600,000
기말	(차) 임차료비용	700,000	(대) 선급임차료	700,000

꼭 위의 [예제 1-5]와 같은 방식으로 회계처리해야 하는가? 그렇지는 않다. 궁금해할 학생들을 위하여 당기중 현금으로 임차료를 지급할 때 임차료비용으로 기록하는 경우라면 기말 수정분개를 통해 당기의 비용에 해당하는 부분을 파악하여 그 금액과 이미 임차료(비용)로 기록한 금액과 비교하여 조정하는 절차가 필요하다. 이 경우 선급임차료의 T계정은 다음과 같을 것이며 기말 수정분개 외의 변동은 없을 것이다.

선급임차료

기초금액	₩200,000	임차료비용	₩100,000
		기 말 잔 액	100,000
합 계	₩200,000	합 계	₩200,000

이 경우 기중 현금지급액이 계산되는 과정을 살펴보도록 하자. 선급임차료가 기말수정분개에 의해 ₩100,000이 감소되었다는 것은 이전에 지급된 것이 당기의 비용으로 인식되었다는 것이다. 따라서, 손익계산서상 총비용이 ₩700,000이므로 기중 현금지급액은 ₩700,000－₩100,000＝₩600,000이 될 것이다. 여기에서 기중 분개와 기말 수정분개는 다음과 같다.

기중	(차) 임차료비용	600,000	(대) 현금	600,000
기말	(차) 임차료비용	100,000	(대) 선급임차료	100,000

개념 Plus 위의 예제를 통해서 우리가 알 수 있는 시사점은 무엇일까요?

기중에 어떤 비용을 지급할 때 편의상 자산에 해당하는 선급비용계정으로 기록할 수도 있고 직접 비용계정으로 기록할 수도 있다. 그리고 각각의 경우 기말 수정분개는 다르지만 그 결과로 재무제표에 나타나는 금액은 동일하다. 위 예제의 경우 기말 수정분개가 다르지만 두 경우 모두 손익계산서상 임차료비용은 ₩700,000, 재무상태표상 선급임차료는 ₩100,000으로 동일하다. 요컨대 재무제표에 나타나야 하는 금액은 기업의 실제 상황에 의해 '먼저' 결정되는 것이며 기말수정분개는 실제 상황과 기중의 회계처리를 비교하여 그 차이를 반영하는 것이다. 결과적으로 임대차 계약에 의거 기간의 경과에 따라 해당 회계기간에 발생기준에 따라 인식해야 할 임차료비용이 ₩700,000(손익계산서상 비용)이며, 기말시점에서 그 금액보다 현금으로 지급한 금액이 ₩100,000(재무상태표상 자산인 선급임차료)만큼 많은 상태를 보여주는 것이다.

지금까지 학습한 현금기준과 발생기준에 따른 수익과 비용항목의 회계처리가 모두 포함되어 있는 다음 예제를 통해 정리해보도록 하자.

예제 1-6 발생기준 회계와 현금기준 회계(종합)

기술자문용역을 수행하고 있는 미래기술(주)에서 다음과 같이 1개월 동안의 경영성과에 대해 현금주의 손익계산서를 작성하였다. 발생기준 손익계산서로 재작성하는 경우 계상될 당기순이익은 얼마인가?

(1) 현금주의 손익계산서(3월 1일 ~ 3월 31일)

기술서비스제공 현금수입 총액	₩820,000
급료 및 관리비 현금지출 총액	(320,000)
당기순이익	500,000

(2) 3월말과 3월초의 매출채권 · 선수금 및 미지급비용 · 선급비용 내역

	3월 1일 현재	3월 31일 현재
매출채권(기술용역료)	₩43,000	₩53,000
선수금(기술자문료)	35,000	65,000
미지급비용(일반관리비)	34,000	24,000
선급비용(보험료)	36,000	21,000

| 풀이 |

- 발생기준 회계의 매출: ₩800,000 = 현금기준 회계의 수입(₩820,000) + 매출채권의 증가(₩10,000) − 선수금의 증가(₩30,000)
- 발생기준 회계의 비용: ₩325,000 = 현금기준 회계의 지출(₩320,000) − 미지급비용의 감소(₩10,000) + 선급비용의 감소(₩15,000)

따라서 발생기준 회계의 **당기순이익은 ₩475,000**

저자의 Tip 현금기준 회계의 수입과 지출에 대해 조정해준 이유를 생각해보자.

- 매출채권의 증가는 용역을 제공하였으나 현금기준 수입에는 반영되어 있지 않기 때문에 가산
- 선수금의 증가로 현금수입에 포함된 상태이나 발생기준 수익에 해당되지 아니하므로 차감하여 조정
- 미지급비용의 감소를 위해 현금지출로 부채를 상환한 것이지 당기에 발생한 비용에 대한 현금지출이 아니므로 차감하여 조정
- 실제 현금지출이 없다고 하더라도 선급비용이 감소되어 비용화된 것이므로 발생기준 비용에 가산

이제 개별적인 항목에 대한 조정이 아닌 현금기준 회계에서 작성된 재무제표 전체를 발생기준 회계로 전환하는 과정을 다음의 예제를 통해 연습해보도록 하자.

예제 1-7 발생기준 회계의 재무제표로 전환

꽃샘동아리는 4월에 개최된 벚꽃축제기간에 ₩1,000,000을 투자하여 청소대행 사업을 하였다. 축제기간 동안 벌어들인 현금의 입금, 출금내역을 바탕으로 다음과 같이 현금기준 손익계산서를 작성하고, 당기순이익 ₩3,100,000을 MT자금으로 사용하려고 한다.

[입금]	꽃샘동아리의 투자액	₩1,000,000	
	현금 용역매출액	4,000,000	
	친구들로부터의 차입금	1,400,000	
	합 계	₩6,400,000	차액 ₩3,100,000
[출금]	청소도구 및 청소부스 임차료	₩1,500,000	
	시간제 아르바이트의 수당	800,000	
	소모품 구입	600,000	
	전기료	400,000	
	합 계	₩3,300,000	

꽃샘동아리가 작성한 현금기준 손익계산서의 당기순이익(₩3,100,000)이 과연 경영성과를 제대로 나타낼 수 있을까? 추가로 발견된 다음과 같은 사항을 바탕으로 꽃샘동아리의 발생기준 재무상태표와 손익계산서를 작성하시오.

(1) 청소용역 외상매출액 ₩500,000이 누락되었다.
(2) 광고선전비 ₩300,000을 아직 지급하지 못했다.
(3) 축제기간이 끝난 시점에 소모품 ₩140,000이 남아있으나 반품가능하다.
(4) 임차료비용 ₩160,000을 아직 지급하지 못했다.
(5) 차입금에 대한 이자 ₩70,000이 발생되었으나 지급하지 못했다.

| 풀이 |

손익계산서

꽃샘동아리　　4월 1일 ~ 4월 30일

비 용		수 익	
1. 임차료비용	1,660,000 (=1,500,000+160,000)	1. 용역매출	4,000,000+500,000=4,500,000
2. 급료	800,000		
3. 소모품비	460,000 (=600,000 −140,000)		
4. 전기료	400,000		
5. 광고선전비	300,000		
6. 이자비용	70,000		
당기순이익	**810,000**		
합 계	4,500,000	**합 계**	4,500,000

재무상태표

꽃샘동아리 4월 30일 현재

자 산		부 채	
1. 현 금	3,100,000	1. 차입금	1,400,000
2. 매출채권	500,000	2. 미지급비용	530,000
3. 소모품	140,000	(=300,000+160,000+70,000)	
		자 본	
		1. 자본금	1,000,000
		2. 당기순이익	**810,000**
합 계	3,740,000	**합 계**	3,740,000

3.2 현금기준과 발생기준에 따른 부채의 인식

발생기준 회계가 부채의 인식에도 영향을 미치는 것을 이해하기 위하여 부담금의 회계처리를 다음 예제를 통해 살펴보자. 부담금은 법규에 따라 정부가 기업에 부과하여 자원이 유출되는 것을 말하며, 혼잡을 유발하는 시설물에 부과하는 경제적 부담금인 교통유발 부담금을 그 예로 들 수 있다.

예제 1-8 **발생기준과 부담금의 회계처리**

12월말 결산법인인 꽃샘(주)는 6월말 기준으로 중간재무제표를 작성하여 공시한다. 꽃샘(주)는 보유중인 토지 및 건물에 대한 재산세를 납부시점인 7월(건물) 및 9월(토지)에 비용으로 처리하므로 중간재무제표에는 반영하지 않기로 하였다. 이같은 회계처리가 타당한가?

| 풀이 |

타당하지 않다. 왜냐하면 재산세는 매년 6월 1일 현재 토지 및 건물 등의 자산을 소유하고 있는 자를 대상으로 하므로 과세기준일인 6월 1일에 과세대상 자산의 보유로 인해 부담금 납부의무가 발생하기 때문이다. 따라서 꽃샘(주)는 중간재무제표에 부과가 예상되는 재산세 전액을 당기비용과 부담금부채로 인식하여야 한다.

제4절 재무제표의 종류 및 내용

Key Concept

재무회계(財務會計, financial accounting)는 기업 외부에 존재하는 다양한 이해관계자의 경제적 의사결정에 유용한 재무정보를 측정·보고할 목적으로 이루어지는 외부보고 목적의 재무제표 작성과 관련된 회계를 말한다.

4.1 재무제표의 의의

'재무제표'라는 용어를 분해하면 '재무'+'제'+'표'로 나눌 수 있는데, 이미 잘 알고 있는 '재무'와 '표'에 추가하여 '여럿'이라는 의미의 '제'가 덧붙여진 것이다. 말 그대로 풀이하면 재무적인 여러 표 또는 보고서를 의미한다. 이를 내용적으로 풀이하면 기업의 경영활동을 재무적(화폐적)으로 표현한 여러 회계보고서라고 할 수 있다.

현재 우리나라의 「한국채택국제회계기준」(이하 K-IFRS)에서는 재무상태표, 포괄손익계산서, 현금흐름표, 자본변동표와 이를 작성하는 데 기준이 된 중요한 회계정책의 요약 및 그 밖의 설명으로 구성되는 주석이 재무제표에 포함된다. 이들 각 재무제표는 정보이용자들에게 제공할 회계정보를 담는 그릇이다. 음식이 다르면 담는 그릇도 달라야 하듯이 회계정보의 내용이 다를 경우 보고서 역시 달라야 한다.

재무상태표와 포괄손익계산서는 가장 중요하고 기본적인 보고서이며 재무제표의 양대 산맥이라고 할 수 있다. 제1장에서는 재무상태표와 포괄손익계산서가 제공하는 정보가 무엇이며 구체적으로 어떤 사항들이 기록되는지에 관하여 학습한다. 그리고 자본변동표와 현금흐름표의 의미와 작성방법은 제11장 자본회계 및 제13장 현금흐름표에서 다룬다.

개념 Plus 회계원리를 학습하지 않고 재무회계로 건너뛸 수 있을까?

회계원리 학습을 통해서 배운 재무제표 작성과 관련된 회계순환과정과 지금 재무회계에서 다루고자 하는 내용은 어떻게 다른가? 회계원리를 학습하지 않고 재무회계를 공부하는 것이 과연 가능한가?
우리는 회계원리를 학습하면서 회계순환과정(accounting cycle)이라는 다소 길고도 복잡한 과정을 공부하고, 이 과정의 최종 단계로 재무제표가 작성되는 것을 깨우치게 된 바 있다. 즉, 회계원리에서 배운 내용들은 대부분 재무제표를 바르게 작성하기 위한 징검다리와 같은 것들이다. 이 점에서 회계원리를 배우지 않고 재무회계를 학습하는 경우에는 운동을 직접 해보지 않은, 즉 선수출신이 아닌 야구해설가를 생각해보면 될 것이다.

요약하면 외부이용자를 위한 재무회계정보는 정보의 처리과정을 거쳐 요약된 형태로 보고가 되는데, 이 요약된 보고서를 **재무제표**(財務諸表, financial statements)라고 하며, 이를 작성하기 위해 회계순환과정을 학습한 것이다. 그렇다면 '**재무회계**'에서는 어떤 내용을 학습하게 될까? 재무제표의 작성뿐만 아니라, ① 재무제표를 왜 작성해야 하나? ② 재무제표의 종류에는 어떤 것들이 있는가? ③ 어떤 내용과 구조로 재무제표를 작성해야 할 것인가? ④ 기업의 재무제표를 어떻게 해석하고 의사결정에 활용할 수 있을까? 이러한 의문에 대한 답을 제시하고 있는 회계기준에 대하여 구체적으로 배운다고 할 수 있다.

과연 어떤 재무제표를 작성해야 할 것인가? 상장 및 코스닥등록기업에 적용되는 한국채택국제회계기준과 그 이외의 일반기업에 적용되는 일반기업회계기준에서는 "재무상태표, 포괄손익계산서, 현금흐름표, 자본변동표 등으로 구성되며, 주석을 포함한다"라고 규정하고 있다.

중소기업회계기준에서는 "대차대조표, 손익계산서, 자본변동표, 이익잉여금처분계산서 또는 결손금처리계산서"를 작성하도록 하고 있다. 따라서 재무제표를 작성할 때 준거해야 할 원칙이 바로 회계기준이며, 재무회계에서는 회계기준을 중심으로 학습한다는 것을 알 수 있다.

그렇다면 회계기준에서 재무제표의 종류를 달리 규정하고 있는 이유는 무엇이며, 회계기준은 어떤 근거와 논리로 만들어지는 것일까?라는 의문이 들 수밖에 없으며, 이러한 의문들을 하나하나 헤쳐가는 것이 바로 다음의 제2장에서 다룰 '재무회계'의 이론적 근거가 되는 **개념체계**와 관련된 내용들이다.

4.2 재무제표의 구성

기본 재무제표는 네 가지 보고서와 주석을 합해 다섯 가지로 구성된다.

① 재무상태표 → 재무상태를 표시(재무상태는 자산, 부채, 자본을 통해 파악된다)

② 포괄손익계산서 → 재무성과를 표시(재무성과는 경영성과와 같은 개념이며 수익과 비용을 통해 파악되는 당기순이익과 기타포괄손익으로 구성된다)

③ 자본변동표 → 자본의 변동을 표시

④ 현금흐름표 → 현금흐름을 표시

⑤ 주석

- 재무제표 작성 근거와 구체적인 회계정책에 대한 정보
- K-IFRS에서 요구하는 정보이지만 재무제표 보고서 본문에 표시되지 않는 정보
- 재무제표 어느 곳에도 표시되지 않지만 재무제표를 이해하는 데 목적적합한 정보

개념 Plus 주석은 왜 중요할까요?

주석은 기업의 재무정보를 사용하여 수행될 의사결정에 있어 매우 중요하다. 그 이유는 재무제표 본문의 내용은 매우 요약된 정보이며 상당 부분 추정(감가상각내용연수, 잔존가치 등)과 선택(재고자산 평가방법, 감가상각방법 등), 판단(언제 수익을 인식해야 할지, 충당부채에 해당되는지 아닌지? 등) 및 모형(파생상품에 대한 평가 등)에 근거하는 것이며 주석에서 그에 대한 설명을 하고 있기 때문이다. 즉, 회계상의 숫자는 절대적인 것이 아니며 숫자로 표현되는 네 가지 재무제표는 그에 대한 설명이라고 할 수 있는 주석이 없이는 제대로 이해하거나 판단할 수 없는 것이다(이에 대한 첫 사례로 제4장 '재고자산과 수익인식' 제2절 참조).

개념 Plus 재무제표의 보고실체가 단일 기업이 아닌 경우라면 어떻게 할까요?

만약 어떤 기업이 다른 기업의 지분을 소유하여 실질적으로 지배하는 위치에 있다면 지배기업과 종속기업은 법적으로는 독립된 실체이나 경제적으로는 단일한 실체라고 할 수 있다. 이 경우 K-IFRS에서는 지배기업과 종속기업의 재무제표를 통합하여 연결재무제표를 작성할 것을 요구하고 있다. 연결재무제표에 대한 자세한 내용은 제12장 '연결재무제표의 작성과 이해'를 참조하기 바란다.

4.3 재무제표의 작성과 표시에 적용되는 일반원칙

(1) 공정한 표시와 K-IFRS의 준수

재무제표는 기업의 재무상태, 재무성과 및 현금흐름을 공정하게 표시해야 한다. 공정한 표시를 위해서는 '개념체계'에서 정한 자산, 부채, 자본, 수익 및 비용에 대한 정의와 인식요건에 따라 거래, 그 밖의 사건과 상황의 효과를 충실하게 표현해야 한다. K-IFRS에 따라 작성된 재무제표는 공정하게 표시된 재무제표로 본다. 이때 재무제표의 작성과 표시를 위해서는 K-IFRS 제1001호 '재무제표 표시'를 준거한다.

한편 K-IFRS를 준수하여 재무제표를 작성하는 기업은 그러한 준수 사실을 주석에 명시적이고 제한없이 기재한다. 재무제표가 K-IFRS의 요구사항을 모두 충족한 경우가 아니라면 K-IFRS를 준수하여 작성되었다고 기재하여서는 안 된다. 부적절한 회계정책은 이에 대하여 공시나 주석 또는 보충 자료를 통해 설명하더라도 정당화될 수 없기 때문이다. 다음에서는 K-IFRS에서 제시하고 있는 재무제표의 작성과 표시에 관해 적용되는 일반원칙을 항목별로 살펴보기로 한다.

(2) 계속기업의 가정에 대한 평가

경영진은 재무제표를 작성할 때 계속기업으로서의 존속가능성을 평가해야 한다. 경영진이 기업을 청산하거나 경영활동을 중단할 의도를 가지고 있지 않거나, 청산 또는 경영활동의 중단 외에 다른 현실적 대안이 없는 경우가 아니면 계속기업을 전제로 재무제표를 작성한다. 계속기업으로서의 존속능력에 유의적인 의문이 제기될 수 있는 사건이나 상황과 관련된 중요한 불확실성을 알게 된 경우 경영진은 그러한 불확실성을 공시하여야 한다. 재무제표가 계속기업의 가정하에 작성되지 않는 경우에는 그 사실과 함께 재무제표가 작성된 기준 및 그 기업을 계속기업으로 보지 않는 이유를 공시하여야 한다.

(3) 발생기준 회계

기업은 현금흐름에 나타나는 현금흐름정보를 제외하고는 발생기준 회계를 사용하여 재무제표를 작성한다. 발생기준 회계를 사용하는 경우 각 항목이 '개념체계'의 정의와 인식요건을 충족할 때 자산, 부채, 자본, 수익 및 비용(재무제표의 요소)으로 인식한다.

(4) 중요성과 통합표시

유사한 항목은 중요성 분류에 따라 재무제표에 구분하여 표시한다. 상이한 성격이나 기능을 가진 항목은 구분하여 표시한다. 다만 중요하지 않은 항목은 성격이나 기능이 유사한 항목과 통합하여 표시할 수 있다. 이때 재무제표에는 구분표시하지 않은 항목이라도 주석에서는 구분표시해야 할 만큼 중요할 수 있기 때문에 주석에서는 구분표시하여야 할 경우도 있다.

(5) 상계

K-IFRS에서 요구하거나 허용하지 않는 한 자산과 부채 그리고 수익과 비용은 상계하지 아니한다. 일반적으로 상계표시는 발생한 거래, 그 밖의 사건과 상황을 이해하고 기업의 미래현금흐름을 분석할 수 있는 재무제표이용자의 능력을 저해한다고 보기 때문이다. 재고자산에 대한 재고자산평가충당금과 매출채권에 대한 손실충당금과 같은 평가충당금을 차감하는 형식으로 재무상태표에 나타내는 대신 차감 후의 순액으로 측정하여 표시하는 것은 상계표시에 해당하지 아니한다.

(6) 보고빈도

전체 재무제표(비교정보를 포함)는 적어도 1년마다 작성한다. 보고기간종료일을 변경하여 재무제표의 보고기간이 1년을 초과하거나 미달하는 경우 재무제표 해당 기간뿐만 아니라 다음 사항을 추가로 공시한다.

- 보고기간이 1년을 초과하거나 미달하게 된 이유
- 재무제표에 표시된 금액이 완전하게 비교가능하지는 않다는 사실

(7) 비교정보

K-IFRS에서 달리 허용하거나 요구하는 경우를 제외하고는 당기 재무제표에 보고되는 모든 금액에 대해 전기 회계연도와 비교하는 형식으로 정보를 표시한다. 당기 재무제표를 이해하는 데 목적적합하다면 서술형 정보의 경우에도 이와 같이 형식의 비교정

보를 포함한다. 따라서 두 개의 재무상태표와 두 개의 포괄손익계산서, 두 개의 현금흐름표, 두 개의 자본변동표 그리고 관련 주석을 표시해야 한다.

(8) 표시의 계속성

재무제표 항목의 표시와 분류는 사업내용의 유의적인 변화가 있거나, 다른 표시나 분류방법이 더 적절한 것이 명백한 경우 그리고 K-IFRS에서 표시방법의 변경을 요구하는 경우를 제외하고는 매기 동일하여야 한다.

4.4 재무상태표에 표시되는 정보와 연계관계

재무상태표에는 자금의 조달원천을 부채와 자본으로 오른편(대변)에 구분표시하고, 조달된 자금을 투자하여 보유하고 있는 자산을 왼편(차변)에 표시하여 보고한다. K-IFRS에서는 재무상태표에 표시되어야 할 항목의 순서나 형식을 규정하고 있지는 않으며, 기업의 재무상태를 이해하는 데 목적적합한 정보를 제공하기 위해 사용된 용어와 항목의 순서 또는 유사 항목의 통합방법을 변경할 수 있도록 허용한다. 예를 들어, 금융회사는 금융회사의 영업목적에 적합한 정보를 제공하기 위해 예시된 용어를 변경할 수 있다. 한편 기초재무상태표와 기말재무상태표는 다음 [그림 1-3]과 같이 포괄손익계산서, 자본변동표, 현금흐름표와 연계되어 있다.

그림 1-3 | 재무제표의 연계관계

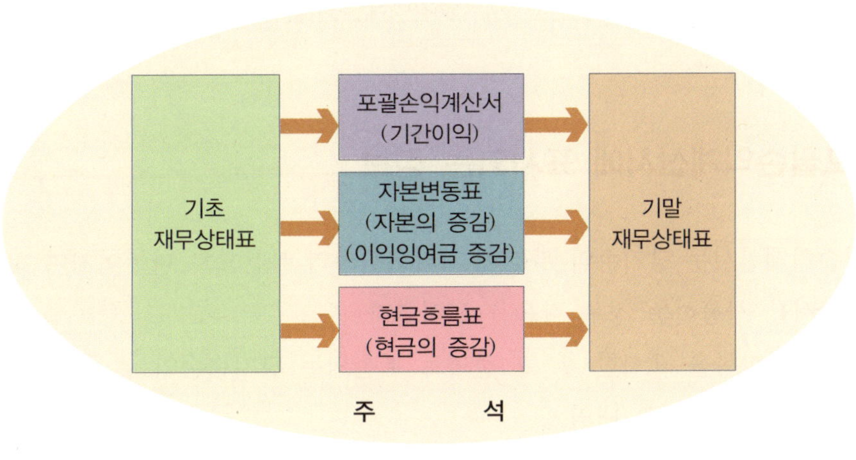

여기에서는 재무상태표를 구성하는 항목과 구분표시에 대한 이해를 돕기 위하여 실제 상장기업인 아모레퍼시픽(주)의 재무상태표를 예시한다.

공시사례

재무상태표

아모레퍼시픽(주) 제15기말: 2020년 12월 31일 현재 (단위: 억원)

자 산			부채와 자본		
유동자산		13,898	**유동부채**		3,437
현금및현금성자산	5,211		매입채무	636	
금융기관예치금	465		기타지급채무	1,974	
당기손익금융자산	1,665		리스유동부채	74	
매출채권	3,356		계약부채	172	
기타수취채권	227		기타충당부채	65	
기타유동자산	384		기타유동부채	516	
재고자산	2,590		**비유동부채**		1,355
			이연법인세부채	867	
비유동자산		35,078	기타충당부채	99	
금융기관예치금	135		기타비유동부채	389	
기타수취채권	356		**부채총계**		4,792
상각후원가측정금융자산	21				
기타포괄손익금융자산	7		자본금	345	
유형자산	23,349		주식발행초과금	7,127	
투자부동산	4,700		자본잉여금	7	
무형자산	1,795		기타자본구성요소	−1,014	
순확정급여자산	1,106		기타포괄손익누계액	−4	
종속(관계)기업주식	3,283		이익잉여금	37,723	
기타비유동자산	326		**자본총계**		44,184
자산총계		48,976	**부채와자본총계**		48,976

4.5 포괄손익계산서에 표시되는 정보

포괄손익계산서는 당기손익 부분과 기타포괄손익 부분으로 나누어지며 하나의 포괄손익계산서를 사용하는 경우 다음을 표시한다.

- 당기손익항목을 표시한 후 그 결과로 계산되는 당기순손익
- 기타포괄손익항목의 내역

■ 당기순손익과 기타포괄손익을 합한 당기총포괄손익

포괄손익계산서를 구성하는 항목과 구분표시에 대한 이해를 돕기 위하여 아모레퍼시픽(주)의 포괄손익계산서를 예시하면 다음과 같다.

공시사례

포괄손익계산서

아모레퍼시픽(주) 2020년 1월 1일부터 2020년 12월 31일까지 (단위: 억원)

매출액		**30,170**
매출원가	9,994	
매출총이익		20,176
판매비와관리비	18,588	
영업이익		**1,588**
금융수익	117	
금융비용	35	
기타영업외손익	−558	
법인세비용차감전순이익		1,112
법인세비용		68
당기순이익		**1,044**
세후기타포괄손익		71
순확정급여부채 재측정요소	74	
매도가능금융자산평가손익	−3	
당기총포괄이익		**1,115**
보통주기본주당순이익		₩1,524/1주

4.6 자본변동표와 현금흐름표에 표시되는 정보

총포괄손익과 자본의 각 구성요소별(즉, 당기순손익, 기타포괄손익, 소유주와의 거래)로 변동액을 구분하고, 기초시점과 기말시점의 장부금액 조정내역을 보여주는 자본변동표에 대한 자세한 내용은 제12장 '자본회계'를 참조하기 바란다. 그리고 기업의 현금및현금성자산 창출능력과 기업의 영업·투자·재무활동에서 조달된 현금흐름에 대한 평가의 기초를 재무제표이용자에게 제공하는 현금흐름표에 대한 자세한 내용은 제13장 '현금흐름표'를 참조하기 바란다.

연습문제

서술형

1 회계시스템에서 정보를 제공하는 형식은 무엇이며 그 기본이 되는 다섯 요소는 무엇인가?

2 거래의 이중성과 복식부기의 원리는 무엇인가?

3 재무제표의 다섯 요소와 계정과목의 관계는 무엇인가?

4 회계순환과정에 대해 설명하시오.

5 시산표의 의의와 중요성에 대해 설명하시오.

6 수익과 비용계정을 임시계정이라고도 하는데 그 이유는 무엇인가?

7 당기순이익이 이익잉여금으로 대체되는 과정을 설명하시오.

8 재무제표의 종류와 의의를 설명하시오.

9 기타포괄손익항목을 구분하는 이유를 설명하고 포괄손익계산서와 재무상태표에 어떻게 표시되는지를 설명하시오.

10 현금기준 회계와 발생기준 회계의 차이를 설명하고 이 기준과 각 재무제표와의 관련성에 대해 설명하시오.

11 자산과 비용에 대한 다음의 내용이 타당한지 설명해보시오.

(1) 광고선전비나 급여 등과 같은 원가는 발생 기간에 그 전액을 비용으로 즉시 인식하는 이유는 현금주의 회계의 개념에 부합하기 때문이다.

(2) 자산을 취득 당시의 금액으로 평가하여 기록하는 것을 취득원가 기준이라 하며, 이는 계속기업의 가정에 대한 평가결과에 근거한다.

(3) 이자수익과 이자비용의 금액이 중요하지 않을 경우에는 별도의 항목으로 표시하지 않고, 순이자비용으로 표시하는 것은 중요성과 통합표시의 원칙 때문이다.

문제 풀이형

1 회계순환과정

Ⅰ. 2×11년 1월 1일 서비스용역을 제공하는 클린(주)가 설립되어 2×11년중 다음의 거래가 있었다. 이 거래를 토대로 물음에 답하시오.

(1) 주주로부터 현금 ₩1,000의 투자를 받았다.
(2) 고객에게 용역서비스를 제공하고 ₩2,000을 현금으로 받았다.
(3) 은행으로부터 ₩500을 빌렸다.
(4) 직원의 급여로 ₩1,500을 현금으로 지급하였다.

[물음 1] 위 거래를 다음의 양식에 맞추어 분개하시오(단, 계정과목 명칭은 다음에서 적절한 것을 선택: 현금, 매출채권, 토지, 매입채무, 차입금, 자본금, 용역수익, 급여, 이익잉여금, 토지재평가이익, 기타포괄손익누계액).

거래번호	계정과목	(차변)	계정과목	(대변)

[물음 2] 위 거래를 T계정 양식을 사용하여 총계정원장에 전기하시오.
[물음 3] 2×11년말 현재의 시산표를 다음 양식에 따라 작성하시오.

잔액시산표

클린(주) 2×11년 12월 31일

계정과목	잔액	
	차변	대변
합 계		

[물음 4] 2×11년도의 포괄손익계산서와 2×11년말의 재무상태표를 작성하시오.

Ⅱ. 2×11년도에 이어 클린(주)는 2×12년도에도 다음과 같은 거래가 있었다.

(1) 주주로부터 현금 ₩500의 투자를 받았다.
(2) 고객에게 용역서비스를 제공하고 ₩3,000을 현금으로 받았다.
(3) 토지 ₩1,000을 현금으로 구입하였다.
(4) 직원의 급여로 ₩2,000을 현금으로 지급하였다.
(5) 토지에 대한 재평가이익 ₩500이 발생하였다.

[물음 5] 위 거래를 앞에서 제시된 양식에 맞추어 분개하시오.
[물음 6] 위 거래를 T계정 양식을 사용하여 총계정원장에 전기하시오.
[물음 7] 2×12년말 현재의 시산표를 앞에 제시된 양식에 맞추어 작성하시오.
[물음 8] 2×12년도의 포괄손익계산서와 2×12년말의 재무상태표를 작성하시오.

2 시산표의 이해

클린(주)의 2×12년말 시산표가 다음과 같을 때 아래 물음에 대해 답하시오.

잔액시산표

클린(주) 2×12년 12월 31일

계정과목	잔액	
	차변	대변
현금	₩3,000	
매출채권	1,000	
토지	2,000	
차입금		₩1,000
자본금		2,000
이익잉여금		500
기타포괄손익누계액		1,000
용역수익		4,000
급여	2,000	
판매비	1,000	
토지재평가이익		500
합계	**₩9,000**	**₩9,000**

[물음 1] 2×12년 포괄손익계산서에 표시될 당기순이익은 얼마인가?

[물음 2] 2×12년말 재무상태표에 표시될 이익잉여금은 얼마인가?

[물음 3] 2×12년말 재무상태표에 표시될 기타포괄손익누계액은 얼마인가?

3 상품매매회사의 회계순환과정과 수정분개

다음에 제시한 블루(주)의 5월 1일 회계자료와 거래내용을 토대로 물음에 답하시오.

현금	₩460,000	소모품	₩60,000	매입(5월)	₩650,000
매출	₩1,200,000	이익잉여금	₩50,000	상품(재고자산)	₩140,000

(1) 소모품 ₩35,000을 현금을 지급하고 구입하였다.

(2) 이익잉여금 중 ₩20,000을 주주들에게 현금으로 배당금을 지급하였다.

(3) 5월말 결산일 현재 ₩70,000 상당의 상품(재고자산)과 ₩15,000 상당의 소모품이 기말재고로 남아 있다.

[물음 1] 이익잉여금 및 소모품과 소모품비 관련 수정분개를 하시오.

[물음 2] 매입계정 잔액에서 매출원가가 산출되도록 수정분개를 하고, 매출총이익을 구하시오.

4 포괄손익계산서 작성

세기(주)의 2×11년 9월 1일 현재 재무상태는 다음과 같다.

현금 ₩2,500,000 금융자산(삼성전기 주식 10주×₩120,000) ₩1,200,000
토지 ₩1,300,000 자본 ₩5,000,000(자본금 4,500,000, 기타포괄손익누계액 200,000 이익잉여금 300,000)

9월 1달 동안의 주요 경영활동은 다음과 같다.

(1) 청소용역 ₩1,200,000을 제공하고, 대금은 다음 달에 받기로 하였다.

(2) 9월분 관리운영비 ₩800,000이 발생(사용)하였으나, 대금은 다음 달에 지급하기로 하였다.

(3) 삼성전기 주식은 시가로 평가하고, 평가손익은 기타포괄손익으로 보고하며, 결산일 현재 주가는 1주당 ₩100,000이라고 한다.

(4) 토지는 시가로 평가하고, 평가손익은 기타포괄손익으로 보고하며, 결산일 현재 토지의 공정가치는 ₩1,800,000이라고 한다.

[물음 1] 포괄손익계산서(2×11년 9월 1일 ~ 9월 30일)를 작성하시오.

[물음 2] 2×11년 9월 30일의 재무상태표를 작성하시오.

5 현금기준 회계와 발생기준 회계(Ⅰ)

다음의 자료에 기초하여 세기(주)가 당기중 현금으로 회수한 매출채권의 금액을 계산하면 얼마인가? 단, 현금매출을 포함한 모든 매출은 일단 매출채권으로 기록된 후 현금회수를 기록한다고 가정한다.

(1) 재무상태표상의 매출채권 금액
　　기　초　　₩300,000
　　기　말　　₩500,000
(2) 당기 포괄손익계산서상의 매출액　₩3,000,000

6 현금기준 회계와 발생기준 회계(Ⅱ)

다음의 자료에 기초하여 꽃샘(주)가 당기중 현금으로 지급한 임차료를 계산하면 얼마인가?

(1) 재무상태표상의 미지급임차료
　　기　초　　₩300,000
　　기　말　　₩200,000
(2) 당기 포괄손익계산서상의 임차료비용　₩700,000

7 현금기준 회계와 발생기준 회계의 종합예제(Ⅰ)

클린회계법인에서 다음과 같이 1개월 동안의 경영성과에 대해 현금주의 손익계산서를 작성하였다. 발생기준 포괄손익계산서로 재작성하는 경우 계상될 당기순이익은 얼마인가?

(1) 현금주의 손익계산서(3월 1일 ~ 3월 31일)

감사용역 현금수입 총액	₩2,820,000
세무용역 현금수입 총액	1,300,000
급료 및 관리비 현금지출 총액	(2,320,000)
당기순이익	**₩1,800,000**

(2) 3월말과 3월초의 매출채권 · 선수금 및 미지급비용 · 선급비용 내역

	3월 1일 현재	3월 31일 현재
매출채권(세무용역)	₩43,000	₩31,000
선수금(감사용역)	39,000	25,000
미지급비용(일반관리비)	34,000	53,000
선급비용(보험료)	36,000	48,000

8 현금기준 회계와 발생기준 회계의 종합예제(Ⅱ)

대학생인 인아는 4월 1일부터 4월 18일까지의 벚꽃축제기간을 이용하여 청소 용역사업을 위해 ₩600,000을 투자하였으며, 축제기간 동안 현금의 입금, 출금내역은 다음과 같다.

[입금]	인아의 투자액	₩600,000	현금 매출액	₩4,000,000
	친척으로부터의 차입금	1,400,000		
[출금]	청소도구 및 청소부스 임차료	₩1,500,000	소모품 구입	₩600,000
	시간제 아르바이트의 수당	800,000	수도광열비	400,000

[물음] 인아는 현금 입금액과 출금액의 차이인 ₩2,700,000의 이익을 올렸다고 했지만, 이 과정에서 당신은 다음과 같은 사실을 추가로 알게 되었다. 이를 바탕으로 인아의 청소 용역사업성과를 발생기준에 의해 적정하게 보여줄 수 있는 재무상태표와 손익계산서를 작성하시오.

① 청소용역 외상매출액 ₩500,000이 누락되었다.
② 광고선전비 ₩400,000을 아직 지급하지 못했다.
③ 축제가 끝난 시점에 소모품 ₩140,000이 남아 있다.
④ 교통 · 통신비 ₩160,000을 사용하였으나 지급하지 못했다.
⑤ 차입금에 대한 이자 ₩70,000이 발생되어 있으나 지급하지 못했다.

Chapter

2 재무회계 기본개념

학 · 습 · 목 · 표

회계원리 과정을 통하여 회계순환과정을 학습하고, 재무제표가 작성되는 원리를 터득했다면, 이제부터는 조금 더 시야를 넓혀 "왜 재무제표를 작성하고, 회계처리는 왜 그렇게 해야 할까?"라는 질문과 호기심을 발휘할 필요가 있다. 야구선수에 비유하자면, 게임을 치루기 위해 반드시 갖추어야 할 기본기에 해당하는 캐칭, 스로잉, 히팅을 배우고 난 다음에는 '야구'경기의 진행과 규칙 등을 속속들이 알 필요가 있다. 그런 다음 '야구'라는 게임의 흐름을 읽고 기량을 발휘할 수 있는 안목과 판단력을 갖춰가는 것이 순서일 것이다. 여러분도 이제는 회계순환과정이라는 기본기가 닦여진 상태이니 이제 현실에서 '회계'라는 게임의 작동원리와 규칙을 '재무회계'를 통하여 잘 배운다면, '회계 유망주'가 되어 회계전문가로 진출하거나 최소한 수준 높은 투자자가 될 수 있을 것이다.

제1절에서는 '재무회계'라는 게임의 큰 틀에 관한 설명을 하고, 제2절에서는 '재무회계'의 규칙들에 대한 설명이 소개된다. 다소 생소한 용어들이 등장하게 되지만, 여러분이 잘 알지 못하던 종목, 예를 들면 동계올림픽의 컬링이라는 스포츠를 관전하면서 경기용어를 알고 있으면 한결 재미있듯이 두려워 할 이유는 없을 것이다.

이 장에서는 한국회계기준원이 2019년 번역 · 공표한 '재무보고를 위한 개념체계'의 내용에 대한 설명도 포함된다.

제1절 재무보고와 회계기준

제2절 재무보고를 위한 개념체계

제1절 재무보고와 회계기준

1.1 재무보고의 의의

Key Concept

재무보고(financial reporting)란 조직 외부의 의사결정자들에게 기업에 관한 정보를 제공하는 것이며, 기업의 현재 시점의 재무적 건전성 및 미래의 전망을 개괄적으로 보여 준다. 따라서 기업을 둘러싼 의사결정자들은 재무보고를 토대로 올바른 결정을 내릴 수 있어서 사회적 자원의 최적 배분 실현이 가능하다.

오늘날 여러분이 알고 있는 규모가 큰 대부분의 기업은 다수의 투자자와 채권자들로부터 자본을 조달하고 있는 **상장회사**(listed company)라고 한다. 일반 대중들도 이런 회사의 주식에 투자하거나 채권에 돈을 맡겨 운용하고 있다. 어떻게 절친한 사이가 아님에도 불구하고 돈을 투자하거나 빌려줄 수 있을까? 그 이유는 기업의 경영자나 소유주와 개인적인 친분이 없다고 하더라도 기업 그 자체의 규모나 신뢰성에 대한 믿음이 있기 때문에 내 돈을 남과 다름없는 기업에 투자하거나 빌려주는 것이다.

(1) 과연 어떻게 이런 기업들은 일반 투자자들로부터 믿음을 쌓았을까?

아마도 기업의 경영활동 전반에 대해 외부의 투자자나 채권자들이 잘 알 수 있도록 숨김없이 알리려는 노력을 꾸준히 해온 결과로 쌓여진 명성 때문일 것이다. 투자자, 채권자, 소비자, 정부당국 등 기업의 외부에 있는 상대방에게 기업의 재무상황에 대해 알리려는 일련의 과정인 '**재무보고**'를 잘해왔기 때문인 것으로 이해하면 될 것이다.

따라서 기업은 투자자 및 잠재적 투자자들에게 자신의 운영활동에 관한 재무정보를 제공함으로써, 이들이 안심하고 투자하도록 적극적으로 유도하는 것이 중요하다. 여기에 더해 우리나라를 비롯한 대부분의 국가는 상장회사들에게 신뢰할 만하고 완전한 재무정보를 제공하도록 하여 이해관계자들을 보호하기 위한 제도적 장치를 마련하고 있다. 이와 같이 기업에 관한 정보를 조직 외부의 의사결정자들에게 제공하는 것을 **재무**

보고라고 하며, 기업은 '회계'라는 기능을 통하여 투자, 대출 및 기타 유사한 의사결정을 내리는 사람들에게 유용한 정보를 '재무제표'라는 그릇에 담아 제공한다.

(2) 그렇다면 '재무제표'라는 그릇에 담아야 할 내용은 무엇인가?

기업의 현재 시점의 재무적 건강 상태 및 미래의 전망을 개괄적으로 보여 줄 수 있는 정보이며, 이런 정보를 통하여 투자자 및 채권자들이 그들이 보유한 경제적 희소자원을 어디에 활용할 것인가와 같은 의사결정에 활용한다. 이 점에서 재무보고의 목적을 한마디로 요약하면 '**의사결정에의 유용성**(decision usefulness)'이라 할 수 있다. 결국 재무보고를 바탕으로 의사결정이 이루어진다면, 어떤 산업과 기업들은 성장에 필요한 자금을 제공받는 반면에 그렇지 못한 산업과 기업들은 투자자금을 유치하지 못하기 때문에 재무정보이용자들의 의사결정은 사회적으로 매우 중요하다. 또한, 그러한 의사결정을 좌우할 재무보고 역시 사회적으로 큰 의미를 갖게 된다.

(3) 재무보고의 기능은 사회적 자원의 최적배분과 관련이 있는가?

기업의 재무보고는 주어진 자원활용에 실패하여 재무상태가 악화된 기업, 순이익 등의 경영성과가 취약한 기업, 광고투자액에 비하여 매출성과가 별로인 기업들을 그렇지 않은 양호한 기업과 구별할 수 있게 해주는 신호등과 같은 역할을 해준다. 재무보고이용자는 양호한 기업을 가려내서 자원을 배분하는 의사결정을 함으로써 사회 전체적으로 한정된 자원의 효율적 배분이 가능하게 되어 궁극적으로 재무보고는 바람직한 사회건설에 기여한다고 말할 수 있다.

■ 재무보고라는 신호등을 지키지 않거나 신호등이 제대로 작동하지 않는다면?

신호등을 지키지 않게 되면 개인적 차원의 문제로서 교통사고위험 또는 투자위험이 높아지게 될 것이다. 만약 사회구성원들이 정보부족 또는 부정확한 정보로 인해 의사결정을 지속적으로 잘못 내릴 경우에는 관련 개인이나 조직은 물론 국가경제도 엄청난 손해를 입을 수 있다. 예컨대 투자자들이나 은행과 같은 금융기관이 거액의 자금을 곧 망할 기업에 지속적으로 잘못 투자하거나 대출한 후 실제로 이 기업이 도산해 버리면 투자자들이나 금융기관의 고객들은 개별적으로 큰 타격을 받는다. 이 피해는 개별 경제주체의 피해로 끝나지 않고 개별 투자자들의 집합으로 이루어지는 자본시장의 전반적 경색을 가져와 곧바로 자금력이 부족한 중소기업의 연쇄부도를 초래하고 나아가 국민경제를 크게 위축시킬 수 있다. 또한 금융기관의 주주는 물론 예금고객들도 은행 부실화에 따른 피해를 입을 수 있고 정부로서도 세금수입 감소로 경제정책 운용에 막대한 지장을 받을 수 있다.

■ 재무보고라는 신호등을 제대로 작동하게 하려면?

이처럼 자원의 효율적 배분에 기여하는 재무보고의 기능이 제대로 작동하게 하려면 재무보고와 관련된 가이드라인과 규제가 필요하다. 식재료의 원산지표시 의무화나 제품 및 서비스의 품질인증제처럼 재무보고를 통해 공시되는 재무정보의 품질에 대한 규제 또한 필요하다. 만일 재무보고를 하는 기업이 재무제표를 멋대로 작성하여 신뢰성을 상실하거나 흠결이 있다면 고장난 신호등 때문에 교통체증이 유발되는 사태와 유사한 상황이 벌이지게 될 것이다. 이런 점에서 투자자와 기업 간에 자금의 흐름이 매끄럽게 이어질 수 있도록 자본시장에서 재무보고가 제대로 작동하는 신호등의 기능을 다하도록 하려면 이에 걸맞는 회계제도의 뒷받침이 필요하다.

■ 재무보고의 신호등은 어떤 색깔일까?

신호등의 색깔이 빨강, 파랑, 노랑의 세 가지로 구성되어 있다면, 투자자와 채권자를 위한 재무보고의 신호등, 즉 재무보고의 핵심은 다음 4가지로 요약된다. ① 투자 및 신용 의사결정에 유용한 정보의 제공, ② 미래 현금흐름의 예측(크기, 시기, 불확실성 등)에 유용한 정보의 제공, ③ 재무상태, 경영성과, 현금흐름 및 자본변동에 관한 정보의 제공, ④ 경영진의 수탁책임 평가에 유용한 정보의 제공이다.

개념 Plus 재무보고에서 현금흐름에 관한 정보가 왜 그렇게 중요한가?

간단히 말하자면 '자산의 가치'는 현금흐름을 가져오는 데 있거나, 아니면 현금유출을 막아주어 결과적으로 현금흐름에 도움을 주는 데서 찾아볼 수 있다. 만약 현금흐름이 한 번만 있는 것이 아니라, 미래의 기간에 걸쳐 여러 번 있을 경우 이를 현재가치로 할인하여 전부 더하면 바로 그 자산의 가치가 되며, 이를 근거로 경영성과를 측정할 수 있기 때문이다.

여러분이 기억하듯이 기초자산 - 기초부채 = '기초자본'이며, 기말자산 - 기말부채 = '기말자본'이 되고, 증자 등 자본거래에 따른 변동이 없다면, 기초자본 대비 기말자본의 증가금액이 바로 당기순이익이다. 이 경우 기초자산 또는 기말자산 가액은 보유하고 있는 자산으로부터 기대되는 미래현금흐름을 현재가치로 할인한 것이며, 기초부채 또는 기말부채 금액 역시 미래현금흐름 유출액을 현재가치로 할인한 것으로 볼 수 있기 때문이다.

■ 신호등과 회계기준의 의미는?

재무보고가 기업 외부의 다양한 이해관계자의 경제적 의사결정을 위해 경영자가 기업실체의 경제적 자원과 의무, 경영성과 등에 관한 재무정보를 제공하는 것이라면 실제로는 재무정보를 재무제표라는 그릇에 담아 정보이용자들에게 제공한다. 여러분은 이미 회계정보를 담는 그릇으로 재무상태표와 포괄손익계산서를 공부했을 것이다. 그렇다면 재무제표라는 그릇에 담겨질 내용물에 해당되는 재무제표 요소, 즉 각 계정과목에 관한 상세한 회계처리는 어떻게 해야 할지에 대한 구체적인 지침이 필요하며, 이를 '회계기준'이라고 한다. 이 점에서 재무회계는 흔히 재무제표를 중심으로 한 회계정보의 산출 및 공시를 다루는 것으로 설명할 수 있으며, 따라서 재무보고의 핵심영역이 재무회계라는 것을 알 수 있다.

1.2 회계원칙과 회계기준

기업은 '회계'라는 기능을 통하여 투자, 대출 및 기타 유사한 경제적 의사결정에 유용한 정보를 '재무제표'라는 그릇에 담아 제공한다. 이때 회계정보를 담는 대표적인 그릇으로 재무상태표와 포괄손익계산서를 공부했으며, 그릇에 담겨질 내용물에 해당되는 재무제표 요소, 즉 각 계정과목에 관한 상세한 회계처리를 어떻게 해야 할지에 대한 구체적인 지침이 필요하며, 이를 '회계원칙' 또는 '회계기준'이라고 한다.

(1) '회계원칙'과 '일반적으로 인정된 회계원칙'

'회계원칙'은 경험 및 실무와 밀접한 관계를 가지면서 기업의 재무상태와 경영성과를 재무제표를 통하여 올바르게 나타내도록 하는 회계처리지침을 말한다. 이 점에서 진정한 순이익을 산출하는 데 기여할 수 있는 적절한 회계처리지침들을 모아놓은 것을 '회계원칙'의 성격으로 이해하면 될 것이다. 따라서 회계원칙은 새로운 비즈니스 모델이나 회계처리 문제가 발생하면 이를 해결하기 위한 방안을 모색하는 과정에서 끊임없이 진화하는 성격을 갖기도 한다.

개념 Plus 숫자를 다루는 회계에서는 왜 '정확성'이란 표현을 잘 사용하지 않을까요?

기업의 재무상태나 경영성과를 잘 보여주고자 하는 커뮤니케이션 기능이 회계의 의의라고 할 수 있다. 만일 카메라, CT, MRI 등으로 촬영하여 보여줄 수 있다면, '정확성'과 '명확성'이 회계의 중심 개념이 될 것이다. 그러나 현실은 어떤가? 화폐단위로 재무상태나 경영성과를 측정해서 나타낼 수밖에 없기 때문에, 소위 셀 수 있는 것만 보여주게 된다. 그러나 기업의 연구개발역량이나 조직문화 등 중요한 자원임에도 불구하고 금액으로 나타낼 수 없는 한계가 있다. 따라서 정확성을 추구하기보다는 '노력을 기울여' 잘 보여주고자 현실적 대안을 회계기준에서 찾을 수밖에 없지 않겠는가?

만약 새로운 법률이 제정되고 회계감독 규제가 달라지거나 새로운 비즈니스 모델이나 상품(가령, 파생상품), 자금조달 방식이 선보임에 따라 발생하는 문제에 대응하는 차원에서 기업은 특정 회계처리나 방법을 시험적으로 채택하여 적용해볼 것이다. 이때 수많은 검토 및 분석 후에 특정 처리방식이 보다 의미있는 당기순이익의 산출에 기여할 수 있으며, 결과적으로 재무상태와 경영성과를 잘 나타내줄 수 있을 것으로 판단되고 권위 있는 기관의 지지를 받게 되면 이는 '**일반적으로 인정된 회계원칙**'(GAAP: Generally Accepted Accounting Principles)으로 간주된다. 우리가 말하는 회계원칙은 GAAP를 의미하며, 기업의 외부 재무보고를 위한 재무제표 작성을 규율하는 '일반적으로 인정된 회계원칙'을 체계적으로 집대성한 것을 전통적 의미의 '회계기준(accounting standards)'이라고 부를 수 있다.

(2) 진정한 당기순이익을 지향하는 '일반적으로 인정된 회계원칙'은 가능한가?

회계순환과정의 연습문제나 사례를 통하여 재무상태표나 손익계산서를 작성하면서 산출된 당기순이익은 모범답안으로 제시할 수 있다. 그렇지만 현실의 세계에서는 어떤

가? 모범답안처럼 당기순이익 산출을 위해서는 감가상각비를 계산할 때 적용한 내용연수, 잔존가치 등이 정확해야 한다. 과연 그럴 수 있을까? 물론 재고자산 평가방법도 마찬가지다. 선입선출법 또는 평균법 중에서 어느 방법을 사용하는 것이 진정한 경영성과와 재무상태를 나타내도록 할 수 있는가? 대손상각비와 손상의 추정에서도 동일한 문제에 직면하게 된다. 결과적으로 모범답안과도 같은 당기순이익을 산출하는 데 가장 적합한 회계처리지침이나 일반적으로 인정된 회계원칙을 찾고자 하는 시도는 더 이상 의미가 없게 되었다. 마치 불로장생을 위한 신비한 약초, 즉 불로초를 찾으려는 노력이 모두 수포로 돌아갔듯이.

(3) 그렇다면 회계가 직면한 한계를 어떻게 극복했을까?

마치 모범답안과도 같은 진정한 재무상태나 경영성과를 구하고자 했던 일반적으로 인정된 회계원칙의 의미로는 더 이상 회계의 기능이 한계에 부딪칠 수밖에 없는 상황에서, 1970년대 후반 미국의 회계기준제정기구인 FASB(Financial Accounting Standards Board)는 패러다임의 전환을 모색하게 되었다. 즉, 진정한 당기순이익을 구하고자 하는 시도에서 탈피하여 새로운 비전인 '**재무보고의 목적**'에서 그 방향을 찾고, 이를 토대로 개념체계를 연구하여 발표하게 되었다. 모범답안과 같은 진정한 당기순이익으로 대변되는 회계원칙의 지향점을 '**의사결정에 유용한 재무정보 제공**'이라는 새로운 시각과 차원에서 접근하게 되었다. 이같이 상대적으로 의사결정에 유용한 회계정보를 추구한다는 점에서 현실적 한계를 극복하면서 목적적합성, 표현충실성 등의 질적 특성을 모색하게 되었다.

(4) 결과적으로 '회계기준'의 의미도 달리 해석되어야 하지 않을까?

따라서 이제부터는 회계기준의 의미를 새롭게 이해할 필요가 있다. 왜냐하면 회계기준은 재무보고의 목적과 연계시켜 다음 절에서 배우게 될 재무보고의 개념체계라는 뿌리로부터 유도되는 결과물이기 때문이다. 이 점에서 앞으로 우리가 회계기준이라고 할 때에는 개념체계에 기초하여 유도된 것으로 "의사결정자에게 유용한 정보를 제공하기 위하여 따라야 하는 회계처리지침"이라는 의미로 사용할 것이다.

1.3 회계기준의 주요 내용: 재무제표의 요소, 인식 및 측정

회계기준의 주요 내용은

- **재무제표의 요소와 정의**: 재무상태, 경영성과, 현금흐름 및 자본변동에 관한 정보를 담아내기 위한 그릇에 해당하는 재무제표에 실제로 담겨질 '내용물(what)'
- **인식**: '언제(when)' 그 요소를 재무제표에 반영할 것인가를 결정하기 위한 지침
- **측정**: 재무제표의 요소, 즉 자산 · 부채 · 자본 · 수익 · 비용을 '얼마(how)'로 측정해서 나타내야 할지에 해당하는 내용들로 구성되어 있다.

예를 들면 유형자산을 회계처리해서 재무제표를 작성하기 위해서는 특정 항목이 자산에 해당되는지, 유형자산의 요소로 그 정의에 부합되는지(요소와 정의), 그리고 언제를 취득시점으로 기록하고, 감가상각을 시작할지(인식), 얼마의 금액으로 재무상태표에 나타낼지(측정)에 관한 한 세트의 회계처리를 위한 지침이 필요하며, 이 내용들이 유형자산기준서(K-IFRS 제1016호)에 담겨 있다.

(1) 재무제표의 요소에는 어떤 것들이 있을까?

자산보다는 넓은 개념인 '경제적 자원'과 이 경제적 자원을 제공한 이해관계자에게 권리가 있음을 보여주는 '청구권'으로 채권자의 몫인 '부채'와 주주의 몫인 '자본'이 재무상태표라는 그릇에 담겨질 주요 내용물이다. 마찬가지로 손익계산서에는 '경영성과'나 '당기순이익'을 보여주기 위하여 거래나 사건의 재무적 영향을 경제적 특성에 따라 수익과 비용으로 나타낸다. 이러한 대분류에 해당하는 자산 · 부채 · 자본 · 수익 · 비용을 재무제표의 요소라고 한다. 재무제표의 요소는 거래나 사건의 재무적인 영향을 경제적 특성에 따라서 분류, 표시하는 수단이 된다. 실제로 재무제표의 요소가 재무상태표와 손익계산서에 표시될 때에는 다시 소분류의 과목, 예를 들면 현금, 매출액 등과 같이 기업이 영위하는 사업에서의 해당 항목의 성격이나 기능에 따라 이용자의 경제적 의사결정 목적에 가장 유용하도록 분류해서 표시하며, 이를 계정과목이라고 한다.

(2) 회계에서 인식의 의미는?

인식의 의미는 경영활동의 결과로 재무상태와 경영성과에 변동이 초래될 경우 그 사실을 포착하여 재무제표 요소의 증감으로 나타낸다는 것을 의미한다, 예를 들면, 상품매매업에서 영업실적으로 나타나게 될 매출은 기업활동이 수행되는 여러 과정 중에서 한 시점을 택하여 기록한다는 것이다. 즉, 기업활동은 연구개발, 광고선전, 상품의 매입, 매입한 상품의 보관, 판매계약의 체결, 상품의 인도, 판매대금의 회수라는 일련의 과정으로 이루어지며, 이러한 모든 과정은 수익창출에 기여하고 있다.

만일 위의 기업활동이 두 개 이상의 회계기간에 걸쳐 발생한다면 과연 어느 기간의 수익으로 포착할 것인가? 그리고 그 결과로 관련 자산(매출채권, 현금 등)이나 부채(매입채무 등)의 변동을 언제 나타낼 것인지를 결정해야만 재무상태나 경영성과에 반영할 수 있기 때문이다. 이 경우 전통적으로 ① 수익 획득과정상 가장 결정적 사건(critical event)이 완료되었거나 거의 완료되었고, ② 동시에 수익금액을 합리적으로 측정할 수 있게 되었다는 두 가지 조건이 모두 충족되는 시점에서 상품이나 제품의 판매를 인식하여 왔다. 수익인식에 대한 보다 자세한 내용은 제4장 '재고자산과 수익인식'을 참조하기 바란다. 다음의 예제를 통하여 인식이 왜 중요한지를 생각해보도록 하자.

예제 2-1 **인식의 의미에 대한 이해**

(1) 계약체결(11월 10일): 결산일이 12월 31일인 클린(주)는 본사 사옥의 용도로 신축빌딩을 구입하기 위하여 소유주에게 계약금 1억원을 지급하고 계약을 체결하였다. 그리고 기존에 사용하던 건물은 블루(주)에 매각하고, 12월 31일에 매각대금을 받으면서 비워주기로 하였다.
(2) 신축빌딩 입주(12월 31일): 클린(주)는 신축빌딩에 입주하였으나 기존 건물의 매각대금을 받지 못하여 잔금을 치루지 못한 상태여서 은행으로부터의 지급보증으로 대신하였다.
(3) 블루(주)에 매각한 기존 건물의 내부수리가 그 다음연도 2월 28일에 끝나 블루(주)는 이날 입주를 하고 비로소 매각대금을 지급하였다.
(4) 클린(주)도 신축빌딩 소유주에게 2월 28일에 잔금을 지급하였다.
(5) 2월 28일 신축빌딩의 양도자로부터 소유권이전과 등기에 필요한 서류를 받아 등기신청을 한 결과 법적 소유권은 3월 31일자로 클린(주)에게 이전되었다.

[물음] 과연 클린(주)는 재무상태표에 이 건물을 자산으로 표시할 수 있을까? 그리고 언제부터 감가상각비 계산을 시작해야 할까?

| 풀이 |

클린(주)는 사실상 그 건물을 사용할 수 있는 날인 입주일(12월 31일)에 재무상태표에 취득한 건물을 나타내야 하고 감가상각비도 이 시점부터 계산을 시작해야 한다. 만약 법적 소유권이 이전되는 3월 31일에 건물의 취득을 인식한다면 12월 31일의 재무상태표상에는 건물이 나타나지 않게 될 것이며, 감가상각비도 9개월분밖에 인식하지 못하는 결과를 초래하게 되어 경제적 실질에 부합되는 재무상태와 경영성과를 표시할 수 없게 된다.

(3) 회계에서 측정의 의미는?

기본적으로 화폐금액으로 표현한다는 뜻으로 받아들일 수 있지만 실제로는 자산・부채・자본・수익・비용 등 재무제표 요소를 화폐금액으로 표시하기 위해서는 다양한 측정속성이 있기 때문에 개별 항목에 대한 회계처리지침을 담아놓은 회계기준서마다 측정에 대한 상세한 내용과 측정결과에 따른 평가이익 또는 평가손실의 규정이 포함되어 있다. 다양한 측정속성에 따른 화폐금액의 평가를 다음 사례를 통하여 살펴보도록 하자.

예제 2-2 측정속성에 대한 이해

오션(주)의 당기말 재무상태표에는 3년전에 취득한 셰일가스 채굴 장비가 유형자산으로 분류되어 감가상각누계액을 차감한 장부금액인 2억원으로 표시되어 있다. 최근 셰일가스업의 호황으로 이 장비의 가격이 많이 올랐다고 한다.

1. 과연 올해말 재무상태표상에 2억원의 장부금액으로 표시하는 것이 재무상태를 잘 나타내주고, 이를 통하여 의사결정에 유용성을 가져다줄 수 있을까?
2. 동일한 장비를 현재시점에서 재취득하려면 4억원이 소요되며, 지금 보유하고 있는 장비를 매각하는 경우에는 중개수수료, 운반비 등을 제외하고 실제로 받을 수 있는 금액은 3억원에 불과하다고 한다. 그리고 이 장비의 내용연수까지 가동을 하는 경우 셰일가스 채굴로 인하여 10년간 매년 5천만원의 현금흐름을 가져다준다고 한다. 그렇다면 과연 이 장비를 얼마로 평가하여야 할지 측정속성에 따른 대안을 비교해 보시오.

| 풀이 |

1. 유형자산에 대해 원가모형을 선택한 경우에 해당된다. 그렇지만 원가모형에 따른 회

계정보가 의사결정에 충분한 유용성을 가져다주지 못할 수 있기 때문에 공정가치평가모형을 대안으로 다음과 같이 고려할 필요가 있다.

2. • 취득원가 또는 역사적 원가 : 실제 취득했다는 사실(fact, history)에 기인된 화폐금액으로 측정한 결과인 2억원의 장부금액으로 표시
   • 현행원가: 현재 이 장비를 취득하려면 지불해야 할 대가인 4억원으로 측정하여 표시
   • 공정가치: 현재 이 장비를 매각하는 경우 대가로 받을 수 있는 금액인 3억원으로 측정하여 표시
   • 사용가치: 현재 이 장비를 가동하여 벌어들일 수 있는 현금흐름을 전부 합산하되, 미래의 현금흐름에 대해서는 현재가치로 할인한 금액으로 측정하여 표시

이와 같이 다양한 측정결과에 따라 재무상태표에 표시될 유형자산의 금액과 감가상각비가 달라질 것이므로, 과연 어떤 측정속성의 화폐금액으로 측정해야 할까? 이런 의문에 대한 답을 제공할 수 있는 논리적 틀이 바로 재무보고를 위한 개념체계인 것이다. 그리고 그러한 논리적 근거에 의해 유형자산에 적용할 수 있는 구체적인 측정속성에 따라 화폐금액으로 회계처리하도록 지침으로 담아놓은 것이 바로 회계기준(이 경우 K-IFRS 제1016호 '유형자산')이며, 다음과 같이 정리할 수 있다.

그림 2-1 ▎회계기준의 내용

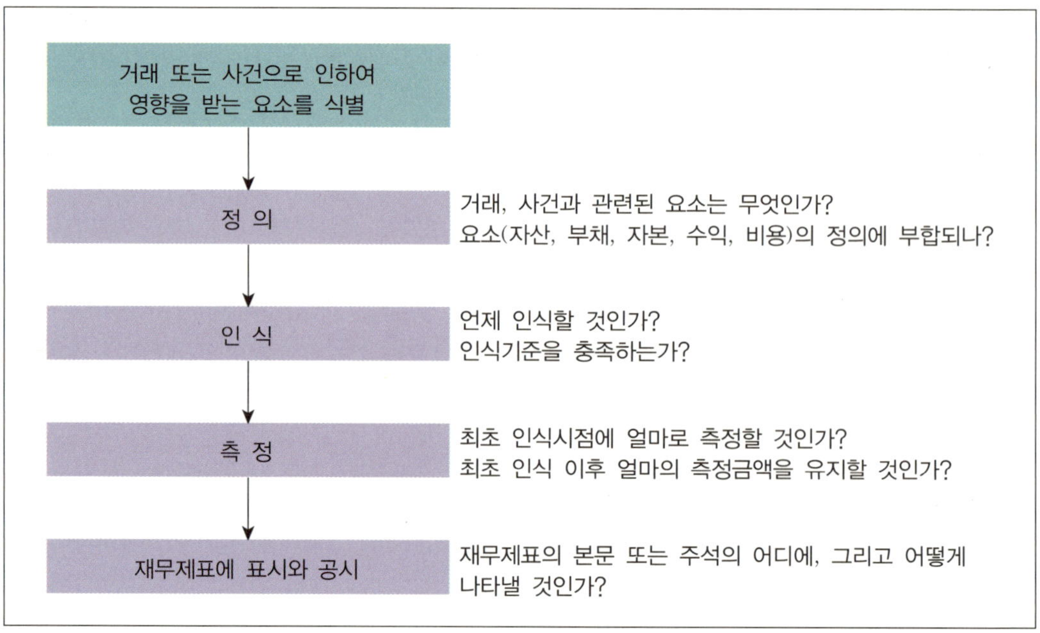

1.4 회계기준의 제정 및 현행 체계

(1) 회계규제로서 회계기준 제정의 목적

기업의 경영진이 아닐 경우 기업에 관한 정보에 대한 접근은 제한적이다. 외부이용자들은 주로 의사결정에 필요한 정보를 대부분 재무제표로부터 입수한다. 기업경영자에 비해 제한적인 회계정보의 접근성을 갖는 외부 정보이용자들을 위한 완전하고 공정한 재무보고가 이루어지도록 하기 위해 대부분의 국가가 채택하는 방식이 바로 회계규제이다. 회계규제는 기업의 성과평가 정보 및 재무상태 파악을 위한 정보를 이용자들이 알 수 있도록 공시하고, 이들 정보가 구체적인 지침에 따라 생산되도록 함으로써 외부의사결정자들을 보호한다.

■ 회계기준은 '법'인가요?

회계기준은 기업들의 재무보고라는 신호등을 작동하기 위한 지침들이므로 신호등을 준수하도록 강제하는 도로교통법과 같은 법적 규제의 뒷받침이 필요하다. 마찬가지로 회계는 '법' 그 자체는 아니지만 법에 근거하고 있다. 가장 대표적인 회계기준의 법적 원천은 주식시장에 상장하려는 기업들의 등록보고서를 의무화하고 이들 상장기업의 연간 재무제표 보고를 의무화하는 「자본시장과 금융투자업에 관한 법률」(이를 줄여서 '자본시장법'), 그리고 「주식회사 등의 외부감사에 관한 법률」(이를 줄여서 '외감법') 등이 있다.

이 중에서 '외감법'은 본래 공인회계사에 의한 회계감사를 규정하기 위한 법이지만, 민간기구인 한국회계기준원이 '기업회계기준'을 제정하도록 위탁하는 내용도 포함하고 있다. 그리고 직전 사업연도 기준 ① 자산총액 500억원 이상, ② 매출액 500억원 이상, ③ 자산, 부채, 매출액, 종업원수, 사원수(유한회사)가 일정규모 이상인 회사는 기업회계기준에 준거하여 재무제표를 작성하고, 이를 외부감사인(공인회계사로 구성된 회계법인)으로부터 감사를 받도록 규정하고 있다. 그러나 '기업회계기준'은 비단 외부감사를 받는 기업에만 적용되는 것이 아니라 공공기관 및 공기업, 정부나 비영리조직을 포함한 우리나라의 회계실무를 지도하는 일반적으로 인정된 회계원칙으로서 의미를 갖고 있다.

(2) 우리나라의 현행 회계기준과 국제회계기준

재무회계 목적이 달성되기 위해서는 정보이용자들의 경제적 의사결정에 유용한 회계정보가 기업의 회계실무에서 현실적으로 산출되고 이용자들에게 전달되도록 하는 것이 필요하다. 아무렇게나 작성된 부실 회계정보가 아니라 기업의 경제적 실상을 잘 나타내는 회계정보가 산출되어야 한다. 이런 관점에서 회계행위의 주체인 기업의 외부보고 목적의 회계정보 산출과정을 적절히 지도 내지 통제(즉, 관리감독)할 일종의 품질관리 기준이 필요하다. 이를 **회계기준** 또는 **재무회계기준**(financial accounting standards)이라 부른다.

■ 나라마다 서로 회계기준이 다를 경우 어떤 문제가 있을까요?

사실 각국은 저마다의 경제적·제도적 특성에 맞추어 회계기준을 제정해서 사용해 왔으며, 우리나라도 예외는 아니어서 2000년대 초반까지는 주로 미국의 회계기준제정기구인 FASB에서 제정한 회계기준(SFAS: Statements of Financial Accounting Standards)을 적절히 벤치마크하여 '기업회계기준'을 제정하여 사용하였다. 이후 국제 간 교역규모의 증대와 해외투자의 활성화로 인한 자본의 이동이 본격화되면서, 나라마다 상이한 회계기준을 제정하여 사용하는 데서 초래되는 불편함도 커지게 되었다. 이에 따라 많은 나라들이 글로벌 관점에서 국제적으로 통용될 수 있는 회계기준을 위해 조직된 국제회계기준위원회(IASB)가 제정한 **국제회계기준**(IFRS: International Financial Reporting Standards)을 자국의 회계기준으로 채택하는 추세가 확산되었다. 때마침 우리나라에서도 민간 회계기준제정기구인 한국회계기준위원회(KASB: Korea Accounting Standards Board)가 출범하면서 국제회계기준을 전면 수용하기로 하고, 국제회계기준을 토대로 **한국채택국제회계기준**(이하 K-IFRS)을 2007년부터 제정하기 시작하였다.

■ 우리나라의 회계기준은 한국채택국제회계기준 하나뿐인가요?

이후 2011년부터 거래소 상장 및 코스닥등록회사 전체에 대하여 국제회계기준을 의무적용하게 되었다. 결과적으로 회계기준의 국제적 정합성을 높이기 위한 목적으로 채택된 K-IFRS는 국내법규에 의해 작성된 재무제표를 국제자본시장에서 그대로 사용할 수 있게 되어 글로벌 기업들의 부담이 대폭 줄어드는 장점을 갖는다. 예를 들어, 미국 증권시장에 상장된 우리나라 기업들의 재무제표가 국제회계기준에 준거하여 작성되었다면, 미국의 회계기준에 맞추어 조정할 필요없이 바로 제출하고, 공시하면 된다는 것을 의미한다.

한국채택국제회계기준(K-IFRS)은 엄밀히 말하자면 영문으로 된 국제회계기준을 한글로 번역한 것이지만, 비상장기업을 비롯한 일반기업들이 따라야 할 「일반기업회계기준」과 중소기업을 위한 「중소기업회계기준」은 우리나라의 회계기준위원회에서 독자적으로 제정한 것이다. 따라서 재무제표 작성자 입장에서는 우리나라의 회계기준은 3원화되어 있는 실정이다.

개념 Plus 3원화된 우리나라의 회계기준은 어떤 기업들에 적용될까요?

회계기준	적용대상기업		
	중소기업*	비상장일반기업 및 공공기관**	상장기업 및 금융회사 등
K-IFRS	⟶	⟶	⟶
일반기업회계기준	⟶	⟶	
중소기업회계기준	⟶		

* 외부감사대상이 아닌 주식회사로 상법에 근거함
** 공기업과 준정부기관은 K-IFRS 적용

제2절 재무보고를 위한 개념체계

앞에서 설명한 바와 같이 회계기준은 재무제표 요소들에 대한 정의, 인식, 측정과 관련된 구체적인 회계처리 지침이 담겨져 있으며, 이러한 지침의 도출배경에는 어떻게 회계처리하는 것이 타당한지에 대한 논리적 틀이 필요하다는 점이다. 즉, 회계기준은 재무보고의 목적과 연계시켜 재무보고의 개념체계(conceptual framework)라는 뿌리로부터 유도되는 결과물로서 "의사결정자에게 유용한 정보를 제공하기 위하여 따라야만 하는 회계처리지침"이라는 의미를 갖는다.

재무보고의 개념체계는 기업의 재무보고 목적을 명확히 하고 이를 달성하는 데 필요한 핵심개념들을 수미일관된 체계로 제시할 목적으로 2004년 이후로는 국제회계기준위원회(IASB)와 미국의 재무회계기준위원회(FASB)가 연합하여 공동의 개념체계 프로젝트를 추진하여 왔다. 이를 바탕으로 한국회계기준원은 '재무보고를 위한 개념체계'를 2019년 공표하게 된 것이다. 따라서 지금부터는 이 내용을 구체적으로 살펴보도록 하자.

2.1 개념체계의 구성

'회계기준'이라는 열매를 맺기 위한 나무의 뿌리역할을 해주는 재무보고의 개념체계(이하 '개념체계')는 ① 재무보고의 목적, ② 재무보고의 목적을 잘 충족시켜주기 위해 회계정보가 갖추어야 할 자질을 의미하는 회계정보의 바람직한 질적 특성, ③ 회계정보를 담아내는 그릇인 재무제표와 재무제표를 작성하는 주체인 보고기업, ④ 재무제표라는 그릇에 담겨질 내용물을 의미하는 재무제표의 요소, ⑤ 재무제표에 담겨질 요소의 인식과 제거, ⑥ 재무제표 요소를 화폐금액으로 측정하기 위한 원칙, ⑦ 회계정보를 보여주고 전달하기 위한 표시와 공시, ⑧ 자본 및 자본유지의 개념 등 8개 항목으로 구성되어 있다.

(1) 개념체계의 구성과 재무보고 목적

개념체계의 전반적인 내용과 출발점으로서 재무보고 목적을 그림으로 나타내면 [그림 2-2]와 같으며 그 의미를 보다 분명히 이해하기 위하여 학교 식당의 상차림을 예로 들어보자.

- **재무보고의 목적**: 학생들의 건강유지에 도움이 되는 균형잡힌 메뉴를 제공
- **회계정보의 바람직한 질적 특성**: 건강유지에 도움이 되는 메뉴가 갖추어야 할 특성은 무엇인가? 즉, 어떤 필수 영양성분을 포함하고 있어야 하는가?
- **재무제표와 재무제표의 요소**: 어떤 메뉴를 통해 필수 영양성분을 제공할 것인가?
- **인식 및 측정**: '영양성분', '맛', '식감'을 제대로 낼 수 있는 식재료를 준비하고, 얼마의 분량과 조리방법으로 상차림을 할 것인가?
- **표지와 공시**: 식판을 사용하여 단체급식 형태로 낼 것인가? 아니면 한정식차림으로 제공할 것인가?

■ 자본 및 자본유지개념: 식당의 이익을 계산하기 위해 본전을 어디까지로 볼 것인가?

그림 2-2 | 재무보고와 개념체계

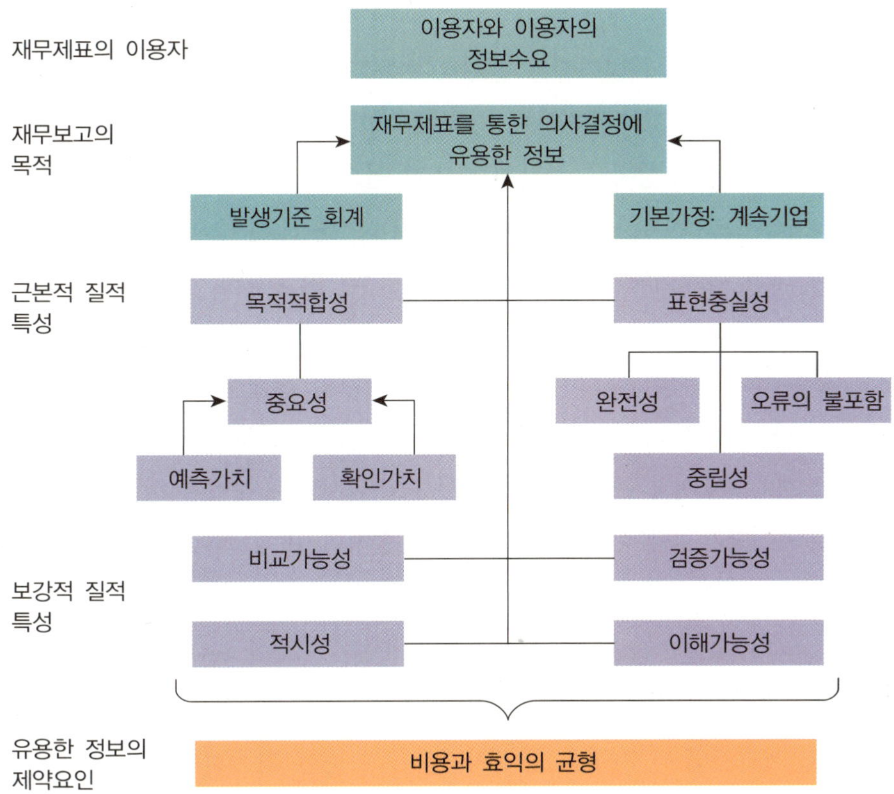

이와 같이 회계기준을 도출하기 위한 토대는 논리적으로 일관성 있는 체계를 구축하고 있으며, 다음 두 가지 사항을 명확히 염두에 두지 않으면 안 된다.

■ 첫째, 유용한 재무정보의 제약조건으로 원가와 효익의 균형을 모색한다는 의미는?

회계정보의 원활한 산출을 제약하는 현실적 요소를 고려해야 한다는 것이다. 즉, 재무보고를 위해 소요되는 비용을 누군가는 부담해야 한다는 것을 의미하는 동시에 재무보고를 통해 얻는 효익이 그 비용보다는 커야 한다는 것을 의미한다. 즉, 대부분의 회계정보이용자들이 의사결정에 유용하게 이용할 수 있는 모든 정보를 생산해서 제공하도록 한다면, 그러한 비용의 대부분을 부담하게 될 기업의 입장도 고려할 필요가 있다. 이처럼 재무보고 대상이 되는 기업의 규모와 증권시장 상장 여부, 자본조달 방식, 이해관계자의 특성 등을 고려하여 간편한 방법으로 회계처리할 수 있는 특례규정을 회계기준에 반영할 수도 있다. 또한 우리나라의 경우에서처럼 K-IFRS 이외에 일반기업회계기준, 중소기업회계기준을 마련한 것도 이같은 입장이라고 보면 될 것이다.

■ 둘째, 재무보고를 위한 기본가정을 전제로 회계기준을 도출한다는 의미는?

재무보고를 통해 회계정보이용자들이 기업에 대한 의사결정을 잘할 수 있도록 하려면 각 기업이 처한 재무적 상황을 충분히 반영할 필요는 있지만, 이를 개별적으로 고려해서 회계처리할 수 있는 지침을 마련하기는 여간 어려운 일이 아닐 것이다. 즉, 개념체계의 사례에 대한 학교식당의 설명 가운데, 각각의 학생들의 입맛에 맞추어 메뉴의 조리법을 정할 수는 없을 것이다. 그렇다면 어느 정도의 매운맛, 짠맛을 염두에 두고 조리법을 내놓을 수밖에 없다. 마찬가지로 복잡한 기업 현실을 있는 그대로 고려하여 각 기업이 상이한 정보를 각양각색으로 산출하는 것을 허용하기보다는 기본적 가정의 도입을 통하여 회계정보의 산출에 대한 기대를 단순화시키는 것이 오히려 유용한 회계정보 산출에 도움이 되기 때문이다. 이를 위하여 설정한 가정들을 재무회계의 **기본가정**(basic assumptions)이라 부른다.

(2) 기본가정으로서 '계속기업'의 의미는 무엇인가?

간단히 말해 '계속기업'의 가정은 공인회계사를 비롯한 회계전문가들의 관점에서 특별한 반대증거가 없는 한 기업은 상당기간 동안 지속적으로 운영될 것으로 보고 회계처리 방법을 모색해야 한다는 것이다.

계속기업의 가정에 따라 기업실체가 상당한 기간 동안 유지될 것으로 보면 건물, 기계장치 등의 영업활동의 인프라를 구축하는 유형자산은 기업활동에 계속 '사용(use)'되며 현재시점에서 처분될 것이 아니기 때문에 구입시점의 취득원가가 의미있다. 이 경우 기업활동의 성과를 달성하는 데 투입된 원가가 얼마인가 하는 것이 주요 관심사가 되기 때문이다. 그리고 이를 바탕으로 내용연수 동안에 걸쳐 투입원가를 배분하기 위한 감가상각비의 회계처리가 비로소 가능해진다.

따라서 예외적인 상황이 아니라면 해당 자산의 경제적 내용연수에 걸쳐 감가상각의 회계처리 결과를 반영하여 재무제표를 작성하기 위한 기본가정이 필요하다는 것을 알 수 있다.

(3) 계속기업의 가정에 따른 기간별 재무보고

계속기업을 가정하고 나면 기업의 순이익을 정확히 측정하기 위해서 설립시부터 청산시에 이르는 전체 존속기간을 대상으로 총수익과 총비용을 파악해야 한다. 이렇게 할 경우 기업의 수명이 다하는 시점까지 회계정보의 산출 및 제공을 무한정 연기하지 않으면 안 된다. 하지만 기업의 수명이 얼마인지는 알 수 없을 뿐만 아니라, 정보이용자들은 의사결정을 위하여 가능한 한 업데이트된 경영활동에 관한 회계정보를 얻기를 원한다.

그렇다면 기업의 수명이 다하지 않았다고 하더라도 중간에 일정한 회계기간 단위로 구분하여 재무제표를 작성・보고할 수 있다는 논리가 필요하다. 마치 회사의 종업원에 대해 퇴직시까지 기다리지 않더라도 퇴직금을 중간정산해서 지급하는 것과 마찬가지인 셈이다. 이를 계속기업의 가정에 따른 **기간별 보고**라고 한다. 따라서 기업의 청산시점까지 기다리지 않고도 기간별로 경영활동에 관한 정보를 제공할 수 있어야 정보이용자들의 적시성 있는 정보욕구를 충족시켜 줄 수 있다. 즉, 계속기업의 가정을 하면서도 1년이나 3개월 단위로 각 기간별 경영성과 및 각 시점별 재무상태에 관한 재무제표이용자의 신속한 재무보고 요구를 충족시켜 줄 수 있는 매우 유용한 개념이다.

하지만 기간별 보고와 관련하여 회계상 다소 어렵게 느낄 수도 있는 중요한 문제들이 등장한다는 사실을 여러분은 이미 회계순환과정에서 원장계정잔액의 수정과 결산정리분개에서 살펴본 바 있다. 즉, 설립부터 청산까지의 단일의 회계기간이라면 고려하지 않아도 되었을 문제들이 이제는 어느 기간에 속하는 자산・부채・수익・비용이 되는지 결정해야 하는 어려움이 수반된다. 따라서 회계기준에서도 이러한 기간구분 문제를 해결해주기 위한 판별기준을 '**인식**'이라는 내용으로 다루게 된다.

2.2 개념체계의 중심축 – 재무보고의 목적

재무보고의 기본가정과 회계정보의 바람직한 속성은 모두 유용한 정보를 산출하고자 하는 재무보고의 목적으로부터 도출되지 않으면 안 된다. 이렇게 하여야만 각 기초개념들이 섬처럼 고립되어 존재하지 않고 서로 체계적인 관계 속에서 존재할 수 있기 때문이다. 이러한 유기적 관련성은 앞의 [그림 2-2]에 잘 나타나 있다. 재무보고의 목적으로부터 제약요인들에 대한 고려, 기본가정과 회계정보의 바람직한 속성이 제시되고 이를 바탕으로 유용한 회계정보가 작성될 수 있도록 회계기준이 도출된다면 현실에서 회계행위의 주체인 기업 등에 의해 제공되는 회계정보는 재무보고의 목적을 달성할 수 있다.

따라서 개념체계의 핵심 주제는 어떻게 하면 재무제표이용자들에게 유용한 정보를 제공할 수 있는가이다. 그리고 기업실체의 재무정보를 가장 많이 사용하는 대표적 외부이용자로 투자자와 채권자를 상정하고, 이들을 위한 재무보고의 목적(objective)을 다음과 같이 구체화하고 있다.

- 현재 및 잠재적 투자자, 대여자 및 기타 채권자가 기업에 자원을 제공하는 것에 대한 의사결정을 할 때 유용한 보고기업의 재무정보를 제공하는 것이 '일반목적' 재무보고의 목적이다.
- 이러한 의사결정은 현재 및 잠재적 투자자, 대여자와 기타 채권자가 기대하는 수익(배당, 원금 및 이자의 지급, 거래대금 또는 시장가격의 상승 등)에 의존한다. 이때 투자자, 대여자와 그 밖의 채권자가 수익에 거는 기대는 기업에 유입될 미래 순현금유입의 금액, 시기 및 불확실성(전망) 및 기업의 경제적 자원에 대한 경영진의 수탁책임의 평가에 달려 있으며,
- 기업의 경제적 자원, 기업에 대한 청구권 및 그러한 자원과 청구권의 변동과 경영진 및 이사회가 기업의 경제적 자원 사용에 대한 그들의 수탁책임을 얼마나 효율적이고 효과적으로 이행했는지 여부를 평가하는 데 도움을 주는 정보 제공을 목적으로 한다.

(1) 여기에서 왜 '일반목적'이라는 접두사를 붙이게 되었을까?

왜냐하면 주요 이용자들의 정보 수요 및 요구는 다르거나 상충될 수도 있어 최대 다수의 수요를 충족하는 정보 제공이 필요하다. 왜냐하면 자신들이 원하는 정보 제공을 보고기업에 직접 요구하거나 접근할 수 없기 때문이다.

한편 보고기업은 공통된 정보 수요에 초점을 맞춘다고 하더라도 일부 특정 이용자에게 유용한 추가 정보를 포함할 수도 있으나, 이들이 필요로 하는 모든 정보를 제공할 수는 없다. 또한 일반목적 재무보고서는 직접 기업가치, 즉 주식가격을 산정하거나 보여주기 위해 고안된 것이 아니라, 그 가치를 추정하는 데 도움이 되는 정보를 제공한다

는 점을 고려해야 한다. 이때 재무제표는 정확한 서술보다는 상당부분 추정(감가상각 내용연수, 잔존가치 등), 판단(언제 수익을 인식해야 할지, 충당부채에 해당되는지 아닌지 등) 및 모형(파생상품에 대한 평가 등)에 근거하며, '개념체계'는 그 추정, 판단 및 모형의 기초를 도출하기 위한 논리적 근거를 제공할 수 있어야 한다.

(2) 재무보고의 목적과 발생기준 회계

재무보고의 목적을 보다 잘 달성하기 위해서는 재무제표는 발생기준에 의해 작성될 필요가 있다. 왜냐하면 현금의 수입이나 지출과는 관계없이 수익과 비용의 당기 발생 여부를 기준으로 당기의 수익과 비용을 확정하고 이에 따라 경영성과를 산출하는 경우 기간별 경영성과를 올바르게 보여줄 수 있기 때문이다. 예를 들면, 자동차대리점 영업사원이 외상으로 자동차를 판매한 경우, 아직 대금을 받지 못했기 때문에 영업실적에 포함시키지 않고 작성된 재무제표정보에 비해 이를 영업실적에 포함시켜 작성된 재무제표정보가 더 의사결정에 유용하기 때문이다. 그리고 이러한 사실은 최근까지의 회계연구 결과에서도 뒷받침되고 있다. 물론 경제적 자원과 이에 대한 청구권으로 개념체계에서 표현하고 있는 자산과 부채 그리고 이들의 변동에 영향을 미치는 거래, 사건 기타 상황이 발생한 시점에서 그 결과를 나타내 보여주어야 한다는 것도 동일한 관점이다.

개념 Plus 현금기준 회계란?

발생기준 회계와 대비되는 현금기준 회계(cash basis accounting)에서는 상품의 매매활동과 같은 영업활동에서 현금의 수입이 있으면 수익으로 보고 현금의 지출이 있으면 비용으로 보아 경영성과를 계산한다. 따라서 기말에 아직 대금회수가 이루어지지 않은 매출액이 있다면 현금기준에 따라 경영성과를 계산할 경우 필연적으로 이 부분은 누락되게 된다. 또한 전기 매출활동으로 인한 현금수입이 당기에 이루어질 경우 이 부분이 부당하게 당기 경영성과로 집계된다. 그러므로 현금기준에 의하면 기간별 경영성과를 영업활동 그 자체보다는 영업활동에 수반되는 '현금'에 의해 파악할 수밖에 없다.

2.3 유용한 재무정보의 질적 특성

재무회계정보가 정보이용자에게 유용하기 위해서는 어떤 속성을 지니는 것이 바람직할까? 달리 말해서 과연 재무회계정보는 어떤 바람직한 속성들을 가지고 있어야 하는가? 재무회계정보의 바람직한 속성이란 본질적으로 화폐라는 척도로 계량화된 회계정보가 정보이용자들에게 유용한 것이 되기 위해 추가적으로 갖추어야 할 비계량적 속성을 말한다. 이런 의미에서 [그림 2-2]에서 보여주고 있는 속성들은 개념체계에서 설명하는 **질적 특성**(qualitative characteristics)을 재무보고목적과 연계하여 계층적 구조로 나타내 보인 것이다.

물론 이 개념체계는 앞에서 설명한 국제회계기준위원회(IASB)와 미국의 재무회계기준위원회(FASB)가 연합하여 추진한 개념체계 프로젝트의 결과물을 수용한 것이다.

회계정보가 재무보고의 목적인 이해관계자의 재무적 의사결정에 유용한 정보를 제공해주기 위해 갖추어야 할 바람직한 속성 중 목적적합성, 표현충실성은 **근본적 질적 특성**이라고 한다. 그리고 비교가능성, 검증가능성, 적시성, 이해가능성을 목적적합성과 표현충실성을 위한 4가지 **보강적 질적 특성**이라 부른다. 왜냐하면 이러한 네 가지 특성이 필요한 이유는 결국 회계정보의 유용성을 증대시켜주기 때문이다. 즉 목적적합성과 표현충실성을 한 끼 식사의 가장 중요한 밥과 국이라고 한다면 비교가능성, 검증가능성, 적시성, 이해가능성은 맛있는 상차림을 위한 반찬이라고 보면 될 것이다. 이 경우 비록 한두 가지 반찬은 빠지더라도 기본이 되는 밥과 국은 없어서는 안 된다는 점에서 이를 근본적 질적 특성이라 하고, 나머지 네 가지 질적 특성을 보강적 질적 특성으로 구분하게 된 것이다.

(1) 근본적 질적 특성

가. 목적적합성

목적적합성(relevance)이란 정보가 정보이용 목적에 적합한 성질을 갖고 있어야 함을 강조하는 용어로서, 의사결정 대상인 비교 대안의 검토에 유용해야 함을 의미하며 의사결정에 차이가 나도록 할 수 있다. 예컨대 주식과 회사채 중 과연 어느 것에 투자할 것인가라는 투자의사결정 목적에는 각각의 투자대안이 갖는 위험 및 수익성에 관한 정보가 관련성을 갖는다. 이 상황에서 LA 다저스의 류현진 선수가 승리투수가 되었다는 정보는 결코 목적적합한 재무 정보가 되지 못한다. 목적적합한 재무정보가 되기 위해서는 이용자의 경제적 의사결정에 차이를 가져올 수 있을 정도의 중요성이 있으며, 통상적으로 재무상태와 성과 그리고 배당과 급여 지급능력, 주가변동, 기업의 의무이행능력과 같이 이용자와 직접적 이해관계가 있는 사안에 대한 예측가치나 확인가치를 지니고 있어야 한다.

■ 회계정보의 예측가치(predictive value)

미래의 성과에 대한 예측을 하려는 재무정보이용자에게 투입요소로 사용될 수 있음을 의미한다. 이 경우 회계정보 그 자체는 미래의 예상치나 전망치가 아니더라도 회계정보를 토대로 미래를 전망하는 데 잘 쓰일 수만 있다면 예측가치가 있다는 것을 의미한다. 예를 들어, 재무정보이용자가 과거 3년치 영업이익 정보를 활용하여 특정회사의 미래현금 전망을 예상한다면 해당 정보는 예측가치가 있다고 할 수 있다.

■ 회계정보의 확인가치(confirmative value)

재무정보이용자가 이미 내린 의사결정이 과연 잘한 것인지 아닌지 확인해보거나 종전의 의사결정을 변경하려는 경우 회계정보를 토대로 판단할 수 있다면, 그러한 정보는 확인가치를 갖는다. 주식시장의 분석가 및 투자자들은 투자의사결정을 위해 회계정보를 사용한다. 따라서 회사의 미래성과에 대한 투자자의 예상에 기초한 주식시장은 기업이 과거에 기대한 목표 영업이익을 실현하지 못할 경우 주가 하락을 경험하게 된다.

재무정보의 예측가치와 확인가치는 상호 연관되어 있어 예측가치를 갖는 정보는 확인가치를 갖는 경우도 많다. 예를 들어, 내년도 수익의 예측 근거로 사용된 당해 연도 수익관련 정보(예를 들면 매출액, 매출원가, 제조원가, 판매관리비 등의 영업활동 관련 실적자료)를 과거 연도에 행한 당해 연도 수익 예측치와 비교할 수 있다. 그러한 비교와 분석결과를 통하여 이용자가 과거 예측 당시에 사용한 절차를 수정하고 개선하는 데 도움을 줄 수 있다면 목적적합성의 특성을 갖춘 것이다.

■ 중요성(materiality)

정보가 누락되거나 잘못 기재된 경우 특정 보고기업의 재무정보에 근거한 정보이용자의 의사결정에 차이를 가져오거나 영향을 줄 수 있다면 그 정보는 중요한 것이다. 따라서 중요하지 않은 정보는 정보이용자의 의사결정에 영향을 미치지 않기 때문에 중요성은 목적적합성의 한 측면이라고 할 수 있다. 중요성은 개별기업의 재무보고서 관점에서 해당 정보와 관련된 항목의 성격이나 규모 또는 이 둘 모두에 근거하여 해당 기업과 관련된 목적적합성을 의미한다. 이같이 중요성은 기업 특유의 고려사항이므로 회계기준제정기구가 재무회계기준을 제정할 때 이를 모두 반영할 수는 없다. 따라서 어느 기업에는 중요하지 않은 정보라도 다른 기업에서는 중요한 정보로 간주될 수 있기 때문에 중요성은 결과적으로 개별기업 수준에서 적용하는 목적적합성의 한 측면이라고 볼 수 있다.

나. 표현충실성

표현충실성(faithful representation)이란 중대한 오류나 편의(bias)가 없고 객관적으로 검증가능하며 표현하고자 하는 바를 충실하게 표현하고 있다고 이용자가 믿을 수 있다는 것을 의미한다. 주관적 편견이 개입된 회계정보는 신뢰하기 어렵고 따라서 유용한 것이 될 수 없다. 요컨대 표현충실성을 위해서는 회계정보가 경제적 실질을 나타내주는 데 있어 다음과 같은 세 가지 특성을 지녀야 한다.

■ 완전성(complete depiction)

정보가 누락됨으로써 그릇되거나 오해를 유발하여 신뢰성이 상실되고 목적적합성이 떨어지지 않도록 이용자가 경제적 현상을 이해하는 데 필요한 모든 정보를 포함하는 것이다.

완전한 서술은 필요한 기술과 설명을 포함하여 이용자가 서술되는 현상을 이해하는 데 필요한 모든 정보를 포함하는 것이다. 예를 들어, 재고자산과 관련한 정보를 제공하기 위해서는 재고자산의 종류, 금액, 단위당 원가의 결정방법, 재고수량의 기록방법 및 순실현가능가액 평가 여부 등의 내용을 모두 빠짐없이 기술해야 완전한 서술이라고 할 수 있다.

■ 중립성(neutral depiction)

재무정보의 선택이나 표시에 편의가 없도록 함으로써 이용자들이 재무정보를 유리하게 또는 불리하게 받아들일 가능성이 없도록 해야 한다. 이를 위해 편파적 또는 편중되거나, 강조 또는 생략하는 등의 방식으로 조작되지 않아야 한다는 것을 의미한다. 예를 들면, 동네 안내지도를 제작할 때 지저분한 뒷골목의 모습이라도 있는 그대로 담아내야 한다는 것이다.

이때 유의해야 할 것은 목적적합한 재무정보는 이용자들의 의사결정에 차이가 나도록 할 수 있는 정보이기 때문에 중립성은 신중을 기함으로써 뒷받침되도록 해야 하며, **신중성**(prudence)은 불확실한 상황에서 판단할 때 주의를 기울이는 것을 의미한다.

■ 오류의 불포함(free from error)

표현충실성은 모든 면에서 정확한 것을 의미하지는 않는다. 오류가 없다는 것은 현상의 기술에 오류나 누락이 없고, 재무정보를 생산하는 데 사용되는 절차의 선택과 적용과정에서 오류가 없음을 의미한다. 예를 들어, 시장가격을 구할 수 없다거나 공정가치를 추정하여 사용할 경우에는 **측정 불확실성**(measurement uncertainty)이 발생한다. 합리적인 추정치의 사용은 재무정보 작성에 필수적이므로 추정 절차의 성격과 한계를 설명하고, 그 추정치를 도출하기 위한 적절한 절차의 선택과 적용에 오류가 없다면 표현충실하다고 할 수 있다.

이러한 표현충실성의 의미를 다음 사례를 통해 구체적으로 살펴보도록 하자.

예제 2-3 **표현충실성에 대한 이해**

[물음 1] 오션(주)의 직원들은 MT를 겸하여 우럭이 많이 잡히는 충남 태안 인근에서 바다 낚시대회를 개최하고, 시상하기로 하였다. 여러분이라면 다음 중 어떤 기준으로 '대어'를 선정하여 시상할 것인가?

(1) 길이로 재서 가장 큰 우럭을 잡은 직원을 시상한다.

(2) 무게를 달아서 가장 무게가 많이 나가는 우럭을 잡은 직원을 시상한다.

[물음 2] 클린(주)는 보유하고 있는 중장비를 랜드(주)에게 다음과 같은 조건으로 ₩10,000,000에 매각한 경우 이 거래를 '표현충실'하게 나타내려면 어떻게 해야 할 것인가?

(1) 중장비는 랜드(주)의 명의로 등록한다.
(2) 랜드(주)는 이 중장비를 1년뒤 ₩12,000,000에 클린(주)에게 되팔 수 있는 옵션을 갖는다.
(3) 동시에 클린(주)도 이 중장비를 1년뒤 ₩12,000,000에 랜드(주)로부터 되살 수 있는 옵션을 갖는다.
(4) 클린(주)는 현재도 이 중장비를 유지·보수하면서 사용하고 있다.

| 풀이 |

1. '대어'를 잘 표현해줄 수 있는 속성, 즉, '표현충실성'을 고려하면 (1)이 타당할 것이다.
2. 이 매각거래의 경제적 실질은 클린(주)가 중장비를 매각한 것이 아니라, ₩10,000,000을 차입한 다음 1년뒤 이자를 포함하여 ₩12,000,000을 상환하는 것이다. 그리고 중장비의 소유권이 랜드(주)에 있다고 하더라도 경제적실질을 우선하여 클린(주) 차입금을 인식하고 이를 부채로 계상하여야 한다. 1년뒤 차입금을 상환하게 되면 자연히 법적 소유권도 넘겨받게 될 것이다.

위의 사례에서 알 수 있듯이 재무보고서는 경제적 현상을 글과 숫자로 나타내는 것이다. 재무정보가 유용하기 위해서는 목적적합한 현상을 표현하는 것뿐만 아니라 나타내고자 하는 현상의 실질을 충실하게 표현해야 한다. 위의 [예제 2-3]의 물음 2처럼 경제적 현상의 실질과 법적 형식이 같지 않다면 법적 형식에 따른 정보만 제공해서는 경제적 현상을 충실하게 표현할 수 없다. 결국 충실한 표현을 하기 위해서는 완전하고, 중립적이며, 오류가 없도록 서술해야 하며, **경제적 실질을 우선**(substance over form)해야 한다는 것이다.

여기서 한 가지 유의할 점이 있다. 그것은 이들 속성 간에 **상충관계**(trade-off)가 존재할 수도 있다는 점이다. 예컨대 기업이 정부보조금으로 유형자산을 취득한 경우 아무런 대가 없이 자산을 취득했다고 해서 금액을 '0'으로 보고한다면 그 원가를 충실히 표현했다는 측면에서 표현충실성의 질적 속성을 충족시켜준다. 그러나 목적적합성 측면에서는 미흡하고 따라서 유용하지는 않을 것이므로 공정가치를 추정해서 취득원가와 보조금에 대한 표시를 해줌으로써 전체적으로 의사결정에 유용한 재무보고가 될 수 있다.

(2) 보강적 질적 특성

이해가능성, 비교가능성, 적시성 및 검증가능성은 목적적합성과 표현충실성 모두를 충족하면서 재무정보의 유용성을 보강시키는 질적 특성이다. 따라서 목적적합성과 표현충실성이 모두 충족된 경우 어느 방법을 그 현상의 서술에 사용해야 할지를 결정하는 데 도움을 줄 수 있다. 하지만 정보가 목적적합하지 않거나 표현충실성이 없는 경우라면 비록 보강적 질적 특성이 충족된다고 하더라도 그러한 정보는 의사결정에 유용하지 않다.

따라서 보강적 질적 특성은 가능한 한 이를 극대화하기 위하여 노력하여야 하지만, 목적적합성과 표현충실성이라는 근본적 질적 특성이 존재할 경우에 그 의미가 있다.

가. 이해가능성

이해가능성(understandability)이란 이용자가 그 정보를 쉽게 이해할 수 있어야 한다는 것이다. 이때 이용자는 경영 및 경제활동과 회계에 대한 합리적인 지식을 가지고 있으며 관련 정보를 분석하기 위하여 적절한 노력을 기울일 의지가 있는 것으로 가정한다. 그러나 복잡한 내용의 정보이지만 다수 이용자의 경제적 의사결정 목적에 적합한 경우라면, 다소 어렵다는 이유만으로 해당 정보를 제외해서는 안 되며 전문가의 도움을 받는 것이 필요할 수 있다.

나. 비교가능성

비교가능성(comparability)이란 재무제표의 이용자가 한 기업의 재무상태와 경영성과의 추세를 식별하기 위해 재무제표를 기간별로 비교할 수 있도록 **일관성**(consistency)이 있어야 할 뿐만 아니라 다른 기업과도 비교할 수 있어야 한다는 것이다.

그렇다고 해서 단순히 기업마다 동일한 회계정책을 선택하라는 **통일성**(uniformity)을 의미하지는 않는다. 이 경우 이용자가 재무제표의 작성에 사용된 회계정책 및 회계정책의 변경과 그 영향에 대해 알 수 있도록 함으로써 항목 간의 유사점과 차이점을 식별하고 이해할 수 있게 한다면 비교가능성이 충족될 수 있다. 결국 하나의 경제적 현상은 여러 가지 방법으로 충실하게 표현될 수 있으나 동일한 경제적 현상에 대해 대체적인 회계처리방법을 허용하게 된다면 비교가능성은 감소한다.

다. 적시성

정보의 적시성(timeliness)은 어떤 경제적 사건에 관한 정보가 너무 늦게 제공되어 의사결정에 영향을 미칠 수 있는 능력을 상실하기 전에 그 정보를 의사결정에 이용할 수 있어야 한다는 것이다. 적시성 자체가 관련성이 있는 정보를 만드는 것은 아니지만 적시성이 결여된 정보는 유용성이 떨어질 수 있다. 적시성은 매우 바람직하지만 적시성 있는 정보는 목적적합하고 충실하게 표현되었을 때만 유용하다. 따라서 목적적합하고 충실하게 표현된 정보는 적시에 보고되지 않았더라도 여전히 유용할 수 있기 때문에 목적적합성과 충실한 표현만큼 중요하지 않을 수 있다.

라. 검증가능성

검증가능성(verifiability)은 합리적인 판단력이 있고 독립적인 서로 다른 관찰자가 어떤 서술이 충실한 표현이라는 데 비록 반드시 완전히 일치하지는 못하더라도 의견이 일치할 수 있다는 것을 의미한다. 예를 들면 목적적합한 재무정보를 제공하는 데 매우 중요한 미래전망치(예: 예상현금흐름, 내용연수 및 잔존가치)는 직접 검증할 수 없지만, 가능한 금액의 범위 및 관련된 확률은 검증가능성을 충족시켜 줄 수 있다. 또한 검증가능성은 재무제표상에 회계처리된 결과로 나타난 금액이나 표시와 같이 직접 검증할 수 있는 것뿐만 아니라 모델이나 공식의 투입변수를 체크해봄으로써 동일한 방법을 사용할 경우 일치된 결과를 가져올 수 있는 경우도 해당되는 속성이다.

요컨대 검증가능성은 현금을 세는 것과 같이 직접적인 관찰을 통하여 금액이나 계정잔액에 대한 직접 검증이나 모형, 공식 또는 산출기법의 투입요소를 확인하고 같은 방법을 사용하여 그 결과를 재계산하는 간접 검증을 의미한다. 가령 투입요소(수량과 원가)를 확인하고 동일한 원가흐름가정을 사용(예: 선입선출법)하여 기말재고자산을 재계산하여 재고자산의 장부금액을 검증하는 것도 한 예이다.

2.4 재무제표와 재무제표의 요소

앞서 제시된 바와 같이 재무보고는 재무제표이용자들이 관심대상인 보고기업의 미래 순현금흐름에 대한 전망과 경제적 자원에 대한 경영진의 수탁책임을 평가하는데 도움을 주며, 재무제표는 그 핵심적인 수단이다. 이와 같은 재무제표를 구성하는 재무제표의 요소로 재무상태와 관련된 자산, 부채 및 자본과, 재무성과와 관련된 수익 및 비용을 정의하고 있다. 이하에서는 재무보고를 위한 개념체계에서 정의된 재무제표의 요소를 살펴보기로 하자.

(1) 자산

Key Standard

자산은 과거사건의 결과로 기업이 통제하는 현재의 경제적 자원이다. 경제적 자원은 경제적 효익을 창출할 잠재력을 지닌 권리이다. (재무보고를 위한 개념체계: 문단 4.3 및 4.4)

위 자산의 정의에 따르면 자산은 ① 권리, ② 경제적 효익을 창출할 잠재력, ③ 통제라는 세 가지의 측면을 가지고 있는데 이를 간단히 설명하면 다음과 같다.

가. 권리

먼저 자산은 궁극적으로 보고기업이 보유한 '권리'이다. 통상적으로 많은 권리는 계약이나 법률 등에 따라 성립하여 다른 당사자에게 의무를 발생시키지만(예를 들면, 매출채권에 대응되는 매입채무), 예술품이나 저작권 등과 같이 보고기업이 노하우를 획득하거나 창작을 통하여 획득한 권리는 다른 당사자의 의무를 수반하지 않을 수도 있다.

나. 경제적 효익을 창출할 잠재력

자산의 정의에 필요한 경제적 효익을 창출할 잠재력은 반드시 경제적 효익을 창출할 것이라고 확신을 할 필요는 없으며, 비록 경제적 효익을 창출할 가능성이 낮더라도 자산이 될 수 있다. 예를 들어, 매입한 옵션(option)은 해당 권리 내에 미래의 어떤 시점에 옵션을 행사할 수 있음이 잠재되므로 자산이 될 가능성이 있다.

다. 통제

통상 기업이 경제적 자원의 사용을 지시하고 그로부터 유입될 수 있는 경제적 효익을 얻을 수 있는 능력이 있다면, 기업은 그 경제적 자원을 통제하는 것이다. 따라서 한 기업이 경제적 자원을 통제하면 다른 당사자는 그 자원을 통제하지 못한다. 그리고 이러한 경제적 자원의 통제는 일반적으로 법적 권리를 행사할 수 있는 능력에서 비롯된다. 예를 들어, 토지를 구입하고 법적 구속력이 결부된 계약을 맺은 경우, 기업은 해당 토지를 통제한다고 할 수 있다.

(2) 부채

Key Standard

부채는 과거사건의 결과로 기업이 경제적 자원을 이전해야 하는 현재의무이다. (재무보고를 위한 개념체계: 문단 4.26)

부채가 존재하기 위해서는 ① 기업에게 의무가 있어야 하고, ② 의무는 경제적 자원을 이전하는 것이며, ③ 의무는 과거사건의 결과로 존재하는 '현재의무'라는 세 가지 조건을 모두 충족하여야 한다.

가. 의무

의무란 기업이 회피할 수 없는 책무 또는 책임을 말하며, 한 당사자가 다른 당사자에게 이행해야 한다. 다만 제10장에서 공부할 품질보증충당부채의 사례에서 볼 수 있듯이 다른 당사자가 누구인지 반드시 알 필요는 없다. 이와 같은 의무가 존재할 경우, 다른 당사자에게는 그 경제적 자원을 수취할 권리가 존재하게 된다.

나. 경제적 자원의 이전

의무란 기업이 경제적 자원을 다른 당사자에게 이전하도록 요구받게 될 잠재력이 있어야 한다. 다만, 이러한 잠재력이 존재한다는 것은 기업이 경제적 자원의 이전을 요구받을 것이 확실하거나 그 가능성이 높아야 한다는 것은 아니다. 단지 의무가 이미 존재하고, 적어도 하나의 상황에서 기업이 경제적 자원을 이전하도록 요구되기만 하면 된다. 따라서 경제적 자원의 이전 가능성이 낮더라도 특정 의무가 부채의 정의를 충족할 수 있다.

다. 과거사건으로 생긴 현재의무

현재의무는 ① 기업이 이미 경제적 효익을 얻었거나 조치를 취했고, ② 기업이 이전하지 않아도 되었을 경제적 자원을 결과적으로 이전해야 하거나 이전하게 될 수 있는 경우에만 '과거사건의 결과'로 존재하는 것이다. 예를 들어, 어떤 회사가 원재료를 납품받은 경우 이미 기업에 경제적 효익의 유입이 존재하였고, 해당 사유로 대금을 지급해야 하므로 과거사건으로 현재의무가 발생했다고 볼 수 있다.

(3) 자본

Key Standard

> 자본은 기업의 자산에서 모든 부채를 차감한 후의 잔여지분이다. (재무보고를 위한 개념체계: 문단 4.63)

개념체계는 자본을 구체적으로 정의하지 않는다. 다만, 이미 정의된 자산에서 부채를 차감한 개념으로 정의할 뿐이다. 이와 같은 자본은 크게 출자로부터의 납입자본과 기업 스스로 벌어들인 이익잉여금으로 구분되는데, 법률이나 규제 등에 따라 영향을 받을 수 있다. 예를 들어, 우리나라에서 현금배당을 하는 회사는 배당액의 일정액을 이익준비금으로 적립하여야 하는데 이는 이익잉여금의 구성항목에 해당한다.

(4) 수익과 비용

Key Standard

> 수익은 자산의 증가 또는 부채의 감소로서 자본의 증가를 가져오며, 자본청구권 보유자의 출자와 관련된 것을 제외한다. 비용은 자산의 감소 또는 부채의 증가로서 자본의 감소를 가져오며, 자본청구권 보유자에 대한 분배와 관련된 것을 제외한다. (재무보고를 위한 개념체계: 문단 4.68 및 4.69)

한 마디로 기존 자본청구권 보유자인 주주로부터의 출자나 주주에 대한 분배는 각각 수익이나 비용에 해당하지 않는다. 결국 수익과 비용은 보고기업의 재무성과와 관련한 요소이며, 관련된 자산과 부채의 변동을 동반하는 재무제표 요소이다.

개념 Plus 우리나라의 재무보고를 위한 개념체계는?

재무보고를 위한 개념체계는 국제회계기준위원회가 2010년의 개념체계를 2018년에 새롭게 개정한 개념체계로, 우리나라에서는 한국회계기준원이 이를 2019년에 번역하여 공표하였다. 새로운 개념체계에서는 자산이 권리로부터 발생함을 명확히 하였고, 부채는 의무에 초점을 맞추어 기존의 개념을 다소 변경하였다. 이처럼 개념체계 역시 불변의 개념이 아니라 이해관계자의 참여와 다양한 견해의 반영으로 변경될 수 있음을 이해하자.

2.5 인식과 제거

인식은 자산, 부채, 자본, 수익 또는 비용과 같은 재무제표 요소 중 하나의 정의를 충족하는 항목을 재무상태표나 재무성과표(포괄손익계산서 등)에 포함하기 위하여 포착하는 과정을 말한다. 인식은 그러한 재무제표 중 하나에 어떤 항목을 명칭과 화폐금액으로 나타내고, 그 항목을 해당 재무제표의 하나 이상의 합계에 포함시키는 것과 관련된다. 이렇게 자산, 부채 또는 자본이 재무상태표에 인식되는 금액을 '**장부금액**'이라고 한다.

재무제표의 요소는 각 요소별 정의를 충족하여야 인식할 수 있고, 그에 따른 결과로 수익, 비용 또는 자본변동을 인식하는 것이 재무제표이용자들에게 목적적합하고, 표현충실한 정보를 제공하는 경우에만 인식한다. 예를 들어, 특정 지출액이 유형자산 등 자산의 정의에 충족하지 못하거나, 충족한다고 하더라도 목적적합성과 표현충실성을 제공하지 못할 경우에는 재무제표에 인식할 수 없다.

인식과 대비되는 개념으로 **제거**는 기업의 재무상태표에서 이미 인식된 자산이나 부채의 전부 또는 일부를 삭제하는 것이다. 제거는 일반적으로 해당 항목이 더 이상 자산 또는 부채의 정의를 충족하지 못할 때 발생한다. 자산은 기업이 인식한 자산의 전부 또는 일부에 대한 통제를 상실하였을 때, 부채는 기업이 인식한 부채의 전부 또는 일부에 대한 현재의무를 더 이상 부담하지 않을 때 일반적으로 제거한다.

개념 Plus 검색가능성 vs 편집가능성

'검색(search)'만으로는 새로운 지식이 만들어지지 않는다. 검색된 지식과 정보들을 '재검색(re-search)'하여 새로운 지식연관구조를 만들어야 한다. 재검색이 반복되다 보면 어느 순간 새로운 차원의 지식구성이 가능해진다. 편집가능성이 '발견(discovery)'되는 것이다. 이제까지 전혀 연관이 없어 보였던 정보와 정보들 간의 새로운 연관관계가 발견된다는 이야기다. '검색엔진'이 '발견엔진'으로 승화하는 순간이다.

'재검색'과 '발견'이라는 에디톨로지가 미래의 지식권력을 결정한다. 장기적인 관점에서 애플이 구글을 이기기 어렵다는 예언은 바로 이런 '편집가능성' 때문이다. 단지 스티브 잡스가 죽었기 때문이 아니다. 스티브 잡스가 고집한 애플의 폐쇄적인 구조로는 데이터의 축적과 편집가능성에 한계가 있다는 이야기다. 김정운, 「에디톨로지」 중에서

개념 Plus IASB의 개념체계에 대해 알아볼까요?

The International Accounting Standards Board issued the revised Conceptual Framework for Financial Reporting, a comprehensive set of concepts for financial reporting, in March 2018.

It sets out:

- the objective of financial reporting
- the qualitative characteristics of useful financial information
- a description of the reporting entity and its boundary
- definitions of an asset, a liability, equity, income and expenses
- criteria for including assets and liabilities in financial statements (recognition) and guidance on when to remove them(derecognition)
- measurement bases and guidance on when to use them
- concepts and guidance on presentation and disclosure

Purpose:

- to assist the Board to develop IFRS Standards based on consistent concepts, resulting in financial information that is useful to investors, lenders and other creditors
- to assist preparers of financial reports to develop consistent accounting policies for transactions or other events when no Standard applies or a Standard allows a choice of accounting policies
- to assist all parties to understand and interpret Standards (IASB 홈페이지 참조)

연습문제

서술형

1 "K-IFRS를 적용하여 재무제표를 작성하는 목적은 모범답안과도 같은 진정한 당기순이익을 구하기 위한 것이다"라는 주장에 동의하는지 아니면 동의하지 않는지 그 이유를 명시하여 설명하시오.

2 재무보고를 위한 개념체계는 회계기준을 개발하는 데 어떤 의미가 있는지 토의해보시오.

3 현재의 경제·사회적 환경하에서 일반적으로 인정되고 있는 재무보고의 목적은 무엇인가? 그리고 이러한 재무보고의 목적은 시간의 경과와 사회·경제적 환경의 변화 또는 지역·국가 간에도 달라질 수 있는가? 재무보고의 목적이 달라짐에 따라 회계기준도 상이하게 달라질 수 있는가?

4 기업 간 재무제표의 비교가능성 제고를 위해 동일 업종에 속하는 모든 기업의 회계처리와 회계정책을 통일하는 것이 바람직한가? 그리고 통일화에 따른 비용과 효익 측면에서 논의해보시오.

5 현재 우리나라는 3종류의 회계기준이 적용되고 있다. 각각 무엇인가? 이렇게 준거해야 할 회계기준이 3종류로 나뉘게 됨에 따라 어떤 사회적 비용이 수반되고, 또 효익은 무엇인지 토의해보시오.

6 재무회계의 기본개념과 개념체계에 관한 다음의 내용이 타당한지 설명해보시오.

(1) 역사적 원가모형에 의해 이론적으로 정확한 재무제표를 작성하거나, 정확한 당기순이익을 구하는 것이 현실적으로 가능하도록 하고, 의사결정에 목적적합성을 높여주기 위한 접근을 시도하려는 의도에서 재무보고의 개념체계를 구축하게 되었다.

(2) 공정가치 평가모형(가령, 시장가치 또는 현재가치)이 현실의 불확실한 상황하에서는 신뢰성있는 정보를 제공해주지 못할 가능성이 있기 때문에, 비록 목적적합성이 부족하다고 하더라도 역사적 원가모형에 의한 회계정보가 공정가치 평가모형에 의한 정보보다 의사결정의 유용성을 제고할 수 있다.

(3) 재무보고의 역할과 의의로서 채권자, 주주로부터 경영자에게 맡겨진 자원의 활용과 성과에 대한 수탁책임의 이행에 관한 정보제공은 의사결정의 유용성을 제고하기 위한 재무보고 목적에 포함되지 않는다.

(4) 재무보고서는 정확한 서술보다는 상당 부분 추정, 판단 및 모형에 근거하며, '개념체계'는 그 추정, 판단 및 모형의 기초가 되는 개념을 정한다.

문제 풀이형

1 재무보고를 위한 개념체계에 대한 다음의 설명 중 타당하지 않은 부분을 모두 지적하고 바로잡으시오.

(1) 정보가 누락되거나 잘못 기재된 경우 특정 보고기업의 재무정보에 근거한 정보이용자의 의사결정에 영향을 줄 수 있다면 그 정보는 중요한 것이므로 중요성은 목적적합성의 한 측면이라고 할 수 있다.

(2) 표현충실성이란 중대한 오류나 편의가 없고 객관적으로 검증가능하며 표현하고자 하는 바를 충실하게 표현하고 있다고 이용자가 믿을 수 있다는 것을 의미한다.

(3) 기업이 전액 정부보조금을 받아 유형자산을 취득한 경우, 대가를 부담하지 않았기 때문에 취득원가를 0으로 보고한다면, 역사적 원가에 충실한 것이므로 표현충실성의 질적 속성과 의사결정 유용성을 동시에 충족시켜준다.

(4) 재무회계정보의 바람직한 속성 중 목적적합성, 표현충실성은 근본적 질적 특성으로, 비교가능성, 검증가능성, 적시성, 이해가능성을 목적적합성과 충실한 표현을 위한 4가지 보강적 질적 특성이라 한다.

2 국제회계기준에 대한 다음의 설명내용 중 타당하지 않은 부분을 지적하고 바로잡으시오.

(1) 국제회계기준위원회(IASB)가 재무제표 작성자로 하여금 회계기준을 준거하도록 강제화할 수 있는 감독권한을 갖고 있기 때문에, 우리나라 기업이 국제회계기준(IFRS)을 준거하기로 하였다면 모든 기업이 IFRS를 의무적으로 준수해야 한다.

(2) 모든 자산이나 부채항목에 대해 공정가치 평가결과 산출되는 평가이익이나 평가손실은 당기순이익의 변동성에 영향을 미쳐 경영성과의 왜곡현상이 생기는 것을 보완하기 위해 재무상태표의 기타포괄손익누계액에 직접 반영한다.

(3) 국제회계기준위원회는 조만간 IASB와 같은 국제적인 회계감독기구를 구성하여 각국의 재무제표 작성자들이나 감사인들이 IFRS를 준수하고 있는지 여부를 확인하고 감독할 예정이다.

(4) 국제회계기준은 연결재무제표를 중심으로 연결실체가 재무제표를 작성하는 것을 전제로 하고 있기 때문에 포괄손익계산서도 '연결포괄손익계산서', 재무상태표도 '연결재무상태표'를 작성할 것을 요구한다.

3 재무보고의 목적과 질적 특성

재무보고를 위한 개념체계에서는 기업실체의 재무정보를 가장 많이 사용하는 대표적 외부이용자로 투자자와 채권자를 상정하고, 이들을 위한 재무보고의 목적과 유용성 및 한계에 대하여 설명하고 있는데, 다음에 제시한 내용 중 타당하지 않은 부분을 지적하고 바로잡으시오.

(1) 정보가 누락되거나 잘못 기재된 경우 특정 보고기업의 재무정보에 근거한 정보이용자의 의사결정에 영향을 줄 수 있다면 그 정보는 중요한 것이다. 따라서 중요하지 않은 정보는 정보이용자의 의사결정에 영향을 미치지 않기 때문에 중요성은 표현충실성의 한 측면

이라고 할 수 있으며, 중요성은 개별기업 수준에서 적용하는 표현충실성의 한 측면이라고 볼 수 있다.

(2) 표현충실성이란 중대한 오류나 편의가 없고 객관적으로 검증가능하며 표현하고자 하는 바를 충실하게 표현하고 있다고 이용자가 믿을 수 있다는 것을 의미하므로 정확성과 일치하는 개념이다.

(3) 표현충실성은 정보가 누락됨으로써 그릇되거나 오해를 유발하여 신뢰성이 상실되고 목적적합성이 떨어지지 않도록 하는 비교가능성, 어느 한편의 이해관계에 치우치지 않는 신중성, 현상의 기술에 오류나 누락이 없다는 적시성으로 세분할 수 있다.

(4) '형식보다 실질의 우선'의 개념은 회계처리에 있어 경제적 실질보다는 법적 형식을 우선해야 한다는 일반원칙을 의미한다.

4 K-IFRS와 공시

다음은 K-IFRS를 조기 도입하여 적용하고 있는 기업의 재무제표에 대해서 스터디모임에서 진행된 대화내용의 일부이다. 이 중 옳지 않은 내용을 모두 지적하고 바로잡으시오.

(1) 국제회계기준에서는 재무제표에 표시할 최소한의 계정과목만을 제시하고, 재무제표의 세부 순서나 형식 등은 '재무제표 표시' 기준서에서 자세히 언급하고 있다.

(2) 기업의 선택에 따라 재무제표에 추가적인 계정과목, 제목 및 중간합계를 기재하는 것은 허용되지 않는다.

(3) 국제회계기준을 적용함에 따라 재무상태표와 포괄손익계산서의 계정과목 수가 종전의 기업회계기준(K-GAAP) 적용시보다 대체로 증가한 것으로 나타났다.

(4) 재무제표 본문에서 공시내용을 상세히 기재하도록 요구함에 따라 주석의 페이지 수는 대폭 감소한 것으로 나타났다.

5 재무보고를 위한 개념체계 등에 대한 다음의 설명 중 타당하지 않은 부분을 모두 지적하고 바로잡으시오.

(1) 재무회계기준의 바람직한 속성으로는 재무정보를 생산해내는 과정에서 준거해야 할 품질관리 기준적 성격, 보편타당한 성격, 사회·경제적 제도변화에 따라 변화되지 않는 안정성을 갖고 있어야 한다.

(2) 재무회계기준 제정시에는 회계 행위가 이루어지고 있는 현실을 반영하여야 하기 때문에 회계환경에 대한 특별한 가정을 설정할 필요는 없다.

(3) 계속기업의 가정은 기업실체가 그 목적과 의무를 이해하기에 충분할 정도로 장기간 존속할 수 있는 기업은 현실적으로 존재할 수 없기 때문에 회계에서는 그 의미를 찾을 수 없다.

(4) 회계기간의 가정은 기간별 재무상태와 경영성과에 관한 정보를 산출할 필요가 생기더라도 오늘날 회계에서는 발생주의를 채택하고 있기 때문에 큰 의미는 없다.

(5) 적시에 보고되지 않았더라도 의사결정에 유용하다면 적시성의 질적 속성은 근본적 질적 속성에 해당하므로 목적적합성과 표현충실성보다 더 중요하다.

Chapter

3 자산 · 부채의 평가와 측정기준

학 · 습 · 목 · 표

이제 회계원리에 대한 복습과 재무회계의 개념적 틀에 대한 이해를 바탕으로 본격적으로 재무회계의 내용을 배울 단계에 왔다. 그 전에 한 가지 학습해야 할 것은 재무회계의 기본이 되는 자산 · 부채의 평가 및 그 기준이 되는 공정가치의 개념이다. 우선 자산 · 부채의 평가가 왜 필요하며 그것이 이익의 측정과 어떤 관련성이 있는지를 검토한다. 특히 의사결정자의 입장에서는 기업의 재무상태와 경영성과를 판단하는 데 유용한 정보를 구하는 것이 목적인데, 그 점에서 자산 · 부채의 평가가 회계정보에 어떻게 영향을 주는지를 학습한다. 추가적으로 공정가치의 개념에 대해 학습하고 공정가치를 평가하는 데 있어 많이 쓰이는 방법 중 하나인 현재가치의 개념 및 계산방법에 대해 학습한다.

이 장에서는 '재무보고를 위한 개념체계'와 공정가치와 관련된 한국채택국제회계기준 제1113호 '공정가치측정'에 대한 설명도 포함된다.

제1절 자산 · 부채의 평가(측정)

제2절 공정가치

제3절 현금흐름기준 측정기법

제1절 자산·부채의 평가(측정)

1.1 결산수정분개와 자산·부채에 대한 평가(측정)

회계순환과정을 요약하면 기중에 발생하여 기록된 거래의 최종 결과를 표시하는 수정전 시산표에 결산수정분개를 반영하여 수정후 시산표를 작성하고 이를 통해 최종 재무제표를 확정하는 것이다. 보통 기업은 기중에는 일상적인 거래를 위주로 경영활동에 대한 회계기록을 유지하다가 기말에 기업의 모든 자산·부채의 상황을 검토하여 마무리하는 결산이라는 과정을 수행한다.

이러한 결산수정분개의 핵심은 자산과 부채의 기말 금액을 어떻게 확정하느냐 또는 자산과 부채의 금액을 어떻게 평가하느냐로 귀결된다. 동일한 과정을 통해 관련 수익 또는 비용이 추가로 인식되거나 조정된다. 자산의 경우라면 평가증은 수익으로, 평가감은 손실로 나타날 것이다. 즉, 자산·부채의 평가와 이익측정은 복식부기의 원리를 통해 직접적으로 관련되어 있다.

이와 같이 자산·부채의 평가는 앞의 결산수정분개의 설명과 같이 기본적으로는 발생기준에 따라 인식되며 또한 금액의 측정을 위해 추가적인 평가기준이 필요하다.

(1) 왜 추가적인 평가기준이 필요한가?

한 마디로 자산·부채의 취득시점의 상황과 기말 결산시점의 상황이 다를 수 있고 그 상황에 따라 평가방법도 달리 적용하는 것이 합리적일 수 있기 때문이다. 예를 들어 기중에 건물을 1억원에 취득한 경우 기말시점에서 이 건물의 가치를 어떻게 평가할 것인가를 생각해보면,

첫째, 취득한 금액 그대로 평가하는 방법(역사적 원가)

둘째, 건물의 처분시에 받을 수 있는 금액(공정가치)으로 평가하는 방법

셋째, 건물의 임대를 통해 받게 될 미래현금흐름의 현재가치(사용가치)로 평가하는 방법

넷째, 비슷한 자산을 기말시점에 취득하는 경우에 지불하여야 할 금액(현행원가)으

로 평가하는 방법 등이 있을 수 있다.

재무보고를 위한 개념체계에서는 이와 같은 대체적인 평가방법을 '**측정기준**'이라 정의한다. 여러 가지 측정기준 중 어떤 방법을 선택하는 것이 적절한지는 상황에 따라 달라질 수 있다. 단, 자산·부채에 대해서는 측정기준 대신 평가기준이라는 표현을 많이 사용하므로 여기서도 평가기준이라는 용어를 사용하였다. 참고로 제2장 제1절의 [예제 2-2] 측정속성에 대한 이해 부분을 보충해서 살펴보기 바란다.

1.2 측정기준

Key Standard

> 재무제표에 인식된 요소들은 화폐단위로 수량화되어 있다. 이를 위해 측정기준을 선택해야 한다. 측정기준은 측정 대상 항목에 대해 식별된 속성이다. 자산이나 부채에 측정기준을 적용하면 해당 자산이나 부채, 관련 수익과 비용의 측정치가 산출된다. (재무보고를 위한 개념체계: 문단 6.1)

개념체계에 따르면 측정기준은 크게 역사적 원가와 현행가치로 구분된다. 다시 역사적 원가는 상각후원가를 포함하며, 현행가치에는 ① 공정가치, ② 사용가치와 이행가치, ③ 현행원가가 포함된다. **현재가치**(present value, 현금흐름기준 측정)는 개념체계상 별도의 측정기준은 아니고, 상각후원가, 공정가치, 사용가치와 이행가치를 추정하기 위해서 사용되는 측정기법이다. [그림 3-1]은 개념체계에 따른 측정기준을 제시한다.

역사적 원가(historical cost)는 자산, 부채 및 관련 수익 비용을 발생시키는 거래나 그 밖의 사건의 가격에서 도출된 정보를 사용하여 화폐적 정보를 제공하는 측정치이다. 자산의 경우에는 취득 또는 창출을 위하여 지급한 대가에 거래원가를 포함한 금액이며, 부채는 부채를 발생 또는 인수하면서 수취한 대가에서 거래원가를 차감한 가치이다. 다시 말해서 역사적 원가는 자산 및 부채 거래가 발생하는 과정에서 확정된 금액을 계속하여 유지하는 측정기준이다.

따라서 측정기준은 자산의 손상이나 손실부담에 따른 부채와 관련되는 경우를 제외하고는 가치의 변동을 반영하지 않는다. 다만, 역사적 원가로 측정되는 자산 중 감가상

그림 3-1 개념체계에 따른 측정기준

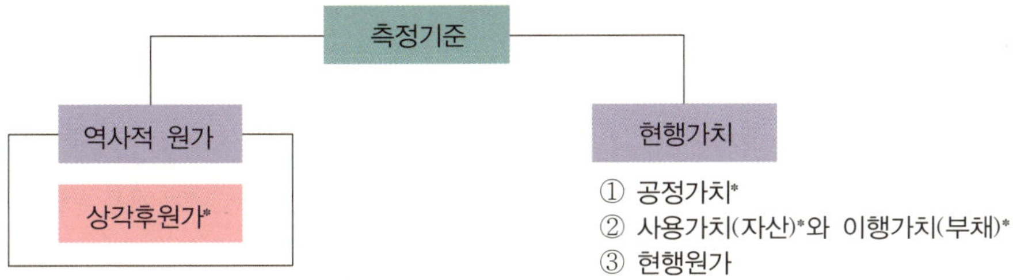

* 현금흐름기준(현재가치) 측정기법을 사용할 수 있음

각, 대금의 회수, 손상 및 이자가 발생되는 경우에는 시간의 경과에 따라 화폐금액이 갱신되어야 한다. 역사적 원가로 측정되는 부채 역시 부채의 일부 또는 전부의 이행, 이자가 발생되는 경우 시간의 경과에 따라 갱신되어야 한다. 결국 역사적 원가는 거래 발생일의 정보를 기준으로 하여, 손상이나 시간의 경과에 따른 금액의 변동을 반영하는 기준이다.

현행가치(current value)는 역사적 원가와는 달리 측정일의 조건을 반영하기 위해 갱신된 정보를 사용하여 자산, 부채 및 관련 수익과 비용의 화폐적 정보를 제공한다. 따라서 해당 정보의 갱신으로 이전 측정일 이후의 변동이 반영된다. 이와 같은 현행가치는 크게 공정가치, 사용가치와 이행가치, 그리고 현행원가로 구분되는데 이를 자세히 살펴보면 다음과 같다.

첫째, **공정가치**(fair value)는 측정일에 시장참여자 사이의 정상거래에서 자산을 매도할 때 받거나 부채를 이전할 때 지급하게 될 가격이다. 이 측정기준은 시장참여자의 관점을 반영하며, 활성시장에서 관측되는 가격으로 직접 결정되거나 현금흐름기준 측정기법을 사용하여 간접적으로 결정된다. 예를 들어, 기업이 보유한 상장주식의 공정가치는 측정일의 종가로 직접 결정되기도 하지만, 비상장주식의 경우에는 현금흐름할인법에 따른 가치평가기법에 따라 금액이 결정되기도 한다. K-IFRS는 이와 같은 공정가치의 개념을 매우 중시하는데, 이에 대해서는 제2절에서 자세히 설명한다.

둘째, **사용가치**(value in use)와 **이행가치**(fulfillment value)는 각각 자산 및 부채와 관련된 측정기준이다. 사용가치는 기업이 자산을 사용(또는 처분)함에 따른 현금흐름이나 경제적효익의 현재가치이며, 이행가치는 부채를 이행하면서 제공하는 현금이나 경제적 자원의 현재가치이다. 이 측정기준은 시장참여자 전체적인 관점의 가정보다는 기업 특유의 가정을 반영한다는 점에서 공정가치와는 상이한 개념이라고 할 수 있다.

셋째, **현행원가**(current cost)는 측정일에 동등한 자산을 취득한 경우 지급할 대가와 그 날에 발생할 거래원가를 포함하며, 부채의 현행원가는 측정일에 동등한 부채를 인수할 경우 수취할 수 있는 대가에서 그 날에 발생할 거래원가를 차감하는 개념이다. 즉, 매 측정일마다 자산을 다시 되사거나 부채를 상환해야 할 경우 그 가액을 나타내는 개념이다.

한편, 현금흐름 측정기법(현재가치 측정)은 화폐의 시간가치를 고려하는 개념으로서 별도의 측정기준이 아니라, 역사적 원가 중 상각후원가, 현행가치 중 공정가치, 사용가치와 이행가치의 측정치를 추정하기 위해서 사용되는 일종의 수단이라고 할 수 있다. 현금흐름 측정기법은 이와 같이 다양한 측정기준을 달성하기 위하여 다방면에서 이용되는 중요한 개념이므로, 제3절에서 상세하게 설명하기로 한다.

1.3 특정 측정기준에 의하여 제공되는 정보

역사적 원가 측정기준은 자산과 부채의 발생 시 적어도 거래 또는 사건의 가격에서 도출된 정보를 부분적으로 사용하므로 재무제표이용자에게 목적적합할 수 있다. 또한 매출원가, 감가상각비 등 매각이나 소비되는 자산의 원가에 대한 정보는 이익예측의 투입변수 등에 사용할 수 있어 예측가치를 가질 수 있으며, 종전 예측의 피드백을 제공하므로 확인가치를 가질 수 있다. 이 경우 매출원가 등 역사적 원가를 이용한 측정기준은 경영진의 경제적 자원을 사용하는 책임인 수탁책임에 대한 평가에 도움이 될 수 있다.

현행가치 중 공정가치는 미래현금흐름의 금액, 시기 및 불확실성에 대한 시장참여자의 현재 기대를 반영하므로 예측가치와 확인가치를 가질 수 있으며, 역시 경영진의 수탁책임 평가에 도움이 될 수 있다. 사용가치와 이행가치는 각각 자산 및 부채로부터의 미래순현금유출입을 평가하는데 사용할 수 있고, 피드백을 제시할 수 있어 예측가치와 확인가치를 가질 수 있다.

마지막으로 현행원가는 역사적 원가와 마찬가지로 소비된 자산의 원가나 부채의 이행에서 생기는 수익에 관한 정보를 제공하여 미래 이익을 예측하는데 유용하게 사용될 수 있다.

1.4 측정기준을 선택할 때 고려할 요인

앞서 제시된 다양한 측정기준 중 어떤 측정기준을 선택해야 하는지를 결정하는 단일한 요인은 없으며, 어떤 요인이 더 중요한지는 특정한 사실과 상황에 따라 달라질 것이다. 중요한 점은 측정기준에 의해 제공되는 정보는 결국 재무제표이용자에게 유용해야 한다는 점으로, 이를 달성하기 위해서는 정보가 목적적합하고, 나타내고자 하는 바를 충실하게 표현하는데 도움이 되어야 한다.

먼저, 목적적합성을 위해서는 자산이나 부채의 특성이나 미래현금흐름에 대한 기여를 고려할 필요가 있다. 예를 들어, 자산(부채)의 특성상 시장요인이나 위험에 따라 가치가 크게 변동하는 파생상품의 경우에는 역사적 원가에 기초한 측정치(예: 상각후원가)보다는 현행원가에 기초한 측정치(예: 공정가치)가 제무제표이용자에게 더 목적적합할 것이다. 또한 기계장치를 사용하여 기업의 미래현금흐름에 기여하는 경우에는 현행가치와 역사적 원가가 모두 목적적합한 측정기준일 수 있다. 왜냐하면 기업은 보유한 기계장치를 처분하여 직접적인 현금흐름을 창출할 경우에는 현행가치가 목적적합하며, 기계장치를 다른 경제적 자원과 결합하여 현금흐름을 간접 창출하는 경우에는 취득원가의 비용배분에 초점을 맞추는 역사적 원가가 더욱 목적적합할 것이기 때문이다.

표현충실성과 관련해서는, 특정 자산 및 부채가 관련될 경우 서로 다른 측정치를 사용하게 되면 측정불일치가 발생할 수 있으므로 유용한 정보제공을 위해서 동일한 측정기준을 사용하는 것이 필요할 수 있다.

제2절 공정가치

2.1 공정가치의 기본개념

Key Standard

공정가치는 측정일에 시장참여자 사이의 정상거래에서 자산을 매도하면서 수취하거나 부채를 이전하면서 지급하게 될 가격(즉, 유출가격)으로 정의한다. (K-IFRS 1113: 문단 9)

위의 정의에 나타나 있듯이 공정가치는 정상거래에서 자산을 매도하면서 수취하거나 부채를 이전하면서 지급하게 될 가격을 말한다. 이때 부채를 이전하면서 지급하게 될 가격이란 어떤 의미인가? 나의 부채 또는 내가 부담하여야 할 부채로부터 벗어나기 위하여 상대방에게 부채를 떠넘기면서 그 대신 보상해주어야 할 금액을 말한다.

한편, 공정가치측정은 자산을 매도하거나 부채를 이전하는 거래가 다음 중 어느 하나의 시장에서 이루어지는 것으로 가정한다.

① 자산이나 부채의 주된 시장(active market)

② 자산이나 부채의 주된 시장이 없는 경우에는 가장 유리한 시장

여기서 왜 가장 유리한 시장을 언급하는 것일까? 이는 회계의 보수성 원칙에 위배되는 것처럼 보일 수 있지만 그렇지는 않다. 즉, 여러 시장이 있는 경우 자산을 매도하는 입장에서는 가장 유리한 시장에서 거래하는 것이 당연하기 때문이다. 그리고 공정가치를 측정할 때 주된(또는 가장 유리한) 시장의 가격에서 거래수수료, 법적 비용 등 거래원가는 조정하지 않는다.

개념 Plus 왜 거래원가를 조정하지 않는가?

이는 자산·부채를 실제로 처분하는(또는 처분해야 하는) 경우를 가정하는 것이 아니기 때문에 실제 처분시 수취하는 금액이 아니라 공정한 가치로 관련 금액을 표시하고자 하는 데 목적이 있기 때문이다. 단, 앞으로 배우게 될 손상회계(제5장 제4절 참조)의 경우는 처분부대원가를 조정하는데 이를 '순공정가치'라 한다.

2.2 가치평가기법에 의한 공정가치의 추정

위 2.1에서 본 바와 같이 원칙적으로 공정가치는 시장에서의 유출가격으로 측정한다. 만약 자산이나 부채의 가격이 시장에서 직접 관측가능하지 않을 경우 관련된 관측가능한 변수의 사용을 최대화하고 관측가능하지 않은 변수의 사용을 최소화하는 다른 가치평가기법을 이용하여 공정가치를 측정하게 된다. 가치평가기법을 사용하는 목적은 측정일에 현행 시장 상황에서의 정상거래 가격을 추정하는 것이다.

그렇다면 왜 가치평가기법이 중요한가? 많은 자산·부채의 경우 정상적인 거래가 일어나는 시장이 존재하지 않을 가능성이 있기 때문이다. 따라서 그런 경우 공정가치를 측정하는 다른 방법이 강구되어야 하며 그러한 방법이 가치평가기법이다.

K-IFRS 제1113호 '공정가치측정' 기준서에 따라, 일반적으로 많이 이용되는 가치평가기법에는 시장접근법, 원가접근법 및 이익접근법 세 가지가 있다.

- **시장접근법**: 동일하거나 비교가능한 자산, 부채 또는 자산과 부채의 집합인 사업에 대한 시장거래에서 생성된 가격이나 기타 관련 정보를 사용한다. 이때 비교가능대상들로부터 도출된 시장 배수(market multiples)를 이용할 수 있다.
- **원가접근법**: 자산의 사용 능력을 대체하는 데 현재 필요한 금액을 반영하는 방법으로 통상 현행대체원가법이라고 불린다. 공정가치는 원칙적으로 유출가격으로 측정하게 되어 있지만 이 방법은 예외적으로 유입가격의 개념이 적용되는 경우이다.
- **이익접근법**: 이익접근법은 미래 금액(예: 현금흐름 또는 미래의 수익과 비용)을 현재가치로 할인한 금액으로 평가하는 방법이다. 이익접근법을 이용하면 공정가치측정치는 그러한 미래 금액에 대한 현행의 시장 기대를 반영한다. 이익접근법의 예를 들면 다음과 같다.

  ① 현재가치기법

  ② 옵션가격결정모형

  ③ 일부 무형자산의 공정가치를 측정하는 데 사용되는 다기간 초과이익법

표 3-1 가치평가기법과 평가대상 항목

기법	평가대상
■ 시장접근법	
시장공시가격	주식(지분증권)
시장배수법	비상장주식(예; 유사한 종목의 PER를 이용)
매트릭스가격결정법	유사한 채무증권(가격이 공표된 벤치마크 증권과의 관계를 고려하여 평가)
■ 이익접근법	
현재가치법	거래가 활발하지 않은 채무증권, 비상장주식
다기간초과이익법	고객관계, 기술자산 등 사업결합시 취득한 무형자산
로열티면제법	상표권, 특허, 기술 등에 대해 이를 외부에서 조달하였다면, 지급하였을 기회비용
■ 원가접근법	
상각대체원가법	공장설비와 비품 등 물리적, 기능적, 경제적 손상을 고려하여 동일한 자산으로 대체하는 데 소요되는 비용

이러한 가치평가기법 중 가장 많이 사용되는 방법은 무엇인가? 시장에서 공정가치가 측정되는 경우는 당연히 그 가치를 사용하지만 그렇지 않은 경우 가치평가기법을 사용하게 되는데 그 중 가장 대표적인 것이 현재가치기법으로 회계정보의 산출시 가장 널리 사용되고 있다. 그리고 평가대상에 따라 일반적으로 적용되는 가치평가기법을 정리하면 [표 3-1]과 같다.

2.3 공정가치평가의 유용성

공정가치평가가 유용한 이유는 재무보고의 목적과 관련이 있다. 즉, 이해관계자들이 합리적 의사결정을 하는 데 있어 유용한 정보를 제공하는데 도움이 되기 때문이며 이것이 바로 목적적합성이다. 그 이유를 상세히 살펴보면 다음과 같다.

첫째, 기업의 미래현금흐름 또는 현금창출능력을 평가하는 데 적합하다. 예를 들어 금융상품을 취득원가로 평가하지 않고 공정가치로 평가한다면 그 자산을 미래에 처분하였을 때 유입될 금액을 더 잘 나타낼 것이다.

둘째, 자산·부채의 매수, 보유 또는 처분에 대한 기업의 의사결정의 결과로 나타나는 성과를 적절히 반영한다. 예를 들어 금융상품을 처분하지 않고 보유하기로 의사결정을 한 경우 공정가치로 평가하는 경우에만 그 성과가 당기손익에 반영될 것이기 때문이다.

셋째, **이익조정거래**(gains trading)를 예방한다. 예를 들어 장기간 보유하고 있는 금융상품의 시장가치가 많이 증가한 경우 취득원가로 계속 평가해 왔다면 처분시에만 그 가치의 증가분을 이익으로 인식할 수 있다. 따라서 기업 입장에서 당기에 회계상 이익이 필요하면 시장가치가 증가한 자산을 이번 회계연도에 처분하고, 차기에 회계상 이익을 내는 것이 더 유리한 경우 다음 회계연도에 처분하는 등 이익조정의 여지가 있게 된다. 그러나 공정가치로 계속 평가하였다면 매 기간 발생한 가치의 증가분이 매 기간에 이익으로 인식되었을 것이므로 이익을 인위적으로 조정할 수 없게 된다.

K-IFRS를 적용하는 현행 회계실무에서는 공정가치평가가 다음과 같은 경우에 실제 널리 사용되고 있다.

표 3-2 공정가치평가와 회계실무

측정시점	회계실무 예
최초측정	교환에 의한 취득, 현물출자, 자산의 무상취득, 금융상품의 매수
후속측정	재고자산 저가평가, 금융상품평가, 유·무형자산 재평가, 손상평가

개념 Plus K-IFRS에서 공정가치의 위상은?

목적적합성과 표현충실성으로 나누어지는 회계정보의 근본적 질적 특성은 제2장에서 본 바와 같이 실질적으로 상충관계에 있을 수 있다. 그러나 K-IFRS에서는 두 가지 근본적 질적 특성을 적용하는 단계적 접근법에서 목적적합성을 우선적으로 고려하도록 요구하고 있다. 간단히 설명하면 우선 목적적합한 정보를 식별한 후 그 정보가 충실하게 표현될 수 있는지를 검토하여야 하고, 만약 그렇지 않다면 차선의 목적적합한 정보를 식별하여 다시 그 정보에 대한 표현충실성을 검토하는 과정을 반복하여야 한다는 것이다. 자산·부채의 평가방법과 관련하여서도 K-IFRS는 목적적합성이 높은 공정가치로의 평가를 확대적용하고 있다고 볼 수 있다. 좋은 예가 유형자산의 재평가를 허용하고 있는 것이다.

제3절 현금흐름기준 측정기법

3.1 현재가치의 의의

현재가치는 미래에 창출되는 현금흐름을 현재시점의 가치로 평가한 것이다. 미래의 가치와 현재의 가치가 다른 이유는 바로 **화폐의 시간가치**(time value of money) 때문이다.

만일 현재의 1억원과 3년후 시점의 1억원 중 어느 것을 택할지 질문을 받으면 어떻게 답할 것인가? 당연히 현재의 1억원을 택할 것이다. 그 이유는 1억원을 지금부터 3년 동안 사용할 수 있는 권리가 있기 때문이다. 현재의 1억원의 가치는 3년후 시점의 1억원의 가치보다 그 권리만큼 클 것이다.

그렇다면 그러한 권리의 가치는 어떻게 측정할까? 여기서 바로 이자(利子, interest)의 개념이 등장한다. 쉽게 생각하면 현재의 1억원을 은행에 정기예금하면 이자를 벌게 될 것이므로 매년 받을 수 있는 이자로 그 권리의 가치를 측정할 수 있을 것이다.

3.2 현재가치와 미래가치의 상관관계

이자율이 10%일 경우 현재시점의 ₩10,000의 1년후 가치는 원금 ₩10,000과 이자 ₩1,000을 포함하여 ₩11,000(=₩10,000×1.1)이 될 것이다. 다르게 보면 1년후 시점의 ₩11,000의 현재가치는 ₩10,000이 될 것이다. 즉, 이 경우 현재시점의 ₩10,000과 1년후 시점의 ₩11,000의 가치는 동일하다. 현재가치와 미래가치는 동전의 양면과 같은 관계이며 다음 [그림 3-2]와 같이 나타낼 수 있다.

그림 3-2 ▮ 현재가치와 미래가치

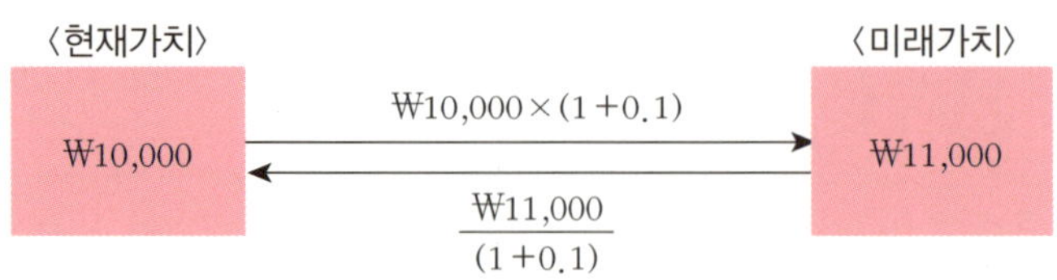

현재가치를 미래가치로 계산할 때는 일반적으로 우리가 알고 있는 **이자율**(interest rate)이라는 용어를 사용하지만 미래가치를 현재가치로 계산할 때는 이자율 대신 **할인율**(discount rate)이라는 용어를 마치 동전의 앞뒷면과 같이 사용한다.

3.3 단순이자율과 복리이자율

현재가치와 미래가치 간의 변환 계산을 위해서는 세 가지 요소가 필요하다. 즉, 금액, 이자율(주로 1년 단위의 이자율로 표시함), 그리고 기간이 그 요소이다. 위의 [그림 3-2]의 경우처럼 그 기간이 1년일 경우 이자율 적용이 매우 단순하다. 그러나 3년후 시점의 미래가치를 계산하는 경우라면, 1년후 시점에 받을 이자에 대해서도 2차년도 기간에 이자가 계산될 수 있는 것인지가 불분명하다. 즉, 이자가 재투자되어 이자에 이자가 붙느냐 아니냐가 결정되어야 3년후 시점의 미래가치를 계산할 수 있다.

이자에 이자가 붙지 않는 경우라면 단순이자율(simple interest rate)을 적용하고 이자에 이자가 붙는다면 복리이자율(compound interest rate)을 적용하게 된다. 이를 나타내면 [표 3-3]과 같다.

표 3-3 단순이자율과 복리이자율의 비교

연도	단순이자율 적용			차이	복리이자율 적용		
	이자계산	단순이자	누적원리금		이자계산	단순이자	누적원리금
1차연도	₩10,000×0.1	₩1,000	₩11,000	↔	₩10,000×0.1	₩1,000	₩11,000
2차연도	10,000×0.1	1,000	12,000	↔	₩11,000×0.1	1,100	12,100
3차연도	10,000×0.1	1,000	13,000	↔	₩12,100×0.1	1,210	13,310
		₩3,000	⇨	₩310	⇦	₩3,310	

그렇다면 이 두 가지 이자율 중 무엇이 현실적일까? 만약 은행에 3년짜리 정기예금을 하는 경우 은행에서 단순이자율을 적용하겠다고 하면 그것을 받아들이는 대신 1년짜리 정기예금을 한 후 1년후 받게 되는 원리금으로 다시 1년짜리 정기예금을 하고 다시 1년 후(총 2년후) 받게 되는 원리금으로 다시 1년짜리 정기예금을 하는 것이 더 유리할 것이다. 즉, 예금자 스스로 중간 기간의 이자를 재투자하여 단순이자율 대신 복리

이자율을 적용받을 수 있도록 하는 방법이 가능하다. 따라서, 현실은 물론 회계에서도 1년을 초과하는 장기의 경우 복리이자율을 적용하여 현재가치와 미래가치 간의 변환계산을 하는 것이 일반적이다.

3.4 현재가치의 계산

일반적으로 재무회계에서는 현재가치를 가지고 미래가치를 계산하는 경우보다 미래가치로부터 현재가치를 계산하는 경우가 훨씬 많다. 왜 그럴까? 앞의 제1절에서 본 바와 같이 회계에서는 결산과정에서 그 시점의 자산·부채를 평가하여야 한다. 자산의 경우 미래에 유입될 현금흐름을 가지고 결산시점의 가치를 평가하게 되기 때문에 회계에서 미래가치를 계산해야 하는 경우는 많지 않다. 한편 미래가치로부터 현재가치를 계산하여 수익을 인식하거나 자산의 취득원가를 계산하는 과정을 다음의 세 가지로 나누어 볼 수 있다.

① 미래시점의 단일금액을 현재가치로 계산
② 미래연금의 현재가치계산
③ 위 ①과 ②가 혼합된 경우

참고로 현재가치의 계산은 당연히 자산이나 부채의 평가 양 측면에 모두 해당되므로 편의상 다음의 (1), (2), (3)에서는 수익의 인식과 관련하여 미래에 수취하게 될 현금흐름을 현재가치로 할인하는 경우를 가정하여 설명한다. 이어서 (4), (5), (6)에서는 거래상대방의 입장에서 자산의 취득과 관련하여 미래에 지급하게 될 현금흐름을 현재가치로 할인하는 경우를 학습한다. 마지막으로 미래가치를 계산하여야 할 예외적인 경우는 (7)에서 다룬다.

(1) 미래시점의 단일금액을 현재가치로 계산

미래 특정 시점에 수취하는 단일금액의 현재가치를 계산하는 경우 필요한 정보는 할인율과 기간(현재와 미래시점 간의 기간)이다. 즉, 할인율이 10%일 경우 3년후에 받을 ₩10,000의 현재가치는 ₩10,000을 (1+0.1)로 세 번 나누어주면 될 것이다(앞의 복리

이자율을 적용하는 부록의 현재가치표를 참조). 즉, $\frac{₩10,000}{(1+0.1)^3}$ = ₩7,513이 된다. 이를 일반화하여 식으로 표시하면 다음과 같다.

■ 현재가치 = $\frac{\text{미래가치}}{(1+i)^t}$ 단, i는 할인율, t는 기간

실제로는 $(1+i)^t$로 나누는 것보다 $1/(1+i)^t$을 계산하여 미래시점에 주고받게 될 금액에 곱하는 방법을 주로 사용하며 편의상 단일금액 ₩1의 현재가치(부록: 현재가치표 [표 2])를 사용한다. 표를 사용하여 할인율이 10%일 경우 3년후에 받을 ₩10,000의 현재가치를 계산하는 방법은 다음과 같다. 단일금액 ₩1의 현재가치표에서 10%의 할인율을 나타내는 행과 3년이라는 기간을 나타내는 열이 교차하는 칸의 숫자를 구하면 0.7513이며 그 숫자를 ₩10,000에 곱해서 현재가치를 계산하면 된다.

그렇다면 이렇게 구한 현재가치(₩7,513)와 미래가치(₩10,000)의 차이는 무엇을 의미할까? 앞에서 배운 것처럼 할인율이 10%일 경우 현재가치(₩7,513)와 3년후의 미래가치(₩10,000)는 동일한 가치를 갖고 있다. 그러나 명목금액상으로는 차이가 있으며 그 차이(₩2,487)는 미래가치에서 현재가치로 계산했던 방법을 기준으로 본다면 할인된 금액이고 거꾸로 현재가치로부터 미래가치를 계산하는 방향으로 본다면 이자수익이다. 다음의 예제를 통해 자세한 계산방법 및 그 의미를 검토해보기로 한다.

예제 3-1 장기매출채권에 대한 현재가치계산

세기(주)는 2×13년 1월 1일에 제품을 판매하고 그 대가로 3년 만기 무이자부 ₩100,000권 약속어음을 받았다. 할인율이 10%인 경우 약속어음의 현재가치를 계산하고 판매시 기록해야 할 거래를 분개하시오.

| 풀이 |

약속어음의 현재가치의 계산: ₩100,000 × 0.7513(10%, 3년 현재가치요소) = ₩75,130

판매시점(2×13년 1월 1일)의 분개:

(차) 장기매출채권	100,000	(대)	현재가치할인차금	24,870
			매 출	75,130

위의 [예제 3-1]에서 매출로 인식해야 하는 금액은 ₩100,000이 되어야 할지 아니면 ₩75,130이 되어야 할지 검토해보자. 매출시 받은 어음의 명목가치는 ₩100,000이나 이 금액은 미래가치이며 현재가치로는 ₩75,130에 불과하다. 즉, 세기(주)의 고객은 실질적으로 해당 제품의 공정가치를 ₩75,130으로 보고 거래한 것이며, 그 금액을 현재시점에서 주는 대신에 같은 가치를 지니고 있는 3년후 미래가치 ₩100,000으로 지급한 것이므로 매출로 인식할 금액은 ₩75,130이 타당하다.

그렇다면 현재가치할인차금계정은 무엇인가? 현재가치할인차금계정은 손실충당금계정이나 감가상각누계액계정과 마찬가지로 차감계정(contra account)이다. 여기서는 장기매출채권이라는 자산의 차감계정으로 사용된 것이다. 현재가치할인차금계정을 별도로 사용하여 분개하는 이유는 3년후 받을 명목상의 금액을 표시하고자 함이다. 즉, 대변에 기록되었음에도 불구하고 현재가치할인차금계정은 장기매출채권계정과 실질적으로 한 몸이므로 장기매출채권계정의 장부금액 계산시 함께 고려(₩100,000－₩24,870＝₩75,130)해야 한다.

예제 3-2 현재가치계산과 수정분개

[예제 3-1]에 이어서 다음 각 시점별로 세기(주)가 기록해야 할 거래를 다음과 같은 단계로 나누어 회계처리하시오.

1. 2×13년 12월 31일, 2×14년 12월 31일, 2×15년 12월 31일의 결산수정분개
2. 2×15년 12월 31일의 어음의 원금회수에 관한 분개
3. 추가로 전체 3년의 기간을 한 회계기간으로 가정하고 이 거래를 분개형식으로 표시해 보시오.

| 풀이 |

시점별 현재가치의 계산

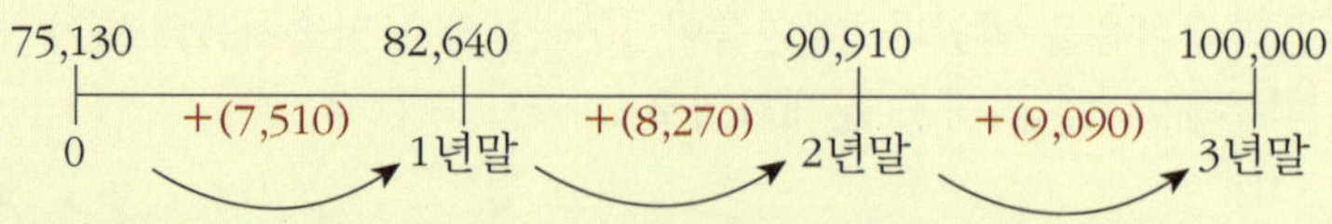

현 재 가 치: $100,000 \times (1.1)^{-3} = 100,000 \times 0.7513 = 75,130$

1년후 가치: $100,000 \times (1.1)^{-2} = 100,000 \times 0.8264 = 82,640$

2년후 가치: $100,000 \times (1.1)^{-1} = 100,000 \times 0.9091 = 90,910$

1. 판매시점의 분개와 매년말 결산수정분개

(차) 장기매출채권	100,000	(대) 현재가치할인차금	24,870
		매 출	75,130

2×13년 12월 31일

(차) 현재가치할인차금	7,510	(대) 이자수익	7,510

2×14년 12월 31일

(차) 현재가치할인차금	8,270	(대) 이자수익	8,270

2×15년 12월 31일

(차) 현재가치할인차금	9,090	(대) 이자수익	9,090

2. 2×15년 12월 31일 원금회수

(차) 현 금	100,000	(대) 장기매출채권	100,000

3. 3년의 기간을 한 회계기간으로 가정한 경우 계정과목과 금액을 분개형식으로 표시

(차) 현 금	100,000	(대) 매 출	75,130
		이자수익	24,870

저자의 Tip 판매시점에서 현재가치할인차금의 대변잔액(장기매출채권을 차감시켜주는)이 매 회계연도말 수정분개를 통해 줄어들게 되면 결과적으로 장기매출채권을 차감시켜주는 효과도 줄어들어 3차연도 말에는 장기매출채권의 명목상 금액인 ₩100,000에 도달한다.

위의 [예제 3-2]에서 각 회계연도말에 나타난 결산수정분개의 의미를 검토해보자. 판매시에 기록된 장기매출채권은 그 후 매년말 그 시점의 현재가치로 평가되어야 한다. 해당 장기매출채권의 현재가치는 기간의 경과에 따라 당연히 증가되어 3년후 시점의 현재가치는 ₩100,000이 될 것이다. 이와 같이 현재가치금액을 미래의 금액으로 변환시켜가는 과정이 필요하며 그것은 바로 앞에서 배웠듯이 이자수익을 인식하는 결산수정분개를 통해 이루어진다.

이자수익은 현재가치의 증분이며 발생기준에 따른 것이다. 이 경우 이자수익을 당장 현금으로 받지는 않고 3년후에 장기매출채권의 회수를 통해 받게 되므로, 이자수익의 인식은 장기매출채권이라는 자산의 증가를 통해 이루어진다. 단, 장기매출채권을 ₩100,000이라는 명목상의 금액으로 인식하면서 차감계정인 현재가치할인차금계정을 사용하였으므로 결산수정분개에서는 현재가치할인차금계정을 감소시키면서(이를 상각이라고 표현함) 이자수익을 인식하면 된다. 이는 매출시 현금 ₩75,130을 받은 후 그 현금을 3년후에 ₩100,000을 받을 수 있는 채권에 투자하여 이자수익을 얻는 것과 실

질적으로 같은 상황이다.

■ 현재가치할인차금상각의 계산방법

현재가치할인차금에 대한 상각의 계산을 위와 같이 시점별 현재가치를 계산해서 그 차이금액으로 할 수 있지만, 미래가치로도 계산할 수 있다. 가령 ₩75,130 상당의 채권을 취득하고 3년후에 ₩100,000을 받는 것으로 간주하여 2×13년말 분개시 ₩75,130에 10%를 곱하여 ₩7,513의 이자수익을 인식하고 차년도에 다시 (₩75,130+₩7,513)에 10%를 곱하는 식으로 계산한 후 끝자리수에 차이가 생기면 그것을 마지막연도에 조정하는 방법을 사용해도 상관없다. 실제로는 계산의 편의상 나중에 제시한 방법을 더 많이 사용한다.

■ 장기매출채권금액과 매출금액의 일치 여부

여기에서 혼동하지 말아야 할 점은 판매시점에는 당연히 장기매출채권의 현재가치와 매출금액이 같은데 그 후 조정되는 금액은 매출이 아니라 장기매출채권이라는 것이다. 현재가치할인차금 조정을 통해 장기매출채권의 장부금액이 해당 시점의 현재가치로 반영되며 3년이 지나면 미래가치와 같아지게 된다.

개념 Plus 장기매출채권에 대한 회계처리의 경제적 실질은 무엇인가?

모든 거래가 다 끝나고 난 상황에서 기업의 재무상태나 경영성과의 변화를 알 수 있도록 해준다. 즉, 현금의 증가 ₩100,000과 그 원천으로 매출의 발생 ₩75,130과 이자수익의 발생 ₩24,870이다. 결국 자산의 증가 ₩100,000과 수익의 발생 ₩100,000이다.

개념 Plus 그렇다면 판매시에 매출 ₩100,000으로 기록하면 무슨 문제가 있는가?

크게 보면 총수익이 ₩100,000 발생한 것은 동일하나 판매시에 매출 ₩100,000으로 기록하면 안 된다. 즉, 매출의 발생 ₩75,130(영업활동)과 이자수익(재무활동)의 발생 ₩24,870으로 구분하여야 하며, 또한 수익의 기간귀속 문제도 매우 중요하기 때문이다. 특히 공정가치로 평가한 매출금액이 ₩100,000이 아니고 ₩75,130이라는 사실은 매출총이익 및 영업이익의 계산에 영향을 줄 것이며, 그로 인해 의사결정자에게 매우 다른 정보를 주게 되는 것이다. 또한 전체 기간이 장기일 경우 현재가치와 미래가치의 명목상 차이 금액은 상대적으로 크고 중요하기 때문이다.

위의 [예제 3-2]의 경우 꼭 현재가치할인차금계정을 사용해야 하는가? 그렇지는 않다. 현재가치할인부분을 본 계정에서 직접 차감하는 것으로 표시할 수도 있으며 그 경우 판매시의 분개는 다음과 같다.

(차) 장기매출채권	75,130	(대) 매　　출	75,130*

* ₩100,000×0.7513(10%, 3년 현재가치이자요소)

추가로 2×13년 및 2×14년말의 관련 회계처리를 표시하면 다음과 같다.

2×13년말

(차) 장기매출채권	7,510	(대) 이자수익	7,510*

* 75,130×10% = 7,510(끝자리수 조정)

2×14년말

(차) 장기매출채권	8,270	(대) 이자수익	8,270*

* (75,130+7,510)×10% = 8,270(끝자리수 조정)

실질적인 의미만 생각한다면 위의 분개가 더 이해하기 쉬울 수도 있으며 위와 같이 하는 것도 전혀 잘못된 것은 아니다.

(2) 미래연금의 현재가치계산

연금은 동일한 금액이 일정기간 동안 계속적으로 유입되거나 유출되는 현금흐름을 말한다. 이러한 현금흐름은 기말에 유입되는 **정상연금**과 기초에 유입되는 **이상연금**으로 나눌 수 있는데 여기서는 정상연금을 기준으로 설명한다. 참고로 이상연금의 경우는 정상연금에 비해 한 기간씩 빨리 유입되는 것과 같으므로 그에 따른 조정을 한 후 계산하면 된다.

연금의 현재가치는 매 기간 유입되는 각 단일금액의 현재가치의 합과 같다. 각 단일금액의 현재가치를 계산할 때 주의할 점은 할인해야 할 기간이 다르므로 해당 기간을 각각 달리 적용해서 계산하여야 한다는 점이다. 예를 들어, 할인율이 10%일 경우 향후 3년 동안 매년 ₩10,000씩 받는 연금의 현재가치는 다음과 같이 계산할 수 있다.

연금의 현금흐름		현재가치의 계산	현재가치
시점	금액		
1년후	₩10,000	₩10,000/(1+0.1)	₩9,091
2년후	10,000	$10,000/(1+0.1)^2$	8,264
3년후	10,000	$10,000/(1+0.1)^3$	7,513
합계			₩24,868

위에서 보듯이 연금의 현재가치는 ₩24,868으로 계산되며 이는 당연하게도 명목상의 연금의 총합계인 ₩30,000(미래가치의 단순합계)보다 작다. 그 차이는 단일금액의 경우와 마찬가지로 연금 기간 동안 발생하는 이자를 의미한다. 이를 일반화하여 식으로 표시하면 다음과 같다.

> ▪ 현재가치 $= \sum \frac{\text{미래가치}}{(1+i)^t}$ 단, i는 할인율, t는 기간

현실적으로는 단일금액 현재가치계산의 경우처럼 $\sum \frac{1}{(1+i)^t}$ 을 계산하여 미래가치에 곱하는 방법을 주로 사용하며 편의상 연금의 현재가치이자요소(부록: 현재가치표 [표 4])를 사용한다. 할인율이 10%일 경우 향후 3년 동안 매년 ₩10,000씩 받는 연금의 현재가치를 계산하는 방법은 연금의 현재가치표에서 10%의 할인율을 나타내는 행과 3년이라는 기간을 나타내는 열이 교차하는 칸의 숫자를 구하면 2.4868이며 그 숫자를 ₩10,000에 곱해서 현재가치를 계산하면 된다.

예제 3-3 장기매출채권의 현재가치와 회계처리(I)

세기(주)는 2×13년 1월 1일에 제품을 할부로 판매하였다. 대금회수 조건은 앞으로 3년 동안 매년말 ₩50,000씩 수취하는 것이다. 할인율이 10%인 경우 판매시점의 회계처리를 하시오. 단, 앞의 [예제 3-1]과 같이 현재가치할인차금계정을 사용한다.

| 풀이 |

매출채권의 현재가치의 계산: ₩50,000×2.4868(10%, 3년 연금의 현재가치요소)=₩124,340

판매시점(2×13년 1월 1일)의 분개:

(차) 장기매출채권	150,000	(대) 현재가치할인차금	25,660
		매　　출	124,340

개념 Plus 여기에서 매출로 인식해야 하는 금액은 얼마인가?

[예제 3-1]의 경우와 마찬가지로 매출은 당연히 현재가치인 ₩124,340이며 매출채권의 장부금액(₩150,000−₩25,660=₩124,340)도 동일하게 인식된다. 또한 현재가치인 ₩124,340과 미래가치 ₩150,000의 차이 금액인 현재가치할인차금은 3년에 걸친 상각과정을 통해 이자수익으로 인식된다.

예제 3-4 장기매출채권의 현재가치와 회계처리(Ⅱ)

위의 [예제 3-3]에 이어서 다음 각 시점별로 세기(주)가 기록해야 할 거래를 단계별로 다음과 같이 회계처리하시오.

1. 2×13년 12월 31일, 2×14년 12월 31일, 2×15년 12월 31일의 결산수정분개
2. 전체 3년의 기간을 한 회계기간으로 가정하고 이 거래를 분개형식으로 표시

| 풀이 |

3년이라는 기간 동안 현재가치할인차금이 상각되면서 이자수익으로 인식하는 과정은 [예제 3-2]의 경우와 기본적으로는 동일하다. 단, 매년말 회수되는 금액은 장기매출채권을 줄이게 되므로 그 부분은 별도로 반영하여야 한다. 이 예제에서는 매년말의 현재가치를 계산하여 그 차이를 이자수익으로 인식하는 방법 대신 기준시점의 현재가치에 할인율을 곱하여 이자수익을 계산하는 방법을 사용하여 설명한다.

1. 판매시점의 분개와 매년말 결산수정분개

(차)	장기매출채권	150,000	(대)	현재가치할인차금	25,660
				매 출	124,340

2×13년 12월 31일

2×13 이자수익: 124,340 × 10%

(차)	현재가치할인차금	12,434	(대)	이자수익	12,434
	현 금	50,000		장기매출채권	50,000

2×14년 12월 31일

2×14 이자수익: (124,340 + 12,434 − 50,000) ×10%

(차)	현재가치할인차금	8,677	(대)	이자수익	8,677
	현 금	50,000		장기매출채권	50,000

2×15년 12월 31일

2×15 이자수익: (124,340 + 12,434 − 50,000 + 8,677 − 50,000) × 10% + 단수 4

(차)	현재가치할인차금	4,549	(대)	이자수익	4,549
	현 금	50,000		장기매출채권	50,000

2. 3년의 기간을 한 회계기간으로 가정한 경우 계정과목과 금액을 분개형식으로 표시

(차)	현 금	150,000	(대)	매 출	124,340
				이자수익	25,660

[예제 3-4]의 풀이과정과 매년말의 현재가치를 별도로 계산하는 [예제 3-2]와 비교하면 어떤 차이가 있을까? 위 방법에 따른 2×13년 12월 31일 시점의 장기매출채권의 장부금액 또는 현재가치는 ₩124,340+₩12,434−₩50,000=₩86,774이며, 2×13년 12월 31일 시점의 장기매출채권의 현재가치를 [예제 3-2]의 경우처럼 계산한다면 그 금액은 앞으로 2년 동안 ₩50,000씩 받는 연금의 현재가치일 것이다. 즉, ₩50,000×1.7355(2년, 10%의 연금의 현재가치 이자요소)=₩86,775. 두 금액은 끝자리수에 차이만 있을 뿐 실질적으로는 같은 금액이다. 즉 [예제 3-2]의 계산방법과 [예제 3-4]의 계산방법은 동일한 결과를 보여준다.

개념 Plus 장기매출채권에 대한 회계처리의 경제적 실질은 무엇인가?

[예제 3-2]의 경우와 마찬가지로 모든 거래가 다 끝나고 난 상황에서 기업의 재무상태와 경영성과의 변화를 알 수 있다. 즉, 현금의 증가 ₩150,000과 그 원천으로 매출의 발생 ₩124,340과 이자수익의 발생 ₩25,660이다.

(3) 단일금액과 연금이 혼합된 경우

단일금액과 연금이 혼합된 경우는 단일금액의 현재가치계산과 연금의 현재가치계산을 각각 한 다음 두 금액을 합하여 계산하면 된다. 다음의 예제를 통해 검토해보기로 한다.

예제 3-5 약속어음의 현재가치계산과 회계처리

세기(주)는 2×13년 1월 1일에 제품을 판매하고 그 대가로 약속어음(액면 ₩100,000, 매년말 5%의 이자지급, 3년 만기)을 받았다. 현재가치 할인율이 10%인 경우 약속어음의 현재가치를 계산하고 판매시점의 회계처리를 하시오.

| 풀이 |

약속어음의 현재가치의 계산

1) 3년후 만기에 받을 단일금액의 현재가치
   ₩100,000×0.7513(3년, 10% 현재가치요소)=₩75,130
2) 매년말 받는 연금의 현재가치
   연금(액면이자)의 계산: ₩100,000×5%=₩5,000

연금의 현재가치: ₩5,000×2.4868(3년, 10% 연금의 현재가치이자요소)=₩12,434
총현재가치: ₩75,130+₩12,434=₩87,564

판매시점(2×13년 1월 1일)의 분개

(차) 장기매출채권	100,000	(대) 현재가치할인차금	12,436
		매 출	87,564

여기에서 판매시점 이후의 회계처리는 제8장 '금융상품 및 금융자산' [예제 8-8]을 참조하기 바란다.

개념 Plus 어음상 표시이자율과 할인율의 차이는 무엇인가?

어음상 표시이자율은 거래 당사자 사이에서 약속된 이자율로 주로 명목이자율 또는 액면이자율로 부른다. 반면에 현재가치를 계산할 때 사용되는 할인율은 시장 전체에서 통용되는 이자율로 '시장이자율' 또는 '유효이자율'이라고도 부른다. 위 예제에서 보듯이 명목이자율은 미래의 현금흐름을 계산하는 데 사용되며 할인율은 그 현금흐름을 현재가치로 환산하는 데 사용된다. 더 자세한 내용은 제9장 '금융부채와 비금융부채' 중 '사채의 발행' 부분을 참조하기 바란다.

(4) 자산 취득과 단일금액의 현재가치계산

지금까지는 미래시점에 현금을 수취하는 판매자의 입장에서 현재가치를 계산하는 과정을 설명하였다면 이제부터는 미래 특정 시점에 현금을 지급하는 매입자의 입장에서 자산의 취득과 관련된 현재가치를 학습해보도록 하자. 먼저 단일금액의 현재가치를 계산하는 경우 필요한 정보는 할인율과 기간은 앞에서와 동일하다. 즉, 할인율이 10%일 경우 3년후에 지급할 ₩10,000의 현재가치는 단일금액의 현재가치표에서 10%의 할인율을 나타내는 행과 3년이라는 기간을 나타내는 열이 교차하는 칸의 숫자를 구하면 0.7513이며 그 숫자를 ₩10,000에 곱해서 계산한다.

그렇다면 이렇게 구한 현재가치(₩7,513)와 미래가치(₩10,000)의 차이는 무엇을 의미할까? 앞에서 배운 것처럼 할인율이 10%일 경우 현재가치(₩7,513)와 3년후의 미래가치(₩10,000)는 동일한 가치를 갖고 있다. 그러나 명목금액상으로는 차이가 있으며 그 차이(₩2,487)는 당장 현금으로 지급(현재가치)하는 대신 미래시점에 지급(미래가치)하면 그 기간 동안의 이자비용만큼 비싸게 구입할 수밖에 없다는 것을 의미한다. 다음의 예제를 통해 자세한 계산방법 및 그 의미를 검토해보기로 한다.

예제 3-6 장기미지급금에 대한 현재가치계산

꽃샘(주)는 2×13년 1월 1일에 중장비를 취득하고 3년 만기 무이자부 ₩100,000권 약속어음을 지급하였다. 할인율이 10%인 경우 약속어음의 현재가치를 계산하고, 취득시 기록해야 할 거래를 분개하시오(앞의 [예제 3-1]의 세기(주)의 거래상대방의 회계처리).

| 풀이 |

약속어음의 현재가치의 계산: ₩100,000×0.7513(10%, 3년 현재가치요소)=₩75,130

취득시점(2×13년 1월 1일)의 분개:

(차)	유형자산(중장비)	75,130	(대)	장기미지급금	100,000
	현재가치할인차금	24,870			

위의 [예제 3-6]에서 자산의 취득원가로 인식해야 하는 금액은 ₩100,000이 되어야 할지 아니면 ₩75,130이 되어야 할지 검토해보자. 취득시 지급한 어음의 명목가치는 ₩100,000이나 이 금액은 미래가치이며 현재가치로는 ₩75,130에 불과하다. 즉, 꽃샘(주)는 실질적으로 해당 중장비의 공정가치, 즉 현금구입가를 ₩75,130으로 보고 거래한 것이며, 그 금액을 현재시점에서 당장 줄 수 없기 때문에 3년 동안의 이자를 감안하여 미래시점에 ₩100,000을 지급하기로 약속한 것이다. 따라서 취득한 현재시점에서 유형자산(중장비)의 취득원가로 인식할 금액은 ₩75,130이 타당하다.

그렇다면 현재가치할인차금계정은 무엇인가? 현재가치할인차금계정은 장기미지급금이라는 부채의 차감계정으로 사용된 것이다.

저자의 Tip 왜 차감이냐 하면 3년뒤 미래시점에 ₩100,000을 지급해야 할 부채를 현재시점에 당장 갚아야 한다면 ₩75,130만 필요하므로 현재시점의 부채를 적정하게 나타내기 위함이다. 그렇다면 장기미지급금에서 직접 차감하지 않고 현재가치할인차금계정을 별도로 사용하여 분개하는 이유는 3년후 지급할 명목상의 금액을 표시하고자 함이다. 즉, 차변에 기록되었음에도 불구하고 현재가치할인차금계정은 장기미지급금계정과 실질적으로 한 몸이므로 장기미지급금계정의 장부금액을 계산할 때 함께 고려(₩100,000－₩24,870＝₩75,130)해야 한다.

(5) 자산 취득과 연금의 현재가치계산

앞에서 설명한대로 연금의 현재가치는 매 기간 나가거나 들어오는 각 단일금액의 현재가치의 합과 같다. 향후 3년 동안 매년 ₩10,000씩 대금을 지급하는 할부조건으로 자산을 취득하는 경우를 예를 들어보자. 할인율이 10%라면, 연금의 현재가치는 ₩24,868 (₩10,000× 2.4868)이다. 이때 자산의 취득원가는 ₩24,868이고, 현재가치와 미래가치(₩30,000)의 차이는 매입자가 판매자에게 지급하는 3년간의 이자비용(₩5,132)에 해당한다. 다음 [예제 3-7]을 통해 매입자의 입장에서 연금의 현재가치를 학습해보도록 하자.

예제 3-7 자산의 취득원가와 연금의 현재가치계산

꽃샘(주)는 2×13년 1월 1일에 중장비를 할부로 취득하였다. 대금지급 조건은 앞으로 3년 동안 매년말 ₩50,000씩 지급하는 것이다. 할인율이 10%인 경우 취득시점의 회계처리를 하시오(앞의 [예제 3-3]의 세기(주)의 거래상대방의 회계처리).

| 풀이 |

장기미지급금의 현재가치계산: ₩50,000×2.4868=₩124,340

취득시점(2×13년 1월 1일)의 분개:

(차)	유형자산(중장비)	124,340	(대)	장기미지급금	150,000
	현재가치할인차금	25,660			

개념 Tree

여기에서 자산의 취득원가로 인식해야 할 금액은 얼마인가? 매년 ₩50,000씩 3차례 지급되는 연금의 현재가치를 구하면 ₩124,340이며, 실제 지급하는 ₩150,000과의 차이 금액인 현재가치할인차금 ₩25,660은 3년에 걸친 상각과정을 통해 이자비용으로 인식될 것이다. 3년 동안 현재가치할인차금이 상각되면서 이자비용으로 인식하는 회계처리 과정은 제9장 '금융부채와 비금융부채' [예제 9-4]를 참조하기 바란다.

(6) 단일금액과 연금이 혼합된 경우

단일금액과 연금이 혼합된 경우는 단일금액의 현재가치계산과 연금의 현재가치계산을 각각 한 다음 두 금액을 더하여 계산하면 된다. 다음의 [예제 3-8]을 통해 매입자 입장의 회계처리를 살펴보기로 한다.

예제 3-8 자산의 취득원가와 약속어음의 현재가치

꽃샘(주)는 2×13년 1월 1일에 중장비를 할부로 취득하고, 약속어음(액면 ₩100,000, 매년말 5%의 이자지급, 3년 만기)으로 대금을 지급하였다. 할인율이 10%인 경우 약속어음의 현재가치를 계산하고 판매시점의 회계처리를 하시오.

| 풀이 |

약속어음의 현재가치의 계산

1) 3년후 만기에 지급할 단일금액의 현재가치
   ₩100,000×0.7513(3년, 10% 현재가치요소)=₩75,130
2) 매년말 지급하는 이자에 대한 연금의 현재가치
   연금(액면이자)의 계산: ₩100,000×5%=₩5,000
   연금의 현재가치: ₩5,000×2.4868(3년, 10% 연금의 현재가치이자요소)=₩12,434
   총현재가치: ₩75,130+₩12,434=₩87,564

취득시점(2×13년 1월 1일)의 분개

(차) 기계장치(중장비)	87,564	(대) 장기미지급금	100,000
현재가치할인차금	12,436		

3년 동안 현재가치할인차금이 상각되면서 이자비용으로 인식하는 회계처리 과정은 제9장 '금융부채와 비금융부채' [예제 9-5]를 참조하기 바란다.

(7) 선불거래에 대한 미래가치계산과 회계처리

지금까지는 재화나 용역을 판매하고 나중에 현금을 수취하거나 지급하는 후불거래에 대하여 현재가치계산과 회계처리를 학습하였다. 이와는 반대로 거래대금은 즉시 받지만 상당한 기간 뒤에 제품을 인도·판매하는 경우, 또는 대금은 즉시 지급하지만 실제 자산취득은 상당한 기간 뒤에 이루어지는 형태의 선불거래는 어떻게 회계처리해야 할까? 간단히 말하면 앞에서 다룬 현재가치와 미래가치의 개념과 회계처리를 그대로 적용할 수 있다는 것이다. 다음 [예제 3-9]와 [예제 3-10]을 통해 살펴보기로 하자.

예제 3-9 선불로 지급한 거래의 미래가치계산과 회계처리

꽃샘(주)는 3년뒤 중장비를 취득하기로 2×13년 1월 1일에 계약하였으며, 대금은 (1) 계약시점인 2×13년 1월 1일에 ₩100,000을 선불로 지급하거나 (2) 3년뒤 제품을 인도받는 취득시점에서 ₩140,000을 지급하는 것이다. 할인율은 10%라고 한다.

1. 어느 방안이 구매자인 꽃샘(주)의 입장에서 경제적으로 유리한지 분석해보시오.
2. 위의 대안(1)을 선택한 경우 계약시점과 실제 취득한 시점의 회계처리를 하시오.

| 풀이 |

1.

- 현재가치의 개념으로 계산하여 비교

  (1안)의 현금유출의 현재가치: ₩100,000

  (2안)의 현금유출의 현재가치: ₩140,000×0.7513(10%, 3년 현재가치요소)=₩105,182

  따라서 (1안)이 현재가치 ₩5,182만큼 유출이 적으므로 더 유리하다.

- 3년뒤 미래가치 개념으로 계산하여 비교

  (1안)의 현금유출의 미래가치: ₩100,000×1.3310(10%, 3년 미래가치요소)=₩133,100

  (2안)의 현금유출의 미래가치: ₩140,000

  따라서 (1안)이 미래가치 ₩6,900만큼 유출이 적으므로 더 유리하다.

2. (1안) 계약시점의 분개

(차) 계약자산(장기선급금)	100,000	(대)	현 금	100,000

2×15년 12월 31일 자산취득 시점의 분개

(차) 유형자산(중장비)	133,100	(대)	계약자산(장기선급금)	133,100

3년의 기간을 한 회계기간으로 가정할 경우 계정과목과 금액을 분개형식으로 표시

(차) 유형자산(중장비)	133,100	(대)	현 금	100,000
			이자수익	33,100

저자의 Tip 이러한 선불거래의 실질은 현재시점에서 ₩100,000을 대여해주고, 3년뒤 원금과 이자를 포함하여 ₩133,100을 현금으로 상환받는 대신 동일한 금액의 유형자산(중장비)을 취득함으로써 회수하는 것으로 볼 수 있다. 2×13년 12월 31일, 2×14년 12월 31일, 2×15년 12월 31일의 결산수정분개는 제8장 '금융상품 및 금융자산' [예제 8-9]를 참조하기 바란다.

앞의 예제와 설명을 통하여 판매자의 입장에서 선불거래의 회계처리를 다음의 [예제 3-10]을 통하여 정리해보도록 하자.

예제 3-10 선불판매 거래의 현재가치계산

세기(주)는 3년뒤 제품을 인도·판매하기로 2×13년 1월 1일에 계약하였으며, 대금은 (1) 계약시점인 2×13년 1월 1일에 ₩100,000을 선불로 받거나 (2) 3년뒤 제품의 인도·판매시점에서 ₩130,000을 받기로 하는 것이다. 할인율은 10%라고 한다.

[물음 1] 어느 방안이 판매자인 세기(주)의 입장에서 경제적으로 유리한지 분석해보시오.

[물음 2] 위의 대안(1)을 선택한 경우 계약시점과 실제 인도·판매한 시점의 회계처리를 하시오.

| 풀이 |

1.

■ 현재가치의 개념으로 계산하여 비교

(1안)의 현금유입의 현재가치: ₩100,000

(2안)의 현금유입의 현재가치: ₩130,000×0.7513(10%, 3년 현재가치요소)=₩97,669

따라서 (1안)이 현재가치 ₩2,331만큼 더 유리하다.

■ 3년뒤 미래가치 개념으로 계산하여 비교

(1안)의 현금유입의 미래가치: ₩100,000×1.3310(10%, 3년 미래가치요소)=₩133,100

(2안)의 현금유입의 미래가치: ₩130,000

따라서 (1안)이 미래가치 ₩3,100만큼 더 유리하다.

2. (1안) 계약시점(2×13년 1월 1일)의 분개

(차) 현 금	100,000	(대) 계약부채(선수금)	100,000

인도·판매시점(2×15년 12월 31일)

(차) 계약부채(선수금)	133,100	(대) 매 출	133,100

3년을 한 회계기간으로 가정할 경우 계정과목과 금액을 분개형식으로 표시

(차) 현 금	100,000	(대) 매 출	133,100
이자비용	33,100		

저자의 Tip 일단 현금을 받았기 때문에 그 대가에 상응하는 재화나 용역을 제공해주어야 할 의무가 발생하므로 부채로 인식하고, 선수금과 유사한 계약부채라는 계정과목으로 처리한다. 이때 시간이 지나가면서 점차 부채의 금액은 커질 것이다. 이러한 선불거래는 실질은 당장 현금이 필요하기 때문에 3년뒤 매출을 통해 ₩133,100을 회수할 것을 전제로 ₩100,000의 현금을 빌린 다음, 매년 이자를 부담하는 것으로 볼 수 있다. 이때 차입금과 다른 점은 3년뒤 현금으로 상환하는 것이 아니라 제품의 인도·판매로 대신 한다는 것이다. 2×13년 12월 31일, 2×14년 12월 31일, 2×15년 12월 31일의 결산수정분개는 제9장 '금융부채와 비금융부채' [예제 9-6]을 참조하기 바란다.

3.5 현재가치계산의 활용

미래 경제적 효익에 해당하는 현금흐름을 가져다주는 것이 자산이라면 자산의 가치는 결국 미래의 현금흐름을 현재가치로 할인하여 더하면 될 것이다. 가령, '토지' 또는 '주식'의 가치는 이들이 벌어들일 수 있는 현재 및 미래의 현금흐름을 현재가치로 할인하여 더한 것이다. 이 점에서 회계는 미래의 현금흐름이 과연 얼마나 될지를 판단하는데 유용한 정보를 제공하고 있으며, 이를 위해 여기에서는 다양한 상황에서 미래 현금흐름과 관련된 의사결정과 회계처리를 위해 현재가치를 구하는 연습을 해보도록 하자.

예제 3-11 **현재가치계산의 활용사례(Ⅰ)**

사무실 이전을 앞두고 입주예정인 오피스텔의 경제적 조건을 조사한 결과 다음과 같다고 한다. 이 중 어느 오피스텔에 입주하는 것이 가장 유리한가? 단, 전세보증금 지급과 입주는 월초에 이루어지고 임차료는 월말에 지급한다. 이자율(현재가치 할인율)은 월 1%, 계약기간은 2년이며 관리비 등 기타비용은 모두 동일하다고 가정하며, 다음에 제시된 현재가치계산표를 이용한다.

기간수	할인율	단일금액의 현재가치이자요소	정상연금의 현재가치이자요소
23개월	1%	0.7954	20.456
24개월	1%	0.7876	21.243

(1) **푸르지오**: 전세보증금 ₩220,000,000(월 임차료는 없음)을 입주시에 지급하고, 2년뒤 동액의 금액을 받아 퇴거한다.
(2) **래미안**: 월세로 ₩2,200,000을 24개월 동안 매월말 지급한다.
(3) **자이**: 보증금 ₩100,000,000은 입주시에 지급한 다음, 월세로 매월말 ₩1,000,000을 지급하되, 2년뒤 보증금 ₩100,000,000을 받아 퇴거한다.
(4) **파크**: 24개월분 월세로 ₩43,000,000을 입주시에 전부 지급한다.

| 풀이 |

현재가치로 계산한 임차료

(1) 푸르지오: 입주시에 지급하는 전세보증금(₩220,000,000)과 2년뒤 되돌려 받게 될 전세보증금의 현재가치(₩220,000,000×0.7876=₩173,272,000)의 차액 ₩46,728,000이 실질적인 임차료에 해당한다.
(2) 래미안: 매월말 지급하는 월세의 현재가치 합계(₩2,200,000×21.243) ₩46,734,600이 임차료에 해당된다.

(3) **자이**: 입주시에 지급하는 전세보증금(100,000,000)과 2년뒤 되돌려 받게 될 전세보증금의 현재가치(₩100,000,000×0.7876=₩78,760,000)의 차액 ₩21,240,000에 매월말 지급하는 월세의 현재가치 금액(₩1,000,000×21.243=₩21,243,000)을 더한 ₩42,483,000이 임차료에 해당된다.

(4) **파크**: ₩43,000,000이 현재가치 임차료에 해당된다.

이상의 분석결과 자이오피스텔이 가장 경제적인 것을 알 수 있다.

예제 3-12 현재가치계산의 활용사례(Ⅱ)

현재 1주당 ₩50,000인 꽃샘(주)의 주식에 투자할지 여부를 판단하기 위해 다음과 같은 가정하에 주식가치를 구하면 얼마인가?(할인율은 연 6%)

(1) 향후 10년간 매년 ₩2,500의 배당금을 수취할 수 있다.

(2) 10년뒤 꽃샘(주)의 예상주가는 ₩75,000이며, 이 가격에 처분가능하다.

| 풀이 |

배당금 현금흐름의 현재가치: ₩2,500×7.3601(10년, 6% 연금의 현재가치 이자요소)
=₩18,400

처분으로 인한 현금흐름의 현재가치: ₩75,000×0.5584(10년, 6% 단일금액의 현재가치 이자요소)=₩41,880

따라서 꽃샘(주)의 주식투자로 인한 미래현금흐름의 현재가치 합계 ₩60,280을 현재시점의 주식가치로 볼 수 있으며 현재주가(₩50,000)는 적정가치에 비하여 저평가되어 있다고 볼수 있다..

예제 3-13 계모임과 현재가치계산

상수동 친목계원 12명은 1년간 매달 말에 모여 ₩200,000씩 곗돈을 붓고, 한 사람씩 ₩2,400,000의 곗돈을 타기로 하였다. 계모임 회장(계주)이 1월말에 곗돈을 타는 것을 시작으로, 12월말까지 계모임을 하기로 하였다. 단, 계주는 맨 처음 곗돈을 타기 때문에 12월말에 계모임 망년회비 ₩200,000을 추가로 부담하기로 하였다. 월 이자율이 1%일 경우 계주는 현재가치로 따져 얼마나 이익 아니면 손해를 보는지 분석해보시오.

| 풀이 |

계주의 현금흐름의 현재가치

① 곗돈: ₩200,000×11.255(12기간, 1% 연금의 현재가치 이자요소)=₩2,251,000

② 망년회비: ₩200,000×0.8874(12기간, 1% 단일금액의 현재가치 이자요소)=₩177,480

③ 현재가치 합계＝₩2,428,480
1월말 목돈으로 타는 곗돈의 현재가치: ₩2,400,000×0.9901(1기간, 1% 단일금액의 현재가치 이자요소)＝₩2,376,240

■ 목돈으로 타는 곗돈의 현재가치(₩2,376,240)보다 매달 붓는 곗돈과 망년회비의 현재가치(₩2,428,480)가 크다. 따라서 ₩52,240 손해이다.

개념 Plus

보험회사의 보험부채를 현행가치로 평가하는 새로운 보험계약 회계기준이 오는 2023년부터 시행된다. 새 기준서의 핵심은 보험부채의 평가기준을 원가가 아닌 현행가치로 바꾸는 데 있다. 보험계약에 따른 모든 현금흐름을 추정하고 현재시점(보고시점)의 가정과 위험을 반영한 할인율을 사용해 보험부채를 측정하도록 한 것이다. 보험부채란 고객에게 보험금을 돌려주기 위해 보험사가 쌓는 준비금이다.
과거 기준서는 보험 판매시점의 금리 등 과거 정보를 이용해 보험부채를 측정함에 따라 실질가치를 적절히 반영하지 못한다는 비판을 받아왔다.
다만 보험부채의 산정방식이 바뀌게 되면서 보험사들의 부채는 늘어나게 될 전망이다. 부채가 늘어나는 만큼 보험사는 부채 증가비율에 맞춰 자본을 추가로 확충해야 하기 때문이다. 이에 금융당국은 시장상황에 따른 재무제표 변동성 등으로 보험회사의 장기경영 안정성이 저해될 수 있는 만큼 그 영향을 면밀히 관리·감독할 방침이다.
(2021년 6월 10일 브릿지경제 기사 참조)

연습문제

서술형

1 결산수정분개의 의의와 중요성에 대해 설명하고 결산수정분개와 자산·부채의 평가의 관련성에 대해 설명하시오.

2 자산·부채의 평가기준은 어떻게 분류되는가?

3 재무보고를 위한 개념체계를 토대로 측정기준의 종류를 설명하시오.

4 공정가치는 K-IFRS에서 어떻게 정의되는가?

5 공정가치의 유용성과 한계는 무엇인가?

6 가치평가기법이 왜 필요한지 설명하시오.

7 현재가치기법을 공정가치의 개념 및 측정방법과 관련하여 설명하시오.

8 제품을 판매하고 그 대가로 3년 만기 무이자부 ₩100,000권 약속어음을 받았을 때 현재가치로 평가하는 이유는 무엇인가?

9 꽃샘(주)가 창업당시부터 보유하고 있는 서울 도심의 '토지 100평'의 가액을 얼마로 재무상태표에 나타내야 할지 각각의 대안에 대해 장·단점을 설명하고, 논평해보시오.
(1) 창업할 당시의 취득금액으로 표시한다.
(2) 인근 부동산중개 업소에 최근 거래가격을 문의하여 그 금액으로 표시한다.
(3) 정부에서 발표한 공시지가 금액으로 표시한다.
(4) 토지에서 벌어들일 현재 및 미래 현금흐름을 현재가치로 할인하여 더한 금액으로 표시한다.

10 다음 중 공정가치평가의 유용성에 대한 설명으로 적절하지 않은 부분을 지적하고, 올바른 내용이 무엇인지 설명해보시오.
(1) 미래현금흐름 또는 현금창출능력의 평가에 적합하다.
(2) 장기보유 금융상품에 대한 이익거래의 예방이 가능하다.
(3) 자산의 매수, 보유 또는 처분에 대한 의사결정의 결과로 나타나는 성과를 적절히 반영할 수 있다.
(4) 정보의 신뢰성과 객관성을 통해 가치를 제고할 수 있다.

문제 풀이형

1 현재가치와 현재가치할인차금

세기(주)는 2×13년 1월 1일에 제품을 판매하고 그 대가로 3년 만기 무이자부 ₩100,000권 약속어음을 받았다. 할인율이 8%인 경우 약속어음의 현재가치를 계산하고 판매시점의 회계처리를 하시오. 단, 현재가치의 표시는 현재가치할인차금계정을 사용한다.

2 위의 [문제 1]에 이어 다음 각 시점별로 세기(주)의 회계처리를 하시오.

[물음 1] 2×13년 12월 31일, 2×14년 12월 31일, 2×15년 12월 31일의 결산수정분개

[물음 2] 2×15년 12월 31일의 어음의 원금회수에 관한 분개

[물음 3] 추가로 전체 3년의 기간을 한 회계기간으로 가정하고 3년후 시점에서 적절한 계정과목과 금액을 사용하여 분개형식으로 표시해보시오.

3 약속어음의 현재가치와 수익인식

세기(주)는 2×13년 1월 1일에 제품을 판매하고 그 대가로 약속어음(액면 ₩100,000, 매년말 5%의 이자지급, 3년 만기)을 받았다. 할인율이 8%인 경우 약속어음의 현재가치를 계산하고 판매시점의 회계처리를 하시오. 단, 현재가치의 표시는 현재가치할인차금계정을 사용한다.

4 [문제 3]에 이어 다음 각 시점별로 세기(주)의 회계처리를 하시오.

[물음 1] 2×13년 12월 31일, 2×14년 12월 31일, 2×15년 12월 31일의 결산수정분개

[물음 2] 2×15년 12월 31일의 어음의 원금회수에 관한 분개

[물음 3] 추가로 전체 3년의 기간을 한 회계기간으로 가정하고 적절한 계정과목과 금액을 사용하여 분개형식으로 표시해보시오.

5 무이자부어음의 현재가치와 취득원가

세기(주)는 2×13년 1월 1일에 기계를 구입하고 그 대가로 어음(액면 ₩150,000, 무이자부, 매년말 ₩50,000씩 균등상환, 3년 만기)을 지급하였다. 어음 지급시의 유효이자율이 10%일 경우 기계구입시점에 세기(주)의 회계처리를 하시오. 단, 현재가치의 표시는 현재가치할인차금계정을 사용한다.

6 [문제 5]에 이어 다음 각 시점별로 세기(주)의 회계처리를 하시오.

[물음 1] 2×13년 12월 31일, 2×14년 12월 31일, 2×15년 12월 31일의 결산수정분개

[물음 2] 2×15년 12월 31일의 어음의 원금지급에 관한 분개

[물음 3] 추가로 전체 3년의 기간을 한 회계기간으로 가정하고, 3년후 시점에서 적절한 계정과목과 금액을 사용하여 분개형식으로 표시해보시오.

7 선불판매 거래의 현재가치계산과 회계처리

세기(주)는 3년뒤 제품을 인도 · 판매하기로 2×13년 1월 1일에 계약하였으며, 대금은 (1) 계약시점인 2×13년 1월 1일에 ₩1,100,000을 선불로 받거나 (2) 3년뒤 제품의 인도 · 판매시점에서 ₩1,300,000을 받기로 하는 것이다. 할인율은 8%라고 한다.

[물음 1] 어느 방안이 판매자인 세기(주)의 입장에서 경제적으로 유리한지 분석하시오.

[물음 2] 위의 대안(1)을 선택한 경우 계약시점과 3년뒤 제품의 인도 · 판매시점의 회계처리를 하시오.

8 선불매입거래의 현재가치계산과 회계처리

꽃샘(주)는 3년뒤 중장비를 취득하기로 2×13년 1월 1일에 계약하였으며, 대금은 (1)계약시점인 2×13년 1월 1일에 ₩1,000,000을 선불로 지급하거나 (2) 3년뒤 제품의 인도 · 취득시점에서 ₩1,400,000을 지급하는 것이다. 할인율은 8%라고 한다.

[물음 1] 어느 방안이 구매자인 꽃샘(주)의 입장에서 경제적으로 유리한지 분석하시오.

[물음 2] 위의 대안(1)을 선택한 경우 계약시점과 3년뒤 제품의 인도 · 취득시점의 회계처리를 하시오.

9 연금과 목돈의 현재가치

상수동 친목계원 12명은 1월초부터 ₩100,000씩 곗돈을 모은 다음 추첨을 통하여 ₩1,200,000의 곗돈(목돈)을 타기로 하였다. 계주(계모임의 회장)는 1월초에 ₩100,000을 내는 동시에 ₩1,200,000의 곗돈을 타는 것으로 하되, 12월 말일에 망년회비 ₩100,000을 추가로 부담하기로 하였다. 월 이자율은 1%인 경우 현재시점을 기준으로(즉, 현재가치로 따져서), 계주의 경제성(얼마나 이익, 아니면 손해를 보는지?)을 분석하시오.

10 연금의 미래가치

5년뒤 결혼할 것으로 예상하고, 결혼자금으로 1억원이 필요하다고 판단하여 5년 만기(60개월) 적금을 부으려고 한다. 매월말 얼마를 납입하여야 제5차 연도말에 1억원의 목돈을 마련할 수 있을까? 단, 월 이자율은 1%라고 한다.

11 현재가치계산과 구입의사결정

현금 구입가 1,350만원의 승용차를 영업소의 세일즈맨은 매 분기말(3, 6, 9, 12월말)마다 지급되는 보너스 ₩1,500,000씩을 3년간 할부금으로 납입(총 12회 납입)하여 구입하도록 권유하고 있다. 여러분은 이 제안을 받아들여야 하는가? 경제성 분석과정을 나타내시오. 단, 시장이자율은 3개월 기준 3%라고 한다.

12 연금의 현재가치계산과 이자율

1월초에 5,000만원의 대출을 받고, 매 6개월마다 600만원씩 5년간 균등상환하기로 하였다면 이 대출에 적용된 대출이자율은 6개월 기준으로 대략 몇 %인가?

13 현재가치계산을 통한 경제성분석

결혼을 앞두고 신혼집을 구하려 시내 아파트의 집세를 조사해본 결과 다음과 같다고 한다. 이 중 어느 아파트에 입주하는 것이 가장 경제적으로 유리한가? 단, 전세보증금 지급과 입주는 월초에 이루어지고 임차료는 월말에 지급한다. 이자율(현재가치 할인율)은 월 1%, 계약기간은 2년이며 관리비 등 기타비용은 모두 동일하다고 가정하며, 다음에 제시된 현재가치계산표를 이용한다.

기간수	이자율	단일금액의 현재가치이자요소	정상연금의 현재가치이자요소
12개월	1%	0.8874	11.255
23개월	1%	0.7954	20.456
24개월	1%	0.7876	21.243

(1) 푸르지오아파트: 전세보증금 2억원(월 임차료는 없음)을 입주시에 지급하고, 2년뒤 동액의 금액을 받아 퇴거한다.

(2) 래미안아파트: 월세로 2백만원을 24개월 동안 매월말에 지급한다.

(3) 자이아파트: 보증금 1억 2천만원은 입주시에 지급한 다음, 월세로 매월말 1백만원씩 지급하되, 2년뒤 보증금 1억 2천만원을 받아 퇴거한다.

(4) 파크아파트: 24개월분 월세 4천5백만원 중 2천만원은 입주시에, 나머지 2천5백만원은 1년뒤 지급한다.

14 위의 [문제 13]과 동일하며, (2)와 (3)의 경우 매월초에 월세를 지급하는 조건일 경우 어느 아파트에 입주하는 것이 가장 경제적으로 유리한가?

How we **spend** our **days** is,
of course,
how we **spend** our **lives.**

하루 하루를 어떻게 보내는가에 따라
우리의 인생이 결정된다.

애니 딜러드(Annie Dillard, 1945 ~)
■ 미국의 소설가이자 문화비평가

(최재성, 『열두 마음』 중에서)

Chapter

4

재고자산과 수익인식

학·습·목·표

재고자산은 기업의 정상적인 영업활동의 대상이 되는 자산으로 판매를 위해 보유하는 자산이다. 재고자산의 판매를 통해 기업은 매출이라는 수익을 인식하게 되며 그 대금은 매출채권(또는 현금및현금성자산)으로 기록될 것이다. 잊지 말아야 할 것은 그와 동시에 재고자산을 제거하면서 매출원가를 인식하여야 한다는 점이다. 이 두 회계처리를 통해 매출총이익이 계산될 수 있다. 재고자산에 대한 회계처리가 중요한 이유는 바로 매출원가의 결정을 통해 매출총이익이 확정되기 때문이다. 여기에서 판매가 실제로 발생되어 손익계산서에 수익으로 나타낼 수 있는지? 그리고 얼마의 금액으로 측정해야 할지 등에 대해서는 2018년부터 새롭게 적용되는 수익인식기준의 핵심적 내용을 토대로 설명한다.

한편 취득원가에 기초한 재고자산 평가방법 외에 추가로 저가법에 따른 평가 및 감모손실 등에 대한 내용도 학습한다.

이 장에서는 재고자산과 관련된 한국채택국제회계기준 제1002호 '재고자산' 및 제1115호 '고객과의 계약에서 생기는 수익'에 대한 설명도 포함된다.

제1절 재고자산의 의의 및 분류

제2절 상품매매업의 재고자산 회계처리

제3절 제조업의 재고자산 회계처리

제4절 재고자산과 수익인식기준

제5절 소매재고법과 매출총이익법을 이용한 재고자산의 추정

제6절 저가법

제1절 재고자산의 의의 및 분류

1.1 재고자산의 의의 및 중요성

Key Standard

재고자산은 다음의 자산을 말한다.
(1) 정상적인 영업과정에서 판매를 위하여 보유중인 자산
(2) 정상적인 영업과정에서 판매를 위하여 생산중인 자산
(3) 생산이나 용역제공에 사용될 원재료나 소모품 (K-IFRS 1002: 문단 6)

판매를 위하여 보유중인 자산은 상품 또는 제품에 해당하며 판매를 위하여 생산중인 자산은 재공품이다. 정상적인 영업과정은 해당 기업의 주된 영업목적에 해당하는 활동을 말한다.

어떤 자산을 재고자산으로 분류하느냐 하는 문제는 그 기업의 주된 영업활동이 무엇인지에 따라 결정된다. 예를 들어, 토지를 구입한 경우에 그 기업이 토지를 매매하는 영업을 한다면 재고자산으로 분류하여야 할 것이다. 그러나 일반기업이 공장을 건설하기 위해 토지를 구입하였다면 유형자산으로, 투자를 목적으로 구입하였다면 투자부동산으로 분류하여야 한다.

- 부동산개발 및 매매업에서 판매목적으로 보유하는 토지 → 재고자산
- 제조업에서 사용을 목적으로 보유하는 공장용 부지 → 유형자산
- 지가상승을 고려한 투자목적으로 보유하는 토지 → 투자부동산

재고자산은 해당 기업의 총 유동자산 중 차지하는 비중이 매우 크며, 심지어는 업종에 따라 총자산에서 차지하는 비중도 크기 때문에 중요하다. 또한 재고자산은 그 평가에 따라 매출총이익 및 당기순이익에 직접적으로 영향을 미친다. 뿐만 아니라 훼손이나 마모, 유통기한의 경과나 변질 등의 이유로 판매가 불가능하거나 시장 상황의 변화로 제값을 받지 못할 가능성 등 여러 가지 특수한 상황에 따른 평가의 변동성이 크다는

점에서도 중요하다. 회계상의 평가문제를 떠나서도 재고 부족은 판매 감소를 초래할 것이며, 과도한 재고는 운전자금이 묶이는 등 기회비용의 부담 문제를 초래할 것이므로 경영관리의 입장에서도 재고자산은 매우 중요하다.

1.2 재고자산의 분류

상품매매업의 경우 고객에게 단순히 되팔기 위한 목적으로 재고자산을 구입하므로 재고자산은 상품의 종류로 구성되어 있다. 반면 제조업의 경우 제품을 직접 생산하여 고객에게 판매하므로 재고자산은 보통 원재료, 재공품, 그리고 제품의 세 가지로 구성된다.

원재료는 아직 생산공정에 투입되지 않은 가공되지 않은 상태의 재료이며 재공품은 생산공정에 투입된 재료의 원가, 투입된 노무비원가, 그리고 생산공정에서 사용된 각종 간접비로 구성된다. 생산이 완료되어 제품이 생산되면 재공품계정에서 제품계정으로 대체된다. 제조와 관련된 재고자산과 원가의 흐름은 [그림 4-1]과 같다.

그림 4-1 | 제조업과 상품매매업의 재고자산 흐름

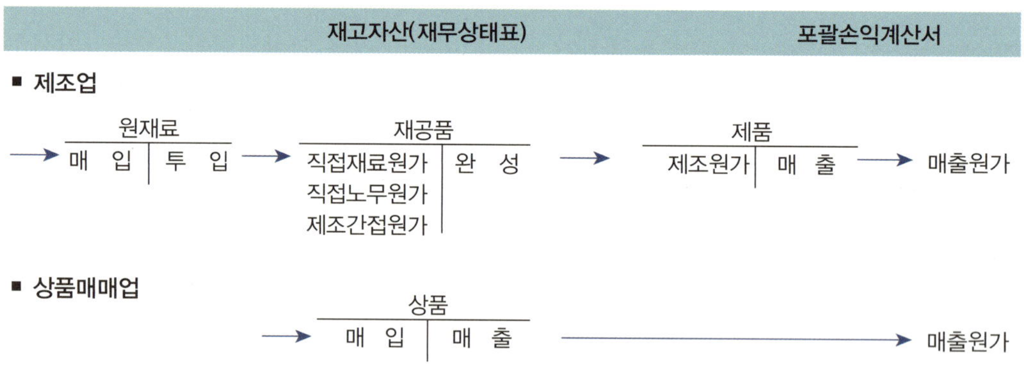

저자의 Tip 재고자산의 흐름을 간단하게 보여주기 위해 기초재고와 기말재고는 표시하지 않았지만, 실제의 회계처리에서는 이를 고려해야 한다.

여기까지는 상품매매업과 제조업의 재고자산을 함께 설명하였으나 이제부터 재고자산의 회계처리에 대한 내용은 상품매매업을 기준으로 설명하고 제조업에 대해서는 제3절에서 따로 설명하도록 한다.

1.3 재고자산 회계처리의 기본

다른 모든 자산의 구입과 마찬가지로 재고자산 회계처리는 재고자산의 매입시 그 취득원가를 어떻게 측정할 것인지부터 시작한다. 재고자산의 판매시에는 인도된 재고자산의 취득원가를 매출원가로 인식하며 그 과정에서 남아 있는 재고자산의 원가는 자동으로 기말재고액이 된다. 이러한 과정을 장부상 회계처리하는 방법에는 계속기록법과 실지재고조사법이 있다. 계속기록법은 재고자산의 입출고가 있을 때마다 재고자산과 매출원가계정의 변동을 계속 기록하는 방법으로, 분개로 나타내면 다음과 같다.

(1) 계속기록법의 회계처리

■ 구입시

(차) 재고자산	×××	(대) 현금/매입채무	×××

■ 판매시

(차) 현금/매출채권	×××	(대) 매 출	×××
(차) 매출원가	×××	(대) 재고자산	×××

개념 Plus 판매시 다음과 같이 분개하면 무슨 문제가 있을까요?

(차) 현금/매출채권	×××	(대) 재고자산	×××
		재고자산처분이익	×××

재고자산 판매를 통한 순이익(매출총이익)만 나타나고 그 내역인 매출과 매출원가에 대한 정보를 나타낼 수 없는 문제가 있어 적절하지 않다. 매출과 매출원가는 기업의 주된 영업에 해당하는 매우 중요한 정보이므로 매출총이익(순액)뿐만 아니라 각각의 총액(매출과 매출원가) 정보가 필요하다. 유형자산의 경우라면 판매시 위와 같이 단순히 유형자산처분이익(순액)을 표시하는 것으로 충분하다.

위 거래내용을 재고자산의 T계정을 사용하여 나타내면 다음과 같다.

재고자산

기초재고금액	₩200,000	매출원가	₩1,700,000
당기매입원가	1,800,000	기말재고금액	300,000
판매가능액	₩2,000,000		₩2,000,000

위에서 보듯이 영업 첫 해가 아니라면 지난 회계기간 말에 평가된 재고자산금액이 기초금액으로 이월되었을 것이고, 그 후 당기의 매입원가가 더해져서 총판매가능액이 된다. 판매가능액에서 매출원가의 인식을 통해 감소되고 남은 잔액이 기말재고자산금액이 된다. 위의 재고자산계정에 나타난 모든 금액은 재고자산의 수량에 그 단가를 곱한 금액으로 구성되어 있을 것이므로 재고자산의 회계처리에는 수량의 흐름과 단가를 고려한 금액의 흐름 두 가지가 동시에 반영되어야 한다.

(2) 실지재고조사법의 회계처리

실지재고조사법은 기중에 재고자산과 매출원가계정에 입출고거래를 기록하지 않고 매입만 임시계정에 따로 기록하였다가, 기말에 재고자산 실사를 통해 재고자산과 매출원가를 한 번에 수정하여 반영하는 회계처리방법이다. 즉, 기중에 재고자산계정은 전기로부터 이월된 기초금액으로 남아 있고 매출원가계정은 결산수정분개 전까지는 기록되지 않는다.

재고자산계정은 실사에 의한 기말재고자산가액으로 결산분개를 통해 수정되고, 매출원가는 매출원가 또는 매입계정을 이용하는 방법 중 하나에 따라 결산수정분개한다. 이때 매출원가는 어떠한 계정을 이용하여 계산하는가에 상관없이 기초재고자산가액에 당기매입액을 더한 **판매가능액**에서 실사에 의해 확정된 기말재고자산가액을 차감하여 계산된다. 매출원가 및 기말 재고금액의 결정에 대하여는 본 장의 제2절에서 좀 더 자세히 살펴보기로 하며 간략하게 분개로 나타내면 다음과 같다.

■ 구입시

(차) 매입	×××	(대) 현금/매입채무	×××

저자의 Tip 계속기록법에서는 '재고자산'으로, 실지재고조사법에서는 '매입'으로 분개한다. 매입계정은 임시계정으로 기말수정분개를 통해 제거된다.

■ 판매시

(차) 현금/매출채권	×××	(대) 매 출	×××

저자의 Tip 재고자산의 판매시 매출만 기록하고 재고자산의 감소와 매출원가의 발생은 기록하지 않는다.

■ 기말 수정분개/마감분개

■ 기초재고의 대체

(차) 매출원가	×××	(대) 재고자산(기초)	×××

■ 매입금액의 대체

(차) 매출원가	×××	(대) 매 입	×××

■ 기말재고의 인식

(차) 재고자산(기말)	×××	(대) 매출원가	×××

저자의 Tip 이 분개는 매출원가계정을 이용한 결산수정분개에 해당한다. 먼저 기초재고자산가액을 대변에 기록하여 제거한 다음 임시계정인 매입계정을 대변에 기록해 제거한다. 마지막으로 실사를 통해 확정된 재고자산(기말)가액을 차변에 기록한다. 이때 상대계정은 모두 매출원가계정으로 기록하며, 대차평균의 원리에 의해 매출원가의 차변잔액은 '재고자산(기초)+매입−재고자산(기말)'으로 산출된다. 위 분개는 다음과 같이 요약하여 기록할 수 있다.

■ 요약

(차) 재고자산(기말)	×××	(대) 매 입	×××
(차) 매출원가	×××	(대) 재고자산(기초)	×××

개념 Plus 매입계정을 이용한 매출원가의 산정

매입계정을 이용해 매출원가를 계산하는 원리는 위에서 살펴본 매출원가계정을 이용하는 방식과 동일하다. 즉, 매출원가는 언제나 기초재고자산에 당기매입을 더하고 기말재고자산가액을 차감하여 산출되는 것이며, 다만 이를 분개할 때 어떠한 계정을 이용하는가에 차이가 있을 뿐이다. 매입계정을 이용할 경우 재고자산의 상대계정으로 매입계정을 사용한다.

제2절 상품매매업의 재고자산 회계처리

2.1 매입원가의 결정

상품매매업의 재고자산은 대부분 매입한 다음 되팔기 위한 상품으로 구성되어 있다. 이때 상품의 매입원가는 매입가격뿐만 아니라 상품을 구매하여 구매자의 창고로 옮겨와서 이를 판매가능한 상태로 이르게 하는 데 발생한 기타 원가 모두를 포함한다. 즉, 매입가격에 수입관세와 세금, 매입운임, 하역료 등 취득과정에 직접 관련된 기타 원가를 가산한 금액이다. 매입할인, 리베이트 및 기타 유사한 항목은 매입원가를 결정할 때 차감한다.

개념 Plus 왜 운임 등의 '비용'을 매입원가에 가산할까요?

상품을 구입하는 시점에는 아직 비용이 아니기 때문에 자산으로 기록하는 것이다. 상품이라는 자산이 비용으로 전환되는 시점은 판매를 위해 고객에게 제공되는 시점이다. 즉, 수익·비용 대응의 원칙이 기본적인 이유라고 할 수 있다.

기초재고금액은 전기로부터 이월되었고 당기 매입원가도 구매과정에서 객관적인 자료에 의거 쉽게 파악될 수 있다. 즉 재고자산의 T계정 왼쪽에 표시되는 판매가능액의 결정은 어렵지 않으나 오른쪽에 표시되는 매출원가 및 기말재고금액의 결정은 여러 가지 고려할 요소가 많아 상대적으로 어렵다.

개념 Plus 왜 매출원가와 기말재고금액의 결정이 어려울까요?

가장 어려운 요소는 판매되는 수량에 대해 어떤 가격을 적용할 것인가를 결정하는 문제이다. 즉 기중에 구입된 모든 상품의 가격이 동일하다면 어렵지 않을 것이나 그럴 가능성은 거의 없기 때문에 판매된 상품이 언제, 얼마의 가격으로 구입된 것인지를 파악하여야만 정확한 매출원가를 계산할 수 있기 때문이다.

2.2 매출원가 및 기말재고금액의 결정

매출원가 및 기말재고자산금액의 결정은 일단 판매를 통해 감소되는 재고자산을 어떻게 기록할 것인가에 따라 달라진다. 이 문제는 감소되는 재고자산의 수량에 대한 문제와 그 수량에 어떤 단가를 적용할 것인가에 대한 문제가 결합되어 있다. 판매된 재고자산의 수량과 단가가 결정되면 수량에 단가를 곱한 금액이 바로 매출원가가 된다. 그리고 총판매가능액에서 매출원가를 차감하면 기말재고자산 금액이 산출된다.

(1) 수량의 결정

재고자산에 대한 수량의 결정 방법에는 계속기록법이나 실지재고조사법 두 가지가 있다. 계속기록법은 판매시에 제거되는 재고자산의 수량을 항상 파악하여 기록함으로써 어느 시점이든 또한 기말현재에 재고자산의 수량을 장부에서 파악할 수 있는 방법이다.

이에 반해 실지재고조사법은 판매시에 제거되는 재고자산의 수량을 파악하거나 기록하지 않고 있다가 기말에 창고에 남아 있는 재고자산의 수량을 실지재고조사에 의해 파악하여 총 판매가능수량에서 기말재고자산의 수량을 차감하여 판매된 재고자산의 수량을 결정하는 방법이다.

그러나 계속기록법이나 실지재고조사법은 단순히 수량만 결정하는 것이 아니라 금액을 포함하는 개념으로, 이 부분에 대해서는 이 절의 후반부에서 설명할 것이다. 그리고 먼저 수량의 측면에서 살펴보면 계속기록법과 실지재고조사법 두 가지가 서로 상반되는 방법으로 보이지만 실제로는 그렇지 않다는 점도 보완해서 설명한다.

개념 Plus 두 방법 중 어느 방법을 사용하는 것이 좋을까요?

정상적인 재고관리를 하는 기업이라면 두 방법을 동시에 사용하여야 한다. 즉, 기중에는 계속기록법을 통해 재고수량을 파악하다가 기말에 실지재고조사를 통해 파악된 실제로 남아 있는 수량과 계속기록법에 의해 파악된 기말재고수량, 즉 기말재고로 남아 있어야 할 수량을 비교하여 없어진 수량(감모수량)이 있는지를 파악하는 것이 제대로 된 재고관리일 것이다.

실제 재고자산의 수량흐름이 다음과 같은 경우를 가정하여 계속기록법과 실지재고조사법 중 하나만 사용한 경우를 검토해보기로 한다.

재고자산(수량)			
기초재고수량	200	매출수량	1,700
당기매입수량	1,800	감모수량	20
		실제기말재고수량	280
판매가능수량	2,000		2,000

■ 계속기록법만 사용한다면?

판매가능수량(2,000개)에서 판매된 수량(1,700개)을 차감한 결과 기말재고수량을 300개(=20+280)로 인식할 것이다. 매출수량은 정확하지만 기말재고수량에 감모수량(20개)이 포함되어 과대계상된다.

■ 실지재고조사법만 사용한다면?

판매가능수량(2,000개)에서 재고로 남아 있는 수량(280개)을 차감하여 매출수량을 1,720개(=2,000−280)로 인식할 것이다. 기말재고수량은 정확하지만 매출수량에 감모수량(20개)이 포함되어 과대계상된다.

따라서 두 방법을 같이 사용하여야 계속기록법에 의해 파악된 기말재고로 남아 있어야 할 수량(2,000−1,700=300개)과 실지재고조사를 통해 파악된 실제로 남아 있는 수량(280개)을 비교하여 감모수량(20개)을 제대로 파악할 수 있다. 그리고 이를 통해 매출원가, 감모손실, 그리고 기말재고금액을 제대로 계산할 수 있다.

개념 Plus 회계의 관점에서 실지재고조사법으로 충분하지 않을까요?

실지재고조사법만 사용한 경우 기말재고자산금액과 최종 당기순이익은 타당하게 산출된다. 그러나, 매출원가와 감모손실이 제대로 구분되지 않는다면 매출총이익을 잘못 계산하는 결과로 이어질 수 있다. 왜냐하면 감모손실이 발생하여 재고가 비정상적으로 없어진 것과 고객에게 재고가 인도된 것이 구분되지 않고 모두 매출수량에 포함되어 매출원가를 구성하기 때문이다.

계속기록법과 실지재고조사법에 따른 회계처리를 요약하면 다음 [그림 4-2]와 같다.

그림 4-2 | 계속기록법과 실지재고조사법에 따른 회계처리의 비교

인식시기	계속기록법	실지재고조사법
구매시	(차) 재고자산 ××× (대) 매입채무(현금) ×××	(차) 매 입 ××× (대) 매입채무(현금) ×××
판매시	(차) 매출채권(현금) ××× (대) 매 출 ××× (차) 매출원가 ××× (대) 재고자산 ×××	(차) 매출채권(현금) ××× (대) 매 출 ××× -
기말결산시	분개 없음	기말재고를 파악하고, 수정분개를 통해 매출원가 인식

주의할 점은 대부분의 기업은 기중에 계속기록법에 따른 재고자산 수량관리를 위하여 재고자산의 입출고 '수량'을 계속하여 기록하지만, 회계처리를 통해 매출원가를 기록하면서 재고자산금액을 감소시키는 분개는 기말(월말 또는 연말)에 한꺼번에 하는 것이 일반적이다. 즉, 일반적으로 실지재고조사법에 의한 회계처리를 수행한다. 또한 수량과 금액 모두의 관점에서 기말에 실지재고조사에 의해 감모수량을 파악하고 감모손실 등도 같이 기록될 것이다.

다음 [예제 4-1]을 통하여 재고감모손실이 있는 경우 계속기록법과 실지재고조사법 하에서 어떻게 회계처리하여야 할지 연습해보도록 하자.

예제 4-1 재고감모손실의 회계처리

블루유통(주)는 계속기록법과 실지재고조사법을 병행하여 사용하고 있으며, 9월 30일 결산직전의 재고자산 관련 자료는 다음과 같다. 재고감모분 중 80%는 정상적인 감모이며, 이는 매출원가에 가산하고 나머지는 재고감모손실(기타비용)로 계상한다. 재고감모손실을 고려하여 실지재고조사법과 계속기록법에 의한 기말 수정분개를 하시오.

기말장부수량: 1,000개　　실지재고수량: 950개　　취득단가: ₩1,000
기초재고액: ₩800,000(₩1,000 × 800개)
당기매입액(외상): ₩5,000,000(₩1,000 × 5,000개)

| 풀이 |

1. 실지재고조사법

■ 실사수량에 의한 수정분개

(차) 매출원가	800,000	(대)	재고자산(기초)	800,000
매출원가	5,000,000		매 입	5,000,000
재고자산(기말)	950,000*		매출원가	950,000

* 감모손실에 대한 수정분개를 별도로 할 것이므로 실지재고조사법에 의해 산출된 기말재고자산 금액으로 수정분개하였다.

■ 감모손실의 조정

(차) 매출원가(80%)	40,000	(대)	매출원가	50,000*
재고감모손실(20%)	10,000			

* ₩1,000 × 50개 = ₩50,000. 이 금액 전체가 실지재고조사법에 따른 수정분개의 영향으로 매출원가에 이미 반영되어 있으므로 이 중 20%인 ₩10,000을 재고감모손실(기타손실)로 분리해 내기 위한 수정분개이다.

저자의 Tip 정상적인 영업활동과정에서 재고자산의 감모는 항상 발생하기 때문에 당기매출을 위해 통상적으로 발생하는 직접비용(즉, 매출원가)으로 볼 수 있다. 따라서 포괄손익계산서를 작성할 때에는 (정상)감모손실로 따로 구분하지 않고 매출원가에 포함하여 표시하는 것이 일반적이다. 그러나 관리상의 과실 등에 의해 비정상적으로 발생한 감모손실이 있는 경우에는 매출원가와 구분하여 표시하여야 한다.

2. 계속기록법

(차) 매출원가(80%)	40,000	(대)	재고자산(기말)	50,000
재고감모손실(20%)	10,000			

저자의 Tip 계속기록법에 따라 기중에 재고자산과 매출원가를 회계처리한 경우에도 실지재고조사 결과 발견된 감모손실에 대해 매출원가와 기말재고자산에 대한 수정분개를 하여야 한다.

(2) 금액의 결정

이제까지의 설명 중 매출원가에 대한 부분은 재고자산의 기중 취득원가가 모두 일정하였다는 가정에 의거하여 이루어졌다. 그러나 현실의 회계실무에서는 시기 및 상황에 따라 기중 취득원가는 달라지는 것이 일반적이다. 따라서 판매된 재고자산의 금액, 즉 매출원가를 결정하려면 수량의 파악에 추가로 판매된 재고자산이 언제 얼마의 가격으로 구입하였던 것인지에 대한 파악이 필요해진다.

그러나 재고자산의 거래량이 많지 않고 매우 고가의 상품을 취급하는 업종(예를 들면, 귀금속)이 아니라면 여러 재고자산 중 어떤 단가로 구입한 것이 판매되었는지를 개별적으로 파악하는 것은 거의 불가능하며 효율적이지도 않다. 따라서 실무적으로 어떤 단가의 재고자산이 판매되었는지를 일일이 기록하지 않고 단순화된 가정을 적용하여 매출원가와 기말재고자산 가액을 산정하는데, 이를 **원가흐름의 가정**이라 한다. 이렇게 취득단가가 다른 일반적 상황에서 매출원가를 계산하기 위하여 다음의 네 가지 방법으로 원가흐름을 가정한다.

▪ 개별법

개별법은 판매된 재고자산이 언제 얼마의 가격으로 구입된 것인지를 개별적으로 식별하고 파악하는 방법이다. 예를 들어 소량의 특별주문품(예: 선박, 보석류 등)을 생산하여 판매하는 경우에 사용한다. 그러나 상호교환 가능한 대량의 재고자산에 개별법을 적용하는 것은 적절치 않다.

▪ 평균법

평균법은 판매가능액을 판매가능수량으로 나눈 단가를 매출수량 및 기말재고수량에 곱하는 방법이다. 즉, 재고의 흐름이 전체적으로 섞여서 움직인다고 가정하는 것으로 유류판매업(예컨대, 주유소)처럼 큰 저장탱크 내에서 상품이 혼합되는 경우에 적절하다고 할 수 있다. 평균법은 계속기록법에서 설명한 것처럼 판매시마다 그 시점의 평균단가를 계산하여 매출원가를 계산하는 **이동평균법**과 실지재고조사법에서 설명한 것처럼 기말에 전체적으로 평균단가를 계산하여 매출원가를 계산하는 **총평균법** 두 가지로 나눌 수 있다. 평균법은 적용이 간편할 뿐 아니라 단가를 자의적으로 조정하여 매출원가를 통해 당기순이익을 왜곡시킬 가능성이 낮아 실무적으로 널리 사용된다.

▪ 선입선출법

선입선출법(FIFO: first-in first-out method)은 먼저 매입된 재고자산이 먼저 판매된다는 가정에 기초하여 매출원가를 계산하는 방법이다. 식음료판매업과 같이 유통기한이 정해진 상품에 대하여는 먼저 입고된 재고자산을 먼저 팔 것이므로 선입선출법의 가정을 적용하는 것이 적절하다. 또한 대부분의 재고자산은 시간의 경과에 따라 진부화가 진행되므로, 먼저 입고된 재고자산을 먼저 판매한다는 재고자산 흐름의 가정을 적용할 수 있다. 이 경우 가장 최근에 입고된 재고자산이 팔리지 않고 남아 있다면 기말재고금액으로 표시된다.

■ 후입선출법

후입선출법(LIFO: last-in first-out method)은 선입선출법과 반대로 최근에 매입된 재고자산이 먼저 판매된다는 가정에 기초하여 매출원가를 계산하는 방법이다. 따라서 가장 먼저 입고된 재고자산이 기말재고금액으로 표시될 것이다. 후입선출의 가정은 일반적인 재고자산의 흐름에 역행하기 때문에 매출원가와 기말재고자산을 왜곡하여 산출할 가능성이 크다. 따라서 후입선출법은 K-IFRS에서 인정되지 않는 방법이다.

다음 예제를 통해 지금까지 설명한 재고의 흐름에 대한 가정을 바탕으로 매출원가를 계산하는 과정을 학습해보도록 하자.

예제 4-2 재고자산의 금액결정(개별법)

세기(주)의 20×1회계연도의 재고자산 관련 자료는 다음과 같다. 4월 10일에 판매된 250개는 기초재고 100개 중 80개와 2월 20일에 구입한 300개 중 170개가 판매되었고, 10월 10일에 판매된 300개는 2월 20일에 구입한 300개 중 130개와 9월 10일에 구입한 200개 중 170개가 판매되었다. 이 자료를 토대로 개별법에 따른 매출원가와 기말재고액을 구하시오.

	수량(개)	단위원가	매입원가
기초재고: 1월 1일	100	₩120	₩12,000
매 입: 2월 20일	300	140	42,000
9월 10일	200	150	30,000
11월 15일	200	160	32,000
	800		116,000
판 매: 4월 10일	250		
10월 10일	300		
기말재고: 12월 31일	250		
	800		

| 풀이 |

■ 개별법

매출원가: 4월 10일에 판매된 250개: 80 × ₩120 + 170 × ₩140 = ₩33,400

10월 10일에 판매된 300개: 130 × ₩140 + 170 × ₩150 = ₩43,700

합 계 = ₩77,100

기말재고: 20 × ₩120 + 30 × ₩150 + 200 × ₩160 = ₩38,900

또는 ₩116,000 − ₩77,100 = ₩38,900

예제 4-3 재고자산의 금액결정(총평균법과 이동평균법)

세기(주)의 20×1회계연도의 재고자산 관련 자료는 [예제 4-2]와 같다. 이 자료를 토대로 계속기록법과 실지재고조사법하에서 평균법에 따른 매출원가와 기말재고액을 구하시오.

| 풀이 |

■ 실지재고조사법하의 총평균법

평균단가의 계산: ₩116,000÷800= ₩145

매출원가: (250 + 300)×₩145=₩79,750

기말재고: 250×₩145=₩36,250

또는 ₩116,000 − ₩79,750=₩36,250

■ 계속기록법하의 이동평균법

4월 10일 판매시점의 평균단가의 계산: $\dfrac{₩12,000+₩42,000}{(100+300)}$ =₩132.5

매출원가: 250×₩132.5=₩33,125

4월 10일 시점의 재고: 150×₩132.5=₩19,875

10월 10일 판매시점의 평균단가의 계산: $\dfrac{₩19,875+₩30,000}{(150+200)}$ =₩142.5

매출원가: 300×₩142.5=₩42,750

10월 10일 시점의 재고: 50×₩142.5= ₩7,125

따라서

총매출원가: ₩33,125+₩42,750=₩75,875

기말재고: ₩7,125+₩32,000=₩39,125

예제 4-4 재고자산의 금액결정(선입선출법)

세기(주)의 20×1회계연도의 재고자산 관련 자료는 [예제 4-2]와 같다. 이 자료를 토대로 선입선출법에 따른 매출원가와 기말재고액을 구하시오.

| 풀이 |

매출원가: 100×₩120 + 300×₩140 + 150×₩150 = ₩76,500
기말재고: 50×₩150 + 200×₩160 = ₩39,500
또는 ₩116,000 − ₩76,500 = ₩39,500

저자의 Tip 선입선출법은 언제나 먼저 들어온 재고가 판매된 것으로 가정되어 매출원가가 대응되기 때문에 계속기록법과 실지재고조사법에 의한 결과는 동일하다.

예제 4-5 재고자산의 금액결정(후입선출법)

세기(주)의 20×1회계연도의 재고자산 관련 자료는 [예제 4-2]와 같다. 이 자료를 토대로 실지재고조사법하에서 후입선출법에 따른 매출원가와 기말재고액을 구하시오.

| 풀이 |

■ 실지재고조사법하의 후입선출법

매출원가: 200×₩160 + 200×₩150 + 150×₩140 = ₩83,000
기말재고: 150×₩140 + 100×₩120 = ₩33,000
또는 ₩116,000 − ₩83,000 = ₩33,000

[예제 4-2]에서 [예제 4-5]까지에서 살펴본 실지재고조사법하의 원가흐름의 가정에 따른 매출원가와 기말재고자산가액을 요약하면 다음과 같다.

	개별법	총평균법	선입선출법	후입선출법
매출원가	₩77,100	₩79,750	₩76,500	₩83,000
기말재고	₩38,900	₩36,250	₩39,500	₩33,000

■ 매입단가의 변화가 한 방향으로 상승하거나 하락한다면 어떤 결과가 초래될까? 개별법은 그 성격상 다른 방법과 일률적으로 비교할 수 없으나 나머지 방법 간에는

다음과 같은 관계가 성립된다. 즉, 가격 상승시에는 각 방법에 따른 매출원가의 크기는 다음과 같다.

■ 매출원가: 선입선출법 < 이동평균법 < 총평균법 < 후입선출법

따라서 기말재고자산과 매출총이익은 반대의 결과를 보일 것이다. 물론 가격 하락시에는 모든 결과가 반대로 될 것이다.

이처럼 기업이 어떠한 가정을 사용하느냐에 따라 매출원가와 기말재고가액이 달라지고 이를 이용하여 손익을 자의적으로 조정할 수 있다. 따라서 회사의 재무상태와 영업성과를 적정히 나타낼 수 있도록 영업의 형태와 재고관리의 방식에 따라 적합한 방법을 선택하는 것이 중요하다. 앞서 설명한 바와 같이 일반적인 재고자산의 경우 평균법과 선입선출법을 선택하는 것이 적절하다.

개념 Plus 선택된 방법에 따라 산출된 이익이 다른 것은 무엇을 의미하나?

만약 똑같은 상황에 있는 두 회사가 다른 방법을 선택한 결과 이익이 달리 계산되었다고 했을 때, 투자자가 이익이 많이 산출된 회사에 투자하기로 결정한다면 이는 제대로 된 결정일까? 그건 아닐 것이다. 여기서 우리는 **"회계상의 숫자는 절대적인 것이 아니다"** 라는 것을 인식해야 한다. 대손상각비, 충당부채의 평가 등 많은 경우에도 어떤 가정이나 추정에 기초하여 회계상의 금액정보가 생산된다. 즉, 재무제표상 금액으로 표시된 정보는 절대적인 것이라기보다는 회계정책의 선택과 합리적 추정의 결과라고 할 수 있다.

개념 Plus 숫자가 절대적인 것이 아니라면 회계정보를 어떻게 판단해야 할까?

당연한 얘기지만 숫자를 생산하기 위해 어떤 방법을 선택했는지 또는 어떤 가정이나 추정을 했는지 고려하면서 판단해야 한다. 그렇다면, 그러한 정보는 어디에서 구할 수 있나? 여기서 우리는 그러한 정보가 담겨 있는 **'주석의 중요성'**을 인식하게 된다. 재무제표의 구성요소에 숫자정보를 담고 있는 네 종류의 보고서, 즉 재무제표에 주석을 추가하는 이유가 바로 여기에 있다. 주석의 내용을 보지 않고 재무제표에 나타나는 숫자만을 가지고 의사결정을 한다면 잘못된 결과를 초래할 가능성이 있는 것이다.

(3) 재고자산 금액 결정시 오류의 영향

앞절에서 판매가능액을 매출원가와 기말재고금액으로 나누는 여러 방법을 살펴보았다. 여기에서는 판매가능액이 정확히 계산된 상태에서 어떤 오류에 의해 기말재고금액이 잘못 계산된 경우 다음 회계연도의 재무제표에 어떤 영향을 주는지 다음 예제를 통해 검토해보기로 한다.

예제 4-6 재고자산 금액결정의 오류에 대한 분석

세기(주)의 2×12년 결산과정에서 ₩500으로 평가되어야 할 재고자산을 ₩300으로 평가하는 오류가 있었을 경우 재무상태와 경영성과에 어떤 영향이 초래될 것인가?

	오류가 포함된 상황		오류가 없었던 경우	
	2×12년	2×13년	2×12년	2×13년
매출	₩5,000	₩7,000	₩5,000	₩7,000
매출원가				
기초재고	200	300	200	500
당기매입	4,000	5,000	4,000	5,000
판매가능액	4,200	5,300	4,200	5,500
기말재고	(300)	(600)	(500)	(600)
	3,900	4,700	3,700	4,900
매출총이익	₩1,100	₩2,300	₩1,300	₩2,100

| 풀이 |

위에서 보듯이 오류로 인해 2×12년도의 기말재고액은 ₩200만큼 과소계상되며 동시에 매출원가는 ₩200만큼 과대계상되어 2×12년도의 매출총이익이 ₩200만큼 과소계상된다. 그러나 다른 오류가 없다면 ₩200만큼 과소계상된 기말재고가 2×13년도의 기초재고가 될 것이므로 2×13년도의 매출원가가 ₩200만큼 과소계상되어 2×13년도의 매출총이익이 ₩200만큼 과대계상된다. 즉, 평가상의 오류는 2년이 지나면 상쇄되어 없어진다.

개념 Plus 그렇다면 위와 같은 오류가 있어도 괜찮을까요?

다른 오류가 없다면, 즉 다음연도말에 재고자산의 실사라든지, 회계처리 오류가 없다면 다음 연도말 시점의 재무상태표 기준으로는 괜찮다. 그러나 오류가 있는 연도 및 다음 연도의 손익계산서는 잘못 표시(매출원가, 매출총이익, 당기순이익 등)되어 있으므로 당연히 옳다고 할 수 없다.

제3절 제조업의 재고자산 회계처리

3.1 투입원가의 결정

제조업의 재고자산은 대부분 직접 생산하는 것이므로 원재료, 재공품, 제품으로 구성된다. 이 경우 원재료는 원재료창고, 재공품은 공장, 그리고 제품은 제품창고에 있으며 그 흐름을 파악하는 것이 제조업 재고자산의 회계처리라고 보면 된다.

재공품원가는 공장의 생산공정에 투입된 원가를 의미하며 직접재료원가와 제조과정에서 발생한 전환원가 및 기타원가로 구성된다. 구입한 원재료 중 생산공정에 투입된 부분에 대한 원가가 직접재료원가이며 그 계산은 기초 원재료재고에 당기 원재료매입액을 더한 금액에서 기말 원재료재고액을 차감하여 제조공정 투입 원재료로 파악하는 것이다.

재공품원가 중 **전환원가**는 생산공정에 투입된 인력에 대한 급여, 즉 직접노무원가(직접노무비)와 원재료를 완제품으로 전환하는 데 발생하는 고정 및 변동제조간접원가(제조경비)를 포함한다. 고정제조간접원가는 공장 건물이나 기계장치의 감가상각비와 수선유지비 및 공장관리비처럼 생산량과는 상관없이 비교적 일정한 수준을 유지하는 간접제조원가를 말한다. 변동제조간접원가는 간접재료원가나 간접노무원가처럼 생산량에 따라 직접적으로 또는 거의 직접적으로 변동하는 간접제조원가를 말한다.

기타원가는 특정 제품생산을 위해 소요되는 설계비라든지, 디자인 자문료 등과 같은 비용으로 재공품의 원가에 포함한다.

반면에 본사 또는 매장에서 발생한 급여, 감가상각비 등의 관리운영비는 재공품원가에 포함되어서는 안 되고 손익계산서의 비용으로 인식하여야 하며, 다음과 같은 비용을 예로 들 수 있다.

- 공장 이외의 부문에서 발생한 일반관리비, 재고자산 보관비, 물류비 등
- 판매원가(마케팅, 광고선전비 및 판매운반비 등의 유통비)

제품제조원가는 공장의 생산공정에 투입된 원가, 즉 재공품원가 중 당기에 제품으로 완성된 부분에 투입된 원가를 의미한다. 따라서 **기초재공품원가**(영업 첫 해가 아니라면

지난 회계기간말에 평가된 재공품금액이 기초금액으로 이월된)에 당기에 새롭게 투입된 직접재료원가와 전환원가(노무원가와 제조간접원가)를 더한 금액에서 완성되지 않고 공정중에 남아 있는 **기말재공품평가액**을 차감하면 결국 당기에 완성된 제품 제조에 소요된 원가가 파악된다.

위에서 설명한 제조업의 재고자산을 구성하는 항목들과 원가흐름은 **제조원가명세서**를 통해서도 이해할 수 있으며 다음과 같이 요약할 수 있다.

- 당기 완성된 제품의 제조원가(제조원가명세서) = 기초재공품평가액 + 직접재료원가와 전환원가(노무원가와 제조간접원가) − 기말재공품평가액
- 당기매출원가(손익계산서) = 당기 완성된 제품의 제조원가 + 기초제품재고액 − 기말제품재고액

제조원가명세서

한일가구(주) 2×10년 1월 1일~2×10년 1월 31일 (단위: 천원)

1. 재료원가(기초원재료재고액+당기원재료매입액−기말원재료재고액)	₩920
2. 노무원가(급여, 퇴직급여, 수당 등)	4,000
3. 제조간접원가(전력비, 감가상각비, 기타간접원가 등)	2,400
4. 당기총제조원가(1+2+3)	7,320
5. 기초재공품	500
6. 기말재공품	△600
7. 당기제품제조원가(4+5−6)	**₩7,220**

* 단위당 제조원가: ₩7,220÷100개=₩72.2

3.2 매출원가 및 기말재고금액의 결정

앞에서 계산된 **당기제품제조원가**가 본사 또는 영업부서의 제품창고로 넘어간 제품의 원가이며, 이는 상품매매업의 경우 당기매입액과 같은 개념이라고 할 수 있다. 따라서 제조업의 경우는 기초제품재고액에 당기제품제조원가(즉, 당기에 완성된 제품의 원가)를 더한 금액을 매출원가(팔려나간 제품)와 기말재고자산금액(판매되지 않고 남아 있는 제품)으로 나누어 파악한다. 결국 이러한 계산방법은 앞에서 살펴본 상품매매업의 매출원가 계산방법과 동일하다. 앞의 제조원가명세서의 경우라면 매장에서 100개의 제

품을 개당 ₩72.2(천원)에 사내의 공장으로부터 구입한 것으로 간주하면 될 것이다.

제4절 재고자산과 수익인식기준

제3절까지는 재고자산이 판매를 통하여 매출원가라는 비용으로 전환되는 과정을 다루었다. 판매를 통하여 재고자산은 고객에게 판매가로 이전되며 이는 매출 수익으로 기록된다. 따라서 판매가 이루어지면 포괄손익계산서에 수익이 인식되고, 반대로 판매가 이루어지지 않게 되면 재무상태표에 기말재고자산으로 남게 되므로 재고자산과 수익인식은 밀접한 관련성이 있다. 본 절에서는 재고자산의 판매 등 수익의 인식을 살펴보기로 한다.

수익인식의 핵심은 수익을 언제 시점에 얼마의 금액으로 인식하느냐는 점이다. 종전에 적용된 K-IFRS 제1018호 '수익' 등 관련 기준서는 일관성이 부족하거나, 다양한 수익활동 관련 실무를 정밀하게 다루기 어려웠다. 이를 해소하기 위하여 2018년부터 K-IFRS 제1115 '고객과의 계약에서 생기는 수익' 기준서가 새롭게 적용되었고, 이는 회계처리의 다양성을 줄이고 정보 공시량의 확대를 통한 회계정보의 유용성을 제고하기 위함이었다.

다음의 [그림 4-3]과 같이 기준서에서는 수익인식을 5단계 절차로 설명하고 있는데, 사례와 기준서의 핵심 개념을 통하여 살펴보도록 하자. 보다 자세한 내용은 별책 「Study Guide」의 심화학습을 참조하기 바란다.

그림 4-3 | 단계별 수익인식 절차

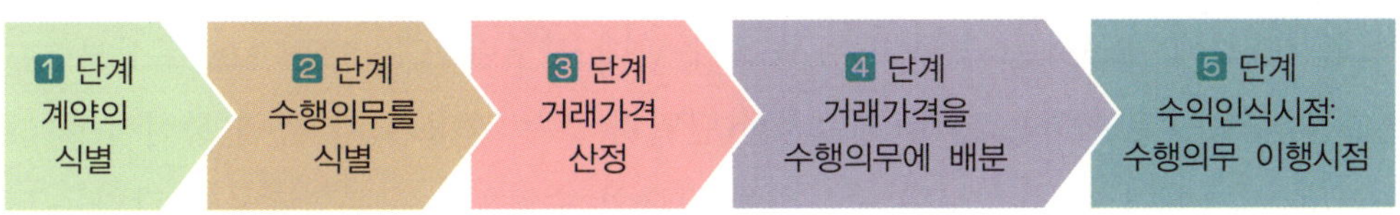

(1) 계약의 식별

▪ **사례 ①**: 아디다스 신촌대리점은 고객이 찾는 물건이 없어 인근 홍대대리점이 보유하고 있는 재고를 가져와서 판매하였다.

이 단계는 고객과의 계약이 수익을 발생시키는 거래인지 식별하는 단계이다. 예를 들면 SK주유소에 재고부족이 발생한 경우 가까운 거리에 있는 에쓰오일의 유조차가 채워준 다음 나중에 갚아주거나 정산해주는 **상업적 실질이 없는 거래**(즉, 이익을 목적으로 하지 않는)는 수익을 발생시키는 고객과의 계약에 해당되지 않는다. 따라서 위 사례 ①의 홍대대리점은 해당 재고자산을 판매가 아닌 대여로 처리하는 것이 타당하다.

개념 Plus 모든 계약에 대하여 수익인식기준서가 적용되나요?

아니다. 계약의 상대방이 고객이고, 그것이 식별되는 경우에만 적용된다. 여기서 계약은 계약의 당사자들이 각자의 권리와 의무, 계약의 지급조건을 식별할 수 있고, 계약에 상업적 실질이 있으며, 판매기업이 고객으로부터 대가를 회수할 가능성이 높을 경우에만 계약으로 볼 수 있다.

(2) 수행의무를 식별

▪ **사례 ②**: 꽃샘(주)는 전산시스템과 서버 등의 전산장비 및 향후 5년간 유지보수계약을 묶어 총 27억원에 판매하는 계약을 체결하고, 배송 및 설치작업 준비 중이다.

하나의 계약에 포함되어 있는 여러 구성요소를 식별하여 각각의 수익인식 대상으로 분리해내는 절차를 말한다. 예를 들면, 단말기제공과 음성 데이터 무제한 이용을 결합하여 월 4만원에 제공하는 경우 또는 승용차 판매 시 5년 또는 10만 km 무상보증수리 서비스를 곁들여 판매하는 경우 재고자산(단말기 또는 승용차)과 용역(통신서비스, 보증수리)을 제공해야 하는 의무로 구분하여 각각의 수익으로 구분할지를 판단하는 단계이다. 이때 재화와 곁들여 제공하는 용역에 대해서는 해당 용역을 별도로 구매할 수 있는 선택권이 있는지 여부에 따라 분리하여 회계처리한다.

따라서 위 사례 ②의 경우에는 전산시스템, 전산장비, 유지보수계약의 세 건으로 나누어 수익인식과 관련된 회계처리를 한다. 이 경우 배송 및 설치 준비 중인 상태에 있어 수행의무 이행시점이 아직 오지 않았다면 해당 전산시스템과 전산장비는 재고자산으로 보고해야 한다.

개념 Plus 수행의무란 무엇이고 왜 중요한가요?

수행의무란 고객과의 계약에서 재화나 용역을 이전하기로 한 약속으로, 핵심적인 의무로서 다른 일반적인 의무와는 구분된다. 예를 들어 매장에서 운동화를 파는 대리점의 경우 고객에게 운동화를 이전하는 것이 수행의무이지, 점장이나 매니저가 매장을 청결하게 유지할 의무는 회계상의 수행의무라고 보기 어렵다. 기업은 수행의무를 이행해야만 수익을 인식할 수 있으므로 수행의무가 무엇인지 식별하는 것이 매우 중요하다.

(3) 거래가격 산정

▪ 사례 ③: 두산인프라코어는 3,000만원의 계약금을 수취하고, 잔금은 월 1,000만원씩 35개월에 나누어 받기로 하는 할부조건으로 중장비를 판매하고 인도하였다.

계약에 따라 받게 될 것으로 예상되는 금액으로 거래가격을 산정한다. 이때 할인, 리베이트, 환불, 공제, 에누리, 장려금, 위약금 때문에 대가가 변동될 수 있다면, 이를 고려하여 가장 가능성이 높은 금액이나 기댓값 중 적절한 방법으로 추정한다. 만일 대금지급이 1년 이상 뒤로 미루어질 경우에는 화폐의 현재가치를 계산하여 이자수익 부분을 분리해낸 다음 거래가격을 산정한다.

따라서 위 사례 ③의 거래에서 수취하게 될 총 3억 8,000만원을 거래가격으로 보지 않는다. 대신 할인율을 월 1%라고 가정하는 경우 현재가치를 구하면 거래가격은 3억 2,409만원(=3,000만원+1,000만원×29.409)이 되며, 나머지 잔액 5,591만원은 이자수익으로 제3장에서 설명한 유효이자율법을 적용하여 매 회계연도에 인식한다.

만약 위의 사례와 같은 할부거래 형태의 대금지급 방법과는 달리 3억원을 즉시 받고, 35개월 뒤에 중장비를 인도·판매하면 어떻게 될까? 이 경우 수행의무 이행시점은 35개월 뒤 인도시점이 되며, 그때 수익으로 인식할 금액은 3억원의 미래가치인 4억 2,498만원(=3억원×월 1% 미래가치이자요소 1.4166)이 된다. 이 거래의 실질은 현재시점에서 3억원을 빌린 다음, 3년뒤 원금과 이자비용이 포함된 가액으로 제품을 인도·판매함으로써 빌린 돈을 갚는 것이다. 구체적인 회계처리는 제9장 '금융부채와 비금융부채' [예제 9-6]을 참조하기 바란다.

개념 Plus 거래가격 산정 시 고려할 요소들은 무엇이 있나요?

계약상 표시된 가격이 고정되더라도 반품권 등 여러 사정에 따라 대가가 변동될 수 있는데, 이러한 변동대가는 기댓값 등을 통하여 추정해야 한다. 또한 계약의 명목금액과 현재가치의 차이가 중요한 경우, 해당 금융요소는 유의적이므로 이를 고려해야 한다. 그 외 고객이 현금 이외의 형태로 지급하는 비현금 대가도 공정가치로 측정하여 거래가격 산정 시 고려해야 한다.

(4) 거래가격을 수행의무에 배분

하나의 계약에 여러 수행의무가 있는 결합상품 형태의 거래에 대해서는 각 수행의무의 상대적 판매가격을 기준으로 거래가격을 배분한다. 가령 앞의 꽃샘(주)의 사례 ②의 거래에서 전산시스템과 전산장비, 5년간 유지보수계약을 각각 별도로 판매하는 경우의 개별 판매가격이 15억원, 10억원, 5억원이라면 다음과 같이 거래가격을 배분한다.

- 전산시스템 : 15억원/(15억원+10억원+5억원)×27억원=13.5억원
- 전산장비 : 10억원/(15억원+10억원+5억원)×27억원= 9억원
- 유지보수계약 : 5억원/(15억원+10억원+5억원)×27억원= 4.5억원

개념 Plus 만약 상대적 판매가격을 모를 경우 어떻게 거래가격을 배분하나요?

이 경우에는 고객이 시장에서 판매를 하는 기업의 재화나 용역에 대하여 지급하고자 하는 가격을 추정하거나, 아니면 기업의 수행의무를 이행하기 위한 예상원가를 예측하여 여기에 적정이윤을 더하는 방식 등을 통하여 거래가격을 배분할 수 있다.

(5) 수익인식시점의 결정: 수행의무 이행시점

> ■ **사례 ④**: 꽃샘(주)는 6월말 준공예정인 오피스텔에 냉장고와 에어컨을 납품하기로 계약을 맺었다. 에어컨은 성수기 이전인 4월말까지 인도하고, 대금은 6월 중 인테리어 공사와 함께 작업이 진행되는 냉장고 설치를 조건으로 2억원을 받기로 하는 내용이다.

고객에게 약속한 재화를 인도하거나 용역을 제공함으로써 수행의무를 이행하며, 수행의무를 이행할 때 수익을 인식한다. 이때 재화나 용역은 고객이 통제하는 때에 이전(인도 · 제공)되는 것으로 본다. 여기에서 수행의무는 어느 한 시점 또는 일정 기간에 걸쳐 이행되기도 한다. 청소용역과 같이 이행하는 동시에 고객은 효익을 얻고 소비하는 경우도 있지만, 위의 사례 ④와 같이 구매한 고객이 그 자산을 통제할 수 있게 되는 시점에서 수행의무 이행이 마무리되므로 설치완료 이전까지는 판매회사의 재고자산으로 인식해야 한다.

이때 수행의무별로 수행의무 이행시점이 다르다면 각각의 수행의무 이행시점에서 수익을 인식한다. 가령 위의 사례 ④에서 제품의 개별 판매가격에 기초하여 에어컨의 수행의무에 1억 4천만원, 냉장고의 수행의무에 6천만원을 배분하였다고 가정할 경우 (1) 에어컨 인도, (2) 냉장고 설치완료 시점에서 수익으로 인식할 금액은 다음과 같다.

■ **에어컨 인도시(4월 30일): 1억 4천만원의 수익인식**

(차) 계약자산	1억 4천만원	(대) 매 출	1억 4천만원

■ **냉장고 설치완료시(6월 30일): 6천만원의 수익인식과 계약자산을 수취채권으로 대체**

(차) 수취채권	2억원	(대) 계약자산	1억 4천만원
		매 출	6천만원

개념 Plus 수익인식을 한 시점에 할지, 일정 기간에 걸쳐서 할지 어떻게 결정하나요?

이는 기업이 재화나 용역에 대한 통제를 기간에 걸쳐 이전할지 한 번에 할지에 따라 나뉜다. 예를 들어, 고객의 특별주문 제품을 생산하여 판매하는 경우 이는 다른 대체용도가 없어서 통상 회사가 이미 수행 완료한 부분에 대한 지급청구권이 있으므로 일정 기간에 걸쳐서 통제를 이전한다고 보아 수익의 인식 역시 일정 기간에 걸쳐서 인식한다.

제5절 소매재고법과 매출총이익법을 이용한 재고자산의 추정

5.1 소매재고법

원칙적으로 재고자산의 평가는 취득원가를 기준으로 이루어진다. 앞에서 본 바와 같이 재고자산의 수량흐름을 파악한 후 재고의 흐름에 대한 가정에 따라 기중의 취득단가를 매출된 수량과 기말재고수량에 적용하여 매출원가와 기말재고액을 확정한다. 그런데 매우 많은 종류의 상품을 취급하는 유통업의 경우 이런 기본적인 방법의 적용에는 현실적으로 어려운 점이 있을 수 있다.

개념 Plus 왜 소매재고법이 필요한가요?

기본적으로 편의성의 문제이다. 예를 들어 많은 종류의 상품을 취급하는 유통업의 경우 상품의 구입시 여러 상품을 묶어서 구입하는 경우가 있고(예, 공구상가에서 여러 가지 사이즈의 볼트를 구입하는 경우) 그 경우 개별상품별로 단가를 나누어 관리하는 것이 가능하긴 하지만 번거로울 수 있다. 관련 구매건수가 많은 경우 이와 같은 번거로움은 매우 커질 수 있다. 또한 새로 취급하게 되는 상품도 많고 취급하다가 없어지는 상품도 많다. 결론적으로 모든 개별상품에 대해 구입된 수량과 가격을 동시에 관리하는 재고수불시스템을 유지하는 것은 오히려 관리의 부담을 유발할 수 있다. 이런 상황에서 판매가를 이용하는 소매재고법을 이용하게 된다. 품목별로 재고자산의 취득원가를 일일이 기록하여 측정하는 것은 매우 번거롭지만, 재고자산별 판매가(소매가)를 파악하는 것은 상대적으로 쉽기 때문이다. 소매재고법은 판매가로 측정한 재고자산의 가액에 일정한 원가율을 곱하여 재고자산의 취득원가를 추정하는 방법이다.

그렇다면 재고관리는 어떻게 한다는 얘기인가? 앞에서 설명한 것처럼 재고수량의 관리는 하지만 구입가격에 대한 추가 관리는 하지 않는다는 것이다. 물론 금액상 중요한 상품에 대해서는 개별적으로 관리할 수도 있다.

한편 소매재고법은 **매출가격환원법**으로도 불리는데 실무상으로는 매우 복잡한 고려사항이 많다. 가장 핵심이 되는 사항은 기말재고자산의 판매가에 적용할 원가율의 추정인데, 이때 원가흐름의 가정과 판매가격의 변동을 고려하여야 한다. 먼저, 원가흐름의 가정에 관하여는 평균법과 선입선출법을 살펴보자.

평균법은 당기에 판매가능한 재고자산(기초재고+당기매입)이 기말재고자산에 평균적으로 남아 있다고 가정하는 것이다. 예를 들어, 당기에 기초재고 10개와 매입 90개를 더하여 총 100개의 판매가능재고가 있고 이 중 10개(10%에 해당하는)가 남아 있다면 기말재고는 기초재고 1개(기초재고 10개×10%)와 당기매입 9개(당기매입 90개×10%)가 남아 있는 것으로 가정하는 것이다. 이 경우 기초재고와 당기매입을 모두 포함하는 판매가능액을 기준으로 원가율을 추정한다.

반면 **선입선출법**은 기초재고는 모두 판매되고 당기매입 중 일부가 기말재고로 남아 있다고 가정하는 방법이다. 즉, 위의 예에서 기말재고는 당기매입분 10개가 남아 있다고 가정한다. 따라서 기말재고자산에 적용할 원가율을 추정할 때에도 당기매입만을 고려하고 기초재고는 포함하지 않는다.

한편 판매가격의 변동이란 최초 판매가격이 인상되거나 인하되는 것을 말하므로 원가율을 추정할 때에는 판매가에서만 조정하면 된다. 두 방법에 의한 원가율을 요약하면 다음과 같다.

- 평균법에 의한 원가율 $= \dfrac{\text{기초재고(원가)}+\text{당기매입(원가)}}{\text{기초재고(판매가)}+\text{당기매입(판매가)}+\text{순인상}-\text{순인하}}$
- 선입선출법에 의한 원가율 $= \dfrac{\text{당기매입(원가)}}{\text{당기매입(판매가)}+\text{순인상}-\text{순인하}}$

예제 4-7 소매재고법의 회계처리

꽃샘유통(주)는 소매재고법을 적용하여 재고자산을 평가하며, 원가율의 추정은 평균법에 따른다. 2×01년도 재고자산과 관련된 다음 자료를 토대로 매출원가와 기말재고액을 구하시오.

	원 가	판 매 가
기초재고	₩40,000	₩80,000
매　　입	350,000	520,000
매　　출	–	480,000

| 풀이 |

- 원가율의 계산

기초재고 및 당기 매입상품에 대한 원가와 판매가를 토대로 다음과 같이 원가율을 구한다.

$$원가율 = \frac{기초재고(원가) + 당기매입(원가)}{기초재고(판매가) + 당기매입(판매가)}$$

$$즉, \frac{(₩40,000 + ₩350,000)}{(₩80,000 + ₩520,000)} = 0.65$$

개념 Plus 위 정보는 어떻게 구해질까요?

일단 기초재고에 대한 원가와 판매가 금액은 이월된 금액이니 새로 계산할 필요는 없다(만약 첫 사업연도라면 0). 매입원가는 실제로 거래된 금액이니 매입계산서 등 구매관련 증빙서류에서 파악된다. 문제는 판매가로 계산된 매입액인데 구입한 수량은 파악하고 있으므로 총구입수량에 하나의 판매가를 곱하면 쉽게 계산할 수 있다. 구입한 모든 가격에 대한 정보는 관리하지 않지만 통상적으로 판매가 정보는 판매기록시스템에서 관리되고 있기 때문이다.

- **기말재고액의 계산**

  판매가로 계산된 기말재고액(다음 회계연도의 계산을 위해 필요함)에 원가율을 곱하면 된다.

  기말재고액 = 판매가로 계산된 기말재고액 × 원가율

  즉, (₩80,000 + ₩520,000 − ₩480,000) × 0.65 = ₩78,000

- **매출원가의 계산**

  원가로 표시된 판매가능액에서 위와 같이 구한 기말재고액을 차감하여 구한다.

  ₩390,000(판매가능원가) − ₩78,000(기말재고액)

  = ₩312,000

개념 Plus 그렇다면 소매재고법의 핵심은 무엇인가요?

재고자산의 흐름(기초재고+구입−판매=기말재고)을 일단 판매가에 기초하여 계산한다는 점이다. 즉, 원가에 기초하여 계산하는 것보다 판매가에 기초하여 계산하는 것이 더 효율적인 상황이기 때문이다. 특히 구입부분에 대한 계산이 그러하며, 판매부분은 매출액이 바로 판매가에 기초한 금액이므로 간단하다. 그후 관련금액에 원가율을 곱해서 원래 구하고자 하는 원가기준의 매출원가 및 기말재고액을 계산하는 것이다.

5.2 매출총이익법에 의한 재고자산의 추정

화재, 자연재해, 도난 등의 특수한 상황이 발생한 경우 특정 재고자산과 관련된 정보가 없거나 확인하기 힘들기 때문에 추정에 의거 관련 금액을 계산할 수밖에 없다. 즉, K-IFRS에서 인정하는 일반적인 평가방법은 아니지만 특수상황과 관련된 손실을 매출원가로부터 분리하여 인식하려고 할 때 적용할 수 있다.

개념 Plus 왜 관련된 손실을 구분하여야 하나요?

단순히 기말에 남아 있는 재고자산만을 가지고 평가한다면 특수상황과 관련된 손실이 전부 매출원가로 포함될 것이기 때문이다. 비록 최종 당기순이익의 결정에는 영향이 없겠지만 매출총이익이 달라지게 되어 관련 정보를 이용하는 의사결정에 영향을 줄 수 있다.

이 경우 기업이 가지고 있는 정보를 최대한 활용하게 되는데, 주로 장기간에 걸쳐 안정적으로 유지되어온 매출총이익률이 적용되었을 것이라는 가정에 기초하여 매출원가를 추정하는 방법을 많이 사용한다. 다음의 관련 예제를 통해 검토해보기로 한다.

예제 4-8 매출총이익법에 의한 재고자산의 추정

다음은 세기물산(주)의 당기 회계자료이다.

매출액	₩650,000	매입액	₩550,000	기초상품재고액	₩30,000
매출운임	50,000	매입운임	30,000	매출에누리	50,000
매입에누리	20,000				

회사의 정상적 매출총이익률은 20%로 장기간 안정적으로 유지되어 왔으며, 실지재고조사에 의해 파악된 기말상품재고액이 ₩80,000이라면 당기의 재고감모손실은 얼마인가?

| 풀이 |

- 당기순매입액:

매입액	₩550,000
매입운임	30,000
매입에누리	(20,000)
	₩560,000

- 당기순매출액:

매출액	₩650,000
매출에누리	(50,000)
	₩600,000

- 당기 매출원가:

₩600,000×0.8(1－매출총이익률 20%)＝₩480,000

- 감모손실 전 기말재고액:

기초상품재고액	₩30,000
＋ 당기순매입액	560,000
판매가능액	590,000
매출원가	(480,000)
	₩110,000

- 감모손실: ₩110,000 － ₩80,000＝₩30,000

저자의 Tip 매출총이익률과 원가에 대한 이익률을 구분해서 이해할 필요가 있다. 가령, 매출원가=b, 매출총이익=c라면 원가에 대한 이익률은 $\frac{c}{b}$가 되므로 이를 토대로 매출총이익률을 구하면 $\frac{c}{b+c}$가 된다.

제6절 저가법

6.1 저가법의 의의

개념 Plus 재고자산도 공정가치에 따른 평가가 필요할까요?

앞의 제3장에서 배웠듯이 K-IFRS에서는 모든 자산과 부채를 공정가치로 평가하는 것이 기본이다. 재고자산의 경우에도 회계기말에 **공정가치**에 따른 평가를 해야 하는 것은 당연하다.

재고자산에 대한 공정가치 평가는 어떻게 해야 할까? 판매를 목적으로 매입하는 재고자산은 원가에 마진을 더하여 판매가가 책정되기 때문에 일반적으로 공정가치에 따른 평가금액이 취득원가보다 높다. 이 경우 판매하기 전이라도 회계기말에 평가이익을 인식해야 할 것인가? 그렇지는 않다. 재고자산의 평가이익을 인식하지 않는 이유는, 재고자산은 판매를 위해 매입한 것이므로 그 가치의 변동은 판매를 통한 대가로 측정하는 것이 일반적이다. 재고자산은 판매를 위해 보유하는 것이므로 평가이익을 인식하지 않더라도 영업순환과정에서 판매를 통해 평가이익을 실현시킬 수 있기 때문이다.

유행이 지난 의류나 유통기한이 정해져 있는 식료품 등과 같은 재고자산은 오히려 공정가치로 평가한 금액이 취득원가보다 낮을 수 있으며, 이 경우 평가손실을 인식하여야 한다. 따라서 판매하기 전이라도 공정가치로 평가를 하고, 평가손실을 인식한다. 이처럼 재고자산에 대한 공정가치 평가는 수익인식기준과 관련하여 한쪽 방향으로 적용하는 특징이 있으며, 이를 **저가법**(lower of cost or market)이라고 한다.

결국 재고자산은 판매를 위해 보유하는 자산이므로 보유활동이 아닌 판매활동으로부터 수익을 인식하는 것이 수익인식기준에 부합되며, 표현충실한 정보를 제공해줄 수 있다. 반면, 재고자산의 공정가치가 하락한다면 보유 중이라도 이를 인식함으로써 자산의 미래 경제적 효익의 감소가 발생한 시점에 비용으로 인식하게 되므로 목적적합성에 충실한 회계정보를 제공할 수 있게 된다.

6.2 저가법의 적용

(1) 계산방법과 회계처리

재고자산의 평가는 **순실현가능가치**(net realizable value)로 측정된다. 순실현가능가치는 정상적인 영업과정의 예상판매가격에서 예상되는 추가 완성원가와 판매비용을 차감한 금액을 말한다. 순실현가능가치는 기업 내부의 의사결정이나 활동이 반영되어 결정되므로, 기업의 특성이 반영된다는 점에서 시장에서 결정되는 공정가치와 일치하지 않을 수 있다. 따라서 기말재고자산금액은 취득원가로 계산된 장부금액과 순실현가능가치 중 작은 금액으로 결정된다. 이를 정리하여 회계처리와 함께 표시하면 다음과 같다.

- 기말장부금액 = min [순실현가능가치, 취득원가]
- 순실현가능가치 < 취득원가, 재고자산평가손실 = 취득원가 − 순실현가능가치
- 회계처리: (차) 재고자산평가손실* ××× (대) 재고자산평가충당금* ×××

*재고자산평가손실은 매출원가에 포함하여 손익계산서에 표시하고 재고자산평가충당금은 재고자산에서 차감하는 형식으로 나타낸다.

(2) 평가손실이 인식되는 경우

재고자산의 취득원가보다 순실현가능가치가 낮아서 평가손실이 인식될 수 있는 상황은 다음과 같다.

- 물리적으로 손상된 경우
- 완전히 또는 부분적으로 진부화된 경우
- 판매가격이 하락한 경우
- 완성하거나 판매하는 데 소요되는 원가가 상승한 경우

(3) 저가법의 적용방법

재고자산을 순실현가능가치로 감액하는 저가법은 개별 항목별(또는 종목별)로 적용한다. 유사한 항목들을 통합하여 적용하는 것은 원칙적으로 허용되지 않는다. 다만, 유사한 목적 또는 용도를 갖는 동일한 제품군과 관련되고 동일한 지역에서 생산되어 판매되며 실무적으로 동일한 제품군에 속하는 다른 항목과 구분하여 평가할 수 없는 경우에는 가능하다. 예를 들면, 프로스펙스의 워킹화에는 다양한 사이즈와 모델이 있지만, 이를 각 모델별·사이즈별로 저가법을 적용하는 대신, 모델별로 통합된 제품군으로 저가법을 적용한다면 이를 예외적으로 인정할 수 있다는 의미이다. 그러나 전체 재고자산의 취득원가 합계와 순실현가능가치의 합계를 비교하는 총액기준은 K-IFRS하에서 허용되지 않는다.

예제 4-9 재고자산에 대한 저가법의 적용

운동화를 생산·판매하는 나이키(주)의 2×12년 결산일자의 재고자산에 관한 자료는 다음과 같다. (1) 개별항목별, (2) 동일제품군에 따라 저가법을 적용한 경우의 재고자산

가액을 계산하시오.

제품구분	취득원가	순실현가능가치
모델 A		
라지	₩30,000	₩35,000
미디엄	30,000	40,000
스몰	30,000	28,000
모델 B		
라지	₩15,000	₩20,000
미디엄	15,000	20,000
스몰	15,000	14,000

| 풀이 |

제품구분	취득원가	순실현가능가치	(1) 개별항목별	(2) 동일제품군
모델 A				
라지	₩30,000	₩35,000	₩30,000	
미디엄	30,000	40,000	30,000	
스몰	30,000	28,000	28,000	
소계	₩90,000	₩103,000		₩90,000
모델 B				
라지	₩15,000	₩20,000	15,000	
미디엄	15,000	20,000	15,000	
스몰	15,000	14,000	14,000	
소계	₩45,000	₩54,000		45,000
합계	₩135,000	₩157,000	**₩132,000**	**₩135,000**

개념 Plus 왜 개별항목별로 적용할까요?

공정가치평가에 충실한 것으로 볼 수 있다. 즉, 통합하여 평가하면 개별항목에서 발생하는 평가손실이 다른 항목의 평가이익과 상쇄되어 개별항목에서 발생되는 평가손실이 인식되지 않는 경우가 발생할 수 있기 때문이다.

(4) 원재료의 시장가격이 원가보다 하락한 경우

이제까지의 설명은 상품이나 제품의 경우에 대한 것으로 원재료의 경우 저가법의 적용은 조금 다를 수밖에 없다. 만약 완성될 제품이 총제조원가 이상의 가액으로 판매될 것으로 예상된다면 생산에 투입하기 위해 보유하는 원재료 및 기타 소모품을 감액하지 아니한다. 그러나 제품의 원가보다 순실현가능가치가 낮을 것으로 예상된다면 해당 원재료를 순실현가능가치로 감액한다. 다만, 원재료는 판매를 목적으로 보유하는 것이 아니므로, 예상판매가격에 기초해 순실현가능가치를 측정하기 곤란하다. 이 경우 원재료의 현행원가, 즉 시장가격이 순실현가능가치에 대한 최선의 이용가능한 측정치가 될 수 있다.

개념 Plus 원재료의 가격 하락은 꼭 나쁜 것일까요?

원재료 가격의 하락 때문에 상응하는 판매가가 추가적으로 하락하는 경우에만 저가법을 적용하여 원재료의 평가손실이 인식될 수 있다. 그러나 보통의 경우라면 판매가의 하락까지는 시간이 걸릴 가능성이 있으므로 단기적으로는 오히려 매출총이익을 증가시킬 수도 있으므로 꼭 나쁠 것은 없다.

(5) 순실현가능가치의 변동

저가법 적용과 관련한 순실현가능가치의 평가는 매 후속기간에 하여야 한다. 즉, 가치가 추가적으로 감소하였다면 평가손실을 추가적으로 인식한다. 이때 순실현가능가치가 회복된다면 어떻게 할 것인가? 재고자산의 감액을 초래했던 상황이 해소되거나 경제상황의 호전으로 순실현가능가치가 상승한 명백한 증거가 있는 경우에는 최초의 장부금액을 초과하지 않는 범위 내에서 평가손실을 환입한다. 그 결과 새로운 장부금액은 취득원가와 수정된 순실현가능가치 중 작은 금액이 된다. 판매가격의 하락 때문에 순실현가능가치로 감액된 재고자산을 계속 보유하던 중 판매가격이 상승한 경우가 이에 해당한다.

예제 4-10 재고자산의 순실현가능가치의 변동

미래유통(주)의 2×12년 결산일자의 재고자산의 취득원가는 ₩300,000이며 재고자산평가충당금은 ₩30,000이다.

[물음 1] 2×13년 결산일자의 재고자산의 순실현가능가치가 ₩260,000인 경우 기말재고자산가액과 재고자산평가손실(또는 재고자산평가충당금환입)을 계산하고 회계처리하시오.

[물음 2] 2×13년 결산일의 재고자산의 순실현가능가치가 ₩310,000인 경우 기말재고자산가액과 재고자산평가손실(또는 재고자산평가충당금환입)을 계산하고 회계처리하시오.

| 풀이 |

1. 기말재고자산가액＝min[₩300,000, ₩260,000]＝₩260,000
   당기말 재고자산평가충당금 설정목표액＝₩260,000－₩300,000＝₩(40,000)
   재고자산평가손실＝₩40,000(당기말 평가충당금 목표액)－₩30,000(전기말 평가충당금잔액)
   ＝₩10,000

(차) 재고자산평가손실 (또는 매출원가)	10,000	(대) 재고자산평가충당금	10,000

2. 기말재고자산가액＝min[₩300,000, ₩310,000]＝₩300,000
   재고자산평가충당금환입＝₩30,000(당기말 평가충당금 잔액이 0이 되어야 하므로 전기말 평가충당금잔액을 전액 환입하고 매출원가에서 차감)

(차) 재고자산평가충당금	30,000	(대) 재고자산평가충당금환입 (또는 매출원가)	30,000

공시사례

회사의 주된 영업수익의 형태는 광고 수익, 콘텐츠 수익 등입니다.

1) 광고 수익
   회사는 일반적으로 계약기간 동안 고객에게 광고서비스를 제공할 의무가 있으므로 이러한 수행의무에 배분된 거래가격을 용역을 제공하는 기간에 걸쳐 수익으로 인식하고 있습니다. 다만 계약기간이 아닌 총 광고서비스 제공 건수의 합계를 기준으로 광고서비스를 정산하는 계약의 경우, 동 광고서비스를 제공할 의무를 수행한 때에 수익으로 인식합니다.

2) 콘텐츠 수익
   회사는 다양한 콘텐츠 등을 고객에게 제공하고 있습니다. 콘텐츠 등의 거래가격은 고객이 온라인 상에서 콘텐츠 등을 구매하는 시점에 즉시 지급됩니다. 회사는 콘텐츠 등이 고객에게 제공되고, 고객이 제공된 콘텐츠 등의 사용과정에 영향을 미칠 수 있는 이행되지 않은 의무가 남아있지 않은 경우, 동 콘텐츠 등에 대한 사용권이 이전된 것으로 보아 고객이 콘텐츠 등을 사용하는 시점에 수익을 인식하고 있습니다.

(2020년 카카오 감사보고서 중)

연습문제

서술형

1 재고자산의 회계처리가 중요한 이유는 무엇인가?

2 재고자산 판매시의 회계처리와 유형자산 판매시의 회계처리의 차이는 무엇인가?

3 계속기록법과 실지재고조사법을 어떻게 적용하는 것이 올바른 재고자산 회계처리인지 설명하시오.

4 매출원가와 기말재고 평가시 원가흐름에 대한 가정을 하는 이유는 무엇인가?

5 원가흐름에 대한 가정을 다르게 하여 재고평가방법을 적용하는 경우 당기순이익이 달라진다. 그 이유를 설명하고 그러한 경우 재무제표정보를 이용하는 의사결정자 입장에서 어떤 고려를 해야 하는지 설명하시오.

6 재고자산의 평가이익을 인식하지 않는 이유를 설명하고 유형자산의 평가이익을 인식하는 경우와 비교하여 설명하시오.

7 소매재고법의 기본개념에 대해 설명하고, 매출총이익법과 어떤 차이가 있는지 비교해보시오.

8 재고자산의 회계처리에 대한 다음의 내용이 타당한지 설명해보시오.

(1) 재고자산에 대한 개별법(specific identification of cost)의 적용은 상대적으로 크거나 가격이 비싸면서 대량인 품목에 적합하다.

(2) 재고자산에 대한 원가의 흐름(선입선출법, 개별법, 총평균법 등)의 적용은 동일한 용도나 특성을 지닌 재고자산에 대해서는 동일하게 적용해야 하나, 지역별로 분포된 사업장에서는 동일한 재고자산이라도 다른 방법을 적용할 수 있다.

(3) 원재료를 가공한 완제품이 원가 이상으로 판매되더라도 원재료의 순실현가능가치가 원가보다 하락한 경우에는 저가로 평가해야 한다.

(4) 저가로 평가된 재고자산의 순실현가능가치(NRV)가 상승되면 평가감(write down)된 금액을 한도로 재고자산평가손실의 과목으로 기타수익에 표시하여 회복시켜준다.

문제 풀이형

1 재고자산의 가격결정

미래유통(주)의 20×1회계연도의 재고자산 관련 자료는 다음과 같다.

	수량(개)	단위원가	매입원가
기초재고: 1월 1일	100	₩100	₩10,000
매　　입: 2월 20일	400	120	48,000
9월 10일	200	150	30,000
11월 15일	100	160	16,000
	800		₩104,000
판　　매: 4월 10일	250		
10월 10일	400		
기말재고: 12월 31일	150		
	800		

[물음 1] 총평균법을 적용하여 매출원가와 기말재고액을 구하시오.

[물음 2] 선입선출법을 적용하여 매출원가와 기말재고액을 구하시오.

2 재고자산의 추정 및 감모손실의 계산

상품매매업을 하고 있는 세기(주)의 당 회계연도의 회계자료의 일부는 다음과 같다. 세기(주)는 모든 판매와 구매거래를 일단 외상으로 처리한 후 관련 현금거래를 그 다음에 반영하고 있다.

(1) 최종 재무상태표 중 일부

	기초	기말
상품(재고자산)	₩250,000	₩280,000
매입채무	₩300,000	₩200,000
매출채권	₩200,000	₩300,000

(2) 연간 발생한 거래

매출채권 현금회수액　₩2,900,000
매입채무 현금지급액　₩2,700,000

[물음 1] 당기의 매출액은 얼마인가?

[물음 2] 당기의 매입액은 얼마인가?

[물음 3] 매출총이익률이 20%로 꾸준하게 유지되고 있고 기말상품재고 ₩280,000이 실지재고조사에 의해 파악된 금액이라고 할 때, 당기의 재고감모손실은 얼마인가?

3 수익인식 사례

다음 각각의 사례에서 2×01년도에 수익으로 인식할 금액은 얼마인가?

[사례 1] 보미건설은 2×01년 초에 100억원 규모의 기숙사 건설공사를 수주하여 현재 건설공사가 진행 중이며, 공사진행률이 기말 현재 40%라고 한다.

[사례 2] 황금개발은 강원지역에서 운영 중인 금광에서 채굴한 40억원 상당의 금을 2×01년도 말 현재 판매를 위해 보유하고 있다.

[사례 3] 꽃샘홈쇼핑은 신물질로 개발된 천연보습제를 2×01년말 현재 고객의 주문에 따라 총 3,000만원 상당을 택배로 우송하고, 반품기한 2주가 아직 경과하지 않은 상태이다.

[사례 4] 미래기술(주)는 전산시스템과 서버 등의 전산장비 및 향후 5년간 유지보수계약을 묶어 총 27억원에 납품하는 계약을 체결하고, 2×01년 말 현재 인도 완료하였다. 이때 전산장비는 25억원, 유지보수계약은 5억원의 대가로 추정하였다.

[사례 5] 3,000만원의 계약금을 수취하고 잔금은 매월 말에 1,000만원씩 35개월에 나누어 받기로 하는 할부조건으로 2×01년 말에 중장비를 판매하고 출고하였다. 이자율은 월 1%를 적용하는 것이 업계의 일반적 관행이라고 한다.

4 소매재고법(평균법 적용)

꽃샘유통(주)는 소매재고법을 적용하여 재고자산을 평가한다. 2×01년도 재고자산과 관련된 다음 자료를 토대로 매출원가와 기말재고액을 구하시오(단위: 천원).

	원가	소매가
기초재고	₩40,000	₩80,000
매 입	350,000	520,000
매 출		480,000

5 소매재고법(선입선출법)

다음은 코스모스백화점(주)의 재고자산에 관한 자료이다.

	기초재고	당기매입	매출액
원 가	₩3,000	₩24,000	–
소매가	₩6,000	₩29,000	₩30,000

[물음 1] 소매재고법을 이용하여 기말재고를 평가할 때 적용할 원가율은 얼마인가?(필요시 반올림하시오)

[물음 2] 소매재고법을 이용하여 기말재고를 평가하면 얼마인가?(필요시 반올림하시오)

6 **재고자산의 추정(매출총이익법 적용)**

다음은 세기물산(주)의 당기 회계자료이다(단위: 천원).

매출액	₩650,000	매입액	₩550,000	기초상품재고액	₩30,000
매출운임	40,000	매입운임	30,000	매출에누리	50,000
매입할인	40,000	매입환출	20,000	매입관련보험료	10,000

[물음] 회사의 정상적 매출총이익률은 20%로 장기간 동안 안정적으로 유지되어 왔으며, 실지재고조사에 의해 파악된 기말상품재고액이 ₩60,000이라면 당기의 재고감모손실은 얼마인가?

7 **매출총이익법을 적용한 재고자산의 화재손실 추정**

다음 자료를 기초로 매출총이익법을 적용하여 화재로 인한 재고자산 손실액을 구하시오. 판매가격은 원가의 25%를 가산하여 책정한다고 가정한다. 단, 기말재고 중 ₩30,000(원가) 상당 부분만 화재로 인한 피해를 입지 않고 남아 있다.

기초재고 ₩400,000	매입 ₩1,100,000	매입환출 ₩110,000
	매출 ₩1,525,000	매출환입 ₩100,000

8 **저가법**

가전제품 유통업을 운영하고 있는 세기(주)의 기말재고자산에 관한 자료는 다음과 같다.

		장부상 원가	순실현가능가치
TV	25인치	₩250,000	₩350,000
	35인치	270,000	220,000
	55인치	500,000	480,000
냉장고	2-Door Type	350,000	320,000
	3-Door Type	400,000	450,000

[물음 1] 재고자산평가충당금 잔액이 ₩60,000인 경우 적절한 회계처리를 하시오.

[물음 2] 기말 재무상태표에 인식하여야 할 재고자산의 장부금액(장부상원가－재고자산 평가충당금)은 얼마인가?

Look up at the **stars**
and not down at your **feet**.

Be curious.

발끝을 내려다보지 말고
하늘의 별을 바라보십시오.
호기심을 가지십시오!

스티븐 호킹(1942~2018)
■ 영국의 이론물리학자로
우주론과 양자 중력의 연구에
크게 기여

(이미도, 『똑똑한 식스팩』 중에서)

Chapter

5 유형자산(Ⅰ)

학·습·목·표

유형자산은 기업이 영업활동을 위하여 보유하고 있는 자산으로서 물리적 형체가 있으며, 1년을 초과하여 사용할 것으로 예상되는 비유동자산이다. 유형자산은 기업의 영업활동을 위한 인프라가 될 뿐만 아니라, 재무제표상에서도 금액상으로 가장 큰 비중을 차지하고 있다. 또한 감가상각비를 산출해야 하기 때문에 회계처리 역시 학습해야 할 부분이 상대적으로 많다. 따라서 유형자산의 회계처리를 ① 장부상에 인식하기 위한 조건, ② 원가모형에 의한 인식시점의 측정과 손상은 본장에서 살펴보고, ③ 인식시점 이후의 측정과 재평가모형, ④ 감가상각비와 손상의 회계처리는 다음 제6장에서 학습한다.

이 장에서는 유형자산과 관련된 한국채택국제회계기준 제1016호 '유형자산', 제1020호 '정부보조금의 회계처리와 정부지원의 공시', 제1023호 '차입원가', 제1036호 '자산손상'에 대한 설명도 포함된다.

제1절 유형자산의 의의

1.1 유형자산의 정의와 분류

Key Standard

재화나 용역의 생산이나 제공, 타인에 대한 임대 또는 관리활동에 사용할 목적으로 보유하는 물리적 형태가 있는 자산으로서 한 회계기간을 초과하여 사용할 것이 예상되는 자산

(K-IFRS 1016: 문단 6)

일반적으로 유형자산은 토지, 건물, 기계장치, 차량운반구, 비품 등과 같이 한 회계기간, 즉 1년을 초과하여 영업 혹은 생산활동을 위하여 사용할 것으로 예상되는 자산을 말한다. 이들의 특징을 간략히 살펴보면 다음과 같다.

- **토지**: 현재의 영업활동에 사용되고 있는 토지를 말하며, 영업용 건물이 들어서 있는 대지, 그리고 농산물 생산·판매회사의 논과 밭 등을 지칭한다. 투자목적으로 보유하고 있는 토지는 투자부동산으로 표시한다. 토지는 다른 유형자산과 달리 감가상각 대상이 되지 않는 것이 특징이다.
- **건물**: 건물, 냉난방, 전기, 통신 및 기타의 건물부속설비
- **구축물**: 건물과는 별개로 마련된 구조물(즉, 토목공사물)로서 교량, 정원설비 및 기타의 토목설비 또는 공작물
- **기계장치**: 기계장치, 운송설비(콘베이어, 호이스트, 기중기 등)와 기타의 부속설비
- **건설중인자산**: 유형자산의 건설을 위해 투입된 재료비, 노무비 및 경비의 누계액 또는 건설을 위하여 지출한 도급금액 등을 포함한다. 건설중인자산 역시 토지와 함께 감가상각 대상이 되지 않는데, 그 이유는 아직 영업활동에 사용되지 않고 있기 때문이다.
- **기타자산**: 위에 속하지 않는 차량운반구, 선박, 비품, 공·기구 등도 유형자산이다.

물리적 형태가 없다면 무형자산으로 분류하며, 한 회계기간을 초과하여 사용되지 않

는다면 유형자산으로 분류할 수 없다. 공장건물 등을 신축할 목적으로 '토지'를 취득한 경우 재화나 용역의 생산이나 제공을 위한 것이므로 유형자산에 해당된다. 그러나 지가상승을 예상하여 투자목적으로 취득한 경우 또는 임대료수익을 얻기 위해 취득한 경우 기준서상 유형자산의 정의에 부합하지 않는다. 이 경우 K-IFRS 제1040호 '투자부동산'에 따라 투자부동산으로 분류하여 회계처리한다. 한편 부동산 매매를 주된 영업으로 하는 부동산개발 회사가 토지, 건물 등을 정상적 영업과정에서 판매하기 위하여 취득한 경우에는 재고자산으로 분류한다.

1.2 유형자산의 회계처리

유형자산의 회계처리는 크게 네 가지 항목으로 정리할 수 있다.

- **인식**: 인식이란 유형자산을 취득하여 장부상에 기록하거나 재무제표상에 표시하는 것을 의미하므로 언제 인식해야 할지 또는 재무제표의 본문에 나타내어야 할지를 판단하는 것과 관련된다.
- **최초 인식시점의 측정**: 인식과 동시에 유형자산을 얼마의 금액으로 나타내주어야 할지와 관련된 개념이다.
- **최초 인식시점 이후의 측정**: 유형자산을 장부상에 기록하고 난 뒤에 최초 측정된 금액을 수정하거나 조정하게 될 경우 얼마의 금액으로 나타내주어야 할지와 관련된다.
- **제거**: 인식과는 반대의 개념이며, 유형자산의 처분 또는 상실 등에 따라 유형자산을 장부상에서 언제부터 표시하지 말아야 할지, 그리고 이에 따른 손실과 이익을 어떻게 산출하고 처리해야 할지와 관련된 문제이다.

이 네 가지 항목 중 인식 및 인식시점의 측정은 제5장에서, 인식시점 이후의 측정과 제거는 다음 제6장에서 다룬다.

제2절 유형자산의 인식

Key Standard

유형자산으로 인식되기 위해서는 자산으로부터 발생하는 미래 경제적 효익이 기업에 유입될 가능성이 높고, 자산의 원가를 신뢰성 있게 측정할 수 있어야 한다. (K-IFRS 1016: 문단 7)

인식은 자산, 부채, 자본 등 재무제표 요소의 정의에 부합하면서 인식기준을 충족하는 항목을 재무상태표나 포괄손익계산서에 반영하는 과정을 말한다. 구체적으로 해당 항목을 서술하는 계정명칭과 화폐금액으로 기술하고 그 금액을 재무상태표 또는 포괄손익계산서 총계에 산입하는 것을 포함한다.

실무상으로는 유형자산을 매입하거나 건설할 때 최초로 발생하는 원가뿐만 아니라 후속적으로 증설, 대체 또는 수선·유지와 관련하여 발생하는 원가에 대해서 이를 당기의 비용으로 처리해야 할지 아니면 해당 유형자산에 포함시켜야 할지 또는 별도의 유형자산 과목으로 표시해야 할지를 결정하는 기준이 바로 인식기준이다. 유형자산의 인식기준을 올바로 이해하고 적용하기 위해서는 먼저 자산의 정의에 부합되는지 그리고 자산으로 인식하기 위한 일반기준부터 살펴볼 필요가 있다.

개념 Plus 자산의 정의와 인식기준 생각해보기

- 자산이란?

제2장에서 공부한 것처럼, 자산은 '과거사건의 결과로 기업이 통제하는 경제적 자원'이다. 한편, 2019년 재무회계를 위한 개념체계 개정 이전에는 자산은 '과거사건의 결과로 기업이 통제하고 있고 미래 경제적 효익이 유입될 것으로 기대되는 자원'으로 정의되었다. 따라서 위와 같이 각 개별 기준서에서는 자산을 인식하기 위한 기준으로 현금 및 현금성자산의 유입에 기여하게 될 잠재력인 미래 경제적 효익을 인식기준으로 제시하고 있다.

저자의 Tip

그렇다면 이와 같이 개념체계와 각 개별 기준서에서의 자산의 정의가 다른데 어떻게 해야 하는가? 향후 국제회계기준위원회는 개념체계의 변경된 자산의 정의를 각 개별 기준서에서 반영할 것으로 보인다. 다만, 개념체계는 개념적인 토대일 뿐 각 회계처리실무에 직접 적용되는 개별 기준서가 아니다. 따라서 자산의 인식 등 회계처리에 대해서는 개념체계가 아니라 각 기준서에 기재된 내용을 따르면 된다.

- 자산을 인식하기 위한 기준은?

(가) 그 항목과 관련된 **미래 경제적 효익**이 기업에 유입될 가능성이 높다.

(나) 그 항목의 원가 또는 가치를 신뢰성 있게 측정할 수 있다.

- **지출이 발생하였으나 이번 회계기간이 지나고나면 관련된 경제적 효익이 기업에 유입될 가능성이 높지 않다고 판단되는 경우에는?**

자산의 인식을 정당화할 수 없기 때문에 자산으로 인식하지 아니한다. 즉, 비용으로 처리한다.

- 신뢰성 있게 측정할 수 없는 경우에는?

예를 들면, 손해배상소송으로부터 승소가 예상되어 배상금을 수취할 가능성이 높다 하더라도 그 금액을 신뢰성 있게 측정할 수 없는 경우에는 이를 자산이나 수익으로 인식할 수 없다. 그 대신 주석에 공시할 수는 있다.

2.1 유형자산의 인식과 관련된 다양한 사례

유형자산의 인식을 보다 쉽게 이해하기 위하여 다음 사례를 통해 살펴보도록 하자.

- 재고자산과의 구분: 예비부품과 수선용구 및 대기성 장비
- 안전 또는 환경상의 이유로 취득하는 유형자산
- 유형자산 항목을 구성하는 범위: 유형자산을 큰 덩어리로 볼 것인가? 아니면 따로 나누어 볼 것인가?

(1) 예비부품과 수선용구 및 대기성 장비

예비부품과 수선용구는 대부분의 경우 재고자산으로 분류하고 사용되는 시점에 '소모품비' 등의 당기비용으로 인식한다. 중요한 예비부품과 대기성 장비 및 수선용구는 한 회계기간 이상 사용할 것으로 예상되는 등 유형자산의 정의를 충족하면 이를 유형자산으로 분류하고, 그렇지 않은 경우에는 재고자산으로 분류한다.

예비부품과 대기성 장비에는 어떤 것들이 있을까? 예를 들면 승용차(= 차량운반구)에 내장되어 있는 '예비타이어'도 중요한 예비부품으로 볼 수 있다. 종합병원에서 정전

에 대비하여 보유하고 있는 발전기는 평상시에 가동하지 않는 대기성 장비로 볼 수 있다. 이 경우 '예비타이어'는 승용차에 포함하여 '차량운반구'로 표시하고, 발전기는 별도의 유형자산으로 표시할 수 있다.

(2) 안전 또는 환경상의 이유로 취득하는 유형자산

안전 또는 환경상의 이유로 취득하는 유형자산, 예를 들면 폐수처리장비는 그 자체로는 직접적인 미래 경제적 효익을 얻을 수 없어 자산의 정의를 충족하지 못하지만, 기업의 다른 자원들과 결합하여 이 유형자산을 취득하지 않았을 경우에 비하여 미래 경제적 효익을 더 많이 얻을 수 있다면 자산으로 인식할 수 있다. 예를 들면, 제조공정의 취득원가가 100억원인 설비자산을 폐수처리장비 없이 가동할 경우 상당한 금액의 벌과금은 물론 가동중단까지 이를 수 있으나 폐수처리장비 설치로 이러한 불이익을 피하고 그 이상의 수익을 창출할 수 있다면 자산으로 인식할 수 있다는 것이다. 이때 폐수처리장치의 설치비가 20억원이며, (제조공정+폐수처리장치)의 회수가능액이 120억원 이상이라면 유형자산으로 기계장치 100억원, 폐수처리장치 20억원을 계상할 수 있다.

개념 Plus 회수가능액이란?

유형자산의 순공정가치(추정판매가액 – 추정판매비용)와 사용가치(유형자산을 사용하여 창출할 수 있는 미래현금흐름의 현재가치) 중에서 큰 금액을 말한다. 만일 위의 사례에서 (제조공정+폐수처리장치)의 회수가능가액이 115억원이라면 기계장치 100억원, 폐수처리장치 15억원으로 계상하고, 폐수처리장치의 취득가액 20억원에서 5억원은 손상차손으로 인식하여야 한다. 회수가능액과 손상차손에 대한 자세한 내용은 제5장 4절에서 논의한다.

(3) 유형자산 항목을 구성하는 범위

유형자산을 큰 덩어리로 볼 것인가? 아니면 구성하는 항목별로 세분해서 재무제표상에 나타낼 것인지에 대해서도 고려해야 한다. 예를 들면 건물에 대해 일반 콘크리트 구조물, 냉난방설비, 엘리베이터설비 등으로 나누어 볼 것인가? 아니면 '건물'이라는 단일의 계정명칭과 화폐금액으로 표시해주어야 할 것인가?

항공기의 엔진이나 동체와 같이 주요 구성부품의 내용연수나 경제적 효익의 제공형태가 다른 경우에는 유형자산의 취득과 관련된 총지출을 그 유형자산을 구성하고 있는 항목별로 배분하여 개별 유형자산으로 분류할 수 있다. 그리고 감가상각에 있어서도 상각률과 상각방법을 달리 적용하는 **구성요소접근법**(component approach)에 의해 회계처리할 수 있다. 이러한 구성요소접근법을 적용하는 항공사에서는 비행기 동체와 엔진 그리고 객실설비를 별도의 자산으로 구분하여 표시하기도 한다.

제3절 원가모형에 의한 인식시점의 측정

Key Standard

인식하는 유형자산은 원가로 측정한다. (K-IFRS 1016: 문단 15)

일반적으로 비유동자산 가운데 가장 비중이 큰 유형자산은 최초 취득한 시점에서는 취득원가로 기록하고, 기계장치나 건물과 같은 감가상각대상자산인 경우에는 매기 감가상각의 회계처리를 한다. 그리고 유형자산을 취득한 이후에는 해당 자산의 공정가치가 변동하더라도 아무런 회계처리를 하지 않는다. 예를 들면 10년 전에 1억원에 구입한 토지가 인근 지역의 재개발로 인하여 무려 10배나 상승하여 현 시가가 10억원이 된다고 하더라도 기업외부의 상대방과 매매거래를 하지 않고서는 재무상태표상에 10억원으로 반영되지 않는다는 것이다. 여기에서는 이러한 **원가모형**에 의한 접근방법을 토대로 유형자산의 회계처리를 설명한다.

그리고 제6장에서는 원가와 공정가치와의 괴리가 심각할 경우 원가로 표시된 상태를 그대로 놔두면 기업의 재무상태를 제대로 보여주지 못하기 때문에 비록 외부의 상대방과 거래는 하지 않았다고 하더라도 공정가치로 측정하는 재평가모형을 토대로 유형자산의 회계처리를 설명한다. K-IFRS에서는 유형자산에 대해 원가모형이나 재평가모형 중 기업으로 하여금 하나의 회계정책을 유형자산의 분류별로 선택하여 적용하도록 하고 있다.

여기에서 제2장에서 설명한 바 있는 측정의 의미를 다시 한 번 기억할 필요가 있다. 회계상의 '**측정**'이란 유형자산의 인식기준을 통과하여 재무상태표상에 나타내기로 한 경우 얼마의 화폐금액으로 나타내야 할지를 결정하는 것을 의미한다.

화폐금액이라고 하더라도 '취득' 대가로 지불하거나 '처분'할 경우에 받게 될 대가 등 여러 가지 **측정기준**(역사적 원가, 공정가치 등)을 적용할 수 있으며, 이는 '측정기준'의 선택에 관한 문제라고 할 수 있다.

- **측정**: 재무제표에 인식된, 자산, 부채, 자본의 화폐금액을 결정하는 과정이며, 유형자산은 인식시점의 원가, 즉 현금가격 상당액으로 측정한다. 즉 "현금가로 얼마예요?"라고 물었을 때의 금액으로 재무제표에 최초 인식하는 것이다. 최초 인식시점 이후에는 기업의 회계정책에 따라 역사적 원가 또는 공정가치 측정기준을 선택할 수 있다.

3.1 취득원가와 원가의 구성요소

원가란 자산을 **취득**하기 위하여 자산의 취득시점이나 건설시점에서 지급한 현금 또는 현금성자산이나 제공한 대가의 공정가치를 말한다. 유형자산의 취득을 위해 희생된 대가를 유형자산의 원가라고 할 수 있기 때문에, 유형자산의 취득이나 건설과 관련된 다양한 거래형태에서 희생된 대가의 범위를 어떻게 정하느냐에 따라 원가가 달라질 수 있으므로 원가의 구성요소와 범위를 이해하는 것이 중요하다.

소비자들이 일상 생활용품을 구입하는 경우와는 달리 가전제품이나 가구, 승용차 등과 같은 내구재를 구입하거나 아파트를 마련하여 이사하는 경우 구입과정이나 절차가 간단치만은 않다. 마찬가지로 기업에서 토지, 건물, 기계장치와 같은 유형자산을 구입하여 사용하는 데 이르기까지는 상당한 절차와 취득과정을 거친다. 또한 유가증권이나 재고자산의 취득에 비해 취득기간이 상대적으로 길고 부대비용이 많이 소요되므로 이에 따른 원가의 구성요소들을 세심하게 고려해야 한다. 이러한 취득과정에서 발생되는 원가를 크게 세 가지 형태로 구분하여 살펴보도록 하자.

- 구입가격
- 가동할 수 있는 상태로 준비하는 과정에서 직접 소요되는 원가

■ 사용 후 자산을 해체, 제거하거나 부지를 복원하는 데 소요되는 추정원가

에어컨을 구입하여 설치한 경우를 예로 들어 이러한 원가의 구성요소들을 살펴보도록 하자. 먼저 구입가격은 정가에서 매입할인과 에누리 등을 차감한 에어컨의 실제 구입가격을 말한다. 승용차 구입과 같이 취득 관련 세금이 있다면 이를 구입가격에 가산한다. 자산을 가동할 수 있는 상태로 준비하는 데 직접 소요되는 원가로는 운송비와 실외기 설치 및 배관작업에 소요되는 인건비와 부품비 등이 있으며, 이를 비용으로 처리하지 않고 해당 유형자산의 원가에 포함시킨다.

만약 프레임을 짜고 건물의 외벽에 실외기를 설치하였다면 향후 집을 옮겨 이사를 갈 경우에는 외부프레임과 배관 등을 말끔하게 제거하는 등 건물을 원상으로 복구해주어야 한다. 그리고 이러한 작업에 소요되는 비용을 추정하여 해당 유형자산의 원가에 포함시킨다. 왜냐하면 에어컨 사용으로 효익을 누리기 위해서는 에어컨 구입과 설치는 물론 원상복구에 소요되는 비용도 부담해야 하기 때문이다.

예제 5-1 유형자산의 취득원가와 복구비용

미래아트(주)는 2×01년 5년 만기로 사무실을 임차하였으며, 사무실 인테리어비용으로 5천만원이 소요되었다. 그리고 계약이 만료될 때 사무실을 원상으로 복구하도록 명시되어 있었다. 미래아트(주)의 재무담당자는 계약만료시의 복구비용을 6백만원으로 예상하였고 할인율은 6%를 적용하였다. 인테리어비용과 관련하여 다음 물음에 답하시오.

[물음 1] 미래아트(주)의 인테리어에 소요된 금액은 자산인가? 아니면 비용인가? 만약 자산이라면 어떤 계정과목으로 표시하는 것이 적절한가?

[물음 2] 자산으로 인식할 경우 그 금액은 얼마로 측정해서 나타낼 것인가? 분개로 표시하시오.

| 풀이 |

1. 자산의 인식요건을 충족시켜주므로 유형자산에 속하며, 리스개량(lease improvements)으로 표시할 수 있다.
2. 인테리어비용(₩50,000,000)과 복구비용의 현재가치(₩4,483,800)*를 더하여 재무상태표에 인식할 총 인테리어자산은 ₩54,483,000이며, 이를 분개로 기록하면 다음과 같다.

(차)	유형자산(리스개량)	54,483,800	(대) 현 금	50,000,000
			복구충당부채	4,483,800*

* ₩6,000,000×0.7473(5년, 6% 단일금액의 현재가치 이자요소)

이와 같이 유형자산은 그 물리적 성격, 기능적 특성 및 용도가 다양하며 취득조건이나 취득에 소요되는 기간이 다를 수 있어 해당 유형자산을 가동할 수 있는 상태로 준비하는 데 직접 소요되는 원가요소의 내역은 보다 다양할 수 있다. 이러한 원가의 구성요소들을 구체적으로 살펴보면 다음과 같다.

(1) 구입가격

구입에 수반되는 제세공과금, 예를 들면 관세 및 취득세 등을 가산하고 매입할인 등을 차감한 가격을 말한다. 이 경우 장기연불조건으로 매입한 경우에 대해서는 현금 구입가격 상당액을 구입가격으로 하며, 보다 자세한 내용은 다음에 설명하는 3.2 원가의 측정에서 다룬다.

(2) 가동할 수 있는 상태로 준비하는 과정에서 직접 소요되는 원가

자산을 가동하는 데 필요한 장소와 상태에 이르게 하는 데 직접 관련되는 원가의 예로는 다음과 같은 것들이 있다.

- 유형자산의 매입 또는 건설과 직접적으로 관련되어 발생한 종업원급여
- 설치장소 준비원가
- 취득시점의 운송비 및 취급관련원가
- 설치원가 및 조립원가
- 유형자산이 정상적으로 작동되는지 여부를 시험하는 과정에서 발생하는 원가
  (단, 시험과정에서 생산된 시제품 등의 매각금액과 그 생산원가는 당기손익으로 처리)
- 전문가에게 지급하는 수수료

개념 Plus **K-IFRS의 원칙중심과 '직접' 관련되는 원가의 판단은?**

› 유형자산을 취득하기 위하여 차입을 하였다면 이자비용이 발생할 텐데 이를 취득과 '직접' 관련되는 원가라고 할 수 있을까?

저자의 Tip 일단 유형자산을 취득하기 위하여 부채로 자금을 조달하였다면 이자비용은 '회피할 수 없는', 즉 회피불가능하다고 봐야 한다. 이런 점에서 이자비용을 '직접' 관련된 원가로 판단할 수 있다. 그러나 꼭 부채로 자금을 조달했어야 하는지에 대해서는 논란의 여지가 있을 수 있다.

› 승용차를 구입하고 등록을 하기 위해서는 공채(지하철개발채권 또는 지역개발채권)를 매입하여야 하는데 그 공채의 이자율이 시장이자율에 비해 턱없이 낮기 때문에 대부분 손해를 보고 처분한다. 이 경우 그 처분손실도 취득과 '직접' 관련되는 원가라고 할 수 있을까?

저자의 Tip 차량을 등록하고 번호판을 교부받아야 운행을 할 수 있기 때문에 공채매입은 불가피하다. 이 경우 공채의 구입가격과 공정가치, 즉 매각가치와의 차이만큼은 유형자산의 사용을 위하여 '회피불가능'하므로 '직접' 관련되는 원가라고 할 수 있다.

그러나 다음 사례에서 설명하는 유형의 비용은 직접 관련되는 원가로 판단하지 않는다.

개념 Plus '직접' 관련되는 원가로 판단하지 않는 경우는?

› 본사 사옥을 건설하기 위하여 매입한 건설용지에 대해 공사를 착공하기 전까지 주차장 용도로 사용하는 과정에서 발생하는 수익과 비용은?

저자의 Tip 유형자산을 경영진이 의도하는 방식으로 가동하는 데 필요한 장소와 상태에 이르게 하기 위해 필요한 활동이 아니므로 토지의 취득원가에 가감하지 않고, 각각 기타수익과 기타 비용항목으로 구분하여 표시한다.

이외에도 유형자산이 경영진이 의도하는 방식으로 가동할 수 있는 상태에 이미 도달한 다음 발생하는 원가와 유형자산을 사용하거나 이전하는 과정에서 발생하는 비용은 유형자산의 장부금액에 포함하여 인식하지 않는다.

예제 5-2 취득과 직접 관련된 비용

미래테크(주)는 새로운 생산라인을 도입하였으며 이에 따라 다음과 같은 비용이 발생하였다. 새로운 생산라인과 관련된 유형자산의 취득원가는 얼마인가?

내　　　역	금　액
① 생산라인 도입을 위한 공장내부수리비	₩5,000
② 설치장소 준비원가	1,000
③ 기계 구입비용	50,000
④ 최초운송 및 취급관련 비용	1,600
⑤ 기계설치 및 조립비용	1,400
⑥ 최초 테스트비용(테스트 시제품 순매각금액* ₩100)	800
⑦ 기능 및 설치 평가에 관한 전문가 수수료	1,000
⑧ 새로운 생산라인의 홍보비용	400
⑨ 신제품 소개비용	600
⑩ 새로운 생산라인에 대한 영업사원교육훈련비	1,200
합　　　계	₩63,000

| 풀이 |

유형자산으로 인식할 새로운 생산라인의 취득원가는 ₩60,800이다. 생산라인의 취득 및 설치와 직접적으로 관련이 없는 비용은 취득원가로 인식하지 않으며, 그 항목은 다음과 같다.

⑧ 새로운 생산라인 홍보비용: ₩400
⑨ 신제품 소개비용: ₩600
⑩ 새로운 생산라인에 대한 영업사원교육훈련비: ₩1,200

저자의 Tip * 종전에는 시운전 과정에서 생산된 시제품의 순매각액을 유형자산의 취득원가에서 차감하였으나, 2022년부터 적용되는 개정기준서에서는 이를 당기손익으로 인식한다.

(3) 자산을 해체, 제거하거나 부지를 복구하는 데 소요되는 원가

자산을 사용하기 위해 부담해야 할 취득원가에는 최초 취득시점에서 부담해야 할 지출뿐만 아니라 경제적 사용이 종료된 후의 복구비용도 해당 자산을 사용하기 위한 회피 불가능한 비용이라는 관점에서 동질적이기 때문에 포함하는 것이 타당하다. 따라서 유형자산의 가동 또는 설치의 결과로서 부담하게 되는 복구비용에 대해서는 유형자산의 취득원가에 반영하고 내용연수에 걸쳐 감가상각을 통해 비용으로 인식한다. 이때 복구비용이 재고자산의 생산을 위해 사용되는 공장설비에 관한 것이라면 그 비용은 간접비인 감가상각비를 통해 재고자산의 원가에 반영한다.

복구비용의 회계처리는 취득원가에 가산할 복구비용을 추정하고 이를 현재가치로 할인하여 복구충당부채로 계상하는 회계처리와 취득원가에 포함된 복구비용의 감가상각과 복구충당부채에 대해 유효이자율법을 적용하여 복구충당부채전입액을 산출하는 회계처리로 나누어진다.

■ 취득시

(차) 유형자산	×××	(대) 복구충당부채	×××

■ 매 결산기

(차) 이자비용(복구충당부채전입액)	×××	(대) 복구충당부채	×××

■ 복구시점

(차) 복구충당부채	×××	(대) 현 금	×××
(복구공사손실)	××× 또는	(복구공사이익)	×××

다음 예제를 통해 취득시점부터 복구시점까지 단계적으로 복구비용의 회계처리를 살펴보자.

예제 5-3 복구충당부채의 인식과 자산의 취득원가

1. 2×01년 1월 1일에 취득한 해양구조물과 관련된 다음 자료를 토대로 취득시점의 회계처리와 회계연도말 감가상각비의 계상과 복구충당부채전입액의 인식에 관한 회계처리를 하시오.

해양구조물의 취득원가: ₩400,000 잔존가치: ₩10,000 내용연수: 10년
감가상각방법: 정액법(단, 해당 유형자산을 복구하는 시점에서 발생될 복구비용을 8%의 유효이자율로 할인한 현재가치는 ₩194,879으로 산출되었다)

■ **취득시점(2×01년 1월 1일)**: 해당 유형자산을 복구하는 시점에서 발생될 복구비용을 현재가치로 할인한 금액을 산출한 다음 이를 취득원가에 반영하고 복구충당부채를 인식한다.

(차) 구 축 물	594,879	(대) 미지급금(또는 현금)	400,000
		복구충당부채	194,879

■ **결산시점(2×01년 12월 31일)**: 복구충당부채가 반영된 유형자산의 취득원가를 내용연수에 걸쳐 감가상각하고, 현재가치로 표시된 복구충당부채에 대해서는 유효이자율법에 의해 복구충당부채전입액을 산출하여 복구충당부채에 가산한다.

(차) 감가상각비*	58,488	(대) 감가상각누계액	58,488
복구충당부채전입액**	15,590	복구충당부채	15,590

* (₩594,879 − 10,000)/10년 = ₩58,488
** ₩194,879×8% = ₩15,590

2. 해양구조물의 경제적 내용연수가 종료된 후 복구공사에 실제 소요된 비용이 ₩500,000이며, 복구충당부채잔액이 ₩440,619인 경우 회계처리를 하시오.

■ 복구시점: 복구충당부채 잔액과 실제 발생된 복구공사비와의 차액을 실제 복구가 진행되는 시점의 손익으로 계상한다.

(차) 복구충당부채	440,619	(대) 미지급금(또는 현금)	500,000
복구공사손실	59,381		

3.2 원가의 측정

원가모형의 '측정'에서 설명한 바와 같이 유형자산의 취득원가는 인식시점의 '현금가' 상당액이다. 즉, "현금가로 얼마예요?"라고 물었을 때의 금액으로 재무제표에 나타낸다는 것이다. 일반적으로 유형자산은 규모가 크기 때문에 일시에 현금을 지급하고 구입하는 경우가 많지 않을 뿐만 아니라 대가의 일부나 전부를 현금성자산 이외의 다른 자산을 지급하는 경우도 있다. 이와 같이 대금 결제조건이 다양하더라도 그 기준점은 '**현금가**'이며, 여기에 맞추어 원가를 측정하고 회계처리한다는 것이다. 따라서 다음과 같은 형태의 취득거래에서 '현금가'를 어떻게 결정하는지 살펴보고, 마지막에는 취득과정에서 발생한 이자비용에 대해 자본화하는 경우의 회계처리에 대해 설명한다.

- 일반적인 신용기간을 초과한 대금지급의 장기이연
- 취득 전에 대금을 미리 지급(장기선불거래)
- 자기회사의 주식을 발행하여 대금 지급(현물출자)
- 증여 또는 무상 취득
- 일괄구입(basket purchase)
- 유형자산의 취득에 수반된 국·공채 매입
- 자체 제작 또는 건설
- 다른 자산과 교환으로 취득

- 국고보조금 등을 지원받고 취득
- 취득과정에서 발생하는 이자비용(차입원가의 자본화)
- 외화로 대가를 미리 지급(외화선급금)

(1) 대금지급의 장기이연

지금 당장 현금을 지급하고 구입하는 것에 비하여 대금지급이 길어지면 길어질수록 화폐의 시간가치 때문에 거래가격은 비싸지게 된다. 예를 들면, 기계장치를 구입하면서 연간 ₩2,010,000씩 3회에 걸쳐 지급하기로 하였다면, 적절한 할인율 또는 이자율을 적용하여 현재가치로 할인한 금액으로 원가를 측정해야 한다. 이 경우 할인율이 10%라고 한다면 연금의 현재가치이자요소 2.48685(부록: 현재가치표)를 적용하여 현금가를 구하면 ₩5,000,000이 된다. 따라서 이 금액으로 기계장치의 원가를 측정하고, 실제 유출될 현금총액 ₩6,030,000(=₩2,010,000×3)과의 차액 ₩1,030,000은 이자요소로 분리해내야 한다.

이를 정리하면 ① 지급하는 금액을 현재가치로 할인하고, ② 지급하는 총액과 현재가치와의 차액으로 이자비용 상당액(=현재가치할인차금)을 구한 다음 ③ 이자비용의 금액적 중요성을 판단하여 회계처리한다. 여기에서 유의해야 할 것은 취득과정(공사 등)에 상당한 기간이 소요되는 경우 취득기간 중 발생된 이자비용에 대해서는 당기비용으로 인식하지 않고, 해당 자산의 취득원가에 반영한다는 점이다. 여기에 대해서는 다음에 나오는 (10) 차입원가의 자본화에서 설명한다.

한편 이 거래를 분석해보면 현금가 ₩5,000,000인 기계장치 취득을 위해 ₩5,000,000을 대출받았다고 가정하고, 매년말 ₩2,010,000씩 3회에 걸쳐 총 ₩6,030,000을 상환하는 거래와 경제적 실질이 동일하다고 볼 수 있다. 이 경우 매년말에 상환하는 ₩2,010,000 중에는 원금부분과 이자비용부분이 포함되어 있기 때문에 이를 분리해내는 것이 회계처리의 핵심이라고 할 수 있다.

- **취득시**

(차) 유형자산	5,000,000	(대) 장기미지급금	6,030,000
현재가치할인차금	1,030,000		

■ 1차연도말 대금지급

(차) 장기미지급금	2,010,000	(대) 현 금	2,010,000
이자비용*	500,000	현재가치할인차금	500,000

* ₩5,000,000(현금구입가 또는 차입원금)×10% = ₩500,000(1차연도의 이자비용 상당액)

■ 2차연도말 이후의 회계처리는 제9장 '금융부채와 비금융부채' [예제 9-4] 참조

개념 Plus '미지급금'과 '매입채무'는 어떻게 다를까요?

유형자산을 외상으로 구입하거나 매각했을 때는 미지급금과 미수금계정을 사용하여 회계처리한다. 어음을 발행하여 지급하거나 어음을 수취했을 경우에도 미지급금과 미수금계정으로 분개한다. 매출채권과 매입채무는 일반적인 상거래에서만 사용할 수 있는 계정이다. 따라서 가구대리점에서 배송용 트럭을 외상으로 구입한 경우에는 미지급금이 되지만, 본사에서 판매목적으로 혼수용가구를 외상으로 구입한 경우에는 매입채무로 처리한다.

개념 Plus 이자비용을 해당자산의 취득원가에 포함시킬 수 있을까요?

이자비용을 유형자산이나 재고자산의 취득원가에 포함시켜 자본화하려면 해당 자산을 의도된 용도로 사용하거나 판매가능한 상태에 이르게 하는 데 상당한 기간을 필요로 해야 한다. 따라서 '취득'하는 과정에 상당한 시간이 소요되는지 여부가 자본화의 제일 중요한 판단기준이라는 것을 기억해야 한다. 만약 위의 사례와 같이 취득시점에 이미 의도된 용도로 사용할 수 있거나 판매가능한 상태에 있는 기계장치라면 취득과정에서 발생된 이자비용이 아니므로 자본화해서는 안 된다.

(2) 취득 전에 대금을 미리 지급(장기선불거래)

앞에서는 유형자산을 취득하되 대금은 장래시점에 지급하는 대금지급의 장기이연에 대해 설명하였다. 이와는 달리 대금지급을 먼저 하는 선불거래의 경우 취득원가는 어떻게 결정할까? 예를 들면 기계장치를 구입대금 1,000만원을 현재 지급하고 3년뒤 인도받기로 하였다면 적절한 이자율을 적용하여 미래가치로 원가를 측정해야 한다. 이 경우 할인율이 10%라고 한다면 단일금액의 미래가치이자요소 1.3310(부록: 현재가치표)를 적용하면 그 금액은 1,331만원이 된다. 따라서 이 금액으로 기계장치의 원가를

측정하고 현재시점에서 지급한 1,000만원과의 차액 331만원은 이자요소로 분리해내야 한다.

이를 정리하면 ① 현재 지급하는 금액의 미래가치를 구하고, ② 미래가치와 현재 지급하는 금액과의 차액으로 이자수익 상당액(=현재가치할인차금)을 구한 다음, ③ 이자수익의 금액적 중요성을 판단하여 회계처리한다. 이를 요약하면 다음과 같다.

■ 대금지급시

(차)	계약자산(장기선급금)	1,331만원	(대)	현 금	1,000만원
				현재가치할인차금	331만원

■ 1차연도말 회계처리

(차)	현재가치할인차금	100만원*	(대)	이자수익	100만원

* 1,000만원×10% = 100만원(1차연도의 이자수익)
2, 3차 연도말 회계처리는 제8장 금융상품 및 금융자산 [예제 8-9]를 참조하기 바란다.

■ 취득시

(차)	유형자산	1,331만원	(대)	계약자산(장기선급금)	1,331만원

저자의 Tip 이러한 선불거래의 실질은 현재시점에서 1,000만원을 대여해주고, 3년뒤 원금과 이자를 포함하여 1,331만원을 현금으로 상환받는 대신 동액의 유형자산을 취득함으로써 회수하는 것으로 볼 수 있다.

(3) 자기회사의 주식을 발행하여 대금지급(현물출자)

유형자산을 취득하면서 그 대가로 자기회사의 주식을 발행하여 대금을 지급하는 것을 **현물출자**라고 한다. 왜냐하면 주식을 받게 될 상대방의 입장에서는 현금 대신 보유하고 있던 유형자산을 회사에 출자한 결과 주주가 되기 때문이다. 이 경우 유형자산을 취득하는 기업의 입장에서 유형자산의 취득원가는 발행·교부하는 '주식의 수×주식의 공정가치(취득시점의 주가)'로 측정한다.

■ 주식의 공정가치가 액면금액보다 큰 경우

(차) 유형자산	×××	(대) 자본금	×××
		주식발행초과금	×××

■ 주식의 공정가치가 액면금액보다 작은 경우

(차) 유형자산	×××	(대) 자본금	×××
주식할인발행차금*	×××		

* 이익잉여금으로 상각하여야 한다.

개념 Plus K-IFRS와 일반기업회계기준의 차이

유형자산의 원가란 취득시점이나 건설시점에서 지급한 현금 또는 현금성자산이나 제공한 기타 대가의 공정가치를 말하기 때문에 K-IFRS가 적용되는 상장기업의 경우에는 주가를 쉽게 구할 수 있고, 그 주가를 토대로 현물출자로 받은 자산의 취득원가 결정은 용이하다. 그러나 일반기업회계기준을 적용하는 비상장기업의 경우라면 상황이 달라진다. 즉, 비상장기업의 주가를 신뢰성 있게 입수할 수 없기 때문에 출자받은 유형자산의 공정가치를 먼저 결정한 다음, 이를 토대로 주식의 발행에 대한 회계처리를 한다.

(4) 증여 또는 무상 취득

유형자산의 원가란 취득시점이나 건설시점에서 지급한 현금 또는 현금성자산이나 제공한 대가의 공정가치를 말한다. 증여나 무상으로 취득한 경우에는 지급하거나 제공한 대가가 없다고 하더라도 취득원가를 ₩0으로 기록하지는 않는다. 왜냐하면 해당 자산이 자산의 정의를 충족하고 있음에도 불구하고 그 자산의 취득원가를 ₩0이라고 한다면 재무제표상에 그 자산이 나타나지 않을 수도 있기 때문이다. 이 경우에는 해당 자산의 공정가치를 취득원가로 기록하고 포괄손익계산서상에 '**자산수증이익**'으로 인식하는 것이 일반적이다.

■ 취득시점

(차) 유형자산	×××	(대) 자산수증이익	×××

(5) 일괄구입(basket purchase)

개별 유형자산의 시장가격 혹은 감정가격을 기준으로 일괄지급한 총원가를 배분하는 방법으로 [예제 5-4]와 같이 취득원가를 결정한다.

예제 5-4 일괄구입한 유형자산의 취득원가의 결정

사무실로 사용하기 위해 토지와 건물을 ₩600,000에 일괄구입하였다. 구입 당시 건물의 공정가치는 ₩200,000이고 토지의 공정가치는 ₩600,000이다. 건물과 토지의 취득원가로 기록해야 할 금액은 각각 얼마인가?

| 풀이 |

자산	안분비율	취득원가의 배분결과
토지	₩600,000/(200,000+600,000)=0.75	₩450,000
건물	₩200,000/(200,000+600,000)=0.25	₩150,000

개념 Plus 부동산거래와 관련된 회계처리를 살펴볼까요?

- 건물을 신축하기 위하여 토지를 취득한 경우 기존의 토지 위에 있던 구건물의 철거, 구획정리 등에 소요된 비용은 토지의 의도된 사용목적(건물신축을 위한 부지 정리)을 위하여 소요된 것이므로 토지의 취득원가에 포함시킨다.
- 울타리공사, 주차장공사, 도로포장공사 등은 내용연수가 있고, 사용에 의해 그 가치가 감소되는 감가상각자산에 해당되므로 구축물계정에 계상한다.
- 사용하던 건물을 철거하고 신축하는 경우 구건물의 철거비용은 신축건물에 대해 경제적 효익을 추가로 제공하지 못하므로 당기 비용으로 처리한다.
- 그렇다면 언제 부동산을 취득한 것으로 간주할까? 소유권이전과 잔금청산일이 토지의 실제 사용일보다 늦을 경우 토지의 취득일은 매수인이 사실상 그 토지를 사용할 수 있는 날에 취득한 것으로 간주하여 회계처리한다.

(6) 유형자산의 취득에 수반된 국·공채 매입

차량을 구입하고 등록을 하려면 차종에 따라 정해져 있는 금액만큼 공채를 매입하여야 하는데, 그 이자율이나 조건이 현저히 불리할 경우가 문제가 된다. 예를 들어, 차량 등록시 매입한 액면가 ₩500,000 상당의 채권의 공정가치 또는 현재 매각할 경우 수취할 수 있는 금액이 ₩300,000이라고 한다면 ₩200,000의 손실을 보게 된다. 이 손실만큼은 차량 등록을 위하여 회피할 수 없는 비용이므로 취득원가에 가산하고, 이렇게 가산된 금액을 취득원가로 하여 감가상각 등의 회계처리를 한다. 공채를 발행한 기관의 입장에서는 낮은 이자율 또는 유리한 조건으로 채권을 발행하여 조달된 자금을 공공의 목적을 위한 투자재원으로 사용할 수 있다.

예제 5-5 **국·공채 등을 매입한 경우 유형자산의 취득원가**

2×01년 1월 1일에 ₩10,000,000 상당의 차량운반구를 취득하였으나 차량등록을 위해서는 ₩1,000,000의 지하철공채를 액면가액으로 매입하여야 한다. 이 지하철공채의 만기는 7년, 액면이자율은 2%이며, 시장이자율(또는 유효이자율)은 5%라고 한다. 이때 공채의 액면이자율이 2%에 불과하여 시장이자율보다 현저히 낮기 때문에 공채를 매입한 즉시 금융기관에 처분하는 경우 받게 될 금액은 ₩800,000이라고 가정한다(정확한 공정가치 계산은 제8장 금융자산의 [예제 8-3] 참조).

[물음 1] 차량운반구의 취득원가로 기록해야 할 금액은 얼마인가?

[물음 2] 이 공채를 매입 직후 처분한 것을 가정하여, 공채취득과 차량운반구 구입과 관련된 회계처리를 하시오.

| 풀이 |

1. ₩10,000,000+(₩1,000,000−₩800,000)=₩10,200,000

2\.

(차)			(대)	
	차량운반구	10,200,000	현 금	10,000,000
	금융자산(공채)	800,000	현 금	1,000,000
	현 금	800,000	금융자산(공채)	800,000

저자의 Tip 공정가치 ₩800,000 상당의 금융자산(공채)을 취득하면서 ₩1,000,000의 대가를 지급하게 되어 ₩200,000의 '취득손실'이 발생한 것이나 이를 당기손익에 반영하지 않고 자산의 취득원가로 인식하는 것이다. 금융자산은 취득시점의 공정가치로 인식한다.

(7) 자체 제작 또는 건설

건설회사가 본사 사옥의 용도로 건물을 신축하거나 중장비 제조회사가 작업공정에 필요한 운반구 등의 설비를 자체 제작하여 사용하는 경우 등 유형자산을 자체 제작하거나 건설한 경우에는 제작에 소요된 모든 직접재료비, 직접노무비, 제조간접비를 취득원가로 계상한다. 이 점에서 유형자산의 원가는 판매목적으로 제조하는 재고자산의 원가와 동일하다. 한편 재고자산의 원가에 정상적 이윤이나 원재료, 인력 및 기타 자원의 낭비로 인한 비정상적인 원가가 포함되지 않는 것처럼 유형자산의 원가에도 이러한 부분들이 포함되지 않도록 측정한다.

건설중에 발생한 비용은 '건설중인자산' 계정에 집계하고, 완공시점에 해당 유형자산 과목으로 다음과 같이 대체한다.

■ 공사비 발생

(차) 건설중인자산*	×××	(대) 현 금	×××

* 건설중인자산은 비유동자산으로 분류

■ 완공시점

(차) 건물(또는 기계장치 등)	×××	(대) 건설중인자산	×××

(8) 교환에 의한 취득

사용중이던 유형자산을 다른 유형자산과 교환으로 취득하거나 현금을 추가로 지급하고 새 유형자산을 취득하는 경우 취득원가를 측정하는 기본원칙은 제공한 자산의 공정가치로 측정하는 것이다. 즉, 유형자산 취득시점의 원가는 자산을 취득하기 위하여 제공한 대가의 공정가치로 측정한다는 기본원리가 교환의 경우에도 그대로 적용된다. 다만, 이런 기본원리가 그대로 적용되지 않는 경우에 대해 살펴보도록 하자.

- 취득한 유형자산의 공정가치가 제공한 자산의 공정가치보다 더 명백하거나 신뢰성이 있는 경우에는 취득한 유형자산의 공정가치로 측정한다.
- 취득하거나 제공한 자산의 공정가치를 신뢰성 있게 측정할 수 없는 경우에는 제공한 자산의 장부금액(취득원가에서 감가상각누계액과 손상차손누계액을 차감한)으로 측정한다.
- 상업적 실질(commercial substance)이 결여되었거나 일반적 상거래라고 보기 힘든 경우에도 제공한 자산의 장부금액(취득원가에서 감가상각누계액과 손상차손누계액을 차감한)으로 측정한다. 이 경우 교환손익이 발생하지 않는다.

개념 Plus **교환거래에서 상업적 실질에 대한 판단은?**

'상업적 실질'의 의미는 교환되는 자산으로부터 기대되는 현금흐름의 금액과 시기, 위험 측면에서 다르기 때문에 영업을 목적으로 교환을 하려는 충분한 이유가 있는 경우, 즉 이익을 목적으로 하는 거래라고 이해하면 될 것이다. 이와 같이 상업적 실질 여부가 있는지 여부를 판단해야 한다는 측면에서 국제회계기준은 다시 한번 더 '원칙중심'의 회계기준이라는 것을 알 수 있다.

예제 5-6 교환에 의해 취득한 경우

대한(주)는 사용하던 복사기(취득원가 ₩4,000,000, 감가상각누계액 ₩1,000,000, 공정가치 ₩2,300,000)에 현금 ₩400,000을 추가로 지급하고, 정수기를 취득하였다.

[물음 1] 복사기의 장부금액은 얼마인가?

[물음 2] 이 교환거래의 상업적 실질이 있는 경우 정수기의 취득과 관련된 회계처리를 하시오.

[물음 3] 교환으로 취득한 정수기가 신품이므로 그 공정가치(₩2,500,000)가 중고 상태인 복사기보다 더 명백하고 신뢰성이 있다고 가정하는 경우 정수기의 취득과 관련된 회계처리를 하시오.

[물음 4] 이 교환거래에 상업적 실질이 없을 경우 정수기의 취득과 관련된 회계처리를 하시오.

| 풀이 |

1. 취득원가(₩4,000,000) − 감가상각누계액(₩1,000,000) = ₩3,000,000

2.

(차)	비품(정수기)	2,700,000*	(대)	비품(복사기)	4,000,000
	감가상각누계액(복사기)	1,000,000		현 금	400,000
	비품처분손실	700,000**			

* 지급한 대가: 복사기의 공정가치(₩2,300,000) + 현금(₩400,000)
** 비품처분손실: 공정가치(₩2,300,000) − 장부금액(₩3,000,000)

3.

(차)	비품(정수기)	2,500,000	(대)	비품(복사기)	4,000,000
	감가상각누계액(복사기)	1,000,000		현 금	400,000
	비품처분손실	900,000*			

* 비품처분손실: 취득한 자산의 공정가치(₩2,500,000) − 제공한 자산의 가액(복사기의 장부금액 + 현금 = ₩3,400,000)

4.

(차)	비품(정수기)	3,400,000	(대)	비품(복사기)	4,000,000
	감가상각누계액(복사기)	1,000,000		현 금	400,000

(9) 정부보조금 등을 지원받고 취득

기업이 산업정책적 목적에서 정부보조금 등을 지원받아 유형자산을 구입하는 경우가 있다. 예를 들어, 반도체 설비투자를 조건으로 취득원가의 50%를 정부보조금으로 지급하는 것이다. 이 경우 회사는 취득원가 100억원의 설비를 취득하면서 50억원만 부담하면 되므로 50억원 상당의 이득이 생기는 셈이다.

이를 어떻게 처리해야 할까? 국제회계기준에서는 이를 수익으로 인식한다. 증여나 무상취득시 자산수증이익을 인식하는 것과 유사한 처리이다. 다만 유형자산 취득과 관련된 정부보조금 같이 관련원가와 대응되는 정부보조금은 그 원가를 비용(이 경우 감가상각비)으로 인식하는 기간에 나누어 수익을 인식한다. 즉, 수익을 이연하여 비용과 대응시키는 것이다. 다음에서 자산관련 보조금의 표시와 이에 따른 회계처리를 살펴본다.

유형자산 관련 정부보조금(공정가치로 측정되는 비화폐성 보조금 포함)은 ① 재무상태표에 이연수익으로 표시하거나 ② 자산의 장부금액을 결정할 때 차감하여 표시한다.

가. 정부보조금 등을 이연수익(부채)으로 계상하고 매 회계연도에 수익으로 인식

보조금을 부채인 '이연수익'으로 인식하고, 자산의 내용연수에 걸쳐 당기수익으로 인식함으로써 정부보조금을 수취한 만큼 자산의 취득원가가 높아져, 감가상각비가 많게 계상되는 것과 상계되는 효과를 가져오게 하는 방법이다. 이 경우 재무상태표상에는 이연수익이 부채로 표시되므로, 결과적으로는 부채비율이 높아지는 효과를 가져온다.

■ 정부보조금 수취와 유형자산 취득

(차)		(대)	
현금(정부보조금 등)	×××	이연보조금수익(부채)	×××
유형자산	×××	현금(자체부담분+정부보조금 등)	×××

■ 결산시

(차)		(대)	
감가상각비	×××	감가상각누계액	×××
이연보조금수익(부채)	×××	보조금수익(수익)	×××

나. 정부보조금을 해당자산에서 차감표시하고 감가상각비와 상계

자산의 장부금액을 계산할 때 정부보조금을 차감하는 방법이다. 정부보조금은 감가상각자산의 내용연수에 걸쳐 감가상각비와 상계시켜주는 방식으로 회계처리한다. 그리고 정부보조금 잔액을 해당 자산에서 차감하는 형식으로 재무상태표에 나타낸다.

■ 정부보조금 수취와 유형자산 취득

(차) 현 금	×××	(대) 정부보조금*	×××
유형자산	×××	현금(자체부담분+정부보조금 등)	×××

* 해당자산에서 차감하는 형식으로 표시한다.

■ 결산시

(차) 감가상각비	×××	(대) 감가상각누계액	×××
정부보조금	×××	감가상각비	×××

저자의 Tip 정부보조금만큼 취득원가가 커지고, 여기에 비례해서 감가상각비가 증가되므로 이를 보조금수익으로 처리하여 그 영향을 상쇄하자는 것이 ① 이연수익법의 논리이며, 감가상각비를 차감하여 그 영향을 상쇄하자는 것이 ② 원가차감법의 논리이다.

예제 5-7 정부보조금에 의한 유형자산의 취득

2×01년 1월 1일에 ₩1,000,000 상당의 기계장치(내용연수 5년, 잔존가치 ₩200,000, 정액법에 의한 감가상각)를 취득하면서, 정부보조금 ₩500,000을 받은 경우 취득시점의 회계처리와 2×01년 12월 31일 결산시점의 회계처리를 하시오.

| 풀이 |

회계처리의 기본논리는 자체자금만으로 유형자산을 취득했을 때보다 정부보조금만큼 취득원가가 커지는 효과로 인해 감가상각비도 증가되므로, 이렇게 증가된 감가상각만큼 ① 이연수익으로 계상된 정부보조금을 수익으로 인식하거나, ② 감가상각비와 정부보조금을 순차적으로 상계(비용의 차감)하는 것이다.

① 정부보조금 등을 이연수익(부채)으로 계상하는 회계처리

2×01년 1월 1일	(차) 현 금	500,000	(대) 이연보조금수익*	500,000
	기계장치	1,000,000	현 금	1,000,000
	* 부채로 구분			
2×01년 12월 31일	(차) 감가상각비*	160,000	(대) 감가상각누계액	160,000
	* (₩1,000,000−₩200,000)÷5년=₩160,000			

	(차) 이연보조금수익	100,000	(대) 보조금수익*	100,000

* ₩500,000(정부보조금)÷5년(내용연수)=₩100,000

② 정부보조금을 해당자산에서 차감표시하고 감가상각비와 상계하는 경우

2×01년 1월 1일	(차) 현　금	500,000	(대) 정부보조금*	500,000
	기계장치	1,000,000	현　금	1,000,000

* 해당 유형자산에서 차감표시

2×01년 12월 31일	(차) 감가상각비*	160,000	(대) 감가상각누계액	160,000

* (1,000,000−200,000)÷5년=₩160,000

2×01년 12월 31일	(차) 정부보조금	100,000	(대) 감가상각비*	100,000

* 500,000(정부보조금)÷5년(내용연수)=₩100,000

저자의 Tip 위 문제의 풀이에서 정부보조금을 내용연수로 나눈 것은 정액법으로 감가상각하기 때문이다. 일반적으로 감가상각비가 인식되는 비율$\left(\frac{\text{당해연도 감가상각비}}{\text{감가상각대상금액}}\right)$에 따라 보조금수익(이연수익법)을 인식하거나 또는 감가상각비(원가차감법)를 차감해준다.

(10) 차입원가의 자본화

일반적으로 유형자산을 자기가 직접 사용하거나 판매목적으로 제작·건설하는 경우 상당한 기간이 소요된다. 이 경우 의도된 용도로 사용하거나 판매가능한 상태로 만들기 위해서는 적지 않은 자금이 투입되어야 하는데, 기업의 내부유보 자금이 아닌 외부에서 차입한 자금일 경우에는 이자비용이 발생한다. 이때 발생하는 이자비용을 포괄손익계산서에 당기비용으로 처리하지 않고 해당 자산의 원가에 반영하도록 K-IFRS 제1023호 '차입원가'에서 규정하고 있다.

그 이유는 유형자산을 제조·건설하는 경우 재료비나 노무비가 발생하는 것처럼 해당자산을 제조·건설하는데 자금이 소요되고, 소요되는 자금을 조달하기 위해 이자비용이 발생하고, 이자비용이 재료비나 노무비처럼 회피불가능하다는 관점에서 동질적이기 때문이다. 그러나 자체자금만으로 유형자산을 제조·건설하는 경우에는 이자비용이 발생하지 않기 때문에 동일한 자산이라고 하더라도 기업마다 어떻게 자금이 조달되었는지 여부에 따라 원가가 달라진다는 문제점 때문에 자본화대상 적격자산, 자본화이자율과 자본화가능차입원가 등에 대한 지침이 구체적으로 규정되어 있다.

한편 여기에서 설명하는 차입원가의 자본화는 무형자산, 투자자산 등의 취득원가결

정에 동일하게 적용되므로 다른 장에서는 중복해서 설명하지 않는다.

가. 적격자산

적격자산은 해당자산의 제조·건설 등 취득과 관련된 이자비용을 자본화시켜 원가에 포함시킬 수 있는 자본화대상 자산을 말하며, 의도된 용도로 사용하거나 판매가능한 상태에 이르게 하는 데 상당한 기간을 필요로 하는 재고자산, 제조설비자산, 전력생산설비, 무형자산, 투자부동산을 말한다. 따라서 금융자산과 단기간 내에 제조되거나 생산되는 재고자산은 적격자산에 해당되지 않는다. 그리고 취득시점에 의도된 용도로 사용할 수 있거나 판매가능한 상태에 있는 자산인 경우에도 적격자산에 해당하지 않는다는 점을 기억할 필요가 있다.

개념 Plus K-IFRS와 '상당한'의 의미

원칙중심(principle based)을 표방하고 있는 국제회계기준에서는 '상당한'에 대해 구체적으로 얼마동안의 기간인지 여부에 대해 명시하지 않고 있다. 양적인 기준을 회계기준에서 정하기보다는 기업의 특성과 대상 자산의 속성을 고려하여 어떻게 회계처리할지 여부를 판단하라는 것이다. 이 경우에도 회계처리담당자는 판단에 대한 논리적 근거를 문서화하는 것이 중요하기 때문에, 특히 K-IFRS하에서는 학생들도 단순히 회계기준이나 회계처리를 외우기보다는 자신이 회계담당자라면 어떻게 하여야 할지 '생각해보는' 습관이 들도록 공부하는 패턴을 바꿀 필요가 있다.

앞의 (1) 대금지급의 장기이연에서 유형자산을 구입하고 대금지급을 장기로 이연하는 경우 이자비용 부분을 분리해냈었다. 즉, 기계장치를 구입하면서 ₩2,010,000씩 3회에 걸쳐 매년말 지급하기로 한 경우 실제 유출될 현금총액 ₩6,030,000에서 ₩1,030,000은 이자요소로 분리한 바 있다. 그렇다면 이 경우에도 ₩1,030,000의 이자비용을 자본화해서 취득원가에 가산해주어야 하는가? 그렇지 않다. 왜냐하면 이자비용을 자본화할 수 있는 경우는 '취득' 또는 '건설' 하는 과정에 상당한 시간이 소요되는 상황이므로 이 예제에서와 같이 대금결제 조건만 장기에 걸쳐 있을 뿐, 취득시점에서 바로 의도된 용도로 사용할 수 있거나 판매가능한 상태에 있다면 자본화대상 적격자산으로 볼 수 없기 때문이다.

나. 자본화가능 차입원가

차입원가(borrowing costs)란 다소 생소한 용어이지만 자금조달과 관련하여 직접 발생하는 비용으로서, 일반적으로 이자비용 이외에 다음과 같은 항목들이 포함된다.

- 당좌차월에 대한 수수료와 이자비용
- 차입금 또는 사채와 관련된 할인·할증차금상각액
- 차입약정과 관련하여 발생하는 부대비용의 상각액
- 외화차입금과 관련되어 발생하는 외환차손익, 외화환산손익 중 이자비용의 조정으로 볼 수 있는 부분

한편 자본화가능 차입원가란 위에서 규정한 적격자산과 관련된 자금지출이 발생하지 않았다면 부담하지 않았을 차입원가를 말하며, 해당 적격자산을 구입하는 것과 관련된 **특정목적차입금**의 차입원가와 **일반차입금**에 대한 차입원가를 포함한다. 이 경우 특정적격자산을 취득하기 위한 목적으로 자금을 차입하는 경우 당해 적격자산과 직접 관련된 차입원가는 쉽게 식별할 수 있다. 그러나 회사 전체의 자금사정을 고려하여 여러 차례, 서로 다른 금융기관 등으로부터 차입을 한 일반차입금의 경우 해당 자금의 출처를 일일이 확인할 수 없기 때문에 적격자산의 취득과 직접 관련된 차입원가를 결정하기가 쉽지 않으며 판단이 요구된다. 따라서 이 경우에는 인위적으로 자본화하기 위한 이자율을 구한 다음, 해당 자산의 지출액에 곱하여 자본화금액을 결정한다. 보다 자세한 내용은 별책 「Study Guide」의 심화학습을 참조하기 바란다.

예제 5-8 자본화할 차입원가의 회계처리

20×9년 1월 1일, 세기(주)는 차입금을 조달하여 공장건물을 신축하기로 하였다. 건설기간은 2년으로 예상되며 20×9년 1월 1일 공사를 착공하였다. 세기(주)는 건설에 소요될 자금을 두 차례로 나누어 이자율 연 10%의 고정금리 조건으로, 20×9년 1월 1일에 50억원, 7월 1일에 150억원을 각각 차입하였다. 차입된 자금은 즉시 공장신축을 위하여 실제로 지출되었다. 20×9년 12월 31일 자본화할 차입원가를 구하고, 자본화를 고려한 건물취득 관련 회계처리를 하시오.

| 풀이 |

(단위: 억원)

차입원가:		
20×9년 1월 1일~20×9년 12월 31일(50억원×10%×12/12)		5
20×9년 7월 1일~20×9년 12월 31일(150억원×10%×6/12)		7.5
		12.5
자산의 장부금액:		
건설 관련 비용		200
자본화할 차입원가		12.5
20×9년 12월 31일 시점의 건설중인 자산의 장부금액		212.5

■ 20×9년 중 차입원가 발생시 분개:

(차) 이자비용	12.5	(대) 현금(또는 미지급비용)	12.5

■ 20×9년 차입원가 자본화를 고려한 분개: (단위: 억원)

(차) 건설중인자산	212.5	(대) 이자비용	12.5
		현금(또는 미지급금)	200

다. 특정목적차입금의 자본화대상 차입원가

적격자산을 취득하기 위한 목적으로 특정하여 차입한 자금에 한하여, 자본화기간 동안 그 차입금으로부터 실제 발생한 차입원가를 자본화한다. 이 경우 차입된 자금의 입금시기와 건설·제조활동에 인출되는 시점 또는 금액의 차이로 인하여 차입된 자금을 일시적으로 운용할 수 있다. 이때 '자본화기간' 동안 발생한 차입원가에서 차입금의 일시적 운용에서 발생한 투자수익을 차감한 금액을 '**자본화기간**' 동안 건설활동에 사용된 특정목적차입금의 자본화가능 차입원가로 결정한다.

■ 차입원가

① 자본화기간 동안의 특정목적차입금×이자율
② 자본화기간 동안 일시투자수익
■ 자본화대상 차입원가: 위의 ①−②

예제 5-9 특정차입금의 자본화대상 차입원가

블루(주)는 공장신축을 위해 제1차연도 1월 1일 8%의 이자율로 ₩30,000을 차입하였다. 자본화기간은 2월 1일부터 개시되었으며, 이 시점에서 공사비 ₩10,000이 지출되고, 4월 1일에 ₩20,000이 지출되었다. 단, 유휴자금은 4%의 금융상품에 운용한다. 이 경우 특정목적차입금과 관련하여 제1차연도에 자본화할 차입원가는 얼마인가?

| 풀이 |

① 2월 1일부터 특정차입금 전체(₩30,000)에 대한 자본화 개시:

$₩30,000 \times 8\% \times \frac{11}{12} = ₩2,200$

② 자본화 기간 중 운용수익: $₩20,000 \times 4\% \times \frac{2}{12} = ₩133$

③ 자본화 대상금액 = ① − ② = ₩2,067

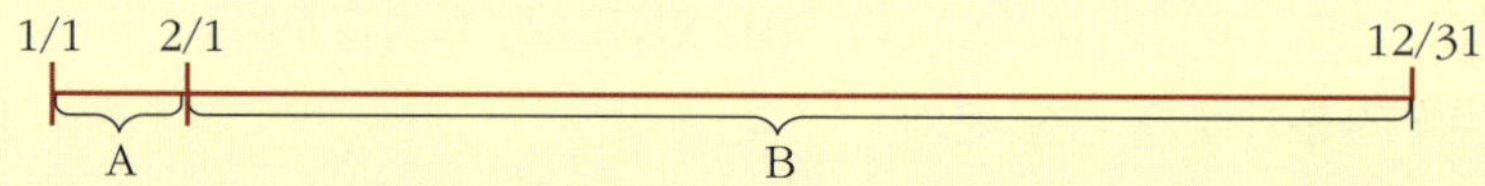

A(1/1~1/31): 이자비용과 운용수익을 각각 기간 손익으로 반영

B(2/1~12/31): 이자비용에서 운용수익을 차감한 금액을 취득원가로 자본화 → 실제발생한 차입원가

(11) 외화로 대가를 미리 지급

기계장치나 설비 등을 외국에서 수입하는 경우 계약과 동시에 대금 중의 일부를 달러 등 외화로 지급할 때 외화선급금으로 처리하고, 인도받는 시점에 이르러 잔금을 지급한다. 이때 유형자산의 취득원가는 원화로 재무상태표에 나타내야 하므로 환율변동에 따라 어떻게 처리해야 할까? 예를 들어 $10,000 상당의 유형자산을 취득하기 위하여 계약시점인 3월 1일 선급금으로 $4,000(환율: 1$ = ₩1,000)를 지급하고, 인도받는 시점 10월 31일 잔금 $6,000(환율: 1$ = ₩1,200)를 지급하였다면 취득원가는 얼마일까?

이 경우 선급금 $4,000를 지급한 날의 원화환산액 ₩4,000,000(= $4,000 × ₩1,000)과 잔금 $6,000를 지급한 날의 원화환산액 ₩7,200,000(= $6,000 × ₩1,200)을 더한 총합계액 ₩11,200,000을 취득원가로 인식하는 것이 적절하다.

즉, 계약시점부터 여러 차례 선급금을 나누어 지급한 경우라면 지급한 각각의 날자별로 환율을 적용하여 원화로 환산한 금액을 취득원가로 한다. 다음 [예제 5-10]을 통해 정리해보자.

예제 5-10 외화선급금에 의한 유형자산 취득

현대상선(주)는 $11,000 상당의 선박 취득을 위하여 1월 1일 계약금 $1,000(환율1$=₩1,000), 3월 1일 1차 선급금 $2,000(환율 1$=₩1,100), 6월 1일 2차 선급금 $3,000(환율 1$=₩1,200), 9월 1일 잔금 $5,000(환율 1$=₩1,300)를 지급하고 최종 인도받은 경우 이 선박의 취득원가를 구하고, 관련된 회계처리를 하시오(단위: 천원).

| 풀이 |

1월 1일:	(차) 선급금	₩1,000,000	(대)	현 금	₩1,000,000(=$1,000×₩1,000)
3월 1일:	(차) 선급금	2,200,000	(대)	현 금	2,200000(=$2,000×₩1,100)
6월 1일:	(차) 선급금	3,600,000	(대)	현 금	3,600,000(=$3,000×₩1,200)
9월 1일:	(차) 유형자산(선박)	13,300,000	(대)	현 금	6,500,000(=$5,000×₩1,300)
				선급금	6,800,000

저자의 Tip 지급한 외화총액($11,000)×₩1,300(취득일의 환율)=₩14,300,000으로 계산하지 않고, 선급금을 지급한 날의 각각의 환율을 적용하여 취득원가를 산출한다.

제4절 원가모형하의 손상

4.1 자산손상 회계처리의 목적

Key Standard

보고기간 말마다 자산손상 징후가 있는지를 검토한다. 그러한 징후가 있다면 해당 자산의 회수가능액을 추정한다. 자산의 회수가능액이 장부금액에 못 미치는 경우에 자산의 장부금액을 회수가능액으로 감액한다. 해당 감소금액은 손상차손이다. 손상차손은 곧바로 당기손익으로 인식한다. (K-IFRS 1036: 문단 9, 59 및 60)

기업이 영업활동을 위하여 보유하는 유형자산이 원래의 의도대로 최소한 장부금액 이상으로 경제적 효익을 창출하는 데 기여하고 있다면 회계상 문제는 발생하지 않는다. 그러나 급변하는 경제환경하에서 기업이 의도하지 않은 상황이 발생하여 보유하고 있는 자산의 가치감소가 발생하는 경우가 있다. 예를 들면, 기업이 물류창고 증설을 위해 보유하고 있던 토지 인근에 혐오시설이 들어서게 되어 땅값이 급격히 떨어지거나, 스크린 골프장을 개업한 뒤 얼마 지나지 않아 업그레이드된 첨단장비가 보급되면서 기존의 구형설비로는 고객 확보가 어렵게 된 경우도 발생할 수 있다. 즉, 유형자산의 공정가치가 급락하여 장부금액과 차이가 많이 날 경우에는 원가모형하에서도 손실을 인식하기 위한 손상의 회계처리가 필요하다.

기업이 원가모형을 채택하는 경우 장부금액이 상승하는 경우라면 평가이익을 인식하지 않지만, 반대로 급락하여 손실을 보게 된 경우에는 이를 '**손상차손**'이라는 비용항목으로 당기순이익에 반영되도록 처리하고 장부금액을 감액시켜주어야 한다. 따라서 유형자산의 손상에 대한 회계처리는 다음 세 가지 내용으로 요약할 수 있다.

- 자산손상의 징후가 있는지 검토하여 손상가능성이 있는 자산을 식별
- 회수가능액을 기초로 손상검사
- 손상차손의 인식과 환입

4.2 손상징후와 손상가능성이 있는 자산의 식별

유형자산에 '손상'이 발생되었는지 여부를 판단하기 위하여 매 보고기간 말마다 자산의 손상징후가 나타나는지 검토하도록 규정하고 있다. 자산의 손상징후로 다음과 같은 상황을 예로 들 수 있으며, 일단 자산손상을 시사하는 징후가 포착되었다면 관련 유형자산을 식별해내고 바로 손상검사를 수행해야 한다.

개념 Plus K-IFRS에서 예시한 손상의 징후

- 자산의 시장가치가 급격히 하락
- 기업 환경이나 시장에서 기업에 불리한 영향을 미치는 변화가 발생
- 순자산의 장부금액이 시가총액보다 큰 경우
- 자산의 유휴화, 영업부문 중단, 구조조정계획, 자산의 조기 처분계획
- 자산이 진부화되거나 물리적으로 손상된 증거가 있는 경우

저자의 Tip 이와 같이 예시하고 있지만 개별 기업의 여건이나 경제상황 등을 고려하여 자산손상을 시사하는 징후를 모두 열거할 수는 없다. 따라서 손상징후에 대한 판단 역시 일

차적으로 기업의 회계담당자에게 맡겨져 있으며, 이의 적정성 여부는 결국 회계감사 과정을 통해 감사인의 전문가적 판단에 의존할 수밖에 없을 것이다. 결국, 원칙중심의 K-IFRS 환경하에서는 이러한 손상징후를 일일이 암기할 필요는 없으며, 손상징후가 나타났는지 아니면 손상징후인지 여부를 판단하기 위한 논리와 배경에 대한 이해를 중심으로 재무회계를 학습하는 것이 중요하다.

4.3 손상검사와 회수가능액

자산손상 징후가 포착되었다면 그 다음 단계로 해당 자산의 회수가능액을 추정하여 장부금액과 비교하는 손상검사를 실시한다. 따라서 손상검사의 핵심은 회수가능액 측정이라고 할 수 있다.

- **회수가능액**: 순공정가치와 사용가치 중 큰 금액
- **순공정가치**: 공정가치 − 처분부대원가(법률원가, 인지세, 자산의 제거원가 등)
- **사용가치**: 해당자산에서 창출될 것으로 기대되는 미래 현금흐름의 현재가치

이때 순공정가치는 외부시장에서 형성되는 가격을 토대로 하지만, 사용가치는 회사 내부의 자체적인 판단으로 추정한다는 점에서 주관적일 수 있다. 이 경우 사용가치를 실제보다 큰 금액으로 추정한다면 손상차손을 회피할 수도 있기 때문에 분식회계의 가능성을 감사인의 입장에서는 고려해야 한다.

4.4 손상차손의 인식과 환입의 회계처리

손상검사를 통해 회수가능액이 장부금액에 미달하면 '**손상차손**'의 비용항목으로 인식하여 포괄손익계산서의 당기손익에 반영되도록 한다. 만일 손상처리한 자산의 회수가능액이 회복되는 경우라면 기타수익 항목인 **손상차손환입**을 당기손익에 반영한다.

유형자산에 대한 손상차손 또는 손상차손 환입을 인식한 경우, 다음 회계기간부터 조정된 장부금액(=취득원가−감가상각누계액−손상차손누계액)에 잔여내용연수 등 요소를 반영하여 감가상각비를 인식한다. 감가상각에 대한 자세한 회계처리는 제6장 유형자산(Ⅱ)에서 다룬다.

■ 손상차손의 인식

(차)	손상차손	×××	(대) 손상차손누계액*	×××

* 해당자산에서 차감하는 형식으로 표시

■ 손상차손의 환입

(차)	손상차손누계액	×××	(대) 손상차손환입	×××

그러나 손상차손을 비용으로 인식하는 데에는 한도가 없지만 회복시켜주기 위한 환입액에는 한도가 있다. 즉, 손상차손을 인식하지 않고 정상적으로 회계처리하였다면 계상되었을 감가상각 후 장부금액을 한도로 회복시켜줄 수 있다. 다음 예제를 통해 손상차손과 손상차손환입의 회계처리를 살펴보도록 하자.

예제 5-11 손상차손과 회복의 회계처리(원가모형)

세기전자(주)는 취득원가 ₩10,000, 내용연수 10년, 잔존가치 0인 기계장치를 2×01년 1월 1일 취득하였으며, 정액법에 의해 감가상각을 한다(단위: 백만원).

[계산자료]

- 2차년도말 손상검사전 장부금액: ₩8,000
- 손상인식 이후 4차년도말 장부금액: ₩4,800
- 손상차손을 인식하지 아니하고 정상적으로 감가상각하여 왔더라면 산출되었을 4차년도말 장부금액: ₩6,000

[물음 1] 2차년도말 결산시점에서 손상징후를 발견하고 손상검사를 실시한 결과 기계장치의 회수가능액이 ₩6,400인 경우 손상차손의 회계처리를 하시오.

[물음 2] 4차년도말 결산시점에서 감액된 유형자산의 회수가능액이 ₩7,000으로 회복된 경우의 회계처리를 하시오.

| 풀이 |

1. 기계장치의 회수가능액(₩6,400)과 감가상각비를 반영한 후의 장부금액(₩10,000－₩2,000＝₩8,000)을 비교하여 손상차손을 인식한다. 회수가능액이 장부금액에 미달하므로 손상차손 ₩1,600을 인식한다.

   2차년도말 회계처리:

(차) 손상차손*	1,600	(대) 손상차손누계액	1,600

   * 기타비용 항목으로 당기손익에 반영

** 기계장치 장부금액 = ₩10,000(취득원가) − ₩2,000(감가상각누계액) − ₩1,600(손상차손누계액)
= ₩6,400

2. 회수가능액이 ₩7,000으로 회복되더라도 정상적으로 감가상각하여 왔더라면 산출될 장부금액(₩10,000 − ₩4,000 = ₩6,000)을 한도로, 4차년도말 장부금액과의 차이를 손상차손환입으로 처리한다.
   - 3차(4차)년도말 감가상각비 = ₩6,400(2차연도말 장부금액) ÷ 8년(잔여내용연수)
     = ₩800
   - 4차년도말 장부금액 = ₩10,000(취득원가) − ₩3,600(감가상각누계액) − ₩1,600(손상차손누계액) = ₩4,800
   - 4차년도말 손상차손환입액 = ₩6,000(한도) − ₩4,800(장부금액) = ₩1,200

   4차년도말 회계처리:

(차) 손상차손누계액	1,200	(대) 손상차손환입	1,200*

* 기타수익항목으로 당기손익에 반영
** 기계장치 장부금액 = ₩10,000(취득원가) − ₩3,600(감가상각누계액) − ₩400(손상차손누계액)
= ₩6,000

공시사례

(7) 유형자산

당사는 유형자산을 최초에 원가로 측정하여 인식하고 있으며, 유형자산의 원가에는 자산을 가동하는데 필요한 장소와 상태에 이르게 하는데 직접 관련되는 원가 및 자산을 해체, 제거하거나 관련 부지를 복구하는데 소요될 것으로 추정되는 원가가 포함됩니다.

최초 인식 후 유형자산의 장부금액은 원가에서 감가상각누계액과 손상차손누계액을 차감한 금액으로 하고 있습니다.

유형자산의 일부를 대체할 때 발생하는 원가는 해당 자산으로부터 발생하는 미래 경제적 효익이 당사에 유입될 가능성이 높으며 그 원가가 신뢰성 있게 측정되는 경우에 자산의 장부금액에 포함하거나 적절한 경우 별도의 자산으로 인식됩니다. 그 외의 일상적인 수선·유지와 관련하여 발생하는 원가는 발생시점에 당기손익으로 인식됩니다.

유형자산의 제거로 인하여 발생하는 손익은 순매각금액과 장부금액의 차이로 결정되고 기타영업외손익으로 인식됩니다. (2020년 SK텔레콤 감사보고서 중)

연습문제

서술형

1 ‘자산의 인식’과 ‘자산의 측정’에 대해 설명하고, 동일한 의미인지 아닌지 판단해보시오.

2 자산과 비용을 구분하는 기준은 무엇인가? ‘비품구입비’와 ‘비품’ 그리고 ‘소모품비’와 ‘소모품’을 예로 들어 설명하시오.

3 유형자산의 내용연수가 경과되어 철거하거나 해체하게 될 경우 ‘원상대로 회복시키는 데 발생할 것으로 예상되는 추정 복구비용의 현재가치’는 자산을 취득할 때 부담하지 않기 때문에 취득과는 관련이 없는 원가라는 점에서 자산의 취득원가에 포함시키지 말아야 한다는 주장에 동의하는가? 이 주장에 대해 취득원가에 포함시켜야 한다는 관점에서 논평하시오.

4 기업이 전액 정부보조금을 받아 유형자산을 취득한 경우 대가를 부담하지 않았기 때문에 취득원가를 ‘0’으로 보고한다면 역사적 원가주의에 충실한 것이므로 재무회계의 개념체계에서 강조하고 있는 표현충실성의 질적 속성과 의사결정 유용성을 동시에 충족시켜준다는 주장에 동의하는가? 이 주장에 대해 공정가치로 평가하여 취득원가에 포함시켜야 한다는 관점에서 논평하시오.

5 클린(주)는 건설에 장기간이 소요되는 설비자산을 취득하기 위하여 차입금으로 투자자금을 조달한 결과 금융비용이 발생하여 이를 취득원가에 가산하였다. 반면 경쟁기업인 블루(주)는 동일한 설비투자에 대해 자기자본으로 자금을 조달한 결과 차입원가를 자본화할 가능성이 없어 결과적으로 해당 자산의 취득원가가 클린(주)보다 작게 계상될 전망이다.

[물음 1] 차입원가를 해당 자산의 취득원가에 가산해주는 논리적 근거는 무엇인가?

[물음 2] 차입원가의 자본화로 인한 영향을 감가상각비, 이자비용, 자산총계, 부채비율 관점에서 클린(주)와 블루(주)를 비교하여 설명하시오.

[물음 3] 동일한 자산에 대해 자금조달 방법에 따라 취득원가가 달라져서 재무상태와 경영성과에 영향을 미치게 된다면 재무보고를 위한 개념체계에서 강조하는 비교가능성을 저해할 수 있기 때문에 차입원가의 자본화를 허용해서는 안 된다는 주장에 동의하는가? 아니면 동의하지 않는가? 각각의 입장에서 그 논거를 설명해보시오.

문제 풀이형

1 비화폐성자산과 교환에 의한 취득

대한(주)는 사용하던 복사기(취득원가 ₩2,500,000, 감가상각누계액 ₩500,000, 공정가치 ₩1,300,000)와 현금 ₩100,000을 제공하고 정수기를 취득하였다. 정수기의 공정가치는 ₩1,500,000이며 신품이므로 그 공정가치가 중고상태인 복사기보다 더 명백하다고 한다. 이 교환거래를 회계처리하시오.

2 유형자산의 취득원가와 자본적 지출

클린(주)에서는 신기계를 구입하는 한편 기존의 구기계를 재배치하였다. 이 과정에서 다음의 지출이 발생하였으며, 공장 전체의 생산효율성이 크게 향상되었다면 자본화 대상금액은 얼마인가?

• 신기계 구입비	₩40,000,000	• 구기계 재배치작업비	₩8,000,000
• 신기계 설치비	30,000,000	• 구기계 화재보험료	600,000
• 신기계 시운전비	4,000,000	• 신기계 화재보험료	800,000

3 건물과 토지의 취득원가 결정

오션(주)는 사옥을 신축하기 위하여 블루(주)로부터 장부가격이 각각 1억원인 건물과 1억 5천만원인 토지를 일괄하여 3억원에 매입하였다. 매입 후 5백만원을 들여 건물을 철거하고 사옥신축공사를 시작하여, 2×11년말 총 1억 3천만원이 공사비로 투입되었으나 아직 완공하지는 못한 상태에 있다. 사옥신축과 관련된 오션(주)의 회계처리를 하시오.

4 정부보조금 등에 의한 취득

미래(주)는 ₩6,000,000 상당의 친환경 기계장치를 정부보조금 ₩1,500,000과 자기자금 ₩4,500,000을 더하여 2×13년 1월 1일 취득하였다. 취득시점에서 원가차감법과 이연보조금수익법으로 나누어 회계처리하시오.

5 대금지급의 장기이연과 취득원가 결정

대한건설(주)는 중장비를 외상으로 취득하고 대금 ₩30,000,000은 3년뒤 지급하기로 하였다. 취득한 중장비를 등록하기 위해서는 액면 ₩5,000,000, 액면이자율 5%, 매년말에 이자가 지급되는 만기 3년인 공채를 취득하여야 한다. 대한건설(주)에 적용될 유효이자율은 12%이며, 취득한 공채는 금융자산으로 분류한다. 대한건설(주)의 중장비 취득과 관련한 회계처리를 하시오.

6 국·공채 매입과 유형자산의 취득원가

블루(주)는 2×01년 1월 1일에 ₩10,000,000 상당의 차량운반구를 취득하고 등록요건으로 액면 ₩1,000,000, 액면이자율 2%, 매년말에 이자가 지급되는 만기 3년인 공채를 액면가인

₩1,000,000에 취득하여야 한다(단, 취득시점에서 공채의 공정가치는 ₩914,200). 차량운반구의 취득과 관련된 회계처리를 하시오.

7 정부보조금의 회계처리와 연수합계법

2×01년 1월 1일에 ₩12,000,000 상당의 기계장치(내용연수 5년, 잔존가치는 0이며, 연수합계법에 의해 감가상각)를 취득하면서 정부보조금 ₩3,000,000을 받은 경우 정부보조금을 ① 이연수익으로 계상, ② 감가상각비와 정부보조금을 순차적으로 상계하는, 각각의 방법으로 취득시점의 회계처리와 2×01년 12월 31일 결산시점의 회계처리를 하시오.

8 차입원가의 자본화

20×1년 1월 1일 클린(주)는 차입금을 조달하여 공장건물을 신축하기로 하였다. 건설기간은 2년으로 예상되며 20×1년 1월 1일 공사를 착공하였다. 클린(주)는 건설에 소요될 자금을 두 차례로 나누어 이자율 연 8%로, 20×1년 1월 1일에 50억원, 4월 1일에 이자율 연 10%로, 100억원을 각각 차입하였다. 차입된 자금은 즉시 공장신축을 위하여 실제로 지출되었다. 20×1년 12월 31일 자본화할 차입원가를 구하고, 20×2년 12월 31일 완공시점에서 자본화를 고려한 건물취득 관련 회계처리를 하시오.

9 외화선급금에 의한 유형자산 취득

세기전자(주)는 €10,000 상당의 기계장치 취득을 위하여 1월 1일 계약금 €1,000(환율 €1=₩1,400), 3월 1일 1차 선급금 €2,000(환율 €1=₩1,500), 6월 1일 2차 선급금 €2,000(환율 €1=₩1,600), 9월 1일 잔금 €5,000(환율 €1=₩1,400)을 지급하고 최종 인도받은 경우 이 유형자산의 취득원가를 구하고, 관련된 회계처리를 하시오.

10 원가모형하의 손상차손

클린전자(주)는 유형자산에 대해 원가모형을 채택하고 있으며, 취득원가 ₩5,000,000, 내용연수 10년, 잔존가치가 0인 기계장치를 2×11년 1월 1일 취득하였으며, 정액법에 의해 감가상각한다.

[물음 1] 3차년도초(2×13년 1월 1일)에서 손상징후를 발견하고 손상검사를 실시한 결과 기계장치의 회수가능액이 ₩2,400,000인 경우 손상차손을 인식하기 위한 회계처리를 하시오.

[물음 2] 4차년도말 결산시점(2×14년 12월 31일)에서 감액된 유형자산의 회수가능가액이 ₩3,200,000으로 회복된 경우 (가) 감가상각비를 먼저 계상하고, (나) 손상차손된 기계장치 가액을 회복시켜주기 위한 회계처리를 하시오.

Chapter

6 유형자산(Ⅱ)

학 · 습 · 목 · 표

제5장에서는 유형자산의 회계처리를 장부상에 인식하기 위한 조건, 원가모형에 의한 인식시점의 측정에 대해 학습하였다. 여기에서는 ① 인식시점 이후의 측정과 재평가모형, ② 취득후의 지출, ③ 감가상각, ④ 손상, ⑤ 제거의 회계처리로 단계별로 나누어 살펴본다.

이 장에서는 유형자산과 관련된 한국채택국제회계기준 제1016호 '유형자산', 제1036호 '자산손상'에 대한 설명도 포함된다.

제1절 유형자산의 최초 인식 후의 측정

Key Standard

최초 인식 후에는 원가모형이나 재평가모형 중 하나를 회계정책으로 선택하여 유형자산 분류별로 동일하게 적용하여야 한다. 원가모형을 선택하는 경우, 유형자산은 원가에서 감가상각누계액과 손상차손누계액을 차감한 금액으로 평가한다. 재평가모형을 선택하는 경우, 유형자산은 재평가금액에서 재평가일 이후의 감가상각누계액과 손상차손누계액을 차감한 금액으로 평가한다.
(K-IFRS 1016: 문단 29~31)

1.1 재평가모형

제5장에서는 원가모형에 근거한 유형자산의 회계처리를 설명하였다. 이제부터는 유형자산에 대해 공정가치가 많이 상승하여 장부금액과 차이가 많이 나는 경우 선택할 수 있는 회계정책인 재평가, 그리고 시가가 하락하여 회복할 가능성이 없는 경우 반드시 평가손실을 인식해야 하는 손상에 대한 회계처리를 공부하기로 한다.

재평가와 손상은 유형자산의 장부금액에 직접 영향을 미친다는 점에서는 동일하지만, 보수적인 회계의 속성상 평가손실이 발생한 경우에는 반드시 재무제표에 반영해야 한다. 즉, 기업은 앞에서 설명한 원가모형에 의한 회계처리를 선택하거나 '대박'난 상황에서 공정가치로 재평가하여 재무제표에 반영하고, 이를 공시할 수 있는 재평가모형 중에서 회계처리방법을 선택할 수 있다는 것이다. 한편 이러한 재평가모형의 선택은 무형자산에도 적용된다.

1.2 유형자산 재평가의 의의

일반적으로 기업이 보유한 자산 중에서 유형자산이 차지하는 비중이 크기 때문에 유형자산을 어떻게 평가하여 재무상태표에 표시하느냐 하는 것은 회계상으로 매우 중요하다. 왜냐하면 기업의 영업활동을 위한 인프라로서 장기간 투자되어 있는 유형자산에 대해 경제적 환경의 변화로 가치가 변동되는 경우 이를 그대로 놔둔다면 다른 자산, 예를 들면 금융자산 등에 대해서 시가로 평가한다고 하더라도 기업의 재무상태를 제대로 보여주지 못하기 때문이다. 따라서 기업 외부의 상대방과 거래가 발생하지 않았다고 하더라도 기업 자신이 인위적으로 시가로 재평가하는 회계처리를 도입해서 재무상태를 적절하게 보여줄 필요가 있다.

K-IFRS에서는 유형자산에 대해 원가모형이나 재평가모형 중 하나의 회계정책을 유형자산의 **분류별**로 선택하여 적용하도록 하고 있다. 따라서 유형자산을 최초 취득한 이후에 공정가치를 신뢰성 있게 측정할 수 있는 경우에는 재평가금액으로 재무상태표에 표시할 수 있다.

원가모형이나 재평가모형을 기업이 선택할 수 있다고 하더라도 원가모형에서 재평가모형으로 왔다갔다 임의로 회계변경을 할 수 있는 것은 아니다. 일단 재평가모형을 적용하고 난 다음, 다시 원가모형으로 회귀하고자 하는 경우에는 이러한 회계정책의 변경으로 인하여 더 목적적합한 정보를 제공할 수 있다는 정당성을 제시하여야 가능하다.

1.3 동일한 분류별 재평가

유형자산을 선별하여 공정가치로 재평가함으로써 기업에게 유리하게 하거나 재무상태를 왜곡시킬 수 있기 때문에 최소한 다음과 같이 분류된 항목별로 재평가를 일괄적으로 실시하여야 한다.

▪ 토지	▪ 토지와 건물	▪ 기계장치	▪ 선박
▪ 항공기	▪ 차량운반구	▪ 집기	▪ 사무용비품

개념 Plus 소재지 또는 개별 품목별로 상승률이 다른 경우에는 어떻게 하나요?

정&클린은 판교와 평창에 각각 공장부지를 소유하고 있는데, 판교지역은 지난해에 비해 지가가 50% 상승했으나 평창은 오히려 하락했다고 한다. 이 경우 판교 부지만 재평가할 수 없으며, 유형자산과목 중 '토지'로 분류된 전부에 대해서 일괄적으로 재평가해야 한다.

1.4 공정가치의 측정과 재평가 빈도

일반적으로 토지와 건물의 공정가치는 공인된 감정평가인의 감정에 의하고, 부동산 시장상황, 인근 지역의 토지, 유사한 규모나 위치에 있는 건물의 거래가격 등을 고려하여 결정한다. 그리고 설비자산이나 기계장치는 각 자산의 사용 정도와 중고거래 가격 등을 고려한 감정에 의한 시장가격을 공정가치로 본다.

재평가의 빈도는 재평가되는 유형자산의 공정가치 변동에 따라 달라진다. 즉 재평가된 자산의 공정가치가 장부금액과 중요하게 차이가 난다면 그때마다 재평가해야 하며, 그렇지 않다면 재평가하지 않고 회계연도를 넘길 수 있다. 예를 들면, 해운회사의 경우 선박의 국제적인 초과 수요가 계속되어 선박 건조가격이 상승되면 보유하고 있는 선박에 대해서 매년 재평가해야 할 상황이 발생할 수 있다. 만약 선박의 가격이 안정적인 추세를 유지하고 있다면 재평가하지 않고 몇 년씩 지나쳐도 된다는 의미이다.

1.5 재평가의 회계처리

(1) 비상각자산의 재평가

감가상각대상이 아닌 토지와 같은 유형자산에 대한 재평가는 장부금액을 공정가치에 맞추어 조정하고, 그 차액을 포괄손익계산서의 기타포괄손익으로 인식한 다음, 이를 재무상태표의 자본항목(자본금, 자본잉여금, 자본조정, 기타포괄손익누계액, 이익잉여금) 중 기타포괄손익누계액으로 반영한다. 즉, 다음과 같이 2단계의 분개로 표시할 수 있다.

■ 비상각자산의 재평가

(차) 유형자산	×××	(대) 재평가이익(기타포괄손익)*	×××

*포괄손익계산서의 기타포괄손익으로 구분

■ 재평가이익의 마감분개

(차) 재평가이익 (기타포괄손익)	×××	(대) 재평가잉여금* (기타포괄손익누계액)	×××

*재무상태표의 기타포괄손익누계액(자본항목)으로 구분

저자의 Tip 당기손익 항목은 회계기간말에 이익잉여금으로 대체되듯이, 기타포괄손익 항목인 재평가이익은 위의 마감분개를 통하여 재무상태표 자본계정인 재평가잉여금(기타포괄손익누계액에 속하는)으로 대체된다.

예제 6-1 비상각자산의 재평가

블루(주)가 4년전 취득하여 보유하고 있는 토지의 취득원가는 ₩100,000이나 현재시점의 공정가치는 ₩150,000이라고 한다. 적절한 재평가의 회계처리를 하시오.

| 풀이 |

(차) 토지	50,000	(대) 재평가이익(기타포괄손익)	50,000

(마감분개)

(차) 재평가이익 (기타포괄손익)	50,000	(대) 재평가잉여금 (기타포괄손익누계액)	50,000

(2) 상각자산의 재평가

감가상각대상인 기계장치, 건물 등과 같은 유형자산에 대한 재평가의 회계처리는 감가상각누계액이 있기 때문에 이를 고려하여 두 가지 방법을 적용할 수 있다.

① 재평가금액에 맞추어 감가상각누계액을 먼저 감소시키고 나머지 부분을 유형자산의 가액에서 조정해주는 방법으로 다음 [예제 6-2]를 통해 살펴보자.

예제 6-2 감가상각대상자산의 재평가(Ⅰ)

블루(주)가 4년전 취득하여 보유하고 있는 건물의 취득원가는 ₩100,000, 감가상각누계액은 ₩40,000이나 현재시점의 공정가치는 ₩150,000이라고 한다. 재평가금액에 맞추어 감가상각누계액을 먼저 감소시키고 나머지 부분을 유형자산의 가액에서 조정해주는 방법에 의해 회계처리하시오.

| 풀이 |

현재 장부금액 ₩60,000(= 취득원가 ₩100,000 − 감가상각누계액 ₩40,000)을 재평가금액 ₩150,000으로 증가시키기 위해서는 장부금액이 ₩90,000만큼 증가되어야 한다. 이를 위해 감가상각누계액 ₩40,000을 차감시켜 결과적으로 장부금액이 ₩40,000만큼 증가되도록 하고, 부족된 금액 ₩50,000으로 건물가액을 증가시켜 다음과 같이 회계처리한다.

(차) 건 물	50,000	(대) 재평가이익(기타포괄손익)	90,000
감가상각누계액	40,000		

(마감분개)

(차) 재평가이익 (기타포괄손익)	90,000	(대) 재평가잉여금 (기타포괄손익누계액)	90,000

② 기존의 취득원가와 감가상각누계액을 동일한 비율(= 재평가액/종전의 장부금액)로 증가시켜 결과적으로 산출될 장부금액이 재평가금액이 되도록 하는 방법으로 다음 [예제 6-3]을 통해 학습하도록 하자.

예제 6-3 감가상각대상자산의 재평가(Ⅱ)

블루(주)가 4년전 취득하여 보유하고 있는 건물의 취득원가는 ₩100,000, 감가상각누계액은 ₩40,000이나 현재시점의 공정가치는 ₩150,000이라고 한다. 취득원가와 감가상각누계액을 동일한 비율로 증가시켜 재평가금액이 되도록 회계처리하시오.

| 풀이 |

현재 장부금액 ₩60,000(=취득원가 ₩100,000 − 감가상각누계액 ₩40,000)을 재평가금액 ₩150,000으로 증가시키기 위해서는 취득원가와 감가상각누계액을 각각 2.5배(=₩150,000/₩60,000) 증가시켜야 한다. 따라서 취득원가는 ₩250,000(=₩100,000×2.5배), 감가상각누계액은 ₩100,000(=₩40,000×2.5배)이 되도록 그 차액만큼을 증가시켜 주기 위해 다음과 같이 회계처리한다.

(차) 건 물	150,000	(대) 재평가이익(기타포괄손익)	90,000
		감가상각누계액	60,000

(마감분개)

(차) 재평가이익 (기타포괄손익)	90,000	(대) 재평가잉여금 (기타포괄손익누계액)	90,000

- 어느 방법을 선택하더라도 재평가차액은 동일하며, 이를 재평가이익으로 포괄손익계산서의 기타포괄손익에 표시한 다음 재무상태표의 재평가잉여금(기타포괄손익누계액)에 반영되도록 다음과 같이 마감분개를 한다.

- 재평가이익의 마감분개

(차) 재평가이익 (기타포괄손익)	×××	(대) 재평가잉여금 (기타포괄손익누계액)	×××

(3) 공정가치가 하락한 경우의 재평가

유형자산을 공정가치로 재평가하는 경우 최초 재평가시에는 공정가치가 장부금액을 초과하여 재평가잉여금이 생겼지만, 부동산 경기침체가 계속되는 경우라면 장부금액보다 공정가치가 하락하는 경우도 발생할 수 있다. 이 경우 동일한 자산에 대한 재평가잉여금은 차후의 재평가시 공정가치가 장부금액보다 작아 손실이 발행하는 경우 이 손실을 기타포괄손익으로 흡수할 수 있도록 회계처리함으로써 당기손익에 영향을 미치지 않도록 한다. 그러나 차감할 재평가잉여금이 부족하거나 최초 재평가시 유형자산의 장부금액보다 공정가치가 낮은 경우에는 재평가손실을 당기손익으로 인식하여야 한다. 구체적인 회계처리는 다음 [예제 6-4]를 통해 학습하도록 하자.

예제 6-4 재평가이익의 회계처리(차후연도에 공정가치가 하락한 경우)

블루(주)는 2×05년도에 1,000만원에 구입한 공장용부지(토지)를 최초 인식 이후의 측정을 위한 회계정책으로 재평가모형을 도입하였다. 2×05년도말에 토지의 공정가치는 1,500만원이었으며, 2×06년도말에는 800만원으로 하락하였을 때 각 회계연도에 필요한 회계처리를 하시오(단위: 만원).

| 풀이 |

취득시점:	(차) 유형자산	1,000	(대) 현 금	1,000
2×05년도말:	유형자산	500	재평가이익(기타포괄손익)	500
(마감분개)	(차) 재평가이익(기타포괄손익)	500	(대) 재평가잉여금 (기타포괄손익누계액)	500
2×06년도말:	(차) 재평가손실(기타포괄손익)*	500	(대) 유형자산	700
	재평가손실(당기손익)**	200		
(마감분개)	(차) 재평가잉여금 (기타포괄손익누계액)	500	(대) 재평가손실(기타포괄손익)	500

* 재무상태표의 기타포괄손익누계액에 계상되어 있던 재평가잉여금계정 잔액의 범위 내에서 기타포괄손익으로 인식하고, 마감분개를 통하여 재평가잉여금이 차감되도록 한다.

** 재평가잉여금을 초과하는 손실부분은 당기비용으로 인식한다.

저자의 Tip 결과적으로 재무상태표상의 재평가잉여금은 500만원 감소하고 포괄손익계산서에는 재평가손실 200만원(당기손익)과 재평가손실 500만원(기타포괄손익)이 구분되어 표시된다.

1.6 재평가잉여금을 이익잉여금으로 대체

유형자산을 재평가하는 시점에서 발생되는 재평가이익은 포괄손익계산서상에 기타포괄손익으로 나타나고, 해당연도의 재무상태표상에는 기타포괄손익누계액의 재평가잉여금으로 반영된다. 이후 해당 자산이 처분되거나 폐기될 때에는 더 이상 재평가잉여금으로 남아 있을 필요가 없기 때문에 이를 이익잉여금으로 대체할 수 있다.

한편 재평가잉여금은 유형자산이 제거되는 시점뿐만 아니라 사용하는 중에도 이익잉여금으로 대체될 수 있다. 이 경우 재평가금액을 토대로 산출된 감가상각비와 재평가 이전의 장부금액을 기초로 산출된 감가상각비와의 차액만큼 이익잉여금으로 대체가능하다.

물론 위 두 가지의 경우 모두 기업이 회계처리 방법을 선택해서 적용할 수 있다는 것이지 반드시 이익잉여금으로 대체하여야 하는 것은 아니다.

제2절 취득 후의 지출: 자산의 인식기준 적용

유형자산을 취득하여 사용하는 중에도 그 자산과 관련된 여러 가지 지출이 발생한다. 이러한 지출 중에는 당기 영업활동에 관련된 정상적인 수선비 또는 유지비도 있고 자산의 근본적인 기능 또는 성질에 중대한 변화를 초래하는 것도 있다. 이때 발생하는 회계적 문제는 추가적 지출을 비용으로 볼 것인가 아니면 자산(=투자)으로 볼 것인가 하는 점이다. 이와 같은 경우에는 최초 자산의 인식시점과 동일한 인식기준에 따라 회계처리하는 것이 중요하다. 구체적으로 다음과 같은 경우로 나누어 살펴보도록 하자.

- 일상적인 수선 · 유지
- 주요부품이나 구성요소의 교체
- 정기적인 종합검사
- 이전(reinstallation) 및 재배치(rearrangement)

2.1 일상적인 수선 · 유지와 관련하여 발생하는 원가

일상적인 수선 · 유지와 관련하여 발생하는 원가는 해당 유형자산의 장부금액에 포함하지 않고 발생시점에 당기 비용으로 인식한다. 일상적인 수선 · 유지과정에서 발생하는 원가는 주로 노무비와 소모품비로 구성되며 사소한 부품원가가 포함될 수도 있는데, 이러한 지출의 목적은 보통 유형자산을 정상적으로 가동하기 위한 것이므로 '수선 · 유지비'라는 기간비용으로 회계처리한다.

2.2 주요부품이나 구성요소를 정기적으로 교체해주는 경우

용광로의 경우 일정시간 사용 후에 내화벽돌을 교체하거나 항공기의 경우 좌석과 갤리(기내식과 음료 등을 준비하는 공간) 등의 내부설비를 항공기 동체의 내용연수 동안 교체할 수 있다. 음식점이나 카페의 경우에도 인테리어를 최신 트렌드에 맞추어 내부공사를 통하여 교체해주는 경우를 볼 수 있다. 이 경우 교체에 투입되는 비용을 중요성에 따라 별도의 자산으로 인식한 후 감가상각해주거나 해당 유형자산의 기존 장부금액에 포함하여 인식할 수 있다. 이 경우 대체되는 부분(사용하고 난 내화벽돌, 좌석과 갤리, 기존의 인테리어)의 잔존 장부금액은 재무상태표상에서 차감시켜 주고 이를 교체손실로 인식한다.

예제 6-5 주요부품을 정기적으로 교체하는 경우

세기철강(주)는 매 3년마다 용광로설비에 대해 내화벽돌 교체공사를 실시한다. 교체공사에 소요되는 비용은 3,000만원 정도 예상되며, 용광로설비를 최초 건설할 당시부터 '용광로설비'에서 '내화벽돌설비'를 구분하여 별개의 자산으로 인식하여 회계처리하였다. 전체 취득원가는 ₩8,000이며, 이 중에 '내화벽돌' 부분의 가액은 ₩3,000, 내용연수는 3년, 정액법에 의한 감가상각을 하며, 잔존가치는 300만원으로 한다. 취득시점과 1차연도말 및 3차연도의 교체와 관련된 회계처리를 하시오(이하 단위: 만원).

| 풀이 |

취득시점: 취득원가를 구분하여 별개의 자산으로 인식한다.

(차) 용광로설비	5,000	(대) 현 금	8,000
내화벽돌설비	3,000		

1차연도말: 용광로설비에 대한 감가상각과 내화벽돌설비에 대해 상이한 내용연수와 감가상각방법을 적용하여 감가상각한다. 여기에서는 내화벽돌설비에 대한 회계처리부분만 예시하면,

(차) 감가상각비	900	(대) 감가상각누계액	900*

* (3,000−300)÷3년＝900

3차연도: 실제 ₩3,200의 자금을 투자하여 내화벽돌 교체공사를 실시하고, 폐기된 내화벽돌은 인테리어회사에 ₩100에 매각한 경우

(차) (신)내화벽돌설비	3,200	(대) 현 금	3,200
감가상각누계액	2,700	(구)내화벽돌설비	3,000
유형자산제거(처분)손실	200		
현 금	100		

2.3 정기적으로 종합검사를 해주어야 하는 경우

항공기는 계속 운항하기 위해서 국제민간항공기구(ICAO)의 규정에 따라 정기적인 종합검사가 필요하다. 이때 정기적인 종합검사과정에서 발생하는 원가가 자산의 인식기준을 충족하는 경우에는 해당 유형자산의 장부금액에 포함하여 인식하거나, 중요성에 따라 별도의 자산으로 인식하여 감가상각의 회계처리를 적용한다. 3.2 유형자산의 구성요소별 감가상각에서 예시한 대한항공의 공시사례에서는 종합검사의 의미로 **정기적 대수선**을 별도의 자산으로 인식하고 있음을 알 수 있다.

2.4 이전 및 재배치

유형자산을 경영진이 의도하는 방식으로 가동할 수 있는 상태에 도달한 다음 추가적으로 발생하는 원가, 예를 들면 기업의 영업부문의 전부 또는 일부 영업부문이나 제조부분을 재배치하거나 재편성하는 과정에서 발생하는 유형자산의 이전 및 이전설치비, 재배치 비용 등은 자산의 장부금액에 포함하지 않고 당기의 비용으로 처리한다.

개념 Plus **K-IFRS의 원칙중심 회계기준을 실제 회계처리에 적용하기**

- 종합검사과정에서 발생하는 원가에 대해 "인식기준을 충족하는지 여부"를 판단하여 회계처리하라는 것이 원칙중심을 표방하고 있는 국제회계기준의 특성이라고 할 수 있다. 즉, '종합검사과정에서 발생하는 원가'를 비용 또는 자산으로 처리하여야 할지에 대한 즉각적인 지침을 회계기준에서 정해주기보다는, 기업의 특성과 대상 자산의 속성을 고려하여 어떻게 회계처리할지 여부를 판단하라는 것이다.

저자의 Tip 이 경우 회계처리담당자는 자산 또는 비용으로의 회계처리에 대한 판단과 논리적 근거를 문서화하는 것이 중요하며, 판단과 논리적 근거에 대한 문서화를 위해 회계전문가인 공인회계사로부터 자문을 받을 수 있을 것이다.

제3절 감가상각

Key Standard

유형자산을 구성하는 일부의 원가가 당해 유형자산의 전체원가에 비교하여 유의적이라면, 해당 유형자산을 감가상각할 때 그 부분은 별도로 구분하여 감가상각한다. 유형자산의 감가상각 대상금액은 내용연수에 걸쳐 체계적인 방법으로 배분한다. 유형자산의 잔존가치와 내용연수는 적어도 매 회계연도말에 재검토한다. 재검토결과 추정치가 종전 추정치와 다르다면 그 차이는 회계추정의 변경으로 회계처리한다. (K-IFRS 1016: 문단 43~51)

3.1 감가상각의 의의

토지와 건설중인자산을 제외한 대부분의 유형자산은 시간의 경과나 사용에 따라 일정기간 후에 자산의 가치가 감소하게 된다. 따라서 사용기간 동안에 자산의 취득원가를 일정한 방법에 의해 배분하고, 배분된 금액을 당기의 비용으로 처리하게 되는데 이를 '**감가상각비**'라 한다.

만일 영업활동에 사용할 목적으로 10억원의 기계장치를 취득한 후, 이의 수명을 10년으로 예상하는 한편 10년 뒤에는 낡은 기계장치를 처분하여 1억원을 회수할 것으로 추정했다. 이 경우 기계장치의 수명이 다할 때까지 기업이 부담하는 사용비용은 얼마이며, 기업은 이 비용을 언제 포괄손익계산서에 기록하여야 하는가?

여기에서 10년에 걸친 기계장치의 사용비용은 9억원이라는 것을 알 수 있다. 이처럼 취득원가에서 사용기간(내용연수, useful life) 종료시점의 예상처분가액(잔존가치, residual value)을 차감한 금액을 회계에서는 **감가상각대상금액**이라고 하며, 전체 사용기간 동안의 비용으로 처리해야 한다. 따라서 이 금액을 매 회계기간별로 배분하는 회계처리인 감가상각(depreciation)이 필요하다. 그래야만 회계기간별 수익·비용의 대응이 적절히 이루어지기 때문이다. 결국 감가상각이란 유형자산의 취득원가에서 잔존가치를 차감한 감가상각대상금액을 매 기간별로 배분함으로써 적절한 수익·비용의 대응을 이루고자 하는 회계처리임을 알 수 있다.

3.2 유형자산의 구성요소별 감가상각

유형자산을 구성하는 일부의 원가가 당해 유형자산의 전체원가와 비교하여 중요한 부분을 차지하고 있다면 해당 유형자산을 별도로 분류하여 인식하고 감가상각한다. 이는 해당 유형자산이 주요 부분으로 구성된 집합체라면 구성요소별로 분류하여 자산으로 인식하고 감가상각하는 회계처리(component accounting)를 적용해야 한다는 것을 의미한다. 사실상 여기에서의 구성요소는 기술적인 측면보다는 회계상 금액적으로 중요한 부분으로 나누어 인식하고 회계처리하는 것으로 이해해야 한다.

다음의 공시사례에서 대한항공은 항공기 관련 자산을 엔진과 동체 정기적 대수선, 항공기재로 나누고 실제 사용년한을 기준으로 세분화하여 감가상각의 회계처리를 하고 있음을 알 수 있다.

공시사례

K-IFRS 적용 이후(항공기 관련 자산)

구 분		추정내용연수
항공기, 항공기리스자산	동체 등	6～20년
	정기적 대수선	2.8～12년
엔진, 엔진리스자산	엔진	15년
	정기적 대수선	3.3～10.7년
항공기재		15년

(2020년 대한항공의 재무제표 주석공시 내용의 일부)

예제 6-6 유형자산의 구성요소별 감가상각

세기디자인(주)는 2×06년 1월 1일 HP사로부터 5,000만원 상당의 설계용 레이저프린터를 구입하였다. 레이저프린터 본체의 내용연수는 5년이며 잔존가치는 없으나 레이저프린터 헤드의 수명은 500시간이다. 500시간 후에는 헤드를 교체해야 하는데, 이때 교체비용으로 1,000만원이 들며 사용하던 헤드의 잔존가치는 50만원으로 예상된다. 이 프린터를 내용연수까지 사용할 목적이라고 할 때 적절한 감가상각의 회계처리 정책에 대해 설명해보시오.

| 풀이 |

레이저프린터 전체의 구입원가 5,000만원과 관련하여 레이저헤드의 원가 1,000만원은 중요하기 때문에 프린터본체와 헤드의 2개 구성요소로 분리하여 자산을 재구성하고, 본체는 내용연수 5년으로 정액법에 의한 감가상각을, 헤드는 생산량비례법(500시간 가동기준)에 의해 감가상각한다.

3.3 감가상각의 회계처리

특정 회계기간 동안의 감가상각비를 계산하기 위해서는 기본적으로 ① 감가상각대상금액, ② 내용연수, ③ 감가상각방법 등 세 요소를 추정 또는 결정하여야 한다.

개념 Plus K-IFRS와 회계정책의 선택

감가상각액을 결정하는 요소가 기업의 회계정책의 선택사항으로 맡겨져 있다는 점에서 동일한 자산이라고 하더라도 산업 내의 유사한 기업들 간에도 감가상각비가 달라질 수 있다. 따라서 재무제표상에 나타나는 유형자산의 장부금액과 감가상각비는 이러한 회계정책의 선택결과에 따른 것이라는 것을 이해하는 것이 중요하다. 즉, 회계수치 그 자체는 물론, 회계수치가 어떻게 산출되었는지 재무제표 주석에 공시된 회계처리방법과 회계정책을 같이 살펴보아야 의미 있는 회계정보의 해석이 가능해진다는 점에서 재무회계를 학습하는 의의를 찾을 수 있다.

- **감가상각대상금액:** 내용연수에 걸쳐 감가상각비로 배분시켜야 할 금액(취득원가 − 잔존가치)
- **잔존가치:** 내용연수가 경과한 시점에서의 처분가치
- **내용연수:** 자산의 예상되는 사용기간 또는 수명
- **감가상각방법:** 정액법과 체감상각법에 속하는 정률법, 연수합계법, 그리고 생산량비례법 등이 있다.
- **감가상각방법의 변경:** 미래 경제적 효익의 소비행태에 변동이 있는 경우, 내용연수, 잔존가치, 감가상각방법 모두 변경가능하며, 회계추정의 변경으로 처리한다.
- **감가상각의 분개:** 차변에는 감가상각비, 대변에는 감가상각누계액계정을 사용한다.

(차) 감가상각비	×××	(대) 감가상각누계액*	×××

* 해당자산에서 차감하는 형식으로 표시

- **감가상각비의 계정분류**: 생산활동에 관련된 감가상각비는 제조원가에 포함되며, 그 이외에는 판매비와관리비로 보고한다.
- **유형자산의 장부금액**: 취득원가에서 감가상각누계액(손상차손누계액도 해당)을 차감한 후의 잔액을 말한다.

예제 6-7 잔존가치 추정의 변경

[예제 6-6]에서 HP사의 새로운 레이저프린터의 가격이 2×06년말에 9,000만원으로 인상되었다고 한다. 이를 근거로 세기디자인(주)는 2×06년 12월 31일 결산일에 이 프린터의 잔존가치를 조정하여야 하는가?

| 풀이 |

조정할 필요가 없다. 세기디자인(주)는 프린터의 사용계획이나 유지보수 방침에 어떠한 변화도 없었고, 내용연수를 변경하지 않았을 뿐만 아니라, 추정된 내용연수 이후의 잔존가치는 여전히 50만원이기 때문이다. 그러나 유형자산의 사용기간 중에 제품의 수급에 변화가 있다든지, 중고시장이 활성화되어 잔존가치에 대한 신뢰성 있는 추정치가 입수된다면 잔존가치를 수정하여 감가상각비를 재계산할 수 있다.

감가상각대상금액을 내용연수 동안에 배분하는 방법에는 구체적으로 어떤 방법들이 있을까? 감가상각방법으로는 그동안 여러 방법이 제시되고 활용되어 왔지만, 대표적인 방법으로 실무에서 주로 이용하는 정액법, 정률법 그리고 생산량비례법에 대해 설명한다.

(1) 정액법

정액법은 자산의 내용연수 동안 매년 일정한 금액을 상각하는 방법이다. 따라서 매기의 감가상각비는 감가상각대상금액(취득원가 − 잔존가치)을 내용연수로 나누어 다음과 같이 계산한다.

■ 정액법에 따른 감가상각비 $= \dfrac{\text{취득원가} - \text{잔존가치}}{\text{내용연수}}$

(2) 생산량비례법(또는 사용시간 또는 가동시간비례법)

정액법이 단순히 시간경과에 따라 감가상각을 하는 방법이라면, 생산량비례법은 산출물에 해당하는 생산량 또는 투입물에 해당하는 사용시간(기계가동시간 등)에 비례해서 감가상각을 하는 방법으로서 제조업 또는 서비스부문이나, 삼림, 유전, 광산과 같은 천연자원의 경우에 적용하면 수익과 비용을 합리적으로 대응시킬 수 있다.

생산량비례법은 유형자산의 감가상각대상금액의 비용배분이 유형자산의 사용 정도에 따라 발생하는 것으로 가정할 때 적합한 방법이다. 예컨대 기계장치나 복사기 같은 경우, 생산량 내지 복사매수가 많을 때는 적을 때에 비하여 더 많은 비용배분을 해준다는 의미이다. 이 점을 고려하여 생산량 내지 사용시간을 기준으로 매기의 감가상각비를 계산하는 것을 생산량비례법이라 한다.

생산량비례법으로 감가상각비를 계산할 때는 다음 두 단계를 거친다. 첫째, 감가상각대상금액을 추정 총생산량(또는 사용시간)으로 나누어 단위당 감가상각비를 계산한다. 둘째, 위에서 구한 단위당 감가상각비에 실제 생산량(또는 사용시간)을 곱하여 매기 감가상각비를 계산한다.

■ 생산량비례법에 따른 감가상각비 $= \dfrac{(\text{취득원가} - \text{잔존가치})}{\text{추정 총생산량(또는 가동시간)}} \times \text{생산량(사용시간)}$

(3) 체감잔액법 또는 가속상각법

내용연수 동안에 걸쳐 일정한 금액으로 원가배분을 하는 정액법과는 달리, 내용연수 초기에는 보다 많은 감가상각비를 인식하고 후반부로 갈수록 점점 더 적은 감가상각비를 인식하는 방법을 **가속상각법**(accelerated depreciation method)이라고 한다. 초기에 많은 금액을 상각한다는 관점에서 가속상각법은 상대적으로 기간의 경과에 따라 점차 상각액이 감소하는 체감잔액법으로 분류되기도 한다. 체감잔액법을 이용하면 유형자산과 관련하여 발생하는 총유지비용, 즉 감가상각비와 수선비의 합계액을 매년 비슷하게 유지시킬 수 있다. 그리고 유형자산의 생산능률이나 서비스의 질이 높은 초기에 많은 감가상각액을 계상할 수 있으므로 수익·비용의 대응 관점에서 바람직하다. 가속상각방법에는 정률법, 연수합계법, 이중체감잔액법 등이 있으며 상각률의 계산과 적용에서 다소 차이가 있다.

가. 정률법(fixed rate method)

정률법은 사전에 일정한 상각률을 계산한 다음, 이 상각률을 매기 초의 장부금액(=취득원가−감가상각누계액)에 곱하여 감가상각비를 계산하는 방법이다.

■ 정률법에 따른 감가상각비 = 기초장부금액(=취득원가−감가상각누계액) × 정률*

* 내용연수 종료시점에 잔존가액이 남도록 정률은 $\sqrt[n]{\frac{\text{잔존가치}}{\text{취득원가}}}$ 로 계산해낼 수 있다.

결국 정률법으로 감가상각을 계속해 나가면 장부금액은 매년 줄어들 수밖에 없고, 여기에 일정한 상각률을 곱하기 때문에 매기의 감가상각비는 내용연수 후반으로 갈수록 점차 감소하게 된다. 반면 자산의 노후화가 진행될수록 수선유지비는 매년 증가하게 될 것이므로, 자산의 보유에 따른 총유지비용(감가상각비+수선유지비 등)은 내용연수에 걸쳐 어느 정도 균등한 수준을 유지하게 된다. 이를 정액법과 비교하여 나타내면 다음의 [그림 6-1]과 같다.

그림 6-1 | 정액법과 정률법의 비교

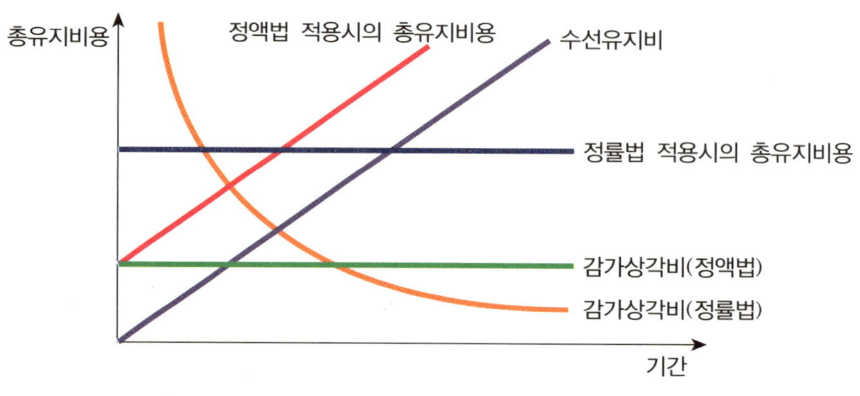

나. 이중체감잔액법과 연수합계법

'이중체감잔액법'과 '연수합계법(sum of years digits method)'은 우리나라의 실무에서는 잘 사용하지 않는 감가상각방법이지만, 체감잔액법의 논리가 적용된다는 점에서 정률법과 유사하므로 간단하게 설명한다.

먼저 이중체감잔액법은 복잡한 산식에 의해 정률을 구하여 적용하는 정률법과는 달리, 단순하게 $\frac{1}{\text{내용연수}} \times 2$(두 배로 체감시킨다는 의미에서)의 상각률을 기초장부금액에 적용하는 방법을 말한다.

그리고 연수합계법은 상각률을 간편하게 산출할 수 있고, 장부금액이 아닌 상각대상금액(취득원가－잔존가치)에 상각률을 적용한다는 점에서 정률법과 차이가 있다. 내용연수의 합계를 분모로 하고 해당 상각연도초에 남아 있는 내용연수를 분자로 하여 매년도 상각률을 간편하게 계산한다. 그리고 이를 정액법에서처럼 감가상각대상금액에 곱함으로써 간단히 정률법을 채택한 것에 버금가는 효과를 얻을 수 있다. 예컨대 내용연수가 3년일 경우, 향후 3개년의 매년도 상각률은 각각 3/6, 2/6, 1/6로 간단히 계산된다(여기서 분모 6은 내용연수가 3년이므로 1＋2＋3＝6).

- 연수합계법에 따른 감가상각비＝감가상각대상금액(취득원가－잔존가치)×상각률*

* 상각률＝$\frac{\text{잔존 내용연수}}{\text{내용연수 합계}}$ (단, 잔존 내용연수는 당해연도초를 기준으로 남아 있는 내용연수)

예제 6-8 감가상각방법의 적용

클린(주)는 취득원가가 ₩600,000인 기계장치를 보유하고 있다. 이 기계장치의 내용연수는 3년 또는 30,000시간으로 추정되었으며 잔존가치는 ₩60,000이다. 기계장치의 사용시간은 첫 해에는 8,000시간, 2년도에는 12,000시간, 3년도에는 10,000시간으로 추정하였다. 정액법, 정률법(정률은 0.6으로 가정), 연수합계법, 생산량비례법으로 3차 연도까지의 감가상각비를 계산하시오.

| 풀이 |

(단위: 천원)

감가상각방법	감가상각비 금액			3년도말의 감가상각 누계액
	1년도	2년도	3년도	
정액법 $\frac{(600-60)}{3년}$	180	180	180	540
정률법* (기초장부금액×정률)	360 =600×0.6	144 =(600−360)×0.6	36 =(600−360−144)×0.6	540
연수합계법 (600−60)×상각률	270 =540×3/6	180 =540×2/6	90 =540×1/6	540
생산량비례법 $\frac{(600-60)}{30,000시간}$×사용시간	144	216	180	540

* 정률법은 정률 자체에 잔존가치가 고려될 수 있도록 산출되었기 때문에 장부금액에 정률을 곱한다. 그리고 내용연수 마지막 연도에는 단수조정을 위하여 기초장부금액을 전액 감가상각비로 반영하여 결과적으로 잔존가치만 남도록 할 수 있다.

예제 6-9 유형자산의 구성요소별 감가상각과 교체

세기디자인(주)는 2×06년 1월 1일 HP사로부터 5,000만원 상당의 레이저프린터를 구입하였다. 레이저프린터 본체의 내용연수는 10년이며 잔존가치는 없으나 레이저프린터 헤드는 개당 1,050만원, 수명은 500시간이고, 교체시 헤드의 잔존가치는 50만원이다. 이 레이저프린터에 대해서 2×07년 12월 31일에 400시간 사용 후 800만원을 들여 레이저헤드를 교체하였다. 헤드 교체와 관련된 적절한 회계처리를 설명해보시오.

| 풀이 |

교체된 레이저헤드의 장부금액은 2×07년 12월 31일에 250만원*이다. 교체시 사용하던 레이저헤드의 장부금액 250만원은 제거하여 잔존가치 상당액을 제외하고 유형자산처분(제거)손실로 처리한 다음, 800만원의 새 레이저헤드비용은 자산의 원가로 인식한다. 교체된 레이저헤드는 400시간 동안 이용한 것이기 때문에 새로운 레이저헤드의 추정수명도 500시간이 아닌 400시간이 되어야 한다. 따라서 새 레이저헤드는 400시간에 걸쳐 잔존가치 50만원을 고려하여 감가상각한다.

* 교체시 사용하던 헤드의 장부금액=1,050만원−감가상각누계액 800만원(=$\frac{1,000만원}{500시간}$×400시간)
=250만원

3.4 감가상각과 관련된 문제

유형자산에 대한 감가상각의 회계처리와 관련되어 다음과 같은 사항들이 추가적으로 고려될 필요가 있다.

- 신규 취득자산의 감가상각방법
- 감가상각방법 등의 변경
- 회계연도중에 취득한 경우의 감가상각비
- 감가상각의 중단과 개시
- 재평가한 자산과 손상차손을 인식한 자산의 감가상각비
- 재무분석가의 관점에서 감가상각비의 조정

(1) 신규 취득자산의 감가상각방법

새로 취득한 유형자산에 대한 감가상각방법은 동일하게 분류된 기존 유형자산에 대한 감가상각방법과 일치시켜야 하지만, 신규 사업의 착수나 다른 사업부문의 인수 등의 결과로 독립된 새로운 사업부문이 창설되어 기존의 감가상각방법으로는 그 사업의 특성을 반영할 수 없는 경우에는 다른 방법의 사용을 예외적으로 허용한다. 예를 들면, 택배사업을 하던 회사가 관광버스 임대업을 위하여 취득한 차량운반구에 대해서는 기존에 적용해오던 상용트럭에 대한 감가상각방법과는 다른 방법을 적용할 수 있다.

(2) 감가상각방법 등의 변경

기업은 원칙적으로 특정 자산에 대해 회계기준에서 허용하는 감가상각방법 중에서 하나를 선택하여 이를 계속적으로 사용해야 한다. 그러나 경제적 환경이 변화하거나 혹은 특정 자산을 타 용도로 전환하여 사용하는 등 기업 내·외부의 여건변동에 따라 종전의 감가상각방법을 다른 방법으로 변경할 수 있다. 왜냐하면 이러한 변경을 함으로써 기업의 경제적인 실질을 재무제표에 보다 적절히 표시할 수 있기 때문이다. 따라서 K-IFRS에서는 기업이 선택한 감가상각방법은 적어도 매 회계연도말에 재검토하며, 재검토 결과에 따라 새로운 감가상각방법에 따라 전진적으로 변경하는 회계처리를 허용하고 있다.

개념 Plus '전진적' 변경이란?

예를 들어, 정률법에서 정액법으로 변경하였다면 변경하는 회계연도부터는 정액법에 의해 잔여 내용연수와 잔존가치에 기초하여 정상적으로 감가상각한다. 내용연수나 잔존가치와 같은 추정이 변경된 경우에도 감가상각방법이 변경된 경우와 마찬가지로 변경하는 회계연도부터 새로운 추정방법 또는 추정치를 기준으로 감가상각비를 산출하여 회계처리를 한다.

(3) 회계연도중에 취득한 경우의 감가상각비

일반적으로 교과서에서는 유형자산을 회계연도초에 취득하는 것으로 가정하지만 이는 설명의 편의를 위해서이며 기업은 대부분 기중에 유형자산을 취득한다. 기중에 취득한 유형자산의 감가상각비 계산은 1년기준(자산의 구입시점에 관계없이 1년분 전액을 취득한 연도의 감가상각액으로 계상), 반년기준(회계연도의 상반기에 자산을 구입하면 1년분을, 하반기에 구입하면 6개월분만 계상), 월할기준(구입시점부터 회계연도말까지의 개월 수에 월간 상각액을 곱하여 감가상각액을 결정)으로 할 수 있으나 월할계산방법에 따라 '사용한 월수'를 반영하여 계산하는 것이 합리적이다.

예제 6-10 감가상각비의 월할계산

회계연도가 매년 12월 31일인 세기오토(주)는 2×01년 6월 10일에 차량운반구(내용연수 5년)를 ₩200,000(잔존가치 ₩20,000)에 취득하였으며, 연수합계법에 의해 감가상각한다. 감가상각비는 '사용한 월수'를 기준으로 하며, 6월 10일에 취득하였지만 6월 1일에 취득한 것으로 간주하여 2×01년과 2×02년의 감가상각비를 구하시오(단위: 천원).

| 풀이 |

- 회계연도에 관계없이 취득 1차년도와 2차년도의 감가상각비를 구한다. 여기서 취득 1차년도라 함은 2×01년 6월부터 2×02년 5월까지이며, 취득 2차년도라 함은 2×02년 6월부터 2×03년 5월까지를 뜻한다.
  1차년도의 감가상각비 = (₩200,000 − ₩20,000) × 5/15 = ₩60,000
  2차년도의 감가상각비 = (₩200,000 − ₩20,000) × 4/15 = ₩48,000
- 2×01년 감가상각비
  회계연도별로 감가상각비를 산출하여야 한다. 2×01년도에는 6월부터 12월까지 총 7개월 동안 유형자산을 사용하였으므로 이 기간의 감가상각비를 계산하여야 한다. 따라서 2×01년도의 감가상각비는 1차년도의 감가상각비에 7/12를 곱하여 산출한다.

2×01년도의 감가상각비 = 1차년도의 감가상각비 × 7/12 = ₩60,000 × 7/12 = ₩35,000

- 2×02년 감가상각비

2×02년도에는 1월부터 12월까지 유형자산을 사용하였으므로 2×02년의 감가상각비는 다음과 같이 두 가지로 구성됨을 알 수 있다.

2×02년도의 감가상각비
= 2×02년 1월~5월의 감가상각비 + 2×02년 6월~12월의 감가상각비
= 1차년도의 감가상각비 × 5/12 + 2차년도의 감가상각비 × 7/12
= ₩60,000 × 5/12 + ₩48,000 × 7/12 = ₩53,000

(4) 감가상각의 중단과 개시

영업활동에 사용하여 오던 유형자산을 계절적 요인, 정기점검 등의 사유로 잠시 사용을 중단하였으나 장래 정상적으로 사용할 예정인 유형자산에 대해서는 감가상각을 중단하지 않는다. 만일 생산량비례법에 의해 감가상각을 하는 경우에는 생산이 전혀 이루어지지 않았다면 감가상각비는 0이 될 것이다.

그러나 매각예정자산으로 분류되거나 해당자산이 생산라인 또는 공장에서 철거되거나 제거된 날(실제로는 이 시점 가운데 빠른 날) 이후에는 감가상각을 중단하고 손상차손 발생을 확인하여 손상차손이 있는 경우에는 손실로 인식하기 위한 회계처리를 하여야 한다.

(5) 재평가한 자산과 손상차손을 인식한 자산의 감가상각비

유형자산을 재평가하면서 잔존 내용연수나 감가상각방법에 대한 검토결과 수정해야 할 이유가 없다면 재평가한 장부금액을 토대로 감가상각한다. 마찬가지로 유형자산에 대해 손상차손을 인식한 이후 회계연도의 감가상각비 계산은 손상차손을 반영한 후의 장부금액에 대해 종전의 감가상각방법을 적용하여 잔존 내용연수에 걸쳐 감가상각비를 계상한다. 다만, 손상된 경우에는 자산의 잔존 내용연수, 감가상각방법 또는 잔존가치를 검토하여 이를 수정하거나 조정할 필요가 있는지 여부를 검토하여야 한다. 다음 예제를 통하여 재평가한 자산의 감가상각비 계산과 재평가잉여금의 이익잉여금 대체 그리고 처분의 회계처리에 대하여 연습해보도록 하자.

예제 6-11 재평가한 자산의 감가상각비와 재평가잉여금의 이익잉여금 대체

블루(주)는 2×05년도초에 1,000만원 상당의 기계장치를 취득하였다. 2×05년도말 이 기계장치에 대한 감가상각비로 100만원(내용연수 10년, 정액법상각, 잔존가치 없음)을 계상한 다음 2×06년 1월 1일 재평가모형을 적용하기로 하고, 공정가치인 1,350만원으로 재평가하였다.

[물음 1] 재평가금액에 맞추어 감가상각누계액을 먼저 감소시키고, 나머지 부분을 유형자산의 가액에서 조정해주는 [예제 6-2]의 방법으로 회계처리하시오.

[물음 2] 재평가후 2×06년도말 이 기계장치의 감가상각비로 150만원을 계상하였으며, 재평가 전 감가상각비와의 차액 50만원을 재평가잉여금에서 이익잉여금으로 대체하는 회계처리를 하시오.

[물음 3] 2×07년도초에 이 기계장치를 800만원에 처분하고, 재평가잉여금 잔액을 이익잉여금으로 대체하는 회계처리를 하시오(단위: 만원).

| 풀이 |

1. 취득시점:

	차변	금액	대변	금액
1. 취득시점:	(차) 기계장치	1,000	(대) 현　금	1,000
2×05년도말:	(차) 감가상각비	100	(대) 감가상각누계액	100

2×06년도초(재평가시점):

차변	금액	대변	금액
(차) 기계장치	350	(대) 재평가이익(기타포괄손익)	450
감가상각누계액	100		

2. 2×06년도말:

차변	금액	대변	금액
(차) 감가상각비*	150	(대) 감가상각누계액	150

* ₩1,350÷9년

2×06년도말(마감분개):

차변	금액	대변	금액
(차) 재평가이익	450	(대) 재평가잉여금	450

재평가잉여금의 대체:

차변	금액	대변	금액
(차) 재평가잉여금	50	(대) 이익잉여금	50*

* 재평가전감가상각비(₩100)와 재평가후감가상각비(₩150)의 차액

3. 2×07년도초(처분):

차변	금액	대변	금액
(차) 현　금	800	(대) 기계장치	1,350
감가상각누계액	150		
유형자산처분손실	400		

재평가잉여금의 대체:

차변	금액	대변	금액
(차) 재평가잉여금	400*	(대) 이익잉여금	400

* 처분전재평가잉여금 잔액: ₩400＝₩450－₩50(2×06년 감가상각비 증가분에 해당하는 재평가잉여금의 이익잉여금 대체분)

(6) 재무분석가의 관점에서 감가상각비의 조정

동종산업 내 경쟁기업의 재무상태와 경영성과를 비교해서 투자분석 또는 신용평가를 하려는 재무분석가의 입장에서는 분석대상 기업이 유형자산에 대해 적용하고 있는 감가상각방법이 다를 경우 재무제표에 나타난 수치만을 가지고 분석한다면 잘못된 의사결정을 내릴 가능성이 높다. 이 경우에는 어느 한 가지 방법을 선택(감가상각방법, 내용연수, 잔존가치)하고, 이 방법을 분석대상 기업이 계속 적용해온 것으로 가정하여 기업의 재무제표에 나타난 수치를 조정한 다음 분석할 수 있다. 보다 간편한 방법으로는 분석대상 기업 중 한 기업의 감가상각방법(내용연수, 잔존가치)에 맞추어 상대 기업도 그 방법을 계속 적용해온 것으로 가정하여 조정한 다음 비교·분석하는 것이다.

이러한 조정과정이 필요한 이유는 유형자산의 비중이 상대적으로 큰 기업의 재무분석 과정에서는 감가상각방법에 따라 수익성 분석에 필요한 손익계산서 항목(감가상각비, 영업이익, 당기순이익 등)과 재무상태표 항목(총자산, 유형자산 등)의 금액이 크게 달라지기 때문이다. 현실적으로 기업내부의 상세한 자료를 입수할 수 없는 재무분석가의 입장에서는 재무제표와 주석에 공시된 내용을 토대로 조정하는 것이 보통이다. 다음 예제를 통해 조정과정을 학습해보도록 하자.

예제 6-12 재무분석가의 관점에서 감가상각비의 조정

아시아나항공은 보유하는 항공기에 대해 잔존가액을 취득원가의 10%, 내용연수 20년, 정액법에 의한 감가상각을 하며, 대한항공은 잔존가액을 취득원가의 15%, 내용연수 12년, 정액법에 의한 감가상각을 하는 것으로 재무제표주석에 공시된 것으로 가정한다. 재무분석가의 입장에서는 유형자산에 대한 회계처리방법을 동일하게 적용했을 때 산출될 수치로 이 두 회사를 비교·분석하려고 한다. 따라서 다음 자료를 토대로 아시아나항공이 택하고 있는 감가상각방법에 의해 대한항공이 회계처리했을 경우 2×07년 1월 1일 및 2×07년 12월 31일 재무상태표와 2×07년 손익계산서에 나타나게 될 항공기 관련 항목의 금액을 추정해보시오(단위: 백만원).

[대한항공의 재무제표와 주석에 공시된 자료의 일부]

• 항공기 취득원가(2×07년 1월 1일)	₩40,000
• 감가상각누계액(2×07년 1월 1일)	13,600
• 항공기 신규취득원가(2×07년 중)	2,400
• 감가상각비(2×07년)	2,900

[물음 1] 2×07년 1월 1일 현재 대한항공이 보유한 항공기의 평균 연식, 즉 경과된 내용연수를 추정해보시오.

[물음 2] 2×07년 1월 1일 현재 아시아나와 동일한 감가상각방법에 의해 회계처리하여 왔더라면 얼마의 감가상각누계액이 재무상태표에 계상되어 있을지 추정해보시오.

[물음 3] 위의 [물음 1]과 [물음 2]를 토대로 대한항공 항공기의 장부금액은 현재 재무상태표에 보고된 금액보다 얼마나 증가 또는 감소하겠는가?

[물음 4] 기존에 보유한 항공기와 2×07년도중 연평균 ₩2,400만큼 신규로 취득한 항공기에 대한 감가상각비로 현재 대한항공이 손익계산서에 계상하고 있는 ₩2,900은 아시아나항공과 동일한 감가상각방법에 의해 회계처리할 경우 얼마의 금액으로 조정되어야 할 것인가?

| 풀이 |

1. ₩40,000×(1−0.15) = ₩34,000(감가상각대상금액)
   ₩13,600(감가상각누계액)/₩34,000(감가상각대상금액) = 0.4
   따라서 전체 내용연수의 40%가 경과했으므로 12년×0.4 = 4.8년이 평균 경과연수(연식)로 추정된다.
2. ₩40,000×(1−0.1) = ₩36,000(감가상각대상금액)
   ₩36,000/20년 = ₩1,800(연간 감가상각비)
   ₩1,800×4.8년 = ₩8,640
3. 현재의 장부금액: ₩26,400(=₩40,000−₩13,600)
   아시아나의 감가상각방법으로 조정한 후의 장부금액: ₩31,360(=₩40,000−₩8,640)
   따라서 ₩4,960(=₩31,360−₩26,400)만큼 증가된다.
4. 기존 보유항공기에 대한 감가상각비: ₩40,000×(1−0.10)/20년=₩1,800
   신규취득 항공기에 대한 감가상각비: ₩2,400×1/2(연간 평균적으로 취득한 것을 가정)×(1−0.1)/20년=₩54
   따라서 감가상각비 총액은 ₩1,854으로 조정되어야 할 것으로 추정된다.

제4절 재평가모형하의 손상

Key Standard

재평가되지 않는 자산의 손상차손은 당기손익으로 인식한다. 그러나 재평가자산의 손상차손은 해당 자산에서 생긴 재평가잉여금에 해당하는 금액까지는 기타포괄손익으로 인식한다. 기타포괄손익으로 인식하는 재평가자산의 손상차손은 그 자산의 재평가잉여금을 감액한다.

(K-IFRS 1036: 문단 61)

유형자산의 공정가치가 급상승하여 장부금액과 차이가 많이 날 경우에는 기타포괄손익으로 재평가이익을 인식한다. 반대로 재평가한 자산의 가치가 급락하여 손실을 보게 된 경우에는 이를 '**손상차손**'으로 처리하고 장부금액을 감액시켜주어야 한다.

이 경우 재평가모형을 채택하고 있으므로 손상차손의 인식과 회복에 한도를 둘 필요는 없지만, 손상차손 또는 손상차손환입을 재평가잉여금과 연계시켜 회계처리할 필요가 남아 있다. 따라서 손상검사를 통해 회수가능액이 장부금액에 미달하는 경우 재평가잉여금이 있다면, 재평가잉여금의 범위 내에서 재평가손실(기타포괄손익)로 인식하고, 마감분개를 통하여 재평가잉여금을 먼저 감소시킨다. 그리고 나머지 잔액에 대해서는 손상차손으로 포괄손익계산서의 당기손익으로 반영한다. 만일 손상처리한 자산의 회수가능액이 회복되는 경우라면, 종전에 당기손익으로 인식한 손상차손부분까지는 **손상차손환입**으로 당기손익에 반영하고, 이를 초과하는 부분은 다시 재평가이익으로 기타포괄손익으로 인식한다.

재평가한 자산의 감가상각 회계처리와 재평가한 자산에 대한 손상의 회계처리는 별책 「Study Guide」의 심화학습을 통해 단계적으로 연습해보자.

개념 Plus 손상검사후 회계처리에서 추가적으로 고려해야 할 것은?

자산손상을 시사하는 징후가 나타났지만, 손상검사를 한 결과 회수가능액이 장부금액보다 크기 때문에 당해 자산에 대해 손상차손을 인식하지 않더라도, 자산의 잔여 내용연수, 감가상각방법 또는 잔존가치를 검토하여 이를 수정하거나 조정할 필요가 있는지 여부를 검토하여야 한다.

제5절 제거

Key Standard

유형자산은 처분하는 때, 또는 사용이나 처분을 통하여 미래 경제적 효익이 기대되지 않을 때 제거한다. (K-IFRS 1016: 문단 67)

5.1 유형자산의 처분

유형자산을 처분하면 유형자산 관련 계정, 예를 들면 감가상각누계액, 손상차손누계액 등을 모두 제거해야 한다. 유형자산의 처분시 장부금액과 처분대가와 차이가 있으면 이 차액을 **유형자산처분손익**으로 처리한다. 한편 회계기간 중간에 유형자산을 처분하는 경우에는 기초부터 처분일까지의 감가상각비를 계산하여 비용으로 인식하는 한편, 동액을 전기말의 감가상각누계액에 가산하여 처분시점의 장부금액을 다시 구한 다음에 처분손익을 계산하여야 한다. 이때 다음과 같은 사항을 고려해야 한다.

- **처분대가를 장기에 걸쳐 받는 경우**: 현재가치 또는 공정가치로 처분대가를 인식하고 처분손익을 계산 [예제 6-13]
- **처분관련 부대비용**: 처분대가에 가감하고 별도의 비용으로 인식하지 않음
- **재평가잉여금**: 유형자산처분손익 계산에 반영하지 않으며 이익잉여금으로는 대체 가능
- **유형자산의 주요 구성요소나 부품이 대체된 경우**: 제거될 부분의 장부금액을 산출해 낸 다음 제거 [예제 6-14]

유형자산을 처분하고 처분대가를 회계연도 내에 전부 받지 못하고 몇 개 연도에 나누어 받기로 하였다면 회계처리상의 어떤 문제를 고려해야 할까? 가장 중요한 점은 유형자산의 취득원가를 결정할 때와 마찬가지로 '현금가'를 기준으로 한다는 원칙을 생각할 필요가 있다. 따라서 장기미수금을 현재가치로 평가하는 절차와 손실충당금 설정을 고려해야 한다. 다음 [예제 6-13]을 통해 회계처리를 살펴보자.

예제 6-13 **처분대가를 장기에 걸쳐 수취하는 경우의 유형자산처분손익**

클린(주)는 2×07년 1월 1일에 장부가액 2억원의 토지를 블루(주)에 3억원에 매각하였다. 단, 매각과 동시에 매각대금으로 2억원을 받았으며, 잔금은 2×07년 12월 31일과 2×08년 12월 31일에 5천만원씩 분할하여 받기로 하였다. 토지매각일 현재 시장이자율은 10%이다(단위: 천원).

[물음] 클린(주)가 2×07년에 인식할 유형자산처분손익과 매각시점의 회계처리를 하시오(잔금회수시점의 회계처리는 「Study Guide」의 심화학습 참조).

| 풀이 |

2×07년 1월 1의 회계처리

- 유형자산의 처분으로 받은 대가를 현재가치로 할인한 금액:
  ₩200,000 + ₩50,000 × 1.7355(2년, 10% 연금 현재가치요소) = ₩286,775
- 처분한 유형자산의 장부금액: ₩200,000
  따라서 2×07년에 인식할 유형자산처분이익은 ₩286,775 − ₩200,000 = ₩86,775

(차)			(대)	
	현 금	200,000	토 지	200,000
	장기미수금	100,000	유형자산처분이익	86,775
			현재가치할인차금	13,225

5.2 유형자산의 제거

유형자산의 제거는 물리적으로 폐기한다는 의미보다는 회계장부상에서 차감시키는 것을 의미한다. 일반적으로 자산을 폐기하거나 처분하는 경우에는 분명하게 장부상에서 차감할 수 있다. 그뿐만 아니라 더 이상 사용가치가 없는 경우, 즉 미래 경제적 효익이 예상되지 않을 때에도 자산의 정의를 더 이상 충족하지 않기 때문에 장부상에서 차감함으로써 제거할 수 있다. 이와 같이 물리적으로 자산을 폐기하지 않고 유형자산을 제거하는 경우에도 제거손익이 발생하며, **순매각금액**(매각가액 − 매각부대비용) − 장부금액(취득원가 − 감가상각누계액 등)으로 계산하여 당기손익에 반영한다.

한편 유형자산의 주요 구성요소나 부품이 교체 또는 대체된 경우 제거될 부분의 장부금액을 구분해서 차감하는 것이 어려울 경우가 있다. 왜냐하면 최초 인식단계에서 별도의 구성요소로 분리하여 인식하고 감가상각하여 오지 않았다면 해당 부분에 대한 잔존 장부금액이 산출되지 않기 때문이다. 이 경우에는 제거될 부분에 대해 최초 인식시점의 원가를 추정하거나, 현재시점에서 **대체원가**(replacement cost)를 입수하여 취득 시점부터 감가상각의 회계처리를 해온 것처럼 가정하여 장부금액을 역산하여 산출할 수 있다. 다음 [예제 6-14]를 통해 살펴보도록 하자.

예제 6-14 교체된 부분의 제거

세기화학(주)는 내용연수 10년인 기계장치를 ₩100,000에 취득하였다. 이 기계장치의 주요 구성요소로서 2개의 펌프가 부착되어 있는데 이 펌프의 내용연수도 기계장치의 내용연수와 동일하다. 이 기계장치를 가동한 후 7년이 경과한 시점에 펌프 중 하나가 고장이 나서 ₩20,000 상당의 유사한 펌프를 취득하여 교체하였다. 고장난 펌프는 단종되어 생산이 중단되었지만, 종전까지 거래된 시장가격은 ₩17,000이며 펌프 교체에 투입된 ₩20,000의 원가는 자산의 인식기준을 충족하므로 원래의 기계장치의 장부금액에 가산할 예정이다.

[물음 1] 이때 원래의 기계장치에서 제거될 부분의 장부금액은 얼마로 추정해야 할 것인가? 단, 정액법에 의해 감가상각하며 잔존가치는 0이라고 한다.

[물음 2] 유형자산제거손실 금액을 구하시오. 단, 고장으로 제거될 펌프의 순매각금액은 '0'이라고 가정한다.

[물음 3] 제거와 교체와 관련된 회계처리를 하시오(단위: 천원).

| 풀이 |

1. 교체된 펌프의 감가상각누계액과 장부금액의 추정:

- 감가상각누계액: (17,000÷10년)×7년=₩11,900
- 장부금액의 추정: ₩17,000－₩11,900=₩5,100(미상각잔액)

따라서 교체된 펌프의 원가 ₩20,000을 이 기계장치의 장부금액에 가산시켜주고 미상각잔액은 제거손실로 인식한다.

2. 제거손실:

순매각금액(0)－제거된 부분의 장부금액(₩5,100)=손실 ₩5,100

3. 교체된 부분의 제거에 따른 회계처리:

차변	금액	대변	금액
(차) 기계장치(교체한 펌프)	20,000	(대) 현　금	20,000
유형자산(펌프)제거손실	5,100	기계장치(고장난 펌프)	17,000
감가상각누계액	11,900		

연습문제

서술형

1 신라호텔(주)의 판매비와 일반관리비에는 숙박시설과 조리시설에 대한 감가상각비가 상당한 금액이 포함되어 있다. 감가상각비는 실제 현금이 유출되는 비용이 아니므로 당기순이익을 계산할 경우 판매비와 일반관리비에서 감가상각비를 제외하는 것이 타당하다는 견해에 동의하는가? 아니면 동의하지 않는가? 각각의 입장에서 그 논거를 설명해보시오.

2 결산일에 모든 유형자산에 대해 공정가치로 평가하게 되면 감가상각의 회계처리를 할 필요가 없다는 주장에 동의하는가? 아니면 동의하지 않는가? 각각의 입장에서 그 논거를 설명해보시오.

3 감가상각방법을 변경하는 경우 비교가능성과 계속성을 저해하기 때문에 허용해서는 안 된다는 주장에 동의하는가? 아니면 동의하지 않는가? 각각의 입장에서 그 논거를 설명해보시오.

4 우리나라의 주요 상장기업 중 유형자산에 대해 자산재평가 모형을 선택하는 기업과 원가모형을 선택하는 기업을 찾아보시오(금융감독원의 전자공시사이트인 dart.fss.or.kr 참조). 여러분이 해당 기업의 경영자의 입장이라면 자산재평가를 선택하겠는가? 아니면 원가모형을 선택하겠는가? 그 논리적 근거를 토대로 선택의 당위성을 설명해보시오.

5 유형자산의 재평가를 위한 공정가치 결정
유형자산에 대해 재평가 회계정책을 선택하고 있는 미래통신(주)에서는 재무담당 임원이 재평가업무를 담당하고 유형자산의 순실현가능가치를 직접 추정하여 결정한다. 이 회사의 유형자산은 매우 전문화된 특성을 갖고 있으며 회사에서 자체 제작하는 컴퓨터 하드웨어가 대부분이다. 이 회사의 유형자산에 대한 재평가절차가 적절한 것인지 논의하시오.

6 2×05년 1월 1일 세기개발(주)는 송파지역에서 50억원 상당의 아파트형 공장건물을 구입했다. 이 건물의 추정내용연수가 종료되기까지인 50년 동안 이용할 계획이며, 잔존가치는 없다. 감가상각은 정액법으로 하며 2×14년 12월 31일 이 건물의 장부금액(감가상각누계액이 차감된)은 30억원이다.

[물음 1] 2×15년도초에 송파지역에서 유사한 아파트형 공장건물의 가격은 약 40억원이었다면 세기개발(주)는 잔존가치를 수정하는 것이 적절한가?

[물음 2] 만약 세기개발(주)가 10년 이내에 이 아파트를 보유할 의도와 목적을 변경한다면 잔존가치를 수정하는 것이 적절한가?

문제 풀이형

1 체감잔액법에 의한 감가상각

체감잔액법에 의한 감가상각방법에 대한 다음의 내용 중 적절하지 않은 부분을 지적하고, 올바른 내용이 무엇인지 설명해보시오.

(1) 정률법, 생산량비례법과 연수합계법은 체감잔액법에 속하는 감가상각방법이다.

(2) 수선유지비를 고려하는 경우 총비용의 관점에서 체감잔액법이 정액법보다 더 수익·비용대응에 적합하다.

(3) 체감잔액법에 따라 상각할 때 내용연수 초기의 상각 금액은 후기의 금액에 비해 적은 것이 일반적이다.

(4) 정액법과는 달리 체감잔액법은 원가배분이 아니라 자산평가 과정을 반영하는 감가상각방법이다.

2 유형자산의 손상차손회계

유형자산의 손상차손에 관한 다음의 설명이 타당한지 판단하고, 올바른 내용이 무엇인지 토의해보시오.

(1) 매 회계연도의 재무상태표일에 유형자산 손상의 징후가 있는지 검토하여 손상차손 적용여부를 결정하여야 한다.

(2) 손상적용 후 공정가치가 회복되는 경우 손상차손누계액을 초과하여 당기이익으로 손상차손의 환입이 가능하다.

(3) 손상차손의 적용은 공정가치 평가를 반영하려는 중요한 회계기준의 하나로 볼 수 있다.

(4) 손상 여부를 평가하는 경우 회수가능액은 순공정가치와 사용가치를 비교하여 더 큰 금액을 기준으로 한다.

3 국공채 매입에 따른 취득원가 결정과 감가상각대상금액

20×8년 1월 1일 중장비(매입가격 ₩12,000,000, 부대비용 ₩500,000)의 취득과정에서 서울시 발행 지하철공채(액면 ₩500,000, 이자율 5%, 만기 3년, 매년말 이자지급조건)를 취득하여야만 한다(단, 공채취득시의 시장이자율은 10%). 연수합계법에 의해 이 중장비를 감가상각하는 경우 20×9년 12월 31일 계상될 감가상각비는? 단, 내용연수는 5년, 잔존가치는 ₩562,325이라고 한다.

연이자율 10%, 3년: 연금의 현재가치이자요소(2.487), 단일금액의 현재가치이자요소(0.751)
연이자율 5%, 3년: 연금의 현재가치이자요소(2.723), 단일금액의 현재가치이자요소(0.864)

4 연수합계법에 의한 감가상각비 계산

클린(주)는 ₩7,000,000의 기계장치를 2×13년 1월 1일 취득하였다. 단, 잔존가치는 ₩1,000,000이며, 기계장치의 내용연수는 10년, 정액법으로 감가상각하여오다 6차연도부터는 연수합계법에 의해 감가상각하기로 하였다. 이때 내용연수와 잔존가치에는 변동이 없는 경우 제6차연도말의 회계처리를 하시오.

5 감가상각과 유형자산처분손익

블루(주)는 2×02년 1월 1일에 기계를 구입하였는데 취득한 기계의 내용연수 및 잔존가치는 각각 4년과 0이며, 감가상각방법은 연수합계법을 적용한다. 2×04년 1월 1일에 블루(주)는 해당 기계를 ₩380,000에 매각하면서 ₩80,000의 처분이익을 인식하였다면 이 기계의 취득원가는 얼마인가?

6 자산재평가와 감가상각회계

세기오토(주)는 취득원가 ₩5,000,000, 내용연수 10년, 잔존가치가 ₩0인 기계장치를 2×11년 1월 1일 취득하였으며, 정액법에 의해 감가상각을 한다. 2차년도초(2×12년 1월 1일) 재평가모형을 선택하고 이 기계장치를 ₩7,200,000으로 재평가하였다. 다음의 물음에 분개 또는 적절한 답을 제시하시오.

[물음 1] 2×12년 1월 1일 재평가의 회계처리를 재평가금액으로 기존의 취득원가와 감가상각누계액을 완전히 대체하는 방법으로 제시하시오.

[물음 2] 2차년도말(2×12년 12월 31일) 결산시점에서 감가상각비의 회계처리를 하시오.

7 재평가한 자산의 손상차손인식과 회복

위의 세기오토(주)는 2차년도말(2×12년 12월 31일) 감가상각비를 계상한 직후 손상징후를 발견하고 손상검사를 실시한 결과 기계장치의 회수가능액이 ₩3,200,000이라고 한다.

[물음 1] 손상차손을 인식하기 위한 회계처리를 하시오.

[물음 2] 3차년도말(2×13년 12월 31일) 결산시점에서 감가상각비의 인식을 위한 회계처리를 하시오.

[물음 3] 4차년도말(2×14년 12월 31일) 결산시점에서 손상된 유형자산의 회수가능가액이 ₩3,600,000으로 회복된 경우, 먼저 4차년도 감가상각비에 대한 회계처리를 한 다음 손상차손을 회복시켜주기 위한 회계처리를 하시오.

8 재무분석가의 관점에서 감가상각비의 조정

유럽의 항공사인 Air France-KLM(이하 AK)은 보유하는 항공기에 대해 잔존가치를 취득원가의 10%, 내용연수 20년, 정액법에 의한 감가상각을 한다, 이에 반하여 경쟁 항공사인 Lufthansa는 잔존가치를 취득원가의 15%, 내용연수 12년, 정액법에 의한 감가상각을 하는 것으로 재무제표를 공시하고 있다. 재무분석가의 입장에서는 유형자산에 대한 회계처리방법을 동일하게 적용했을 때 산출될 수치로 이 두 회사를 비교·분석하려고 한다. 따라서 다음 자료를 토대로 AK가 택하고 있는 감가상각방법에 의해 Lufthansa가 회계처리했을 경우 2×07년 1월 1일 및 2×07년 12월 31일 재무상태표와 손익계산서에 나타나게 될 항공기 관련 항목의 금액을 추정해보시오(단위: 백만원).

[Lufthansa의 재무제표와 주석에 공시된 자료의 일부]

• 항공기 취득원가(2×07년 1월 1일)	₩20,000
• 감가상각누계액(2×07년 1월 1일)	8,500
• 항공기 신규 취득원가(2×07년중)	1,200
• 감가상각비(2×07년도 손익계산서)	1,460

[물음 1] 2×07년 1월 1일 현재 Lufthansa 항공기의 평균적으로 경과된 내용연수를 추정해보시오.

[물음 2] 2×07년 1월 1일 현재 AK와 동일한 감가상각방법에 의해 회계처리하여 왔더라면 얼마의 감가상각누계액이 재무상태표에 계상되어 있을지 추정해보시오.

[물음 3] 위의 [물음 1]과 [물음 2]를 토대로 Lufthansa항공기의 장부금액은 현재 재무상태표에 보고된 금액보다 얼마 증가 또는 감소하겠는가?

[물음 4] 2×07년도중 연평균 ₩1,200만큼의 항공기를 신규로 취득한 경우 Lufthansa가 손익계산서에 계상한 감가상각비 ₩1,460은 AK와 동일한 감가상각방법에 의해 회계처리할 경우 얼마의 금액으로 조정되어야 할 것인가?

9 유형자산제거손실

세기화학(주)는 2개의 펌프가 부착된 내용연수 10년인 기계장치를 ₩100,000에 취득하였다. 이 기계장치를 가동한 후 7년이 경과한 시점에 펌프 중 하나가 고장이 나서 ₩20,000 상당의 유사한 펌프를 취득하여 교체하였다. 고장난 펌프와 동일한 제품은 생산이 중단되었으나 종전까지 거래된 시장가격은 ₩18,000이며, 펌프 교체에 투입된 ₩20,000의 원가는 자산의 인식기준을 충족하므로 원래의 기계장치의 장부금액에 가산한다.

[물음 1] 원래의 기계장치에서 제거될 부분(고장난 펌프)의 장부금액은 얼마로 추정해야 할 것인가? 단, 정액법에 의해 감가상각하며 잔존가치는 ₩0이라고 한다.

[물음 2] 유형자산제거손실 금액을 구하시오. 단, 제거된 고장난 펌프의 매각가액은 ₩2,000, 매각부대비용은 ₩300이며, 전액 현금으로 거래하였다.

[물음 3] 교체와 관련된 회계처리를 하시오.

Chapter

7 무형자산

학 · 습 · 목 · 표

무형자산은 기업이 영업활동을 위하여 보유하고 있는 자산으로서 물리적 형체가 없으며, 1년을 초과하여 사용할 것으로 예상되는 비유동자산이다. 무형자산은 유형자산과 마찬가지로 기업의 영업활동을 위한 인프라가 될 뿐만 아니라, 기업이 보유한 기술과 혁신의 정도를 가늠해볼 수 있는 자산이므로 그 중요성이 더욱 커지고 있다. 무형자산에 대한 대부분의 회계처리 이슈는 유형자산에서 다루고 있기 때문에 ① 인식 및 원가모형에 의한 측정, ② 내부창출 무형자산, ③ 인식시점 이후의 측정과 재평가모형, ④ 내용연수와 감가상각 및 손상의 회계처리 중 무형자산에 적용되는 부분을 중심으로 살펴보기로 한다.

이 장에서는 무형자산과 관련된 한국채택국제회계기준 제1038호 '무형자산'의 내용에 대한 설명도 포함된다.

제1절 무형자산의 의의와 종류

제2절 내부적으로 창출된 무형자산의 회계처리와 개발비

제3절 영업권

제4절 무형자산의 상각과 재평가

제1절 무형자산의 의의와 종류

1.1 무형자산의 회계기준상의 정의

Key Standard

> 무형자산은 물리적 형체가 없는 식별가능한 비화폐성자산으로, 과거사건의 결과로서 회계실체의 통제하에 있으며, 미래 경제적 효익의 유입이 기대되는 자원이다. (K-IFRS 1038: 문단 8)

자산은 분류기준에 따라 여러 종류로 나누어질 수 있다. 재무제표분석과 기업가치평가에서는 **영업자산**(영업활동에 직접 사용되거나 영업활동을 위한 설비자산 또는 인프라로 갖추어야 할 자산)과 **재무자산**(투자목적로 보유하는 주식, 채권 등의 금융자산)으로 구분하는 것이 중요하다. 또한 유동성을 기준으로 **유동자산**과 **비유동자산**으로, 물리적으로 직접 볼 수 있거나 형체가 있는 **유형자산**과 물리적 형체가 없는 **무형자산**으로도 나뉜다.

한편 기업은 유형자산으로 구성된 설비만을 가지고 스마트폰과 같은 첨단제품을 생산할 수 있을까? 이는 거의 불가능에 가깝다. 왜냐하면 자체 보유한 기술뿐만 아니라 제3자가 보유한 특허까지도 사용해야만 생산이 가능하기 때문이다. 이런 점에서 특허권과 같은 무형자산도 유형자산과 동일한 영업자산이므로 유형자산에서 다룬 회계처리의 대부분이 적용되지만 무형자산의 특성이 반영된 회계처리도 있다. 따라서 이 장에서는 무형자산에 적용되는 회계처리를 중심으로 살펴보기로 한다.

일반적으로 **무형자산**(intangible asset)은 물리적 형체가 없는 자산으로 장기간에 걸쳐 기업의 통제하에 기업의 영업활동에 경제적 효익을 제공하는 식별가능한 자산으로 특허권, 상표권 등이 여기에 속한다. 여기에서는 회계기준상 무형자산의 정의를 보다 구체적으로 살펴보자.

(1) 물리적 형체가 없다는 의미는?

물리적 형체가 없는 무형의(intangible) 자산이다. 특허권이나 저작권 등은 건물과 같은 유형자산과 달리 형체를 갖지 않는다. 따라서 무형자산 구입을 위한 지출은 비용으로 지출한 것과 외견상 다를 바가 없다. 왜냐하면 돈을 쓰고 나서도 형체가 남아 있지 않기 때문이다. 그 결과 무형자산에 대해서는 재무제표상에 자산으로 '인식'하여야 할지를 판단하는 것이 중요하다. 그리고 자산으로 인식하고 있더라도 정상적인 영업활동에 이용되는 과정에서 다른 자산에 비해 상대적으로 미래 효익에 대한 높은 불확실성이 존재한다. 가령 의료·바이오 관련 특허권의 경우 경쟁사의 신약개발로 인하여 당초 예상했던 미래 효익이 일시에 소멸될 수 있는 경우도 발생한다. 이같은 점 때문에 무형자산에 대해서는 손상차손의 회계처리 문제가 중요하며, 구체적인 내용은 제4절에서 다룬다.

(2) 식별가능하다는 의미는?

그 자산이 기업실체나 다른 자산으로부터 분리될 수 있거나 별도로 측정될 수 있으며 법적 권리를 창출할 수 있는 경우를 의미한다. 일반적으로 '**식별가능성**(identifiability)'은 **분리가능성**보다는 다소 넓은 개념으로 해석한다. 가령 제조설비를 제조공정에 대한 특허권과 함께 일괄 취득한 경우 분리할 수 없지만 개별적으로 식별가능한 경우에 해당된다. 따라서 이러한 특허권은 별도로 그 가치를 측정할 수 있을 뿐만 아니라 제조설비와 독립적으로 제3자에게 임대도 가능하다. 이 경우 해당 제조설비는 유형자산으로, 특허권은 무형자산으로 분류하여 재무상태표에 나타낼 수 있다.

이와 같이 개별적으로 식별가능한 무형자산에는 산업재산권(특허권, 실용신안권, 디자인권, 상표권 등), 프랜차이즈, 라이센스, 저작권, 광업권, 어업권, 개발비 등이 포함된다. 그렇다면 개별적으로 식별가능하지 않은 무형자산도 있다는 말인가? 다른 자산과 함께 일괄적으로 취득되는 **영업권**이 대표적인 '개별적으로 식별불가능한' 무형자산이다. 물론 영업권은 그 중요성을 감안하여 다음에서 별도로 설명할 예정이지만, 여기에서는 간단히 다른 기업이나 사업을 인수할 때 지급하는 웃돈이라고 이해하는 것으로 충분하다.

이 경우 개별적으로 식별가능한 무형자산도 외부에서 취득(가령 외부에서 특허권을 구입)하는 경우와 내부에서 창출하는 경우로 구분될 수 있다. 내부에서 창출되는 대표적인 무형자산의 예로는 **개발비**를 들 수 있는데 이에 관해서는 뒤에서 자세히 설명한다.

한편 기계장치와 같은 유형자산과 이러한 유형자산을 가동하는 데 필요한 소프트웨어 및 시스템 등의 무형자산을 일괄적으로 취득하는 경우 현실적으로 어떻게 식별하여 인식할 것인지를 다음의 예제를 통해 살펴보도록 하자.

예제 7-1 무형자산의 식별

블루(주)는 회계소프트웨어가 포함된 ERP시스템을 도입하고, 향후 5년간 유지보수와 업데이트서비스를 받기로 계약하였다. 계약금액은 ERP시스템의 도입에 5억원, 유지보수 및 업데이트 서비스계약에 1억원이 소요되었다. 도입한 ERP시스템은 회사의 서버와 각 사용자 컴퓨터에 장착되었는데, 서버와 PC 구입을 위해서는 2억원의 예산이 추가로 소요되었다.
이 경우 ① ERP시스템, ② 유지보수와 업데이트서비스 계약, ③ 서버 및 PC는 각각 어떤 자산으로 보고해야 할 것인가?

| 풀이 |
위에 언급된 3가지 계약을 일괄적으로 유형자산에 포함하여 계상하지 않는다. 그 이유는 서버와 PC 그 자체를 작동하기 위한 목적으로 ① ERP시스템, ② 유지보수와 업데이트서비스 계약을 맺은 것이 아니기 때문이다. 또한 ERP시스템과 유지보수 및 업데이트 서비스 계약은 상호 식별가능하고, 개별적으로 분리해서 매각도 가능하기 때문이다. 따라서 각각의 무형자산으로 보고하고, 서버와 PC는 유형자산으로 보고한다. 이때 서버와 PC의 내용연수는 언급된 ① ERP시스템, ② 유지보수와 업데이트서비스 계약과 같은 무형자산의 내용연수와 반드시 일치시켜야 할 필요는 없다.

(3) 자원에 대한 통제란?

그 자원으로부터 미래 경제적 효익을 획득할 수 있고 그 효익에 대해 제3자의 접근을 제한할 수 있는 경우를 말한다. 가령 유능한 인재를 확보하기 위해 상당한 교육훈련비를 지출한 결과 이 종업원들이 미래 경제적 효익을 제공할 가능성이 높다고 하더라도 실제로 기업이 이들을 통제하기는 어렵기 때문에 무형자산으로 인식하지 않는다. 일반적으로 이러한 경제적 효익에 대한 권리는 법적으로 보호받을 수 있는지 여부로 나타난다. 그러나 법적으로 보호받을 수 있다고 하더라도 기술의 진보 또는 시장상황의 변화에 따라 미래 경제적 효익은 변동될 가능성이 있으며, 이를 고려하여 내용연수를 단축하거나 손상차손을 인식해야 할 경우도 있다.

예제 7-2 비용과 무형자산의 구분

[예제 7-1]의 블루(주)는 ERP시스템 도입과 함께 직원들의 교육훈련과 경영정보시스템 도입을 홍보하기 위해 총 2억원의 투자를 집행할 예정이다. 그리고 이를 무형자산에 자본화하는(즉, 무형자산의 증가로) 회계처리를 하려고 하는데 과연 타당한가?

| 풀이 |

교육훈련비, 새로운 시스템에 익숙해진 종업원, 기업의 이미지 제고로부터 파생될 미래 경제적 효익에 대해 이를 보호해줄 수 있는 법적인 권리나 장치가 없는 한 완전하게 통제한다는 것이 사실상 어렵기 때문에 무형자산의 정의를 충족시킨다고 볼 수 없다.

(4) 미래 경제적 효익의 유입이란?

재화의 매출이나 용역수익, 원가절감 또는 그 자산의 사용에 따른 유리한 현금흐름이 1년 이상에 걸쳐 장기적으로 이루어질 것으로 기대되는 경우를 의미한다. 가령 특허권이나 저작권 등은 장기간에 걸쳐 수익창출에 공헌한다는 것을 쉽게 예상할 수 있다. 반면에 '광고선전비'나 '교육훈련비'는 미래 현금흐름의 불확실성 때문에 '홍보자산' 또는 '인적자원'과 같은 무형자산으로 인식하지는 않는다.

결국 이러한 4가지 측면에서 무형자산의 정의를 충족시켜주지 못한다면 비용으로 인식되어야 한다. 특히 무형자산은 자산으로서 보유 여부를 확인할 수 있는 물리적 형체가 없다는 점에서 비용으로 지출한 결과와 다를 바 없기 때문에 인식요건과 측정기준이 중요하다. 일반적으로 이러한 정의를 충족시켜주는 무형자산을 그 종류와 분리·판매가능성에 따라 요약하여 정리하면 다음과 같다.

- **산업재산권(industrial property right)**: 일정기간 독점적·배타적으로 이용할 수 있는 권리(특허권, 실용신안권, 디자인권, 상표권, 상호권 등)
- **프랜차이즈**: 특정 상품이나 용역 등을 일정한 지리적 관할권 내에서 독점적으로 사용할 수 있는 권리
- **라이센스**: 특정 기술이나 지식을 일정기간 이용할 수 있는 권리
- **저작권(copyright)**: 특정한 저작물(영화, 음반, 서적 등)을 독점적·배타적으로 사

용할 수 있는 권리

- **컴퓨터 소프트웨어**: 자산의 인식조건을 충족하는 소프트웨어 구입비
- **광업권**: 일정한 광구에서 등록한 광물 및 광물을 채굴하여 취득할 수 있는 권리
- **어업권**: 일정한 수면에서 독점적・배타적으로 어업을 경영할 수 있는 권리
- **임차권리금**: 전세권이나 보증금 이외에 초과수익력의 대가로 지급한 금액이며, 무형자산으로 인식하기 때문에 계약기간 동안 상각

저자의 Tip 보증금(예를 들면, 자산에 대한 이용을 허락하는 조건으로 지급한 전세보증금, 임차보증금 등)은 계약 만료시 상대방으로부터 회수할 수 있기 때문에 투자와 기타자산으로 분류하고 상각하지 않는다. 반면 이를 수취하는 측(가령, 건물소유주)에서는 계약만료 시점에 돌려주어야 하기 때문에 부채로 계상한다.

- **개발비**: 제조기법, 공식, 모델, 디자인 및 시작품 등의 개발과 관련하여 발생한 비용으로서 개별적으로 식별가능하고 미래 경제적 효익을 확실히 기대할 수 있으며, 사용하거나 판매하려는 의도를 갖는 등의 요건을 충족하는 지출
- **영업권**: 인수・합병, 영업양수 등 사업결합의 경우에 인수 대상의 가치를 초과하여 대가를 지불한 경우 그 초과액

이상의 내용에서 알 수 있듯이 특허권 등의 산업재산권을 비롯한 대부분의 무형자산들은 경제적 가치를 지닌 것임을 분명히 알 수 있고, 기업으로부터 분리해서 독립적으로 외부에 매각가능한 자산임을 쉽게 이해할 수 있다. 반면 영업권은 다른 기업을 인수・합병하면서 인수한 순자산의 공정가치에 비해 합병대가를 더 많이 지급한 경우 그 차액을 의미하는 것이므로 기업과 분리하여 독립적으로 식별될 수 있는 성질의 것이 아니다.

이와 같이 개별적으로 인식가능한 무형자산과는 달리 최초 회사설립을 준비하는 과정에서 발생한 **창업비**(예를 들면, 발기인 보수, 인허가비용, 설립등기비, 주식발행비 등)는 무형자산의 인식기준을 충족시켜주지 못하므로 무형자산으로 분류되지 않는다. 또한 개업비, 신규 사업개시비용, 교육훈련비, 광고 및 판촉비 등도 마찬가지로 당기의 비용으로 인식된다.

개념 Plus 브랜드가치가 높은 세계 100대 기업

매년 Interbrand(글로벌 브랜드 컨설팅 기업)는 브랜드가치가 높은 세계 100대 기업을 발표하고 있다. 2018년 최상위 10개 브랜드는 1위부터 애플, 구글, 아마존, 마이크로소프트, 코카콜라, 삼성, 토요타, 메르세데스-벤츠, 페이스북, 맥도날드 순이다. 국내 브랜드 중에서 삼성전자는 전년 대비 6% 성장한 59조원의 브랜드가치로 6위에 이름을 올리고 아시아 최고의 브랜드의 자리를 지켰다. 현대자동차는 전년 대비 3% 성장한 13조원으로 36위, 기아자동차는 4% 성장한 7조의 브랜드가치로 71위에 이름을 올렸다.
한편 삼성은 인터브랜드사가 평가한 59조원의 브랜드가치를 재무상태표의 자산으로 나타내지는 않는다. 왜냐하면 회계에서는 내부적으로 새로운 브랜드를 만들거나 상표의 이미지를 구축해나가는 데 들어가는 모든 비용을 내부창출 무형자산으로 인정하지 않기 때문이다. 단지 '삼성' 또는 '제네시스'라는 브랜드를 외부에서 취득했거나 M&A 등을 통하여 대가를 지급한 경우, 그리고 상표등록을 하기 위해 소요된 출원비용 등 외부와의 거래를 통해 발생한 비용만을 무형자산으로 인식할 수 있다. 그렇다고 해서 브랜드가치가 의미 없는 것은 아니다. 비록 재무상태표의 자산으로 나타나 있지는 않지만 주가에는 반영되어 있을 것이기 때문이다.

1.2 무형자산의 인식과 측정

무형자산은 기업의 생산, 판매, 연구개발 등 제반 영업활동에 사용하여 가치를 창출할 것(예컨대, 판매증가나 원가절감에 기여)으로 기대되기 때문에 취득된다. 이때 등록비 등 취득 부대비용을 포함한 모든 지출액을 무형자산(가령, 특허권)의 취득원가에 포함시킨다. 그러나 장기대여금과 같은 금융자산은 비록 물리적 실체가 없고 장기간에 걸쳐 보유하지만 무형자산으로 분류되지 않는다. 그 이유는 특정 시점에 직접 현금으로 전환될 권리를 나타내는 것이지 다른 용도를 위하여 이용되거나 영업에 직접 사용되어 제품을 제조하거나 판매하는 데 기여하는 것이 아니기 때문이다.

(1) 무형자산의 인식요건

재무상태표상에 무형자산으로서 인식하기 위해서는 적어도 다음의 세 가지 관문을 통과해야 한다는 점에서 유형자산의 인식요건과 큰 차이는 없다.

- 식별가능성, 통제가능, 미래 경제적 효익의 세가지 측면에서 무형자산의 정의를 충

족시켜주어야 한다.

- 자산에서 발생하는 미래 경제적 효익이 기업에 유입될 가능성이 높다.
- 자산의 원가를 신뢰성 있게 측정할 수 있어야 한다.

여기에서는 무형자산을 개별적으로 취득하거나 기업합병의 일부로서 취득하는 경우, 그리고 내부적으로 창출된 무형자산인 개발비에 대한 인식과 측정문제를 중심으로 살펴보도록 한다. 물론 정부보조금으로 취득하거나 교환에 의해 취득하는 경우도 있지만, 기본적으로 유형자산에 대한 회계처리와 동일하기 때문에 특별하게 언급하지는 않는다.

(2) 무형자산을 개별적으로 취득하는 경우의 인식과 측정

유형자산과 마찬가지로 무형자산도 기업 외부의 제3자에게 대가를 지급하고 취득하는 경우라면 미래 경제적 효익이 유입될 것이 확실하고 취득원가도 신뢰성 있게 측정가능할 것이므로 인식요건을 충족시켜주는 데 아무 문제가 없다. 물론 취득원가에는 의도된 목적으로 사용가능한 상태에 이르도록 하는 데 수반되는 부대비용도 포함하는 것이 일반적이다. 다음 예제를 통해 무형자산의 취득원가에 포함시켜야 할 부대비용의 범위를 살펴보도록 하자.

예제 7-3 무형자산의 취득원가

위의 [예제 7-1]의 블루(주)는 ERP시스템 도입에 수반해서 다음과 같은 비용이 추가로 발생되었다. 이 가운데 무형자산의 취득원가에 포함시켜야(즉, 자본화해야) 하는 항목은 어느 것인가?

(1) 장착하고 시스템을 가동할 수 있도록 준비시키는 업무를 수행하는 데 투입된 외주업체 직원의 인건비
(2) 블루(주)의 기업환경과 업무에 적합하도록 컨설팅을 받는 데 소요된 자문비
(3) 정상적으로 작동되는지 확인하기 위한 시운전비
(4) 고객에게 새로운 서비스를 제공하거나 제공하는 서비스의 내용이 달라졌을 때 이를 설명하고 홍보하는 데 소요되는 비용
(5) ERP시스템의 도입으로 새로운 고객확보를 목표로 새로운 제품이나 서비스를 출시하는 데 소요된 비용

(6) 새로운 시스템 운영에 소요되는 관리비와 간접비
(7) 새로운 시스템을 정상가동하고 영업활동에 사용하기 위한 초기 투자액과 운용비 지출로 인한 영업손실

| 풀이 |

위의 (1)~(3)까지의 비용은 새로운 ERP시스템을 의도된 목적으로 사용하기 위해서 필수적으로 수반되는 비용으로 볼 수 있기 때문에 해당 무형자산의 취득원가에 반영한다. 그러나 (4)~(6)까지의 비용은 취득과 관련된 직접적인 부대비용으로 볼 수 없기 때문에 당기비용으로 처리한다. 마지막으로 (7)은 취득이 완료된 이후 영업활동에서 사용하는 과정에서 발생되는 것이므로 취득과정에 수반되어 발생하는 비용으로 볼 수 없다.

이와 같이 개별적으로 식별가능한 무형자산을 취득하는 경우에는 간단하지만 몇 가지 유의사항도 있다.

첫째, 재무상태표에 기재되는 특허권 가액은 당해 특허의 실제 경제적 가치와는 다른 금액이라는 사실이다. 상표권 역시 마찬가지이다. 그 이유는 재무상태표에 기재되는 가액은 취득원가이며 또한 시간의 경과에 따라 상각되고 남은 잔액인 반면, 실제 경제적 가치는 시장에서 고객들의 상품선호도 등에 따라 훨씬 더 높게 형성될 수도 있기 때문이다.

둘째, 기업이 특허권이나 상표권을 외부의 제3자로부터 대가를 지급하고 취득하는 대신, 영업활동이나 연구개발 활동을 통해 등록하는 경우 취득원가를 어떻게 결정할 것인가 하는 문제이다. 이 경우 특허를 출원하기까지 연구개발활동에 소요된 모든 비용을 '**특허권**'이라는 무형자산에 계상하지 않는다. 예를 들면, 특허를 취득한 시점의 개발비 장부금액(무형자산으로 인식한 금액에서 상각비누계액을 차감한)이 2억원이며 특허출원에 소요된 직접비용이 5천만원이라면 총 2억 5천만원을 특허권의 취득원가로 계상하지는 않는다. 그렇다면 어떻게 할 것인가? 내부창출활동에 의해 등록된 특허권의 취득원가는 특허출원에 소요된 직접비용을 기준으로 한다. 이와 관련하여 다음 사례를 통해 간단히 살펴보기로 하자. 그리고 내부창출 무형자산에 대해서는 다음의 제2절에서 보다 구체적으로 설명한다.

예제 7-4 특허권의 취득

매직클린(주)는 신제품 개발을 위해 ₩600,000의 기술개발비를 투자한 바 있다. 무형자산인 '개발비'와 '특허권'의 취득과 관련된 회계처리와 2×04년도말의 개발비와 특허권 상각의 회계처리(직접법)에 대한 각각의 물음에 답하시오(단위: 천원).

[물음 1] 기술개발활동에 투자한 금액 중 ₩500,000이 무형자산의 인식요건을 충족하는 것으로 판단하였다. 그리고 이를 '개발비'라는 무형자산으로 2×04년 1월에 인식하고 나머지 ₩100,000은 당기비용인 연구비로 처리하기로 하였다.

[물음 2] 회사는 기술개발활동 결과를 토대로 특허를 출원하고 2×04년 6월에 특허를 취득하였다. 이때 특허 등록에 소요된 부대비용은 ₩8,000이었다.

[물음 3] 매직클린(주)의 경우 개발비는 5년, 특허권은 4년에 걸쳐 정액법으로 상각한다.

| 풀이 |

1. 2×04년 1월(취득)

(차) 개발비(무형자산)	500,000	(대) 현금(또는 미지급비용 등)	500,000

2×04년 1월(연구비)

(차) 연구비(당기비용)	100,000	(대) 현금(또는 미지급비용 등)	100,000

2. 2×04년 6월(취득)

(차) 특허권*	8,000	(대) 현금(또는 미지급비용 등)	8,000

3. 2×04년 12월(결산)

(차) 개발비상각비	100,000	(대) 개발비	100,000
특허권상각비**	1,000	특허권	1,000

* 특허권 취득을 위해 직접 사용된 금액만을 특허권의 취득원가로 계상한다.
** 6개월분을 상각하는 것으로 가정하였으며, 특허권에서 직접 차감하여 표시(직접법)한다.

개념 Plus 특허출원 업무를 담당하는 변리사에 대해 알아볼까요?

변리사는 대한민국 특허청 또는 법원에 대하여 특허, 실용신안, 디자인 또는 상표에 관한 사항을 대리하고 그 사항에 관한 감정과 그 밖의 사무를 수행하는 것을 업으로 한다. 변리사는 산업재산권에 관한 상담 및 권리 취득이나 분쟁해결에 관련된 제반업무를 수행하는 산업재산권에 관한 전문자격사로서, 산업재산권의 출원에서 등록까지의 모든 절차를 대리하며, 1차 시험 과목은 산업재산권법, 민법개론, 자연과학개론, 영어의 총 4개이며, 2차 시험은 특허법, 상표법, 민사소송법의 필수 3과목과 19과목의 선택과목 중 1과목으로 이루어진다.

제2절 내부적으로 창출된 무형자산의 회계처리와 개발비

2.1 무형자산으로 인식가능한 연구 · 개발 관련 비용

내부적으로 창출된 무형자산이란 비용을 포함한 여러 가지 지출을 한 결과 눈에 보이지 않는 무형의 자산이 생겨났다는 것을 의미한다. 일반적으로 비용을 지출하였더라면 아무것도 남아 있지 않을 것임에도 불구하고 자산으로 계상해야 할 무엇인가 남아 있다는 것이다. 이 점에서 보수적인 회계의 관점에서는 실체가 분명하지 않은 자산을 계상해야 하는 모험이 아닐 수 없다. 하지만 일정한 요건을 충족하는 지출에 대해서는 물리적 형체가 없는 무형자산의 취득으로 간주하여 회계처리할 수 있다. 이미 유형자산의 취득원가에서 다룬 바 있는 금융비용을 해당 자산의 취득원가에 포함하는 것과 마찬가지라고 보면 된다. 물론 이 경우 실체를 확인할 수 없는 무형자산의 취득원가로 인식하기 위해서는 보다 엄격한 인식요건과 회계처리가 요구된다. 이를 위해 K-IFRS 제1038호 '무형자산'에서는 기업 내부적으로 무형자산이 창출될 수 있는 상황을 연구단계와 개발단계로 한정한 다음 구체적인 인식절차를 규정하고 있다.

- **연구단계**: 새로운 과학적 · 기술적 지식을 얻거나 연구결과를 탐색하여 신제품이나 신기술 개발가능성을 탐색하는 단계
- **개발단계**: 연구활동의 결과를 상업적으로 또는 영업활동 영역으로 발전시켜 나가기 위한 활동으로 생산계획 또는 생산을 위한 설계에 적용하는 활동

다음 기사를 통해 화장품업계의 신제품개발 활동이 어떻게 진행되는지 살펴보도록 하자. 이때 각 회사는 특정 신제품 개발을 위해서 고객의 요구와 아이디어를 찾아내는 한편, 실험과 연구를 통해 상당한 기술을 축적해두고 있을 것이다. 그리고 이러한 활동을 위해 소요된 비용 중의 상당부분은 당기비용인 연구비로 회계처리되고, 아래의 기사에 소개된 특정 신제품을 개발하기 위한 프로젝트에 소요된 비용에 대해서는 개발비라는 '무형자산'으로 인식하기 위한 검토과정을 거쳤을 것이다.

개념 Plus 대박 화장품, 탄생 비밀은 초콜릿 캔디와 주차 도장

- 틴트는 여성들이 립스틱처럼 입술을 붉게 하기 위해 바르는 화장품이다. 틴트의 특성상 윤기가 나지 않는다는 단점이 있었다. 입생로랑 연구진의 머리에 스쳐간 것은 바로 '코팅된 초콜릿과 사탕'이었다. 보통 아이들이 손으로 집어 먹는 초콜릿은 색깔을 입혀 한번 코팅돼 있다. 개발팀은 코팅된 초콜릿이 아이들이 손으로 집었을 때 끈적끈적한 느낌을 없애고 녹는 것도 막아주면서 코팅으로 색감을 살려주는 특징이 있다는 점을 발견하고 이를 입술 화장품에 활용하기로 했다.
- 대부분의 자외선차단제는 발랐을 때 사용감이 무겁고 끈적이는 단점을 가지고 있었다. 연구진 눈에 들어온 것은 바로 '주차 확인 도장'. 액체가 흐르지 않고 균일하게 주차 티켓에 찍히는 스탬프를 응용하면 액체가 흐르지 않도록 조절하는 기술을 개발할 수 있다고 생각하고, 이전에 없던 스탬프 타입의 자외선차단제를 선보인 것.
"원리는 간단해 보이지만, 최적의 재료를 찾아내기 위해 스탬프 제조업체, 목욕용 스펀지 제조업체, 소파 공장 등 각종 스펀지를 확보해 연구했으며, 결국 80여 만개의 구멍을 가진 발포 우레탄이 가장 효과적"이라는 결론을 낸 아모레퍼시픽의 연구진은 아이오페 에어쿠션과 관련된 국내 특허는 물론 미국·중국·일본 등 해외특허출원 20건, 중국특허등록 1건 등을 진행했다.

(2013년 조선일보 10월 17일 기사 중에서 일부 발췌인용)

2.2 무형자산으로 인식가능한 개발비

연구개발 현장에 익숙하지 않은 상황하에서는 '연구·개발활동'이 수행되는 '시간의 흐름'을 연구단계와 개발단계로 인위적으로 구분하기는 현실적으로 어렵다. 그렇지만 회계처리는 다음과 같이 명료하다.

- **연구단계에서 발생한 비용**: 전액 발생한 시점에서 비용으로 인식
- **연구단계와 개발단계의 구분이 모호하거나 분명하지 않은 경우**: 전액 연구단계에서 발생한 비용으로 인식
- **개발단계**: 무형자산의 정의와 더불어 자산의 인식요건을 충족하는 경우에만 '개발비'라는 무형자산으로 인식하여 내용연수에 걸쳐 상각하고, 그렇지 않을 경우에는 경상개발비의 과목으로 당기비용으로 처리

이와 같이 프로젝트의 연구개발단계에서 발생하는 비용(연구개발비)을 회계에서는 연구단계의 연구비와 개발단계의 개발비로 구분하는데, 이 중 **연구비**(research expense)는 발생한 기간의 비용으로 인식한다. 그 이유는 아직 연구단계에서는 미래 경제적 효익을 창출할 무형자산이 존재한다는 것을 입증할 수 없기 때문이다. 연구단계에 비해 개발단계는 훨씬 더 진전된 상태이기 때문에 미래 경제적 효익을 창출할 가능성이 높다. 따라서 무형자산으로서의 3가지 인식조건(식별가능성, 자원에 대한 통제, 미래 경제적 효익제공)을 모두 충족하는 개발단계의 지출은 **개발비**라는 명목으로 무형자산으로 인식하고 그 외의 지출은 **경상개발비**라는 과목으로 비용처리한다.

이 경우 내부적으로 창출된 무형자산으로 인식할 수 있는 개발비의 취득원가는 인식기준을 최초로 충족시킨 이후에 발생한 지출금액으로 한다. 즉, 개발활동이 연중 계속하여 수행되었다고 하더라도 개발단계에서 발생한 비용 전체가 아닌, 무형자산으로서의 인식기준을 충족시켜 준 시점 이후만의 비용을 무형자산인 개발비의 취득원가로 한다는 점에 유의해야 한다. 그 이전에 발생한 개발비는 비록 개발단계에서 발생한 비용이라고 하더라도 경상개발비라는 과목으로 비용처리한다. 개발활동이 수행되는 개발단계에는 제조기법, 공식, 모델, 디자인 및 시제품 등의 개발 등이 포함될 수 있으며, 개발단계에 속하는 활동의 일반적인 예는 다음과 같다.

- 생산 전 또는 사용 전의 시제품과 모형을 설계, 제작 및 시험하는 활동
- 새로운 기술과 관련된 공구, 금형, 주형 등을 설계하는 활동
- 상업적 생산목적이 아닌 소규모의 시험공장을 설계, 건설 및 가동하는 활동
- 새롭거나 개선된 재료, 장치, 제품, 공정, 시스템 및 용역 등에 대하여 최종적으로 선정된 안을 설계, 제작 및 시험하는 활동

표 7-1 개발비, 연구비, 경상개발비

활동단계	연구단계	개발단계	
무형자산의 인식조건 충족여부	3가지 인식조건*을 충족시켜주지 못함	3가지 인식조건* 충족 전	3가지 인식조건* 충족 후
회계처리	당기비용 (연구비, 연구활동비)	당기비용(경상개발비)	무형자산(개발비) 내용연수에 걸쳐 상각

* 3가지 인식조건: ① 식별가능성, ② 자원에 대한 통제, ③ 미래 경제적 효익 제공

위의 [표 7-1]에서 알 수 있듯이 재무회계에서는 연구비, 개발비, 경상개발비를 엄격하게 구분해서 회계처리하는 것을 알 수 있다. 그런데 언론에 자주 보도되는 우리나라 기업의 연구개발활동과 연구개발비 지출규모와 관련된 기사를 보면 과연 어떻게 산출하였는지 분명하지 않은 경우가 많다. 특히 기업 외부에 공시되는 재무제표와 재무제표 주석을 통해 재무정보를 입수하는 일반 이용자의 입장에서는 기업이 주석을 통해 충분하고도 적절한 공시를 해주지 않고서는 파악하기 어려운 형편이다. 다음 기사내용에 언급된 '연구개발비'에 대해 아래의 [예제 7-5]에 제시한 물음에 대한 답을 찾아보면서 재무회계에서 '공시'와 '공시된 정보의 해석'에 대한 중요성을 생각해보자.

예제 7-5 재무제표 주석과 연구개발비의 집계

현대차, 연구개발 효율 반도체보다 높아

현대차는 지난해 연구개발비로 총 2조 8,702억원을 사용했는데 그 중 개발비로 자산화한 비중이 53.3%(1조 5,324억원)였다. 기업회계기준은 무형자산 창출과정을 연구단계와 개발단계로 구분하고 연구단계에서 발생한 지출은 비용으로, 개발단계에서 발생하는 비용은 무형자산으로 인식한다. 즉, 현대차는 연구개발비 투자액 중 절반은 자산으로 나머지 절반은 비용으로 처리하고 있음을 알 수 있다(2021년 3월 11일 매일경제 기사 참조).

[물음 1] '연구개발비'에 어떤 항목을 포함하여 집계하고 비교하는 것이 적절한가?

[물음 2] 만일 위의 기사내용에 제시된 '연구개발비'에 당해연도에 투자된 개발비(즉, 무형자산으로 인식한)가 포함되어 있다면 이를 어떻게 구분해낼 수 있을까?

[물음 3] '경상개발비'와 '연구비' 금액은 어디에서 찾아볼 수 있을까?

| 풀이 |

1. 연구개발비는 크게 세 가지 항목(자산으로 인식한 개발비, 비용으로 인식한 경상개발비, 연구단계에서 발생하여 비용으로 인식한 연구비)으로 분류해서 집계하는 것이 적절하다.
2. 당기중 개발비로 지출한 금액은 감사보고서의 재무제표 주석에 다음과 같이 공시된 "당기중 무형자산 장부금액 변동내역"에서 취득에 상당하는 금액을 말한다. 이 경우 상각은 무형자산으로 계상된 개발비의 당기 상각액을 말하는 것이므로 취득액과 중복되므로 '연구개발비'에 포함해서는 안 된다.

당기중 무형자산 장부금액 변동내역 (2020년 현대자동차, 단위: 백만원)

구분	기초	취득	상각	기타	기말
개발비	3,761,143	1,477,093	(1,134,844)	(131,470)	3,971,922

3. 경상개발비와 연구비는 당기 비용항목이므로 제조경비에 포함되어 있거나 판매비와 일반관리비에 포함되어 나타나기 때문에 다음과 같이 관련된 지출내역을 기업이 재무제표 주석으로 표시해주지 않는 한 외부의 재무제표이용자들은 파악할 수 없다. 그렇기 때문에 주석공시가 중요한 것이다.

당기와 전기중 연구개발활동과 관련하여 지출된 내용 (2020년 현대자동차, 단위: 백만원)

구분	당기	전기
개발비(무형자산)	1,477,093	1,446,660
경상개발비(제조경비 및 관리비)	1,368,047	1,321,272
계	2,845,500	2,767,932

저자의 Tip 대부분 우리나라 기업들은 '제조원가명세서'를 별도로 공시하지 않으며, 주석공시 내용 중 판매비와 일반관리비의 내역에도 연구비와 경상개발비의 계정과목으로 상세하게 구분된 내용이 공시되지 않기 때문에 사실상 경상개발비와 연구비의 지출규모를 구분하여 가늠하기 어려운 경우가 많이 있다.

2.3 개발이 진행중인 연구개발 프로젝트의 취득

현재 연구개발 프로젝트를 수행하고 있는 다른 기업에 대하여 이 연구 프로젝트를 포함하여 기업 전체를 인수·합병(M&A)하거나 이 프로젝트만 따로 떼어내어 인수하는 경우 어떻게 회계처리할 것인가? 즉, 상대방 회사에서 이 프로젝트에 소요된 투자비를 무형자산인 개발비로 회계처리하고 있었다면 이를 공정가치로 평가하여 인수하면 될 것이다. 그러나 이 프로젝트에 투자된 연구·개발비를 비용으로 처리해 왔다면 다음과 같이 2가지 관점에서 회계처리를 생각해볼 수 있다.

- 상대방 회사에서 추진하고 있던 연구개발 프로젝트만을 따로 떼어내 대가를 지급하고 취득한 경우에는 '취득대가' 자체가 미래 경제적 효익의 유입과 원가를 신뢰성 있게 측정할 수 있다는 것을 반증하는 것이므로 무형자산인 개발비로 계상할 수 있다.

- 연구개발 프로젝트를 추진하고 있는 상대방 회사 자체를 인수·합병하는 경우 상대방 회사가 연구·개발활동에 투자한 비용을 신뢰성 있게 측정할 수 있다면 이를 공정가치로 평가하여 무형자산인 개발비로 계상할 수 있다. 왜냐하면 인수·합병을 위해 지급한 대가에는 이미 상대방 회사가 추진해온 연구개발 프로젝트에 대한 가치도 반영되어 있기 때문이다.

이와 같이 사실상 대가를 지급하면서 인수한 프로젝트를 무형자산으로 인식하여 개발비로 처리한 다음 연구개발활동을 계속 추진하면서 소요되는 비용에 대해서는 어떻게 해야 할까? 이미 계상되어 있는 개발비에 추가하기 위해서는 무형자산의 인식기준을 충족시켜주는지 검토가 필요하다. 만약 충족시켜주지 못한다면 비용으로 처리하여야 한다는 점에서 제2절에서 설명한 내부창출 무형자산의 회계처리와 동일하다.

예제 7-6 연구개발 프로젝트 인수 이후에 발생하는 연구개발비

매직클린(주)는 연구개발 프로젝트를 수행하는 블루테크(주)를 인수하였다. 블루테크는 연구개발 프로젝트에 투자한 20억원이 아직 무형자산으로서의 인식요건을 충족하지 못하여 재무상태표에 계상하지는 못하고 있는 상황이다. 그렇지만 매직클린은 이를 공정가치로 평가하여 인수대가로 12억원을 지급하였다. 인수 이후 매직클린은 이 연구개발 프로젝트에 추가로 10억원을 투입하였으나 이 역시 무형자산의 인식요건을 충족시켜주지 못한 상태이다.

[물음 1] 매직클린(주)가 인수한 블루테크(주)의 연구개발 프로젝트를 무형자산으로 계상할 수 있나?

[물음 2] 매직클린(주)가 블루테크(주)의 연구개발 프로젝트를 인수한 이후 추가로 투자한 10억원을 무형자산으로 계상하는 것이 적절한가?

| 풀이 |

1. 상대방이 연구개발 프로젝트를 무형자산으로 계상하지 않고 있더라도 이를 공정가치로 평가하여 대가를 지급하고 인수한 경우라면 이를 '개발비'라는 무형자산으로 계상할 수 있다.
2. 연구개발 프로젝트를 인수한 이후 추가로 발생한 비용은 무형자산의 인식기준을 충족한 경우에만 '개발비'(무형자산)로 계상할 수 있다.

제3절 영업권

3.1 영업권의 의미

무형자산은 개별적으로 식별가능한가에 따라 크게 영업권과 일반적 무형자산으로 구분된다. 지금까지는 후자에 해당하는 개별적으로 식별가능한 일반적 무형자산으로 산업재산권(특허권, 실용신안권, 디자인권, 상표권 등), 프랜차이즈, 라이센스, 저작권, 광업권, 어업권과 무형자산으로 인식한 개발비 등을 살펴보았다. 지금부터는 '개별적으로는 식별할 수 없는' 대표적인 무형자산으로 다른 자산과 함께 일괄적으로 취득되는 영업권의 의미와 회계처리를 알아보도록 하자.

영업권(goodwill)은 대가를 지급하고 다른 회사를 합병하거나 다른 회사의 영업 일부를 양수할 때 또는 전세권을 취득할 때 그 취득대상물의 가치를 초과하여 지급한 금액을 의미한다. 기업이 취득대상물의 가치를 초과하는 대가를 지불하면서 구입하려는 이유는 이들 인수대상이 지니고 있는 무형적인 가치를 인정하기 때문이다. 이처럼 상대방이 가지고 있는 무형의 경제적 가치를 취득하기 위하여 지불한 금액을 회계에서는 '**영업권**'이라고 한다. 이는 상대방에게 지급한 매수대가 및 매수관련 비용의 합계를 의미하는 매수원가에서 매수한 순자산의 공정가치를 차감하여 구한다.

- **영업권**: 인수 · 합병 등 사업결합을 위해 지급한 대가 − (순자산의 공정가치) × 취득한 지분비율

일상적인 거래에서 흔히 이야기되는 권리금과 영업권은 유사한 점도 약간 다른 점도 있다. 가령, 위치(즉, 장소나 목)가 좋다거나 단골고객을 많이 확보했다는 등의 이유로 비즈니스(식당이나 카페 등)를 사고 팔 때 별도로 주고받는 **권리금**이 있다. 권리금은 이들 가게가 다른 가게의 평균적인 수익창출능력을 초과할 것이라는 기대에서 형성된 것이라는 점에서 영업권과 동일하며, 무형자산에 해당된다는 공통점이 있다. 그렇지만 권리금은 계약기간에 걸쳐 상각하는 반면, 영업권은 상각하지 않고 손상 여부를 판단하여 손상차손의 회계처리를 한다는 점에서 차이가 있다. 왜냐하면 영업권의 경우에는 내용연수를 몇년이라고 한정하기 어렵기 때문에 상각의 회계처리를 적용하지 않는다.

3.2 영업권의 회계처리

위에서 언급한 바와 같이 영업권 형성요인들을 종합해볼 때 영업권은 당해 기업과 분리하여 독립적으로 식별 또는 거래될 수 없다. 따라서 영업권은 무형자산에 포함되면서도 개별적으로 식별가능한(identifiable) 다른 무형자산과 구분되어 다루어진다. 무형의 경제적 가치로서의 영업권은 위에서처럼 대가를 지급하면서 유상으로 취득하는 경우에만 회계상 무형자산으로 재무상태표에 나타낼 수 있다.

분위기나 맛집으로 소문이 나서 단골고객을 많이 확보했다는 등의 이유로 기업이 스스로 영업권을 창출할 수 있다. 그러나 회계처리의 대상이 되는 영업권은 오직 다른 회사나 사업부문을 인수·합병하면서 유상으로 취득한 영업권에 한정된다. 즉, 자기 스스로 창출한 영업권을 재무상태표에 무형자산으로 인식하여 계상할 수 없다는 것이다. 영업활동을 통해 이와 같이 영업권을 내부적으로 많이 창출한 경우는 향후 그 기업이나 비즈니스를 처분할 경우에 상대방으로부터 영업권에 상응하는 웃돈을 받으면 되고 이때 비로소 처분이익을 인식하면 될 것이다.

그리고 재무상태표에 영업권을 인식하여 계상하고 나면 다른 무형자산과는 달리 상각하지 않고 매 회계연도말 손상징후를 검토하여 손상사건이 발생한 경우 '**손상차손**'을 당기비용으로 인식하여야 한다.

예제 7-7 영업권의 회계처리

매직클린(주)는 세기오토(주)의 비즈니스(즉, 지분)의 60%를 ₩12,000에 인수(M&A: Merger & Acquisition)하고 당좌수표를 발행하여 대가를 지급하였다. 인수를 하기에 앞서 회계법인으로 하여금 세기오토(주)의 자산과 부채를 실사(Due Diligence)하여 인수일 현재의 공정가치를 다음과 같이 평가한 보고서를 입수하였으며, 세기오토(주)도 이 보고서의 내용 대부분에 합의하였다(단위: 천원).

재무상태표

세기오토(주) 2×10월 12월 31일 현재

자산	〈장부금액〉	〈실사결과: 공정가치〉	부채 및 자본	
현금	₩1,000	₩1,000	유동부채	₩2,000
매출채권	4,000	4,000	비유동부채	3,000
재고자산	5,000	6,000	자본금	10,000
유형자산	7,000	9,000	이익잉여금	2,000
합계	₩17,000	₩20,000	합계	₩17,000

[물음] 이러한 기업결합 거래와 관련하여 매직클린(주)가 계상해야 할 영업권의 금액을 구하시오.

| 풀이 |

인수회사는 피인수회사의 재무제표상에 계상되어 있는 자산·부채를 장부가액 그대로 인수하지는 않을 것이다. 즉, 피인수회사는 보유한 자산을 처분하는 입장이므로 일반적으로 공정가치(fair value)로 평가한 다음 인수가격을 협상한다. 따라서 세기오토(주)의 순자산가액 ₩15,000(자산의 공정가치 총계인 ₩20,000에서 부채의 장부금액 ₩5,000을 차감한)의 60%를 ₩12,000에 취득한 것이므로 매직클린(주)는 세기오토(주)의 영업권의 가치로 ₩3,000을 인식할 것이다. 즉, ₩12,000 − ₩15,000 × 60% = ₩3,000

제4절 무형자산의 상각과 재평가

무형자산도 유형자산과 마찬가지로 원가모형을 적용하거나 무형자산의 분류별로 공정가치로 재평가할 수 있다. 무형자산 역시 영업활동에 사용됨에 따라 가치의 감소가 이루어진다. 따라서 무형자산의 취득원가 역시 합리적인 기간에 걸쳐 정액법, 정률법, 연수합계법, 생산량비례법 등 합리적인 방법에 따라 상각하여 비용처리해야 한다. 다만, 유형자산과 달리 무형자산의 잔존가치는 0으로 하여 취득원가 전액을 상각하는 것을 원칙으로 한다. 왜냐하면 유형자산과 달리 무형자산의 미래 경제적 효익의 불확실성이 높아서 잔존가치를 인정하지 않기 때문이다.

이렇게 계산된 무형자산의 상각액은 매 회계연도의 비용으로 포괄손익계산서에 기재하는 한편, 재무상태표에도 이 금액만큼을 직접 차감한 금액으로(즉, 직접법으로) 무형자산을 표시하는 것이 일반적이다. 단, 직접법에 따라 무형자산을 미상각잔액으로만 기재하는 경우에는 주석란에 각 무형자산의 상각누계액을 공시한다. 물론 재무상태표에서 상각누계액계정을 사용하여 간접법으로 무형자산의 장부금액을 표시하는 것도 허용된다.

한편 무형자산의 상각은 해당 자산 뒤에 상각비(amortization expense)라는 단어만을 덧붙여서 사용하기 때문에(예를 들면, 특허권상각비 등으로 표시), 유형자산의 감가상각비(depreciation expense)처럼 '감가'라는 접두사를 붙여 사용하지는 않는다. 왜냐하면 '감가'라는 용어의 뉘앙스에는 '닳아 없어진다'라는 물리적 소멸의 뜻을 내포하지만 무형자산은 닳아 없어질 물리적 실체가 없기 때문이다.

4.1 무형자산의 상각

개별적으로 취득한 무형자산(예를 들면, 산업재산권 등)이나 내부창출 무형자산인 개발비의 상각에 대한 회계처리를 간략하게 요약하면 다음과 같다.

① **상각기간(내용연수)**: 사용가능한 시점부터 합리적인 기간(예를 들면, 20년 이내의 범위에서) 동안 상각한다. 무형자산에 대해서는 계약상 또는 법적으로 정해진 기간 이상으로 내용연수를 결정할 수 없으나 그보다 짧은 기간은 허용된다.

② **상각방법**: 정액법, 정률법, 연수합계법, 생산량비례법 등 합리적인 방법을 사용한다.

③ **잔존가치**: 영(zero)으로 하는 것이 일반적이다. 그러나 무형자산에 대하여 잔존가치를 0으로 하지 않는 경우도 있을 수 있다. 예컨대 특허권을 법정 내용연수보다 짧은 기간만 사용하다가 타인에게 매각하기로 한 약정이 있는 경우에는 예상매각액을 잔존가치로 삼는 것이 인정된다. 그러나 대부분의 경우에는 잔존가치를 0으로 간주하여 상각한다.

④ **표시**: 일반적으로 상각액을 직접 차감한 잔액으로 기재한다(직접법).

예제 7-8 잔존가치가 있는 경우 무형자산의 상각에 대한 회계처리

세기오션은 2×01년 1월에 12억원을 일시금으로 지급하고 공항터미널에 입주하여 면세점을 운영할 수 있는 권리를 취득하였으며, 매 3년마다 계약을 갱신하는 조건이다. 단, 일시금으로 지급한 금액에 대해서는 공항터미널 측에서 일방적으로 계약을 해지할 경우에만 돌려받을 수 있으며, 세기오션은 이 투자금액을 면세점 매출을 통하여 회수하여야 한다.

[물음 1] 2×01년 결산시점에서 이 계약과 관련한 회계처리를 하시오.

[물음 2] 2×02년 1월 블루스카이는 세기오션의 최초 계약기간이 만료되는 2×03년말 이 사업권을 6억원에 인수하겠다는 제안과 함께 이 제안의 실행가능성을 담보하기 위하여 MOU도 체결가능하다는 의사를 표명하였다. 이를 고려하여 2×02년 12월 결산시점의 회계처리를 하시오.

| 풀이 |

1. 세기오션이 2×01년 1월에 일시금으로 지급한 12억원은 공항터미널 측으로부터 돌려받을 가능성이 없으며, 면세점 매출을 통하여 회수하여야 하므로 무형자산(사업권)으로 인식하고, 3년의 내용연수에 걸쳐 상각하여야 한다. 따라서

취득시점:	(차) 무형자산(사업권)	12억원	(대) 현　　　금	12억원
결산시점:	(차) 무형자산상각비	4억원	(대) 무형자산(사업권)	4억원

2. 3년뒤 적어도 6억원은 이 제안을 통하여 회수할 수 있으므로 잔존가치로 볼 수 있으며, 2×02년 결산시점에서 상각비를 계산하기 위해서는 6억원의 잔존가치를 고려해야 한다. 따라서 상각대상금액은 2억원(= 취득원가 12억원 − 2×01년 상각비 4억원 − 잔존가치 6억원)이 되며, 여기에 잔존 내용연수 2년을 적용하여 다음과 같이 회계처리한다.

2×02년 결산시점:	(차) 무형자산상각비	1억원	(대) 무형자산*	1억원

* 결국 2×02년 상각후 무형자산의 장부금액은 7억원(= 8억원−1억원)이 될 것이다.

4.2 재무분석가의 관점에서 무형자산의 인식과 상각

유형자산에 대해 서로 상이한 감가상각방법을 적용해온 기업들을 비교·분석하기 위한 조정과정을 제6장에서 다룬 바 있다. 여기에서는 내부적으로 창출한 무형자산인 개발비에 대한 회계처리를 대상으로 재무분석가의 관점에 대해 살펴보도록 하자.

분석대상 기업은 연구개발활동의 비중이 큰 첨단 기술개발 업종에 속하면서 개발비에 대해 자산의 인식요건에 충족하는지 여부에 관계없이 전액 당기비용으로 처리하는 보수적인 회계정책을 채택하고 있다. 반면 경쟁기업은 대부분의 연구개발활동에 소요된 비용을 회계기준이 허용하는 범위 내에서 적극적으로 무형자산인 개발비로 인식하고, 이를 3년의 내용연수에 걸쳐 정액법으로 상각해온 경우를 가정해보자.

만일 이 두 기업에 대해 재무제표에 나타난 수치만을 가지고 분석한다면 잘못된 의사결정을 내릴 가능성이 높다. 왜냐하면 제약, 정밀화학 등 연구개발비의 비중이 상대적으로 큰 기업의 재무분석 과정에서 내부창출 개발비를 당기 비용으로 인식할지 아니면 무형자산으로 인식하는 회계처리를 선택할지에 따라 수익성 분석에 필요한 손익계산서 항목(무형자산상각비, 경상개발비, 연구비, 영업이익, 당기순이익 등)과 재무상태표 항목(총자산, 무형자산 등)의 금액이 크게 달라지기 때문이다. 유형자산과 마찬가지로 기업내부의 상세한 자료를 입수할 수 없는 재무분석가의 입장에서는 재무제표와 주석에 공시된 내용을 토대로 조정을 하는 것이 일반적이다. 따라서 다음 예제를 통해 조정과정을 학습해보도록 하자.

예제 7-9 재무분석가의 관점에서 무형자산의 인식과 상각

한미(주)는 개발비 성격의 비용지출에 대해 전액 당기비용으로 처리해 왔으며, 경쟁기업인 삼바(주)는 회계기준이 허용하는 범위 내에서 적극적으로 무형자산인 개발비로 인식하고 이를 3년의 내용연수에 걸쳐 정액법으로 상각해 왔다. 따라서 동일한 유형의 개발비를 무형자산으로 회계처리하고 지출된 연도를 포함하여 3년 동안 상각해 온 경쟁기업과 경영성과를 비교해보기 위해 한미(주)도 무형자산으로 회계처리해 온 것으로 가정하여 비교·분석하려고 한다. 단, 각 회계연도의 개발비는 연평균적으로 균등하게 발생하는 것을 가정하며, 연도별로 한미(주)에서 당기비용으로 처리한 개발비 성격의 비용은 다음과 같다(단위: 천원).

회계연도	2×10년	2×11년	2×12년	2×13년	2×14년
지출금액	₩420,000	₩480,000	₩600,000	₩630,000	₩660,000

[물음 1] 2×14년말 재무상태표에 무형자산으로 계상될 개발비의 장부금액은 얼마로 추정되는가?

[물음 2] 2×14년 손익계산서에 개발비(무형자산)상각비로 계상될 금액은 얼마로 추정되는가?

| 풀이 |

1. ■ 2×10년 ₩420,000을 무형자산으로 계상한 경우 미상각잔액의 추정: 2×10년 상각비(연간 상각비의 50%)+2×11년 상각비(100%)+2×12년 상각비(100%), 2×13년(연간상각비의 50%). 따라서 2×13년도 말에는 무형자산으로 계상될 금액이 남아 있지 않다.
   - ■ 2×11년 ₩480,000을 무형자산으로 계상한 경우 미상각잔액의 추정: 2×11년 상각비(연간 상각비의 50%)+2×12년 상각비(100%)+2×13년 상각비(100%), 2×14년(연간상각비의 50%). 따라서 2×14년도에는 상각완료되어 무형자산으로 표시될 금액은 없다.
   - ■ 2×12년 ₩600,000을 무형자산으로 계상한 경우 미상각잔액의 추정: 2×12년 상각비(연간 상각비의 50%)+2×13년 상각비(100%)+2×14년 상각비(100%). 따라서 반년분의 미상각잔액인 ₩100,000(=₩600,000/3년×50%)이 무형자산으로 남아 있다.
   - ■ 2×13년 ₩630,000을 무형자산으로 계상한 경우 미상각잔액의 추정: 2×13년 상각비(연간 상각비의 50%)+2×14년 상각비(100%). 따라서 2×14년도 말에는 1.5년분의 미상각잔액인 ₩315,000이 무형자산으로 남아 있다.
   - ■ 2×14년 ₩660,000을 무형자산으로 계상한 경우 미상각잔액의 추정: 2×14년 상각비(연간 상각비의 50%)를 제외한 2.5년분의 미상각잔액인 ₩550,000이 무형자산으로 남아 있다.

   따라서 총 미상각잔액 ₩965,000(=₩100,000+₩315,000+₩550,000)이 무형자산으로 계상될 수 있다.

2. • 2×11년 상각비: 연간상각비의 50%인 ₩80,000
   • 2×12년 상각비: 연간상각비의 100%인 ₩200,000
   • 2×13년 상각비: 연간상각비의 100%인 ₩210,000
   • 2×14년 상각비: 연간상각비의 50%인 ₩110,000
   따라서 개발비 상각비 합계: ₩600,000

4.3 재평가와 손상차손

(1) 무형자산의 재평가

무형자산에 대해서도 활성화된 시장(active market)에서 공정가치를 입수할 수 있는 경우에는 재평가모형을 선택할 수 있다. 이 경우 무형자산의 성격이나 영업활동에 사용되는 행태별로 유사한 그룹으로 분류하고, 이렇게 분류된 그룹에 속한 전체 무형자산에 대해서는 재평가의 회계처리를 적용한다. 즉, 같은 그룹 내의 무형자산이라면 개별 무형자산별로 재평가 여부를 선택적으로 적용할 수는 없다는 것이다. 한편 재평가모형을 채택하더라도 해당 무형자산이 거래되는 활성화된 시장으로부터 공정가치를 입수할 수 없다면 직전 재평가 장부금액(상각누계액과 손상차손누계액을 차감한)으로 표시할 수밖에 없으며, 이러한 경우 손상발생 여부에 대한 검토가 필요하다. 이때 무형자산의 그룹별 분류는 아래와 같다.

- 브랜드 및 상표권
- 저작물의 제호(mastheads)
- 소프트웨어
- 라이센스와 프랜차이즈
- 저작권, 특허권 등의 산업재산권
- 레시피(조리법), 모델, 디자인, 시제품 등
- 개발비

개념 Plus 가상화폐는 어떻게 회계처리하나요?

비트코인, 이더리움 등 가상화폐는 환전이 가능하고, 특정 재화나 용역의 교환에도 사용가능합니다. 이러한 가상화폐를 기업이 보유한 경우 현금, 재고자산, 무형자산, 금융자산 등 어떠한 계정으로 분류하고 회계처리할까요?

국제회계기준 해석위원회의 의견(2019년 6월)에 따르면, 가상화폐는 보유자로부터 분리 및 개별 판매가 가능하지만, 보유자가 확정된 화폐단위 수량을 받을 권리가 없으므로 '무형자산'에 해당합니다. 즉 현금이나 금융자산의 정의보다는 무형자산의 정의에 부합한다는 결론입니다. 따라서 활성시장이 존재하여 재평가모형을 선택한다면 재평가 회계처리를 할 수 있습니다. 다만, 가상화폐를 통상 영업과정 중 판매를 목적으로 보유하는 경우 '재고자산'에 해당합니다. 특히 해석위원회에서는 가상화폐가 모든 재화나 용역의 교환대상이 아니므로 현금이 아니고, 또한 별도의 계약이 아니므로 제8장에서 배울 금융자산에도 해당되지 않는다고 명확히 하였습니다. 이렇듯 새로운 거래가 발생하면 회계처리 방식 역시 그에 맞는 고민이 필요합니다.

(2) 재평가의 회계처리와 평가손익

무형자산에 대해 재평가모형을 선택하는 경우 발생할 재평가손익은 원칙적으로 기타포괄손익으로 계상한다는 점에서 유형자산의 재평가손익의 회계처리와 유사하며, 다음과 같이 정리할 수 있다.

가. 과거에 재평가손익을 인식한 이력이 없는 경우

- **재평가손실**: 당기비용으로 인식하므로 당기순이익과 이익잉여금에 반영된다.
- **재평가이익**: 기타포괄손익으로 인식하고 마감분개를 통해 자본의 기타포괄손익누계액 중 재평가잉여금에 반영한다.

나. 과거에 재평가손익을 인식한 이력이 있는 경우

- **재평가손실을 인식한 이력이 있는 상태에서 평가이익이 발생하는 경우**: 과거에 재평가손실(즉, 당기손익으로 계상된)로 인식했던 금액만큼은 당기이익으로 인식하고 이를 초과하는 금액은 재평가이익(기타포괄손익)으로 인식한다.
- **재평가이익을 인식했던 이력이 있는 상태에서 평가손실이 발생하는 경우**: 재평가손실을 기타포괄손익으로 인식한 다음 마감분개를 통하여 재평가잉여금이 차감되도록 하고 이를 초과하는 금액은 당기비용으로 인식한다.

다. 재평가잉여금의 처리

- 무형자산에 대한 상각비가 재평가로 인해 증가된 경우 그 증가된 금액범위 내에서 이익잉여금으로 대체시켜줄 수 있다. 이러한 회계처리는 유형자산에 대한 회계처리와 동일하다.
- 해당 무형자산을 처분한 경우 재무상태표의 기타포괄손익누계액에 남아 있는 무형자산 재평가잉여금은 그대로 남겨두거나 이익잉여금으로 대체할 수 있다.

무형자산의 재평가와 관련된 일련의 회계처리를 보다 잘 이해하기 위해 다음에 제시하는 사례를 통해 연습해보도록 하자.

예제 7-10 **무형자산의 재평가에 대한 회계처리**

2×01년 1월 마켓컬리(주)는 수입규제가 있는 국가에 대해 향후 4년간 농산물을 수출할 수 있는 수출쿼터를 4억원을 지급하고 취득하였다. 마켓컬리(주)는 이 수출쿼터를 무형자산으로 인식하고 있다. 이후 해당국 정부의 수입규제가 강화되면서 수출쿼터의 가치가 상승하여 2×02년 1월에 9억원으로 재평가하였다.

[물음 1] 1년이 경과한 회계연도말 현재 이 수출쿼터에 대한 회계처리를 하시오.

[물음 2] 2×02년 1월 무형자산으로 인식한 수출쿼터에 대한 재평가의 회계처리를 하시오.

| 풀이 |

1. (차) 무형자산상각비 1억원 (대) 무형자산(수출쿼터)* 1억원

   *4억원÷4년=1억원

2. (차) 무형자산(수출쿼터) 6억원 (대) 재평가이익(기타포괄손익) 6억원*

   *9억원−3억원(재평가전 장부금액: 취득금액 4억원−상각액 1억원)

(마감분개)

(차) 재평가이익(기타포괄손익) 6억원 (대) 재평가잉여금(기타포괄손익누계액) 6억원

한편 재평가잉여금이 계상되어 있는 무형자산에 대해 차후 회계연도에 다시 재평가를 하게 되는 경우와 처분시점의 회계처리에 대해서는 별책 「Study Guide」의 심화학습을 참조하기 바란다.

(3) 손상차손

무형자산의 내용연수가 한정된 내용연수로 확정할 수 없는 경우(indefinite)와 영업권은 상각하지 않는다. 그 대신 매년 손상 여부를 검토하여 자산손상이 있다고 판단되는 때에는 손상차손을 인식해야 한다. 내용연수가 한정되어 있지 않은 경우, 예를 들면 유효기간이나 유통기간이 명시되어 있지 않은 '브랜드', '제호' 또는 '회원권'의 경우 매년 손상발생 여부를 검토하거나, 내용연수를 유한한 것으로 볼 수 있는 사건이나 환경의 변화가 생겼는지 평가해야 한다.

예제 7-11 무형자산 손상차손의 인식

2×01년 1월 클린푸드(주)는 수입규제가 있는 국가에 대해 향후 3년간 농산물을 수출할 수 있는 수출쿼터를 3억원을 지급하고 취득하였다. 이를 토대로 클린푸드(주)는 이 수출쿼터를 무형자산으로 인식하고 있다. 2×01년 1월 해당국 정부가 더 이상 수입규제를 하지 않게 되면서 이 수출쿼터가 경제적 가치가 없는 상태에 이르러 손상차손을 인식하기로 하였다.

[물음 1] 1년이 경과한 회계연도말 현재 이 수출쿼터에 대한 회계처리를 하시오.

[물음 2] 2×02년 1월 이 수출쿼터에 대한 손상차손의 회계처리를 하시오.

| 풀이 |

1. (차) 무형자산상각비 1억원 (대) 무형자산(수출쿼터)* 1억원

   *3억원÷3년=1억원

2. (차) 손상차손 2억원 (대) 무형자산(수출쿼터) 또는 손상차손누계액 2억원

지금까지 설명한 무형자산의 회계처리를 종합적으로 이해하고, 정리하는 의미에서 바이오·제약 전문기업인 녹십자의 감사보고서 주석에 공시된 무형자산의 회계정책과 회계처리에 대해 알아보도록 하자. 연구개발비의 지출규모가 큰 녹십자의 경우 다음과 같이 연구개발활동과 그 내역을 상세하게 주석으로 공시하고 있음을 알 수 있다.

공시사례

세계에서 세 번째로 B형간염백신 '헤파박스'를 개발하고, 바이러스와 박테리아 분야에서 국내 업계 최고 수준인 매출액의 8~10%를 R&D에 투자하고 있는 생명공학 전문기업인 녹십자의 연구개발비와 관련된 공시내용은 다음과 같다.

연구에 대한 지출을 발생시점에 비용으로 인식하고 있습니다. 신규개발 프로젝트는 후보 약물 확보, 비임상시험(유효성 및 안전성 시험), 임상시험(1~3상 단계), 제품승인 등의 단계로 진행됩니다. 회사는 일반적으로 해당 내부창출프로젝트가 임상시험 단계 중 2상 단계를 통과한 이후 발생한 지출 중 신규 진출 시장 또는 확대할 시장의 규모 및 경쟁력과 사업가치를 종합적으로 고려하여 무형자산으로 인식하고, 이전 단계에서 발생한 지출은 연구개발비로 보아 당기비용처리하고 있습니다.
한편, 자산으로 인식한 개발비는 원가모형을 적용하여 개발이 완료되어 사용가능한 시점부터 상각하고 있으며, 매년 손상검사를 실시하고 있습니다.

(2020년 녹십자 감사보고서 중에서)

연습문제

서술형

1 우리나라 화학업종의 대표기업 중 하나인 LG화학의 순자산(자산총계-부채총계)금액은 약 9조 7,682억원(2021년 3월 기준) 된다. 이를 발행주식수 163,647,814주로 나누면 한 주당 순자산가치는 약 6만원 수준으로 산출된다.

[물음 1] 실제 LG화학의 주가는 ₩160,000(2021년 6월말 기준) 근처에서 형성되고 거래되기 때문에 기업의 순자산가치에 물리적 실체가 없는 무형자산이 상당부분 반영되지 않은 것으로 볼 수 있다는 견해에 대해 논평하시오.

[물음 2] LG화학의 재무제표에 계상된 무형자산은 총 얼마인가? 만약 주가×발행주식수를 기업의 순자산가치라고 한다면 현재 계상된 무형자산과 반영되지 않은 무형자산을 포함하면 이들의 가치는 총 얼마로 추정할 수 있나?

2 개발비를 무형자산으로 인식하기 위해서는 적어도 6가지의 인식요건에 대한 충족 여부를 검토하여야 하므로 주관적일 수 있으며, 전문가적 판단을 필요로 한다. 이 경우 개발비를 자산으로 인식할 경우와 당기 영업비용으로 처리할 경우 현재 및 미래의 기간 동안에 걸쳐 재무상태와 경영성과가 어떻게 다르게 나타나는지 논의해보시오.

3 "개발비와 같은 내부창출 무형자산은 물리적 실체가 없기 때문에 자산으로 인식하는 것이 회계상의 보수적 관점(즉, 신중성)에서 문제가 있으며, 기업마다 처한 상황이 다르기 때문에 재무회계의 개념체계에서 강조하는 비교가능성을 위해 일괄적으로 당기비용으로 처리하는 것이 적절하다"는 주장에 동의하는가? 아니면 동의하지 않는가? 각각의 입장에서 그 논거를 설명해보시오.

4 "사업결합에서 발생한 영업권에 대해서 손상이 발생한 경우에 한하여 손상차손으로 인식하기보다는 다른 무형자산과 유사하게 일정한 내용연수에 걸쳐 상각하여 비용으로 인식하는 것이 재무회계의 개념체계에서 강조하는 객관성과 비교가능성 측면에서 적절하다"는 주장에 동의하는가? 아니면 동의하지 않는가? 각각의 입장에서 그 논거를 설명해보시오.

5 기업이 자체적으로 신기술 개발활동을 통해 취득한 특허권을 재무상태표에 계상하는 과정에서 해당 신기술 개발활동에 투입한 대부분의 비용을 특허권의 취득원가로 하지 않는 이유는 무엇인가?

문제 풀이형

1 무형자산의 범위

미래디자인(주)의 총계정원장에 다음과 같은 항목들이 있다.

(1) 저작권:	₩1,200,000
(2) 기업이미지 홍보용 광고투자비:	8,400,000
(3) M&A과정에서 취득한 자산의 공정가치를 초과하여 지급한 금액:	12,000,000
(4) 상표권:	2,300,000
(5) 컴퓨터소프트웨어:	10,000,000
(6) 임차보증금:	4,500,000

[물음] 이 가운데 무형자산으로 기록해야 할 금액은 얼마인가?

2 개발비의 인식

일진다이아(주)는 2×13년중 다음과 같은 지출을 하였다.

(1) 신제품 개발을 위한 공구, 금형 등의 설계비: ₩2,400,000(이 중 무형자산의 인식요건을 충족하는 것은 9월 1일 이후의 지출분 ₩1,500,000이다)

(2) 신제품 생산공정 개발비: ₩4,600,000(이 중 무형자산의 인식요건을 충족하는 것은 11월 1일 이후의 지출분 ₩2,400,000이다)

(3) 개발비의 내용연수는 5년이며, 회계연도중 인식된 개발비는 '월'기준으로 상각한다.

[물음 1] 2×13년말에 재무상태표에 무형자산으로 계상될 개발비의 장부금액은 얼마인가?

[물음 2] 2×13년도의 개발비상각액은 얼마인가?

3 무형자산으로 인식하는 개발비의 추정

결산기가 12월 31일인 세기화학(주)는 2×09년부터 개발비를 전액 비용으로 회계처리하여 왔다. 동일한 유형의 개발비를 무형자산으로 회계처리하고, 지출된 연도를 포함하여 3년 동안 상각해 온 경쟁기업과 경영성과를 비교해보기 위해 무형자산으로 계상해온 것으로 가정하여 분석하려고 한다. 단, 각 회계연도의 개발비는 연평균적으로 균등하게 발생하는 것을 가정하며, 연도별로 비용으로 처리한 개발비는 다음과 같다(단위: 억원).

2×09년: ₩360　2×10년: ₩420　2×11년: ₩600　2×12년: ₩540　2×13년: ₩480

[물음 1] 2×13년말 재무상태표에 무형자산으로 계상될 개발비는 얼마로 추정되는가?

[물음 2] 2×13년 손익계산서에 개발비(무형자산)상각비로 계상될 금액은 얼마로 추정되는가?

4 영업권의 인식과 회계처리

마켓컬리(주)는 클린푸드(주)의 발행주식 중 80%를 인수하면서 주식(액면총액은 ₩20,000, 발행가액 또는 거래되는 주가로 평가한 공정가치는 ₩25,000)을 추가로 발행하여 대가를 지급하였다. 인수하기에 앞서 클린푸드의 자산과 부채를 실사(Due Diligence)하여 인수일 현재의 공정가치를 다음과 같이 평가한 보고서를 입수하였으며, 클린푸드도 이 보고서의 내용 대부분에 합의하였다(단위: 천원).

재무상태표

클린푸드(주) 2×10년 12월 31일 현재

자산	〈장부금액〉	〈실사결과: 공정가치〉	부채 및 자본	
현금	₩2,000	₩2,000	유동부채	₩6,000
매출채권	5,000	4,000	비유동부채	8,000
재고자산	8,000	6,000	자본금	10,000
유형자산	10,000	18,000	이익잉여금	1,000
합계	₩25,000	₩30,000	합계	₩25,000

[물음] 클린푸드(주)와의 사업결합 거래와 관련하여 마켓컬리(주)가 계상해야 할 영업권의 금액을 구하시오.

5 개발비와 특허권의 회계처리

미래오토(주)는 신차 개발을 위해 ₩500,000을 투입한 개발 프로젝트를 완료하였다. 이 중 2×00년 6월 30일 무형자산의 인식요건을 충족하는 ₩400,000을 개발비로 계상하고, 5년간 정액법에 의해 상각하기로 하였다. 그리고 이를 기반으로 그 다음연도인 2×01년 7월 1일에 특허를 취득하였다. 특허출원에 직접 소요된 비용은 ₩50,000이었으며, 미래오토(주)는 이 특허권을 10년에 걸쳐 정액법으로 상각하기로 하였다(단위: 천원).

[물음 1] 2×00년 12월 31일 결산시점에서 개발비 관련 회계처리를 하시오.

[물음 2] 2×01년 12월 31일 결산시점에서 특허권 관련 회계처리를 하시오.

6 특허권의 인식과 취득원가

세기바이오(주)는 생체고유인식기술의 연구를 위해 연구설비를 7억원 들여 마련하고 과거 3년간 5억원을 연구비로 지출한 결과 올해에 들어 상용화가능성을 확신하게 되었으며 인식센서 시제품 생산에 2억원을 추가로 지출하였다. 연구설비는 감가상각이 완료되었으며 연구비 중 3억원은 연구인력의 인건비이다. 그리고 이 기술에 대한 특허를 출원하기 위해 법적 비용과 수수료 등 수속비용에 3천만원을 지출하고 특허를 취득하였다.

[물음] 특허권의 취득원가로 회계처리되어야 할 금액은 얼마인가?

7 특허권의 상각과 재평가

클린테크(주)는 2×10년초에 특허권을 ₩30,000에 취득하였으며(내용연수 10년, 잔존가치 ₩0, 상각은 정액법) 취득 후 재평가모형으로 회계처리한다.

[물음] 2×11년말 공정가치가 ₩33,000으로 상승된 경우 2×11년말의 상각과 재평가 관련 회계처리를 하시오.

Creativity

arises from our ability
to **see** things
from many **different angles**.

창의성은
다른 각도로 보는 능력을 키울 때
꽃피어납니다.

게리 스미스
■ 글로벌 네트워크기업
시에나의 CEO

(이미도, 『똑똑한 식스팩』 중에서)

Chapter

8 금융상품 및 금융자산

학 · 습 · 목 · 표

금융상품은 거래당사자 일방에게 금융자산을 발생시키고 동시에 다른 거래상대방에게 금융부채나 지분상품을 발생시키는 모든 계약으로 정의된다. 즉 금융상품을 이해하기 위해서는 금융자산과 금융부채 및 지분상품의 관계에 대해서도 이해하여야 한다. 이 장에서는 금융상품에 대해 먼저 학습한 후 금융자산에 대해 자세히 검토하고, 다음 장에서 금융부채에 대해 별도로 학습하기로 한다. 금융상품에 대한 회계기준은 한국채택국제회계기준에서 가장 복잡하고 이해하기 어려운 부분이다.

이 장에서는 한국채택국제회계기준 제1032호 '금융상품: 표시', 제1107호 '금융상품: 공시' 및 제1109호 '금융상품'에 기초하여 금융상품 및 금융자산에 대해 설명한다.

제1절 금융상품의 정의

제2절 금융자산의 분류

제3절 금융자산의 측정

제1절 금융상품의 정의

1.1 금융상품의 정의

Key Standard

금융상품은 거래당사자 일방에게 금융자산을 발생시키고 동시에 다른 거래상대방에게 금융부채나 지분상품을 발생시키는 모든 계약으로 정의된다. (K-IFRS 1032: 문단 11)

위와 같이 회계기준에서 언급하는 **금융상품**(financial instruments)은 우리가 은행이나 증권회사의 창구에 가서 살 수 있는 투자상품보다 포괄적인 개념인 '**계약**(contracts)'으로 정의된다. 즉, 금융업의 발전으로 전혀 생각지도 못했던 금융기법들이 나타나고 IT기술의 발전으로 전통적인 주식, 채권과 같은 유가증권 위주의 개념만으로는 한계에 봉착하게 되어, 이를 '**계약**'이라는 관점에서 접근하게 된 것이다.

조금 더 구체적으로 표현한다면 계약이란 금융자산, 금융부채, 지분상품(보통주, 우선주, 신주인수권 등)을 발생시키는 모든 종류의 계약을 말한다. 요컨대 금융상품을 계약으로 본다면 계약당사자의 일방이 그 계약으로 유리한 입장에 있다면 **금융자산**을 보유한 것이고, 상대방은 계약의 결과 불리한 입장에 있을 것이므로 **금융부채**를 부담하게 되는 양면성을 갖는다.

가장 대표적인 금융상품이라고 할 수 있는 채권과 주식은 회계상 금융상품의 정의에 부합되며 실질적으로 회계기준의 내용 중 많은 부분이 채권과 주식에 대한 것이다. 따라서 이해를 돕기 위해 채권과 주식의 발행과 관련한 회계처리를 살펴보면 다음과 같다.

	〈보유자: 투자자〉	〈발행자〉
■ 채권	(차) 금융자산 ××× (대) 현 금 ×××	(차) 현 금 ××× (대) 금융부채 ×××
■ 주식	(차) 금융자산 ××× (대) 현 금 ×××	(차) 현 금 ××× (대) 자 본 ×××

위에서 보듯이 금융상품을 구입하여 보유하고 있는 당사자의 경우에는 해당 금융상품이 채권이든 주식이든 상관없이 금융자산으로 기록한다. 그러나 금융상품을 발행한 당사자의 경우에는 채권이면 **금융부채**로, 주식이면 **자본(지분상품)**으로 기록한다. 참고로 보유자의 입장에서는 다른 회사의 주식을 발행자로부터 직접 구입하든 간접적으로 시장에서 구입하든 금융자산이라는 점에는 변동이 없다.

개념 Plus 금융상품은 회계상의 계정과목인가요?

위의 기본 회계처리에서 보듯이 금융상품은 거래의 대상인 '계약' 자체이지 계정과목은 아니다. 금융상품의 계약당사자인 보유자와 발행자는 그 계약의 내용과 결과에 따라 이를 금융자산, 금융부채 또는 자본으로 회계처리한다. 이때 금융자산, 금융부채, 자본은 광의의 계정과목으로 볼 수 있다.

1.2 금융상품의 종류

여기에서는 금융상품의 분류 순서에 따라 주로 금융자산을 중심으로 설명하였으며, 발행자에게 금융부채인지 지분상품인지를 함께 검토하여 금융상품에 대한 전체적인 설명이 되도록 하였다. 따라서 금융상품이 하나의 계약에 대한 양면성을 가진다는 점을 종합적으로 이해하는 것이 중요하다.

금융부채와 지분상품에 대한 더 자세한 내용은 제9장 '금융부채와 비금융부채'와 제11장 '자본회계'를 참조하기 바란다. 참고로 K-IFRS 제1032호에서 예시하는 금융자산에는 추가로 현금을 포함하고 있다. 현금은 회계기준상의 금융상품이라고 볼 수는 없지만 일반적 의미에서의 금융자산임은 분명하다.

(1) 다른 기업이 발행한 주식

이 분류에 해당하는 금융상품은 다른 기업이 발행한 보통주 및 우선주를 들 수 있다. 이러한 주식에 투자한 당사자는 이를 금융자산으로 기록할 것이다. 참고로 보유자(투자자)는 다른 기업이 발행한 주식을 발행자로부터 직접 구입할 수도 있고, 거래소 시장에서 다른 상대방으로부터 구입할 수도 있다. 발행한 회사는 이를 모두 자본으로 인식한다. 단, 우선주의 형태를 가지고 있지만 발행자가 상환의 의무를 갖고 있는 **상환우선주**는 경제적 실질에 따라 발행한 회사는 금융부채로 인식하여야 한다.

(2) 다른 기업이 발행한 채권

K-IFRS 제1032호의 금융자산의 분류에서는 다른 기업이 발행한 채권을 따로 구분하지 않고 아래 '(3) 거래상대방에게 현금 등 금융자산을 수취하기로 하는 계약'의 하나로 간주하고 있다. 여기서 따로 구분한 이유는 제2절 금융자산의 회계상 분류에서 일반적인 투자채권과 매출채권을 구분하기 때문이다. 채권투자자도 위 (1)의 경우와 마찬가지로 발행기업으로부터 직접 구입할 수도 있고 채권시장에서 구입할 수도 있다. 채권의 발행자는 당연히 **사채(社債)**라는 금융부채로 인식하게 되며 제9장 '금융부채와 비금융부채'에서도 사채를 별도로 구분하여 설명하고 있다.

(3) 거래상대방과 현금 등 금융자산을 수취 · 인도하기로 하는 계약

위에서 설명한 채권 외에 여기에 해당하는 금융자산은 매출채권(받을어음을 포함)과 대여금이 있다. 물론 거래상대방은 매입채무(지급어음을 포함)와 차입금이라는 금융부채로 인식할 것이다.

(4) 거래상대방과 금융자산이나 금융부채를 교환하는 파생상품계약

파생상품(derivatives)은 해당 거래의 기초가 되는 자산(underlying asset)의 가격변동에 따라 그 가격이 결정되는 상품이다. 환율, 금리, 주가 등의 변동으로 기초자산의 가치가 달라짐에 따른 리스크를 회피하기 위하여 고안된 금융상품이다. 여기서 '파생'이라는 용어가 사용된 것은 파생금융상품의 가치가 외환, 채권, 주식 등 기초자산의 가치변동으로부터 파생되어 결정되기 때문이다. 파생상품의 발행시점에 한쪽 당사자(권리보유자)는 현금 등으로 대가를 지급하고 기초자산에 내포된 위험을 유리한 조건으로 전가하는 권리를 가지며 그 권리는 바로 금융자산으로 인식된다. 거래상대방(발행자 또는 의무보유자)은 발행시점에 현금 등으로 대가를 수취하고 불리한 조건의 의무를 지게 되므로 이를 금융부채로 인식하여야 한다.

■ 보유자 (투자자)	(차) 금융자산(파생상품계약)	×××	(대) 현금	×××
■ 발행자	(차) 현금	×××	(대) 금융부채(파생상품계약)	×××

개념 Plus 가장 대표적인 파생상품에는 어떤 것들이 있나요?

미래 특정 시점(3개월뒤)에 정해진 가격(1주당 ₩60,000)으로 특정 회사, 가령 삼성전자의 주식을 살 수 있는 권리를 부여하는 주식옵션상품을 예로 들 수 있다. 이 주식옵션상품의 발행시점(즉, 발행자는 이러한 권리를 매도하고, 투자자는 매수하는 시점)에는 미래 특정 시점의 예상가격이 파생상품의 거래조건으로 정해진 미래시점의 가격(1주당 ₩60,000)보다 높을 가능성에 기초하여 발행가격이 결정될 것이다. 그 후 해당 주식의 가격이 올라갈수록 이 파생상품의 가치는 상승한다. 참고로 파생상품에 대한 설명은 재무관리 또는 투자론 과목에서 다루게 될 것이므로 본 교재에서는 다루지 않기로 한다.

(5) 전환사채와 전환권

전환사채는 사채의 형식을 빌린 금융부채이나 이 사채의 보유자는 현금상환 대신 주식을 받을 수 있는 권리가 부여된 채권이다. 이 경우 전환사채 중 **전환권**에 해당하는 부분은 확정된 사채금액에 대하여 확정된 수량의 주식을 취득할 수 있는 옵션, 즉 파생상품이다. 이때 특정 시점에 발행될 주식의 가격 및 수량이 확정되어 있으므로 전환사채의 발행자는 전환권의 가치를 평가하여 그 금액을 발행시점에 자본으로 인식하여야 한다. 그리고 전환권의 가치를 제외한 나머지 부분은 금융부채로 처리한다.

여기서도 마찬가지로 전환사채의 보유자는 전환권을 포함한 전체 금액을 금융자산으로 인식한다. 전환사채는 복합금융상품의 일종으로 파생상품에 해당하며 본 교재의 범위에는 벗어나지만 제9장 금융부채에서 기본적인 회계처리를 간단히 다루고 있다. 파생상품에 대한 추가적인 설명은 별책 「Study Guide」의 심화학습을 참조하기 바란다.

제2절 금융자산의 분류

제1절에서는 금융상품의 종류에 따라 금융자산, 금융부채 그리고 지분상품(자본)을 어떻게 구분해서 인식하여야 할지에 대한 큰 틀을 설명하였다. 이를 토대로 금융자산을 회계상 어떤 계정과목으로 인식하느냐에 관한 원칙을 다음에서 설명한다.

Key Standard

금융자산은 (1) 금융자산의 관리를 위한 사업모형 (2) 금융자산의 계약상 현금흐름특성에 근거하여 당기손익-공정가치측정 금융자산, 상각후원가측정 금융자산, 대여금 및 수취채권, 기타포괄손익-공정가치측정 금융자산으로 분류한다. (K-IFRS 1109: 4.1)

금융자산은 **계약상 현금흐름 특성**과 **사업모형**에 따라 3개 범주로 **당기손익-공정가치측정 금융자산**, **기타포괄손익-공정가치측정 금융자산**, **상각후원가측정 금융자산**으로 나누어 회계처리한다. 이러한 구분을 살펴보면 다음 [표 8-1]과 같다.

표 8-1 금융자산의 분류

사업모형 \ 계약상 현금흐름	원금과 이자만으로 구성 (채무증권, 대여금 등)	지분증권
계약상 현금흐름 수취 목적	상각후원가측정	원칙: 당기손익-공정가치측정 (기타포괄손익-공정가치측정도 선택가능)
계약상 현금흐름 수취 및 매도 목적	기타포괄손익-공정가치측정	
매도 목적, 기타	당기손익-공정가치측정	

저자의 Tip 단기매매목적 이외의 지분상품은 기타포괄손익-공정가치측정으로 분류하여 회계처리할 수 있으나, 일단 그러한 회계처리를 선택한 뒤에 취소는 불가능하다.

기본적으로 이러한 금융자산의 분류는 해당 금융자산을 취득한 후 어떻게 평가하느냐, 즉 공정가치로 평가하는지 여부가 핵심이다. 예를 들면, LG전자 발행 회사채를 취득한 삼성전기는 이 금융자산에 대해서 ① 당기손익금융자산, ② 기타포괄손익금융자산, ③ 상각후원가금융자산의 회계처리 중 한 가지 방법을 선택하여 평가방법을 적용할 수 있다. 따라서 LG전자가 발행한 회사채의 만기가 비록 3년이라고 하더라도 보유자(투자자)가 항상 상각후원가금융자산으로 인식하여야 하는 것은 아니다. 예를 들어, 현대캐피탈은 이를 ① 당기손익금융자산으로, 현대자동차는 ② 기타포괄손익금융자산, 기아자동차는 ③ 상각후원가금융자산으로 각각 회계처리할 수 있다는 의미이다.

본 장에서 살펴볼 가장 일반적인 형태의 금융자산인 대여금과 수취채권, 채무증권인 회사채, 지분증권인 주식의 분류를 요약하면 다음과 같다.

- **대여금과 수취채권**: 현금흐름 수취목적 사업모형에 해당하여 통상 상각후원가측정으로 분류
- **회사채**: 회사의 사업모형에 따라 상각후원가측정(현금흐름 수취목적), 기타포괄손익-공정가치측정(현금흐름 수취 및 매도목적), 당기손익-공정가치측정(매도목적) 중 하나로 분류
- **주식**: 계약상 현금흐름이 원리금으로만 구성된 금융상품이 아니므로 당기손익-공정가치측정이 원칙이나, 회사가 기타포괄손익-공정가치측정도 선택가능

K-IFRS 제1109호의 분류기준에 따라, 금융자산은 [그림 8-1]과 같이 분류할 수 있다.

그림 8-1 ▌ 금융자산의 분류

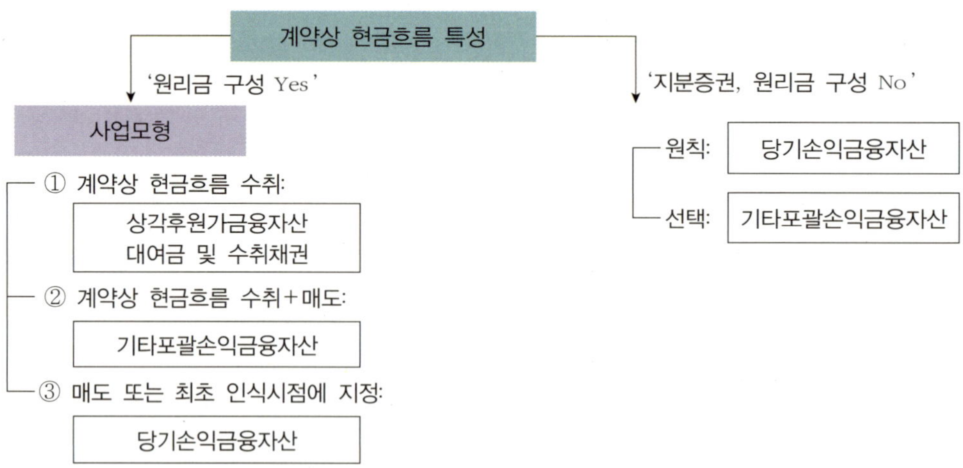

한편 금융자산의 회계처리를 위한 이러한 분류는 취득 이후 결산기의 후속측정에 따른 것이지만, 모든 금융자산의 최초취득시점에서 인식을 위한 측정은 당연히 그 시점

의 공정가치로 평가된다는 점에 유의해야 한다. 다음에서 각각의 분류를 자세히 살펴본다.

2.1 당기손익 - 공정가치측정 금융자산

당기손익-공정가치측정 금융자산(이하 '당기손익금융자산')은 단기매매항목이거나 최초 인식시점에 당기손익인식항목으로 지정된 것으로 다음과 같이 나뉜다. 당기손익금융자산은 결산시 공정가치로 평가하고 발생하는 평가손익을 당기손익으로 인식한다.

- 단기매매항목: 다음 중 하나에 해당하는 경우
  (가) 주로 단기간 내에 매각하거나 재매입할 목적으로 취득
  (나) 최초 인식시점에 실제 운용형태가 단기적 이익획득 목적이라는 증거가 있으며, 특정 금융상품 포트폴리오의 일부인 경우
  (다) 파생상품

- 최초 인식시점에 당기손익인식항목으로 지정한 항목: 회사가 당기손익인식항목으로 분류하고 회계처리함으로써 더 목적적합한 정보를 제공할 수 있다고 판단하는 경우. 단 보유한 지분상품이 활성시장에서 공시되는 시장가격이 없고 공정가치를 신뢰성 있게 측정할 수 없는 경우에는 당기손익인식항목으로 지정할 수 없다.

사업모형이 주로 매도목적이거나, 지분증권 등의 경우에는 해당 금융상품의 공정가치 변동이 단기일 내에 실현될 수 있다. 이 경우에는 공정가치 변동의 성과를 당기손익에 반영하는 것이 재무제표이용자의 의사결정에 유용할 것이다.

한편 특정기업이 금융자산과 금융부채 집합을 모두 보유 중인데, 이자율 등의 영향에 따라 금융자산에서는 이익이, 금융부채에서는 손실이 발생할 수 있다. 이 경우 자산, 부채 중 한쪽만을 손익에 반영한다면 이른바 '회계불일치'가 발생할 가능성이 있어, 이러한 가능성을 제거하려는 경우에 한하여 회사가 당기손익인식항목으로 지정한 경우 해당 자산을 당기손익금융자산으로 분류할 수 있다.

2.2 상각후원가측정 금융자산

사업모형의 목적이 계약상 현금흐름을 수취하기 위한 금융자산은 상각후원가측정 금융자산(이하 '상각후원가금융자산')으로 분류한다. 이때 모든 금융상품을 만기까지 보유할 필요는 없다. 현실적으로 모든 금융자산을 만기까지 보유하는 사업모형은 매우 적고 대부분 일부 금융자산을 매도할 수도 있을 것이다. 일부 금융자산을 매도하더라도 금융자산의 빈번한 매매가 목적이 아니라면 이를 계약상 현금흐름을 수취하기 위해 금융자산을 보유하는 사업모형으로 보는 것이 타당하다. 결국 어떤 수준에서 이 조건을 적용할지 판단이 필요한데, '개별 금융자산' 수준이 아니라 기업이 어떻게 '사업'을 관리하는지에 기초하여 이루어진다는 점이 중요하다. 이것이 바로 '사업모형'의 관점인 것이다.

상각후원가금융자산은 결산시 공정가치로 평가하지 않으며 **유효이자율법**을 이용하여 상각후원가로 평가한다. 예를 들어, 정기예금이나 정기적금과 같이 금융기관이 취급하는 각종 금융상품이나, 대여금과 수취채권, 국공채나 회사채 등 만기보유목적의 채무상품이 이 범주에 해당한다.

지분상품, 즉 주식은 만기 자체가 없으므로 상각후원가금융자산이 될 수 없다. 또한 이자지급기간이 한정되지 않은 영구채 및 보유자(투자자)가 중도상환을 요구할 수 있는 금융상품, 그리고 모든 파생상품도 상각후원가금융자산으로 분류하여 회계처리할 수 없다.

저자의 Tip 상각후원가와 공정가치의 차이는 무엇일까? 상각후원가는 채권 등 미래에 발생할 현금흐름을 '**최초 측정시점**'의 할인율로 할인한 현재가치이다. 이렇게 산출된 현재가치와 명목금액의 차이는 시간의 경과에 따라 상각되므로, 해당 상각액을 반영한 금액을 상각후원가라고 한다. 즉, 화폐의 시간가치를 고려한 역사적 원가인 것이다. 반면에 공정가치는 미래에 발생할 현금흐름을 '**측정일 현재**'의 할인율로 할인한 현재가치를 말한다. 현 시점의 공정한 가치인 것이다.

다음에서는 대표적인 상각후원가금융자산인 대여금과 수취채권의 개념과 회계처리에 대해 알아본다.

(1) 대여금

대여금이란 상품이나 용역을 이전하는 판매와 같은 일반적 상거래가 아닌 금융거래에서 금전을 대여한 경우에 발생하는 수취채권이다. 대여금은 대여기간에 따라 장기대여금과 단기대여금으로 구분된다. 장기대여금은 재무상태표 작성일로부터 1년 이후에 회수되는 것으로 비유동자산 중 투자자산의 과목으로 표시하며, 1년 내 회수될 수취채권은 단기대여금으로 유동자산 중 당좌자산의 과목으로 표시한다.

(2) 계약자산과 수취채권

계약자산이란 고객에게 재화와 용역을 제공하고 그 대가를 받을 권리를 말한다. 계약자산의 범위를 좁혀 대가를 받는 데 있어 아무런 조건이 없는 상태의 무조건적인 권리를 '**수취채권**'이라고 한다. 즉, 받을권리를 확보했다는 데 아무런 문제가 없다는 것이다. 그렇지만 계약자산과 수취채권 모두 상대방의 지급불능에 따른 신용위험이 없다는 의미는 아니다. 따라서 계약자산은 받을권리인 점에서 수취채권과 동일하지만, 계약내용과 조건에 따라 받을권리가 변동될 수 있는 여지가 남아 있다는 점에서 차이가 있다.

실제로 고객에게 재화와 용역을 이전하면 그 대가를 받을 권리가 생긴다. 이 권리에 조건이 붙어있다면 어떻게 할 것인가? 다음 [예제 8-1]을 통해 살펴보자.

예제 8-1 계약자산과 수취채권

꽃샘(주)는 8월말 준공예정인 오피스텔에 냉장고와 에어컨을 납품하기로 계약을 맺었다. 에어컨은 성수기 이전인 4월말까지 인도하고, 대금 2억원은 8월중 냉장고 설치 완료를 조건으로 지급받기로 하였다. 즉, 냉장고 설치가 완료되지 않으면 에어컨 대금회수도 불가능하다고 하며 거래가격을 에어컨에 1억 4천만원, 냉장고에 6천만원씩 배분할 경우 (1) 에어컨 인도, (2) 냉장고 설치완료 시점의 회계처리를 하시오.

| 풀이 |

에어컨과 냉장고를 인도하고 설치하기로 한 약속을 수행의무로 식별한 다음 제품의 개별 판매가격에 기초하여 에어컨의 수행의무과 냉장고의 수행의무에 배분한다.

에어컨 인도시

(차)	계약자산	1억 4천만원	(대) 매 출	1억 4천만원

냉장고 설치완료시

(차)	수취채권	2억원	(대) 계약자산	1억 4천만원
			매 출	6천만원

이번에는 기업이 거래처와 상품판매계약을 하면서 일정수량을 초과할 경우에는 최초 판매수량분부터 가격을 소급하여 할인해주기로 한 경우 할인액만큼의 환불금(또는 리베이트)을 지급하는 상황에 대해 다음 [예제 8-2]를 통해 알아보도록 하자.

예제 8-2 수취채권과 계약부채

꽃샘(주)는 거래처인 하이마트에 에어컨을 대당 ₩1,200,000에 납품하기로 2×01년 10월 1일에 계약을 맺었다. 향후 1년 동안 하이마트가 5,000대 이상 구매할 경우에는 단가를 대당 ₩1,000,000으로 소급하여 낮추어주기로 하였다. 결산일인 2×01년 12월 31 현재 3,000대를 인도하였으며 판매추세를 고려하면 5,000대 이상 판매될 것으로 예상하고 있다. 계약의 체결과 수행의무를 식별하고 거래가격을 산정한 다음 결산일인 2×01년 12월 31의 회계처리를 하시오.

| 풀이 |

결산일 현재 3,000대의 에어컨을 인도하였기 때문에 36억원(=₩1,200,000×3,000대)의 판매대가를 지급받을 수 있는 무조건적인 권리인 '수취채권'이 발생한다. 다만, 판매수량이 5,000대를 넘어설 것으로 예상되므로 ₩1,000,000으로 판매단가를 소급해서 적용하여 할인액만큼 거래처에 돌려주어야 할 계약부채인 환불부채를 인식하여야 한다.

2×01년 12월 31일 에어컨 인도시

(차)	수취채권	36억원*	(대) 매 출	30억원
			환불부채(계약부채)	6억원**

* ₩1,200,000×3,000대 ** ₩200,000×3,000대

저자의 Tip 여기에서 환불부채는 대당 ₩200,000의 환불금(리베이트)을 고객에게 지불하여야 할 잠정적인 부채를 말한다. 따라서 판매수량이 5,000대를 넘어서기 전까지는 대당 ₩1,200,000의 판매단가에 기초하여 확정된 수취채권 자체를 조정하지는 않는다.

2.3 기타포괄손익 – 공정가치측정 금융자산

기타포괄손익–공정가치측정 금융자산(이하 '기타포괄손익금융자산')은 앞에서 설명한 당기손익금융자산 또는 상각후원가금융자산으로 분류되지 않은 금융자산을 말한다. 기타포괄손익금융자산은 결산시 공정가치로 평가하지만 발생하는 평가손익은 당기손익이 아니라 기타포괄손익으로 인식한다.

금융자산의 종류별로 이러한 회계상의 분류를 적용하는 경우 대여금 및 매출채권은 당연히 대여금 및 매출채권계정으로 인식하면 될 것이다. 문제는 나머지 금융자산들인데 이제까지 회계원리에서 배운 내용을 적용한다면 투자자산계정에 해당할 것이다. 그러나 단순히 투자자산으로 구분하는 것이 아니라 관련 금융자산을 그 성격이나 투자목적에 따라 **당기손익금융자산**, **상각후원가금융자산**, **기타포괄손익금융자산**으로 나누어 인식하여야 한다. 물론 유동자산에 속할지 비유동자산에 속할지는 해당 금융상품의 만기나 성격에 따라 구분하면 될 것이다. 일반적으로 당기손익금융자산은 유동자산, 기타포괄손익금융자산과 상각후원가금융자산은 비유동자산이 될 것이다. 이를 요약하면 [표 8–2]와 같다.

표 8–2 금융자산의 분류 요약

항목	금융상품의 종류	금융자산(상품계약의 유형)	금융자산의 분류와 계정과목 처리(투자자 입장)
1	다른 기업이 발행한 주식	투자주식(지분증권)	당기손익금융자산, 또는 기타포괄손익금융자산
2	다른 기업이 발행한 채권(회사채, 국·공채)	투자채권(채무증권)	당기손익금융자산, 기타포괄손익금융자산, 또는 상각후원가금융자산
3	거래상대방과 현금 등 금융자산을 수취·인도하기로 하는 계약	매출채권	수취채권
		대여금	대여금

제3절 금융자산의 측정

3.1 금융자산의 최초 인식 및 측정

Key Standard

금융자산이나 금융부채는 금융상품의 계약당사자가 되는 때에만 재무상태표에 인식한다. 금융자산이나 금융부채는 최초 인식시 공정가치로 측정한다. (K-IFRS 1109: 문단14, 43)

금융자산을 최초로 취득하여 장부에 인식하는 때에는 항상 공정가치로 측정한다. 이때 금융자산의 취득과 직접 관련되는 거래원가는 당기손익금융자산인 경우 당기비용으로 인식하고, 즉 기타포괄손익금융자산이나 상각후원가금융자산은 최초 인식하는 공정가치에 가산하여 측정한다.

일반적으로 취득수수료 등의 거래원가는 재고자산 등 다른 자산과 같이 취득부대비용으로 자산의 취득원가의 포함된다. 그러나 당기손익금융자산의 경우에는 결산일의 공정가치 평가 또는 실제 매매 등으로 단시일내 당기손익에 반영되므로, 자산의 취득원가로 처리하는 실익이 적어 당기비용으로 인식한다.

예제 8-3 금융자산의 공정가치측정

2×01년 1월 1일에 ₩10,000,000 상당의 차량운반구를 취득하였으나, 차량등록을 위해서는 액면 ₩1,000,000의 지하철공채를 매입하여야 한다. 이 지하철공채의 만기는 7년, 액면이자율은 2%이며, 시장이자율(또는 유효이자율)은 5%라고 한다. 이때 공채의 액면이자율이 2%에 불과하여 시장이자율보다 현저히 낮기 때문에 액면가에 매입한 공채를 공정가치로 즉시 처분하는 경우 손실을 입게 되나 이는 차량운반구의 취득과 등록을 위해 불가피하게 발생되는 부대비용으로 취득원가에 가산하여야 한다.

[물음 1] 부대비용으로 취득원가에 가산해야 할 금액이란 어떤 의미인가?

[물음 2] 지하철공채를 취득할 시점의 회계처리를 하시오.

| 풀이 |

1. 이 공채를 공정가치로 취득하지 않고 이보다 훨씬 비싼 가격인 액면가 ₩1,000,000에 취득할 수밖에 없기 때문에 그 차액을 공채매입손실 등의 비용으로 인식하지 않고 차량운반구의 취득원가에 가산한다.
2. 7년간 액면이자의 현재가치(5%의 유효이자율로 할인한) 합계:

   1,000,000 × 2% × 5.7864 = ₩115,728

   원금상환액의 현재가치(5%, 기간 7년의 할인율 적용): 1,000,000 × 0.7107 = ₩710,700

   합계(매입한 공채의 공정가치) ₩826,428

따라서 실제 매입한 가격(액면가 ₩1,000,000)과 공정가치(₩826,428)의 차액 ₩173,572을 차량운반구의 취득원가에 가산하여야 한다. 공채는 취득시 공정가치로 인식되므로, 공채구입거래만을 요약하여 분개하면 다음과 같다.

(차) 금융자산(채권)	826,428	(대) 현금	1,000,000
차량운반구	173,572		

3.2 금융자산의 후속측정

Key Standard

최초 인식 후에는 금융자산을 상각후원가, 기타포괄손익-공정가치 및 당기손익-공정가치 중 하나로 측정한다.

(K-IFRS 1109: 문단 5.2.1)

금융자산의 후속측정은 앞서 살펴본 금융자산의 분류에 따라 달라진다. 최초 인식후 당기손익금융자산과 기타포괄손익금융자산은 **공정가치**로 측정한다. 여기서 공정가치는 매도 등에서 발생할 수 있는 거래원가를 차감하지 않은 금액이다. 대여금 및 수취채권과 상각후원가금융자산은 유효이자율법을 사용하여 **상각후원가**로 측정한다. 다만, 지분증권 중 공정가치측정을 위한 최신정보가 불충분하거나 원가가 공정가치의 적절한 추정치가 될 수 있는 특정 상황하에서는 원가로 측정할 수 있다.

참고로 파생상품은 당기손익금융자산에 포함되므로 공정가치로 측정한다. 만약 후속측정시 그 공정가치가 0 이하로 하락한다면 해당 금융상품은 금융부채가 된다.

한편, 금융상품으로부터 이자 및 배당을 받게 되는 경우 금융자산의 분류에 상관없이 전부 당기손익으로 인식한다. 이는 공정가치평가와 상관없기 때문이다. 이제까지 설명한 내용을 정리하면 다음과 같으며, 이를 토대로 구체적인 회계처리절차는 3.4 금융자산의 평가손익과 처분손익의 회계처리에서 학습하기로 한다.

표 8-3 금융자산의 회계상 분류 요약

금융자산의 분류	취득시 인식금액	후속측정금액	공정가치평가손익	이자 및 배당수익
▪ 당기손익금융자산	공정가치	공정가치	당기손익	당기손익
▪ 상각후원가금융자산 ▪ 대여금 및 수취채권	공정가치＋거래원가	상각후원가	해당없음	당기손익
▪ 기타포괄손익금융자산	공정가치＋거래원가	공정가치	기타포괄손익	당기손익

3.3 금융자산의 제거 및 처분

Key Standard

금융자산을 제거하는 경우에는 다음 ①과 ②의 차액을 당기손익으로 인식한다.
① 금융자산의 장부금액(제거일에 측정)
② 수취한 대가

(K-IFRS 1109: 문단 3.2.12)

금융자산의 제거는 재무상태표에 자산으로 나타나지 않게 한다는 의미이다. 어떨 경우에 그렇게 할 것인가? 매출채권과 같은 금융자산도 토지, 건물과 같이 현금을 수취하고 양도하면 자산으로 나타나지 않는다. 반면 금융자산을 담보로 제공하고 차입하는 경우 현금을 수취하지만 금융자산은 종전과 같이 자산으로 표시하고 부채를 추가로 인식해야 한다. 이때 재무상태표에 미치는 영향을 정리하면 다음과 같다.

- 양도시: 금융자산(−), 현금(＋)
- 담보차입시: 금융자산(변동없음), 현금(＋), 차입금(＋)

결국 담보차입의 경우 자산과 부채가 동반하여 증가되는 재무상태 변동을 초래한다.

이를 양도거래로 회계처리하는 경우에는 재무상태 변동에 미치는 영향을 제대로 포착하지 못하게 된다. 금융자산의 제거와 관련하여 실제 거래에서는 양도와 담보차입으로 단순하게 나누어지는 경우는 드물기 때문에 이를 구분하여 회계처리하기 위한 지침이 필요하다.

- 양도자가 위험과 효익의 대부분을 이전: **제거**, 그렇지 않으면: **계속 인식**
- 양도자가 위험과 효익의 대부분을 보유하거나 이전하지는 않았으나 통제: **계속 인식**

다음 [예제 8-4]를 통해 제거에 대한 의미를 이해하도록 하자.

예제 8-4 **금융자산의 제거**

세기상사는 보유중인 매출채권을 서울은행에 사후정산방식으로 다음과 같은 조건으로 양도하였다.

- 양도된 채권에 대해 세기상사는 물론 세기상사의 채권자도 권리를 행사할 수 없다.
- 양도 이후 매출채권이 부실화되더라도 세기상사가 재매입하지 않는다.
- 서울은행의 매출채권 회수관련 업무에 세기상사는 관여할 수 없다.
- 서울은행은 매출채권 양수시 지급한 대가와 매출채권의 회수금액과의 차액을 정산하여 지급하거나 지급받기로 한다.

[물음] 이같은 양도조건하에서 매출채권을 재무상태표에서 제거하는 것이 타당한가?

| 풀이 |

매출채권에 대한 위험과 효익의 대부분이 누구에게 귀속되어 있는지 살펴보는 것이 중요하다. 사례의 경우 정산조건에 따라 매출채권 상대방의 채무불이행시 발생하는 손실을 사실상 세기상사가 지급해야 하는 구조이므로 제거할 수 없기 때문에 양도된 매출채권을 금융자산으로, 양도대금 수취액은 금융부채로 인식하는 것이 타당하다.

한편 K-IFRS 제1109호는 '처분'이라는 용어 대신에 '제거'라는 용어를 사용하고 있으며, 금융자산의 분류와 상관없이 처분손익을 전부 당기손익으로 인식하도록 규정하고 있다. 처분손익은 금융자산의 장부금액과 수취한 대가의 차액으로 인식하는데, 이때 금융자산의 장부금액은 제거일에 재측정한다. 처분손익을 인식하기 전에 금융자산의 분류에 따라 장부금액을 먼저 평가하라는 것이다.

당기손익금융자산의 경우, 평가손익과 처분손익이 모두 당기손익으로 인식되므로 계정과목의 차이가 날 뿐 손익에 미치는 영향은 없어 특별한 회계처리가 필요없다. 그러나 기타포괄손익금융자산의 경우 ① 해당 금융자산을 처분하는 시점에 공정가치로 재측정하여 평가손익을 기타포괄손익으로 인식 ② 공정가치로 재측정된 장부금액과 처분대가와의 차이를 처분손익으로 인식하는 두 단계로 나누어 처리한다.

- 1단계: 금융자산을 공정가치로 재측정하고, 평가손익은 포괄손익계산서상의 기타포괄손익과 재무상태표상의 기타포괄손익누계액(자본항목)으로 인식하며, 장부금액은 처분시점의 공정가치(일반적으로 시장거래가격인 수취한 대가와 동일)로 재측정한다.
- 2단계: 처분에 대한 회계처리 단계에서는 제거되는 금융자산의 장부금액(제거일에 측정)과 수취한 대가가 같아져 통상 처분손익으로 인식될 금액은 발생하지 않는다. 여기서 중요한 것은 직전 측정시점(일반적으로 직전 회계연도말)으로부터 처분시점까지의 공정가치 변동분이 당기손익이 아닌 기타포괄손익으로 인식되어야 한다는 점이다.

저자의 Tip 실무적으로는 이 변동분에 대해 '기타포괄손익금융자산처분이익' 계정을 사용하기도 하나, 이는 계정명칭을 과거 관행에 따라 사용한 것일 뿐으로 이를 당기손익으로 처리하여서는 안 된다.

지금까지 설명한 대로라면 기타포괄손익금융자산의 처분시 제거되는 금융자산의 장부금액과 수취한 대가가 같아져 통상 처분손익으로 인식될 금액은 발생하지 않지만, 원리금만으로 구성된 금융상품(예를 들어, 채권)에 대해서는 재분류조정을 통하여 처분손익을 회계처리해야 한다는 점에 유의할 필요가 있다.

원리금만으로 구성된 금융상품(예를 들어, 채권)의 경우 사업모형에 따라 기타포괄손익금융자산으로 분류할 수 있고, 이 경우 처분시에 장부금액을 제거하면서 그동안 공정가치평가를 통해 자본에 계상한 기타포괄손익누계액도 함께 제거해주어야하며, 이때 상대 계정과목을 '**처분손익**'으로 처리한다. 즉, 자본항목에 반영되었던 기타포괄손익누계액을 처분시점에서 당기손익인 처분손익으로 재분류하게 되며, 이를 **재분류조정**(recycling)이라고 한다.

그러나 원리금만으로 구성되지 않은 금융상품(예를 들어, 주식과 같은 지분증권)의 경우 재분류조정이 허용되지 않는다. 주식 등의 경우 원칙적으로 당기손익손익금융자산으로 분류하여야 하는데, 기업이 스스로의 사정으로 기타포괄손익금융자산으로 선택한 경우 처분시점의 회계처리는 ① 해당 금융자산을 처분하는 시점에 공정가치로 재측정하여 평가손익을 기타포괄손익으로 인식하는 것에 그치고, 기타포괄손익누계액을 재분류조정(recycling)하지 않는다. 대신 기타포괄손익누계액을 이익잉여금으로 대체시키는 회계처리는 가능하다. 구체적인 회계처리는 다음의 [예제 8-5]와 [예제 8-6]을 참조하기 바란다.

저자의 Tip 기타포괄손익-공정가치측정 금융자산으로 회계처리를 선택한 지분증권(주식 등)을 매도하는 경우에는 기타포괄손익누계액을 재순환하여(recycling) 처분이익이나 처분손실에 반영할 수 없다. 그러나 채무상품(채권 등)을 기타포괄손익-공정가치측정 금융자산으로 분류하여 회계처리하는 경우 매도시점에서 기타포괄손익누계액을 재순환하여(recycling) 처분이익이나 처분손실에 반영할 수 있다는 차이에 유의할 필요가 있다.

3.4 금융자산의 후속측정(평가손익)과 제거(처분손익)의 회계처리

Key Standard

기타포괄손익-공정가치측정 금융자산의 손익은 해당 금융자산을 제거하거나 재분류할 때까지 기타포괄손익으로 인식한다. 금융자산을 제거할 때에는 인식한 기타포괄손익누계액을 재분류조정으로 자본에서 당기손익으로 재분류한다.

(K-IFRS 1109: 문단 5.2.1)

앞에서 설명한 금융자산의 후속측정과 제거 및 처분에 대한 구체적인 회계처리를 학습하기 위해 대표적인 금융자산격인 투자주식의 경우에는 [예제 8-5], 투자채권의 경우에는 [예제 8-6]을 통해 살펴보도록 한다.

예제 8-5 투자주식의 회계처리

꽃샘(주)는 세기(주)의 주식을 다음과 같이 취득했다가 처분하였다.

2×08년중 취득	₩100,000
2×08년말 공정가치	₩ 90,000
2×09년말 공정가치	₩120,000
2×10년중 처분시점의 공정가치	₩130,000(처분대가와 동일)

[물음] 꽃샘(주)가 위 주식을 당기손익금융자산과 기타포괄손익금융자산으로 분류한 경우를 각각 가정하여 필요한 회계처리를 하시오.

| 풀이 |

	당기손익금융자산	기타포괄손익금융자산
2×08년 취득	(차) 당기손익금융자산 100,000 (대) 현금 100,000	(차) 기타포괄손익금융자산 100,000 (대) 현금 100,000
2×08년 말	(차) 당기손익금융자산평가손실 10,000 (대) 당기손익금융자산 10,000	(차) 기타포괄손익금융자산평가손실* 10,000 (대) 기타포괄손익금융자산 10,000
2×09년 말	(차) 당기손익금융자산 30,000 (대) 당기손익금융자산평가이익 30,000	(차) 기타포괄손익금융자산 30,000 (대) 기타포괄손익금융자산평가이익* 30,000
2×10년 처분	(차) 현금 130,000 (대) 당기손익금융자산 120,000 당기손익금융자산처분이익 10,000	(차) 기타포괄손익금융자산 10,000 현금 130,000 기타포괄손익금융자산평가손익** 30,000 (기타포괄손익누계액) (대) 기타포괄손익금융자산평가이익 10,000 기타포괄손익금융자산 130,000 이익잉여금 30,000

* 기타포괄손익금융자산에 대한 공정가치평가손익은 기타포괄손익항목으로 마감분개를 통하여 자본항목 중 하나인 기타포괄손익누계액으로 대체된다. 따라서 자본의 기타포괄손익누계액에는 기타포괄손익금융자산평가손익이라는 하나의 계정을 사용하며, 평가이익은 해당계정의 증가(대변)로 평가손실은 해당계정의 감소(차변)로 나타나게 된다.

** 2×08년의 평가손실과 2×09년의 평가이익 및 2×10년 처분시점의 평가이익이 누계로 계산되어 자본의 기타포괄손익누계액으로 계상된 기타포괄손익금융자산평가손익은 ₩30,000이며, 이 금액은 해당 금융자산의 처분시 이익잉여금으로 대체할 수 있다.

개념 Plus 두 경우를 비교하면 어떤 부분은 같고 어떤 부분이 다른가요?

2×10년 처분시점에서 보면 당기손익금융자산으로 분류하는 경우 처분손익은 ₩10,000이나 기타포괄손익으로 분류한 경우 처분손익은 나타나지 않는다. 그러나 공정가치로 평가하는 각 회계연도의 포괄손익계산서 항목에 대해 검토하면 당기손익금융자산으로 분류한 경우는 2×08년에 평가손실 ₩10,000, 2×09년에 평가이익 ₩30,000, 그리고 2×10년에 처분이익 ₩10,000으로 3년에 걸쳐 발생한 이익은 ₩30,000이며, 이는 당기순이익을 통해 이익잉여금에 반영된다.
반면 기타포괄손익금융자산으로 분류한 경우는 2×08년에 기타포괄손실 ₩10,000, 2×09년에 기타포괄이익 ₩30,000, 그리고 2×10년에는 기타포괄이익 ₩10,000이 나타난다. 따라서 매도시점인 2×10년 재무상태표에 기타포괄손익누계액 항목으로 ₩30,000의 잔액이 남아 있으나 처분시 이익잉여금으로 대체되면서 제거되므로 결국 2×10년말 시점의 이익잉여금에 미치는 영향은 동일하게 나타나는 것을 알 수 있다.

개념 Plus 기타포괄손익금융자산과 당기손익금융자산의 공정가치 평가손익을 다르게 처리하는 이유는?

본질이 동일한 금융자산인 당기손익금융자산과 기타포괄손익금융자산에 대해 IFRS는 왜 이러한 차이를 두었을까 생각해보자. 당기손익금융자산은 가까운 시일에 매도할 것으로 기대되는 유가증권이므로 회계기간말의 미실현 평가손익은 다음 회계기간중에 큰 차이 없이 실현될 가능성이 높다. 따라서 평가손익을 해당기간의 당기손익에 반영하더라도 손익의 크기와 귀속기간의 차이가 크지 않다고 보기 때문이다.
그러나 기타포괄손익금융자산의 경우에는 처분시점에 대한 예측이 어려우며 향후 평가손익의 크기가 변동될 가능성이 높다. 따라서 결산일 현재시점의 평가손익을 당기손익에 반영한다면 손익의 크기와 귀속기간이 실제 실현될 손익과 크게 차이날 가능성이 있다. 따라서 확정가능한 금액으로 실현되기 전까지는 당기손익에는 반영하지 않고 자본의 기타포괄손익누계액에 기록하여 두는 것이며, 실제 처분시에는 자본에 기록된 부분을 제거하고 해당 연도의 이익잉여금에 반영할 수 있도록 한 것이다.

예제 8-6 투자채권의 회계처리

꽃샘(주)는 2×08년 1월 1일에 세기(주)가 발행한 회사채(액면 ₩100,000, 매년말 5%의 이자지급, 3년 만기)를 취득하였다. 발행시점의 유효이자율이 10%이었기 때문에 공정가치로 계산한 취득원가는 ₩87,564이었고, 그에 따른 상각표는 다음과 같다(상각표의 작성은 제3장의 [예제 3-6]을 참조하기 바란다).

연도	유효이자	액면이자	상각액	순장부금액
2×08년 1월 1일				₩87,564
2×08년 12월 31일	₩8,756	₩5,000	₩3,756	91,320
2×09년 12월 31일	9,132	5,000	4,132	95,452
2×10년 12월 31일	9,548	5,000	4,548	100,000

채권의 취득시점 이후의 공정가치와 처분내역은 다음과 같다.

2×08년말 공정가치	₩92,966
2×09년말 공정가치	₩96,327
2×10년초 처분시점의 공정가치	₩96,500(처분대가와 동일)

[물음] 꽃샘(주)가 위 채권을 당기손익금융자산, 기타포괄손익금융자산 그리고 상각후원가금융자산으로 분류한 경우를 각각 가정하여 필요한 회계처리를 하시오.

| 풀이 |

■ 당기손익금융자산으로 분류한 경우

2×08년 1월 1일 취득

(차) 당기손익금융자산	87,564	(대) 현 금	87,564

2×08년 12월 31일

(차) 현 금	5,000	(대) 이자수익	5,000
(차) 당기손익금융자산	5,402	(대) 당기손익금융자산평가이익	5,402

2×09년 12월 31일

(차) 현 금	5,000	(대) 이자수익	5,000
(차) 당기손익금융자산	3,361	(대) 당기손익금융자산평가이익	3,361

2×10년초

(차) 현 금	96,500	(대) 당기손익금융자산	96,327
		당기손익금융자산처분이익	173

저자의 Tip 당기손익금융자산이므로 상각표상의 상각후원가로 평가하지 않고 해당기말의 공정가치로 직접 평가한다.

■ 기타포괄손익금융자산으로 분류한 경우

2×08년 1월 1일 취득

(차) 기타포괄손익금융자산	87,564	(대) 현 금	87,564

2×08년 12월 31일

(차) 현 금	5,000	(대) 이자수익	8,756
기타포괄손익금융자산*	3,756		
(차) 기타포괄손익금융자산	1,646	(대) 기타포괄손익금융자산평가이익	1,646

2×09년 12월 31일

(차)	현 금	5,000	(대)	이자수익	9,132
	기타포괄손익금융자산*	4,132			
(차)	기타포괄손익금융자산평가손실 (기타포괄손익)	771	(대)	기타포괄손익금융자산	771

2×10년초

(차)	기타포괄손익금융자산	173	(대)	기타포괄손익금융자산평가이익	173
	현 금	96,500		기타포괄손익금융자산	96,500
	기타포괄손익금융자산평가손익 (기타포괄손익누계액)	1,048**		기타포괄손익금융자산처분이익 (당기손익)	1,048

* 유효이자율법에 의한 상각표의 결과와 동일

** 2×08년의 평가이익과 2×09년의 평가손실 및 2×10년 처분시점의 평가이익이 누계로 계산된 금액이다(₩1,646−₩771+₩173=₩1,048).

저자의 Tip 기타포괄손익금융자산이므로 해당 기말의 공정가치로 평가하여야 하나 장기채권의 특성상 상각표상의 상각후원가를 먼저 산출해낸 다음 공정가치와 비교·평가하여야 한다. 단, 평가손익은 기타포괄손익항목으로 처리하되 처분시 재분류조정(recycling) 과정을 통해 제거한다.

■ 상각후원가금융자산으로 분류한 경우

2×08년 1월 1일 취득

(차)	상각후원가금융자산	87,564	(대)	현 금	87,564

2×08년 12월 31일

(차)	현 금	5,000	(대)	이자수익	8,756
	상각후원가금융자산*	3,756			

2×09년 12월 31일

(차)	현 금	5,000	(대)	이자수익	9,132
	상각후원가금융자산	4,132			

2×10년초

(차)	현 금	96,500	(대)	상각후원가금융자산	95,452
				상각후원가금융자산처분이익	1,048

* 유효이자율법에 의한 상각표의 결과와 동일

저자의 Tip 상각후원가금융자산이므로 공정가치로 평가하지 않는다. 따라서 유효이자율법에 의한 2×08년 12월 31일의 상각후원가는 ₩91,320(=₩87,564+₩3,756)이다. 기타포괄손익금융자산과 비교해보면, 매년 인식하는 이자수익은 유효이자율법에 의해 동일하며, 처분시 재분류조정을 통해 처분이익(₩1,048)도 동일하다.

개념 Plus 세 경우를 비교하면 어떤 시사점을 얻을 수 있나요?

[예제 8-5]의 투자주식의 경우와 비교하여 2×10년 처분후 시점의 재무상태로 보면 기타포괄손익금융자산으로 분류된 주식과 채권의 결과는 다르게 나타난다. 또한 당기손익에 포함되는 항목에 대해 검토하면 3년에 걸친 이자수익, 평가손익, 처분이익의 총합계 금액이 ₩18,936으로 같지만 연도별 금액은 차이가 있다. 참고로 기타포괄손익금융자산과 상각후원가금융자산에 대한 회계처리의 차이는 기타포괄손익금융자산의 공정가치평가에 기인한 기타포괄손익항목에 대한 회계처리가 추가된다는 점뿐이다.

개념 Plus 유효이자율의 추후 변화는 어떻게 반영될까요?

채권의 추후 공정가치는 사실상 각 시점의 유효이자율에 따라 결정된다. 참고로 예제에서 주어진 2×08년말과 2×09년말의 공정가치는 유효이자율이 9%로 하락한 경우를 가정하여 계산하였다(현재가치 계산방법을 활용하여 확인해보기 바란다). 중요한 점은 채권의 공정가치는 유효이자율의 변동에 따라 달라지지만 상각후원가금융자산의 평가는 그와 상관없이(즉, 공정가치에 따른 평가없이) 발행시점의 유효이자율에 따라 산출된 상각후원가를 따른다는 것이다.

한편 당기손익금융자산과 기타포괄손익금융자산의 공정가치 평가에 따른 평가손익과 유형자산과 무형자산에 대해 재평가모형을 적용할 경우 재평가손익의 회계처리가 유사한 부분도 있지만 다른 부분도 있다. 따라서 다음과 같이 정리해보면 혼동을 피할 수 있으며, 기억하는 데에도 도움이 될 것이다.

표 8-4 금융자산과 유 · 무형자산의 공정가치 평가손익의 회계처리 비교

구분	평가손익의 처리	마감분개의 결과 (재무상태표 자본)	처분손익의 처리
■ 당기손익금융자산	• 당기손익금융자산평가이익 • 당기손익금융자산평가손실 ⇨ 당기순이익에 반영	이익잉여금의 증감	• 당기손익금융자산처분이익 • 당기손익금융자산처분손실 ⇨ 당기순손익에 반영
■ 기타포괄손익금융자산	•기타포괄손익금융자산평가이익 •기타포괄손익금융자산평가손실 ⇨ 기타포괄손익에 반영	기타포괄손익누계액 (기타포괄손익금융자산평가손익의 증감)	■ 기타포괄손익누계액 잔액: -지분증권에 대한 기타포괄손익누계액은 재분류조정 불가능 (이익잉여금으로는 대체가능) -채무증권에 대한 기타포괄손익누계액은 재분류조정 가능

■ 유·무형 자산	• 재평가이익 ⇨ 기타포괄손익에 반영 • 재평가손실 ⇨ 기타포괄손익 (재평가잉여금잔액 범위 내) ⇨ 당기비용 (재평가잉여금잔액 초과분)	기타포괄손익누계액 (재평가잉여금의 증감)	• 유·무형자산처분이익 • 유·무형자산처분손실 ⇨ 당기순손익에 반영 ■ 기타포괄손익누계액 잔액: 재평가잉여금은 재분류조정불가능(처분손익에 영향을 미치지 않으며, 이익잉여금으로는 대체가능)

저자의 Tip K-IFRS 제1109호 '금융상품'에서는 기타포괄손익누계액으로 인식된 지분증권의 기타포괄손익금융자산평가손익을 처분시점에서 당기손익으로 재분류하지 못하도록 규정(B5.7.1)하고 있다. 이 경우 재분류조정되지 않는 유·무형자산의 재평가잉여금에 대한 회계처리와 사실상 차이가 없다. 즉, 처분손익에 영향을 미치지 않도록 한다는 것이다. 왜냐하면 평가손익이 계상되어 있는 기타포괄손익금융자산을 선택적으로 골라 처분하는 경우 자의적으로 처분손익을 조정할 가능성이 있기 때문이다. 그러나 채무증권에 대해서는 종전과 같이 재분류조정을 통하여 처분손익에 반영되도록 회계처리한다.

개념 Plus 유·무형자산의 재평가잉여금을 재분류조정하지 않는 이유는?

IFRS는 왜 유형자산이 처분되는 경우에도 재평가잉여금이 당기손익에 반영되지 않도록 하였을까 생각해보자. 금융자산은 기업이 주로 여유자금 활용목적이거나 투자목적으로 보유하며 궁극적으로는 처분하는 것을 전제하므로 금융자산의 가치변동은 언젠가는 실현되어 기업의 손익에 반영될 것이다. 그러나 제조설비와 같은 유·무형자산을 기업이 보유하는 목적은 기업의 계속적인 영업을 위한 것이며 처분하여 이익을 실현하는 것을 전제로 하지 않는 것이 일반적이다. 또한 재평가잉여금은 재무상태를 보다 잘 나타내기 위하여 유·무형자산을 공정가치로 평가한 결과 발생한 자산의 증분에 해당하는 대변금액이다. 따라서 처분을 통하여 평가이익이 실현되는 것으로 회계처리하는 것은 적절하지 않기 때문에 기타포괄손익누계액에 그대로 놔두거나, 처분시점 또는 매 회계연도의 감가상각비 인식시점에 이익잉여금으로 대체할 수 있도록 하는 것이다.

3.5 대여금 및 수취채권의 상각후원가 측정

대여금 및 수취채권은 상각후원가로 측정하므로 기본적으로 상각후원가금융자산의 경우와 같다. 단, 이 경우는 유동자산의 경우와 비유동자산에 해당하는 경우로 나누어 볼 수 있다. 비유동자산의 경우는 기말시점에 공정가치로 평가하지 않고 취득시점의 유효이자율로 할인한 상각후원가로 평가한다. 즉, [예제 8-6]의 상각후원가금융자산의 경우와 동일하다. 유동자산인 경우는 현재가치로 할인하지 않고 손실충당금을 반영한 순장부가액으로 평가할 수 있다.

여기에서 대여금 및 수취채권이 비유동자산에 속한다는 의미는 명목상의 금액과 현재가치로 할인된 금액에 상당한 차이가 있음을 의미한다. 예를 들면, 보유하고 있던 유형자산을 처분하면서 매각대금 10억원을 3년뒤에 받기로 한 경우라면 재무상태표상에서 수취채권 10억원으로 계상하는 것이 아니라 10억원을 현재가치로 평가한 금액으로 인식해야 한다. 왜냐하면, 만기가 회계연도에서 1년을 초과한 장래시점에 도래하기 때문에 명목상의 금액과 현재가치와의 차이가 중요하기 때문이다. 반면, 매출채권과 같이 회수기간이 단기일 경우에는 현재가치로 평가한다고 하더라도 그 차이가 중요하지 않다고 보기 때문에 명목상의 액면금액으로 나타낸다.

비유동자산에 속하는 대여금 및 수취채권에 대한 상각후원가에 대해서는 다음과 같이세 가지 경우로 나누어 학습해보도록 하자.

- 만기에 액면금액을 상환받는 경우
- 매기 동일한 금액을 상환받는 경우
- 매기 액면이자율에 의한 이자와 만기에 액면금액을 상환받는 경우

예제 8-7 대여금 및 수취채권에 대한 상각후원가

블루(주)는 꽃샘(주)에 20×1년 1월 1일 100억원 상당의 플랜트설비를 건설하여 제공하고, 꽃샘(주)는 다음과 같은 3가지 결제방안을 고려하고 있다. 각각의 경우에 장기매출채권의 상각후원가는 20×1년 1월 1일 및 20×1년 12월 31일에 얼마인지 산출하시오(단, 할인율은 6%이며, 상각후원가의 산출 이후 대금회수와 이자수익의 인식에 대한 회계처리는 다음의 [예제 8-8]과 [예제 8-9]를 참조하기 바란다).

(1안) 5년뒤 120억원을 일시에 회수한다.
(2안) 매년말 22억원씩 5년간 회수한다.
(3안) 5년간 100억원에 대한 이자 4억원(연 4%)과 5년뒤 대금 100억원을 회수한다.

| 풀이 |

- 장기수취채권의 20×1년 1월 1일의 상각후원가(백만원단위에서 끝자리수 조정)

(1안) 120억원×0.7473(6%, 5년의 현재가치 이자요소)=89억 6,700만원
(2안) 22억원×4.2124(6%, 5년의 연금의 현재가치 이자요소)=92억 6,700만원
(3안) 4억원×4.2124+100억원×0.7473=91억 5,800만원

■ 장기수취채권의 20×1년 12월 31일의 상각후원가(백만원단위에서 끝자리수 조정)
(1안) 89억 6,700만원×(1+0.06)=95억 500만원
또는 120억원×0.7921(6%, 4년의 현재가치 이자요소)=95억 500만원
(2안) 22억원×3.4651(6%, 4년의 연금의 현재가치 이자요소)=76억 2,300만원
(3안) 4억원×3.4651(6%, 4년의 연금의 현재가치 이자요소)+100억원×0.7921=93억 700만원

예제 8-8 약속어음의 상각후원가와 회계처리

세기(주)는 2×13년 1월 1일에 제품을 판매하고 그 대가로 약속어음(액면 ₩100,000, 매년말 5%의 이자지급, 3년 만기)을 받았다. 할인율이 10%인 경우 약속어음의 현재가치를 계산하고 판매시점과 다음 각 시점별로 세기(주)가 기록해야 할 거래를 분개하시오.

1. 2×13년 12월 31일, 2×14년 12월 31일, 2×15년 12월 31일의 결산수정분개
2. 2×15년 12월 31일의 어음의 원금회수
3. 전체 3년의 기간을 한 회계기간으로 가정한 경우 계정과목과 금액을 분개형식으로 표시하시오.

| 풀이 |

3년이라는 기간 동안 현재가치할인차금이 상각되면서 한 기간 동안 인식하여야 할 이자수익은 이제까지 배운 것과 마찬가지로 현재가치의 증분이다. 그런데 이 경우는 현금으로 받는 부분이 있으므로 총이자수익에서 현금으로 받는 부분을 제외한 부분이 현재가치할인차금의 상각금액이 된다. 아래의 2×13년말의 결산수정분개가 그 결과이다.

1. 판매시점의 분개와 매년말 결산수정분개

(차) 장기매출채권	100,000	(대) 현재가치할인차금	12,436
		매 출	87,564

판매시점의 현재가치계산:

원금 ₩100,000×0.7513(3년, 10%의 단일금액 현재가치 이자요소)	=	₩75,130
이자 ₩5,000×2.4868(3년, 10%의 연금 현재가치 이자요소)	=	12,434
		합계 ₩87,564

2×13년 12월 31일

2×13 이자수익: 87,564×10%

(차) 현재가치할인차금	3,756	(대) 이자수익	8,756
현 금	5,000		

2×14년 12월 31일

2×14 이자수익: (87,564+3,756)×10%

(차) 현재가치할인차금	4,132	(대) 이자수익	9,132
현 금	5,000		

2×15년 12월 31일

2×15 이자수익: (87,564+3,756+4,132)×10%+끝자리 3

(차) 현재가치할인차금	4,548	(대) 이자수익	9,548
현 금	5,000		

2. 2×15년 12월 31일의 어음의 원금회수

(차) 현 금	100,000	(대) 장기매출채권	100,000

3. 3년의 기간을 한 회계기간으로 가정한 경우 계정과목과 금액을 분개형식으로 표시

(차) 현 금	115,000	(대) 매 출	87,564
		이자수익	27,436

저자의 Tip 3년의 기간을 한 회계기간으로 가정해봄으로써 모든 거래가 종료되고 난 상황에서 기업의 재무상태와 경영성과의 변화를 알 수 있다. 즉, 현금의 증가 ₩115,000은 어음의 원금 ₩100,000과 매년 받은 명목이자 ₩5,000씩 3년분이다. 그 원천으로 매출의 발생 ₩87,564과 이자수익의 발생 ₩27,436(발생기준에 따른 금액)으로 표시된다.

일반적으로 계산의 편의상 위와 같은 현재가치의 변화과정을 전체 기간에 대한 할인차금상각표의 형식으로 요약한 후 회계처리에 반영한다. 할인차금상각표의 형식은 다음과 같으며 위 [예제 8-8]의 내용을 표에 담아 표시하였다.

	이자수익 (A)	현금이자 (B)	차금상각액 (C)	할인차금잔액 (D)	순매출채권금액 (E)
2×13년초				12,436	87,564
2×13년말	8,756	5,000	3,756	8,680	91,320
2×14년말	9,132	5,000	4,132	4,548	95,452
2×15년말	9,548*	5,000	4,548	0	100,000

* 끝자리수 조정(즉, 끝자리수를 일치시키기 위한 목적으로)
(A) = 전년도말(E) × 0.1　　(C) = (A) − (B)
(D) = 전년도말(D) − (C)　　(E) = 100,000 − (D)

앞의 예제와 설명을 통하여 학습한 매출채권의 상각후원가에 대한 이해를 바탕으로 계약자산의 회계처리를 다음 [예제 8-9]를 통해 살펴보도록 하자.

예제 8-9 선불로 자산을 취득한 거래의 현재가치계산과 회계처리

꽃샘(주)는 3년뒤 중장비를 취득하기로 2×13년 1월 1일에 계약하였으며, 대금은 계약 시점인 2×13년 1월 1일에 ₩100,000을 선불로 지급하며, 할인율은 10%라고 한다.

1. 계약시점의 회계처리와 각 연도말의 결산수정분개를 하시오.
2. 2×15년 12월 31일의 제품의 인도·판매시점의 분개와 전체 3년의 기간을 한 회계기간으로 가정하고 이 거래를 분개형식으로 표시해보시오.

| 풀이 |

1. 시점별 미래가치의 계산

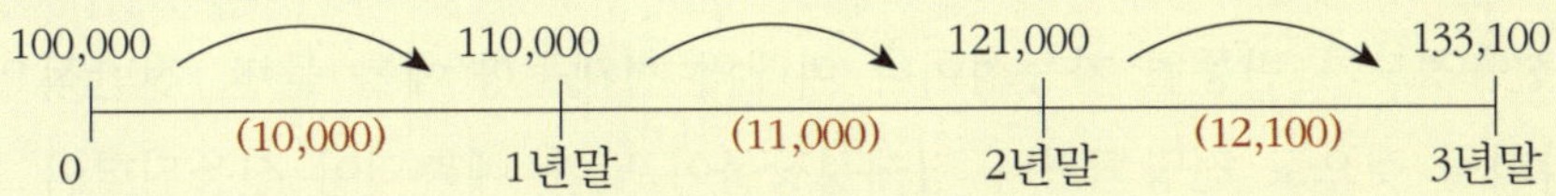

1년후 가치: $100{,}000 \times (1.1) = 100{,}000 \times 1.1 = 110{,}000$

2년후 가치: $100{,}000 \times (1.1)^2 = 100{,}000 \times 1.21 = 121{,}000$

3년후 가치: $100{,}000 \times (1.1)^3 = 100{,}000 \times 1.331 = 133{,}100$

계약시점의 분개와 매년말 결산수정분개

(차) 계약자산	100,000	(대) 현 금	100,000

2×13년 12월 31일

(차) 계약자산	10,000	(대) 이자수익	10,000

2×14년 12월 31일

(차) 계약자산	11,000	(대) 이자수익	11,000

2×15년 12월 31일

(차) 계약자산	12,100	(대) 이자수익	12,100

2×15년 12월 31일 자산취득

(차) 유형자산(중장비)	133,100	(대) 계약자산	133,100

2. 3년의 기간을 한 회계기간으로 가정하여 계정과목과 금액을 분개형식으로 표시

(차) 유형자산(중장비)	133,100	(대) 현 금	100,000
		이자수익	33,100

저자의 Tip 이러한 선불거래의 실질은 현재시점에서 ₩100,000을 대여해주고, 3년뒤 원금과 이자를 포함하여 ₩133,100을 현금으로 상환받는 대신 동일한 금액만큼의 유형자산(중장비)을 취득함으로써 회수하는 것으로 볼 수 있다.

3.6 금융자산의 손상

이미 유형자산과 무형자산에 대해서 손상차손의 회계처리를 학습한 바 있으며, 금융자산에 대해서도 손상차손을 인식할 필요가 있다. 금융자산의 손상차손은 향후 발생할 것으로 예상되는 거래 상대방의 신용도 하락에 따라 초래될 손실을 미리 당기손익에 반영한다는 특징이 있다. 따라서 거래 상대방이 지급불능사태가 되어 회수불가능하게 되거나 신용도가 하락하여 보유하고 있는 금융자산의 가격이 떨어지더라도 이미 인식해 놓은 손상차손의 범위 내에서는 당기손익에 영향을 미치지 않게 된다. 그러나 단순히 미래에 신용정도가 변동될 가능성이나 미래의 경제동향(예를 들면, 전반적으로 경제상황이 악화될 것으로 전망되거나 경제성장률이 낮게 예측되어 신용위험이 초래될 가능성 등)만으로 손상의 객관적인 증거로 판단하지 않는다. 다만, 금융자산의 경우에는 당기손익금융자산, 상각후원가금융자산, 기타포괄손익금융자산, 대여금 및 수취채권으로 분류하여 회계처리하는 것에 맞추어 손상차손의 회계처리를 적용하며 다음의 큰 틀에서 동일하다. 보다 구체적인 내용은 별책 「Study Guide」의 심화학습을 참조하기 바란다.

- 손상차손의 인식: 당기비용으로 계상하고, 회복시 당기이익으로 환입
- 손상차손 금액: 장부금액 − 회수가능액(미래현금흐름의 현재가치 또는 공정가치)

개념 Plus **모든 금융자산에 대하여 손상을 적용하나요?**

아니다. 당기손익금융자산은 신용위험 변동 자체가 이미 공정가치에 반영될 것이므로 손상차손의 대상이 되지 않는다. 금융자산 중 지분증권 역시 미래에 수취할 현금흐름 변동에 대한 예상과 발행자의 신용위험 증가가 공정가치에 반영된다. 따라서, 손상차손을 인식하는 금융자산은 채무상품 중 기타포괄손익금융자산, 상각후원가금융자산, 대여금 및 수취채권이라고 할 수 있다.

3.7 대여금과 수취채권에 대한 대손의 회계처리

일반적으로 유동자산으로 분류된 매출채권을 포함한 수취채권과 대여금 계정잔액은 현실적으로 전액 회수하지 못하는 것이 일반적이다. 일부 떼이는 돈이 있기 때문에 회수가능액으로 조정해주지 않으면 자산을 과대표시하게 되고, 결과적으로 회수과정에서 필연적으로 발생할 손실을 당기의 포괄손익계산서에 기록하지도 않게 되어 당기순이익도 과대표시된다. 즉, 거래처의 부도나 파산으로 인하여 수취채권이 회수불능이 된 상태를 **대손**(貸損, bad debt)이라고 하고, 이로 인한 손실을 **손상차손**이라고 한다.

저자의 Tip K-IFRS 제1109호에서는 금융자산의 손상을 포괄적으로 간주하므로, '대손상각비'라는 용어 대신에 '손상차손'이라는 용어를 사용한다. 다만, 실무에서는 매출채권 등 수취채권과 관련하여 손상차손이나 손실충당금 대신에 대손상각비와 대손충당금의 계정과목이 여전히 사용되고 있다.

예를 들어, 블루(주)가 대략 1,000만원의 매출채권이 있는 거래처가 100여 군데가 있는 경우 기말 매출채권을 총 10억원(=1,000만원×100개 거래처)으로 보고하는 대신 과거의 거래경험과 회수가능성을 고려하여 95개 거래처의 매출채권에 대해서만 정상적으로 회수할 것으로 판단하였다면 다음과 같이 수취채권에 대한 손상(=1,000만원×5개 거래처)의 회계처리를 한다.

■ 대손의 추정

(차) 손상차손	5,000만원	(대) 손실충당금	5,000만원*

* 1,000만원×5개 거래처: 손실충당금은 수취채권에서 차감하는 형식으로 표시

■ 실제 대손 발생

(차) 손실충당금	3,000만원	(대) 매출채권	3,000만원*

* 3개 거래처에서 실제 3천만원의 회수가 불가능하게 된 경우

구체적으로 K-IFRS 제1109호는 대여금과 수취채권 등을 3단계(Stage 1, 2, 3)로 구분하여 손실충당금 설정을 달리 적용하도록 하고 있다.

표 8-5 기대신용손실의 측정

구 분			손실충당금(설정목표 금액)
■ 정상 채권	Stage 1	보고일 현재 신용위험이 낮은 경우	재무상태표일로부터 향후 1년간 예상되는 손실을 추정
■ 부실 채권	Stage 2	신용위험이 유의적으로 상승 (단, 여전히 '투자등급'인 경우 제외)	대출 전체기간을 대상으로 예상되는 손실을 추정
	Stage 3	신용손상 발생 (취득시부터 신용이 손상된 금융자산 포함)	

저자의 Tip 일반적으로 회사채를 발행한 기업의 신용등급은 크게 투자등급과 투기등급으로 나뉜다. 투자등급은 원리금 지급능력이 최상급인 AAA부터 원리금 지급능력은 양호하지만 상위등급보다 경제여건 및 환경악화에 따라 장래 원리금의 지급능력이 저하될 가능성을 내포하고 있는 BBB-까지 해당된다. 투기등급은 원리금 지급능력이 당장은 문제되지 않으나 장래 안전에 대해서는 단언할 수 없는 투기적 요소를 내포하고 있는 BB+부터 상환불능상태인 D등급까지를 말한다.

과거의 거래관행이나 경험을 토대로 미래에 발생할 것이라고 추정되는 대손액을 예상한 다음 이를 **손상차손**이라는 비용계정의 차변에 기록하고 손실충당금을 설정하여 매출채권을 그만큼 감액시켜 기재하는 회계처리방법을 **기대신용손실모형**에 의한 손상의 회계처리방법이라고 한다.

구체적으로 기대신용손실은 개별 채무불이행 발생을 신용손실이 발생할 가능성을 고려하여 다음과 같이 산출한다.

> 손실충당금＝채권(채무불이행 노출액)×부도확률×부도시 미회수율

예를 들어, 회사가 50억원(단일업체)의 채권을 보유 중인데, 해당 회사의 부도발생확률이 40%이고 부도 발생시 회수되지 못할 금액의 비율이 60%라면 12억원(=50억원×40%×60%)이 손실충당금으로 계상되어야 한다. 만약, 장부상에 이미 10억원이 계상되어 있다면 회사는 2억원만큼 추가로 손상차손과 손실충당금을 증가시켜주면 된다.

(차) 손상차손	2억원	(대) 손실충당금	2억원

예제 8-10 손실충당금의 회계처리

2×15년 1월초 대여(주)는 신용등급이 BBB+인 차입(주)에 이자율 연 5%, 5년 만기 일시상환 조건으로 100억원을 대여해주었다. 이후 2×16년부터 2×17년까지 사이에 차입(주)의 신용도가 하락하고 이자가 연체되는 등 다음과 같이 부실화가 진행되었다.

① 2×15년말: 차입(주)의 신용등급 및 재무상태는 최초 대여시점과 유사하며, 정상채권의 향후 12개월 내에 부실화 예상금액은 1억원으로 추정하였다.

② 2×16년말: 차입(주)의 신용등급이 BB-(투기등급)로 하락하나 이자연체는 없고 다른 부실징후도 없을 경우 대손예상액은 (채권금액 100억원×만기 전에 부도날 확률 25%×부도시 미회수율 80%)로 추정하였다.

③ 2×17년말: 차입(주)의 신용등급이 BB-(투기등급)로 유지되나 3개월 이상 이자연체가 발생할 경우 대손예상액은 (채권금액 100억원×만기 전에 부도날 확률 60%×부도시 미회수율 80%)로 추정하였다.

[물음] 기대신용손실모형에 따른 손실충당금의 회계처리를 하시오.

| 풀이 |

부실이 예상되는 시점에서 회계처리

2×15년말:	(차) 손상차손	1억원	(대) 손실충당금	1억원
2×16년말:	(차) 손상차손	19억원	(대) 손실충당금	19억원*

* 손실충당금 설정목표액: 100억원×부도확률 25%×미회수율 80%−기 설정액(1억원)=19억원

2×17년말:	(차) 손상차손	28억원	(대) 손실충당금	28억원*

* 손실충당금 설정목표액: 100억원×부도확률 60%×미회수율 80%−기 설정액(충당금잔액) 20억원 =28억원

3.8 금융자산의 재분류

Key Standard

금융자산을 관리하는 사업모형을 변경하는 경우에만 영향받는 모든 금융자산을 분류기준에 따라 재분류한다. 금융자산을 재분류하는 경우 그 재분류를 재분류일부터 전진적으로 적용한다. 재분류 전에 인식한 손익이나 이자는 다시 작성하지 않는다.

(K-IFRS 1109: 문단 4.4.1 및 5.6.1)

K-IFRS 제1109호에서는 최초 인식시점에 분류된 금융자산의 재분류를 제한하고 있는데, 이는 금융자산의 분류에 따른 후속측정 등 회계처리 방식이 상이하여, 기업이 이를 재량적으로 악용할 수 있기 때문이다. 따라서 계약상 현금흐름 특성이 원금과 이자만으로 구성되는 채무증권 등에 재분류를 한정하여, 해당 사업모형이 변경(예를 들면, 계약상 현금흐름 수취목적에서 매도목적으로 변경)되는 경우에만 재분류를 허용하고 있다. 이러한 상황은 계열회사의 취득, 처분 등과 같이 영업활동의 유의적인 변화가 있는 경우에 발생할 수 있다.

그렇다면 사업모형 변경에 따른 금융자산의 재분류는 어떻게 회계처리해야 할까? 회계기준에서는 금융자산을 재분류하는 경우, 재분류일(사업모형을 변경한 후 첫 번째 보고기간의 개시일)을 기준으로 전진적으로 처리할 것을 요구하고 있다. 즉, 과거의 회계처리와 무관하게 재분류 후 새롭게 분류될 계정과목의 처리에 맞도록 회계처리하면 된다. [표 8-6]은 금융자산의 재분류일의 회계처리를 요약하고 있다.

표 8-6 금융자산 재분류일의 회계처리

기존 분류	재분류 후	회계처리 내용
상각후원가 금융자산	당기손익 금융자산	재분류일의 공정가치로 측정하고, 차이는 당기손익으로 처리
	기타포괄손익 금융자산	재분류일의 공정가치로 측정하고, 차이는 기타포괄손익으로 처리
당기손익 금융자산	상각후원가 금융자산	재분류일의 공정가치를 새로운 장부금액으로 하고, 이에 따른 유효이자율을 재산정
	기타포괄손익 금융자산	재분류일의 공정가치를 새로운 장부금액으로 하고, 이에 따른 유효이자율을 재산정
기타포괄손익 금융자산	당기손익 금융자산	재분류일의 공정가치를 새로운 장부금액으로 하고, 기존 기타포괄손익누계액은 당기손익으로 재분류(재분류조정)
	상각후원가 금융자산	재분류일의 공정가치를 새로운 장부금액으로 하고, 기존의 기타포괄손익누계액은 자본에서 제거하고 재분류일의 금융자산 공정가치에서 조정

예제 8-11 상각후원가 금융자산의 재분류

결산일이 12월말인 꽃샘(주)는 2×11년말 상각후원가금융자산(총장부금액 ₩8,000, 손실충당금 ₩1,000)으로 분류 중인 금융자산을 각각 1) 당기손익금융자산 및 2) 기타포괄손익금융자산으로 재분류했다고 가정할 경우의 회계처리를 수행하시오. 단, 재분류일인 2×12년초의 공정가치는 ₩8,500이다.

| 풀이 |

재분류일인 2×12년초의 회계처리

당기손익금융자산으로 재분류			기타포괄손익금융자산으로 재분류		
(차) 당기손익금융자산	8,500		(차) 당기손익금융자산	8,500	
손실충당금	1,000		손실충당금	1,000	
(대) 상각후원가금융자산		8,000	(대) 상각후원가금융자산		8,000
금융자산평가이익(손익)		1,500	금융자산평가이익(OCI)		1,500*

* 기말 마감분개를 통하여 자본의 기타포괄손익누계액으로 대체

예제 8-12 당기손익금융자산의 재분류

12월말 결산법인인 꽃샘(주)는 2×11년중 금융자산을 취득하고 당기손익금융자산으로 분류하였다. 해당 자산의 2×11년말 공정가치 평가 전 장부금액은 ₩9,000이고, 2×11년말의 공정가치는 ₩8,500이다. 동 금융자산을 꽃샘(주)가 2×12년초 각각 1) 상각후원가금융자산 및 2) 기타포괄손익금융자산으로 재분류했다고 가정할 경우의 회계처리를 수행하시오. 단, 재분류일인 2×12년초의 공정가치는 2×11년말의 공정가치와 동일하다.

| 풀이 |

재분류일인 2×12년초의 회계처리

상각후원가금융자산으로 재분류			기타포괄손익금융자산으로 재분류		
(차) 상각후원가금융자산	8,500		(차) 기타포괄손익금융자산	8,500	
(대) 당기손익금융자산		8,500*	(대) 당기손익금융자산		8,500*

* 2×11년말 당기손익금융자산을 ₩8,500으로 재측정(₩500의 평가손익 인식)

연습문제

서술형

1 금융상품의 정의는 무엇인가?

2 금융상품의 분류를 해당 금융상품의 발행자 및 보유자(투자자) 입장에서 나열하고 설명하시오.

3 금융상품을 계정과목이름으로 사용할 수 있는지에 대해 답하고 그 이유를 설명하시오.

4 K-IFRS 제1109호에 따른 금융자산의 분류를 설명하고 분류의 기준이 무엇인지 설명하시오.

5 상각후원가금융자산으로 분류할 수 있는 조건은 무엇인가?

6 기타포괄손익금융자산의 평가손익을 기타포괄손익으로 인식하는 이유를 설명하시오.

7 다음의 항목이 K-IFRS에 따라 금융상품으로 분류될 수 있는지 판단하고, 그 이유를 설명해보시오.
(1) 다른 기업이 발행한 주식이나 채권
(2) 거래상대방과 현금 등 금융자산을 수취 · 인도하기로 하는 계약
(3) 거래상대방과 금융부채를 교환하는 파생상품계약
(4) 자기지분상품으로 결제하지만 파생상품이 아닌 계약

8 다음의 항목이 K-IFRS에 따른 회계처리 목적상의 금융상품 분류에 해당될 수 있는지 판단하고, 그 이유를 설명해보시오.
(1) 다른 회사가 발행한 주식의 50%에 해당하는 수량을 보유
(2) 다른 회사가 발행한 사채의 50%에 해당하는 수량을 보유
(3) 수입대금 결제에 따른 환율변동 위험에 대비하기 위하여 보유하는 달러
(4) 수출대금의 회수를 보장받기 위해 가입한 보험증권

9 K-IFRS 제1109호에 따른 손실충당금을 설정하는 방식을 설명해보시오.

10 금융자산의 재분류기준과 재분류일의 회계처리를 설명해보시오.

문제 풀이형

1 주식의 취득 및 처분

꽃샘(주)는 세기(주)의 주식을 다음과 같이 취득했다가 처분하였다.

2×08년중 취득	₩100,000
2×08년말 공정가치	₩110,000
2×09년말 공정가치	₩ 90,000
2×10년중 처분(처분시점의 공정가치)	₩120,000

[물음] 꽃샘(주)가 위 주식을 당기손익금융자산과 기타포괄손익금융자산으로 분류한 경우를 각각 가정하여 필요한 회계처리를 하시오.

2 채권의 취득 및 처분

꽃샘(주)는 2×08년 1월 1일에 세기(주)가 발행한 회사채(액면 ₩100,000, 매년말 5%의 이자 지급, 3년 만기)를 취득하였다. 발행시점의 유효이자율은 8%이었다. 이 채권의 추후 공정가치와 처분내역은 다음과 같다.

2×08년말 공정가치	₩96,380
2×09년말 공정가치	₩98,133
2×10년초 처분시점의 공가가치	₩98,500(처분대가와 동일)

[물음 1] 채권의 취득금액을 계산하고 채권기간 동안의 유효이자율법에 의한 상각표를 작성하시오.

[물음 2] 꽃샘(주)가 위 채권을 당기손익금융자산으로 분류한 경우를 가정하여 필요한 회계처리를 하시오.

[물음 3] 꽃샘(주)가 위 채권을 기타포괄손익금융자산으로 분류한 경우를 가정하여 필요한 회계처리를 하시오.

[물음 4] 꽃샘(주)가 위 채권을 상각후원가금융자산으로 분류한 경우를 가정하여 필요한 회계처리를 하시오.

3 금융자산의 회계처리와 재무제표 작성 종합연습

꽃샘투자(주)의 2×14년 1월 1일의 재무상태는 다음과 같다.

현금	₩1,000,000	신한은행채권(당기손익금융자산)	₩7,000,000
삼성물산주식(당기손익금융자산)	200,000	삼성전기주식(기타포괄손익금융자산)	220,000
삼성전자채권(기타포괄손익금융자산)	952,000	기타포괄손익누계액	20,000
자본금	9,040,000	이익잉여금	312,000

(1) 1월초에 계상된 삼성전기주식은 지난해 1주당 ₩20,000에 10주를 취득하고, 12월말 결산일의 주가가 ₩22,000으로 상승되어 공정가치로 평가한 것이며, 그 결과 기타포괄손익누

계액(기타포괄손익금융자산평가이익)에 ₩20,000이 계상되어 있는 것이다. 2×14년 7월에 이 중 4주를 1주당 ₩18,000의 공정가치에 현금을 수취하고 처분하였다.

(2) 1월초에 계상된 삼성물산주식은 지난해 10주를 취득하고, 12월말 결산일의 공정가치로 평가한 것이며, 이 중 4주를 2×14년 8월에 1주당 ₩24,000에 현금을 수취하고 처분하였다.

(3) 신한은행채권(당기손익금융자산)은 지난 12월 31일에 취득한 채무증권이며, 만기는 5년, 액면금액은 ₩10,000,000, 액면이자율은 10%이며, 이자수취일은 매년 12월 31일이다. 2×14년 12월 31일 결산일 현재 이 채무증권(채권)의 공정가치는 ₩8,700,000이라고 한다.

(4) 삼성전자채권(기타포괄손익금융자산)은 지난 12월 31일 액면 ₩1,000,000, 만기 3년(액면이자율 10%), 유효이자율 12%인 사채를 발행당시의 공정가치로 취득한 것이며, 이자수취일은 매년 12월 31일이다. 2×14년 12월 31일 결산일 현재 이 채무증권(채권)의 공정가치는 ₩970,000이라고 한다.

(5) 2×14년 12월 31일 결산일 현재 삼성전기 주식(기타포괄손익금융자산)의 1주당 공정가치는 ₩23,000이다.

(6) 2×14년 12월 31일 결산일 현재 삼성물산 주식(당기손익금융자산)의 1주당 공정가치는 ₩24,000이다.

[물음 1] 2×14년에 발생한 금융자산의 거래에 대해 회계처리하시오.

[물음 2] 2×14년 포괄손익계산서를 작성하시오.

[물음 3] 2×14년 12월말 결산일의 재무상태표를 작성하시오.

4 약속어음의 상각후원가와 회계처리

세기(주)는 2×13년 1월 1일에 제품을 판매하고 그 대가로 약속어음(액면 ₩1,000,000, 매년말 5%의 이자지급, 3년 만기)을 받았다. 현재가치 할인율이 8%인 경우 약속어음의 현재가치를 계산하고 판매시점과 다음 각 시점별로 세기(주)가 기록해야 할 거래를 분개하시오.

[물음 1] 2×13년 12월 31일, 2×14년 12월 31일, 2×15년 12월 31일의 결산수정분개

[물음 2] 2×15년 12월 31일의 어음의 원금회수

[물음 3] 전체 3년의 기간을 한 회계기간으로 가정하고 이 거래를 회계처리하시오.

5 선불로 자산을 취득한 거래의 회계처리

꽃샘(주)는 3년뒤 중장비를 취득하기로 2×13년 1월 1일에 계약하였으며, 대금은 계약시점인 2×13년 1월 1일에 ₩1,000,000을 선불로 지급하며, 할인율은 8%라고 한다.

[물음 1] 계약시점의 회계처리와 각 연도말의 결산수정분개를 하시오.

[물음 2] 2×15년 12월 31일의 제품의 인도 · 판매시점의 분개와 전체 3년의 기간을 한 회계기간으로 가정하고 이 거래를 분개형식으로 표시해보시오.

6 손실충당금의 회계처리

2×15년 1월초 대여(주)는 차입(주)에 100억원을 대여해주었다. 이후 2×16년부터 2×17년까지 사이에 차입(주)의 신용도가 하락하고 이자가 연체되는 등 다음과 같이 부실화가 진행되었다.

① **2×15년말:** 차입(주)의 신용등급 및 재무상태는 최초 대여시점과 유사하며, 정상채권의 향후 12개월 내에 부실화 예상금액은 대여금 채권의 2%로 추정하였다.

② **2×16년말:** 차입(주)의 신용등급이 BB-(투기등급)로 하락하였으나 이자연체는 없고 다른 부실징후도 없을 경우 대손예상액은 (채권금액 100억원×만기 전에 부도날 확률 20%×부도시 미회수율 70%)로 추정하였다.

③ **2×17년말:** 차입(주)의 신용등급이 BB-(투기등급)로 유지되나 3개월 이상 이자연체가 발생할 경우 대손예상액은 (채권금액 100억원×만기 전에 부도날 확률 60%×부도시 미회수율 60%)로 추정하였다.

[물음] 기대신용손실모형에 따라 각 연도말 손실충당금의 회계처리를 하시오.

공시사례

6. 장 · 단기투자증권

(1) 당기말과 전기말 현재 당사의 장 · 단기투자증권의 구성내역은 다음과 같습니다(단위 : 백만원).

구분		당기말	전기말
단기투자증권	상각후원가 측정 금융자산	1,600	-
장기투자증권	상각후원가 측정 금융자산	-	1,600
	기타포괄손익-공정가치 측정 금융자산	3,885	3,889
	당기손익-공정가치 측정 금융자산	786,368	76,506
	소계	790,253	81,995
합계		791,853	81,995

(2) 당기 중 공정가치측정금융자산의 변동내역은 다음과 같습니다(단위: 백만원).

구분	기초	취득	처분	평가	기말
기타포괄손익-공정가치 측정 금융자산	3,889	-	-	(4)	3,885
당기손익-공정가치 측정 금융자산	76,506	633,680	(1,938)	78,120	786,368
합계	80,395	633,680	(1,938)	78,116	790,253

(2020년 두산중공업 감사보고서 중)

Difference between one person and another person is not just difference in **ability**.

The difference between **passion.**

한 사람과 다른 사람의 차이는
단순한 능력 차이가 아니다.
열정의 차이다.

토마스 아놀드(Thomas Arnold, 1795~1842)
■ 영국의 교육자 겸 역사가

(최재성, 『열두 마음』 중에서)

Chapter

9 금융부채와 비금융부채

학 · 습 · 목 · 표

제8장에서 학습한 대로 금융상품이 보유자(투자자)에게는 금융자산이지만 발행자에게는 금융부채가 될 수도 있고 자본이 될 수도 있다. 이 장에서는 발행자 입장에서 금융부채로 인식되는 경우에 대해 학습하기로 한다.

이 장에서는 한국채택국제회계기준 제1032호 '금융상품 표시' 및 제1107호 '금융상품: 공시' 제1109호 '금융상품'에 기초하여 금융부채에 대해 설명한다. 그리고 상각후원가로 측정하는 장기미지급금의 회계처리와 계약부채, 선수금 등의 비금융부채의 내용도 다룬다.

제1절 금융부채의 정의와 분류

1.1 금융부채의 유형과 의미

Key Standard

금융부채는 다음의 부채를 말한다.

- 다음 중 어느 하나에 해당하는 계약상 의무
  (가) 거래상대방에게 현금 등 금융자산을 인도하기로 한 계약상 의무
  (나) 잠재적으로 불리한 조건으로 거래상대방과 금융자산이나 금융부채를 교환하기로 한 계약상 의무
- 자기지분상품으로 결제하거나 결제할 수 있는 다음 중 하나의 계약
  (가) 인도할 자기지분상품의 수량이 변동 가능한 비파생상품
  (나) 확정 수량의 자기지분상품을 확정 금액의 현금 등 금융자산과 교환하여 결제하는 방법 외의 방법으로 결제하거나 결제할 수 있는 파생상품. (K-IFRS 1032: 문단 11)

금융부채의 정의에 대해서는 제8장 제1절의 금융상품의 정의와 분류를 참조하기 바란다. 여기서는 금융상품의 종류 중 발행자 입장에서 금융부채로 분류되는 항목의 순서대로 검토하기로 한다.

■ 상환의무가 있는 우선주

우선주 중 ① 발행자가 보유자에게 의무적으로 상환해야 하는 경우와 ② 보유자가 발행자에게 상환을 청구할 수 있는 권리가 있는 경우에는 실질적으로 그 성격이 자본이 아니라 부채이므로 금융부채로 구분하여야 한다. 다른 우선주 종류와의 비교는 제11장 '자본'을 참조하기 바란다.

■ 사채

사채는 가장 대표적인 금융부채라 할 수 있으며 발행자가 자금 조달을 목적으로 일반투자자로부터 유가증권의 형태로 발행하는 채무이다. 사채에 대한 회계처리는 다음의 제4절에서 별도로 다룬다.

■ 매입채무 및 차입금

매입채무는 기업의 주된 영업활동의 일환으로 재고자산 등을 외상으로 매입한 경우의 부채를 말한다. 나중에 현금으로 결제해야 할 의무로서 매출채권과 반대되는 항목이며, 외상매입금과 지급어음을 포괄적으로 지칭하는 의미로 사용된다. 차입금은 일반투자자로부터 자금을 조달하는 사채와는 달리 주로 은행이나 금융기관과 같은 개별주체로부터 자금을 조달하는 채무이다.

■ 잠재적으로 불리한 조건의 파생상품

블루(주)의 현재 주가는 ₩210,000이지만 향후 실적개선으로 주가 상승이 전망되는 현대자동차의 주식 1,000주를 3개월뒤 ₩220,000에 매입할 수 있는 권리(즉, 옵션)를 꽃샘(주)에 매도한 경우를 잠재적으로 불리한 조건의 파생상품을 예로 들 수 있다. 이때 옵션을 매도하고 ₩4,000,000을 수취하였다면 다음과 같이 금융부채로 인식한다.

(차) 현금	4,000,000	(대) 금융부채(파생상품)	4,000,000

이후 현대자동차의 주가가 상승되었다면 금융부채의 금액이 증가되고(파생상품평가손실이 반영) 현대자동차의 주가가 하락되었다면 금융부채의 금액이 감소(파생상품평가이익이 반영)한다.

■ 변동가능한 수량의 자기지분상품을 인도하기로 한 계약

블루(주)가 꽃샘(주)로부터 1억원 상당의 전자부품을 매입하고 자기회사주식을 거래대금으로 지급하되, 주식수량은 결제일의 주가에 따라 변동한다는 조건에 따른 확정부채를 말한다. 이 경우 매입시점에 확정된 1억원의 금액은 블루(주)에게 금융부채이다. 단, 결제시점에서는 상대방에게 자기지분상품을 발행해주어야 하므로 다음과 같이 자본으로 회계처리한다.

구분	차변	금액	대변	금액
매입시점	(차) 매입	1억원	(대) 금융부채	1억원
결제시점	(차) 금융부채	1억원	(대) 자본금(+주식발행초과금)	1억원

참고로 **비금융부채**는 충당부채, 선수금과 선수수익, 퇴직급여부채 등을 말한다. 금융부채는 확정된 금액의 금융자산을 인도하는 계약상의 의무인 데 반해, 비금융부채는 다음과 같은 점에서 차이가 있다.

- **충당부채**: 계약상의 의무가 아니라 법률상의 의무 또는 의제의무이다.
- **선수금과 선수수익**: 재화나 용역을 인도해주어야 하는 의무이다.
- **퇴직급여부채**: 확정금액의 채무는 아니지만 법률상의 의무 또는 의제의무에 해당하는 비금융부채는 제10장 '충당부채와 종업원급여'를 참조하기 바란다.

1.2 부채와 자본의 식별

지금까지 설명한 내용을 금융상품의 거래에 적용하여 부채로 처리해야 할지 아니면 자본으로 처리해야 할지 판단해보도록 하자. 금융상품의 거래에는 발행자와 상대방인 보유자(투자자)의 두 상대방이 있다. 이때 어느 한편은 현금을 수취하고 그 상대방은 현금을 지급한다. 현금을 지급하는 이유는 그만큼 가치가 있다고 판단하기 때문에 이를 자산으로 인식하고, 금융자산의 회계처리를 한다. 반면 현금을 수취한 발행자는 부채 또는 자본으로 인식해야 한다. 다음 [예제 9-1]을 통해 수취한 현금을 자본이나 부채 중 어떤 항목으로 인식하는 것이 타당한지 살펴보도록 하자.

예제 9-1　금융상품의 발행자가 결제방법을 선택할 수 있는 경우

꽃샘(주)는 현금 1억원을 수취하고, 1년후 다음과 같은 결제조건으로 금융상품을 발행하려고 한다. 금융상품의 발행자인 꽃샘(주)가 결제방법을 선택할 수 있는 옵션을 갖는 경우 이를 금융부채 혹은 자본 중 어느 항목으로 인식하는 것이 타당한지 판단해보시오.

[사례 1] 금융상품의 투자자(즉, 금융상품 소유자)가 현금 1억 1천만원을 상환하도록 요구할 수 있으나 발행자인 꽃샘(주)가 1,000주의 자기회사 주식을 발행해서 결제할 수 있는 권리를 가지는 경우

[사례 2] 꽃샘(주)가 자기주식 1,000주로 상환하거나 현금 1억 1천만원으로 상환할 수 있는 선택권을 가지고 있는 경우

| 풀이 |

이 경우 금융상품의 발행자인 꽃샘(주)는 어느 경우에나 현금으로 상환해야 하는 의무를 가지지 않기 때문에 금융부채로 인식하지는 않는다. 위의 [사례 2]에서 상환당시의 주가가 한 주당 ₩120,000이라면 주식을 발행하여 상환하는 경우 1억 2천만원을 상환(=₩120,000×1,000주)하는 경제적 실질이 되더라도 현금 상환을 선택하지 않을 수 있기 때문이다.

다음 [예제 9-2]를 통하여 보통주로 전환할 수 있는 조건의 사채를 발행하는 경우 금융부채의 정의에 부합되는지 검토해보도록 하자.

예제 9-2 보통주로 전환가능한 조건의 사채가 금융부채인가?

세기상사는 2년 이내 신규상장(IPO: Initial public offering)을 계획하고 있으며, 상장되는 경우 자동으로 보통주로 전환할 수 있는 조건의 사채를 발행하였다. 상장 여부는 증권거래소 등의 규제기관의 승인 여부에 달려 있으며, 신규상장을 하지 못하는 경우에는 발행한 사채를 전액 현금으로 상환하여야 한다.

[물음] 이 같은 경우 발행자인 세기상사가 수취한 현금을 주식발행에 따른 청약증거금 부채로 인식하는 것이 타당한가?

| 풀이 |

세기상사는 이러한 금융상품의 발행시점에서 규제기관의 승인을 받을 수 있을지 그리고 실제로 상장을 할 것인지 확신할 수 없기 때문에 상환의무를 피할 수 없으므로 부채로 인식하여야 한다. 마찬가지로 이러한 금융상품의 보유자(계약상대방)는 지분증권(주식)이 아닌 채권으로 회계처리하여야 한다.

저자의 Tip 이같은 성격과 유사한 금융상품인 전환사채에 대한 회계처리와 설명은 제4절의 '전환사채'를 참조하기 바란다.

개념 Plus IPO(기업공개, Initial Public Offering)란?

IPO란 외부 투자자가 공개적으로 주식을 매수할 수 있도록 기업이 자사의 주식과 경영 내역을 증권거래소를 통해 공개하고 거래종목으로 등록되도록 하는 것을 말한다. 즉, 선별된 상품이 마트 또는 백화점에 진열되어 수많은 소비자들을 대상으로 매매될 수 있도록 하는 것과 마찬가지다. 이를 통해 다수의 투자자들 사이에서 매매될 수 있게 되어 주식의 가격이 결정되거나 기업의 전체 가치를 객관적으로 평가받을 수 있는 수단이 되기도 한다. 유가증권(주식 등)을 매매할 수 있는 유통시장인 한국증권거래소의 코스피에는 큰 회사가, 코스닥은 미국의 나스닥을 본 떠 만든 주식거래 시장으로 중소·벤처회사가 상장되어 있다고 보면 된다.

제2절 금융부채의 분류

K-IFRS 제1109호에서는 금융부채의 인식 및 측정에 있어 당기손익-공정가치측정 금융부채와 상각후원가측정 금융부채로 분류하도록 규정하고 있다.

2.1 당기손익-공정가치측정 금융부채

당기손익-공정가치측정 금융부채(이하 '당기손익금융부채')는 단기매매를 목적으로 하는 금융부채와 최초 인식시점에 당기손익인식 항목으로 지정한 것으로 나뉜다. 금융자산의 경우와 마찬가지로 파생상품은 단기매매 목적으로 간주되므로 파생상품부채는 당기손익금융부채이다. 당기손익금융부채는 결산시 공정가치로 평가하고 발생하는 평가손익을 당기손익으로 인식한다. 당기손익금융부채의 예로 고정금리로 차입한 금융부채와 파생상품계약에 대하여 살펴보자.

■ 고정금리로 차입한 금융부채

2×11년 1월 1 블루(주)는 100억원을 연 3%의 고정이자율, 3년 만기 조건으로 차입하고 당기손익인식금융부채로 지정하였다. 이후 이자율이 4%로 상승하였다면 어떻게 될까? 이자율이 상승하였음에도 불구하고 3%의 이자비용만 부담해도 되므로 유리해졌다. 따라서 결산일에 1%에 해당하는 금액을 평가이익으로 인식한다. 반대로 이자율이 하락하였다면 평가손실을 인식하여야 한다.

■ 명목금액에 대한 파생상품계약

위의 블루(주)가 100억원을 실제로 차입하는 대신 '100억원의 명목금액'을 기준으로 연 3%의 고정이자율로 계산된 금액을 지급하는 대신 결산일의 이자율, 즉 변동금리로 계산된 이자금액을 수취하는 계약(금리스왑 파생상품)을 하나은행과 체결하였다. 블루(주)는 이러한 계약(금리스왑 파생상품 매입) 대가로 하나은행에 ₩4,000,000을 현금으로 지급하였다.

이후 이자율이 4%로 상승하였다면 어떻게 될까? 3%의 이자금액을 지급하는 대신 4%에 해당하는 금액을 수취하게 될 것이므로 그 차액만큼 평가이익을 다음과 같이 인식한다. 반대로 이자율이 하락하였다면 평가손실을 인식하여야 한다.

■ 매입과 평가: 블루(주)

(차)			(대)		
(차)	파생상품(금리스왑)	4,000,000	(대)	현　　금	4,000,000
	파생상품	×××		파생상품평가이익	×××

■ 매도와 평가: 하나은행

(차)			(대)		
(차)	현　　금	4,000,000	(대)	파생상품(금리스왑)	4,000,000
	파생상품평가손실	×××		파생상품	×××

요컨대 차입금과 같은 금융부채도 공정가치로 평가할 수는 있지만 금융기관 등을 제외한 일반 기업에서는 흔치 않은 일이다. 또한 금융부채는 차입한 원금 100억원이 실제로 유입·유출되지만 파생상품계약의 경우 원금이 실제로 유입되거나 유출되는 일 없이 계약상의 명목금액을 기준으로 평가차액(변동금리 이자액과 고정금리 이자액)만이 수수된다.

개념 Plus 단기매매를 목적으로 하는 금융부채란 어떤 것일까?

파생상품을 제외하면 사실 일반적인 것은 아니다. 금융상품의 발행자 입장은 보유자 입장과 매우 다른데 특히 금융상품의 재판매 가능성 면에서 그러하다. 채권을 예로 들면 보유자는 그 권리를 재판매할 수 있는데 그 경우도 시장에서 또 다른 투자자에게 판매하는 것이지 발행자에게 되파는 것은 아니다. 발행자는 의무를 지고 있는 당사자이므로 기본적으로 의무를 이전한다는 것은 상환의 경우 외에는 발생하기 어렵다. 즉, 부채를 매도한다는 것은 대가를 주면서 그 의무를 남에게 넘긴다는 것인데 이런 경우는 금융회사나 투자회사가 금융부채와 금융자산을 포함하는 포트폴리오 형태로 거래하는 경우 외에는 일반적으로 발생하지 않는다.

2.2 상각후원가측정 금융부채

당기손익금융부채가 아닌 금융부채는 모두 상각후원가측정 금융부채(이하 '상각후원가금융부채')로 분류하여 유효이자율법을 이용하여 상각후원가로 평가한다. 앞에서 설명한 대로 당기손익금융부채는 제조·유통업에 속한 일반 기업에서는 일반적이지 않으며, 대부분의 금융부채는 상각후원가금융부채이다.

개념 Plus 왜 기타포괄손익금융부채는 없을까?

금융자산의 분류와 비교하면 상각후원가금융부채는 상각후원가금융자산과 대응하는 부채라고 할 수 있다. 그렇다면 기타포괄손익금융자산과 대응하는 기타포괄손익금융부채는 왜 없는지를 생각해볼 필요가 있다. 앞에서 본 것처럼 금융부채의 매도란 일반적인 것이 아니며 발행자의 입장은 보유자 입장과는 달리 매도가능이라는 중간적인 위치가 있을 수 없기 때문이다.

2.3 금융부채의 종류에 따른 회계상 분류

금융부채의 종류별로 회계상의 분류를 적용하면 다음과 같다. 우선 파생상품에 해당하는 금융부채는 당기손익금융부채로 분류하여야 한다. 나머지 금융부채는 최초 인식시점에 당기손익항목으로 지정한 경우를 제외하면 전부 상각후원가금융부채로 분류된다.

물론 유동부채에 속할지 비유동부채에 속할지는 해당 금융상품의 만기에 따라 구분하면 될 것이다. 일반적으로 당기손익금융부채는 유동부채, 상각후원가금융부채는 비유동부채가 될 것이다.

제3절 금융부채의 측정

3.1 금융부채의 인식과 측정

금융자산이나 금융부채는 금융상품의 계약당사자가 되는 때에만 재무상태표에 인식한다. 그리고 금융자산이나 금융부채는 최초 인식시 공정가치로 측정한다. 다만, 당기손익금융부채가 아닌 경우 당해 금융부채의 발행과 직접 관련되는 거래원가(예를 들면, 사채발행비, 사채발행수수료 등)는 최초 인식하는 공정가치에 차감하여 측정한다.

개념 Plus 거래원가는 왜 차감될까?

금융자산의 경우와 달리 금융부채의 발행과 관련하여 거래원가가 발생되었다면 발행자 입장에서는 실질적으로 수취하는 금액이 줄어든 상황이기 때문이다. [예제 9-7]을 참조하기 바란다.

최초 인식후 금융부채의 후속측정은 당기손익금융부채(파생상품부채 포함)를 제외한 모든 금융부채는 유효이자율법을 사용하여 상각후원가로 측정한다.

3.2 금융부채에 대한 상각후원가 측정과 회계처리

대표적인 금융부채인 사채, 매입채무 및 차입금의 경우를 중점적으로 검토하기로 한다. 참고로 이들 금융부채 모두 상각후원가금융부채이다. 단, 사채는 학습하여야 할 내용이 매우 많으므로 다음의 제4절에서 별도로 다룬다.

개념 Plus 왜 상각후원가측정 금융부채를 계정과목 명칭으로 사용하지 않을까?

상각후원가금융부채에 대응하는 상각후원가금융자산의 경우 계정과목이름으로 '상각후원가금융자산'을 사용하였다. 그러나 부채의 경우는 앞에서 설명한 것처럼 대부분의 금융부채가 상각후원가금융부채에 해당하며 그 중에서도 사채와 장기차입금이 중요한 항목이다. 따라서 '상각후원가금융부채'라는 계정과목 대신에 별도의 계정과목을 사용하는 것이 재무제표이용자의 회계정보에 대한 이해가능성을 더 높일 것이기 때문이다.

(1) 장기매입채무와 장기미지급금

지급시점에 따라 매입채무와 장기매입채무 및 미지급금과 장기미지급금으로 나뉜다. 매입채무와 미지급금은 기업의 주된 영업활동과 관련한 재화나 용역의 외상구입액이며, 통상 만기에 지급될 금액으로 평가된다. 장기매입채무와 장기미지급금은 유효이자율법을 사용하여 상각후원가로 측정한다. 그 방법은 제3장에서 다룬 장기매출채권에 관한 [예제 3-1]과 [예제 3-2]의 경우와 기본적으로 동일하다.

예제 9-3 장기미지급금의 회계처리

꽃샘(주)는 2×13년 1월 1일에 중장비를 취득하고 3년 만기 무이자부 ₩100,000권 약속어음을 지급하였다. 할인율이 10%인 경우 약속어음의 현재가치를 계산하고, 취득시점과 다음 각 시점별로 꽃샘(주)의 회계처리를 하시오.

1. 2×13년 12월 31일, 2×14년 12월 31일, 2×15년 12월 31일의 결산수정분개
2. 2×15년 12월 31일의 어음의 원금지급에 관한 분개
3. 전체 3년의 기간을 한 회계기간으로 가정한 경우 계정과목과 금액을 분개형식으로 표시하시오.

| 풀이 |

단일금액의 현재가치계산: ₩100,000×0.7513(3년, 10% 현재가치이자요소)=₩75,130

또는 시점별 현재가치의 계산:

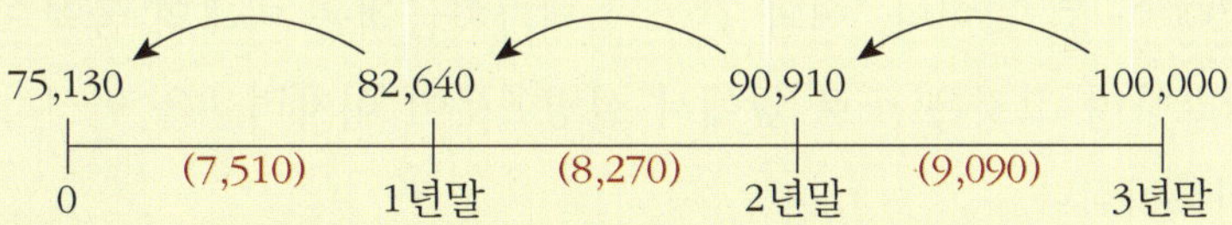

현재 가치: $100{,}000\times(1.1)^{-3}=100{,}000\times0.7513=75{,}130$

1년후 가치: $100{,}000\times(1.1)^{-2}=100{,}000\times0.8264=82{,}640$

2년후 가치: $100{,}000\times(1.1)^{-1}=100{,}000\times0.9091=90{,}910$

1. 취득시점의 분개와 매년말 결산수정분개

(차)	유형자산	75,130	(대) 장기미지급금	100,000
	현재가치할인차금	24,870		

2×13년 12월 31일

(차)	이자비용	7,510	(대) 현재가치할인차금	7,510*

* 75,130×10%, 끝자리수 조정

2×14년 12월 31일

(차) 이자비용	8,270	(대) 현재가치할인차금	8,270*

* 82,640×10%, 끝자리수 조정

2×15년 12월 31일

(차) 이자비용	9,090	(대) 현재가치할인차금	9,090*

* 90,919×10%, 끝자리수 조정

2. 2×15년 12월 31일 원금지급

(차) 장기미지급금	100,000	(대) 현 금	100,000

3. 3년의 기간을 한 회계기간으로 가정한 경우 계정과목과 금액을 분개형식으로 표시

(차) 유형자산	75,130	(대) 현 금	100,000
이자비용	24,870		

저자의 Tip 취득시점에서 현재가치할인차금의 차변잔액(장기미지급금을 차감시켜주는 역할)이 매 연도말 수정분개를 통해 줄어들게 되면 결과적으로 장기미지급금을 차감시켜주는 효과도 줄어들어 3년도 말에는 장기미지급금이 증가하여 명목상의 금액인 ₩100,000에 도달한다.

위의 [예제 9-3]에서 각 회계연도말에 나타난 결산수정분개의 의미를 검토해보자. 취득시에 기록된 장기미지급금은 그 후 매년말 그 시점의 현재가치로 평가되어야 한다. 해당 장기미지급금의 현재가치는 기간의 경과에 따라 당연히 증가되어 3년후 시점의 현재가치는 ₩100,000이 될 것이다. 이와 같이 현재가치금액을 미래의 금액으로 변환시켜가는 과정이 필요하며 그것은 바로 앞에서 설명했듯이 이자비용을 인식하는 결산수정분개를 통해 이루어진다.

이자비용은 현재가치의 증분이며 발생기준에 따른 것이라 할 수 있다. 이 경우 이자비용을 당장 현금으로 지급하지는 않더라도 3년후에 장기미지급금의 상환을 통해 지급하게 되므로 이자비용의 인식은 장기미지급금이라는 부채의 증가를 통해 이루어진다. 단, 장기미지급금을 ₩100,000이라는 명목상의 금액으로 인식하면서 차감계정인 현재가치할인차금계정을 사용하였으므로 결산수정분개에서는 현재가치할인차금계정을 감소시키면서(이를 상각이라고 표현함) 이자비용을 인식하면 된다. 이는 취득시 현금 ₩75,130을 차입한 다음 3년후에 원금과 이자를 더한 ₩100,000으로 차입금을 상환하는 것과 실질적으로 동일하다.

■ 현재가치할인차금상각의 계산방법

현재가치할인차금에 대한 상각의 계산을 위와 같이 시점별 현재가치를 계산해서 그 차이금액으로 할 수 있다. 또는 ₩75,130 상당의 차입금으로 현금을 조달하고 3년후에 ₩100,000을 지급하는 것으로 간주하여 2×13년말 분개시 ₩75,130에 10%를 곱하여 ₩7,513의 이자비용을 인식하고 차년도에 다시 (₩75,130+₩7,513)에 10%를 곱하는 식으로 계산한 후 끝자리수에 차이가 생기면 그것을 마지막연도에 조정하는 방법을 사용해도 상관없다. 실제 계산의 편의상 나중에 제시한 방법을 더 많이 사용한다.

■ 장기미지급금 금액과 자산의 취득원가의 일치 여부

여기에서 혼동하지 말아야 할 점은 취득시점에는 당연히 장기미지급금의 현재가치와 취득한 자산의 원가가 동일하지만 그 후 조정되는 금액은 취득원가가 아니라 장기미지급금이라는 것이다. 현재가치할인차금 조정을 통해 장기미지급금의 순장부금액이 해당 시점의 현재가치로 반영되며 3년이 지나면 미래가치와 같아지게 된다.

위의 [예제 9-3]의 경우 꼭 현재가치할인차금계정을 사용해야 하는가? 그렇지는 않다. 차감계정 없이 현재가치할인부분을 본 계정에서 직접 차감하는 것으로 표시할 수도 있으며 그 경우 유형자산 취득시의 분개는 다음과 같다. 실질적인 의미만 생각한다면 이러한 회계처리가 더 이해하기 쉬울 수도 있다.

(차) 유형자산(중장비)	75,130	(대) 장기미지급금	75,130*

* ₩100,000×0.7513(10%, 3년 현재가치이자요소)

추가로 2×13년 및 2×14년말의 관련 회계처리를 표시하면 다음과 같다.

2×13년말

(차) 이자비용	7,510	(대) 장기미지급금	7,510*

* 75,130×10% = 7,510(끝자리수 조정)

2×14년말

(차) 이자비용	8,270	(대) 장기미지급금	8,270*

* (75,130+7,510)×10% = 8,270(끝자리수 조정)

개념 Plus 장기매입채무와 장기매출채권의 회계처리는 어떻게 다를까?

개념은 기본적으로 동일하나 이 예제는 매입과 관련된 것이므로 현재가치와 관련된 부분이 [예제 3-1]과 [예제 3-2]의 경우와 비교하여 차변·대변의 발생내용이 반대인 점만 유의하면 된다. 즉, 현재가치할인차금은 차변에 발생하며 이자수익 대신 이자비용이 발생한다. 참고로 이 경우의 현재가치할인차금은 장기매입채무에 대한 차감계정으로 부채에 속하는 계정이라고 할 수 있다.
한편 해당 기계장치를 판매한 회사는 어떻게 회계처리하여야 할까? 판매한 입장이므로 [예제 3-1]과 [예제 3-2]의 경우와 같이 회계처리하면 될 것이다. 즉, 두 회사의 입장은 동전의 양면과 같다.

위의 [예제 9-3]과는 달리 매년 일정금액을 나누어 지급하는 할부구입의 경우에는 어떻게 회계처리하여야 할까? 다음 [예제 9-4]를 통해 학습해보도록 하자.

예제 9-4 대금지급의 장기이연(할부구입)

클린(주)는 2×01년 1월 1일에 기계장치를 구입하면서 ₩2,010,000씩 3회에 걸쳐 매년말 지급하기로 하였다. 할인율이 10%라고 한다면 취득시점의 회계처리와 1차연도말의 회계처리 및 2×02년 12월 31일 및 2×03년 12월 31일 대금지급의 회계처리를 하시오.

| 풀이 |

대금지급액에서 이자비용과 원금상환분을 분리해 낸 다음 이자비용을 기간비용으로 처리한다.

- **기계장치의 취득원가:** 10%, 연금의 현재가치이자요소 2.48685×₩2,010,000 = ₩5,000,000
  총이자비용: ₩6,030,000(2,010,000×3회지급) − ₩5,000,000(원금상당액) = ₩1,030,000

■ 매년 지급액에서 이자비용의 분리

일자	지급액	이자비용(10%)	원금상환	장기미지급금 장부금액 (원금 미상환액)
2×01년 1월 1일	–	–	–	₩5,000,000
2×01년 12월 31일	₩2,010,000	₩500,000*	₩1,510,000	3,490,000
2×02년 12월 31일	2,010,000	349,000**	1,661,000	1,829,000
2×03년 12월 31일	2,010,000	182,000***	1,829,000(끝자리수 조정)	0

* ₩5,000,000×10%=₩500,000
** ₩3,490,000×10%=₩349,000
*** ₩1,829,000×10%=₩182,000

■ 원금(장기미지급금)상환과 이자비용의 인식을 위한 회계처리

2×01년 1월 1일	(차) 기계장치	5,000,000	(대) 장기미지급금*	6,030,000
	현재가치할인차금	1,030,000		

* 재무상태표상에는 총지급해야 할 금액인 ₩6,030,000(장기미지급금)에서 ₩1,030,000(현재가치할인차금)을 차감하는 형식으로 표시된다.

2×01년 12월 31일	(차) 장기미지급금	2,010,000	(대) 현 금	2,010,000
	이자비용	500,000	현재가치할인차금*	500,000

* 장기미지급금 ₩6,030,000에서 ₩2,010,000을 상환한 결과 ₩4,020,000이 남지만, 현재가치할인차금도 ₩1,030,000에서 ₩500,000이 차감되어 ₩530,000의 잔액이 남게 되므로, 장기미지급금의 장부금액은 ₩4,020,000 − ₩530,000=₩3,490,000이 된다. 이는 향후 2회에 걸쳐 ₩2,010,000씩 갚아야 하는 부채의 현재가치와 동일하다.

2×02년 12월 31일	(차) 장기미지급금	2,010,000	(대) 현 금	2,010,000
	이자비용	349,000	현재가치할인차금	349,000
2×03년 12월 31일	(차) 장기미지급금	2,010,000	(대) 현 금	2,010,000
	이자비용	182,000	현재가치할인차금	182,000

단일금액과 연금이 혼합된 경우 금융부채에 대한 상각후원가와 이와 관련된 자산의 취득원가는 단일금액의 현재가치계산과 연금의 현재가치계산을 각각 한 다음 두 금액을 합하여 계산하면 된다. 3년 동안 현재가치할인차금이 상각되면서 이자비용으로 인식하는 회계처리 과정은 다음의 [예제 9-5]를 통해 살펴보기로 한다.

예제 9-5 자산의 취득원가와 약속어음의 현재가치

꽃샘(주)는 2×13년 1월 1일에 중장비를 할부로 취득하고 대금은 약속어음(액면 ₩100,000, 매년말 5%의 이자지급, 3년 만기)으로 지급하였다. 현재가치 할인율이 10%인 경우,

1. 약속어음의 현재가치를 계산하고 판매시점의 회계처리를 하시오.
2. 향후 3년 동안의 결산수정분개와 어음의 만기지급에 대한 회계처리를 하시오.

| 풀이 |

1. 약속어음의 현재가치의 계산
   1) 3년후 만기에 지급할 단일금액의 현재가치
      ₩100,000×0.7513(3년, 10% 현재가치요소)=₩75,130
   2) 매년말 지급하는 이자의 연금의 현재가치
      연금(액면이자)의 계산: ₩100,000×0.05=₩5,000
      연금의 현재가치: ₩5,000×2.4868(3년, 10% 연금의 현재가치이자요소)=₩12,434
      총 현재가치: ₩75,130+₩12,434=₩87,564

취득시점(2×13년 1월 1일)의 분개

(차)	기계장치(중장비)	87,564	(대) 장기미지급금	100,000
	현재가치할인차금	12,436		

2. 결산수정분개와 어음의 만기지급

2×13년 12월 31일 결산수정분개

(차)	이자비용	8,756*	(대) 현재가치할인차금	3,756
	* 87,564×10%		현 금	5,000

2×14년 12월 31일 결산수정분개

(차)	이자비용	9,132*	(대) 현재가치할인차금	4,132
	* (87,564+3,756)×10%		현 금	5,000

2×15년 12월 31일 결산수정분개

(차)	이자비용	9,548*	(대) 현재가치할인차금	4,548
	* (87,564+3,756+4,132)×10%+끝자리수 조정		현 금	5,000

2×15년 12월 31일 원금지급

(차)	장기미지급금	100,000	(대) 현 금	100,000

한편 현금을 미리 받고 나중에 재화와 용역을 제공하는 **선불판매거래**에도 지금까지 학습한 금융부채의 상각후원가의 측정과 회계처리는 그대로 적용된다. 다음 [예제 9-6]을 통해 살펴보도록 하자.

예제 9-6 계약부채의 상각후원가와 회계처리(선불판매거래)

세기(주)는 3년뒤 제품을 인도 · 판매하기로 2×13년 1월 1일에 계약하였으며, 대금은 계약시점인 2×13년 1월 1일에 ₩100,000을 선불로 받았으며, 할인율은 10%라고 한다.

[물음 1] 2×13년 12월 31일, 2×14년 12월 31일, 2×15년 12월 31일의 결산수정분개

[물음 2] 2×15년 12월 31일의 제품의 인도 · 판매시점의 분개

[물음 3] 전체 3년의 기간을 한 회계기간으로 가정한 경우 계정과목과 금액을 분개형식으로 표시하시오.

| 풀이 |

1. 계약시점(2×13년 1월 1일)의 분개:

(차) 현　금	100,000	(대) 계약부채	100,000

시점별 미래가치의 계산

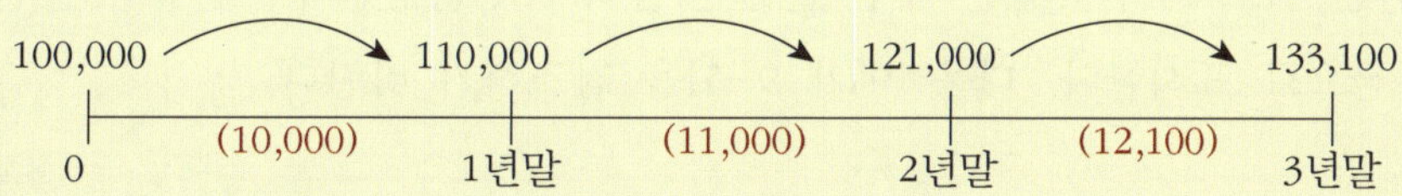

1년후 가치: 100,000×(1.1)=100,000×1.1=110,000

2년후 가치: $100{,}000\times(1.1)^2=100{,}000\times1.21=121{,}000$

3년후 가치: $100{,}000\times(1.1)^3=100{,}000\times1.331=133{,}100$

저자의 Tip 일단 현금을 받았기 때문에 그 대가에 상응하는 재화나 용역을 제공해주어야 할 의무가 발생하므로 부채로 인식하고, 선수금과 유사한 계약부채라는 계정과목으로 처리한다. 이때 시간이 지나가면서 점차 부채의 금액은 커질 것이다. 왜냐하면 3년뒤 미래 시점에서 ₩133,100 상당의 재화나 용역을 제공해주어야 하기 때문이다.

2×13년 12월 31일

(차) 이자비용	10,000	(대) 계약부채	10,000

2×14년 12월 31일

(차) 이자비용	11,000	(대) 계약부채	11,000

2×15년 12월 31일

(차) 이자비용	12,100	(대) 계약부채	12,100

2. 2×15년 12월 31일 인도·판매

(차) 계약부채	133,100	(대) 매　출	133,100

3. 3년의 기간을 한 회계기간으로 가정한 경우 계정과목과 금액을 분개형식으로 표시

(차) 현　금	100,000	(대) 매　출	133,100
이자비용	33,100		

저자의 Tip 이러한 선불거래의 실질은 당장 현금이 필요하기 때문에 3년뒤 매출을 통해 ₩133,100을 받을 것을 전제로 현재시점에서 ₩100,000의 현금을 빌린 다음, 매년 이자를 부담하는 것으로 볼 수 있다. 이때 차입금과 다른 점은 3년뒤 현금으로 상환하는 것이 아니라 제품의 인도·판매로 대신한다는 것이다.

3.3 차입금의 회계처리

차입금은 만기에 따라 단기차입금과 장기차입금으로 나뉜다. 단기차입금은 당좌예금 잔액을 초과하여 발행한 당좌수표 금액을 의미하는 당좌차월과 융통어음을 발행하여 자금을 조달하는 어음차입금을 포함한다. 당좌차월은 해당 금액으로 기록하면 되고 단기어음차입금은 주로 이자가 없는 대신 할인된 금액으로 발행된다. 이 경우 할인된 금액을 할인차금으로 표시한다. 다음 [예제 9-7]을 참조하기 바란다.

예제 9-7 **단기어음차입금의 회계처리**

세기(주)는 2×12년 10월 1일에 자금융통의 목적으로 1년 만기 무이자부 ₩100,000권 약속어음을 발행하면서 우리은행으로부터 8%의 할인율로 해당 어음을 할인하여 현금을 수취하였다. 이 경우 약속어음의 할인발행일과 2×12년 12월 31일 결산일의 회계처리를 하시오.

| 풀이 |

발행시점(2×12년 10월 1일)의 분개

(차)	현　　금	92,000	(대) 단기차입금	100,000
	단기차입금할인차금	8,000		

2×12년 12월 31일의 결산수정분개

(차)	이자비용	2,000*	(대) 단기차입금할인차금	2,000

$* ₩8,000 \times \frac{3}{12} = ₩2,000$

개념 Plus 단기차입금에 대한 할인율은 어떻게 적용하나요?

현재가치기법에서 배운 대로 계산한다면 할인후 수취할 금액은 ₩100,000/1.08이 되어야 하나 단기에 해당하는 경우 편의상 ₩100,000 × (1 − 0.08)로 계산하는 방법으로 거래된다. 이 경우의 실질적인 유효이자율은 8.7%(₩8,000/₩92,000)라고 할 수 있다. 할인차금의 상각도 편의상 해당 월수의 단순비율에 따라 계산한다. 즉, ₩8,000 $\times \frac{3}{12}$ = ₩2,000으로 계산한 것이다.

개념 Plus 왜 현재가치할인차금계정 대신에 단기차입금 할인차금계정을 사용하나요?

현재가치할인차금계정은 일반적인 용어로 앞에서 본 바와 같이 상황에 따라 자산의 차감계정일 수도 있고 부채의 차감계정일 수도 있다. 따라서 계정과목의 명칭으로 사용할 때 관련계정의 명칭을 붙여서 쓰면 그 성격을 더 이해하기 쉬울 것이기 때문에 이 경우 단기차입금할인차금계정이라는 명칭을 사용하였다. 실무적으로도 각각의 모든 현재가치할인차금계정이 어느 계정과 관련이 있는지를 명시할 필요가 있을 것이다.

은행 등 금융기관에서 차입하는 경우도 만기에 따라 단기차입금과 장기차입금으로 구분할 수 있다. 이 경우 차입시점에 빌리는 금액이 정해지고 관련 이자율도 정해지므로 회계처리는 매우 단순하다. 발생주의에 따라 관련 이자비용을 인식하고 지급 여부에 따라 선급비용이나 미지급비용으로 조정해주면 된다.

참고로 장기차입금의 만기가 결산일을 기준으로 1년 이내가 되었을 경우 해당 장기차입금을 단기차입금이 아니라 **유동성장기부채**로 분류한다.

예제 9-8 장기차입금의 회계처리

세기(주)는 2×12년 10월 1일에 자금조달의 목적으로 우리은행으로부터 ₩100,000을 차입하였다. 차입조건은 3년 만기, 이자율은 10%이며, 이자는 매 12개월마다 지급하는 것이다. 이 경우 은행차입일과 2×12년 12월 31일 결산일의 회계처리를 하시오.

| 풀이 |

차입시점(2×12년 10월 1일)의 분개

(차) 현 금	100,000	(대) 장기차입금	100,000

2×12년 12월 31일의 결산수정분개

(차) 이자비용	2,500*	(대) 미지급비용	2,500

* $₩100,000 \times 10\% \times \frac{3}{12}$

개념 Plus 차입금이 현재가치로 계산된 것일까?

이 경우 미래의 현금흐름은 3년후 지급될 ₩100,000과 매 12개월마다 지급될 액면이자 ₩10,000이며 그러한 미래 현금흐름의 현재가치가 ₩100,000으로 결정된 셈이다. 할인율이 얼마인가가 문제인데 이 경우 10%가 명목이자율인 동시에 유효이자율(제3장 [예제 3-5]에서 설명된 바와 같이 유효이자율은 할인율과 같은 개념임)일 수밖에 없다. 궁금한 학생을 위하여 현재가치를 단계별로 나누어 계산해보면 다음과 같다.

- 3년후 만기에 받을 단일금액의 현재가치
  ₩100,000 × 0.7513(3년, 10% 현재가치요소) = ₩75,130
- 매년말 받는 연금의 현재가치
  연금(액면이자)의 계산 ₩100,000 × 10%= ₩10,000
  연금의 현재가치 ₩10,000× 2.4868(3년, 10% 연금의 현재가치요소) = ₩24,868
  총현재가치 ₩75,130 + ₩24,868 = ₩100,000(끝자리수 조정)

다음 절에서 다루는 사채의 경우는 일반 투자자로부터 자금을 조달하는 경우이므로 명목이자율과 유효이자율이 다를 수 있으나 차입금은 계약의 구조상 명목이자율과 유효이자율이 동일하다.

개념 Plus 장 · 단기차입금 모두 유효이자율법을 사용하여 상각후원가로 측정하나요?

단기어음차입금은 단기라는 특성상 유효이자율 대신 편의상 단순할인율을 사용하였다. 장기차입금의 경우는 위에서 본 바와 같이 명목이자율과 유효이자율이 같으므로 상각후원가가 바로 원래 차입금액과 같다. 즉, 모든 차입금은 상각후원가로 측정된 것이다.

제4절 사채

4.1 사채의 의의 및 종류

사채는 기업이 일반 투자자로부터 금융시장의 제도적 규제하에서 자금을 조달하기 위하여 부담하는 채무로 유가증권의 형태를 사용하여 발행된다. 만기가 있고 액면이자율이 정해져 있는 점 등은 은행차입금과 유사하나 일반 투자자로부터의 직접적인 자금조달이라는 점에서 중요한 차이가 있다. 한편 사채의 종류는 다음과 같다.

■ 상환방법에 따른 분류

가장 일반적인 사채는 만기에 전액이 상환되는 것으로 **일시상환사채**라고 부른다. 연금지급과 유사하게 매 기간마다 같은 금액을 상환하는 사채는 **연속상환사채**라고 하며 발행자가 특정 시점에 상환할 수 있는 권리를 갖고 있는 사채는 **수의상환사채**라고 부른다.

■ 부가권리에 따른 분류

사채의 보유자가 사채의 현금상환 대신에 주식으로 전환할 수 있는 권리를 가지는 사채가 **전환사채**이다. 전환사채는 주식으로의 전환권이 첨부되어 있으므로 순수한 금융부채가 아니라 부채와 자본의 요소를 동시에 가지고 있는 복합금융상품이다. 다음의 4.4에서 전환사채의 발행에 관한 회계처리에 대해서 간단히 설명한다.

전환사채와 달리 일정 수의 주식을 별도로 인수할 수 있는 권리가 부여되는 사채는 **신주인수권부사채**라고 한다. 신주인수권부사채도 전환사채와 마찬가지로 부채와 자본의 요소를 동시에 가지고 있는 복합금융상품이다. 복합금융상품은 본 교재의 범위를 벗어나므로, 중급회계나 고급회계 과목에서 학습하기 바란다.

■ 기타의 분류

제3자에 의한 보증 여부에 따라 **보증사채**와 **무보증사채**로 나눌 수 있으며 담보 여부에 따라 **담보사채**와 **무담보사채**로 나눌 수 있다. 사실 신용도가 높은 회사가 아니라면 사채의 발행이 쉽지 않을 수 있으며, 그럴 경우 제3자에 의한 보증이나 담보를 추가하여 그 발행을 가능하게 하기도 한다.

4.2 사채의 발행

(1) 사채의 발행금액 결정

사채의 발행금액은 기본적으로 사채의 미래현금흐름을 발행당시의 시장이자율로 할인한 금액으로 결정된다. 사채의 미래현금흐름은 만기에 지급될 금액, 즉 사채의 액면금액과 발행기간 동안 정해진 시점에 지급될 사채이자로 구성된다. 사채이자는 액면금액에 액면이자율을 곱한 금액으로 결정되는 액면이자율과 시장이자율의 차이에 따른 이자차액을 발행금액에 조정하며, 바로 이러한 계산과정에 **유효이자율법**이 적용된다.

개념 Plus 이자율에 대한 용어의 정리

현재가치를 계산하는 데 있어 이자율과 관련한 용어는 여러 가지가 있고 종종 혼용되어 사용된다. 우선 제3장의 공정가치의 기본개념의 설명에는 이자율과 할인율이 동전의 양면처럼 사용되었다. 제3장의 [예제 3-5]에서 설명된 바와 같이 할인율은 시장이자율 또는 유효이자율이라고도 한다. 그리고 어음이나 사채의 권면상 지정되어 있는(즉, 증권에 표시되어 있는) 이자율은 명목이자율 또는 액면이자율로 불린다. 한 가지 유의할 점은 시장이자율과 유효이자율을 구분하여 다르게 사용하는 경우가 있는데 다음 [예제 9-9]를 참조하기 바란다.

예제 9-9 사채발행금액의 결정

세기(주)가 2×13년 1월 1일에 액면금액 ₩100,000, 매년말 액면이자 10% 지급, 3년 만기인 사채를 발행하려고 한다. 시장이자율이 10%, 12%, 8%인 경우 각각에 대해 사채의 발행금액을 계산하고 액면발행·할인발행·할증발행 중 어느 경우에 해당하는지 설명하시오.

| 풀이 |

- 10%인 경우
  - 3년후 만기에 받을 단일금액의 현재가치

₩100,000×0.7513(3년, 10% 현재가치요소)=₩75,130

• 매년말 받는 이자의 현재가치

액면이자의 계산 ₩100,000×10%=₩10,000

연금의 현재가치 ₩10,000×2.4868(3년, 10% 연금의 현재가치요소)=₩24,868

발행금액 ₩75,130+₩24,868=₩100,000(끝자리수 조정)

액면이자율과 시장이자율이 같을 경우에는 액면금액으로 발행된다. [예제 9-8]의 장기차입금의 경우와 동일한 결과이다.

■ 12%인 경우

• 3년후 만기에 받을 단일금액의 현재가치

₩100,000×0.7118(3년, 12% 현재가치요소)=₩71,180

• 매년말 받는 이자의 현재가치

액면이자의 계산 ₩100,000×10%=₩10,000

연금의 현재가치 ₩10,000×2.4018(3년, 12% 연금의 현재가치요소)=₩24,018

발행금액 ₩71,180+₩24,018=₩95,198

저자의 Tip 액면이자율이 시장이자율보다 낮은 경우로 액면금액에서 할인된 금액으로 발행된다. 이 경우 투자자는 시장에서 12%의 수익률을 달성할 수 있으므로 액면상 10%의 이자를 주는 사채를 액면금액으로 구입하지는 않을 것이다. 실질적으로 12%의 수익률을 실현할 수 있는 할인된 금액으로(3년간 2%의 이자차액에 상응하는 만큼의 금액을 차감하고) 구입할 수 있다면 투자할 것이며, 그 할인된 금액이 바로 현재가치이다.

■ 8%인 경우

• 3년후 만기에 받을 단일금액의 현재가치

₩100,000×0.7938(3년, 8% 현재가치요소)=₩79,380

• 매년말 받는 이자의 현재가치

액면이자의 계산 ₩100,000×10%=₩10,000

연금의 현재가치 ₩10,000×2.5771(3년, 8% 연금의 현재가치요소)=₩25,771

발행금액 ₩79,380+₩25,771=₩105,151

저자의 Tip 액면이자율이 시장이자율보다 높은 경우로 액면금액에서 할증된 금액으로 발행된다. 이 경우 투자자는 시장에서 8%의 수익률밖에 실현할 수 없는데 이 사채는 액면상 10%의 이자를 주므로 액면금액보다 비싸게(즉, 3년간 2%의 이자차액에 상응하는 만큼의 금액을 더 주고) 구입할 용의가 있다. 실질적으로 8%의 수익률을 달성할 수 있는 할증된 금액으로 발행금액이 결정될 것이며 그 할증된 금액도 마찬가지로 현재가치이다.

예제 9-10 시장이자율과 유효이자율의 차이: 사채발행비가 있는 경우

세기(주)가 2×13년 1월 1일에 액면금액 ₩100,000, 매년말 액면이자 10% 지급, 3년 만기인 사채를 발행하려고 한다. 시장이자율이 10%이며 사채발행비로 ₩2,443이 발생된 경우 사채의 순발행금액을 계산하고 실질적인 유효이자율이 얼마인지 계산하시오.

| 풀이 |

사채의 순발행금액은 다음과 같다.

시장이자율로 계산된 현재가치 (액면이자율과 시장이자율이 10%로 동일)	₩100,000
차감: 사채발행비	(2,443)
순발행금액	₩97,557

저자의 Tip 이 경우 발행자는 현재가치에서 사채발행비를 차감한 금액밖에 수취하지 못하였으므로 사채의 미래현금흐름의 현재가치가 ₩97,557이 되는 할인율이 유효이자율이며 이를 현재가치표에서 찾아 계산해보면 11%이다. 이 경우 시장이자율은 10%이지만 발행자의 입장에서의 유효이자율은 11%로 사채발행비로 인하여 차이가 나는 것이다.

[예제 9-10]의 경우처럼 명시적으로 사채발행비를 구분한 후 유효이자율을 별도로 계산해야 할 상황이 아니면 시장이자율과 유효이자율을 구분하지 않고 사용하는 경우가 일반적이다. 이 경우의 거래를 분개로 표시하면 다음과 같다.

(차)	현 금	97,557	(대)	사 채	100,000
	사채할인발행차금	2,443			

또는

(차)	현 금	100,000	(대)	사 채	100,000
	사채할인발행차금	2,443		현 금	2,443

저자의 Tip 앞의 제3절에서 설명한 바와 같이 사채발행비는 비용계정이 아니라 사채의 공정가치를 차감하는 방법으로 인식한다. 따라서 이 경우는 사채할인발행차금계정을 사용하였다.

개념 Plus 사채발행비 때문에 부채로 인식되는 사채순발행금액이 줄었는데 좋은 것인가요?

사채발행비가 사채의 금액에서 차감되어 발행시 인식된 순발행금액(액면금액−사채할인발행차금)이 줄어 부채 인식금액이 감소한 것은 맞다. 그러나 그 금액은 사채의 발행기간 동안 할인발행차금의 상각을 통해 앞으로 비용화될 것이다. 즉, 발행시점의 비용이 아니라 사채의 발행기간 동안 비용으로 인식하기 위하여 이연된 결과로 나타난 것이다.

(2) 발행 및 발행일 후의 회계처리

발행 및 발행일 후의 회계처리는 제3장 [예제 3−6]의 경우나 이 장의 [예제 9−3]의 경우와 기본 개념은 동일하다. 액면이자율과 시장이자율이 같거나 다를 경우에 필요한 회계처리를 다음과 같이 나누어 연습해보도록 하자.

- 액면이자율＝시장이자율: **액면발행** [예제 9−11]
- 액면이자율＜시장이자율: **할인발행** [예제 9−12]
- 액면이자율＞시장이자율: **할증발행** [예제 9−13]

예제 9-11 사채발행 및 발행일 후의 회계처리(액면발행)

[예제 9−9]와 같은 조건으로 사채를 발행할 때 시장이자율이 10%인 경우 발행일 및 발행일 후의 매 결산기 이자비용의 인식과 만기시점의 상환에 대한 회계처리를 하시오.

| 풀이 |

- 10%인 경우

액면발행이므로 [예제 9−8] 장기차입금의 경우와 동일하다.

발행일(2×13년 1월 1일)

(차) 현　금	100,000	(대) 사　채	100,000

2×13년 12월 31일의 결산수정분개

(차) 이자비용	10,000	(대) 현　금	10,000

2×14년 12월 31일의 결산수정분개

(차) 이자비용	10,000	(대) 현　금	10,000

2×15년 12월 31일의 결산수정분개

(차) 이자비용	10,000	(대) 현　금	10,000

만기상환

(차) 사　채	100,000	(대) 현　금	100,000

예제 9-12 사채발행 및 발행일 후의 회계처리(할인발행)

세기(주)가 2×13년 1월 1일에 액면금액 ₩100,000, 매년말 액면이자 10% 지급, 3년 만기인 사채를 발행하려고 한다. 시장이자율이 12%인 경우 발행일 및 발행일 후의 매 결산기의 이자비용의 인식과 만기시점의 상환에 대한 회계처리를 하시오.

| 풀이 |

- 12%인 경우

할인발행의 경우로 분개에 앞서 할인차금상각표를 만들어보면 다음과 같다.

구분	이자비용 (A)	현금이자 (B)	차금상각액 (C)	할인차금잔액 (D)	사채의 장부금액(E)
2×13년 1월 1일				₩4,802	₩95,198
2×13년 12월 31일	₩11,424	₩10,000	₩1,424	3,378	96,622
2×14년 12월 31일	11,595	10,000	1,595	1,783	98,217
2×15년 12월 31일	11,783*	10,000	1,783	0	100,000

* 끝자리수 조정(끝자리 숫자가 남지 않도록 처리한 것이다)
(A) = 전년도말(E) × 12%
(C) = (A) − (B)
(D) = 전년도말(D) − (C)
(E) = 100,000 − (D) 또는 전년도말 장부금액 + 차금상각액(C)

발행일(2×13년 1월 1일)

(차) 현 금	95,198	(대) 사 채	100,000
사채할인발행차금	4,802		

2×13년 12월 31일의 결산수정분개

(차) 이자비용	11,424	(대) 현 금	10,000
		사채할인발행차금	1,424

2×14년 12월 31일의 결산수정분개

(차) 이자비용	11,595	(대) 현 금	10,000
		사채할인발행차금	1,595

2×15년 12월 31일의 결산수정분개

(차) 이자비용	11,783	(대) 현 금	10,000
		사채할인발행차금	1,783

만기상환

(차) 사 채	100,000	(대) 현 금	100,000

예제 9-13 사채발행 및 발행일 후의 회계처리(할증발행)

세기(주)가 2×13년 1월 1일에 액면금액 ₩100,000, 매년말 액면이자 10% 지급, 3년 만기인 사채를 발행하려고 한다. 시장이자율이 8%인 경우 발행일 및 발행일 후의 매 결산기의 이자비용의 인식과 만기시점의 상환에 대한 회계처리를 하시오.

| 풀이 |

- 8%인 경우

분개에 앞서 할증차금상각표를 만들어보면 다음과 같다. 단, 이 경우는 '할인차금'이 아니라 '할증차금'이라는 용어를 사용한다.

구분	이자비용 (A)	현금이자 (B)	차금상각액 (C)	할증차금잔액 (D)	사채의 장부금액(E)
2×13년 1월 1일				₩5,151	₩105,151
2×13년 12월 31일	₩8,412	₩10,000	₩1,588	3,563	103,563
2×14년 12월 31일	8,285	10,000	1,715	1,848	101,848
2×15년 12월 31일	8,152*	10,000	1,848	0	100,000

* 끝자리수 조정(끝자리 숫자가 남지 않도록 처리한 것이다)
(A) = 전년도말(E) × 8%
(C) = (B) − (A)
(D) = 전년도말(D) − (C)
(E) = 100,000 + (D) 또는 전년도말 장부금액 − 차금상각액(C)

발행일(2×13년 1월 1일)

(차) 현 금	105,151	(대) 사 채	100,000
		사채할증발행차금	5,151

2×13년 12월 31일의 결산수정분개

(차) 이자비용	8,412	(대) 현 금	10,000
사채할증발행차금	1,588		

2×14년 12월 31일의 결산수정분개

(차) 이자비용	8,285	(대) 현 금	10,000
사채할증발행차금	1,715		

2×15년 12월 31일의 결산수정분개

(차) 이자비용	8,152	(대) 현 금	10,000
사채할증발행차금	1,848		

만기상환

(차) 사 채	100,000	(대) 현 금	100,000

개념 Plus 할인발행 · 할증발행 · 액면발행의 비교

시장이자율	사채발행금액	총액면이자	총이자비용*
10%	100,000	30,000	30,000
12%	95,198	30,000	34,802
8%	105,151	30,000	24,849

* 총이자비용＝총액면이자＋사채할인발행차금(또는 총액면이자－사채할증발행차금)

(3) 이자지급일 사이의 사채 발행

[예제 9-9]와 같은 조건으로 사채를 발행할 때 만약 실제 발행일이 권면상 발행일인 2×13년 1월 1일이 아니고 2×13년 7월 1일이라면, 이자지급일 사이의 사채발행에 해당한다. 이 경우 2×13년 7월 1일에 사채를 취득한 당사자에게도 이자의 지급 및 사채금액의 상환은 권면상 조건대로 이루어진다. 특히 첫 이자는 실제 발행일과 상관없이 2×13년 12월 31일에 지급된다.

개념 Plus 왜 이런 경우가 발생할까요?

이해하기 힘들다고 생각할 수도 있으나 실제 이런 경우는 자주 생긴다. 권면상 발행일에 모든 사채의 발행을 계획하고 증권의 실물도 인쇄를 한 상황에서 실제 발행이 한꺼번에 이루어지지 않고 나중으로 미루어질 수도 있기 때문이다. 특히 국채발행의 경우 이런 경우가 많이 생긴다. 발행이 실제로 이루어질 때마다 새로운 증권을 발행하는 것보다 편리할 수도 있기 때문이다. 또한 최초발행일에 발행된 사채에 대한 매매가 최초발행일 이후에 이루어지는 경우 그 매매가격도 이와 같은 원리에 의해 결정된다.

개념 Plus 그렇다면 해당 사채를 나중에 사는 것이 유리한가요?

단순히 생각하면 그렇겠지만 앞에서 본 바와 같이 모든 거래는 그 시점의 공정가치에 따라 이루어지므로 이자지급일 사이의 사채발행의 경우도 발행자나 구입자 누구에게도 유리하거나 불리하지 않게 가격이 결정될 것이다. 이 경우 원 발행일에 발행하는 경우보다 발행자가 불리(투자자가 유리)한 셈이므로 발행가액이 상대적으로 높아질 것이다. 왜냐하면 이자지급일이 그만큼 더 빨리 다가오기 때문이다. 결국 권면상 발행일로부터 실제 발행일까지의 이자의 발생분에 대한 가치가 반영되어 발행가액이 결정될 것이다.

예제 9-14 이자지급일 사이의 사채 발행

[예제 9-9]와 같은 조건의 사채가 2×13년 7월 1일에 발행되었고 시장이자율이 12%인 경우 발행일의 회계처리를 하시오(결산일인 2×13년 12월 31일의 회계처리는 「Study Guide」의 심화학습을 참조).

| 풀이 |

■ 발행금액의 계산 및 발행일의 거래에 대한 회계처리

발행금액은 2×13년 7월 1일 시점의 현재가치이다. 2×13년 7월 1일 시점의 현재가치의 증분은 2×13년 1월 1일의 현재가치에 유효이자율을 곱하되 기간이 6개월밖에 경과하지 않았으므로 그 1/2만 적용하면 될 것이다. 즉,

2×13년 1월 1일의 현재가치	₩95,198
2×13년 7월 1일 시점의 현재가치증분	95,198 × 12% × 1/2 = 5,712
2×13년 7월 1일의 현재가치, 즉 발행금액	₩100,910

개념 Tree 할인발행되었을 사채임에도 액면금액 이상으로 발행되는 이유는 무엇인가요?

간단히 얘기하면 실제 발행후 6개월 밖에 지나지 않은 시점에 1년분에 대한 이자를 지급하게 되므로 그에 대한 가치, 즉 6개월분의 이자상당액이 반영되었기 때문이다. 발행자의 입장에서 보면 이미 지난 6개월에 대한 이자를 발행시에 투자자로부터 미리 받아두었다가 발행 6개월후 1년치 이자를 지급하게 되는 것과 같다. 즉, 발행자가 받은 총금액 ₩100,910은 액면이자율로 계산된 6개월분 경과이자 ₩5,000과 사채의 순수발행금액으로 구성되어 있다.

2×13년 7월 1일의 현재가치, 즉 발행금액	₩100,910
6개월분 경과이자	(5,000)
사채의 순수발행금액	₩95,910

따라서 총 ₩100,910을 수취한 발행일의 분개는 다음과 같이 나누어 볼 수 있다.

발행일(2×13년 7월 1일)의 분개

(차)	현 금	95,910	(대) 사 채	100,000
	사채할인발행차금	4,090		
(차)	현 금	5,000	(대) 미지급사채이자	5,000

저자의 Tip 참고로 위 두 분개를 합쳐서 다음과 같이 한꺼번에 회계처리할 수도 있다.

(차)	현 금	100,910	(대) 사 채	100,000
	사채할인발행차금	4,090	미지급사채이자	5,000

4.3 사채의 상환

사채는 정해진 상환일에 상환되는 것이 일반적이다. 제8장에서 살펴본 바와 같이 금융상품(이 경우 사채)의 보유자는 시장에서 금융상품을 매각할 수 있으나 그 경우의 구매자인 상대방은 새로운 투자자이지 원래의 발행자는 아니다. 즉, 발행자 입장에서는 발행자가 상환할 수 있는 권리가 부여되어 있는 수의상환사채가 아니라면 만기가 되기 전에 사채를 상환하는 것은 일반적으로 불가능하다. 만기상환이나 정해진 일자에 상환하는 연속상환사채의 상환은 이미 살펴보았으므로 여기서는 수의상환사채의 상환에 대해 다음 예제를 통해 학습해보기로 한다.

예제 9-15 수의상환사채의 상환

세기(주)가 2×13년 1월 1일에 액면금액 ₩100,000, 매년말 액면이자 10% 지급, 3년 만기인 사채를 발행하였다. 발행시점의 시장이자율은 12%이었고 발행자가 상환권리를 갖는 수의상환사채이다. 세기(주)는 2×14년 12월 31일에 사채 전액을 시가로 상환하였다. 2×14년 12월 31일의 시장이자율이 13%인 경우 상환시점의 회계처리를 하시오.

| 풀이 |

■ 상환시점의 사채의 장부금액의 계산

사채에 대한 회계처리는 [예제 9-12] 시장이자율이 12%인 경우에 해당하는 할인발행차금상각표에 따라 이루어질 것이다. 따라서, 2×14년 12월 31일 시점의 사채의 장부금액은 다음과 같다.

액 면 금 액	₩100,000
할인발행차금	(1,783)
장 부 금 액	₩ 98,217

■ 상환금액의 계산

사채의 시가는 그 시점의 공정가치를 반영하여 결정될 것이다. 따라서 상환금액은 그 시점의 시장이자율을 토대로 계산된 현재가치이다. 즉, 1년 만기인 사채의 현금흐름을 13%의 할인율로 계산하면 다음과 같다.

원금	₩100,000×0.8850(1년, 13% 현재가치요소)	=₩88,500
이자	₩10,000×0.8850(1년, 13% 현재가치요소)	=₩ 8,850
합계		₩97,350

위 두 금액의 차이가 사채상환손익에 해당하며 상환시점의 분개는 다음과 같다.

(차) 사 채	100,000	(대) 현 금	97,350
		사채할인발행차금	1,783
		사채상환이익	867

개념 Plus 2×14년 12월 31일 시점의 사채의 상환금액이 왜 새로 계산되었을까요?

제3장에서 공부한 '공정가치'에서 보았듯이 정상적인 거래는 그 시점의 공정한 시장가치에 의해 결정되며 2×14년 12월 31일의 시장이자율이 13%로 변했기 때문에 13%의 할인율로 상환될 금액이 결정되기 때문이다.

개념 Plus 사채의 장부금액은 시장이자율의 변화를 반영하여야 할까요?

그렇지 않다. 앞에서 보았듯이 사채는 상각후원가금융부채이며 발행시점의 시장이자율로 결정된 상각표에 따라 만기까지의 장부금액이 이미 결정되어 있다. 즉, 시장이자율의 추후 변화에 따라 해당 사채의 공정가치는 실제로 계속 변하지만, 이는 투자자의 입장에서 평가손익으로 나타날 뿐이다. 일반적으로 만기까지 가져갈 수밖에 없는 발행자의 입장에서는 공정가치의 변화를 굳이 반영할 필요가 없다. 이렇게 공정가치에 따른 평가를 하지 않는다는 것이 바로 상각후원가금융부채의 진정한 의미이다.

4.4 전환사채

전환사채는 보유자가 일정한 조건하에 사채를 주식으로 전환할 수 있는 권리를 가지고 있는 사채이다. 전환권은 보통 사채의 액면금액을 기준으로 몇 주의 주식으로 전환할 수 있는지가 정해져 있고, 그렇기 때문에 자본으로 분류된다. 즉, 전환사채는 발행자의 입장에서는 제8장 금융상품에서 설명한 금융부채로서의 사채와 자본으로서의 전환권이 복합되어 있는 복합금융상품이다.

전환권은 **내재파생상품**(개별적으로 존재하는 파생상품이 아니라 사채라는 금융상품에 부가되어 있는)의 일종으로, 보유자(즉, 투자자) 입장에서 해당 주식의 가격이 전환가격보다 높아지면 사채로 보유하는 것보다 주식으로 전환한 후 매각을 통해 자본이득을 실현할 수 있기 때문에 가치가 있는 것이다. 전환사채의 경우 이 전환권의 가치는 해당 전환사채의 실제 발행가격과 전환권이 없는 일반사채의 발행가격과의 차이로 측정된다. 다음에서는 복합금융상품에 해당하는 전환사채에 관한 예제를 학습해보기로 한다.

예제 9-16 전환사채의 발행 및 전환권 행사

세기(주)가 2×13년 1월 1일에 액면금액 ₩100,000, 매년말 액면이자 10% 지급, 3년 만기인 사채를 ₩98,960에 발행하였다. 발행시점의 시장이자율은 12%이었고 투자자에게 사채액면 ₩10,000 기준 1주의 보통주(주당 액면 ₩5,000)로 전환할 수 있는 권리가 부여된 전환사채이다. 2×14년 1월 1일에 투자자의 전환권행사에 따라 사채 전체가 주식으로 전환되었다. 발행자인 세기(주)의 입장에서 관련 거래에 대한 회계처리를 하시오.

| 풀이 |

■ 전환권 가치의 계산 및 발행일의 회계처리

전환권이 없는 일반사채의 발행금액은 [예제 9-12] 시장이자율이 12%인 경우를 참조하면 된다. 따라서, 전환권 가치의 계산은 다음과 같다.

전환사채 발행금액	₩98,960
전환권 없는 일반사채 발행금액	(95,198)
전환권 가치	₩ 3,762

즉, 총수취금액 ₩98,960 중 금융부채인 전환사채로 기록될 금액은 ₩95,198이며 자본인 전환권대가로 기록될 금액은 ₩3,762이다. 따라서 발행일(2×13년 1월 1일)의 분개는 다음과 같다.

(차)	현 금	95,198	(대) 전환사채	100,000
	사채할인발행차금	4,802		
(차)	현 금	3,762	(대) 전환권대가(자본잉여금)	3,762

저자의 Tip 참고로 위 두 분개를 합쳐서 다음과 같이 한꺼번에 회계처리할 수도 있으며, 이 경우 전환권대가는 주식으로 전환할 수 있는 옵션의 가치로서 주주의 입장에서 불입한 것이므로 자본으로 인식한다.

(차)	현 금	98,960	(대) 전환사채	100,000
	사채할인발행차금	4,802	전환권대가	3,762

■ **발행후 전환권 행사 전까지에 대한 분개**

자본으로 기록된 전환권 대가에 대해서는 아무런 변화가 없으므로 그에 대해 추가로 기록할 분개는 없다. 사채부분은 [예제 9-12]의 할인발행차금상각표에 따라 차금상각에 관한 분개가 [예제 9-12]의 경우와 동일하게 이루어진다. 따라서 2×13년 12월 31일의 결산수정분개는 다음과 같다.

(차) 이자비용	11,424	(대) 현　금	10,000
		사채할인발행차금	1,424

■ **전환권 행사에 대한 분개**

사채액면 ₩10,000당 1주의 보통주(주당 액면 ₩5,000)로 전환되므로 사채 전체가 총 10주의 보통주로 전환된다. 2×13년 12월 31일의 사채의 순장부금액이 ₩96,622이므로 10주의 총발행금액도 ₩96,622이 되며, 액면금액과의 차이는 주식발행초과금으로 기록된다. 주식발행초과금에 대해서는 제11장 '자본'을 참조하기 바란다. 이 경우 전환에 대한 분개는 다음과 같다.

(차) 사채	100,000	(대) 자본금	50,000
		주식발행초과금	46,622
		사채할인발행차금	3,378*

* 전환시점의 사채할인발행차금의 잔액(₩4,802 − ₩1,424 = ₩3,378)

한 가지 추가로 기록해야 할 분개는 전환사채를 발행한 시점에서 인식한 전환권대가에 대한 것으로, 전환이 완료되었으므로 전환시점에 주식발행초과금으로 대체하여야 한다. 따라서 다음과 같이 분개하여야 한다.

(차) 전환권대가	3,762	(대) 주식발행초과금	3,762

개념 Plus　2×14년 1월 1일 세기(주)의 보통주의 시장가격은 최소 얼마로 추정될까?

보유자 입장에서 전환으로 받는 주식의 시장가격이 사채의 공정가치 금액보다는 높아야 전환권을 행사할 것이다. 즉, 주당 시장가격이 ₩9,662(₩96,622/10주)보다는 높았을 것으로 추정된다.

연습문제

서술형

1 금융상품의 분류에 기초하여 금융부채의 종류를 설명하고 금융부채와 금융상품과의 관계에 대해 설명하시오.

2 금융부채의 회계상 분류와 금융자산의 회계상 분류와의 차이를 설명하시오.

3 금융부채와 비금융부채의 차이를 설명하시오.

4 대부분의 금융부채가 왜 당기손익금융부채가 아니라 상각후원가금융부채로 분류되는지 그 이유를 설명하시오.

5 할인율, 이자율, 시장이자율, 유효이자율, 명목이자율의 의미와 상호 관계에 대해 설명하시오.

6 사채가 할인발행된 경우 사채의 기간(즉, 사채의 만기까지)중 매년 이자비용이 증가하는지 감소하는지에 대해 그 이유와 함께 설명하시오.

7 다음의 항목들이 유효이자율법을 사용하여 상각후원가로 측정하는 금융부채에 해당되는지 판단하고, 그 이유를 설명해보시오.

(1) 관계회사의 은행 대출금에 대한 금융보증(상대방이 대출금을 상환하지 못할 경우 대신 상환해주어야 할 의무) 계약

(2) 특수관계자에게 대출하기로 한 약정

(3) 결산일로부터 1년 이내에 만기가 도래하는 임시 거액의 차입금

(4) 지속적관여로 인하여 발생하는 금융부채

(5) 제거 조건을 충족 못하는 금융자산의 양도에서 발생하는 금융부채

(6) 5년에 걸쳐 나누어 지급기로 한 플랜트 공사대금

문제 풀이형

1 장기미지급금의 상각후원가와 회계처리(Ⅰ)

꽃샘(주)는 2×13년 1월 1일에 중장비를 취득하고 3년 만기 무이자부 ₩1,000,000권 약속어음을 지급하였다. 할인율이 8%인 경우 약속어음의 현재가치를 계산하고, 취득시점과 다음 각 시점별로 꽃샘(주)가 기록해야 할 거래를 다음과 같은 단계로 나누어 회계처리하시오.

[물음 1] 2×13년 12월 31일, 2×14년 12월 31일, 2×15년 12월 31일의 결산수정분개

[물음 2] 2×15년 12월 31일의 어음의 원금지급에 관한 분개

[물음 3] 전체 3년의 기간을 한 회계기간으로 가정한 경우 계정과목과 금액을 분개형식으로 표시하시오.

2 장기미지급금의 상각후원가와 회계처리(Ⅱ)

꽃샘(주)는 2×13년 1월 1일에 중장비를 할부로 취득하였다. 대금지급 조건은 앞으로 3년 동안 매년말 ₩500,000씩 지급하는 것이다. 할인율이 8%인 경우 취득시점에 이어 다음 각 시점별로 회계처리하시오.

[물음 1] 2×13년 12월 31일, 2×14년 12월 31일, 2×15년 12월 31일의 결산수정분개

[물음 2] 전체 3년의 기간을 한 회계기간으로 가정한 경우 계정과목과 금액을 분개형식으로 표시하시오.

3 계약부채의 상각후원가와 회계처리

세기(주)는 3년뒤 제품을 인도·판매하기로 2×13년 1월 1일에 계약하였으며, 대금은 계약시점인 2×13년 1월 1일에 ₩1,000,000을 선불로 받았으며, 할인율은 8%라고 한다.

[물음 1] 2×13년 12월 31일, 2×14년 12월 31일, 2×15년 12월 31일의 결산수정분개

[물음 2] 2×15년 12월 31일의 제품의 인도·판매시점의 분개

[물음 3] 전체 3년의 기간을 한 회계기간으로 가정한 경우 계정과목과 금액을 분개형식으로 표시하시오.

4 사채의 발행 및 발행 이후의 회계처리

세기(주)가 2×13년 1월 1일에 액면금액 ₩100,000, 매년말 액면이자 5% 지급, 3년 만기인 사채를 발행하려고 한다. 시장이자율이 8%인 경우 사채의 발행금액을 계산하고 발행일 및 발행일 후의 거래에 대하여 회계처리를 하시오.

5 이자지급일 사이의 사채발행

위의 [문제 4]와 같은 조건의 사채가 2×13년 7월 1일에 발행되었고 시장이자율이 8%인 경우 발행일의 거래에 대하여 회계처리를 하시오.

6 수의상환사채의 상환

위의 [문제 4]에서 세기(주)가 발행한 사채가 발행자가 상환의 권리를 갖는 수의상환사채였다고 가정한다. 세기(주)는 2×14년 12월 31일에 사채 전체를 상환하였고 2×14년 12월 31일의 시장이자율이 10%인 경우 상환시점의 회계처리를 하시오.

7 사채의 발행 및 발행 이후의 회계처리(할증발행)

미래(주)가 2×13년 1월 1일에 액면금액 ₩100,000, 매년말 액면이자 8% 지급, 3년 만기인 사채를 발행하려고 한다. 시장이자율이 5%인 경우 사채의 발행금액을 계산하고 발행일 및 발행일 후의 거래에 대하여 회계처리를 하시오.

8 전환사채의 발행 및 전환권 행사

블루(주)가 2×13년 1월 1일에 액면금액 ₩100,000, 매년말 액면이자 5% 지급, 3년 만기인 사채를 ₩90,000에 발행하였다. 발행시점의 시장이자율은 10%이었고 투자자에게 사채액면 ₩10,000 기준 1주의 보통주(주당 액면 ₩5,000)로 전환할 수 있는 권리가 부여된 전환사채이다. 2×14년 1월 1일에 투자자의 전환권 행사에 따라 사채 전체가 주식으로 전환되었다. 발행자인 블루(주)의 입장에서 (1) 사채발행시점, (2) 2×13년 12월 31일 이자비용의 인식, (3) 2×14년 1월 1일 전환권 행사로 나누어 회계처리를 하시오.

Chapter

10 충당부채와 종업원급여

학 · 습 · 목 · 표

유형자산에서 다룬 바 있는 복구충당부채를 비롯한 충당부채에 대한 전반적인 내용과 회계처리를 다룬다. 앞장에서 설명한 금융부채는 갚아야 할 상대방과 금액 그리고 만기가 정해져 있지만 충당부채는 금액, 시기, 갚아야 할 상대방이 불확실하거나 분명하지 않을 수 있다는 관점을 이해할 필요가 있다. 그리고 퇴직급여에 대한 회계처리도 현재시점에서는 확실하게 알 수는 없지만, 미래 언젠가는 종업원이 퇴사할 경우 지급해야 할 의무가 존재하지만, 그 금액이 확정되지 않았다는 점에서 충당부채의 회계처리와 유사한 측면이 있기 때문에 여기에서 함께 설명한다. 이를 위해 ① 충당부채의 의미와 종류, ② 충당부채의 인식과 회계처리, ③ 퇴직급여제도의 이해와 회계처리를 중심으로 살펴보기로 한다.

이 장에서는 충당부채와 관련된 한국채택국제회계기준 제1037호 '충당부채, 우발부채 및 우발자산'과 퇴직급여와 관련된 제1019호 '종업원급여'에 대한 설명도 포함된다.

제1절　충당부채의 의미와 종류

제2절　충당부채의 인식과 측정

제3절　퇴직급여와 확정급여부채

제1절 충당부채의 의미와 종류

1.1 충당부채의 의미와 회계기준상의 정의

충당부채는 부채이기는 하지만, 확정부채 성격을 가지는 금융부채와는 몇 가지 점에서 상이하다. 즉, 거래 상대방에게 언제까지 얼마를 갚아야 한다는 분명한 약속이 없다고 하더라도 경우에 따라 부채를 떠안아야 할 가능성을 고려해야 한다는 것이다. 또한 충당부채는 불확실성으로 인해 부채 금액을 추정해야 하는 경우가 많다. 예를 들면, 거래처에서 은행차입을 하려는 데 보증을 서달라고 부탁하여 이를 승낙하면 은행차입금이 있는 거래처가 원금과 이자를 상환하지 못하는 경우 고스란히 보증을 선 기업이 대신 갚아야 한다. 따라서 보증을 선 사실이 제대로 재무제표에 나타나지 않는다면 언제든 대신 갚아야 할 의무가 있음에도 불구하고 재무제표이용자들은 이 사실을 알 길이 없을 터이니 얼마나 불안하겠는가?

결국 금융부채와 같이 현재 눈에 보이는 부채뿐만 아니라, 부채의 인식요건을 충족하는 경우에는 눈에 보이지 않는 잠재적인 부채라도 재무제표의 본문에 추정된 금액으로 부채를 표시하거나, 적어도 주석으로 나타내도록 하자는 것이 회계기준에서 요구하는 내용이다. 충당부채를 인식하는 경우 동시에 비용을 인식하여야 하므로 기업은 가급적 충당부채의 인식을 회피하거나 적게 인식하려는 유인이 있다.

과연 어떤 상황일 때 본문에 부채를 표시해야 할지, 아니면 주석으로 나타내야 할지에 대해서는 제2절 '충당부채의 인식과 측정'에서 구체적으로 설명한다.

한편 회계연도중 종업원에 대한 급여는 비용으로 제조원가 또는 판매비와 일반관리비에 다음과 같이 반영되어 있을 것이다.

(차) 급　　여	×××	(대) 현금 또는 미지급비용	×××

그렇다면 종업원이 퇴직할 경우에 받게 될 퇴직급여에 대해서는 어떻게 처리할 것인가?

퇴직급여는 입사 당시부터 퇴사할 때까지의 기간에 걸쳐 제공한 근로용역에 대한 보상의 성격이므로, 이를 퇴직하는 시점의 비용으로 한꺼번에 처리한다면 각 회계연도의 경영성과를 제대로 보여주지 못하게 된다. 또한 개별 회계연도의 재무상태표를 작성하는 관점에서 보면 언젠가는 종업원이 퇴사할 것이고, 퇴사하게 되면 퇴직급여를 지급해야 할 의무가 회계연도말 시점에 분명히 존재한다. 왜냐하면 당해 회계연도가 근속한 전체 기간에 포함되어 퇴직금이 산정되기 때문이다.

이 경우 미래에 지급하게 될 퇴직금을 현재가치로 평가하여 부채로 계상해야 한다. 다만, 종업원이 근무하고 있는 현 시점에서는 퇴사할 때까지의 근속연수와 급여 인상률에 따른 퇴직급여 금액을 확정할 수 없다는 점에서 금융부채와는 달리 충당부채의 성격을 갖고 있기 때문에 이 장에서 학습하기로 한다. 이같은 관점에서 회계기준에서 언급하는 충당부채의 정의를 살펴보면 다음과 같다.

Key Standard

충당부채는 지출의 시기 또는 금액이 불확실한 부채를 말한다. (K-IFRS 1037: 문단 10)

1.2 충당부채의 종류와 의미

앞에서 설명한 대로 기업이 충당부채로 계상하는 항목은 제5장 '유형자산(Ⅰ)'에서 다룬 바 있는 복구충당부채 이외에도 판매보증충당부채, 반품충당부채 및 소송충당부채 등이 있다.

- **판매보증충당부채**: 제품을 판매하면서 일정기간 내에 애프터서비스를 약속하고 실제로 고객이 애프터서비스를 요구하는 것이 일반적 관행이라면 기업이 이를 이행하는 데 자원이 유출될 것이 확실하므로 여기에 소요되는 금액을 판매한 기간에 부채로 인식한 것을 말한다.
- **하자보수충당부채**: 아파트 건설공사나 장비를 설치해준 시공회사는 계약조건의 하나로 하자보수를 제공하기로 하였다면 하자보수에 소요되는 원가, 즉 재료비, 노무비, 경비 등의 비용을 부담하여야 하므로 이를 부채로 인식한 것을 말한다.
- **반품충당부채**: 제품을 반품조건으로 판매하는 경우 반품이 예상되므로 반품에 따른 재고자산의 손상 등 추가적인 비용을 추정하여 부채로 인식한 것을 말한다.

- **소송충당부채**: 기업의 영업활동과정에서 고객이나 거래 상대방과 손해배상 소송을 진행중인 상황에서 패소할 가능성이 높다면 경제적 자원이 유출될 가능성이 높으므로 이를 신뢰성 있게 측정하여 부채로 인식한 것을 말한다.
- **복구충당부채**: 기업이 영업활동을 위하여 설치한 시설물 또는 부대설비를 사용하다가 내용연수 경과 등으로 철거하거나 환경을 훼손하였다면 이를 원상으로 회복시키는 데 경제적 자원이 유출될 것이므로 이 설비나 장치를 사용하는 회계연도에 이를 신뢰성 있게 측정하여 부채로 인식한 것을 말한다.
- **경품충당부채**: 판매를 촉진하기 위하여 경품권 등의 사은행사를 하는 경우 판매시점 이후에 경품 제공에 필요한 자원의 유출이 예상되므로 이를 경품비 또는 판매촉진비 등으로 인식하고 이에 상당하는 금액을 부채로 인식한 것을 말한다.

공시사례

충당부채

회사는 보고기간말 현재 다음과 같은 충당부채를 계상하고 있습니다.

가. **판매보증충당부채**: 무상 품질보증수리와 관련하여 장래에 지출될 것이 예상되는 금액을 보증기간 및 과거 경험률 등을 기초로 추정하여 인식하고 있습니다.

나. **반품충당부채**: 과거에 판매된 제품과 관련하여 장래에 발생할 것으로 예상되는 반품액을 과거 경험률 등을 기초로 추정하여 인식하고 있습니다.

다. **복구충당부채**: 임차자산에 대해서 임차계약에 의거하여 계약기간이 만료된 후에 반드시 원상을 회복하여야 하는 경우, 이러한 원상회복을 위해 시설물을 제거·해체·수리하는 데 소요될 것으로 추정되는 비용의 현재가치로 계상하고 있습니다.

라. **소송충당부채**: 소송 혹은 분쟁 등과 관련해 경제적 효익이 내재된 자원이 유출될 가능성이 높고 그 금액을 신뢰성 있게 추정할 수 있는 경우 그 금액을 계상하고 있습니다.

(출처: 2018년 LG전자의 연결재무제표 주석)

앞에서 설명한 충당부채의 유형 가운데 기업이 약속한 판매보증은 **확신유형**(assurance-type)과 **용역유형**(service-type)으로 구분된다. 확신유형은 제품의 품질이나 성능 또는 거래조건이 의도된 대로 이행될 것이라는 확신을 고객에게 제공함으로써 기업이 부담하는 의무를 말한다. 따라서 품질불량, A/S, 경품제공 등에 따른 예상비용을 판매자가 부담하고, 이를 충당부채로 인식한다.

대부분의 판매보증은 판매시점에서 관련 비용과 충당부채를 인식해야 하지만 확신을 제공하는 수준을 넘어 별도의 용역을 제공하는 거래, 즉 용역유형으로 인식하는 경우도 있다. 이와 같이 제품과 보증용역을 묶어서 판매(결합판매)하는 용역유형의 보증에 대해서는 충당부채를 인식하지 않고 계약부채인 선수수익으로 회계처리한다. 여기에 대해서는 2.4 용역유형 보증부판매와 고객충성제도를 참고하기 바란다.

예제 10-1 반품보증과 환불부채의 인식

꽃샘쇼핑몰은 2주일 이내에 고객이 반품하는 경우 전액 환불하는 조건으로 티셔츠 100장을 1장당 ₩10,000에 판매(원가는 ₩6,000)하였다. 통상 티셔츠와 같은 의류는 판매수량의 10% 정도가 반품될 것으로 예상된다.

[물음 1] 반품될 것으로 예상되는 금액은 얼마인가?
[물음 2] 위 금액을 반품보증에 따른 충당부채로 인식할 수 있을까?
[물음 3] 반품으로 회수될 것으로 예상되는 금액은 얼마인가?
[물음 4] 위 금액을 자산으로 인식할 수 있을까?

| 풀이 |

1. 판매가 기준으로 인식하므로 100장×₩10,000×10%=₩100,000
2. 반품충당부채 또는 환불부채로 인식한다.
3. 원가기준으로 인식하므로 100장×₩6,000×10%=₩60,000
4. 판매시점에서는 반환제품회수권으로 인식하되 실제 반품되어 돌아오면 재고자산으로 대체한다.

개념 Plus 항공사 마일리지는 공짜일까요?

항공사에서 ₩2,000당 1.5마일의 마일리지를 제공하기로 약속하고 ₩2,000,000 상당의 항공권을 판매하였다면 '항공권 매출' ₩1,900,000과 '마일리지'에 상당하는 ₩100,000(즉 ₩2,000,000의 구매실적에 상응하는 1,500마일의 서비스를 화폐가치로 환산한 것으로 가정)은 선수수익(또는 선수금)으로 구분해서 회계처리한다. 즉 1,500마일 상당의 항공기 탑승서비스를 고객이 원하는 미래시점(즉, 마일리지가 누적되고 고객이 요구하는 시점)에 탑승시켜 주기로 약속하고 판매대금에 얹어 수취한 대가라고 인식한다는 의미이다. 어쨌든 고객이 마일리지를 적립한 다음 실제로 비행기를 타는 시점에서 마일리지 선수수익에 대한 매출이 비로소 실현되는 것이다. 보다 자세한 내용은 [예제 10-8]의 고객충성제도의 회계처리에서 다룬다.

제2절 충당부채의 인식과 측정

충당부채는 명시적인 차입조건이 있는 은행차입금 등의 금융부채나 거래관계에서 제공받은 재화나 용역에 대한 대가를 지급하여야 할 의무인 매입채무, 미지급금 또는 미지급비용처럼 쉽게 드러나지 않기 때문에 언제 얼마의 금액을 부채로 인식할지를 결정하는 것이 필요하다. 다만, 미지급비용은 비용이 발생하였다든지 아니면 재화나 용역을 제공받았지만 아직 그 대가를 청구받지 아니하여 대가에 대한 지급시기 또는 금액을 추정할 필요가 있더라도 불확실성이 훨씬 작다는 점에서 충당부채와는 구분된다.

결론적으로 쉽게 드러나지 않는 잠재적인 부채인 충당부채를 재무제표의 본문에 '금액'으로 표시하기 위해서는 다음의 네 가지 요건을 가지고 판단할 수밖에 없다.

- 현재의무가 존재하는가?
- 과거의 사건으로 원인이 제공되었나?
- 경제적 자원의 유출가능성이 있는가?
- 의무이행에 소요되는 금액을 신뢰성 있게 추정할 수 있나?

사실상 네 가지 요건은 결국 부채의 인식요건(즉, 앞에서 공부한 자산의 인식요건의 상대적인 측면)을 말하는 것이며, 기업이 당면한 여러 가지 상황과 사례에 대하여 이 네 가지 잣대를 가지고 판단할 수밖에 없다. 만약 이 네 가지 요건을 충족한다면 충당부채로 계상하고, 그렇지 않다면 적어도 주석으로 나타내도록 하자는 것이 회계기준에서 요구하는 내용이다. 일반적으로 금융부채는 이 네 가지 요건을 상대방과의 계약에 의해 확인할 수 있다는 점에서 충당부채와 비교하여 인식과 측정문제는 비교적 분명하다고 할 수 있다.

2.1 충당부채의 인식과 측정요건

이제 인식과 측정의 네 가지 요건을 구체적으로 살펴보도록 하자. 이 경우 현재의무가 존재하는지는 과거의 사건과 인과관계로 이어져 있을 수 있기 때문에 여기에서 함께 설명하기로 한다.

(1) 현재의무

현재의무를 부담하게 된 배경은 “과거의 어떤 원인행위 때문에 그렇게 된 것이다”라는 인과관계를 전제로 한다. 예를 들면, 2×01 회계연도말 시점에서 내년도의 영업전망을 분석해보니 불가피하게 적자가 발생할 수밖에 없다고 한다면, 이를 영업손실충당부채로 계상할 수 있을까?

즉, 2×02년 경영성과는 전적으로 2×02 회계연도 동안의 영업활동이 수행되는 미래시점에 달린 문제이며, 2×01년말 현재시점에서 내년도의 경영성과 부진으로 인한 의무를 부담지우는 것은 타당하지 않다는 것이다. 물론, 2×01년에 잘못된 투자의사결정이나 경영진의 선임으로 인한 손실이 2×02년에도 지속될 것이 확실하다면, 이 부분에 대해서는 2×01년말에 충당부채를 인식하는 대신 투자손실을 전액 인식하거나 경영진에게 책임을 묻는 조치를 취하는 것이 마땅하다.

이 점에서 앞에서 예를 든 충당부채(판매보증충당부채, 하자보수충당부채, 반품충당부채, 소송충당부채, 복구충당부채, 경품충당부채)는 거래조건에 수반되어 발생한 의무가 결산시점 현재 분명히 남아 있다는 공통점이 있음을 알 수 있다. 그러나 이같은 명시적인 거래조건이나 계약에 수반되는 의무도 있지만, 쉽게 드러나지 않는 충당부채의 특성상 암묵적인, 관행적인 의무인 **의제의무**(constructive obligation)까지도 과연 ‘현재의무’인지 확장해서 생각해볼 필요가 있다.

■ 의제의무란?

의제의무는 기업이 경영방침으로 천명하거나 특정 책임을 부담하겠다고 선포하고, 이로 인하여 수혜를 받는 상대방이 실행가능성에 대한 충분한 기대를 갖는 경우 부채로 회계처리해야 하는 기업의 의무를 말한다. 비록 법적인 또는 거래조건으로 구체화된 의무는 아니지만 기업 스스로 부담하기로 한 사실이 대내외적으로 인지되고 있는 상태라면 충당부채로 인식가능한 ‘현재의무’라고 할 수 있다.

(2) 과거사건

현재의무가 존재하려면 과거에 원인행위, 즉 의무를 촉발시키는 사건이 있어야 한다. 앞에서 설명한 대로 인과관계의 시작이 있어야 한다는 의미다. 다만, 회계상으로는 그 의무를 부담시키는 사건이 결과적으로는 회피할 수 없기 때문에 상당한 대가를 치러야 한다는 것을 뜻한다. 앞에서 예를 든 충당부채는 과거에 거래를 한 사실이 있고 그 거래에 따른 책임을 부담하겠다는 사실이 결과적으로 존재하므로 인과관계가 과거시점의 사건에서 시작되었다고 볼 수 있다.

한편 의제의무에 대해서는 기업이 경영방침으로 천명하거나 특정 책임을 부담하겠다는 선포 또는 공약한 사실이 존재하므로 과거시점의 사건(경영방침을 천명, 선포 또는 공약한 사실)에서 '**과거사건**' 의미가 충족됨을 알 수 있다.

이 경우 과거사건이 발생하였다고 하더라도 현재의무로 연결되는지는 잘 살펴볼 필요가 있다. 예를 들면, 불법적인 환경오염으로 인한 벌금이나 과태료의 경우에는 과거사건으로 인해 회피할 수 없는 현재의무가 존재하므로 충당부채에 해당한다. 즉, 남의 옷에 커피를 쏟았다면 뒤처리를 확실하게 해주어야 할 '**의무**'가 있다는 의미다.

그러나 내년도부터 환경오염에 대한 규제가 강화되어 현재와 같은 가동방식을 유지할 경우에는 분명히 환경오염으로 인한 범칙금을 부담해야 하거나 환경정화설비를 추가로 투자해야만 한다고 하자. 그렇다면 지금까지 계속되어 온 '설비가동'이 현재의무를 부담시키는 과거사건인가? 아직 아니라고 봐야 한다. 왜냐하면 기업이 내년도에도 올해와 같은 방식으로 설비를 가동할지 아니면 해당설비 가동을 중단하고 다른 회사에 하청을 주게 될지 미래의 경영활동에 따라 '현재의무'를 회피할 수 있기 때문이다. 즉, 자기 옷에 커피를 쏟은 경우라면 집에 가서 옷을 갈아입든 그냥 지내든 선택의 여지가 있기 때문에 반드시 뒤처리를 해야 할 '**의무**'는 없다는 것과 마찬가지다.

(3) 경제적 자원의 유출가능성

충당부채로 인식하기 위해서는 현재의무가 존재하여야 할 뿐만 아니라 의무의 이행을 위하여 경제적 자원의 유출가능성이 높아야 한다. 여기에서 자원의 유출가능성이 높다는 의미는 50%를 기준으로 판단한다. 즉, 자원이 유출될 가능성이 유출되지 않을 가능성보다 높은 경우에는 자원의 유출가능성이 높다고 해석한다. 다음 예제를 통해 경제적 자원의 유출을 충당부채 금액으로 산출해보도록 하자.

예제 10-2 경제적 자원의 유출금액 추정

삼성전자(주)는 특허권 침해소송을 진행중이며, 법률전문가의 판단에 따르면 패소할 가능성을 60% 전후로 예상하고 있다. 이 경우 2년후 1억원을 상대방에게 지급하고 합의를 할 수 있을 것으로 예상하고 있다. 한편 낙관적으로 상황이 종료되어 1년후 5천만원의 합의금으로 해결할 수 있을 전망은 30% 정도로 예상하고 있다. 반대로 최악의 상황에서는 소송이 장기화되면서 3년후 2억원의 합의금으로 해결할 가능성도 10%는 있다고 내다봤다.

[물음] 경제적 자원의 유출가능성을 충당부채 금액으로 산출해보시오. 단, 할인율은 5%라고 가정한다.

| 풀이 |

패소할 가능성이 60%라는 의미는 경제적 자원의 유출가능성이 높다는 것을 의미하며, 상황에 따라 경제적 자원의 유출 규모만 달라질 뿐이므로 충당부채를 인식하되, 미래시점에 현금이 유출되므로 현재가치로 계산할 것이 요구된다.

상황	경제적 자원의 유출금액	현재가치할인율	확률	충당부채(천원)
낙관적 전망	5천만원	0.9524(1년, 5%)	30%	₩14,286
보통의 경우	1억원	0.9070(2년, 5%)	60%	54,421
비관적 전망	2억원	0.8638(3년, 5%)	10%	17,277
		합계(충당부채로 계상해야 할 금액):		₩85,984

(4) 신뢰성 있는 추정

충당부채가 다른 재무상태표 항목에 비하여 불확실성이 더 크므로 그에 대한 추정치의 사용은 필수적이다. 따라서 어떻게 하면 추정근거를 논리적이고 합리적으로 할 수 있는지가 관건이다. 대부분의 경우 가능한 결과의 범위를 예상할 수 있으므로 충당부채를 인식할 때 충분히 신뢰성 있는 금액을 추정할 수 있다. 그러나 신뢰성 있는 금액의 추정이 불가능한 경우에는 재무상태표상의 부채로 계상하지 않고, 대신 '**우발부채**'로서 주석으로 공시한다.

예제 10-3 충당부채 금액의 추정

매직클린(주)는 진공청소기를 생산·판매하면서 6개월의 애프터서비스 기간 동안 무상으로 수리해주는 판매정책을 준수하고 있다. 과거의 경험에 비추어 볼 때 이 기간 동안 (1) 75% 정도의 판매수량에 대해서는 애프터서비스 요구가 없었고, (2) 20% 정도의 판매수량에 대해서는 경미한 애프터서비스가 들어오며, (3) 나머지 5% 정도의 판매수량에 대해서는 심각한 애프터서비스가 요구된다고 한다. 다음의 판매자료와 애프터서비스 비용자료를 토대로 충당부채금액을 추정해보시오.

- 판매수량 및 금액: 1,000개×₩200,000=₩200,000,000
- 경미한 애프터서비스에 소요되는 재료비, 노무비, 경비: ₩10,000/건
- 중대한 애프터서비스에 소요되는 재료비, 노무비, 경비: ₩100,000/건

| 풀이 |

20%×1,000개×₩10,000+5%×1,000개×₩100,000=₩7,000,000

위의 사례와 같이, 충당부채 인식을 위해서는 회사가 현재의무를 이행하기 위하여 필요한 지출을 보고기간말 기준으로 '최선의 추정치'로 반영하여야 한다. 여기서 최선의 추정치란 회사가 보고기간 말에 의무를 이행하거나 제3자에게 지급하여야 할 금액을 합리적으로 산정한 금액을 말한다. 예를 들면,

① **기댓값**: 지출금액과 사건이 발생할 확률을 모두 고려한 금액
② **중간값**: 가능한 결과가 연속적인 범위에 분포하고 각각의 발생 확률이 같을 경우
③ **가능성이 가장 높은(most likely) 단일의 금액**: 하나의 의무를 측정하는 경우 해당 부채에 대한 최선의 추정치가 될 수 있다.

이와 같이 최선의 추정치를 산정하는 과정에서 관련 여러 사건과 상황에 따르는 불가피한 위험과 불확실성을 고려할 필요가 있다. 이 경우 [예제 10-2]의 경우처럼, 충당부채로 인한 미래 지출액의 현재가치가 명목금액과 차이가 클 경우(즉, 화폐의 시간가치가 중요한 경우)에는 충당부채는 예상되는 지출액의 현재가치로 평가한다.

한편 충당부채 발생사건이 향후 예상되는 자산처분이익과 관련된다고 하여도, 해당 처분이익을 충당부채를 측정하는데 고려하지 않는다. 예를 들어, 꽃샘(주)와 클린(주) 간에 공동사업과 관련된 분쟁이 발생하였고, 꽃샘(주)가 클린(주)에 대한 패소가능성이 높아

10억원을 배상해야 될지도 모른다고 하자. 이때 꽃샘(주)가 불가피하게 공동사업과 관련된 건물을 팔아야 할 경우 처분이익이 1억원이 예상된다고 하여도, 해당 예상처분이익을 고려한 9억원이 아닌 전체 10억원을 기준으로 충당부채를 측정하여야 한다는 의미이다.

2.2 충당부채의 회계처리

충당부채의 회계처리는 앞에서 설명한 부채의 인식요건 4가지를 기억한다면 비교적 간단하게 해결할 수 있다.

① 과거의 사건으로 원인 제공

② 현재의무가 존재

③ 경제적 자원의 유출가능성이 있으며(50% 초과의 확률)

④ 의무이행에 소요되는 금액을 신뢰성 있게 추정가능

위의 4가지 요건이 충족되면 재무상태표 본문에 충당부채를 금액으로 나타내야 한다. 물론 대응되는 포괄손익계산서 항목으로 비용을 인식한다. 그러나 충당부채의 속성을 나타내는 ① 과거의 사건으로 원인 제공 ② 현재의무가 존재하는 2가지 요건을 충족하지만, 나머지 ③ 또는 ④의 요건이 충족되지 않는 경우에는 주석으로 '**우발부채**'가 있음을 나타낸다. 즉 경제적 자원의 유출가능성이 높지 않거나, 의무이행에 소요되는 금액을 신뢰성 있게 측정할 수 없다면 '**충당부채**'라고 볼 수 없다는 의미이다.

결국 '**우발부채**'란 금액으로는 표시할 수 없지만 '충당부채'의 성격을 일부 지니고 있기 때문에 그 내용을 재무제표이용자에게 주석으로 공시해주기 위한 수단으로 사용된다. 그러니 재무제표의 본문에서 '우발부채'를 찾을 필요는 없다. 이러한 내용을 요약하면 [표 10-1]과 같이 정리할 수 있다.

표 10-1 충당부채와 우발부채의 구분

③ 경제적 자원의 유출가능성	④ 금액을 신뢰성 있게 추정	
	추정가능	추정불가능
50% 초과	**충당부채로 인식**	우발부채로 주석공시
어느 정도 예상	우발부채로 주석공시	
아주 낮음	별도로 공시할 필요는 없음	

충당부채의 설정 이후 기업은 보고기간 말마다 충당부채의 잔액을 검토하고, 각 보고기간 말 현재 최선의 추정치를 반영하여 조정하여야 한다. 향후 충당부채는 최초 인식과 관련 있는 지출에만 사용한다. 예를 들어, 제품보증 충당부채로 인식한 부채는 제품보증 의무의 이행에 사용되어야 하며, 경품보증이나 유형자산 복구의무 이행 등 다른 지출에 사용하여서는 안 된다. 그렇지만 의무를 이행하기 위하여 경제적 효익이 있는 자원을 유출할 가능성이 높지 않게 된 경우에는 관련 충당부채를 환입한다.

2.3 확신유형 충당부채의 회계처리

앞에서 예로 든 판매보증충당부채, 경품충당부채 등은 제품의 품질이나 성능 또는 거래조건이 의도한 대로 유지되거나 작동될 것을 기업이 약속한 **확신유형**(assurance-type)의 보증에 속한다. 이러한 확신유형의 보증은 과거에 거래를 한 사실이 있고, 그 거래에 따른 책임을 부담한다는 사실이 결과적으로 존재하므로, 인과관계가 과거시점의 사건에서 시작되었다고 볼 수 있다. 따라서 판매보증으로 인하여 자원이 유출되거나 경품이 고객에게 지급되는 시점이 아닌 최초거래 시점에서 비용과 충당부채를 인식해야 한다. 보다 구체적인 내용은 다음 예제를 통해 살펴보도록 하자.

예제 10-4 제품보증충당부채의 회계처리(확신유형의 보증)

매직클린은 진공청소기를 생산·판매하면서 1년의 애프터서비스 기간 동안 무상으로 수리해준다. 과거의 경험과 판매자료 및 애프터서비스에 소요되는 비용(재료비, 노무비, 경비)을 토대로 2×01년에 ₩7,000의 제품보증충당부채를 제품의 판매와 동시에 인식하였다. 2×01연도중에 총 ₩2,000의 애프터서비스 비용이 발생되어 현금지급하였다.

[물음] 충당부채의 인식과 애프터서비스비용 발생에 대한 회계처리를 하시오(단위: 천원).

| 풀이 |

(차) 애프터서비스비용 2,000 (대) 현금 2,000으로 회계처리하지 않는다는 점이 중요하다. 왜냐하면 충당부채는 과거사건인 '판매'에 의해 촉발되었기 때문에 판매시점인 2×01년도에 ₩7,000의 제품보증비용과 제품보증충당부채를 인식하여야 한다. 그리고 실제 애프터서비스에 소요된 재료비, 노무비, 경비 등에 대해 현금이 지급되었다면 이를 충당부채의 의무를 이행한 것으로 보아 다음과 같이 처리한다.

충당부채의 인식(2×01년)	(차)	제품보증비	7,000	(대) 제품보증충당부채	7,000
비용의 발생(2×02년)	(차)	제품보증충당부채	2,000	(대) 현 금	2,000

앞의 [예제 10-1]에서 다룬 반품충당부채 또는 환불부채의 회계처리를 다음 [예제 10-5]를 통해 학습하도록 하자.

예제 10-5 반품보증과 환불부채의 회계처리

꽃샘쇼핑몰은 2주일 이내에 고객이 반품하는 경우 전액 환불하는 조건으로 티셔츠 100장을 1장당 ₩10,000에 현금으로 판매(원가는 ₩6,000)하였다. 통상 티셔츠와 같은 의류는 판매수량의 10% 정도가 반품될 것으로 판매시점에서 예상하였으나, 실제로는 8장이 반품되어 환불처리하였다.

[물음 1] 판매시점에서 반품보증에 따른 회계처리를 하시오.

[물음 2] 고객이 반품한 시점의 회계처리를 하시오.

| 풀이 |

1. 판매시점

(차)	현 금	1,000,000	(대) 매 출	900,000
			환불부채(반품충당부채)	100,000*
	매출원가	540,000**	재고자산	600,000
	반품제품회수권	60,000***		

* 판매한 100장의 티셔츠 중에서 10%인 10장이 반품될 것으로 예상하여 충당부채(환불부채)인식
** ₩6,000×100장×90%=540,000
*** 원가 ₩6,000인 티셔츠 10장이 반품되어 회수될 것으로 기대한 금액을 자산으로 인식

2. 반품시점

(차)	재고자산	48,000*	(대) 현 금	80,000**
	환불부채(반품충당부채)	100,000	반품제품회수권	60,000
	매출원가	12,000***	매 출	20,000***

* 반품되어 회사로 돌아온 티셔츠 8장의 원가
** 반품된 티셔츠 8장에 대하여 반환한 금액
*** 판매시 10장이 반품될 것으로 회계처리하였으나 실제로 8개가 반품되면서 차이 2장분에 대한 매출과 매출원가를 인식

충당부채의 또 다른 유형으로 경품충당부채에 대한 회계처리를 살펴보도록 하자. 먼저 생각해야 할 것은 경품조건으로 판매를 하였기 때문에 인과관계가 과거시점의 판매사건에서 시작되었다고 볼 수 있다. 따라서 경품이 고객에게 지급되는 시점이 아닌 과거사건 시점에서 비용을 인식하는 것이 타당하다. 그러나 기업의 입장에서는 경품을

재고로 구입해야만 사은행사를 진행할 수 있기 때문에 판매시점 혹은 경품재고 구입비용이 발생하는 시점에서 경품비와 경품충당부채를 인식해야 할지 판단이 필요하다. 다음 예제를 통해 살펴보도록 하자.

예제 10-6 경품충당부채의 회계처리(확신유형의 보증)

꽃샘카페는 2×01년 크리스마스시즌을 맞이하여 1달간 원두커피 1잔을 판매할 때마다 경품쿠폰에 스티커를 1개씩 붙여준다. 그리고 총 10개의 스티커가 모여진 경품쿠폰을 제시하면 추첨을 통해서 원가 ₩20,000의 텀블러를 상품으로 제공하는 사은행사를 진행하고 있다. 다음 자료를 통해 커피판매와 경품충당부채에 대한 회계처리를 하시오.

- 2×01년 12월중 커피 판매수량 및 매출액: ₩5,000×1,000잔×31일=₩155,000,000
- 10장의 스티커가 모여진 경품쿠폰 제시비율: 60%
- 제시된 경품쿠폰에 대한 당첨비율: 5%
- 사은품으로 제공하기 위하여 구입한 텀블러: 100개
- 2×01년도에 사은품으로 제공된 텀블러: 40개

| 풀이 |

커피판매	(차) 현 금	155,000,000	(대) 매 출	155,000,000
사은품구입	(차) 재고자산	2,000,000	(대) 현 금	2,000,000
2×01년 사은품지급				
	(차) 경품비(또는 판매촉진비)	800,000	(대) 재고자산	800,000
향후 추첨을 통해 제공해야 할 사은품 지급 의무(충당부채의 인식)				
	(차) 경품비(또는 판매촉진비)	1,060,000	(대) 충당부채	1,060,000*

* 충당부채의 계산:
① 총 회수예정 경품쿠폰: 3,100매(=1,000잔×31일÷10)×60%(회수율)=1,860매
② 회수된 경품권 중 당첨될 수량: 1,860매×5%(당첨률)=93개
③ 향후 제공될 텀블러 수량=53개(93개−40개), 따라서 충당부채로 계상해야 할 금액은 ₩20,000×53개=₩1,060,000

2.4 용역유형 제품보증부 판매와 고객충성제도에 대한 회계처리

앞에서는 확신유형의 제품보증부 판매에 대해서 충당부채를 인식하는 회계처리를 [예제 10-4], [예제 10-6]을 통해 학습하였다. 여기에서는 충당부채와 구분하기 위하여 '제품'과 '품질보증'을 받을 수 있는 권리'를 묶어서 **결합판매**하는 용역유형의 보증판매

에 대한 회계처리를 살펴본다. 고객과 기업의 입장에서는 제품에 대한 '품질보증'을 제품과는 별개로 유상으로 거래할 수 있으므로 제품구입시점에서 '품질보증'서비스를 함께 구입하거나 제품만 구입할 수 있다는 점을 고려하여 회계처리한다. 이는 다음에 설명할 고객충성제도의 회계처리와 유사하다.

개념 Plus 용역유형 보증사례로 벤츠의 'Warranty Plus' 상품에 대하여 살펴볼까요?

상품 가입 조건은 메르세데스-벤츠 공식 전시장에서 판매된 차량에 한하며, 한 번의 비용 지불로 서비스 기간 동안 추가 부담 없이 보증 서비스의 혜택을 누릴 수 있으며, 상품 비용에 부품 및 공임의 가격이 모두 포함되어 있으며, 물가상승으로 인한 부품 및 공임가격 상승의 부담 없이 보증 서비스를 받으실 수 있습니다. 차량의 매매, 승계 등의 경우에도 본 'Warranty Plus' 상품의 양도가 가능합니다.

이제 다음의 [예제 10-7]을 통해 원래의 '제품'에 '품질보증을 받을 수 있는 권리'를 끼워서 판매한 것으로 보는 용역유형의 보증에 대해 충당부채를 인식하지 않고, 계약부채인 선수수익으로 인식하는 회계처리를 살펴보기로 하자.

예제 10-7 '제품'과 '워런티(warranty)' 판매에 대한 수익인식(용역유형)

세기유통은 2×13년에 전기온수매트 100개를 개당 ₩200,000에 현금을 수취하고 판매하였다. 판매가격은 1개당 ₩20,000씩의 제품보증대가(애프터서비스 제공에 따른 평균서비스 수익을 의미)가 포함되어 책정된 것이며, 애프터서비스 제공시 평균적으로 ₩10,000의 원가(재료비, 노무비, 경비)가 발생한다. 실제로 2×13년에는 애프터서비스 제공과 관련하여 ₩200,000의 원가가 발생하였고, 2×14년에는 ₩400,000의 원가가 발생되었다고 한다면 이연법(즉, 이연보증수익 또는 선수수익과 같은 계약부채로 인식하는 회계처리)에 의해 2×13년과 2×14년의 회계처리를 하시오.

| 풀이 |

2×13년 제품판매시

(차) 현 금	20,000,000	(대) 매 출	18,000,000
		이연제품보증수익(선수수익)	2,000,000

2×13년 제품보증서비스 제공시

(차) 제품보증비	200,000	(대) 현 금	200,000
이연제품보증수익	400,000	제품보증수익	400,000*

*제품보증비(원가)에 대한 제품보증수익의 비율이 2배(₩20,000/₩10,000)이기 때문이다.

2×14년 제품보증서비스 제공시

(차)	제품보증비	400,000	(대) 현 금	400,000
	이연제품보증수익	800,000	제품보증수익	800,000

고객충성제도는 구매한 고객 누구에게나 마일리지나 포인트를 제공함으로써 판매를 촉진하기 위한 판매장려수단의 일종이다. 이 경우 기업은 제공한 마일리지나 포인트에 해당하는 재화나 서비스를 무상으로 제공하여야 할 의무가 있다는 점에서 과거의 사건(판매시 포인트나 마일리지 제공)으로 인한 현재의무라는 점에서 충당부채라고 생각하기 쉽지만 그렇게 회계처리하지 않는다. 왜냐하면, 판매가격에 '마일리지' 또는 '포인트'에 상당하는 대가를 포함하여 가격을 책정하고 재화나 서비스를 판매하는 용역유형이므로 충당부채를 인식할 필요가 없기 때문이다. 이 경우 거래대상인 '재화'나 '서비스'는 판매당시 제공하였으므로 매출로 수익을 인식할 수 있다. 그러나 '포인트'나 '마일리지'는 판매가격에 포함하여 대가를 미리 수취하고 아직 이에 상응하는 재화나 서비스를 제공하지 않은 상태이기 때문에 '선수금'이나 '선수수익'으로 회계처리하여야 한다. 결국 계약부채인 선수금 또는 선수수익으로 인식하였다가 고객이 포인트나 마일리지를 사용하는 시점에서 수익으로 대체한다고 보면 된다.

이와 같이 마일리지나 포인트를 제공하는 경우에 대해서는 다음의 [예제 10-8]을 통해 살펴보도록 하자.

예제 10-8 마일리지 고객에 대한 회계처리(용역유형)

대한항공은 항공권 판매금액 ₩2,000당 1.5마일의 마일리지를 제공하는 마일리지제도를 운영하고 있다. ₩2,000,000 상당의 미주왕복 항공권을 구매한 고객은 얼마 뒤 이 마일리지를 사용하여 제주도 왕복항공권을 교환받아 탑승였다고 한다. 고객에게 제공된 마일리지의 공정가치는 ₩250,000, 제주도 왕복항공권 가격은 ₩200,000이라고 한다. 이를 토대로 항공권 판매시점과 고객이 마일리지를 사용한 시점의 회계처리를 하시오.

| 풀이 |

판매시점	(차) 현 금	2,000,000	(대) 해외항공권매출	1,750,000
			이연마일리지수익(선수수익)	250,000
사용시점	(차) 이연마일리지수익	200,000	(대) 국내항공권매출	200,000

제3절 퇴직급여와 확정급여부채

일반적으로 직장에 근무하다 퇴사할 경우 받게 되는 '퇴직금'은 퇴직후 종업원들의 생활안정을 위한 사회안전망으로 '근로기준법'과 '근로자퇴직급여보장법'에 의해 법으로 규정되어 있다. 따라서 근로자로서 그리고 창업을 하는 경우에는 사용자로서 퇴직급여제도를 이해할 필요가 있으며, 회계상에서는 이를 어떻게 처리해야 할지 학습해보기로 한다.

먼저 수익에 대응되는 비용으로 계상될 급여는 당해연도에 제공한 근로용역에서 발생한 것이지만, 퇴직금은 더 이상 회사에 남아 있지 않을 종업원에게 지급하더라도 입사당시부터 퇴사할 때까지의 기간에 걸쳐 제공한 근로용역에 대한 보상이라는 관점에서 회계처리할 필요가 있다. 왜냐하면 '퇴직금'은 법에 의해 지급하도록 규정되어 있고, 회사의 내부규정이 없거나 법에 규정된 금액보다 적은 경우 이를 인정하지 않고 최소한 법에 규정된 '평균급여×근속연수' 이상은 지급하여야 하기 때문이다.

결국 종업원이 퇴사한 시점이 아닌 근무를 하는 시점에서 퇴직급여를 비용으로 인식하고 언젠가는 지급해야 할 의무이므로, 앞에서 설명한 충당부채의 인식요건을 충족하므로 이를 충당부채로 계상해야 한다. 이를 위해 먼저 알아두어야 할 최소한의 관련 법규정을 살펴보면 다음과 같다.

개념 Plus 퇴직급여와 관련된 법규정을 잠깐 살펴볼까요?

[근로기준법]

제17조(근로조건의 명시) 사용자는 근로계약을 체결할 때에 근로자에게 다음 각 호의 사항을 명시하여야 한다.

1. 임금
2. 소정근로시간
3. 휴일
4. 연차 유급휴가 ~중략~

제34조(퇴직급여제도) 사용자가 퇴직하는 근로자에게 지급하는 퇴직급여 제도에 관하여는 「근로자퇴직급여보장법」이 정하는 대로 따른다.

[근로자퇴직급여보장법]

제15조(급여수준) 급여수준은 가입자의 퇴직일을 기준으로 산정한 일시금이 계속근로기간 1년에 대하여 30일분의 평균임금에 상당하는 금액 이상이 되도록 하여야 한다.

3.1 퇴직일시금제도와 충당부채

국제회계기준에 의한 회계처리를 보다 잘 이해하기 위해서는 일반기업회계기준에 따른 회계처리를 먼저 살펴볼 필요가 있다. 일반기업회계기준의 핵심은 당기말 현재 근무중인 종업원 전원이 일시에 퇴사할 경우 지급하여야 할 퇴직금 총액을 충당부채의 출발로 한다는 것이다. 언뜻 보면 충당부채를 측정하기 위한 논리로 적합하다고 보이지만, 과연 그럴까? 간단한 예로, 회사에 당기말 현재 10년 근무한 종업원 1인이 있으며 30일분의 평균임금은 400만원이라고 하자. 이 경우 일반기업회계기준에 따른다면 충당부채로 최소한 4,000만원(=400만원×10년)을 계상해야 한다.

이제 국제회계기준의 논리를 생각해보자. 이 종업원이 실제로 퇴사를 하지 않은 상태에 있고 대략 정년이 10년 더 남아 있으며 정년 때까지는 계속 근무할 것이 예상된다면 현재시점에서 충당부채로 계상해야 할 금액은 달라진다는 것이다. 어떻게 달라질지 계산해보도록 하자. 만약 매년 임금상승률이 5%이고 이자율(또는 할인율)이 4%라고 한다면 이 종업이 퇴직시 받게 될 퇴직금은 약 6,516만원에 이를 것으로 추정된다(=400만원×1.6289(퇴직당시의 평균임금을 계산하기 위해 기간 10년, 임금상승률 5%의 복리이자요소를 적용)×현재까지의 근속기간 10년). 그렇지만 이렇게 계산된 금액은 10년뒤 실제로 퇴사하는 미래시점에 지급할 것이기 때문에 현재의 충당부채로 표시할 금액은 현재가치로 다시 환산해야 한다. 10년뒤 퇴직금이 지급된다면 당기말을 기준으로 10년의 현재가치이자요소 0.6756을 6,516만원에 적용하면 4,402만원의 충당부채 금액이 산출된다.

결국 일반기업회계기준의 회계처리에 비해 충당부채로 계상해야 할 금액은 402만원, 약 10% 정도 증가되는 셈이다. 물론 해당 종업원의 퇴사시점까지의 근속기간, 평균 임금상승률, 할인율 등의 여러 요소들을 예상하거나 추정해야 하는 신뢰성의 문제가 있음에도 불구하고 목적적합성 차원에서 이러한 접근방식이 재무제표의 유용성을 제고할 수 있을 것으로 기대된다.

한편 일반기업회계기준에 의한 퇴직급여충당부채 산출과 회계처리과정은 다음과 같이 세 단계로 정리할 수 있다.

① 기초의 퇴직급여충당부채에서 당기중 퇴직자에게 지급한 퇴직금을 차감하여 퇴직급여비용 반영전 퇴직급여충당부채 잔액을 구한다.

② 당기말 현재 전 종업원이 퇴사한다고 가정할 경우 지급하여야 할 퇴직금 총액을 구하고, 이 금액이 충당부채 설정목표액이 되도록 한다.

③ 위의 ①에서 구한 퇴직급여충당부채 잔액과 ②에서 산출한 설정목표액과의 차액을 추가로 충당부채와 퇴직급여비용으로 회계처리한다.

이러한 과정을 다음 예제를 통해 학습해보도록 하자.

예제 10-9 퇴직일시금제도와 일반기업회계기준에 의한 충당부채의 회계처리

블루(주)는 퇴직일시금으로 계속근로기간 1년에 대하여 30일분의 평균임금에 상당하는 금액을 지급하기로 하였다. 현재 종업원수는 총 15명이며, 이들이 기말 현재 퇴사할 경우 지급하여야 할 퇴직금 총액은 1억 5천만원이라고 한다. 그리고 기초의 퇴직급여충당부채는 1억 3천만원이며, 실제로 퇴사한 직원에 대하여 3,000만원의 퇴직금을 지급하였다(이하 단위: 천원).

[물음 1] 실제 퇴사한 종업원에 대한 퇴직금 지급에 대한 회계처리를 하시오.

[물음 2] 기말시점의 퇴직급여와 퇴직급여충당부채에 대한 회계처리를 하시오.

| 풀이 |

1. **퇴직시점**	(차) 퇴직급여충당부채	30,000	(대) 현 금		30,000
2. **기말시점**	(차) 퇴직급여(당기비용)	50,000	(대) 퇴직급여충당부채		50,000*

*설정목표액(1억 5천만원)−수정전 퇴직급여충당부채 잔액(1억 3천만원−3천만원)

3.2 국제회계기준에 따른 퇴직급여의 회계처리

국제회계기준의 퇴직급여에 대한 회계처리 논리는 앞에서 설명한 바와 같이 현재 근무하는 종업원이 미래시점에 퇴직할 경우 지급해야 할 퇴직금을 추정한 다음 이를 현재가치로 할인하여 충당부채 성격의 '**확정급여부채**'로 계상한다는 것이 핵심이다. 그렇지만, 퇴직금의 회계처리에 대한 K-IFRS 제1019호에서는 '종업원급여'라는 큰 틀에서 다루고 있기 때문에 여기에서는 충당부채와 관련된 내용을 간추려 설명한다. 또한 퇴직급여에 대해서는 '근로자퇴직급여보장법'에 규정되어 있기 때문에 이를 토대로 이해하는 것이 중요하다.

(1) 종업원급여의 범위

장차 회사에 입사할 경우 급여로 받게 될 내역은 회사마다 다르겠지만, 일반적으로 포괄손익계산서의 비용 또는 제조원가의 노무비로 계상될 급여의 종류와 범위를 정리하면 다음 [표 10-2]와 같다. 물론 이러한 분류와 종류별로 계정과목이 설정되어 포괄손익계산서에 공시되지는 않는다.

표 10-2 K-IFRS 제1019호 '종업원급여'에 예시된 급여의 종류

구분	종업원급여의 종류
단기종업원급여	종업원이 관련 근무용역을 제공하는 회계연도말 이후 1년 내에 결제될 것으로 예상되는 다음과 같은 종업원급여 (가) 임금, 사회보장분담금 (나) 유급연차휴가, 유급병가 (다) 이익분배금, 상여금 (라) 현직종업원에 대한 비화폐성급여(예: 의료, 주택, 자동차, 무상 또는 일부 보조로 제공되는 재화나 용역) 등
퇴직급여	(가) 퇴직금(예: 퇴직연금과 퇴직일시금 등) (나) 기타 퇴직급여(예: 퇴직후생명보험, 퇴직후의료급여 등)
기타 장기종업원급여	(가) 장기유급휴가(예: 장기근속휴가, 안식년휴가) (나) 기타 장기근속급여 (다) 장기장애급여 등
해고급여	(가) 해고급여(예: 자발적 명예퇴직시 지급되는 위로금 등)

(2) 근로자퇴직급여보장법에 따른 퇴직급여제도

이 법의 취지는 근로기준법에 준거해서 근로자퇴직급여제도의 설정 및 운영에 필요한 사항을 정함으로써 근로자에게 퇴직일시금 또는 퇴직연금을 제공하여 안정적인 노후생활 보장에 이바지함을 목적으로 하고 있다. 여기에서 퇴직연금은 크게 **확정급여형**(defined benefit plans)과 **확정기여형**(defined contribution plans)으로 구분된다.

확정급여형은 퇴직연금 금액이 사전에 임금상승률에 연동되어 정해져 있다. 반면 확정기여형은 퇴직연금 금액이 투자성과에 따라 달라진다. 이 경우 회사는 부담금을 일정시점마다 근로자의 퇴직연금 계좌에 넣어주는 것으로 책임이 끝난다. 참고로 이 법에 따른 퇴직금제도는 다음과 같으며, 회계처리 관점에서는 상대적으로 간단한 확정기여제도부터 살펴보도록 하자.

개념 Plus '근로자퇴직급여보장법' 잠깐 살펴볼까요?

제4조(퇴직급여제도의 설정) ① 사용자는 퇴직급여제도 중 하나 이상의 제도를 설정하여야 한다. 다만, 계속근로기간이 1년 미만인 근로자, 4주간을 평균하여 1주간의 소정근로시간이 15시간 미만인 근로자에 대하여는 그러하지 아니하다.

제8조(퇴직금제도의 설정 등) ① 퇴직금제도를 설정하려는 사용자는 계속근로기간 1년에 대하여 30일분 이상의 평균임금을 퇴직금으로 퇴직근로자에게 지급할 수 있는 제도를 설정하여야 한다.

② 사용자는 주택구입 등 대통령령으로 정하는 사유로 근로자가 요구하는 경우에는 근로자가 퇴직하기 전에 해당 근로자의 계속근로기간에 대한 퇴직금을 미리 정산하여 지급할 수 있다.

(3) 확정기여제도의 회계처리

'확정기여제도'란 급여의 지급을 위하여 사용자가 부담하여야 할 부담금의 수준이 사전에 결정되어 있는 퇴직연금제도를 말한다. 이 경우 근로자퇴직급여보장법에 따라 사용자는 가입자(즉, 종업원)의 연간 임금총액의 12분의 1 이상에 해당하는 부담금을 현금으로 퇴직연금사업자(보험회사 등)의 가입자 계정에 납입하여야 한다. 이렇게 되면 가입자인 종업원 자신이 선택한 퇴직연금사업자의 운용실적에 따라 종업원의 퇴직연금 수혜액은 달라지게 된다.

따라서 회사는 당해 회계연도의 부담금만 잘 납입한다면 더 이상 종업원의 퇴직급여에 대해 추가적인 의무가 없기 때문에 충당부채의 회계처리는 필요하지 않다. 대신 당해연도분의 부담금 발생에 대해 비용처리하고 미지급분 또는 선급분이 있을 경우에는 다음 예제와 같이 미지급비용 또는 선급비용으로 인식하면 된다.

예제 10-10 **확정기여제도의 회계처리**

매직클린의 연간 임금총액은 4억 8천만원이며, 이 금액의 12분의 1을 부담금으로 하는 확정기여제도를 채택하고 있다(이하 단위: 천원).

[물음 1] 이번 회계연도중 ₩35,000을 부담금으로 납입한 경우의 회계처리를 하시오.

[물음 2] 이번 회계연도중 ₩45,000을 부담금으로 납입한 경우의 회계처리를 하시오.

| 풀이 |

1. (차) 퇴직급여	40,000*	(대) 현 금	35,000
		미지급비용	5,000
2. (차) 퇴직급여	40,000*	(대) 현 금	45,000
선급비용	5,000		

*부담금 목표액: 4억 8천만원×1/12=₩40,000

(4) 확정급여제도의 회계처리

'확정급여제도'란 근로자가 받을 급여의 수준이 사전에 결정되어 있는 퇴직연금제도를 말한다. 이 경우 근로자퇴직급여보장법에 따르면 급여수준은 가입자의 퇴직일을 기준으로 산정한 일시금이 계속근로기간 1년에 대하여 30일분의 평균임금에 상당하는 금액 이상이 되도록 하여야 한다. 그렇기 때문에 퇴직한 종업원이 받을 퇴직연금 수혜액에 대하여 회사가 전적으로 책임진다는 의미에서 충당부채의 회계처리를 한다.

회사가 일정수준 이상의 퇴직급여를 책임져야 한다는 확정급여제도하에서는 종업원이 언제 퇴직할지 그리고 퇴직시점의 평균임금이 어떻게 될지, 현재가치할인율을 어떻게 해야 할지에 대한 예상과 추정을 바탕으로 한다는 점에서 다소 복잡한 측면이 있다. 그렇지만 앞에서 설명한 국제회계기준의 논리를 바탕으로 다음 4가지의 새로운 개념을 잘 이해한다면 전체적인 회계처리를 학습하는 데 큰 도움이 될 것이다.

- 확정급여채무(defined benefit obligation): 미래 퇴직급여로 지출할 금액을 현재가치로 환산한 금액을 말한다.
- 사외적립자산(plan assets): 회사(사용자)가 확정급여채무에 대비하여 외부에 맡겨 운용하는 기금을 말하며, 여기에 회사는 퇴직금 재원 확충을 위해 추가로 출연하고, 이 기금에서 퇴직급여를 지급한다.

- **당기근무원가**(current service cost): 이번 회계연도에 근무함으로써 미래에 지급받게 될 퇴직급여 중 당해연도에 귀속될 몫 또는 이번 회계연도에서 부담해야 할 퇴직급여비용을 말한다.
- **확정급여부채**(net defined benefit liability): 퇴직자에게 지급할 의무인 확정급여채무에서 이를 커버하기 위해 확보된 사외적립자산을 차감한 잔액을 말한다. 이 경우 '**사외적립자산**'은 '**확정급여채무**'만을 위해 사용되므로 재무상태표에 자산으로 나타내지 않는다. 마찬가지로 확정급여채무도 그 전체 금액을 부채로 나타내지 않고, 여기에서 사외적립자산을 차감한 순액만을 '**확정급여부채**'로 재무상태표에 표시한다.

저자의 Tip 분개할 때에는 확정급여채무(부채)계정과 사외적립자산(자산)계정이 사용되지만, 재무상태표에 표시할 때에는 순액인 **확정급여부채**로 표시한다.

이제 앞에서 설명한 국제회계기준의 논리를 확정급여제도의 관점에서 단계별로 적용해보도록 하자.

이를 위해 1차연도초에 설립된 회사의 종업원은 1명이 재직중이며, 이 종업원의 1개월 평균임금은 현재 300만원이지만, 매년 6%씩 인상되며, 10차연도말에 퇴사할 것을 가정하여 확정급여제도의 회계처리에 대한 연습을 해보도록 하자. 이 경우 적어도 다음의 2가지 점은 기억하고 있어야 한다.

- 미래의 어느 시점에 종업원이 퇴사할 것인지를 예측해야 한다. 왜냐하면 미래시점에 지급될 퇴직금을 이번 회계연도에 부채로 계상하기 위해서는 현재가치로 할인해야 하기 때문이다.
- 퇴직하는 미래시점의 급여를 기준으로 퇴직금이 계산되기 때문에 현재시점에서 미래의 급여를 추정하야 한다.

위의 퇴사시점과 급여인상률 등에 대한 예측과 추정을 '**보험수리적가정**'이라고 하며, 이 가정에 기초하여 미래지향적 관점에서 회계처리한다는 특징을 이해하는 것이 중요하다.

■ 1단계: 확정급여채무와 퇴직급여비용의 계산

이번 회계연도에 1년간 계속 근무했기 때문에 1개월분의 퇴직금 지급의무가 발생하므로 이를 당해연도의 퇴직급여비용에 반영해야 한다. 즉, 당해연도 근무로 인해 퇴직금 지급을 발생시켰기 때문에 실제 퇴직금을 지급하는 시점이 아닌 근무한 연도의 당기근무원가로 퇴직급여비용을 인식한다. 이때 매년 임금상승률이 6%이고 10차연도말에 퇴사한다는 보험수리적가정하에서는 이번 1년간의 근무로 인한 퇴직급여비용은 임금상승이 반영된 퇴직시점의 1개월분 평균급여가 된다.

이 경우 퇴직시점에서의 평균급여는 얼마나 될까? 약 507만원에 이를 것으로 추정된다(=300만원×1.6895(기말시점을 기준으로 퇴직당시의 평균급여를 계산하기 위해 향후 9년간 근무를 더 한다는 가정하에 9년의 복리이자요소를 적용). 그렇지만 이렇게 계산된 금액은 10차연도말의 미래시점에 지급할 것이기 때문에 현재시점의 퇴직급여비용과 확정급여채무로 반영하기 위해서는 현재가치로 다시 환산해야 한다. 따라서 10차연도말에 지급될 퇴직금 507만원을 당기말 기준으로 4%의 할인율을 가정하여 9년의 현재가치 할인요소(=0.7026)를 적용하면 355만원이 산출된다. 이를 회계처리하면 다음과 같다.

(차) 퇴직급여비용	355만원	(대) 확정급여채무	355만원

■ 2단계: 사외적립자산에 대한 기본 이자수익과 공정가치 평가

사외적립자산은 퇴직급여 지급을 위하여 회사 외부의 퇴직연금사업자 등에게 위탁하여 별도로 운영하는 기금을 의미한다. 금융자산에서 다룬 바 있는 상각후원가금융자산, 기타포괄손익금융자산, 예금과적금 등의 펀드형태로 구성되어 있지만 기업이 임의대로 인출하거나 운영할 권한은 없다. 따라서 재무상태표상에 기업의 자산으로 보고되지 않으며, 오로지 퇴직급여채무에 대한 지급을 위해 사용된다. 그렇기 때문에 회사가 도산한다고 하더라도 채권자들로부터 안전하게 지켜낼 수 있다.

사외적립자산과 관련된 회계처리를 회사에서 사외적립자산에 기금을 출연하는 경우, 그리고 기말에 사외적립자산을 공정가치로 평가하는 경우로 나누어 살펴보도록 하자. 실제로는 회사가 직접 사외적립자산을 평가한다기보다는 외부 운용기관이 평가한 결과

를 회사에 보고하게 되면 회사는 이를 기반으로 회계처리를 하게 된다.

① 사외적립자산에 대한 출연과 퇴직금 지급

• 사외적립자산에 출연: 사외적립자산에 1,500만원의 현금을 출연한 경우라면

(차) 사외적립자산	1,500만원	(대) 현 금	1,500만원

• 퇴직금 지급: 퇴직자에게 900만원의 퇴직금을 지급했다면

(차) 현 금	900만원	(대) 사외적립자산	900만원
확정급여채무	900만원	현 금	900만원

앞에서 설명한 사례의 경우 종업원 1인을 가정하고 아직 퇴사하지 않은 상태이므로 퇴직금 지급의 회계처리는 아직 필요없다. 그 대신 향후 지급될 퇴직금 재원마련을 위해 사외적립자산에 600만원을 출연하였다고 가정하면 다음과 같은 회계처리가 필요하다.

(차) 사외적립자산	600만원	(대) 현 금	600만원

② 사외적립자산에 대한 공정가치 평가

사외적립자산의 운용에 따라 수익이 발생하고 기말에 해당 자산은 공정가치로 평가하게 된다. 이때 사외적립자산의 실제 수익은 퇴직급여비용을 감소시켜주는 요소가 된다. 그러나 주로 금융상품으로 구성된 사외적립자산의 수익률은 해마다 큰 차이를 보일 수 있고 이러한 차이가 퇴직급여비용에 영향을 주면 매년 불규칙적으로 퇴직급여비용이 손익계산에 반영된다. 따라서 실무에서는 실제수익률 대신 기대수익률을 퇴직급여비용 계산에 사용하고 실제수익률과의 차이는 **재측정요소**로 **기타포괄손익**에 반영한다.

예를 들면, 회사는 사외적립자산에 대해 우량회사채의 이자수익률 정도의 기본 운용수익은 달성될 것이라는 관점에서 평가손익(즉, 퇴직기금의 운용수익)을 처리한다. 즉, 이 기본을 초과하거나 미달하는 실제 평가손익이 당기손익에 영향이 미치지 않도록 차

액은 기타포괄손익으로 처리한다는 의미이다. 예를 들면 사외적립자산을 공정가치로 평가한 기초 장부금액이 600만원이나 기말의 공정가치로 평가한 금액이 640만원이고 우량회사채의 이자수익률을 5%라고 가정하면 평가손익 40만원 중 30만원(=600만원×5%)을 초과한 10만원은 '**재측정요소**(remeasurements)'라는 과목으로 기타포괄이익으로 처리한다. 마찬가지로 기말의 공정가치로 평가한 금액이 615만원이라면 평가손익 15만원 중 30만원(=600만원×5%)에 미달한 15만원은 '재측정요소'라는 과목으로 기타포괄손실로 처리한다.

• 사외적립자산의 실제수익>기본이자수익

차변	금액	대변	금액
(차) 사외적립자산	40만원	(대) 퇴직급여비용(기본이자수익)	30만원
		기타포괄이익(재측정요소)	10만원

• 사외적립자산의 실제수익<기본이자수익

차변	금액	대변	금액
(차) 사외적립자산	15만원	(대) 퇴직급여비용(기본이자수익)	30만원
기타포괄손실(재측정요소)	15만원		

■ 3단계: 확정급여부채

확정급여부채는 확정급여채무에서 사외적립자산을 차감한 순액이며, 이 금액을 재무상태표에 부채로 나타낸다. 따라서 확정급여채무와 사외적립자산은 재무상태표에 나타나지 않는다. 만약 확정급여채무잔액이 1,000만원이고 사외적립자산의 공정가치가 640만원이라면 재무상태표에 확정급여부채로 360만원이 나타나게 된다.

(5) 확정급여제도의 종합사례

지금까지 설명한 내용을 종합하여 회계처리를 이해하기 위해서는 일단 위에서 설명한 당기근무원가와 확정급여채무에 대한 보충학습이 필요하다. 먼저 1차연도 초에 입사한 종업원으로 인하여 1차연도말에 355만원의 확정급여채무를 인식한 바 있었다.

다른 변동이 없다고 가정하고 2차연도의 확정급여채무와 당기근무원가에 대해 생각해보자. 1차연도와 마찬가지로 이 종업원의 퇴직시점은 동일하므로 퇴직시점의 1개월분의 평균임금은 약 507만원에 이를 것으로 추정한 바 있다. 그렇다면 이 종업원이 다시 2차연도 1년간 근무함으로써 퇴직시점의 1개월 평균임금에 해당하는 507만원의 지급의무가 추가되지만 이 금액은 2차연도말 시점 입장에서 본다면 10차연도말에 지급될 것이다. 이를 현재가치로 환산하려면 4%의 할인율에 대한 8년의 현재가치 할인요소(=0.7307)를 적용해야 하므로 370만원의 당기근무원가가 퇴직급여비용으로 산출된다. 그리고 그 금액만큼의 확정급여채무가 발생될 것이다. 이를 회계처리하면 다음과 같다.

■ 2차연도의 당기근무원가

(차) 퇴직급여비용	370만원	(대) 확정급여채무	370만원

그렇다면 1차연도말에 계상되어 있던 확정급여채무 355만원은 2차연도말 결산시점에서 어떻게 처리해야 할까? 즉, 1차연도말(또는 2차연도초)에 계상되어 있던 확정급여채무 355만원은 1년이 경과되었음에도 불구하고 현금으로 지급이 안 된 상태에 있기 때문에 이자비용만큼 부채가 늘어나게 될 것이다. 따라서 2차연도말에는 355만원의 기초확정급여채무에 이자비용 상당액 14만원(=355만원×4%)이 추가된다. 따라서 다음과 같이 회계처리한다.

(차) 퇴직급여비용	14만원	(대) 확정급여채무	14만원

저자의 Tip 이자비용의 성격이지만 퇴직급여와 관련되었다는 점에서 퇴직급여비용으로 처리한다.

결국 2차연도말 확정급여채무 총액은 2차연도분 당기근무원가 370만원, 1차연도분 확정급여채무 355만원과 이자비용상당액 14만원의 추가분을 모두 더한 739만원이 된다.

가. 확정급여채무의 추가 고려사항인 보험수리적손익과 과거근무원가

■ 보험수리적손익

2차연도말 시점에서 1차연도말에 확정급여채무를 산출하기 위해 가정한 여러 가지 보험수리적 가정들(평균임금상승률, 할인율, 퇴직시점 등)이 최신 정보를 바탕으로 수정된 경우 확정급여채무의 계산에도 영향을 미치기 때문에 고려해야 한다. 따라서 그 영향만큼 차후연도에 확정급여채무를 산출할 때 추가로 반영해야 하며, 이를 **보험수리적손익**이라 하고 **기타포괄손익**에 보고한다.

■ 과거근무원가

과거근무원가는 확정급여제도의 개정이나 축소로 인해 급여수준이 변경되는 경우에 발생한다. 예를 들면, 계속근로기간 1년에 대하여 30일분의 평균임금에 상당하는 금액이 되도록 확정급여제도를 운영해 왔으나 과거 근무한 기간에 대한 퇴직급여 수준을 상향 조정하여 40일분의 평균임금에 상당하는 금액을 지급하기로 했다면 과거근무원가에 상당하는 해당연도의 퇴직급여비용과 확정급여채무가 증가될 것이다. 제도의 축소로 과거근무원가가 부(−)의 금액이 되는 경우에는 해당연도의 퇴직급여비용을 감소시킨다.

나. 사외적립자산에 대한 공정가치 평가

사외적립자산의 성격상 회사가 적극적으로 운영할 권한도 없으며, 회사 외부의 기금이나 퇴직연금사업자의 손에 맡겨져 있기 때문에 사외적립자산에 대한 특별한 고려가 필요하다. 사외적립자산을 공정가치로 평가한 기초장부금액이 600만원이나 기말의 실제 공정가치로 평가한 금액이 640만원이고 우량회사채의 이자수익률(이 정도의 금액을 기대한다는 의미이지 실제로 이 금액만큼 이자수익이 발생되었다는 의미는 아니라는 점을 기억하자)을 4%라고 가정하면, 24만원(=600만원×4%)을 초과한 16만원은 '**재측정요소**(remeasurements)'라는 과목으로 **기타포괄이익**으로 처리한다. 이를 회계처리하면 다음과 같다.

(차) 사외적립자산	40만원*	(대) 퇴직급여비용(기본이자수익)	24만원
		기타포괄이익(재측정요소)	16만원

* 기말공정가치−기초공정가치

저자의 Tip 이자수익으로 하지 않는 대신 그 금액만큼 퇴직급여비용을 감소시켜주는 것으로 처리한다. 그 이유는 사외적립자산은 회사의 자산도, 운영할 권한도 없지만 외부 연금운용기관이 어느 정도의 수익을 내주었다면 그만큼 퇴직급여를 절감시켜주는 효과를 가져오기 때문이다.

다. 2차연도의 재무제표상에 표시될 내용과 금액

- 확정급여채무(2차연도말 현재가치) 739만원(=355+370+14)
- 사외적립자산(2차연도말 공정가치) 640만원
- 퇴직급여비용(포괄손익계산서의 영업비용) 360만원(=370+14−24)
- 재측정요소(포괄손익계산서의 기타포괄이익) 16만원(=40−24)
- 확정급여부채(재무상태표의 부채) 99만원(=739−640)

공시사례

18. 퇴직급여제도

(1) 당기와 전기 중 확정급여제도와 관련하여 인식된 손익은 다음과 같습니다.

(단위: 억원)

구분	당기	전기
당기근무원가	576	553
순확정급여부채의 순이자	137	133
순확정급여부채의 재측정요소	(264)	98
합계(인식된 포괄손익)	449	784

(2) 당기와 전기 중 순확정급여부채의 변동은 다음과 같습니다.

(단위: 억원)

구분	당기	전기
기초 확정급여부채	4,367	3,818
당기근무원가	576	553
순확정급여부채의 순이자	137	133
순확정급여부채의 재측정요소	(264)	98
지급액	(127)	(235)
사외적립자산 납입액	(1)	–
기말 확정급여부채	4,688	4,367
확정급여채무의 현재가치	**6,110**	**5,812**
사외적립자산의 공정가치	**(1,422)**	**(1,445)**
합계(재무상태표)	4,688	4,367

(아시아나항공 2020년 사업보고서 중에서)

연습문제

서술형

1 충당부채와 이연수익의 차이에 대해 설명하시오.

2 삼성파크아파트는 매 10년마다 한 번씩 아파트 외벽에 대한 도색작업을 실시한다. 여기에 소요되는 예상비용의 1/10씩을 매 연도 결산기마다 은행에 적립하고 있다면 이를 충당부채로 회계처리할 수 있는지 토의해보시오.

3 중동지방을 중심으로 무역업을 하는 오션상사는 상대국의 환율변동으로 인한 임시 거액의 손실에 대비하기 위하여 (차) 환율변동손실 ××× (대) 환율변동충당부채 ×××로 회계처리한 다음, 실제로 환율변동으로 인한 손실이 발생하였을 경우 (차) 환율변동충당부채 ××× (대) 매출채권 ×××로 회계처리하려고 한다. 이같은 회계처리가 적절한지 충당부채의 정의와 인식기준을 토대로 답하시오.

4 블루라이프 보험사의 결산기는 매년 12월 31일이며, 당해연도의 실적을 토대로 그 다음연도 1월말 보험판매왕을 선발하기 위하여 연례 시상식을 개최하여 왔다. 예년의 경험에 비추어 보면 총 50명의 판매사원이 선발되고, 이들에게 해외여행과 포상금을 지급할 계획이며, 총 3억원의 예산이 소요될 예정이다. 이 경우 시상식 개최 직전 연도말 결산시점에서 행사비 3억원을 충당부채로 계상하는 것이 적절한가? 부채의 정의와 인식요건을 토대로 답하시오.

5 매직클린(주)는 판매시점부터 2년간 품질을 보증하는 조건으로 공기정화기를 판매하였다. 판매일로부터 2년 이내에 제품의 결함이 발생하는 경우 수리 또는 교체해주고 있다. 과거경험에 의하면 이러한 보증판매에 따라 애프터서비스 요구가능성이 매우 높다고 한다. 이를 토대로 충당부채를 인식해야 할지 여부를 판단하기 위하여 세 가지 인식요건을 적용해서 검토하시오.

6 다음의 내용이 타당한지 판단하고, 그 이유를 토의해보시오.

(1) 꽃샘(주)가 거래처로부터 차입을 하는데 보증을 서주었다면 보증을 제공한 기업은 충당부채를 인식하고, 보증을 제공받은 꽃샘(주)는 우발이익을 인식하여야 한다.

(2) 유람선영업을 하는 네모(주)는 선착장이 홍수로 인한 피해를 예상하여 충당부채를 계상해야 한다.

(3) 승소가능성이 매우 높은 소송사건에서 승소할 경우 받을 것으로 기대되는 배상액은 우발이익으로 포괄손익계산서에 계상할 수 있다.

문제 풀이형

1 충당부채의 회계정책

세기케미칼(주)는 남태평양에 소재한 해외지사에서 석유류와 화학제품을 몇 년째 생산하여 왔으나, 환경오염에 대한 관련국의 규제조치가 마련되어 있지 아니하여 오염방지설비를 갖추지 못하였다. 그러나 지금까지의 공장가동으로 인한 환경오염에 대한 복구뿐만 아니라 향후 환경오염에 대한 규제를 강화하는 내용의 법안이 다음연도에 해당국 의회에서 통과될 예정이라는 것을 2×01년말 알게 되었다고 한다. 이 경우 세기케미칼(주)가 2×01 회계연도말에 취해야 할 회계정책과 그 정책에 따른 회계처리에 대해 설명하시오.

2 충당부채의 인식요건

꽃샘유통(주)에서 2×01년중에 발생한 다음의 사례들이 충당부채에 해당되는지 토의하고, 만약 충당부채로 계상해야 한다면 얼마의 금액을 측정해서 표시하여야 하는지 답하시오.

(1) 회사는 판매후 3년간 품질을 보증하는 조건으로 내비게이션을 판매한다. 따라서 판매후 3년간 발생하는 제품의 결함에 대해 무상수리 또는 교환해주고 있으며, 2×01년중 판매한 제품에 대한 보증수리비 또는 교환에 소요되는 비용으로 ₩130,000이 발생할 것으로 신뢰성 있게 추정하고 있다.

(2) 회사는 공기정화기를 판매하고 있으며, 제품에 대해 만족하지 못하는 고객에게는 환불해주는 정책을 펴고 있으며, 이는 광고선전과 회사의 홈페이지를 통해 널리 공지되어 있는 상태이다. 이러한 환불정책의 시행으로 인하여 회사는 2×01년중 판매한 제품에 대한 환불로 인해 향후 ₩320,000이 발생할 것으로 신뢰성 있게 추정하고 있다.

(3) 회사는 해외수출입업무도 수행하고 있으며, 환율변동에 의해 영업성과가 좌우된다. 기말현재 $4,000의 매출채권을 보유하고 있으나, 선물환거래나 환율변동보험 등에 가입되어 있지 않아, 향후 달러환율의 하락시 영업손실이 최대 ₩400,000 – 최소 ₩100,000 정도 하락할 것으로 예상된다.

(4) 회사가 판매한 건강식품의 효능에 대하여 소비자들로부터 소송이 진행되고 있으나 변호를 맡고 있는 법무법인측은 회사가 법적 의무를 지지 않을 가능성이 매우 높다는 의견과 이를 뒷받침하는 증거를 제시하고 있다. 그러나 소송상대방은 최대 ₩240,000 – 최소 ₩80,000의 손해배상을 주장하고 있다.

3 용역유형의 판매보증

세기전자(주)는 2×13년에 전기온수매트 100개를 개당 ₩200,000에 현금을 수취하고 판매하였다. 판매가격에는 1개당 ₩20,000씩의 제품보증대가(개당 평균 애프터서비스 대가를 말하며, 여기에 대한 원가는 ₩10,000)를 포함하여 책정된 것이다. 실제로 2×13년에는 애프터서비스 제공과 관련하여 ₩200,000의 원가가 발생하였고, 2×14년에는 ₩400,000의 원가가 발생되었다고 한다면 용역유형의 보증에 대해 이연법(즉, 이연보증수익 또는 선수수익으로 인식하는 회계처리)에 의해 2×13년과 2×14년의 회계처리를 하시오.

4 용역유형의 판매보증대가

세기오토(주)는 외제 중고차를 판매하고 있는데, 판매후 1년 이내에 엔진이나 미션 등 중요 장치에 문제가 발생하거나 결함이 발견되는 경우에는 수리나 교환해주는 워런티(warranty)를 별도로 판매하고 있다. 이 워런티의 가격은 자동차의 종류와 연식에 따라 차이가 있지만, 고객으로부터 워런티 청구가 들어와 수리를 해줄 경우에는 1,500만원이 소요되며, 새 부품으로 교환해줄 경우에는 5,000만원이 소요된다고 한다. 과거의 경험상 판매후 향후 1년 안에 수리요청이 들어올 확률은 20%, 교환요청은 6%이며, 아무런 문제가 없는 경우는 74% 정도 될 것으로 추정하고 있다. 한편 세기오토(주)의 평균 매출총이익률이 40%라고 한다면 세기오토(주)는 이 워런티의 가격을 최소한 얼마 이상 책정해야 할 것인지 추정해보시오.

5 확신유형의 판매보증

꽃샘주방은 2주일 이내에 고객이 반품하는 경우 전액 환불하는 조건으로 주방용품 100세트를 1세트당 ₩100,000에 현금으로 판매(원가는 ₩65,000)하였다. 판매수량의 20% 정도가 통상 반품될 것으로 판매시점에서 예상하였으나 실제로는 15세트가 반품되어 환불처리하였다.

[물음 1] 판매시점에서 반품보증에 따른 회계처리를 하시오.

[물음 2] 고객이 반품한 시점의 회계처리를 하시오.

6 확정급여부채의 회계처리

매직클린(주)는 '퇴직시의 월평균임금×근속연수'로 퇴직일시금을 지급하기로 하는 확정급여제도를 시행하고 있다. 종업원에 대한 1차연도의 월평균임금은 ₩2,000,000으로 매년 5%씩(복리로) 인상되며, 이 종업원은 제5차연도말에 퇴사한다는 보험수리적가정을 한다.

[물음 1] 당기근무원가와 확정급여채무를 계산하기 위한 다음 표의 '**1차연도**'와 '**2차연도**' 부분을 완성하고, 1차연도와 2차연도의 퇴직급여 관련 회계처리를 하시오. 할인율 또는 사외적립자산에 대한 기본 이자수익률은 우량회사채의 이자수익률 10%를 적용한다.

	1차연도	2차연도	3차연도	4차연도	5차연도
퇴직급여	₩(①)	₩(①)			
기초확정급여채무	0	₩(②)	–	–	–
이자비용	0	₩(③)	–	–	–
당기근무원가	₩(②)	₩(④)	–	–	–
기말확정급여채무	₩(②)	₩(⑤)	–	–	–

[물음 2] 1차연도 12월 31일에 회사의 기여금(₩1,500,000)을 사외적립자산에 출연하였으므로 기말시점의 사외적립자산의 공정가치는 ₩1,500,000으로 동일하다. 따라서 기초의 확정급여채무와 사외적립자산에 대한 이자비용, 이자수익은 고려할 필요가 없으며, 보험수리적손익과 사외적립자산의 재측정요소도 없다. 이를 토대로 다음의 순서에 따라 1차연도의 퇴직급여비용 관련 회계처리를 완성하시오.

[1차연도 회계처리]

(차) 퇴직급여비용 (대) 확정급여채무

(차) 사외적립자산 (대) 현 금

[1차연도 재무제표상에 표시될 금액]

- 퇴직급여비용(포괄손익계산서):
- 확정급여부채(재무상태표):

2차연도의 퇴직급여 관련 거래사항은 다음과 같다.

(1) 2차연도초 사외적립자산의 공정가치: ₩1,500,000
(2) 2차연도말 사외적립자산에 ₩1,400,000의 현금출연(기여)
(3) 확정급여채무에 대한 이자비용 인식을 위한 할인율: 10%
(4) 사외적립자산의 기대 이자수익을 계산하기 위한 수익률: 10%
(5) 퇴직종업원에게 ₩250,000의 퇴직금을 사외적립자산에서 현금으로 지급
(6) 기말 현재 사외적립자산의 공정가치: ₩3,000,000
(7) 당기 확정급여채무에 대한 보험수리적손실: ₩20,000
(8) 당기근무원가는 **[물음 1]**에서 작성한 표를 참조

[물음 3] 위의 자료를 토대로 다음의 순서에 따라 2차연도의 퇴직급여비용 관련 회계처리를 완성하시오.

(1) 당기근무원가의 인식
 (차) 퇴직급여비용 (대) 확정급여채무
(2) 기초확정급여채무에 대한 이자비용을 퇴직급여비용 인식
 (차) 이자비용(또는 퇴직급여비용) (대) 확정급여채무
(3) 회계연도중 사외적립자산 출연
 (차) 사외적립자산 (대) 현 금
(4) 기본 이자수익의 인식
 (차) 사외적립자산 (대) 이자수익(또는 퇴직급여비용)
(5) 퇴직금 지급
 (차) 현 금 (대) 사외적립자산
 확정급여채무 현 금
(6) 사외적립자산에 대한 재측정요소
 (차) (대)
(7) 확정급여채무에 대한 보험수리적손익
 (차) (대)

[2차연도 재무제표상에 표시될 금액]

- 퇴직급여비용(포괄손익계산서):
- 확정급여부채(재무상태표):
- 사외적립자산에 대한 재측정요소(기타포괄손익):
- 보험수리적손익(기타포괄손익):

Chapter

11 자본회계

학·습·목·표

자본은 자산, 부채와 함께 재무상태표의 기본요소로서 기업의 자산에 투자된 자금 중 채권자지분인 부채로 조달된 부분을 제외하고 소유주(주주)로부터 조달된 원천을 나타낸다. 재무제표이용자들에게 유용한 정보를 제공하기 위해 자본은 주주로부터 직접 조달된 납입자본과 기업활동의 결과로 발생한 이익이 원천이 되는 이익잉여금을 구분하여 재무상태표에 표시하는 것이 중요하다. 따라서 자본회계는 자본을 증가 또는 감소시키는 거래를 적절한 자본의 회계과목을 이용하여 측정 · 인식하고 자본금 및 자본잉여금과 이익잉여금, 자본조정, 기타포괄손익누계액으로 구분하여 재무상태표에 표시하는 과정이 된다.

자본회계의 학습목표는 자본의 의의 및 분류를 이해하고 주식의 발행과 재취득 및 기타 자본거래, 이익잉여금의 증가와 처분, 배당에 대한 적절한 회계처리를 학습하며 자본변동표의 구조와 작성방법을 이해하는 것이다.

제1절 자본의 의의와 분류

제2절 주식의 발행과 재취득

제3절 자본잉여금, 자본조정과 기타포괄손익누계액

제4절 이익잉여금과 배당

제5절 자본변동표

제1절 자본의 의의와 분류

1.1 자본의 의의

자본(capital)은 자산, 부채와 함께 재무상태표의 기본요소로서 기업의 자산에 투자된 자금의 원천 중 소유주로부터 조달된 부분을 나타낸다. 자본은 기업의 자산에 대한 전체 청구권, 즉 총지분(total equity) 중 채권자지분인 부채를 차감하고 남은 순자산(net assets)을 말하며 소유주지분(owners' equity)이라고도 한다. 주식회사의 형태를 갖는 기업의 경우에는 소유주가 주주이므로 자본은 주주지분(shareholders' equity)이 된다. 또한 자본과 부채 전체를 총자본으로 부를 때는 자본은 자기자본, 부채는 타인자본이라고 한다. 이와 같이 자본은 순자산, 소유주지분 또는 주주지분, 잔여지분, 타인자본과 같이 다양하게 불리지만 모두 같은 자본 개념을 의미하는 것이다.

개념 Plus '자본'의 다양한 명칭을 알아볼까요?

자본(순자산 또는 소유주지분) = 자산(총지분) − 부채(채권자지분)
총자본 = 자산(총자산) = 부채(타인자본) + 자본(자기자본)

저자의 Tip 자본은 '자산 − 부채'이므로 잔여지분(residual equity)이라고도 한다.

홍문(주)의 2×13년 결산기말 현재 재무상태표에는 아래와 같은 과목과 금액이 있다고 가정해보자(단위: 억원).

자 산		부채와자본	
현금	50	당좌차월	30
재고자산	150	매입채무	150
매출채권(순액)	250	회사채	320
토지와 건물	350	자본금	200
기계장치	250	자본잉여금	100
특허권	150	이익잉여금	400
자산합계	**1,200**	**부채와자본합계**	**1,200**

홍문(주)는 보유현금을 비롯하여 재고자산, 토지와 건물, 기계장치 등에 2×13년말 장부금액으로 1,200억원의 자산이 투자되어 있는 것이며 이 금액이 자산합계로 나타난 것인데 이와 동액의 총자본이 부채와 자본으로 조달된 것이다. 재무상태표의 내역을 보면 1,200억원으로 평가된 자산금액 중 500억원은 부채, 즉 당좌차월, 매입채무와 회사채의 발행으로 조달된 것이며 나머지 700억원은 자기자본으로 조달된 것을 알 수 있다. 여기서 자본은 홍문(주)가 주주로부터 조달한 자본금과 자본잉여금 및 기업이 설립된 후 기록한 이익의 누적액이 원천이 되는 이익잉여금으로 구성된다. 이와 같이 재무상태표를 보면 일정시점에서 기업이 보유하고 있는 총자산이 어떤 자본의 원천으로부터 조달되는지를 한눈에 파악할 수 있다.

1.2 자본항목의 분류와 재무상태표 표시

기업 자산에 투자된 자본의 원천에 대한 더욱 유용한 정보를 제공하기 위해 재무상태표의 자본항목은 통상 자본금(capital stock)과 자본잉여금(capital surplus), 그리고 기업활동의 결과로 발생한 이익이 원천이 되는 이익잉여금(retained earnings)으로 구분하여 세부 항목을 표시한다.

개념 Plus 국제회계기준의 자본회계는 어떤 내용인가요?

IFRS는 '재무보고를 위한 개념체계'에서 자본과 자본유지에 대한 기본개념을 제시하고 있으나 자본의 회계처리, 자본항목의 분류와 재무제표 표시의 원칙을 제시하는 별도의 기준서는 없다. 따라서 금융상품 등 일부 기준서에 별도로 제시된 지분상품 관련 회계처리를 제외한 자본회계 실무에서는 우리나라의 상법 등 개별국가의 자본관련 법규에 따른 자본분류나 적립금의 회계처리 등 기존 회계처리 관행이 존중되고 있다.

또한 IFRS에서는 자본을 직접적으로 정의하지 않는 대신에, 지분상품을 '기업의 자산에서 모든 부채를 차감한 후의 잔여지분을 나타내는 모든 계약'으로 별도로 정의하고 있다. 다만, 이러한 지분상품의 정의는 재무상태표상의 자본과는 완전히 동일하지는 않다. 계약에 기초하지 않아 지분상품은 아니지만, 자본에 포함하는 항목(예를 들면, 유형 및 무형자산의 재평가잉여금 등)이 존재하기 때문이다.

(1) 자본금과 자본잉여금

주식회사인 기업의 경우 주식발행을 통해 주주들로부터 직접 불입된 자본을 납입자본(contributed capital 또는 paid-in capital)이라고 하며 이는 발행된 주식의 액면금액의 합계액인 **자본금**(capital stock)과 주식발행 거래에서 액면금액을 초과하는 부분의 합계액을 나타내는 **주식발행초과금**(contributed capital in excess of par)으로 구성된다. 자본금은 상법에서 정한 채권자보호를 위하여 회사가 유지하여야 할 최소한의 재산인 법정자본금(legal capital)을 표시하기 위한 것으로 자본금을 별도로 구분하는 회계적인 의미는 크게 중요하지 않다. 재무상태표에서는 주식발행초과금과 기타 여러 가지 자본거래의 결과를 포함하는 **기타자본잉여금**(other capital surplus)을 합쳐 자본잉여금으로 분류한다.

(2) 이익잉여금 또는 결손금

이익잉여금은 기업활동의 결과로 획득된 당기순이익의 누적액 중 배당으로 사외에 유출된 부분과 자본전입을 통해 자본항목으로 대체된 부분을 제외한 유보이익을 말한다. 특정 연도에 당기순손실이 발생하는 경우 이익잉여금은 그만큼 감소하게 된다. 당기순손실이 누적되어 이익잉여금이 '-'가 되는 경우에는 결손금이라 부른다. 이익잉여금은 주주에게 배당할 수 있는 최대 금액을 의미한다고 볼 수 있는데, 이익잉여금이 전부 배당으로 유출되고 나서 당기순손실이 발생한다면 기업의 납입자본이 잠식될 수도 있다. 따라서 실무적으로는 이익잉여금의 일부를 준비금이나 적립금으로 처분하여 배당을 제한하고, 이를 제외한 나머지 부분을 **미처분이익잉여금**으로 구분하여 배당가능한 이익으로 표시한다.

재무상태표의 자본은 이와 같이 기본적으로는 자본금과 자본잉여금 및 이익잉여금(또는 결손금)으로 구성되는데, 기업의 거래가 복잡해짐에 따라 순자산의 증감을 초래하는 거래이지만 그 거래의 결과를 명확히 자본잉여금이나 이익잉여금에 포함하여 표시할 수 없는 자본거래가 존재하게 된다. 따라서 재무상태표에는 이러한 혼합적 또는 임시적 성격의 거래를 자본에 구분하여 표시하기 위해 **자본조정**(capital adjustments)과 **기타포괄손익누계액**(accumulated other comprehensive income)을 사용한다.

(3) 자본조정과 기타포괄손익누계액

자본조정은 당해 항목의 특성상 소유주지분인 자본에 가감되어야 하지만 아직 미확정적인 거래의 성격상 자본잉여금과 이익잉여금의 구성항목으로 보고하지 않고 별도로 구분하여 표시하는 항목을 말한다. 여기에는 **주식할인발행차금**과 **자기주식** 등이 포함된다. **기타포괄손익누계액**은 재무상태표일 현재 기타포괄손익의 잔액(누계액)을 나타내는 자본의 한 구분으로 기타포괄손익누계액 항목은 자본의 증가(이익의 경우) 또는 감소(손실의 경우)로 표시될 수 있다. **기타포괄손익**이란 기업실체가 일정기간 동안 소유주와의 자본거래를 제외한 모든 거래나 사건에서 인식한 자본의 변동액으로 당기순손익의 계산에서는 제외되는 부분이며, **재평가잉여금**과 **기타포괄손익금융자산평가손익**과 **사외적립자산의 재측정요소** 등이 여기에 포함된다.

결과적으로 재무상태표의 자본항목은 [그림 11-1]과 같이 ① 자본금 ② 자본잉여금 ③ 자본조정 ④ 기타포괄손익누계액 ⑤ 이익잉여금의 다섯 가지로 구분되어 표시되며,

그림 11-1 ▌재무상태표 자본의 구성항목

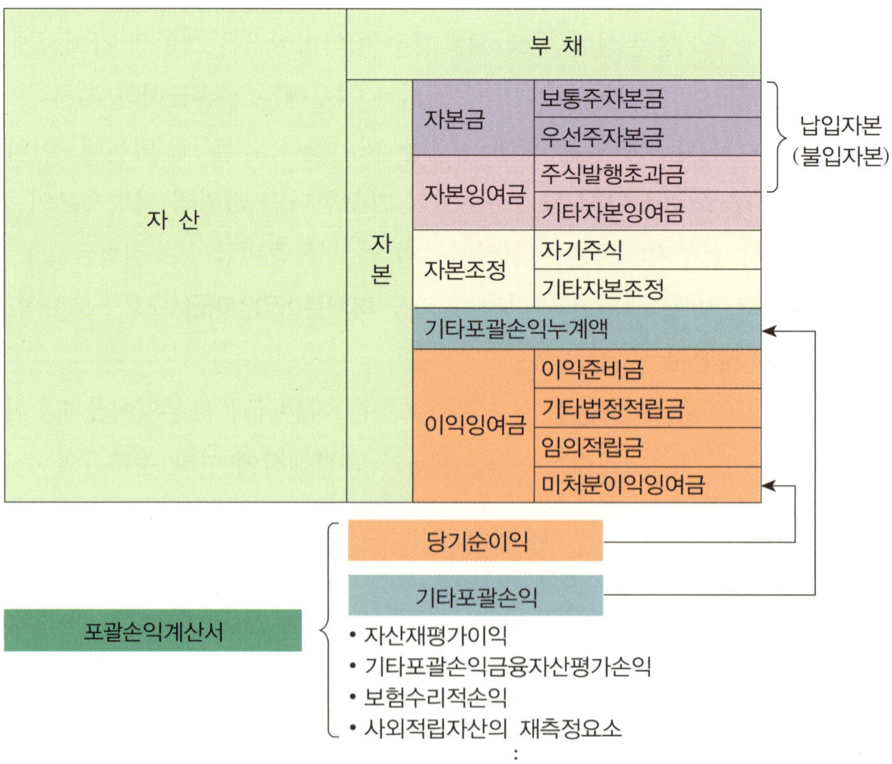

당기순손익은 미처분이익잉여금을 통해, 기타포괄손익은 기타포괄손익누계액을 통해 자본에 반영된다. 또한 가장 영구적인 자본이라고 할 수 있는 자본금과 자본잉여금이 먼저 표시되며 이익잉여금은 궁극적으로는 배당으로 사외유출될 것이므로 나중에 표시된다.

제2절 주식의 발행과 재취득

2.1 주식발행의 의의와 주식의 종류

주식의 발행은 주식회사의 가장 기본적인 자본조달방법이다. 회사의 설립시에 주식발행으로 조달된 금액이 최초 설립자본이 되며 설립 후에는 추가적인 자본이 필요한 경우 신주를 더 발행하여 증자를 하거나 반대로 이미 발행된 주식을 재취득하고 소각하여 감자를 할 수 있다. 상법에서는 주식회사의 정관에 정해진 수권자본의 범위 내에서 이사회의 의결로 주식을 발행할 수 있도록 규정하고 있다. 회사를 설립할 때는 수권주식수의 1/4 이상의 주식을 발행하여야 한다. 주권은 주주의 지분권을 나타내는 유가증권으로 각 주주는 보유한 주권의 수를 발행된 주권의 총수로 나눈 비율만큼의 지분을 가지게 된다.

개념 Plus 지분율이란?

기업의 경영권을 차지하기 위한 다툼에 있어 '지분율 경쟁'이란 말이 나온다. 예를 들면, 총 100만주의 보통주(common stock) 주식이 발행된 주식회사의 경우 한 주주가 보통주 1만 2천주를 보유하고 있다면 1.2%의 지분율을 가진 것이다. 보통주 1주는 하나의 의결권을 가지므로 한 회사의 경영권을 완전히 지배하기 위해서는 보통주 발행주식 총수의 50%를 초과하는 지분율이 필요하다.

주식회사는 보통주와 각종 **우선주**(preferred stock) 등 여러 종류의 주식을 발행할 수 있다. 보통주는 주식회사의 가장 기본적인 주식으로서 보통주에는 지분율에 비례하는 의결권이 부여되어 있다. 그러나 보통주 주주는 배당이나 회사의 청산시 배분되는 자산에 대해 채권자나 우선주 주주보다 하위의 권리를 갖는다. 주권에는 일반적으로 액면금액이 표시되어 있어 **액면주**(par stock)라고 하는데 액면이 표시되지 않는 **무액면주**(no par stock)의 발행도 가능하다.

저자의 Tip 상법 제329조의 ① 규정에 따르면 무액면주를 발행하는 경우 회사는 주식 전부를 무액면주식으로 발행하여야 한다. 이때 자본금은 주식발행 가액의 1/2 이상에 해당하는 금액으로 이사회에서 정한다.

우선주는 배당금의 지급이나 회사 청산시 보통주에 비해 우선권이 부여되어 있거나 전환권 또는 상환권의 권리를 갖는 주식으로 의결권은 부여되지 않는 것이 일반적이다. 우선주는 경영참여보다는 배당소득에 더 관심이 있는 투자자에게 적절한 투자방법이며, 기업의 경우 의결권을 부여하지 않음으로써 경영권 방어부담 없이 자금을 조달할 수 있는 장점이 있다.

개념 Plus 우선주의 의결권 부활

우리나라 상법은 의결권없는 주식에 관하여 정관에서 정한 우선배당을 현실적으로 받지 못한 경우에는 의결권이 부활된다는 취지로 규정하여, 우선배당을 조건으로 하는 경우에만 의결권없는 주식을 인정하고 있다. 이에 따라 우선주에 대한 배당을 실시하지 아니하는 경우에는 우선주에 대한 의결권은 부활되는 것으로 볼 수 있다.

우선주는 보통주와 구별되는 특징에 따라 다음과 같은 유형으로 분류된다.

(1) 배당의 우선권에 따른 구분

가. 비누적적 우선주(non-cumulative preferred stock)

우선주는 보통주에 비해 배당의 우선권이 있으며 미리 정해진 배당률에 따른 배당을 받거나 보통주 배당률에 추가하여 더 높은 배당을 받는다. 비누적적 우선주라 함은 미리 정해진 배당률에 따른 배당의 우선권을 가진 우선주에 대해 특정 회계기간에 배당이 선언되지 않았을 때 그 기간의 배당이 다음 회계기간에 누적되지 않고 소멸되는 경우를 말한다.

나. 누적적 우선주(cumulative preferred stock)

누적적 우선주라 함은 미리 정해진 배당률에 따른 배당의 우선권을 가진 우선주에 대해 특정 회계기간 배당의 전부 또는 일부분이 지급되지 않았을 때 미지급된 금액이 누적되어 후속 회계기간에 보통주 배당에 우선하여 지급되는 경우를 말한다. 이때 미리 정해진 배당률을 채우지 못하고 미지급된 배당금을 **연체배당금**(dividends in arrears)이라 한다.

다. 참가적 우선주(participating preferred stock)

미리 정해진 배당률에 따른 배당의 우선권을 가진 우선주는 배당이 일정금액으로 한정되며 이러한 경우를 비참가적 우선주라고 한다. 그러나 참가적 우선주의 경우에는 당기 배당을 우선적으로 받고, 동률의 배당을 보통주에 배분한 뒤 배당가능한 잔여 금액이 있는 경우 일정비율로 배당에 참가할 수 있어 배당금액에 한정이 없다. 따라서 참가적 우선주의 경우에는 특정 연도에 기업의 성과가 좋아 배당을 많이 할 수 있을 때 보통주에 비해 배당이 오히려 적게 되는 상황을 피할 수 있다.

정해진 우선주배당률을 초과하여 배당에 참가할 수 있으나 상한이 규정되었다면(예를 들면, 최고 15%까지 배당참가) 이를 **부분참가적 우선주**(partially participating preferred stock)라고 하며 이 경우에는 보통주에 비해 배당이 오히려 적게 되는 사례가 발생할 수도 있다.

개념 Plus 우선주는 배당을 얼마나 더 받을까요?

우리나라의 경우 대부분 우선주는 보통주보다 약간 높은(추가 1%) 정도의 배당을 받도록 되어 있어 사실상 참가적 우선주의 성격을 가지고 있다.

(2) 전환우선주와 상환우선주

가. 전환우선주(convertible preferred stock)

전환우선주란 우선주 주주의 의사에 따라 보통주로 전환할 수 있는 권리를 부여받은 주식을 말한다. 이러한 권리를 **전환권**(conversion right)이라고 하는데, 전환우선주를 소유한 주주는 보통주의 시장가격이 상승하였거나 향후 상승할 것으로 예상될 때 소유주식의 가치를 높일 목적이거나 보통주 주주가 되어 의결권을 행사할 목적으로 전환권을 행사할 수 있는 장점이 있다.

나. 상환우선주(redeemable preferred stock)

상환우선주는 기업이 일정기간 후에 미리 정해진 특정 가액으로 매입할 것을 전제로 발행하는 우선주를 말한다. 배당의 우선권이나 의결권이 없는 특성 등은 다른 유형의 우선주와 유사하나 기업의 의사에 따라 주주에게 상환할 수 있으므로 기업에 제공된 영구적인 자금이라는 자본의 특성을 만족하지 못하므로 K-IFRS는 상환우선주를 자본이 아닌 부채로 해석하고 있다.

다. 전환상환우선주(redeemable convertible preferred stock)

전환상환우선주(RCPS)란 전환우선주와 상환우선주의 혼합적 성격을 가지는 우선주로서 일정기간이 지나면 보통주로 전환할 수 있는 전환권과 상환권(redemption right)이 주주에게 동시에 부여되어 있는 주식이다. **전환상환우선주**는 통상 비상장기업이 기업공개(IPO) 전에 자본을 조달하기 위해 발행한다. 이때 주주는 투자한 기업의 가치가 오르면 보통주로 전환해 차익을 실현할 수 있으며 만일 기업공개가 실패하거나 실적 부진으로 투자가치가 하락할 경우 최초 투자액에 이자를 더한 금액으로 상환을 요청할 수 있어 투자자에게 매우 유리한 조건의 투자가 가능하다. K-IFRS에 따르면 전환상환우선주는 전환사채처럼 보통주로 전환되기 전에 상환을 약속한 범위에 대해서는 '부채'로 분류하고, 보통주로 전환된 부분은 '자본'으로 분류해야 한다.

2.2 주식발행의 회계처리

(1) 주식의 현금발행

주식을 발행하는 회사는 주권을 주주에게 교부하여 주고 그 대가로 현금 또는 현물을 수취하게 된다. 또한 사채를 발행할 때와 마찬가지로 주식을 발행할 때 소요되는 광고비, 주권인쇄비, 법적 수속비용, 증권회사 수수료 등의 주식발행비(신주발행비)가 발생한다. 주식발행비는 비용으로 회계처리하지 않고 납입자본을 기록할 때 주식의 발행가액에서 직접 차감한다. 따라서 납입자본으로 회계처리되는 자본증가액은 기업이 주식발행을 통해 실질적으로 이용할 수 있게 된 금액이다. 한편 이 금액은 자본금계정과 주식발행초과금계정으로 구분되어 액면가액 부분은 **자본금**계정에, 그리고 나머지는 **주식발행초과금**계정으로 기록된다.

액면가액 이하로 주식을 발행하는 경우에도 액면가액은 그대로 자본금으로 기록되며 액면가액에 미달하는 부분은 자본조정 항목인 **주식할인발행차금**으로 회계처리된다. 단, 주식발행초과금계정에 잔액이 있는 경우에는 이와 우선적으로 상계하고 부족액만을 주식할인발행차금계정 차변에 분개한다.

기업이 두 종류 이상의 주식(보통주와 우선주)을 발행한 경우에는 자본금을 보통주자본금과 우선주자본금으로 각각 구분하여 회계처리하여야 한다. 다음 예제들을 통해 주식을 현금과 교환으로 발행하는 여러 사례를 살펴보자.

예제 11-1 액면초과 주식발행

액면금액 ₩5,000인 보통주식 1,000주를 주당 ₩6,400에 발행하고 주식발행과 관련된 비용 ₩100,000을 현금으로 지출한 경우 주식발행에 대한 회계처리를 하시오.

| 풀이 |

(차)	현 금	6,300,000	(대) 보통주자본금*	5,000,000
			주식발행초과금**	1,300,000

* 자본금계정은 액면가액 합계액 ₩5,000,000으로 분개
** 액면가액 초과부분 중 주식발행비를 차감한 금액

예제 11-2 액면이하 주식발행

액면금액 ₩5,000인 보통주식 1,000주를 주당 ₩3,500에 발행하고 주식발행과 관련된 비용 ₩100,000을 현금지출하였다. 이때 기존 주식발행초과금 ₩1,300,000의 대변 잔액이 있을 경우 주식발행에 대한 회계처리를 하시오.

| 풀이 |

(차)	현 금	3,400,000	(대) 보통주자본금*	5,000,000
	주식발행초과금	1,300,000		
	주식할인발행차금**	300,000		

* 자본금계정은 액면가액 합계액 ₩5,000,000으로 분개
** 액면가액 미달금액 중 주식발행초과금 잔액을 제외한 금액

저자의 Tip 실제로는 주식납입대금 전부를 현금으로 받고, 같은 날에 주식을 발행하여 주는 경우는 드물며, 다음 예제와 같이 주식청약과 현금을 먼저 받고 나중에 주식을 발행하는 것이 더 일반적이다.

예제 11-3 청약에 의한 주식발행

다음에 제시하는 청약에 의한 주식발행거래에 대한 회계처리를 하시오.

[물음 1] 2×14년 1월 10일 액면금액 ₩5,000인 보통주식 1,000주를 주당 ₩7,000에 발행하기로 하고 주식납입대금의 10%를 청약증거금으로 수취하다(주식발행비용은 없다고 가정).

[물음 2] 동년 1월 30일 나머지 주식납입대금을 받고 주식을 발행하다.

| 풀이 |

1.	(차) 현 금	700,000	(대) 주식청약증거금*	700,000

* 주식청약증거금은 부채항목임

2.	(차) 현 금	6,300,000	(대) 보통주자본금	5,000,000
	주식청약증거금	700,000	주식발행초과금	2,000,000

저자의 Tip 주식청약금을 자본의 불입으로 보고 발행가액 전체를 청약시점에 자본으로 회계처리하는 견해도 있으나 우리나라에서와 같이 청약신청만으로는 완전한 주식발행이 확정되지 않는 경우에는 청약증거금을 부채로 보고 회계처리하는 것이 더 적절하다.

(2) 비현금거래에 의한 주식발행

기업은 보통의 경우에 주식을 발행하여 현금을 조달하지만 경우에 따라서는 토지나 다른 비현금자산과 교환으로 또는 용역을 제공받은 대가로 주식을 발행하는 **현물출자** 거래가 있을 수 있다. 이 경우 납입자본으로 기록되는 금액은 발행한 주식 또는 주식과 교환으로 수취한 비현금자산(또는 용역)을 공정가치로 평가한 금액에 기초하여 계산하여야 한다.

취득한 자산이나 발행한 주식의 시가가 모두 알려진 경우(예: 상장주식)라면 교환된 자산과 주식의 가치는 큰 차이가 없을 것이므로 어느 것이나 공정가치로 보아도 된다. 그렇지 않은 경우에는 취득한 자산이나 발행한 주식의 공정가치 중에서 더 신뢰성있게 결정할 수 있는 금액을 납입자본으로 회계처리한다.

비현금자산에 대한 공정가치측정은 K-IFRS 제1113호 '공정가치측정'에서 규정한 방법에 따라 측정할 수 있으며 일반적으로 주식의 시가나 토지 등 유형자산의 감정가액과 같은 객관적인 측정치를 사용하거나 그러한 측정치가 관찰가능하지 않을 경우 적절한 가치평가기법을 사용한다. 다음 예제를 통하여 주식을 비현금자산과 교환으로 발행하는 거래에 대해 살펴보도록 하자.

예제 11-4 비현금자산과 교환으로 주식발행

비상장회사인 꽃샘(주)는 액면금액 ₩5,000인 보통주식 10,000주를 공장부지로 사용할 수 있는 토지 1,000제곱미터와 교환으로 발행하였다(주식발행비용은 없다고 가정하고 꽃샘(주)의 주식에 대한 신뢰성있는 공정가치 평가가 어렵다고 가정). 아래 각 물음에 대한 회계처리를 하시오.

[물음 1] 제공된 토지의 가치와 유사한 인근 토지에 대한 매매거래가 최근 여러 번 있었으며 평균거래가격은 제곱미터당 ₩75,000이다.

[물음 2] 제공된 토지에 인접한 인근토지의 거래가격이 형성되지 않아 가치평가가 어려우며, 해당 정부부처가 발표한 동 토지의 공시지가는 제곱미터당 ₩55,000이다.

| 풀이 |

1.	(차) 토 지	75,000,000	(대)	보통주자본금	50,000,000
				주식발행초과금	25,000,000
2.	(차) 토 지	55,000,000	(대)	보통주자본금	50,000,000
				주식발행초과금	5,000,000

2.3 주식의 재취득과 감자(減資)

(1) 주식의 재취득: 자기주식

회사가 자기자본 조달 목적으로 이미 발행한 주식을 매입하거나 또는 증여받아 보유하게 되는 경우가 있는데 이러한 주식을 **자기주식**(treasury stock)이라고 말하며 재취득주식, 자사주 또는 금고주라고도 한다. 자기주식의 취득을 다른 회사의 주식 등 통상적인 유가증권 취득으로 보아 자산으로 인정하자는 견해도 있으나 일반적인 견해는 자기주식의 자산성을 인정하지 않고 자본의 차감항목으로 보는 것이다.

개념 Plus 자기주식은 왜 '-' 자본인가?

주식을 발행하는 것은 자본을 조달하는 수단이다. 그러나 회사가 이미 발행된 주식을 재취득하여 자기주식을 보유하게 되면 일시적으로 해당 금액의 자본은 조달되지 않은 것과 마찬가지이므로 자본의 감소로 회계처리하는 것이다. 자기주식을 수권자본 중에서 미발행주식과 동일한 성격으로 보기도 한다.

우리나라의 상법에서는 원칙적으로 자기주식의 취득을 엄격히 제한하고 있다. 왜냐하면 법정 자본금을 유지하고 이에 상당하는 재산도 유지하고 있어야 한다는 자본충실의 원칙에 위배되기 때문이다. 다만, 주식의 소각, 회사의 합병, 타 회사의 영업양수, 권리의 실행, 단주(주식의 거래단위인 '10'주에 못미치는 수량)처리를 위하여 필요한 경우에 한하여 자기주식 취득을 허용하고 있으며, 이렇게 하여 취득하였다 하더라도 주식 실효의 절차를 밟거나 상당한 시기에 처분하여야 한다.

(2) 자기주식의 회계처리

회사가 이미 발행한 자사의 주식을 다시 매입하는 경우 '자본의 차감계정'인 자기주식 계정을 이용하여 회계처리한다. 자기주식은 재무상태표에서는 **자본조정**으로 분류된다. 자기주식의 거래에 따라 발생하는 손익은 통상적인 유가증권의 매매와는 달리 자본거래의 결과 발생한 것으로 보아 이를 손익계산서에 반영하지 않고 재무상태표의 자본항목인 자본잉여금(이익의 경우) 또는 자본조정(손실의 경우)에 반영한다. 다음은 자기주식의 매입, 재발행, 소각에 대한 회계처리로서 우리나라 상법의 규정에 따라 원가법을 적용한 것이다.

▪ 자기주식의 취득

자기주식을 취득할 때는 지급한 금액을 취득원가로 하여 아래와 같이 자기주식계정 차변에 기록한다. 따라서 주식의 최초 발행금액은 자기주식 취득시의 회계처리에 아무런 영향을 미치지 않는다. 자기주식은 자본조정으로 분류되며 차변잔액을 가지므로 자본의 차감계정이 된다.

(차) 자기주식	×××	(대) 현　금	×××

■ 자기주식의 재발행

회사가 자기주식을 매각하여 처분하게 되면 다시 재무상태표상 자본이 증가하게 된다. 또한 처분가액이 취득원가와 다른 경우 자기주식처분손익(이익 또는 손실)이 발생하게 된다. 원가와 처분가액의 차이로 자기주식처분손익을 계산할 때 재매각되는 자기주식이 여러 차례의 취득거래로 이루어져 취득원가가 각기 다른 경우에는 개별법, 선입선출법, 평균법 등을 적용하여 원가를 결정한다.

자기주식의 처분가액이 취득원가를 초과하는 경우 처분이익이 발생하면 이를 **자기주식처분이익**으로 회계처리하는데, 자기주식처분이익은 자본잉여금 구분 내 기타자본잉여금으로 보고한다. 자기주식의 처분가액이 취득원가에 미달하는 경우에 발생하는 자기주식 처분손실은 자기주식처분이익의 잔액이 있는 경우 그 금액과 우선적으로 상계한다. 그리고 나머지 잔액은 자본조정 구분 내의 기타자본조정으로 계상한 후 상법상 결손금처리순서에 준하여 처리한다.

■ 자기주식의 소각

회사가 취득한 자기주식을 처분하지 않고 소각한다면 자본이 영구적으로 감소하게 된다. 따라서 소각되는 자기주식과 해당 자본금이 동시에 자본에서 제거되어야 한다. 이때 자기주식의 취득원가와 액면금액에 차이가 있는 경우 제거되는 자기주식 금액과 해당 자본금액에 차이가 있게 되므로 **감자차익** 또는 **감자차손**이 발생한다.

감자차익은 자기주식의 취득원가가 액면금액보다 적은 경우 발생하며 대변잔액을 가지게 되는데 주식발행으로 조달한 액면금액보다 낮은 금액으로 해당주식을 소각시키는 것이므로 그 차액은 탈퇴하는 주주로부터 받은 자본의 증여와 같다고 볼 수 있다. 따라서 감자차익은 자본잉여금 구분 내 기타자본잉여금으로 보고한다.

감자차손은 자기주식의 취득원가가 최초 액면금액보다 큰 경우 발생하며 차변잔액을 가지게 되는데 주식발행으로 조달한 액면금액보다 높은 금액으로 해당주식을 소각시키는 것이므로 그 차액은 탈퇴하는 주주에게 배당금을 지급하는 것과 같다고 볼 수 있다. 감자차손은 먼저 감자차익계정의 잔액에서 차감하고 나머지 부족분은 자본조정 구분

내의 기타자본조정으로 계상한 후 결손금처리순서에 따라 이익잉여금에서 차감하거나 향후 발생하는 감자차익과 상계한다.

개념 Plus 원가법과 액면가액법은 어떻게 다를까요?

원가법 회계처리는 자기주식을 취득할 때 향후 재발행하는 것을 전제로 하여 취득금액 전체를 자기주식으로 계정에 기록한다. 그러나 미국 등 외국의 경우 자기주식의 취득과 재발행을 별개의 독립적인 거래로 보아 회계처리하는 액면금액법을 사용하기도 하는데 우리나라의 상법은 취득한 원가로 자기주식을 자본조정에 보고하도록 하고 있으므로 원가법으로 회계처리하는 것이 적절하다.

예제 11-5 자기주식 회계처리

세기(주)는 2×12년초 액면가 ₩5,000의 보통주 1,000주를 ₩6,500에 발행하여 설립되었다. 회사설립후 연말까지 회사의 주식과 관련하여 아래와 같이 순차적으로 발생한 거래에 대한 회계처리를 하시오. 단, 원가법을 사용하고 원가를 결정할 때에는 선입선출법을 적용한다.

1. 100주를 주당 ₩7,000에 재취득하다.
2. 50주를 주당 ₩6,200에 재취득하다.
3. 60주를 주당 ₩7,500에 재발행하다.
4. 50주를 주당 ₩5,200에 재발행하다.
5. 자기주식 40주를 소각하다.

| 풀이 |

	차변	금액	대변	금액
1.	(차) 자기주식	700,000	(대) 현 금	700,000
2.	(차) 자기주식	310,000	(대) 현 금	310,000
3.	(차) 현 금	450,000	(대) 자기주식*	420,000
	* 60주×₩7,000		자기주식처분이익	30,000
4.	(차) 현 금	260,000	(대) 자기주식*	342,000
	자기주식처분이익	30,000		
	자기주식처분손실	52,000		
	* 40주×₩7,000+10주×₩6,200			
5.	(차) 보통주자본금	200,000	(대) 자기주식*	248,000
	감자차손	48,000		
	* 40주×₩6,200			

저자의 Tip 위 거래에서 자기주식처분이익 잔액은 4.의 거래에 의해 0이 되었으며 자기주식처분손실 잔액 ₩52,000이 남게 된다. 자기주식처분손실은 자본조정에 기록되며 향후 거래에서 자기주식처분이익이 발생하면 상계되거나 결손금처리순서에 따라 이익잉여금과 상계 제거된다.

(3) 감자

감자(減資)는 회사가 자본금을 감소시키는 것을 말한다. 감자는 영업규모의 축소, 합병이나 구조조정 과정에서 행해지는 경우가 많으며 주주 등 투자자의 부에 부정적인 영향을 줄 수 있기 때문에 상법에서는 감자의 방법과 절차에 대해 엄격하게 규정하고 있다. 감자는 회사가 주식소각을 목적으로 기존 주주들로부터 주식을 취득할 때 주주들에게 그 대가를 지불하는 **실질적 감자**의 경우와 그렇지 않은 **형식적 감자**의 경우를 구분할 수 있다. 실질적 감자는 유상감자로, 형식적 감자는 무상감자로 부르기도 한다.

실질적 감자는 감자를 위한 주식취득의 대가로 주주들에게 현금 등을 지급함으로써 기업순자산의 실질적 감소가 수반된다. 반면, 형식적 감자는 기존 주주들에게 주식소각의 대가를 지급하지 않음으로써 회사의 순자산이 감소하지는 않고 명목상으로만 자본금이 감소하게 된다.

형식적 감자는 일반적으로 결손금이 누적되어 자본잠식 상태에 있는 회사의 경우 감자를 통해 재무구조를 양호하게 만들기 위해 이용되는데 이월결손금에 해당하는 금액의 납입자본을 주식소각을 통해 감소시키면 재무상태표의 자본에서 이월결손금 또는 이익잉여금이 0이 되면서 나타나지 않게 된다. 그러나 소각되는 주식을 소유한 주주는 아무런 보상을 받지 못하므로 경제적 손실을 부담하게 된다.

형식적 감자의 다른 방법으로는 주식수는 그대로 두고 주당 액면금액을 일괄적으로 감소시킨다든지 혹은 주식수를 일정비율로 감소시키는 방법이 가능하다. 감자를 행하는 경우 제거되는 자본금과 주주들에게 지급되는 대가 또는 형식적 감자의 경우 보전되어야 할 이월결손금이 차이가 나는 경우 감자차익 또는 감자차손이 발생할 수 있다.

예제 11-6 형식적 감자

세기(주)의 보통주 발행주식수는 10,000주이며 액면가 ₩5,000인 주식을 ₩6,000에 발행하였다. 세기(주)는 누적결손금 2,700만원을 보전하기 위하여 발행주식 2주당 1주의 비율로 무상감자를 실시하기로 의결하였다. 필요한 회계처리를 하시오.

| 풀이 |

(차) 자본금	25,000,000	(대) 이월결손금	27,000,000
감자차손	2,000,000		

* 감자차손은 재무상태표의 자본조정항목이며, 감자차익과 상계하거나 이익잉여금에서 차감한다.

제3절 자본잉여금, 자본조정과 기타포괄손익누계액

3.1 자본잉여금

자본잉여금은 주식발행과 재취득 및 기타 자본과 관련된 거래 등 기업과 주주 사이의 자본거래 성격으로 자본금을 초과하는 잉여금을 말한다. 자본잉여금은 손익거래 성격의 이익잉여금이 포괄손익계산서를 거쳐 자본에 반영되는 것과는 달리 직접 자본의 증감으로 재무상태표의 자본에 반영되어 보고된다. 자본잉여금의 구성은 회사가 주식을 액면 이상의 금액으로 발행함에 따라 발생하는 **주식발행초과금**과 기타 여러 가지 자본거래의 결과를 포함하는 **기타자본잉여금**으로 이루어진다. 기타자본잉여금에는 이미 주식의 재취득 및 소각에서 설명되었던 자기주식처분이익과 감자차익을 비롯하여 행사되지 않고 만료된 경우의 **주식선택권**(stock option)도 포함된다.

개념 Plus '자본잉여금'을 구성하는 항목에는 어떤 것이 있을까요?

자본잉여금은 자본금 외의 자본거래에서 발생한 자본조달액을 구분하기 위한 분류로서 주식발행초과금과 기타자본잉여금(자기주식처분이익, 감자차익, 행사되지 않고 만료된 주식선택권)으로 구성된다.

자본잉여금은 자본충실의 원칙에 따라 상법과 세법 등에 의해 그 사용과 처분을 엄격히 제한하고 있다. 자본잉여금은 원칙적으로 주식발행을 통한 자본금으로의 전입(무상증자)과 이월결손금의 보전을 위해서만 사용될 수 있다. 그러나 자기주식처분손실이 발생하여 자기주식처분이익에서 차감하는 경우와 감자시 발생한 감자차손을 감자차익에서 차감하는 경우에도 자본잉여금이 감소되는 결과를 초래한다. 또한 회사의 청산을 위해 자본을 감소하는 의도적인 경우 또는 회계오류 등을 이유로 이익잉여금을 초과해 배당하게 되는 청산배당의 경우에도 예외적으로 자본잉여금이 감소할 수 있다.

3.2 자본조정

자본은 자본거래의 결과인 자본금과 자본잉여금을 누적된 당기순이익을 원천으로 하는 이익잉여금과 구분하여 재무상태표에 표시하는데 자본거래이지만 다른 자본항목들과 비교할 때 명확히 자본잉여금이나 이익잉여금으로 구분할 수 없는 거래가 존재하게 된다.

자본조정은 자본항목이지만 거래의 성격상 자본잉여금과 이익잉여금의 구성항목으로 보고하지 않고 별도로 구분하여 표시하고 자본에 가감하는 형식으로 기재하는 항목을 말한다. 대표적인 자본조정 항목으로는 **주식할인발행차금**과 **자기주식**이 있다. 주식을 액면금액 이하로 발행함으로써 발생하는 주식할인발행차금은 기존의 주식발행초과금이 있는 경우 이와 먼저 상계처리하고 나머지를 자본조정에 차변잔액(자본의 차감)으로 보고한다. 이 잔액은 이후 주식발행초과금이 발생하게 되면 먼저 상계하여야 하지만 그렇지 않은 경우 이익잉여금의 처분으로 상각하여 자본에서 제거해야 한다.

자기주식도 자기회사가 이미 발행한 주식을 다시 사들이는 경우 등에 발생하는 것으로 자본의 차감항목이며 다시 매각하거나 소각하면 자본에서 제거된다. 다른 자본조정 항목으로는 본장에서 이미 그 회계처리에 대해 설명한 감자차손과 자기주식처분손실이 있다. 그리고 회사가 발행하였으나 아직 행사되지 않은 상태로 남아 있는 **주식선택권**과 주식배당을 선언한 상태에서 주식을 발행해주기 전까지 나타나는 **미교부주식배당금**이 있다. 주식선택권과 미교부주식배당금은 대변 잔액을 가지므로 다른 자본조정 항목과는 달리 자본에 가산되는 항목이다.

개념 Plus **'자본조정'을 구성하는 항목에는 어떤 것이 있을까요?**

자본조정은 거래의 성격상 자본잉여금과 이익잉여금의 구성항목이 아니므로 별도로 구분하여 표시하는 항목이며 주식할인발행차금, 자기주식, 감자차손과 자기주식처분손실과 같은 자본의 차감항목과 주식선택권과 미교부주식배당금과 같은 자본의 가산항목으로 구성된다.

3.3 기타포괄손익누계액

기타포괄손익누계액은 재무상태표일 현재 기타포괄손익의 잔액(누계액)을 나타내는 자본의 한 구분으로 기타포괄손익누계액 항목은 자본의 증가(이익의 경우) 또는 감소(손실의 경우)로 표시될 수 있다. 기타포괄손익이란 회사가 일정기간 동안 소유주와의 자본거래를 제외한 모든 거래나 사건에서 인식한 자본의 변동액인 포괄손익의 구성부분으로 당기순손익의 계산에서는 제외되는 부분을 말한다. 기타포괄손익은 자산・부채 등의 평가에 따른 손익으로 순자산을 증감시키게 되지만 아직 실현되지 않은 상태이기 때문에 확정적으로 당기순손익에 포함하지 않는 미실현손익의 성격이다.

개념 Plus **당기순손익과 기타포괄손익은 어떤 차이가 있을까요?**

재무보고를 위한 개념체계에서 이익은 수익에서 비용을 차감한 후의 잔여액으로 정의되고, 수익은 소유주와의 자본거래 영향을 제외한 순자산의 증가이다. 이 정의에 충실하게 모든 손익을 보고하자는 것이 포괄손익의 개념인데, 이 중 해당 회계연도의 기업 또는 경영자의 성과로 볼 수 있는 항목은 당기순손익의 결정에 포함되고, 나머지 항목은 기타포괄손익으로 포괄손익계산서에 별도로 보고한다.

회계연도의 결산마감분개에서 포괄손익계산서의 당기순이익(손실)은 재무상태표의 이월이익잉여금의 증가(감소)로 대체되어 자본에 반영된다. 반면 당기순이익 계산에 포함되지 않는 기타포괄손익 항목은 직접 자본의 기타포괄손익누계액의 해당 항목에 가감되며, 기타포괄손익에는 다음과 같은 항목들이 있다.

■ 기타포괄손익금융자산평가손익

기타포괄손익금융자산은 회계기말에 공정가치로 평가한다. 이때 해당 기간의 공정가치 변동에 따른 평가손익은 당기순손익에 반영하지 않고 기타포괄손익으로 구분하여 포괄손익계산서에 반영하며 그 누적액은 재무상태표의 기타포괄손익누계액에 표시된다. 채무증권(채권)에 대한 기타포괄손익금융자산평가손익은 후에 해당금융자산을 양도 또는 제거할 때에 당기손익으로 **재분류조정**(recycling adjustment)을 통하여 양도손익 또는 처분손익에 반영한다. 그러나 기타포괄손익금융자산으로 분류된 지분증권(주식)에 대한 평가손익은 재분류조정하지 않고 기타포괄손익누계액으로 남겨두거나 이익잉여금으로 대체 가능하다.

개념 Plus '재분류조정'의 회계처리는 어떤 의미를 갖고 있나요?

재분류조정은, 예를 들면 2×12년 취득원가 30만원인 기타포괄손익금융자산으로 분류된 채무증권이 연도말에 35만원으로 평가되어 5만원의 기타포괄손익금융자산평가손익이 기타포괄손익누계액으로 보고되어 있는 경우 이 증권을 2×13년중 41만원에 처분하였다면 처분이익은 11만원(처분가 41만원－취득원가 30만원)으로 인식되어야 한다. 이를 위해 재분류조정(기타포괄손익금융자산평가손익) 5만원을 차변에 기록하여 제거하면서 처분시 차액 6만원(처분가 41만원－처분전 장부금액 35만원)과 합산하여 처분이익이 11만원이 될 수 있도록 한다는 의미이다.

■ 자산재평가잉여금

자산재평가잉여금이란 재평가모형을 채택하여 유형자산이나 무형자산을 공정가치로 평가할 때 발생하는 것으로 자산의 장부금액이 재평가로 인하여 증가되는 금액을 말한다. 자산재평가잉여금은 자산이 제거될 때 해당 자산에 관련되는 금액을 그대로 기타포괄손익누계액에 남겨 두거나 전액 이익잉여금으로 대체할 수 있다. 재평가대상자산이 상각대상자산이면 재평가로 인한 상각비의 증가분에 해당되는 재평가잉여금을 이익잉여금에 대체할 수도 있다.

■ 확정급여제도의 재측정요소(보험수리적손익 등)

확정급여형 퇴직연금제도를 운영할 때 보험수리적 가정의 변경으로 인한 보험수리적손익 등 재측정요소가 발생할 수 있다. 보험수리적 가정이란 확정급여채무와 사외적립자산의 산출에 사용되는 종업원의 이직률, 사망률, 임금상승률, 퇴직률, 기대수익률 등을 말하며 가정의 변경은 확정급여채무의 현재가치와 장부금액의 차이를 발생시킨다. 자세한 내용은 제10장 '충당부채와 종업원급여'를 참조하기 바란다.

한편 재측정요소는 확정급여채무에서 발생한 보험수리적손익, 사외적립자산의 기본이자수익을 초과하는 사외적립자산의 실제수익 등으로 구성되며 관련 손익은 기타포괄손익으로 인식한다. 재측정요소는 당기손익으로 재분류되지는 않지만 자본 내 다른 항목(예를 들면, 이익잉여금)으로 대체할 수 있다.

제4절 이익잉여금과 배당

4.1 이익잉여금의 의의와 처분의 개념

이익잉여금(利益剩餘金, retained earning)은 경영활동 과정에서 창출한 순이익이 주된 원천이 되어 자본에 남아 있는 것을 말한다. 물론 순이익 중 일부는 주주들에게 배당금으로 지급되어 사외에 유출되기 때문에 회사설립 이후에 기록한 누적순이익 중 배당금으로 유출된 부분을 제외한 나머지가 이익잉여금을 구성한다.

그런데 기업이 무상증자, 즉 주주들에게 무상으로 주식을 발행하여 자본금을 늘리는 경우에는 이익잉여금 중 일부는 자본금이나 주식발행초과금계정에 대체된다. 따라서 이익잉여금이란 과거 및 당해 연도의 경영활동을 통해 창출한 순이익 중에서 배당을 통해 사외로 유출되거나 납입자금으로 대체되지 않고 남아 있는 것을 말하는데, 이러한 의미

그림 11-2 | 이익잉여금의 증감요인

이익잉여금의 감소를 가져오는 항목	이익잉여금의 증가를 가져오는 항목
▽ 당기순손실	▲ 당기순이익
▽ 배당(사외유출)	▲ 기타포괄손익누계액의 일부 대체
▽ 자본전입(자본으로 대체)	
▽ 기타(주식할인발행차금 등 상각)	

에서 유보되어 있는 이익(유보이익)이라고 이해할 수 있으며, 자산재평가잉여금 등 기타 포괄손익누계액이 이익잉여금으로 대체되는 경우도 예외적인 경우이지만 가능하다.

이익잉여금은 크게 법정적립금, 임의적립금, 미처분이익잉여금의 세 가지로 구분된다. 미처분이익잉여금이 있으면 이를 배당금의 지급 등 여러 가지 용도로 처분할 수 있다. 이익잉여금을 처분하여 준비금 또는 적립금을 설정하게 되면 해당 금액은 배당으로 처분될 수 없어 기업의 현금유출을 억제하는 효과를 가져 올 뿐이지 별도의 자금을 적립한다는 의미는 아니다. 물론 '적립'이란 말도 이익잉여금 총액은 변동하지 않고 이익잉여금의 세부항목 간에 잔액이 증감하는 거래이므로 단지 이익잉여금 항목 간의 재분류에 불과하다.

개념 Plus 이익잉여금을 처분하면 현금이 줄어드나요?

이익잉여금을 '처분(appropriations)'한다는 의미는 주주에게 배당하는 것과 주식할인발행차금 등의 자본의 차감항목과 상계하여 제거하는 것 또는 배당으로 인한 현금의 유출을 억제하기 위하여 특정 잉여금항목으로 설정하는 것을 말한다. 따라서 배당금지급 이외에는 현금에 아무런 변동이 없다.

이익잉여금을 처분하기 위해서는 회계연도말에 처분가능한 이익잉여금의 합계액이 얼마인가를 계산한 다음 이 금액을 어떠한 목적에 얼마씩 처분할 것인가를 결정하여야 한다. 회계연도말 현재 처분가능한 이익잉여금의 합계액을 '**미처분이익잉여금**'이라고 하는데, 이것은 전기에서 당기로 이월된 전기이월 미처분이익잉여금과 당기순이익을 합친 금액이 된다. 우리 상법에서는 이익잉여금의 처분 순서를 ① 주식할인발행차금 자기주식처분손실, 감자차손 등의 상각 ② 법정적립금과 임의적립금으로 대체(이 경우 이익잉여금의 감소가 없음) ③ 배당으로 정하고 있다.

4.2 배당 외 이익잉여금의 처분

(1) 자본차감 항목의 상각

이익잉여금은 주식할인발행차금, 자기주식처분손실, 감자차손 등 자본의 차감항목을 상각하기 위해 처분될 수 있다. 예를 들면, 주식을 액면 이하로 발행하여 주식할인발행차금이 발생하면 먼저 주식발행초과금계정에 잔액이 있는 경우에는 이와 우선적으로 상계하고 부족액을 자본조정 항목인 주식할인발행차금으로 회계처리하여 자본의 차감으로 기록한다. 주식할인발행차금의 잔액은 이익잉여금의 처분을 통해 3년 내 상각하여야 한다. 자기주식처분손실, 감자차손 등 자본의 차감성격을 가지는 다른 자본조정 항목도 주식할인발행차금과 마찬가지로 이익잉여금의 처분으로 상각될 수 있다.

(2) 법정적립금과 임의적립금

법정적립금은 법의 규정에 의하여 의무적으로 적립해야 하는 금액으로서 회사의 재무상태를 견고하게 하기 위하여 제도적으로 도입된 것으로 이익준비금과 기타법정적립금이 있다. 법정적립금을 적립하기 위한 회계처리는 적립하고자 하는 금액에 대해 차변에 미처분이익잉여금으로, 대변에 해당 법정적립금과목으로 다음과 같이 기록한다.

(차) 미처분이익잉여금	×××	(대) 법정적립금	×××
		임의적립금	×××

개념 Plus **'적립금'만큼 실제로 예금통장에 현금을 넣어두어야 할까요?**

적립금이라고 해서 해당 금액을 예금 등 자산으로 예치하는 것이 아니라 적립금이라는 명칭으로 이익잉여금의 일부를 별도로 구분해줌으로써 배당금으로 처분될 금액을 제한하는 역할을 하는 것이다.

이익준비금(利益準備金)은 상법에서 자본의 1/2에 달할 때까지 매 결산기에 금전에 의한 이익배당액의 1/10 이상 금액을 적립하도록 한 규정에 의한 것이다. 이익준비금은 당기순이익을 전액 배당하여 사외에 유출하지 않도록 일부를 사내에 유보하도록 정함으로써 경영성과가 나빠져 재무상태가 악화되었을 때에도 자본이 적절히 유지되도록 대비하도록 하는 것이 목적이다.

이익준비금은 결손보전과 자본전입 이외의 목적에는 사용할 수 없다. 이익준비금이 자본금의 1/2에 달하면 더 이상 적립할 필요는 없다. 다만 기업이 증자를 실시하여 자본금 규모가 커지면 그때 다시 적립을 시작해야 한다. 기타법정적립금은 특정한 법규에서 이익잉여금을 이용하여 적립하도록 요구하는 경우의 적립금을 말한다.

법규에 의하지 않고 기업이 채권자들과의 계약에 의해 또는 자발적 의사에 의해 배당지출을 제한하는 이익잉여금 처분항목이 있는데, 이를 **임의적립금**(任意積立金)이라 한다. 임의적립금은, 예컨대 사업확장이나 장기부채의 상환 등에 필요한 자금 마련을 위하여 배당을 제한할 필요가 있다고 판단할 때 기업이 스스로 적립하는 적립금을 말한다.

임의적립금에는 사업확장을 위한 사업확장적립금, 부채상환을 위한 **감채적립금**, 매기 균등한 배당지급을 위한 **배당평균적립금**, 만일의 결손을 대비하기 위한 **결손보전적립금** 등이 있다. 임의적립금을 적립하기 위한 회계처리는 법정적립금의 적립을 위한 회계처리와 동일하다. 과거에 설정해 두었던 임의적립금은 필요하다고 판단될 경우 주주총회의 의결을 거쳐 당기의 배당가능액으로 활용할 수 있다

4.3 배당

(1) 배당의 의의와 회계처리

배당(dividends)이란 기업이 사채와 같은 채권에 이자를 지급하듯이 자본을 제공한 주주들에게 대가를 지급하는 것이다. 그러나 이자지급을 약속하고 차입 약정시 이자율을 먼저 정하는 채권의 경우와는 달리 주주들의 투자에 대한 배당이 매년 보장되지는 않는다. 이 경우 일부 우선주를 제외하고는 배당률도 먼저 정해지지 않고 경영성과인 당기순이익이 원천이 되는 이익잉여금에서 상황에 따라 주주총회의 결의에 의해 정해지고 지급되는 것이 일반적이다. 기업이 당기순이익을 보고하였거나 또는 당기에는 순이익을 보고하지 못하였더라도 과거 기간에 누적시켜 온 이익잉여금이 있는 경우에는 주주들에게 배당금을 지급할 수 있다. 배당은 기본적으로는 이익잉여금의 처분이므로 이익잉여금 잔액을 초과하여 지급되어서는 아니 된다.

개념 Plus **'배당금'에는 상한선이 있을까요?**

배당은 '투자에 대한 보상(return on investment)'이다. 만일 배당이라는 명목으로 납입자본을 침해하여 배당금이 지급된다면 이는 배당이 아니라 '투자의 반환(return of investment)'이 되며 이런 경우를 청산배당(liquidating dividend)이라고 한다.

배당은 지급형태에 따라 현금배당, 주식배당, 현물배당, 어음배당 등으로 구분할 수 있다. 각 유형의 배당 절차와 회계처리는 다음과 같다.

■ 현금배당

현금배당(cash dividends)은 가장 일반적인 배당의 형태이다. 배당은 배당기준일(date of record)에 주주명부에 등재된 주주에 대해서 지급되며 주주총회에서(중간배당의 경우 이사회에서) 배당이 결의된 날, 즉 배당선언일(date of declaration)에 확정된다. 배당선언일과 현금지급일에 회사는 다음과 같이 회계처리한다.

배당선언일	(차) 미처분이익잉여금	×××	(대) 미지급배당금(부채)	×××
현금지급일	(차) 미지급배당금(부채)	×××	(대) 현 금	×××

이와 같이 배당에 의한 자본의 감소는 배당선언일에 발생하며 실제 현금지급일에는 자본에 영향이 미치지 않는다. 대신 '미지급배당금'이라는 부채를 상환하는 결과가 된다.

■ 주식배당

주주는 투자의 대가로 현금 등 경제적으로 가치있는 자원을 배분받기를 원하는데 주식배당(stock dividends)은 주주들에게 현금 대신 회사의 주식을 추가로 발행하여 주는 것이다. 그러나 주식배당은 회사의 입장에서는 이익잉여금을 자본전입하여 발행주식수와 자본금을 증가시키는 역할을 할 뿐 자본의 구성항목인 납입자본과 이익잉여금 간의 재분류에 불과한 것이다.

이론적으로는 회사의 자본, 즉 순자산의 증가가 없고 신주발행으로 주식수만 증가하므로 늘어나는 주식수와 반비례하여 주가가 떨어지기 때문에 주주가 주식배당으로 신주를 추가적으로 받는다 하여 경제적 가치의 증가는 없는 것이다.

기업실무에서는 주식수가 늘어나는 것에 반비례하여 주가가 충분히 하락하지 않는 경향이 있으며 이럴 경우 주주의 가치는 다소 증가하게 된다. 이와 같은 현상에 대하여 발행주식수가 늘어나는 만큼 거래가 활발해져 주주에게 다소 유리한 방향으로 영향을 미치는 것을 하나의 이유로 들 수 있다. 따라서 부분적으로 주주에게 배당욕구를 충족시켜주며 회사로서는 현금의 사외유출을 피할 수 있는 장점이 있어 주식배당은 기업들에 의해 널리 이용되고 있다. 주식배당은 배당선언일, 신주발행일에 다음과 같은 회계처리가 필요하다.

배당선언일	(차) 미처분이익잉여금	×××	(대) 미교부주식배당금		×××
현금지급일	(차) 미교부주식배당금	×××	(대) 자본금		×××
				주식발행초과금	×××

개념 Plus 주식배당, 무상증자, 주식분할, 주식병합의 개념을 비교해볼까요?

주식배당은 미처분이익잉여금을 재원으로 하는 배당으로 발행주식수가 증가하고 동시에 납입자본(자본금과 주식발행초과금)도 증가한다. 그러나 이익잉여금이 동일한 금액만큼 감소하므로 자본 총액에는 영향이 없는 단순한 자본계정의 재분류이다.

무상증자는 발행주식수와 납입자본이 증가하지만 자본총액은 불변이라는 점에서 주식배당과 동일하다. 다만, 무상증자의 재원이 자본잉여금 및 이익준비금이라는 점에서만 미처분이익잉여금을 재원으로 하는 주식배당과 차이가 있다.

주식분할(stock splits)은 한 주를 낮은 액면 금액의 여러 주로 나누는 것이다. 따라서 발행주식수가 증가하고 액면금액은 낮아지지만 자본금이나 주식발행초과금계정의 금액 변화는 없다. 주식분할은 자본의 어느 계정에도 영향을 미치지 않으며 회계거래가 아니기 때문에 회계처리의 대상이 되지 않는다.

주식병합(reverse stock splits)은 주식분할과 반대로 여러 주의 주식을 하나의 주식으로 병합하는 것으로 액면금액이 증가하고 발행주식수는 감소하게 된다. 주식분할과 마찬가지로 자본의 어느 계정에도 영향을 미치지 않으며 회계거래가 아니기 때문에 회계처리의 대상이 되지 않는다.

주식배당에 따른 회계처리의 결과 궁극적으로 이익잉여금이 감소하고 동일한 금액의 납입자본이 증가하게 된다. 그러나 주식배당의 배당률은 일반적으로 보유주식수에 대한 비율로 정해지기 때문에 총 얼마의 이익잉여금이 자본으로 전입되어야 하는지 결정되어야 한다. 발행주식수에 따라 자본금으로 기록될 금액은 정해지지만 주식발행초과금으로 기록될 금액은 얼마가 되어야 하는가를 정하여야 하기 때문이며 시가법과 액면금액법을 사용하여 회계처리할 수 있다.

시가법(market value method)은 주식배당을 결의한 날에 배당되는 주식의 시가에 해당하는 금액만큼 이익잉여금을 감소시키고 동일한 금액의 납입자본을 증가시켜주는 방법이다. 따라서 주식의 시가가 액면금액을 초과하는 부분이 주식발행초과금으로 기록된다. 시가법은 일반적으로 소규모 주식배당(small stock dividends)의 경우에 사용되는데 주식배당을 이익의 분배 성격으로 간주하는 입장의 회계처리이다.

액면금액법(par value method)은 주식배당으로 분배하는 주식의 액면금액에 해당하는 금액만큼 이익잉여금을 감소시키고 동일한 금액의 자본금을 증가시켜 줌으로써 주식발행초과금은 기록하지 않는 방법이다. 액면금액법은 대규모 주식배당(large stock dividends)의 경우에 주로 사용되는데 주식배당이 무상증자와 유사하고 투자자의 입장에서 자산가치의 증가가 없으므로 투자수익이 될 수 없다는 입장의 회계처리이다. 상법에는 주식배당에 대해 주식의 권면액으로 하며, 회사가 종류주식을 발행할 때에는 각각 그와 같은 종류의 주식으로 할 수 있도록 규정하고 있다.

주식배당(시가법)	(차)	미처분이익잉여금	×××	(대)	자본금	×××
주식배당 (액면금액법)	(차)	미처분이익잉여금	×××	(대)	주식발행초과금	×××
					자본금	×××

■ 기타 형태의 배당

주주에 대한 배당은 주로 현금배당이나 주식배당의 형태로 이루어지지만 배당을 상품, 유가증권, 기타 현금 이외의 실물자산으로 실시하는 경우가 있을 수 있다. 이러한 경우를 **현물배당**(dividends in kind 또는 property dividends)이라고도 한다. 현물배당의 회계처리는 배당선언일에 이익잉여금을 감소시키고 미지급배당금을 부채로 계상하는 현금배당의 경우와 동일하다. 다만, K-IFRS에 따라 현물배당이 선언되면 회사는 현물배당으로 분배될 자산을 공정가치로 재평가하고 그와 동일한 금액의 이익잉여금이 배당되는 것으로 회계처리하여야 한다. 이때 배당되는 자산의 공정가치와 장부금액의 차이는 '자산처분손익'으로 인식해야 한다.

우리나라에서는 일반적으로 이용되지 않지만 **어음배당**(scrip dividends)이 있을 수 있는데 어음배당이란 주주가 배당으로 현금을 받는 대신 배당결의일로부터 일정한 기일이 경과한 후에 이자를 포함한 배당금의 지급을 약속한 배당증서를 받는 경우를 말한다. 이때 이자부분은 배당이 아니므로 이익잉여금의 처분으로 기록해서는 안 된다.

(2) 우선주에 대한 배당

우선주에 대한 배당은 보통주에 대한 배당과 마찬가지로 이익잉여금에 대한 처분이며 회계처리도 차이가 없다. 그러나 앞에서 본 우선주의 유형에 따라 배당금액의 결정이 다르게 이루어질 수 있다.

■ 참가적 우선주에 대한 배당금 결정

보통주에 비해 배당의 우선권이 있으며 배당률이 미리 정해진 경우 그에 따른 배당만을 받는 비참가적 우선주는 기업의 이익이 어느 수준 이상이 되어 우선주 배당후 보통주에 대한 배당을 하고도 이익이 많을 때에는 보통주보다 결과적으로 적은 배당을 받게 된다. 이럴 때 참가적 우선주는 우선배당률만큼의 우선배당을 받고 다시 잔여이익이 있으면 이에 참가할 수 있다. 예를 들면, 액면가 ₩5,000의 우선주 소유주에게 14%의 배당금을 준다고 하면 주당 배당금 ₩700원을 받게 되는데, 보통주 소유주에게 1주당 ₩1,000을 배당하고도 배당가능이익이 남는 경우에는 참가적 우선주의 소유주라면 배당금 ₩300을 더 요구할 수 있다. 이 경우 잔여 배당의 참가 한도에 제한이 있는 부분참가적 우선주도 있을 수 있다.

■ 누적적 우선주에 대한 배당금 결정

특정 연도의 배당이 사전에 정해진 우선배당률에 달하지 못하는 경우에 비누적적 우선주의 경우에는 그 부족분에 대한 배당을 요구할 권리가 없다. 그러나 누적적 우선주의 경우에는 미지급된 연체배당금을 후속 연도에 보통주 배당에 우선하여 추가로 받을 수 있는 권리가 있다. 예를 들면, 영업 첫 해에 배당을 받지 못한 액면가 ₩5,000, 8%의 우선배당률이 부여된 누적적 우선주 소유주는 다음 해 배당가능 이익이 충분한 경우 주당 연체배당금 ₩400과 그 해의 배당금 ₩400을 같이 받게 된다. 연체배당금은 우선주주에게 미래 지급될 배당금이긴 하지만 배당은 충분한 배당재원이 있는 경우 주주총회의 결의에 의해 선언되어 확정될 수 있으므로 연체배당금에 해당하는 금액은 배당이 선언될 때까지는 부채로서 인식되지 않고 재무제표에 주석사항으로 공시된다. 우선주에 대한 배당의 계산 사례는 다음과 같다.

예제 11-7 우선주에 대한 배당액 결정

2×11년 1월 영업을 개시한 주석(주)의 2×13년 12월 31일의 자본금은 다음과 같다.

- 보통주자본금(2,000주 주당액면 ₩1,000) ₩2,000,000
- 우선주 A(400주, 5%, 비누적적 · 비참가적, 주당액면 ₩1,000) ₩400,000
- 우선주 B(200주, 4%, 누적적 · 참가적, 주당액면 ₩1,000) ₩200,000

주석(주)는 2×13년도에 최초로 ₩146,000의 배당을 결의하였다. 이 경우,

[물음 1] 우선주 A와 우선주 B, 보통주에 지급될 배당금은 얼마인가?

[물음 2] 만일 우선주 B가 누적적 · 부분참가적(4.5% 한도)인 우선주라면 우선주 B와 보통주에 지급될 배당금은 어떻게 달라지는가?

| 풀이 |

1. 우선주 A에 대한 배당금은 액면의 5%인 ₩50×400주=₩20,000
   우선주 B에 대한 배당금은 2×11, 2×12, 2×13년도 4% 우선배당 ₩40×200주×3개년=₩24,000
   - 배당선언액 중 우선주 A와 우선주 B의 우선배당액 ₩44,000을 차감한 나머지는 ₩102,000으로 우선주 B 배당률 4%를 적용하여 보통주에 배정 ₩40×2,000주=₩80,000
   - 나머지 ₩22,000을 보통주와 우선주 B에 동일한 배당률(주당)을 적용(또는 액면총액 비율인 10:1로 배분)하면: 보통주에 ₩20,000, 우선주 B에 ₩2,000이 배분됨

   ■ ₩146,000의 배당금 배분

주식의 종류	1차 배분	2차 배분	소계
우선주 B(4%, 누적적, 참가적)	200,000×4%×3년= ₩24,000	(200,000÷2,200,000)×₩22,000= ₩2,000	₩26,000
우선주 A(5%, 비누적적, 참가적)	400,000×5%= 20,000	-	20,000
보통주	2,000,000×4%= 80,000	(2,000,000÷2,200,000)×₩22,000= 20,000	100,000
합 계	₩124,000	₩22,000	₩146,000

2. 우선주 B에 대해서는 2×13년 배당률 4%에 주당 0.5%까지만 초과 참가가 가능하므로 ₩1,000이 배정되며 보통주에는 나머지 ₩21,000이 배분된다.

   ■ 우선주 B가 4.5%한도 부분참가적일 때 ₩146,000의 배당금 배분

주식의 종류	1차 배분	2차 배분	소계
우선주 B(4%, 누적적, 4.5%한도 부분참가적)	200,000×4%×3년= ₩24,000	₩200,000×0.5%= ₩1,000	₩25,000
우선주 A(5%, 비누적적, 비참가적)	400,000×5%= 20,000	-	20,000
보통주	2,000,000×4%= 80,000	22,000−1,000= ₩21,000	101,000
합 계	₩124,000	₩22,000	₩146,000

제5절 자본변동표

5.1 자본변동표의 의의와 기본구조

자본변동표(statement of changes in equity)는 자본의 크기와 그 변동에 관한 정보를 제공하는 재무제표로서 자본을 구성하고 있는 자본금, 기타 자본구성요소, 이익잉여금(또는 결손금)의 변동에 대한 포괄적인 정보를 제공한다.

자본변동표는 재무상태표에 표시되어 있는 자본의 변동 내용을 설명하는 것이 주목적으로 자본의 기초잔액과 기말잔액을 모두 제시함으로써 재무상태표와 연결할 수 있다. 아울러 자본변동표는 포괄손익계산서를 거치지 않고 재무상태표의 자본에 직접 가감되는 항목(예컨대 연차배당, 자기주식의 취득과 처분 등)에 대한 정보를 제공함으로써 포괄손익계산서로는 전부 나타낼 수 없는 포괄적인 경영성과에 대한 정보를 직접 또는 간접적으로 제공하게 된다.

자본변동표에는 자본금, 자본잉여금, 자본조정, 기타포괄손익누계액, 이익잉여금(또는 결손금)의 각 항목별로 기초잔액, 변동사항, 기말잔액을 표시하며 다음 [표 11-1]에 제시한 실제 상장기업의 자본변동표 사례를 참조하기 바란다.

표 11-1 자본변동표 사례

자본변동표

제14(당)기 2018년 1월 1일부터 2018년 12월 31일까지

일진다이아몬드(주) 제13(전)기 2017년 1월 1일부터 2017년 12월 31일까지 (단위: 백만원)

과목	자본금	기타불입자본	이익잉여금	자본총계
2017.1.1(전기초)	11,277	738	77,729	89,745
• 배당금지급	–	–	(1,127)	(1,127)
• 당기순이익	–	–	7,606	7,606
• 확정급여제도의 재측정요소	–	–	2,319	2,319
2017.12.31(전기말)	11,277	738	86,528	98,544
2018.1.1(당기초)	11,277	738	86,528	98,544
• 배당금지급	–	–	(2,818)	(2,818)
• 당기순이익	–	–	6,338	6,338
• 확정급여제도의 재측정요소	–	–	700	700
2018.12.31(당기말)	**11,277**	**738**	**90,748**	**102,375**

연습문제

서술형

1 자본잉여금과 이익잉여금의 차이는 무엇인지 설명하시오.

2 당기순이익과 기타포괄손익의 차이는 무엇이며 이 두 가지가 재무상태표의 자본에 어떤 단계를 거쳐 반영되는지에 대해 기술하시오.

3 자기주식이란 무엇이며 자기주식은 왜 자산이 아니고 자본에 반영되어야 하는지에 대해 설명하시오.

4 자본조정 항목에는 어떤 것들이 있는지 간단히 설명하고, 자본에 부가되는 항목과 자본에서 차감되는 항목을 구분하시오.

5 이익잉여금 처분의 세 가지 형태를 기술하고 이익잉여금을 '처분'한다는 것은 회사의 재무상태에 어떠한 실질적인 영향을 미치는 것인지에 대해 기술하시오.

6 현금배당, 주식배당, 현물배당의 정의와 회계처리에 있어 주요 차이점은 무엇인지 설명하시오.

7 자본변동표의 의의는 무엇인지 설명하시오.

8 이익잉여금의 처분에 대한 다음의 내용이 적절한지 여부를 판단하고, 그 이유를 설명해보시오.

(1) 적립금 등으로 당기순이익이나 이익잉여금을 처분하는 것은 배당을 제한하기 위한 것이므로 별도의 기금을 사외에 적립하여야 한다.

(2) 자기주식처분손실의 상각을 위해 이익잉여금을 처분할 수 있지만 감자차손에 대해서는 자본잉여금으로만 처분하여 전보하는 것이 가능하다.

(3) 임의적립금은 본래 목적을 달성하면 적립금이입액으로 미처분잉여금으로 전환할 수 있지만 현금배당으로 처분할 수는 없다.

(4) 이익준비금은 상법규정에 따라 주식으로 배당하는 경우 자본금의 1/2에 달할 때까지 이익배당액의 1/10 이상 금액의 적립이 요구된다.

(5) 이익잉여금은 주식배당을 통하여 자본금을 증가시켜 줄 수 있지만 이월결손금의 전보에는 사용될 수 없다.

문제 풀이형

1 주식의 발행과 재취득

세기(주)는 설립 첫 해인 2×12년 1월부터 다음과 같은 주식 발행과 재취득 관련한 거래가 있었다. 각 거래에 대한 회계처리를 하시오, 단 자기주식 거래는 원가법을 따른다.

(1) 설립시 액면 ₩5,000의 보통주 100주를 주당 ₩7,000에 발행하였으며, 주식발행비 ₩100,000은 현금으로 지급하였다.

(2) 2월중 액면 ₩1,000의 우선주 1,000주를 주당 ₩1,250에 발행하였다.

(3) 3월중 공장부지 50제곱미터를 제공한 대가로 토지 소유주에게 액면 ₩1,000의 우선주 50주를 발행하여 주었는데 당시 인접 토지는 제곱미터당 ₩800에 활발하게 거래되고 있다.

(4) 5월중 자기주식(보통주) 20주를 주당 ₩8,500의 현금을 지급하고 취득하였다.

(5) 7월중 자기주식(보통주) 10주를 주당 ₩6,000에 현금을 받고 매각하였다.

(6) 10월중 남아 있는 자기주식(보통주) 10주를 소각하였다.

2 기타포괄손익누계액

미래(주)는 2×12년 1월 설립되었다. 첫 해 설비투자에서 절약한 여유자금 ₩80,000으로 블루(주) 주식 100주를 구입하고 기타포괄손익금융자산으로 분류하였다. (1) 같은 해 결산일인 12월 31일 블루(주)의 주가는 주당 ₩900이다. (2) 2×13년 블루(주) 주식 50주를 주당 ₩1,050(매도시점의 공정가치)에 처분하였다. 위 (1)과 (2) 거래에 대한 회계처리를 하시오.

3 이익잉여금 처분

꽃샘(주)의 2×13년 12월 31일 장부 마감전 자본항목의 계정잔액은 다음과 같다.

자본금(보통주)	₩800,000	주식발행초과금	₩160,000
감자차손	18,000	이익준비금	150,000
사업확장적립금	210,000	미처분이익잉여금	100,000

이 회사의 2×13년도에 당기순이익은 ₩200,000이다. 주주총회에서 2×13년에 대한 현금배당으로 ₩120,000을 지급하기로 하였다. 또한 이익준비금은 법정 최저금액으로 적립하고 사업확장적립금 ₩50,000을 추가로 적립하기로 하였다. 또한 감자차손의 1/3을 이익잉여금 처분으로 상각하기로 하였다. 이러한 거래들을 모두 반영한다면 꽃샘(주)의 자본항목 계정잔액은 어떻게 달라지겠는가? 필요한 각각의 회계처리를 제시하시오.

4 임의적립금

무연(주)는 화재위험이 있는 공장을 소유하고 있어 설립 후부터 재해손실적립금을 적립하고 있다. 최근 화재로 인해 공장건물이 전소되는 재해가 발생하였다. 화재 당시 건물의 취득원가는 ₩500,000이며 감가상각누계액은 ₩370,000이다. 재해손실적립금 잔액은 ₩150,000이었는데 재해복구 후 화재손실 해당 금액을 미처분이익잉여금으로 이입(대체)하기로 결정하였다. 화재손실에 따른 유형자산의 제거와 재해손실적립금의 이입에 대한 회계처리를 제시하시오.

5 배당금(보통주와 우선주)

다음은 2×08년 1월 1일에 설립된 클린(주)의 2×12년 12월 31일의 자본금계정 내용이다. 설립과 동시에 보통주는 모두 액면가 이상으로 발행되었다.

보통주(60주, 액면 ₩5,000)	₩300,000
우선주 A(40주, 5% 비누적·비참가적, 액면 ₩5,000)	₩200,000
우선주 B(20주, 4%, 누적적·비참가적, 주당 액면 ₩5,000)	₩100,000

[물음 1] 클린(주)는 설립 이래 아직 배당을 실시한 적이 없으며 2×13년초에 처음으로 ₩120,000의 현금배당을 선언하였다면 이 배당금은 보통주와 우선주 사이에 어떻게 배분될 것인가? 금액의 계산과정을 표시하시오.

[물음 2] 만일 위 우선주 B가 비참가적이 아니라 완전참가적 우선주라면 위 결과는 어떻게 달라질 것인가?

[물음 3] 만일 위 우선주 B가 부분참가적(8% 한도) 우선주라면 위 결과는 어떻게 달라질 것인가?

6 전환사채의 부채요소와 자본요소의 분리

꽃샘(주)가 2×13년 1월 1일에 액면금액 ₩1,000,000, 매년말 액면이자 6% 지급, 3년 만기인 사채를 ₩980,000에 발행하였다. 발행시점의 시장이자율은 12%이었고 투자자에게 사채액면 ₩10,000 기준, 1주의 보통주(주당 액면 ₩5,000)로 전환할 수 있는 권리가 부여된 전환사채이다. 자본으로 표시될 전환권의 가치를 계산하고, 전환사채 발행과 관련된 꽃샘(주)의 회계처리를 하시오.

7 기타포괄손익누계액의 회계처리

미래투자(주)는 채권과 주식을 각각 보유하고 있으며, 이를 기타포괄손익금융자산으로 분류하여 회계처리한다. 다음 물음에 답하시오.

[물음 1] 취득원가 300만원인 채권(채무증권)이 2×12년 연도말에 350만원으로 평가되어 50만원의 기타포괄손익금융자산평가손익을 기타포괄손익누계액으로 보고하였다. 이 증권을 2×13년중 400만원에 처분하였다면 처분이익은 얼마인가?

[물음 2] 취득원가 300만원인 주식(지분증권)이 2×12년 연도말에 350만원으로 평가되어 50만원의 기타포괄손익금융자산평가손익을 기타포괄손익누계액으로 보고하였다. 이 증권을 2×13년중 400만원(처분시점의 공정가치)에 처분하였다면 처분이익은 얼마인가?

Chapter

12 연결재무제표의 작성과 이해

학 · 습 · 목 · 표

이 장에서는 연결재무제표의 기초개념에 대한 전반적인 내용과 회계처리를 다룬다. 기업은 외적 성장을 도모하는 과정에서 지분관계를 통해 여러 자회사를 거느린 복잡한 지배구조를 갖게 되는데, 이때 지배기업과 종속기업은 법적으로는 독립된 실체이나 경제적으로는 하나의 경제실체가 된다. 경제적 의사결정에 있어서는 법적 실질보다 경제적 실질이 중시되므로 지배기업과 그 종속기업의 자산, 부채, 자본, 수익, 비용 및 현금흐름을 하나로 통합하여 작성하는 연결재무제표의 유용성이 크다. 한국채택국제회계기준에서도 연결재무제표를 지배기업의 기본재무제표로 작성할 것을 요구하고 있어, 그 작성원리와 유용성을 이해하는 것은 중요하다. 이를 위해 연결회계의 핵심 내용인 ① 연결재무제표의 필요성 ② 지배력 원칙과 ③ 연결재무제표 작성의 기본원리를 살펴보기로 한다.

이 장에서는 한국채택국제회계기준 제1110호 '연결재무제표'와 제1103호 '사업결합'에 대한 설명도 포함된다.

제1절 연결재무제표의 의의

연결재무제표는 모회사와 그 지배를 받는 자회사의 자산, 부채, 자본, 수익, 비용 및 현금흐름을 단일 경제적 실체의 것으로 표시하는 연결실체의 재무제표를 말한다. 본 절에서는 기업이 복잡한 지배구조를 통해 외적 성장을 하는 과정에서 발생한 연결재무제표의 기본개념과 필요성을 알아보고 그 발전과정에 대하여 살펴본다.

1.1 기업의 성장과 경제적 실체의 개념

하나의 기업이 창업되어 내적 성장을 거듭하게 되면 다른 회사를 **인수합병**(mergers & acquisitions)하거나 자회사를 신설하는 방법으로 외적 성장을 도모하게 된다. 동종 사업을 영위하는 회사의 경우, 합병의 방식을 통해 경제적으로나 법적으로 하나의 회사를 이루는 방식의 **사업결합**(business combination)이 널리 사용된다. 이같은 과정을 거쳐 글로벌기업으로 성장한 GE를 살펴보자.

발명왕 에디슨은 백열전구를 제조하기 위해 조그만 회사를 설립하고, J.P.Morgan 가문의 투자를 받아 다른 전기제품 제조회사를 합병하여 에디슨종합전기(Edison General Electric Company)를 설립하게 된다. 경쟁이 가속화되자 다시 경쟁사인 톰슨휴스턴전기회사(Thomson-Houston Electric Company)와 합병하게 되고, 종합전기회사(General Electric Company, 현재 GE)가 탄생된다. 이후 GE는 자사의 라디오 판매를 전담하는 자회사 RCA(Radio Corporation of America)를 설립하여 사업을 확장하였고, 수많은 인수합병을 통해 발전인프라(Power & Water), 에너지(Oil & Gas), 항공(Aviation), 의료기기(Healthcare) 등의 사업을 영위하는 산업제조관련 자회사군과 GE Capital로 대표되는 금융서비스회사를 거느린 지주회사가 되었다.

이처럼 새로운 업종이나 지역으로 사업을 확장하는 경우에는 모회사가 자회사의 주식을 획득하여 실질적으로 **지배**(control)하는 사업결합의 방식이 널리 사용된다. 가장 단순한 경우 모회사가 자회사의 영업정책과 재무정책을 결정할 수 있는 의결권의 과반수를 보유하면, 모회사는 자회사를 지배할 수 있고 자회사의 성과에 따라 기업가치가 변화한다. 이때 모회사는 자회사와 독립된 법적 실체이지만, 실질적으로는 모회사와

자회사는 하나의 경제적 실체(economic entity)가 되는 것이다.[1)]

연결회계기준에서는 하나 이상의 기업을 지배하는 모회사를 '**지배기업**', 다른 기업의 지배를 받고 있는 자회사를 '**종속기업**', 지배기업과 그 종속기업들을 합쳐 '**연결실체**'로 정의한다.[2)] 여기서 지배기업과 종속기업은 각각 법적 실체이며, 연결실체는 경제적 실체인 것이다. [그림 12-1]에서 법적 실체와 경제적 실체의 개념을 나타내었다.

그림 12-1 ▌ 법적 실체와 경제적 실체

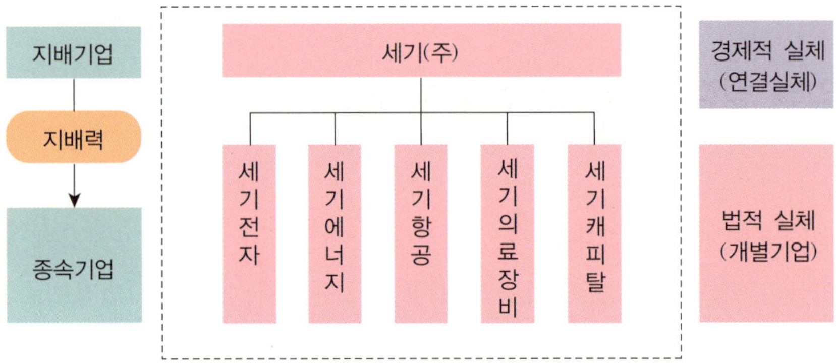

1.2 연결재무제표의 필요성

'연결'은 직접적으로 관련되어 있음을 의미하지만 회계에서는 상대방 기업의 의사결정을 지배하고 통제하는 보다 적극적이고 강한 의미로 지배·종속관계를 일컫는다. 여기에서 지배기업과 종속기업은 회사명칭, 업종, 주소도 다른 별개의 기업으로 각각의 재무제표를 작성하고 주식도 거래될 수 있는 법적 실체로 존속한다. 그럼에도 불구하고 하나의 경제적 실체로 간주하여 재무제표를 통합하여 보여주는 이유는 무엇일까? 다음 예제를 통해 시사점을 찾아보도록 하자.

---

1) GE의 역사는 홈페이지(www.ge.com)를 참조하여 요약하였다.

2) 모회사와 자회사는 일반적으로 널리 사용되는 경제 용어로, 연결회계기준에서 정의한 지배기업과 종속기업과 유사한 의미로 사용된다. 그러나 복잡한 지배구조에서 50% 이상의 의결권을 보유하는 자회사에 대해 다른 계약상의 이유로 지배력을 갖지 못하는 경우도 흔히 있다. 이에 본 교재에서는 하나의 경제적 실체(연결 실체)에 속하는 모회사와 자회사에 대하여 그 지배·종속관계를 명확히 나타내기 위해 지배기업과 종속기업의 용어를 사용한다.

예제 12-1 **연결재무제표의 필요성**

- 꽃샘기술(주)는 비상장 자회사인 JW(주)가 발행한 주식 300주 가운데 60%인 180주를 보유하는 지배기업이다.
- 꽃샘기술(주)는 원전관련 부품 및 기술의 수출과 내수부진으로 초래된 영업실적을 만회하려고 자회사인 JW(주)에 원가 3,000억원 상당의 제품과 기술을 제공한 바, 5,000억원 상당의 매출실적을 기록함으로써 작년의 영업성과를 뛰어 넘게 되었다.
- JW(주)가 매입한 제품과 기술은 아직 외부로 판매되지 않은 상태에 있으며, 단기간 내에 매출로 실현될 가능성은 매우 적다.

[물음 1] 이 거래결과 지배기업인 꽃샘기술(주)의 재무제표에는 어떤 영향이 미칠까?

[물음 2] 이 거래결과 종속기업인 JW(주)의 재무제표에는 어떤 영향이 미칠까?

[물음 3] 개별 기업의 재무제표에 나타난 영업성과만을 토대로 기업의 경제적 실질을 제대로 파악할 수 있을까?

[물음 4] 합리적 투자자라면 꽃샘기술(주)의 영업성과를 토대로 주가를 전망하여 투자하는 것이 바람직한가?

| 풀이 |

1. 개별 손익계산서에 미치는 영향은 매출 +5,000억원(증가), 매출원가 +3,000억원(증가), 매출총이익 +2,000억원(증가) 그리고 재무상태표에는 재고자산 −3,000억원(감소), 현금 또는 매출채권 +5,000억원(증가), 당기순이익 또는 자본 +2,000억원(증가)으로 나타날 것이다.
2. 개별 손익계산서에 미치는 영향은 없으며, 재무상태표에는 재고자산 +5,000억(증가), 현금 −5,000억원(감소) 또는 매입채무 +5,000억원(증가)으로 나타날 것이다.
3. 꽃샘기술(주)는 종속기업인 JW(주)에 제품과 기술을 제공하고 매출실적을 올린 것으로 외견상 보이지만, 이는 동일한 경제적 실체인 지배 · 종속기업 간의 내부거래에 불과한 것으로 해당 제품과 기술이 잠시 종속기업으로 이전되어 있을 뿐 외부 고객에게 매출된 것이 아니므로 진정한 영업성과라고 할 수 없다.
4. 연결재무제표를 작성하는 경우 꽃샘기술(주)와 JW(주) 간의 내부거래인 매입 · 매출을 제거하고, 관련 자산 · 부채항목도 제거되므로 진정한 영업성과가 발생하지 않았다는 것을 알 수 있다. 따라서 합리적 투자자라면 지배기업인 꽃샘기술(주)의 별도 재무제표만을 보고 영업실적 향상을 긍정적으로 받아들여 잘못된 투자의사결정을 하지는 않을 것이다. 보다 자세한 내용은 다음 제3절 연결재무제표 작성의 기본원리를 참조하기 바란다.

1.3 연결재무제표와 별도재무제표

기업이 사업결합을 통해 여러 종속기업을 지배하는 구조가 일반화되자 법적 실체 관점에서 작성된 재무제표에 추가하여 경제적 실체 관점에서 작성된 연결재무제표를 보고할 필요성이 대두되었다. 두 관점에 따라 지배기업이 보유한 투자주식의 회계처리가 달라지는데, [그림 12-2]에 제시된 단순한 사례를 통해 양자를 비교해보자. 지배기업인 지배(주)는 종속기업인 종속(주)의 주식 100%를 보유하고, 그 외의 자산과 부채는 없는 것으로 가정한다. 또한 지배(주)의 투자주식의 취득원가와 공정가치, 종속(주)의 순자산의 장부가치와 공정가치는 차이가 없다고 가정한다.

■ 법적 실체 관점의 재무보고: 별도재무제표

법적 실체의 관점에서 지배(주)는 주식에 투자한 것이므로 투자주식을 금융자산의 평가방법에 따라 원가법 또는 공정가치법으로 측정・보고하는 대안을 고려할 수 있다. 위 예에서 투자주식 취득원가와 공정가치는 일치하므로 지배(주)의 투자주식은 ₩200,000으로 측정되고 재무상태표에는 한 줄로 간단히 표시된다.

이처럼 지배기업이 투자주식을 평가함에 있어 피투자자의 순자산과 이익에 근거하지 않고 원가법 또는 공정가치법에 따라 직접적인 투자지분으로 회계처리한 재무제표를 별도재무제표(separate financial statements)라 한다.

■ 경제적 실체 관점의 재무보고: 연결재무제표

경제적 실체의 관점에서 지배(주)와 종속(주)는 하나의 실체이므로 지배(주)와 종속(주)의 자산, 부채 및 자본 등을 계정별로 모두 합산하여 하나로 표시한다. 이는 회사의 재무제표를 작성할 때 부서별로 집계된 계정과목을 합산하는 것과 같은 것이다. 이때 지배(주)의 투자주식은 종속(주)의 자본으로 출자된 동일한 것이므로 서로 상계한다. 그렇지 않으면 이미 연결재무제표에 합산된 종속(주)의 자산・부채와 그 순액에 해당하는 지배(주)의 투자주식이 이중으로 계상되고 자본 또한 이중으로 계상된다. 결과적으로 지배(주)의 재무상태표에는 투자주식 대신에 종속(주)의 자산・부채가 반영되고 그 잔여지분에 대한 권리가 지배(주)의 자본으로 표시된다.

그림 12-2 | 법적 실체와 경제적 실체 관점의 재무상태표 작성 사례

별도재무상태표

지배(주)

투자주식	200,000	자본	200,000
	200,000		200,000

\+

재무상태표

종속(주)

유동자산	100,000	부채	100,000
비유동자산	200,000	자본	200,000
	300,000		300,000

=

연결재무상태표

지배와종속기업(주)

유동자산	100,000	부채	100,000
비유동자산	200,000	자본	200,000
	300,000		300,000

이처럼 지배기업과 그 종속기업의 자산, 부채, 자본, 수익, 비용 및 현금흐름을 단일 경제적 실체의 것으로 표시하는 연결실체의 재무제표를 연결재무제표(consolidated financial statements)라 한다.

지배(주)는 종속(주)에 대한 투자주식을 유일한 자산으로 보유한 지주회사이므로 지배(주)의 기업가치는 실질적으로 사업을 영위하는 종속(주)의 재무상태와 경영성과에 의해 결정되는 것은 자명한 것이다. 그런데 [그림 12-2]에서 보는 바와 같이 별도재무제표를 통해서는 종속(주)의 재무상태와 경영성과에 관한 정보를 파악할 수 없다. 지배·종속관계를 고려하지 않고 주식을 단순한 직접 투자자산으로 처리하였기 때문이다. 이에 지주회사제도가 일찍부터 발달한 미국에서는 1900년대 초부터 지배기업이 연결재무제표를 법적 실체 관점의 재무제표에 추가하여 자발적으로 작성하고 보고하기 시작하였다.

개념 Plus 연결재무제표, 별도재무제표, 개별재무제표 어떻게 구분하나요?

재무제표는 그 작성 주체와 방법에 따라 다음과 같이 다른 명칭으로 불린다.

› 하나 이상의 종속기업을 갖는 지배기업이 작성하는 재무제표는?

저자의 Tip '지배기업과 그 종속기업'이 경제적 실체 관점에서 작성하면 '연결재무제표'가 되고, '지배기업'이 법적 실체 관점에서 작성하면 '별도재무제표'가 된다.

› 종속기업이 없는 기업이 작성하는 재무제표는?

저자의 Tip 종속기업이 없어 법적 실체와 경제적 실체가 일치하는 경우 단일 회사의 결산 절차를 통해 재무제표를 작성하면 된다. 이 경우 재무제표는 연결재무제표도 별도재무제표도 아니다. 연결할 대상이 없으므로 연결재무제표를 작성할 수 없고, 또 종속기업이 있는 지배기업이 아니므로 연결재무제표에 추가하여 작성하는 별도재무제표를 작성할 필요도 없다. 연결 또는 별도재무제표는 '지배기업'이 작성하는 재무제표의 주체와 방법을 구분하기 위한 용어로, 종속기업이 없는 기업이 작성하는 재무제표에는 적용되는 개념이 아님을 유의해야 한다. 실무적으로는 이러한 경우에 개별재무제표란 용어를 사용하기도 하나, K-IFRS에서 사용되는 용어는 아니다.

1.4 연결회계제도의 발전과정

연결재무제표와 법적 실체 관점의 재무제표 중 어떤 재무제표가 더 유용한지, 혹은 어떤 재무제표를 지배기업의 주된 재무제표로 공시하여야 하는지에 관하여는 연결회계제도의 발전과정에서 많은 논쟁이 있었다. 연결재무제표는 경제적 실체 관점의 정보를 제공한다는 측면에서 유용성이 있는 반면, 법적 실체 관점의 정보를 제공하지 못하는 한계점을 갖기 때문이다.

2011년에 K-IFRS를 전면도입하면서 우리나라도 미국이나 EU 등과 같이 연결재무제표를 기본재무제표로 공시하게 되었다. 이는 제도적으로 연결재무제표와 법적 실체 관점의 재무제표의 위상이 뒤바뀌는 커다란 변화이다. 더욱이 K-IFRS는 기본재무제표로 공시되는 연결재무제표에 추가하여 법적 실체 관점의 **별도재무제표**를 공시할 것을 요구하지 않는다. 이는 주주중심의 일반목적의 재무보고에 있어 연결재무제표가 법적 실체 관점의 재무제표보다 유용하다는 것을 시사하는 것이다.

그러나 실무적으로는 국세청에 세무보고를 하거나 금융기관에 신용평가를 받기 위해 별도재무제표를 작성하는 것이 일반적이다. 연결재무제표를 작성하는 지배기업이 별도재무제표를 작성하기로 한 경우 정보이용자의 혼동을 막기 위해 동 재무제표가 별도재무제표라는 사실을 명시하여야 하고, 법적 요구사항이 아닌 경우 별도재무제표를 작성한 이유 등을 공시하여야 한다.

제2절 지배력 원칙

2.1 지배력의 기본개념

연결회계에 있어 하나의 경제적 실체의 범위를 결정하는 **지배력 원칙**을 이해하고 적용하는 것은 매우 중요하다. 지배력이 없는 회사를 종속회사로 포함시키거나 지배력이 있음에도 불구하고 종속회사에서 제외시키면 연결재무상태 및 경영성과가 크게 왜곡되기 때문이다. 아래 기사에서 보는 바와 같이 종속기업의 실적이 좋으면 지배기업의 개별순이익보다 연결순이익이 크게 상승한다. 반면 종속기업들이 큰 규모의 적자를 낸 경우 지배기업이 흑자를 냈다 하더라도 연결순이익은 적자로 뒤바뀔 수 있다. 지배력 원칙을 제멋대로 적용하여 실적 좋은 종속기업은 연결범위에 포함하고 실적이 나쁜 종속기업은 제외한다면 이러한 연결재무제표 정보를 믿고 투자한 주주들은 큰 손해를 볼 것이다. 따라서 연결재무제표를 작성함에 있어 지배력 평가의 중요성은 여러 번 강조해도 지나치지 않다.

개념 Plus 연결범위를 결정하는 지배력 원칙이 왜 중요할까?

한 가정이 얼마나 잘 사는지를 평가하려면 그 가정의 총수입을 봐야 한다. 이때 아버지의 연봉만 봐야 할지, 아내와 아들을 포함한 온 가족이 버는 돈을 모두 합해야 할지가 문제다. 가족이 외부에서 돈을 벌고 저축을 한다면 가정의 수입과 자산이 늘어나는 것으로 간주하는 것도 합리적이다. (중략) 기업도 자회사·계열회사가 있고 지분을 투자한 회사가 있기 때문에 주식투자를 위해 기업실적을 평가할 때에도 어떤 범위까지 포함시킬지에 대한 문제가 생긴다.

그렇다면 어떤 순이익을 기준으로 기업가치를 평가하는 것이 좋을까? 종속기업까지 포함하는 연결재무제표상 지배기업소유주지분순이익을 기준으로 하는 것이 합리적이다. SK의 경우 주당순이익은 SK의 개별 순이익에 바탕을 둘 때에는 ₩10,519, 연결재무제표상 지배회사지분순이익에 바탕을 둘 때에는 ₩41,315이 된다. 무려 4배 이상으로 늘어난다. 어떤 순이익을 기준으로 하느냐에 따라 기업의 가치평가 척도가 4배까지 달라지는 것이다. (중략) SK는 지주회사로서 8개 자회사의 지분을 보유하고 있다. 이들 자회사 중 SK이노베이션, SK텔레콤, SK네트웍스 등 3사는 주식의 장부가액이 자산총액의 10% 이상을 차지하고 있는데, 이들 모두 순이익 규모가 크기 때문에 연결순이익이 대폭 증가한다. (2012년 4월 12일 머니투데이 기사내용 중에서)

그렇다면 지배력을 어떻게 정의하는 것이 바람직할까? 지배기업이 제멋대로 적용하는 것을 방지하기 위해서는 가급적 구체적이고 명료하게 정하는 것이 좋다. 그러나 지배력을 행사하는 방법이 현실에서는 매우 다양하기 때문에 모든 경우에 대해 구체적인 기준을 제시하는 것이 불가능하다. 따라서 원칙중심의 회계기준을 지향하는 국제회계기준위원회는 지배력 행사의 가장 보편적인 수단인 주주의 의결권뿐 아니라 그 외의 수단이 사용되는 모든 경우에 대하여 적용할 수 있는 지배력 원칙을 제시하고 있다. 그렇다 보니 지배력의 정의가 개념적이고 추상적이어서 명확히 이해하기 어려운 측면이 있다.

먼저, 지배력을 행사하는 수단이 의결권 하나밖에 없다고 가정해보자. 이 경우 다수의 의결권을 보유하면 주주총회를 통해 최고경영자와 임원진을 자신의 뜻대로 선임하여 이사회를 장악할 수 있다. 회사의 경영에 대한 모든 권한과 책임을 지는 이사회를 장악한다는 것은 사실상 회사를 지배하는 것과 동일한 것이다. 그렇다면 '다수'의 의결권의 구체적인 기준은 몇 %일까? 현행회계기준은 과반수, 즉 50% 초과를 일반적 기준으로 제시하고 있다.

다음에서는 의결권 외의 수단으로 지배력을 행사하는 경우를 살펴보자. 굳이 주식을 매입하여 의결권을 획득하지 않아도 별도의 사적 계약을 통해 의결권과 유사한 지배력을 획득하는 것이 가능하다. 예를 들어, 주식을 사는 대신 주주들과 사적으로 계약을 맺어 주주의 의결권한 중 핵심이 되는 최고경영자와 이사회 선임권을 위임받는다면 피투자회사를 지배할 수 있다. 지속적으로 발전하고 있는 다양한 재무기법은 의결권 외의 수단으로 종속기업을 지배하는 복잡하고 다양한 구조를 만들어 내고 있다. 이러한 사례에 대하여는 '의결권의 과반수'와 같은 쉽고 구체적인 정의를 내리는 것이 불가능하다. 그 기법과 계약의 내용이 사례마다 다르고 또한 계속 변화하기 때문이다.

앞서 언급한 바와 같이 지배력 개념은 추상적이어서 쉽게 이해하기 어렵다. 이를 보완하기 위해 회계기준에서는 수 십장에 달하는 실무적용지침과 사례를 덧붙이고 있지만, 그 내용 또한 상당히 복잡하다. 이에 별책 「Study Guide」의 제12장에서 지배력 원칙에 근간이 되는 세 가지 구성 요소의 개념에 대한 설명을 참조하기 바란다.

2.2 연결재무제표 작성의무와 면제

Key Standard

> 지배기업은 연결재무제표를 표시한다. (K-IFRS 1110: 문단 4)

연결회계기준의 적용범위에서는 모든 지배기업이 연결재무제표를 작성하도록 규정하고 있다. 따라서 지배구조의 정점에 있는 최상위지배기업뿐 아니라, 다른 기업의 종속기업이면서 또 다른 기업을 지배하는 중간지배기업의 경우에도 연결재무제표를 작성하는 것이 원칙이다. 다만, 다음의 조건들을 모두 충족하는 경우에 한하여 중간지배기업의 경우 연결재무제표를 작성하지 아니할 수 있다.

① 상위지배기업이 100% 지분을 소유한 중간지배기업인 경우이거나 상위지배기업이 100% 미만의 지분을 소유한 중간지배기업이 지배기업 외의 주주에게 연결재무제표를 작성하지 않는다는 사실을 알리고 이들이 그것을 반대하지 않는 경우

② 지배기업의 채무상품이나 지분상품이 공개시장(국내・외 증권거래소나 장외시장. 지역시장 포함)에서 거래되지 않는 경우

③ 지배기업이 공개시장에서 증권을 발행할 목적으로 증권감독기구나 그 밖의 감독기관에 재무제표를 제출한 적이 없으며 제출하는 과정에 있지도 않은 경우

④ 지배기업의 상위지배기업이 K-IFRS를 적용하여 연결재무제표를 작성하여 공시한 경우

개념 Plus **연결재무제표를 작성하지 않아도 되는 경우는?**

› 그랜드파파(주)는 파파(주)를 지배하고 파파(주)는 썬(주)를 지배한다. 이때 그랜드파파(주)는 최상위지배기업이고, 파파(주)는 중간지배기업이자 종속기업이 된다. 연결재무제표는 어떤 기업이 작성해야 할까?

저자의 Tip 원칙적으로 그랜드파파(주)와 파파(주)는 지배기업이므로 각각 연결재무제표를 작성하여야 한다. 다만, 파파(주)의 경우 위 네 가지 조건이 모두 충족되면 연결재무제표를 작성하지 않아도 된다. 먼저, ②와 ③의 조건에 따라 파파(주)의 증권이 공개시장에서 거래되거나 또는 발행 준비중에 있지 않아야 한다. 이는 증권이 공개된 경우 다수의

외부이해관계자를 보호하기 위한 조치이다. ①의 조건은 비지배 소유주를 보호하기 위한 장치이다. 그랜드파파(주)가 파파(주)를 100% 소유하여 다른 소유주가 없거나 또는 다른 소유주들이 연결재무제표를 작성하지 않는 것을 반대하지 않은 경우에만 면제대상이 된다. 이 경우에도 ④의 조건에 따라 최상위지배기업인 그랜드파파(주)의 연결재무제표는 작성되어야 하며, 이해관계자들이 이용할 수 있어야 한다.

제3절 연결재무제표 작성의 기본원리

본절에서는 연결재무제표를 작성하기 위한 기본절차를 살펴보고, 연결재무상태표와 연결포괄손익계산서를 중심으로 작성원리를 설명한다.

3.1 연결재무제표 작성절차

연결재무제표는 기본적으로 연결실체 입장에서 지배기업과 종속기업의 재무제표를 합산하여 작성한다. 따라서 연결절차를 수행하기 위한 준비단계로 먼저 지배기업의 별도재무제표와 종속기업의 재무제표를 확보하여야 한다. 이때 유의할 점은 지배기업과 종속기업의 재무제표는 유사한 상황에서 발생한 거래와 사건에 대하여 동일한 회계정책을 적용하고, 동일한 보고기간에 대하여 작성하여야 하는 것이다. 그렇지 아니한 경우 적절히 수정되어야 한다.

■ 동일한 회계정책

종속기업이 연결재무제표에서 채택한 회계정책과 다른 회계정책을 사용한 경우에는 연결실체의 회계정책과 일치하도록 그 재무제표를 수정한다.

■ 동일한 보고기간

지배기업의 보고기간 종료일과 종속기업의 보고기간 종료일이 다른 경우 종속기업은 지배기업의 재무제표와 동일한 보고기간 종료일의 추가적인 재무정보를 작성하여야 하나 실무적으로 적용할 수 없는 경우에는 종속기업의 가장 최근의 재무제표를 사용할 수 있다. 그러나 어떠한 경우라도 종속기업의 재무제표일과 연결재무제표일의 차이는 3개월을 초과해서는 안 된다. 또한 보고기간의 길이와 재무제표일의 차이는 매 기간마다 동일하여야 한다.

■ 연결절차

지배기업의 별도재무제표와 종속기업의 재무제표가 확보되면 연결절차를 진행한다. 연결절차는 지배기업과 종속기업의 재무제표를 단순합산한 후 지배기업의 투자자산과 종속기업의 자본을 상계하고, 내부거래로 인한 효과를 제거하여 연결재무제표를 작성하는 다음과 같은 절차를 말한다.

[1단계] 지배기업과 종속기업의 재무제표 합산

지배기업과 종속기업의 자산, 부채, 자본, 수익, 비용 및 현금흐름을 같은 항목별로 합산한다.

[2단계] 지배기업의 투자자산과 종속기업의 자본 상계

지배기업의 각 종속기업에 대한 투자자산의 장부금액과 각 종속기업의 자본 중 지배기업지분을 상계(제거)한다.

[3단계] 연결실체 간 내부거래의 효과 제거

연결실체 내 기업 간의 거래와 관련된 연결실체 내의 자산과 부채, 자본, 수익, 비용 및 현금흐름은 모두 제거한다.

[1단계]는 지배기업과 종속기업의 계정을 단순합산하는 절차이고, [2단계]와 [3단계]는 지배기업과 종속기업 또는 종속기업 간의 거래와 그 효과를 제거하는 과정이다. [2단계]는 지배기업이 종속기업에 자본을 납입하고 지분을 취득한 자본거래를 상계하는 것이고, [3단계]는 지배·종속관계 성립 이후 내부거래의 효과를 제거하는 것이다. 실무상 [2단계]와 [3단계]에서 수행되는 조정을 **연결조정분개**라 부른다. 여기서 유의할 점은 연결재무제표는 법적 실체가 아닌 가상의 경제적 실체의 관점에서 작성되는 것으로, 연결절차는 지배기업 또는 종속기업의 회계장부에는 전혀 반영되지 않는다는 것이다. 간단한 경우라면 별도의 **연결정산표**(worksheet)를 마련하여 수행할 수 있고, 연결대상

기업이 많고 거래가 복잡한 경우에는 연결실체가 통합회계시스템을 갖추어 수행하기도 한다. [그림 12-4]에 연결재무제표 작성절차를 요약하였다.

그림 12-4 | 연결재무제표 작성절차

지배기업 별도 재무제표

종속기업 재무제표

	지배	종속	연결조정분개		연결
			(차)	(대)	
자산					
투자자산				[2]	
…					
부채					
자본			[2]		
수익				[3]	
비용			[3]		
합계					

지배기업 및 그 종속기업 연결 재무제표

[준비단계] 동일한 회계정책과 보고기간

[1단계] 단순합산

[2단계] [3단계] 조정

[보고단계]

3.2 지배력 취득시점에서의 연결재무상태표 작성원리

종속기업에 대한 연결은 지배력을 획득하는 날부터 시작하며 피투자자에 대한 지배력을 상실할 때에 중지한다. 지배력 취득시점에는 지배기업과 종속기업의 재무제표를 단순합산[1단계]한 후 지배기업의 투자자산과 종속기업의 자본을 상계[2단계]하여 연결재무상태표를 작성한다. 이때 지배력 획득을 통해 지배기업과 종속기업의 사업은 결합되었으므로, K-IFRS 제1103호 '사업결합'의 회계처리기준에 따라 그 결과를 반영하여야 한다. 또한 연결실체 간의 내부거래는 아직 발생하지 않으므로 내부거래의 효과를 제거[3단계]하여 연결포괄손익계산서를 작성할 필요는 없다.

지배력 취득시점에 연결재무상태표를 작성하는 방법은 이미 [그림 12-2]의 단순한 사례에서 살펴본 바 있다. 이 예에서는 지배기업이 종속기업의 100%의 지분을 보유하고, 종속(주) 주식의 공정가치(투자주식의 취득원가)와 종속(주)의 순자산의 공정가치 및 장부가치가 모두 일치하는 것으로 가정하여, 투자주식과 자본을 상계하는 다음의 연결조정분개를 통해 간단히 작성할 수 있었다.

■ 투자주식과 자본의 상계 | (차) 자본-종속(주) ××× (대) 투자주식-지배(주) ×××

현실에서는 지배기업이 취득한 주식의 공정가치, 종속기업의 순자산의 공정가치 및 장부가치가 일치하는 않는 것이 일반적이다. 또한 지배력을 얻기 위해 종속기업의 주식의 100%를 취득할 필요도 없다. 이러한 경우의 회계처리에 대하여는 다음에서 자세히 살펴본다.

(1) 투자주식의 100%를 취득하고 영업권이 발생하는 경우

Key Standard

취득자는 식별가능한 취득 자산과 인수 부채를 취득일의 공정가치로 측정한다.
(K-IFRS 1103: 문단 18)

사업결합 회계기준에서는 취득법을 적용하여 사업의 취득자인 지배기업이 취득한 종속기업의 식별가능한 자산 및 인수한 부채를 취득일의 공정가치로 인식하도록 한다. 이때 사업결합을 위해 이전한 대가(투자주식의 공정가치 = 취득원가)가 취득하는 순자산(식별가능한 자산-부채)의 공정가치보다 크면 무형자산인 영업권을 인식한다. 영업권 관련 회계처리는 제7장 '무형자산'을 참고하기 바란다.

영업권은 영업상의 노하우, 높은 고객충성도 또는 브랜드가치 등과 같이 개별적으로 식별이 불가능하여 사업과 분리하여 매매할 수 없는 것이나 사업의 결합을 통해서는 이전이 가능하다. [그림 12-5]는 투자주식의 100%를 취득하여 영업권이 있는 경우 사업결합의 결과를 보여준다.

그림 12-5 ▌투자주식의 100%를 취득한 경우 사업결합의 결과

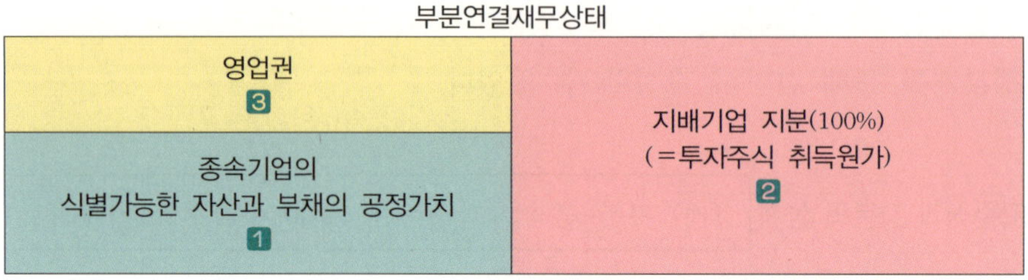

사례를 들어보자. 종속(주)의 재무제표에 표시된 순자산의 장부가치는 ₩1,500이고, 지분인수를 위해 식별가능한 자산과 부채의 실사를 수행한 결과 그 공정가치는 ₩1,800으로 평가되었다. 최종적으로 종속(주)가 사업상 획득한 영업상의 노하우, 높은 고객충성도와 브랜드가치 등을 고려하여 지배(주)는 종속(주) 주식의 발행주식총수의 100%를 ₩2,000에 취득하였다. 이 경우 연결재무상태표에 종속기업의 식별가능한 자산과 부채를 공정가치인 ₩1,800(1)으로 인식하고 공정가치를 초과하여 지급한 ₩200(=₩2,000−₩1,800=3)은 영업권으로 인식한다. 투자주식(2)과 종속(주)의 자본을 상계하여 영업권을 인식하는 연결조정분개는 다음과 같다.

■ **투자주식과 자본의 상계** – 투자주식의 100%를 취득하고 영업권이 발생하는 경우

(차)	자산–공정가치 차이	300	1	(대)	투자주식–지배(주)	2,000	2
	자본–종속(주) 순자산 장부가치	1,500					
	영업권	200	3				

개념 Plus 염가매수차익이란?

사업결합기준서는 피투자자의 식별가능한 자산과 부채를 공정가치로 측정하여 인식하도록 규정하고 있으므로 투자주식의 취득원가가 이보다 작으면 대변에 차액이 발생하는데, 이를 염가매수차익이라 한다. 말 그대로 피투자자의 사업을 공정가치보다 염가로 취득하여 이익이 발생할 때 인식하는 것이다. 염가매수차익은 당기의 이익으로 즉시 반영하여야 하는데, 헐값에 매각할 수밖에 없는 사정이 있거나 가까운 미래에 사업과 관련한 손실이 예상되는 등 예외적인 상황에서 드물게 발생한다.

예제 12-2 **지배력 취득시점의 연결재무상태표 작성(투자주식 100% 보유)**

지배(주)는 2×01년 1월 1일에 종속(주) 보통주의 100%를 ₩2,000,000에 취득하여 지배력을 획득하였다. 지배력 취득시점의 지배(주)와 종속(주)의 재무상태표는 다음과 같다. 종속(주)의 건물의 공정가치는 ₩1,300,000이고, 다른 식별가능한 자산과 부채의 장부가치는 공정가치와 일치한다.

재무상태표

2×01년 1월 1일

	지배(주)	종속(주)
현금	₩900,000	₩500,000
재고자산	1,100,000	500,000
투자주식	2,000,000	–
건물	2,000,000	1,000,000
자산총계	₩6,000,000	₩2,000,000
차입금	₩2,400,000	₩500,000
자본금	800,000	400,000
자본잉여금	1,500,000	600,000
이익잉여금	1,300,000	500,000
부채와자본총계	₩6,000,000	₩2,000,000

[물음] 지배권 취득시점(2×01년 1월 1일)의 연결정산표를 작성하시오.

| 풀이 |

연결정산표*

계정과목	① 지배(주) 별도재무제표	② 종속(주) 재무제표	③ 연결조정분개**		④ 연결재무제표
			차변	대변	
현금	₩900,000	₩500,000			₩1,400,000
재고자산	1,100,000	500,000			1,600,000
투자주식	2,000,000	–		₩2,000,000	–
건물	2,000,000	1,000,000	₩300,000		3,300,000
영업권***			200,000		200,000
자산총계	₩6,000,000	₩2,000,000			₩6,500,000
차입금	₩2,400,000	₩500,000			₩2,900,000
자본금	800,000	400,000	400,000		800,000
자본잉여금	1,500,000	600,000	600,000		1,500,000
이익잉여금	1,300,000	500,000	500,000		1,300,000
부채와자본총계	₩6,000,000	₩2,000,000	₩2,000,000	₩2,000,000	₩6,500,000

* 연결정산표는 지배기업의 정식 장부가 아니며 실무적으로 개발된 것으로 정해진 양식이 있는 것은 아니다. 통상 ①과 ②의 재무제표를 단순합산하고 ③의 조정분개를 가감하여 ④의 연결재무제표를 작성한다. ①과 ②의 계정과목은 차 · 대변의 구분 없이 일렬로 나열되어 있어 자산과 비용항목은 ③의 차변을 가산하고 대변을 차감하고, 부채, 자본 및 수익항목은 ③의 차변을 차감하고 대변을 가산하여 계산한다.

** 지배권 취득시점(2×01년 1월 1일)의 연결조정분개: 투자주식과 자본의 상계

(차)	건물	300,000	1	(대)	투자주식-100%	2,000,000	2
	자본금	400,000					
	자본잉여금	600,000					
	이익잉여금	500,000					
	영업권	200,000	3				

*** 종속(주)의 자본(순자산)과 지배(주)의 투자자산을 상계할 때 다음 사항을 반영한다.

① 사업결합시점의 종속기업 순자산은 공정가치로 측정하여야 하므로 건물의 장부가액과 공정가치의 차이 ₩300,000을 반영한다.

② 종속(주) 순자산의 공정가치(1)와 투자주식의 취득원가(2)를 상계하면서 그 차이는 영업권(3)으로 인식한다.

(2) 투자주식의 100% 미만을 취득하고 영업권이 발생하는 경우

Key Standard

비지배지분의 요소를 다음 중 하나의 방법으로 측정한다.

(1) 공정가치

(2) 피취득자의 식별가능한 순자산에 대해 인식한 금액 중 현재의 지분상품의 비례적 몫

(K-IFRS 1103: 문단 18)

지배기업이 100% 미만의 투자주식을 취득하여 지배력을 획득한 경우 종속기업에 대한 지분은 **지배기업**과 **비지배지분**(non-controlling interest)으로 나누어진다. 비지배지분이란 지배기업에게 귀속되지 않는 종속기업의 지분을 말한다. 따라서 지배기업이 100% 미만의 투자주식을 취득하여 연결재무제표를 작성하는 경우 단순합산된 종속기업의 순자산과 사업결합으로 인식가능한 영업권 중 지배기업에 귀속되지 않는 부분을 비지배지분으로 대체하는 조정이 필요하다. 그렇지 않으면 종속기업 순자산의 전부가 지배기업의 몫으로 잘못 계상될 것이다.

[그림 12-6]에서 보는 바와 같이 종속기업 지분 중 지배기업에 속하는 않는 20%는 비지배지분으로 대체하여야 한다. 이때 비지배지분은 비지배주주가 보유한 종속기업

주식의 공정가치 또는 식별가능한 순자산 공정가치의 비지배지분율(1×20%) 중 하나로 선택하여 측정할 수 있다. 비지배지분을 시장에서 거래되는 종속기업 주식의 공정가치로 측정할 경우 비지배지분의 영업권(D)도 연결재무상태표에 인식된다.

비지배지분을 종속기업의 식별가능한 순자산 공정가치의 비례지분(B)으로 측정할 경우 비지배지분에 해당하는 영업권은 인식되지 않는다. 전자의 방식은 지배기업과 비지배지분의 영업권이 전부(C+D) 인식되고, 후자의 방식은 지배기업의 영업권(C)만 인식되는 것이다.

그림 12-6 | 투자주식의 100% 미만을 취득한 경우 사업결합의 결과

부분연결재무상태

	2 = 지배기업지분 + 비지배지분	
	지배기업지분(80%) (= 투자주식 취득원가)	비지배지분* (20%)
영업권* 3	C	D
종속기업의 식별가능한 자산과 부채의 공정가치 1	A	B

* 비지배지분은 B 또는 B+D로 측정할 수 있고, 이에 따라 영업권은 일부(C) 또는 전부(C+D)로 측정된다.

개념 Plus 비지배지분에 귀속될 영업권이란?

종속(주)의 재무제표에 표시된 순자산의 장부가치는 ₩1,500이고 식별가능한 자산과 부채의 공정가치는 ₩1,800이라고 할 때 지배(주)는 종속(주) 주식의 발행주식 총수의 80%를 ₩1,600에 취득한 경우 비지배지분의 금액이 어떻게 산출되는지 살펴보도록 하자.
식별가능한 순자산 공정가치의 비례지분(B)으로 측정하면 ₩360(= ₩1,800 × 20%)이 되므로 비지배지분에는 영업권을 계상할 여지가 없다는 의미다.
반면, 종속기업 주식의 공정가치로 측정하는 경우(B+D) 편의상 지배(주)가 80%를 ₩1,600에 취득하였기 때문에 20%의 공정가치를 ₩400으로 가정하면 순자산 공정가치의 20%인 ₩360을 초과하는 ₩40만큼 비지배지분 몫의 영업권(D)이 산출된다는 의미이다.

연결실체의 입장에서는 영업권을 전부 인식하는 것이 개념적으로 타당할 것이나, 실무적으로 비지배지분에 귀속될 영업권을 측정하는 것이 어렵고 지배기업 입장에서의 정보 유용성도 크지 않다. 따라서 종속기업 순자산의 공정가치에 대한 비례지분으로 비지배지분을 측정하는 후자의 방법이 널리 사용된다.

투자주식을 100% 미만 보유한 경우 투자주식과 비지배지분의 합을 종속기업의 자본과 상계하는 연결조정분개를 한다.

(차)	자산–공정가치 차이	×××	1	(대)	투자주식–지배(주)	×××	2
	자본–종속(주) 순자산 장부가치	×××	1		비지배지분	×××	
	영업권	×××	3				

앞의 사례에서 지배(주)는 종속(주) 주식의 발행주식 총수의 80%를 ₩1,600에 취득하였고, 비지배지분의 공정가치는 ₩400으로 가정하고 비지배지분의 측정방식에 따른 연결조정분개를 살펴보자. 종속(주)의 재무제표에 표시된 순자산의 장부가치는 ₩1,500이고 식별가능한 자산과 부채의 공정가치는 ₩1,800이다.

▪ 비지배지분을 식별가능한 순자산의 공정가치로 측정하는 경우

연결조정분개의 도출과정을 살펴보면 다음과 같다. 첫째, 종속(주)의 식별가능한 각 자산과 부채는 취득일의 공정가치(₩1,800)로 측정하여야 하므로 장부가치(₩1,500)와의 차이 ₩300을 증가시킨다. 둘째, 비지배지분을 종속(주) 순자산 장부가치의 비례지분(₩360 = ₩1,800 × 20%)으로 측정하여 대체한다. 셋째, 종속(주) 순자산의 공정가치(1)와 지배(주)의 투자주식(80%)과 비지배지분(20%)의 합계(2)를 상계제거한 차액 ₩160을 영업권(3)으로 인식한다. 이는 지배기업의 영업권(C)에 해당하므로 지배(주) 투자주식의 취득원가(₩1,600)에서 종속(주) 순자산 공정가치의 80%(₩1,800 × 80%)의 차액으로 계산할 수도 있다.

(차)	자산 – 공정가치 차이	300	1	(대)	투자주식 – 지배(주)(80%)	1,600	2
	자본 – 종속(주) 순자산 장부가치	1,500	1		비지배지분(B)*	360	
	영업권(C)**	160	3				

* 비지배지분(B) = 종속(주) 순자산의 공정가치의 20% = ₩1,800 × 20% = ₩360

** 영업권(C) = 지배(주) 투자주식의 취득원가 – 종속(주) 순자산의 공정가치의 80%
= ₩1,600 – ₩1,800 × 80% = ₩160

■ 비지배지분을 주식의 공정가치로 측정하는 경우

연결조정분개의 도출과정은 다음과 같다. 첫째, 종속(주)의 식별가능한 자산과 부채를 공정가치로 측정하기 위해 장부가치(₩1,500)와의 차이 ₩300을 증가시킨다. 둘째, 비지배지분을 비지배주주가 소유한 종속(주) 주식의 공정가치(₩400)로 측정하여 대체한다. 이때 공정가치는 시장에서 거래되는 가액 등에 기초하여 파악한다. 셋째, 종속(주) 순자산의 공정가치(1)와 지배(주)의 투자주식(80%)과 비지배지분(20%)의 합계(2)를 상계제거한 차액 ₩200을 영업권(3)으로 인식한다. 이는 지배기업의 영업권(C)과 비지배지분의 영업권(D)의 합으로 아래와 같이 계산할 수 있다.

(차)	자산 – 공정가치 차이	300	1	(대)	투자주식 – 지배(주)(80%)	1,600	2
	자본 – 종속(주) 순자산 장부가치	1,500			비지배지분*	400	
	영업권(C+D)**	200	3				

* 비지배지분 = 종속(주) 비지배지분의 공정가치 = ₩400

** 영업권(C+D) = 지배(주)의 지분에 해당하는 영업권 + 비지배지분에 해당하는 영업권
= (₩1,600 − ₩1,800 × 80%) + (₩400 − ₩1,800 × 20%)
= ₩160 + ₩40 = ₩200

예제 12-3 지배력 취득시점의 연결재무상태표 작성(투자주식 80% 보유)

지배(주)는 2×01년 1월 1일에 종속(주) 보통주의 80%를 ₩1,600,000에 취득하여 지배력을 획득하였다. 지배력 취득시점의 지배(주)와 종속(주)의 재무상태표는 다음과 같다. 종속(주)의 건물의 공정가치는 ₩1,300,000이고, 다른 식별가능한 자산과 부채의 장부가치는 공정가치와 일치한다.

재무상태표
2×01년 1월 1일

	지배(주)	종속(주)
현금	₩900,000	₩500,000
재고자산	1,100,000	500,000
투자주식	1,600,000	–
건물	2,000,000	1,000,000
자산총계	₩5,600,000	₩2,000,000
차입금	₩2,000,000	₩500,000
자본금	800,000	400,000
자본잉여금	1,500,000	600,000
이익잉여금	1,300,000	500,000
부채와자본총계	₩5,600,000	₩2,000,000

[물음] 지배권 취득시점의 연결정산표와 연결재무상태표를 작성하시오. 단, 비지배지분은 식별가능한 순자산의 공정가치의 비례지분으로 측정한다.

| 풀이 |

■ 지배권 취득시점(2×01년 1월 1일)의 연결정산표의 작성

계정과목	지배(주) 별도재무제표	종속(주) 재무제표	연결조정분개		연결재무제표
			차변	대변	
현금	₩900,000	₩500,000			₩1,400,000
재고자산	1,100,000	500,000			1,600,000
투자주식	1,600,000	–		₩1,600,000	–
건물	2,000,000	1,000,000	₩300,000		3,300,000
영업권			160,000		160,000
자산총계	**₩5,600,000**	**₩2,000,000**			**₩6,460,000**
차입금	₩2,000,000	₩500,000			₩2,500,000
자본금	800,000	400,000	400,000		800,000
자본잉여금	1,500,000	600,000	600,000		1,500,000
이익잉여금	1,300,000	500,000	500,000		1,300,000
비지배지분				360,000	360,000
부채와자본총계	**₩5,600,000**	**₩2,000,000**	₩1,960,000	₩1,960,000	**₩6,460,000**

지배권 취득시점(2×01년 1월 1일)의 연결조정분개: 투자주식과 자본의 상계

(차)	건물	300,000	1	(대)	투자주식	1,600,000 2
	자본금	400,000			비지배지분	360,000
	자본잉여금	600,000				
	이익잉여금	500,000				
	영업권	160,000	3			

종속(주)의 자본(순자산)과 지배(주)의 투자자산을 상계할 때 다음 사항을 반영한다.

- 사업결합시점의 종속기업 순자산은 공정가치로 측정하여야 하므로 건물의 장부가액과 공정가치의 차이 ₩300,000을 반영한다.
- 종속(주) 순자산의 공정가치의 비례지분에 해당하는 비지배지분을 대체한다.
  비지배지분 = 종속(주) 순자산의 공정가치의 20% = ₩1,800,000 × 20% = ₩360,000
- 종속(주) 순자산의 공정가치(1)와 투자주식의 취득원가(80%) 및 비지배지분(20%)의 합(2)을 상계하면서 그 차이를 영업권(3)으로 인식한다. 따라서 영업권은 다음과 같다.
  영업권 = 지배(주) 투자주식의 취득원가 − 종속(주) 순자산의 공정가치의 80%
  = ₩1,600,000 − ₩1,800,000 × 80% = ₩160,000

■ 지배권 취득시점(2×01년 1월 1일)의 연결재무상태표의 작성

연결재무상태표

지배(주) 및 종속기업 2×01년 1월 1일 현재 (단위: 원)

현금	₩1,400,000	차입금	₩2,500,000
재고자산	1,600,000	부채총계	₩2,500,000
건물	3,300,000	**지배기업의 소유주지분**	
영업권	160,000	자본금	₩800,000
		자본잉여금	1,500,000
		이익잉여금	1,300,000
		소계	3,600,000
		비지배지분*	360,000
		자본총계	₩3,960,000
자산총계	**₩6,460,000**	**부채와자본총계**	**₩6,460,000**

* 지배기업은 비지배지분을 연결재무상태표의 자본에 포함하여 표시하되 지배기업의 소유주지분과는 구분하여 별도로 표시한다.

[예제 12-3]의 연결재무상태표는 지배기업과 종속기업이 하나의 경제적 실체로 파악되고 있음을 잘 보여준다. 지배(주)와 그 종속기업의 자산과 부채가 계정별로 합산되어 포괄적으로 표시되며 비지배지분도 연결실체의 자본으로 표시된다. 다만, 지배기업의 소유주지분과는 구분하여 별도로 표시하여야 한다.

3.3 지배력 취득시점 이후의 연결재무제표 작성원리

지배력 취득시점 이후에는 지배기업과 종속기업이 단일한 경제적 실체로 경영성과를 창출할 수 있으므로 연결재무상태표는 물론 연결포괄손익계산서, 연결현금흐름표 및 연결자본변동표를 작성하여야 한다.

지배력 취득시점 이후의 연결재무제표의 작성방법은 이미 설명한 연결절차와 같이 지배기업과 종속기업의 재무제표를 연결정산표상에서 합산한 후 연결분개를 통해 조정하는 방식으로 작성된다. 다만 여기서 유의할 점은 연결정산표는 거래를 누적적으로 기록하는 장부가 아니라는 점이다. 따라서 지배력 취득시점에 작성한 연결정산표(2×01년 1월 1일)에 수행한 연결조정분개는 1년후에 작성하는 연결정산표(2×01년 12

월 31일)에 자동으로 반영되지 않는다. 새로 작성되는 연결정산표는 백지상태에서 시작되므로 2×01년 1월 1일에 했던 연결조정분개를 다시 반영하고 2×01년 12월 31일까지 변화된 내용을 조정하는 것이 필요하다. 이처럼 연결정산표는 매번 지배력 취득시점기준으로 처음부터 다시 작성해야 한다.

연결실체 간의 내부거래가 없을 때, 지배력 취득시점 이후 연결재무제표를 작성할 때 수행하여야 할 연결조정분개를 요약하면 다음과 같다.

① 지배력 취득시점을 기준으로 투자주식과 자본을 상계제거
② 지배력 취득시점 이후 보고일까지 종속기업의 공정가치 조정액의 변동 인식
③ 지배력 취득시점 이후 보고일까지 영업권의 손상 인식
④ 종속기업의 당기순이익에 의해 증가된 이익잉여금의 비지배지분 대체

위 ①은 지배·종속관계가 성립한 지배력 취득시점의 사업결합의 결과를 반영하는 것이고, ②와 ③은 지배력 취득 후 현재까지 변동된 공정가치 차이와 영업권의 손상을 반영하는 것이다. ④는 지배력 취득시점에서 종속기업의 자본을 비지배지분으로 대체한 것처럼 취득시점 이후에 증가한 당기순이익 중 비지배지분에 해당하는 부분을 대체하는 것이다. ②와 ④에 대하여는 다음에서 좀 더 상세히 살펴본다.

■ 종속기업의 공정가치 조정액의 변동 인식

지배력 취득시점을 기준으로 투자주식과 자본을 상계하게 되면 연결정산표에는 취득시점의 종속기업 자산·부채의 공정가치와 장부금액의 차이가 연결정산표에 반영된다. 지배력 취득 이후 연결재무제표보고일까지 해당 자산과 부채가 변동하는 거래 또는 사건이 발생하였다면 그 차이를 인식하여야 한다. 건물과 같은 감가상각자산의 경우 공정가치 증가분에 대한 취득시점부터 보고일까지의 추가적인 감가상각비를 반영하여야 한다. 왜냐하면 종속기업의 손익계산서에는 장부금액을 토대로 감가상각비가 계상되어 있을 것이기 때문이다. 이같은 경우 공정가치 조정에 따른 추가 감사상각비 인식을 위한 연결조정분개의 예를 들면 다음과 같다.

(차) 감가상각비	×××	(대) 감가상각누계액	×××

■ 종속기업의 당기순이익에 의해 증가된 이익잉여금의 비지배지분 대체

연결정산표를 통해 합산되는 종속기업의 이익잉여금 중 비지배주주의 지분에 해당하는 부분은 비지배지분으로 대체한다. 취득시점의 이익잉여금은 취득시점을 기준으로 투자주식과 자본을 상계제거하는 연결분개를 통해 비지배지분으로 대체된다. 그 후 당기순이익에 의해 증가된 이익잉여금은 추가로 비지배지분으로 대체하여야 한다는 것이다. 이때 연결실체의 관점에서 종속기업의 당기순이익에 영향을 미치는 공정가치 조정액 등의 변동 효과를 반영하여 조정한다.

(차) 이익잉여금	×××	(대) 비지배지분*	×××

* (종속기업의 당기순이익−공정가치 조정액에 대한 감가상각비 등)×비지배주주 지분율

예제 12-4 지배력 취득시점 이후의 연결재무상태표 작성

[예제 12-3]의 지배력 취득시점의 자료에 추가하여 지배(주)와 종속(주)의 재무상태표와 포괄손익계산서는 다음과 같다. 지배(주)는 투자주식을 원가법에 따라 회계처리하였고, 종속(주)의 건물은 정액법으로 상각하고, 내용연수는 10년, 잔존가치는 없다.

재무상태표
2×01년 12월 31일

	지배(주)	종속(주)
현금	₩1,500,000	₩900,000
재고자산	1,200,000	600,000
투자주식	1,600,000	−
건물	2,000,000	1,000,000
자산총계	**₩6,300,000**	**₩2,500,000**
차입금	₩2,000,000	₩500,000
자본금	800,000	400,000
자본잉여금	1,500,000	600,000
이익잉여금	2,000,000	1,000,000
부채와자본총계	**₩6,300,000**	**₩2,500,000**

포괄손익계산서 2×01년 1월 1일 ~ 2×01년 12월 31일		
	지배(주)	종속(주)
매출	₩3,000,000	₩2,000,000
매출원가	(2,000,000)	(1,400,000)
감가상각비	(300,000)	(100,000)
당기순이익	**₩700,000**	**₩500,000**

[물음] 2×01년 12월 31일의 연결정산표와 2×01년의 연결포괄손익계산서를 작성하시오. 비지배지분은 식별가능한 순자산의 공정가치의 비례지분으로 측정하고 영업권의 손상은 발생하지 않았다고 가정한다.

| 풀이 |

■ 연결조정분개(2×01년 12월 31일)

① 지배권 취득시점(2×01년 1월 1일)의 연결조정분개: 투자주식과 자본의 상계*

(차)	건물	300,000	(대) 투자주식	1,600,000
	자본금	400,000	비지배지분	360,000
	자본잉여금	600,000		
	이익잉여금	500,000		
	영업권	160,000		

* ①의 분개는 [예제 12-3]의 연결조정분개와 동일하다.

② 공정가치 조정액의 사후처리

(차) 감가상각비* 30,000 (대) 건물 30,000

* ①의 분개로 반영된 지배권 취득시점(2×01년 1월 1일)의 건물 공정가치의 조정액(₩300,000)을 연결재무제표보고일 현재(2×01년 12월 31일)의 상태로 조정하기 위하여 감가상각비 증가분(₩300,000/10년=₩30,000)을 반영한다. 여기에서는 감가상각비 증가분을 감가상각누계액계정에 반영하는 대신 건물에서 직접 차감하여 표시하였다.

③ 종속기업 당기순이익의 비지배지분 대체

(차) 이익잉여금* 94,000 (대) 비지배지분 94,000

* 당기에 증가한 종속(주)의 이익잉여금 중 비지배주주의 지분(20%)에 해당하는 금액을 비지배지분으로 대체한다. 이때 당기에 증가한 종속(주)의 이익잉여금은 종속(주)의 당기순이익에서 연결조정분개에 의해 수정된 부분을 조정하여 계산한다.
(종속(주)의 당기순이익 − 종속(주)의 건물 공정가치 조정액에 대한 감가상각비) × 비지배지분율
= (₩500,000 − ₩30,000) × 20%=₩94,000

■ 연결정산표(2×01년 12월 31일)

계정과목	지배(주) 별도재무제표	종속(주) 재무제표	연결조정분개		연결재무제표
			(차)	(대)	
매출	₩3,000,000	₩2,000,000			₩5,000,000
매출원가	(2,000,000)	(1,400,000)			(3,400,000)
감가상각비	(300,000)	(100,000)	(2)30,000		(430,000)
당기순이익	₩700,000	₩500,000		30,000*	₩1,170,000
현금	₩1,500,000	₩900,000			₩2,400,000
재고자산	1,200,000	600,000			1,800,000
투자주식	1,600,000	–		(1)1,600,000	–
건물	2,000,000	1,000,000	(1)300,000	(2)30,000	3,270,000
영업권			(1)160,000		160,000
자산총계	**₩6,300,000**	**₩2,500,000**			**₩7,630,000**
차입금	₩2,000,000	₩500,000			2,500,000
자본금	800,000	400,000	(1)400,000		800,000
자본잉여금	1,500,000	600,000	(1)600,000		1,500,000
이익잉여금	2,000,000	1,000,000	(1)500,000 (3)94,000 30,000**		2,376,000
비지배지분				(1)360,000 (3)94,000	454,000
부채와자본총계	**₩6,300,000**	**₩2,500,000**	**₩2,114,000**	**₩2,114,000**	**₩7,630,000**

* 손익계산서의 차변에 표시되는 당기순이익을 차감시켜주기 위해 대변에 나타낸 것이다.

** 연결분개를 통해 조정된 당기순이익 ₩30,000(건물 공정가치 차이에 대한 감가상각비)은 연결정산표상에서 직접 이익잉여금에 반영한다.

■ 연결포괄손익계산서

연결포괄손익계산서

지배 및 종속기업(주) 2×01년 1월 1일 ~ 2×01년 12월 31일 (단위: 원)

매출	₩5,000,000
매출원가	3,400,000
감가상각비	430,000
당기순이익	**₩1,170,000**
지배기업의 소유주**	₩1,076,000
비지배지분*	94,000

* 비지배지분에 귀속되는 당기순이익
= (종속(주)의 당기순이익 − 종속(주)의 건물 공정가치 조정액에 대한 감가상각비) × 비지배지분율
= (₩500,000 − ₩30,000) × 20% = ₩94,000
** 지배기업의 소유주에 귀속되는 당기순이익
= 연결실체의 당기순이익 − 비지배지분에 귀속되는 당기순이익
= ₩1,170,000 − ₩94,000 = ₩1,076,000

[예제 12−4]의 연결포괄손익계산서는 지배기업과 종속기업이 하나의 경제적 실체로 파악되고 있음을 잘 보여준다. 지배(주)와 그 종속기업의 수익과 비용이 계정별로 합산되고 연결실체에 대하여 하나의 당기순이익이 보고된다. 연결실체의 당기순이익은 다시 지배기업의 소유주에 속하는 부분과 비지배지분에 속하는 부분으로 구분하여 표시한다.

한편 지배기업과 종속기업 간에 하향판매나 상향판매와 같은 내부거래가 있는 경우 이를 어떻게 연결재무제표에서 처리해야 할지는 별책「Study Guide」제12장의 심화학습에서 상세하게 설명하기로 한다.

제4절 연결재무제표의 유용성과 한계

연결재무제표의 유용성은 다음과 같이 크게 두 가지로 요약할 수 있다.

■ 단일경제실체에 대한 포괄적인 정보제공

연결재무제표의 가장 큰 유용성은 지배기업과 그 종속기업의 재무상태, 경영성과 및 현금흐름을 통합하여 단일경제실체에 대한 포괄적인 정보를 제공한다는 것이다. 지배기업은 자신의 이익을 위해 지배기업과 종속기업의 자산을 전략적으로 결합하거나 통제할 수 있다. 예를 들어, 규모의 경제와 원가절감을 위해 영업기능들을 결합하기도 하고, 반대로 일부 영업이나 자산에 제약을 가하기도 한다. 따라서 지배기업의 경제적 실질을 적절히 평가하기 위해서는 연결재무제표가 필요하다. 정보이용자의 측면에서 살펴보면, 연결재무제표는 특히 투자자의 관점에서 지배기업의 기업가치를 평가하는 데

매우 유용하다. 이는 앞의 예에서 이미 설명한 바 있다. 또한 내부정보이용자인 지배기업의 경영자는 연결실체의 재무정책과 영업정책을 전략적으로 수립하고 종속기업을 관리하기 위해 다양한 연결회계정보를 사용한다.

■ 회계정보의 신뢰성 제고

연결재무제표는 지배기업과 종속기업이 부당한 내부거래를 통해 법적 실체 관점의 재무제표를 왜곡하였는지를 파악하는 데 유용한 정보를 제공한다. 법적 실체 관점의 재무제표는 지배·종속기업 간의 내부거래를 통해 쉽게 왜곡될 수 있다. 예를 들어, 지배기업이 이익을 증가시키고 싶은 경우 종속기업에 매출을 하거나 매출한 것처럼 회계장부를 조작할 수 있다. 그러나 종속기업이 이를 외부에 다시 판매하지 않았다면 경제적 실체 관점에서는 재고자산의 보관 장소만 지배기업에서 종속기업으로 변경된 것이므로 실현된 이익은 없다. 연결재무제표는 내부거래에 의한 미실현이익을 제거하여 작성되므로 법적 실체 관점의 회계부정을 파악하는 데 도움을 주고 지배·종속기업 간의 내부거래를 통한 회계부정을 방지하는 기능도 수행한다.

한편, 연결재무제표의 한계점은 다음과 같다.

■ 한계점

첫째, 법적 실체 관점의 이해관계가 중시되는 의사결정에 있어 유용한 정보를 제공하지 못한다. 채권자의 경우 그 법적 청구권이 개별기업에 대해 발생하므로 법적 실체의 재무상태와 지급능력을 평가할 수 있는 정보가 유용하다. 또한 지배기업에 귀속되지 않는 종속기업의 지분을 보유한 비지배주주에게는 지배기업의 경제적 실체 관점에서 작성된 연결재무제표의 유용성이 크지 않다. 비지배주주는 자신이 지분을 보유한 특정 종속기업의 법적 자산, 부채 및 자본에 관한 정보에 보다 관심을 가질 것이다.

둘째, 개별기업의 사업내용과 회계정책이 상이한 경우 연결실체의 재무상태와 경영성과가 단순히 합산되는 연결재무제표의 유용성이 저하될 수 있다. 따라서 연결정보를 이용한 재무분석에 유의할 필요가 있으며, 사업내용에 따라 구분된 부문별 보고를 통해 보완할 필요가 있다.

셋째, 연결재무제표의 작성을 위해서 많은 시간과 비용이 소요되며, 전문적인 지식이 없는 회계정보이용자가 쉽게 이해하고 활용하기 어렵다.

연습문제

서술형

1 '법적 실체'와 '경제적 실체'의 개념에 대해 설명하고, 그 개념을 이용하여 별도재무제표와 연결재무제표의 작성방법을 기술하시오.

2 지배력을 판단하는 기준은 무엇인가? 피투자자에 대한 지분율을 예로 들어 설명하시오.

3 중간지배기업인 윤&미들(주)는 K-IFRS를 적용하고 있어, 연결재무제표를 기본재무제표로 작성하는 것이 원칙이다. 다음에 답하시오.

[물음 1] 연결재무제표에 추가하여 별도재무제표를 작성하여야 하는가?

[물음 2] 연결재무제표를 작성하지 않아도 되는 조건은 무엇인가?

4 비지배지분을 정의하고 이를 연결재무상태표와 연결포괄손익계산서에 표시하는 방법을 설명하시오.

5 연결재무제표의 유용성을 설명하고, 한계점을 보완할 수 있는 방법을 기술하시오.

6 연결재무제표 작성기준으로 '지배력'에 대한 다음의 내용이 타당한지 설명해보시오.

(1) 피투자자의 이익에 유의적으로 영향을 미치는 활동을 지시하는 능력을 갖고 있고, 동시에 이를 행사할 수 있어야 힘을 가진 것으로 본다.

(2) 지배기업이 종속기업의 '모든 활동'을 지시하는 능력까지 가져야만 '지배력'이 있는 것으로 본다.

(3) 피투자자가 투자자의 이익에 반하는 특정한 활동을 하는 경우 그러한 활동을 제한할 수 있는 권리는 일종의 방어적 권리를 갖는 것이므로 이 경우도 투자자에 대한 힘을 갖는 원천으로 볼 수 있다.

(4) 투자자의 이익이 피투자자의 성과에 따라 변동될 가능성이 있는 경우 변동이익에 노출되거나 권리를 가진 것으로 볼 수 있지만 손실을 볼 수 있는 경우도 있다면 여기에 해당되지 않는다.

(5) 본인의 권리를 대리인에게 위임하여 본인을 위해 사용하도록 하는 경우 대리인은 힘을 행사할 수 있기 때문에 대리인이 지배력을 갖는 것으로 본다.

문제 풀이형

1 지배력 취득시점의 연결정산표 작성(투자주식 100% 보유)

지배(주)는 2×01년 1월 1일에 종속(주) 보통주의 100%를 ₩4,000,000에 취득하여 지배력을 획득하였다. 지배력 취득시점의 지배(주)와 종속(주)의 재무상태표는 다음과 같다. 종속(주)의 토지의 공정가치는 ₩2,300,000이고, 다른 식별가능한 자산과 부채의 장부가치는 공정가치와 일치한다.

재무상태표

2×01년 1월 1일

	지배(주)	종속(주)
현금	₩900,000	₩500,000
재고자산	1,100,000	500,000
투자주식	4,000,000	–
토지	2,000,000	1,000,000
자산총계	**₩8,000,000**	**₩2,000,000**
차입금	₩2,400,000	₩500,000
자본금	1,800,000	400,000
자본잉여금	2,500,000	600,000
이익잉여금	1,300,000	500,000
부채와자본총계	**₩8,000,000**	**₩2,000,000**

[물음] 지배력 취득시점(2×01년 1월 1일)의 연결정산표를 작성하시오.

2 영업권의 인식

지배(주)는 종속(주)의 투자주식의 60%를 ₩1,000,000에 취득하여 지배력을 획득하였다. 종속(주)의 순자산의 장부금액은 ₩1,000,000(자본금 ₩200,000, 자본잉여금 ₩200,000, 이익잉여금 ₩600,000)이며 공정가치는 ₩1,500,000이다. 그 원인은 토지의 장부금액과 공정가치의 차이 때문이다. 종속(주)의 비지배주주가 소유한 투자주식의 공정가치는 ₩650,000이다.

[물음 1] 비지배지분을 종속기업의 식별가능한 순자산 공정가치의 비례지분으로 측정하는 경우 지배력 취득시점 연결재무상태표에 인식할 영업권은 얼마인가?

[물음 2] 비지배지분을 비지배주주가 소유한 종속기업 주식의 공정가치로 측정하는 경우 지배력 취득시점 연결재무상태표에 인식할 영업권은 얼마인가?

3 지배력 취득후 연결포괄손익계산서의 작성: 하향판매 내부거래

지배(주)와 종속(주)의 재무상태표(2×01년 12월 31일 현재)와 포괄손익계산서(2×01년 1월 1일부터 2×01년 12월 31일까지)는 다음과 같다.

재무상태표

2×01년 12월 31일

	지배(주)	종속(주)
현금	₩1,500,000	₩900,000
재고자산	1,200,000	600,000
투자주식	1,600,000	–
건물	2,000,000	1,000,000
자산총계	**₩6,300,000**	**₩2,500,000**
차입금	₩2,000,000	₩500,000
자본금	800,000	400,000
자본잉여금	1,500,000	600,000
이익잉여금	2,000,000	1,000,000
부채와자본총계	**₩6,300,000**	**₩2,500,000**

포괄손익계산서

2×01년 1월 1일 ~ 2×01년 12월 31일

	지배(주)	종속(주)
매출	₩3,000,000	₩2,000,000
매출원가	2,000,000	1,400,000
감가상각비	300,000	100,000
당기순이익	**₩700,000**	**₩500,000**

[추가자료]

① 지배(주)는 2×01년 1월 1일 종속(주)의 주식의 80%를 취득하여 지배력을 획득하였고, 투자주식을 원가법에 따라 회계처리하였다.

② 지배력 취득시점의 종속(주)의 건물의 장부가치와 공정가치의 차이는 ₩300,000이다. 종속(주)의 건물은 정액법으로 상각하고, 내용연수는 10년, 잔존가치는 없다.

③ 지배(주)는 2×01년중 종속(주)에 취득원가 ₩100,000의 재고자산을 ₩120,000에 매출하였다. 종속(주)는 2×01년 12월 31일 현재 동 재고자산을 보유하고 있다.

[물음] 2×01년 12월 31일자 연결정산표와 연결포괄손익계산서(2×01년 1월 1일부터 2×01년 12월 31일까지)를 작성하시오. 비지배지분은 식별가능한 순자산의 공정가치의 비례지분으로 측정하고, 영업권의 손상은 발생하지 않았다.

4 상향판매 내부거래와 연결포괄손익계산서의 작성

[문제 3]의 자료에서 [추가자료] ③의 사항만 아래와 같이 종속(주)가 지배(주)에게 재고자산을 매출하여 보유중인 것으로 내용을 수정하여 2×01년 12월 31일자에 수행할 연결조정분개와 연결포괄손익계산서(2×01년 1월 1일부터 2×01년 12월 31일까지)를 작성하시오.

③ 종속(주)는 2×01년중 지배(주)에 취득원가 ₩100,000의 재고자산을 ₩120,000에 매출하였다. 지배(주)는 2×01년 12월 31일 현재 동 재고자산을 보유하고 있다.

Chapter

13 현금흐름표

학 · 습 · 목 · 표

제1장에서 학습한 대로 재무제표는 재무상태표, 포괄손익계산서, 자본변동표, 현금흐름표 및 주석으로 구성되어 있다. 기업의 정보 중 가장 중요하고 기본이 되는 정보가 재무상태와 경영성과이며 이를 발생주의에 따라 제공해주는 것이 재무상태표와 포괄손익계산서이다. 그러나 기업의 현황을 파악하는 데 있어 추가로 꼭 필요한 정보가 현금흐름에 관한 정보이며 그것을 제공해주는 것이 현금흐름표이다. 현금흐름표는 현금흐름을 영업활동, 투자활동 그리고 재무활동으로 구분하여 유입과 유출에 대한 정보를 표시한다.

이 장에서는 한국채택국제회계기준 제1007호 '현금흐름표'에 대한 설명도 포함된다.

제1절 현금흐름표의 의의와 유용성

1.1 현금흐름표의 의의

현금흐름표는 왜 필요한가? 우리는 제1장에서 기업의 재무상태와 경영성과에 관한 정보를 제공하기 위해 발생주의에 따른 복식부기 및 재무제표의 기본에 대해 학습하였다. 그러나 기본 재무제표라고 할 수 있는 재무상태표와 포괄손익계산서로부터 얻는 재무상태와 경영성과에 관한 정보만으로는 의사결정에 부족한 부분이 있는데 그것이 바로 현금흐름에 대한 정보이다. 제1장 제3절의 현금기준과 발생기준의 예제를 참조하기 바란다.

기업에 있어 현금은 사람에게 있어 혈액에 해당한다고 많이 비유되는데 아무리 발생주의에 따른 재무상태와 경영성과가 좋아도 기업의 현금이 부족하다면 기업이 영업상 여러 가지 어려움을 겪을 수 있고 심한 경우 **흑자도산**(黑字倒産)을 당하는 경우도 생길 수 있기 때문이다.

현금흐름표를 요약해서 말한다면 일정기간 동안의 기업의 현금흐름, 즉 현금의 유입과 유출에 관한 정보를 나타내는 재무제표라고 할 수 있다. 따라서 현금흐름표의 목적은 재무제표이용자에게 현금및현금성자산의 창출능력과 현금흐름의 사용 용도를 평가하는 데 유용한 정보를 제공하고자 하는 것이다. 이를 토대로 재무제표이용자는 경제적 의사결정을 하기 위하여 현금및현금성자산의 창출능력 및 현금흐름의 시기와 확실성을 평가하게 된다.

외상판매후 대금회수가 정상적으로 이루어지지 않는 문제 기업의 사례를 통해 현금흐름표의 필요성을 검토해보기로 한다.

개념 Plus 만약 현금흐름표 없이 의사결정을 해야 한다면?

다음은 세기(주)의 비교재무제표 중 일부 내용만을 보여주는 것이며, 당기의 모든 매출이 외상으로 판매가 이루어졌으나, 아직 외상대금이 회수되지 못하고 매출채권으로 남아 있는 경우를 가정한 것이다(단위: 억원).

재무상태표

	2×12년말	2×13년말		2×12년말	2×13년말
• 현금	₩500	₩300	• 매입채무	₩300	₩300
• 매출채권	200	1,800	• 차입금	200	1,000
⋮	⋮	⋮	⋮	⋮	⋮
[유동자산]	2,000	3,000	[유동부채]	1,000	1,500
			[비유동부채]	1,000	1,000
[비유동자산]	3,000	3,000	[자본]	3,000	3,500
총자산	**₩5,000**	**₩6,000**	**부채와자본**	**₩5,000**	**₩6,000**

손익계산서

	2×12년	2×13년
• 매 출	₩1,000	₩1,800
⋮	⋮	⋮
• **당기순이익**	**₩200**	**₩500**

현금흐름표가 없는 상태에서 파악할 수 있는 정보는 어떤 모습일까? 위의 사례에서 알 수 있듯이 재무상태표에서 파악되는 재무상태의 변동이나 손익계산서에서 파악되는 경영성과에 관한 정보를 볼 때 특별한 문제가 있어 보이지 않을 것이다. 특히 매출도 늘었고 당기순이익도 늘었으므로 경영성과는 매우 좋다. 그러나 매출채권과 매출에 대한 정보를 자세히 분석해보면 기초의 매출채권(200억원)은 회수되었으나 당기 중 외상으로 거래가 이루어진 모든 매출(1,800억원)의 대금이 회수되지 못하고, 매출채권으로 남아 있는 상황임을 알 수 있다. 즉, 영업을 통한 수익창출이 발생기준 회계의 관점에서는 양호하나 영업을 통한 현금흐름의 창출이 전혀 없다. 따라서 구매대금의 지급, 급여 등 일반관리비의 지급을 위해 별도의 자금조달이 필요했을 것이며 이 경우 주로 단기차입금의 증가를 통해 자금을 조달한 것으로 보인다. 이와 같은 상황에서는 현금흐름에 대한 보다 상세한 정보가 필요함을 알 수 있다.

위에서 파악된 현금흐름정보에 의거 어떤 결론을 내릴 수 있는가? 영업을 통한 현금흐름의 창출이 전혀 없다는 것은 매우 심각한 문제이다. 기본적으로 기업은 영업을 통해 돈을 벌어야 하는 것인데 돈을 번다는 것은 발생기준 회계에서 산출된 이익뿐 아니라 현금의 유입을 포함하는 개념이기 때문이다. 즉, 이 회사의 현금흐름의 내용을 한마디로 요약하면 돈(현금)을 벌지는 못했고 다만 돈(현금)을 구해오기만 한 것으로 **현금흐름의 질**(quality)이 매우 나쁘다는 결론을 내릴 수 있다.

개념 Plus 기업의 현금흐름에 문제가 생긴다면 어떤 징후들이 나타날까요?

한 마디로 현금흐름이 나쁘면 기업의 여러 다른 부분에도 나쁜 영향을 줄 가능성이 많다는 점을 이해해야 한다. 예를 들면 다음과 같다.

- 매출채권이 회수되지 못하고 있다는 얘기는 회수가능성의 문제를 제기할 수 있다. 나쁘게 보면 매출 및 당기순이익을 늘리기 위해 재무상태가 나쁜 거래처에도 판매하였을 가능성이 있고 이 경우 대손가능성이 높다고 짐작할 수 있다. 감사인의 입장이라면 손실충당금을 제대로 쌓았는지에 대한 검토가 중요한 상황이다.
- 단기차입금의 증가에 기인한 이자비용의 증가가 제대로 인식되었는지 또한 전체 수익규모에 비해 이자비용이 적절한지에 대해서도 검토할 필요가 있다.
- 재무상태가 양호하지 않은 경우라면 추가 차입의 가능성에 문제가 없는지 또는 추가 차입시 그 비용이 크게 증가할 가능성은 없는지 등을 검토할 필요가 있다.

이미 배웠듯이 재무상태표는 일정시점의 재무상태를 나타내는 것이다. 따라서 재무상태표에서는 해당 기말의 현금(편의상 현금및현금성자산 대신에 '현금'으로 통칭함)의 크기만을 나타낼 뿐 그 흐름에 대한 정보를 제공하지는 않는다. 비교재무상태표가 있어도 현금흐름에 대한 충분한 정보가 제공되지는 않는다. 간단히 설명하면 현금흐름표는 기초(전기말 재무상태표)의 현금에서 기말(당기말 재무상태표)의 현금까지의 변동내역을 보여주는 것이라고 할 수 있다. 이는 제1장 [그림 1-3] '재무제표의 연계관계'를 참조하기 바란다.

개념 Plus '현금및현금성자산'은 어떻게 정의될까요?

회계상 현금은 보유현금과 요구불예금(인출을 요구받으면 예금된 돈을 내주어야 하는 보통예금)을 말하여 현금성자산은 유동성이 매우 높은 단기 투자자산으로서 확정된 금액의 현금으로 전환이 용이하고 가치변동의 위험이 경미한 자산을 말한다. 단, 현금흐름표상에서의 현금은 '현금및현금성자산'의 합계를 의미한다. 실무적으로도 현금계정과 현금성자산계정을 따로 유지하고 있더라도 공시되는 재무상태표에서는 거의 모든 기업이 '현금및현금성자산'이라는 하나의 계정과목을 사용한다.

1.2 현금흐름표의 유용성

그렇다면 현금흐름표가 재무제표이용자들의 의사결정에 어떻게 유용하게 사용되는지에 대해 살펴보도록 하자.

■ 미래현금흐름의 창출능력에 대한 분석과 평가

현금의 유입과 지출에 대한 상세한 정보를 통해 기업의 미래현금흐름의 창출능력을 평가하는 데 도움을 준다. 제2장에서 배웠듯이 회계의 기본목적은 정보이용자들의 의사결정에 도움을 주는 정보를 제공하는 것이다. 미래현금흐름의 창출은 기본적으로 손익계산서로부터 제공될 수 있는 정보인 미래수익 창출능력에 기초하고 있지만, 현금흐름에 대한 추가적인 정보도 꼭 필요하다.

■ 발생기준에 따른 당기순이익과 영업활동 현금흐름과의 차이에 대한 분석과 평가

발생기준에 따른 당기순이익과 현금기준에 따른 영업활동 현금흐름과의 차이와 변화에 대한 정보를 제공한다. 제1장 제3절의 현금기준과 발생기준의 예제를 참조하기 바란다. 이 부분에 대한 정보가 현금흐름표에 있어서 가장 기본적이면서도 중요한 것이다.

■ 기업의 재무활동과 투자활동에 대한 분석과 평가

기업의 투자활동 및 재무활동에 대한 현금흐름정보를 통해 투자전략 및 자금조달의 방법과 내용에 대한 정보를 제공한다.

그렇다면 당기의 현금흐름표에 대한 분석으로 충분한가? 그렇지 않다. 기업의 수익창출능력을 검토하기 위해 과거 여러 해의 재무제표, 특히 포괄손익계산서를 검토하여 그 추세 등을 판단하듯이 현금흐름표도 과거 여러 해의 정보를 검토하여 그 추세 및 변동내역을 판단함으로써 더 유용한 정보를 얻을 수 있다.

제2절 현금흐름표의 내용

2.1 현금흐름의 구분

Key Standard

현금흐름표는 회계기간 동안 발생한 현금흐름을 영업활동, 투자활동 및 재무활동으로 분류하여 보고한다. (K-IFRS 1007: 문단 10)

현금흐름표의 목적을 달성하기 위해 현금흐름의 내용을 그 성격에 따라 구분할 필요가 있다. 회계원리에서 배운 대로 기업의 활동을 순서대로 간단히 정리해보면 주주나 채권자로부터 자금을 조달한 후 영업을 하기 위한 자산을 취득하고 그 자산을 사용하여 실제로 영업활동을 하게 된다. 즉, 기업의 활동은 자금을 조달하는 것과 관련된 재무활동, 영업용 자산을 취득하는 것과 관련된 투자활동, 그리고 영업활동 세 가지로 나눌 수 있다. 그리고 기업이 수행하는 세 가지 유형의 활동과 재무제표와의 관련성을 설명하면 다음과 같다. 결국 현금흐름표는 이러한 세 가지 유형의 각 활동별로 현금의 유입과 유출에 대한 정보를 제공하고자 하는 것이다.

그림 13-1 | 기업의 활동과 주요 재무제표 항목의 관련성

■ 영업활동	→	손익계산서 중 매출, 매출원가 및 판매관리비 등 재무상태표 중 재고자산, 매출채권 및 매입채무 등
■ 투자활동	→	재무상태표의 차변 중 유형자산과 투자자산 등
■ 재무활동	→	재무상태표의 대변 중 차입금과 자본 등

2.2 영업활동 현금흐름

영업활동은 기업의 주요 수익창출활동으로 주로 제품의 생산과 판매활동, 상품과 용역의 구매와 판매활동 및 관리활동을 말한다. 또한 투자활동이나 재무활동이 아닌 기타의 활동을 포함한다. 앞의 사례에서도 본 바와 같이 영업활동 현금흐름은 외부로부터의 조달이 아닌 기업 자체의 영업활동을 통해 얼마나 현금을 창출하는지에 대한 정보를 제공하는 것으로 가장 중요한 부분이라고 할 수 있다. 영업활동 현금흐름의 예는 다음과 같다.

- 재고자산의 판매나 용역 제공에 따른 현금유입
- 재고자산이나 용역원가의 구입에 따른 현금유출
- 로열티, 수수료, 중개료 등 기타의 영업수익
- 종업원 급여를 포함한 판매비와관리비의 지출
- 법인세 관련 지출

개념 Plus 왜 영업활동 현금흐름이 그토록 중요한가요?

회계정보이용자, 그 중에서도 특히 투자자 입장에서는 과거의 당기순이익보다 미래의 이익 및 현금창출능력에 가장 관심이 있다. 즉 재무제표에서 제공되는 과거의 정보로부터 미래의 상황을 예측하고자 하는 것이므로 어떤 이익 또는 현금흐름이 미래에 반복될 수 있느냐가 중요하다. 예를 들어 ① 투자활동에 해당하는 유형자산이나 투자자산의 매매이익 또는 그로부터의 현금유입과 ② 영업이익 또는 영업현금흐름 두 가지를 비교해 본다면 당연하게도 전자보다는 후자가 미래에 반복될 가능성이 훨씬 클 것이다. 그래서 영업활동 현금흐름이 가장 중요하다고 할 수 있는 것이다.

제2장에서 설명한 기타포괄손익항목을 당기손익항목과 구분하는 것도 이익이 미래에 반복될 수 있느냐에 대한 판단을 하기 위한 목적이 있다고 할 수 있다. 그 뿐만 아니라 '현금흐름'이 기업가치평가에서도 가장 중요하게 다루어진다는 것을 제14장에서도 설명하고 있다.

2.3 투자활동 현금흐름

투자활동은 영업에 사용하기 위한 장기성자산(즉, 유·무형자산) 및 현금성자산에 속하지 않는 기타 투자자산의 취득과 처분에 관련된 활동을 말한다. 투자활동은 다른 기업의 지분상품이나 채무상품 등의 취득과 처분활동, 제3자에 대한 대여 및 회수활동 등을 포함한다. 투자활동 현금흐름의 예는 다음과 같다.

- 유형자산, 무형자산 및 기타 장기성자산의 취득에 따른 현금유출
- 유형자산, 무형자산 및 기타 장기성자산의 처분에 따른 현금유입

- 다른 기업의 지분상품이나 채무상품 및 조인트벤처 투자지분의 취득(현금성자산으로 간주되는 상품이나 단기매매목적으로 보유하는 상품은 제외)에 따른 현금유출
- 다른 기업의 지분상품이나 채무상품 및 조인트벤처 투자지분의 처분(현금성자산으로 간주되는 상품이나 단기매매목적으로 보유하는 상품은 제외)에 따른 현금유입
- 제3자에 대한 선급금 및 대여금 관련 현금흐름(대출채권은 제외, 즉 장기성 투자와 관련한 활동이 해당됨)

2.4 재무활동 현금흐름

재무활동은 기업의 납입자본과 차입금의 크기 및 구성내용에 변동을 가져오는 활동을 말한다. 즉, 주식의 발행과 관련된 활동 및 차입금의 조달 및 상환에 관한 활동을 포함한다. 재무활동 현금흐름의 예는 다음과 같다.

- 주식이나 기타 지분상품의 발행에 따른 현금유입
- 장·단기 차입금 및 사채발행에 따른 현금유입
- 차입금 및 사채의 상환에 따른 현금유출

2.5 이자와 배당금의 수취 및 지급에 따른 현금흐름의 분류

금융회사의 경우 업종의 특성상 이자지급, 이자수입 및 배당금수입은 일반적으로 영업활동 현금흐름으로 분류한다. 그러나 제조업이나 유통업의 경우 이자지급은 재무자원(차입금)의 사용에 따른 원가이므로 재무활동 현금흐름으로 분류하고, 이자수입 및 배당금수입은 투자자산에 대한 수익이므로 투자활동 현금흐름으로 분류할 수 있지만, K-IFRS 제1007호 '현금흐름표'의 사례 예시에서는 이자비용은 영업활동, 이자수익 및 배당금수익은 투자활동, 배당금지급은 재무활동으로 구분하고 있다. 따라서 이 장의 예제에서도 기준서 사례 예시의 구분을 따르기로 한다.

저자의 Tip K-IFRS 제1007호 '현금흐름표'에서는 비금융업의 이자와 배당금의 수취 및 지급의 활동에 대하여, 사례만을 예시하고 있을 뿐 별도의 분류방법을 규정하고 있지 않다. 따라서 각 회사는 사업의 특성에 맞도록 이자 및 배당금의 수수활동을 영업, 투자 및 재무활동 중 하나로 선택하고 이를 일관성 있게 적용하면 된다. 이와 같이 원칙중심 회계를 따르는 것은 국제회계기준의 주요한 특징 중 하나이다.

제3절 현금흐름표의 작성의 기본논리

3.1 현금흐름표의 양식과 작성을 위한 필요정보

기업실무 현장의 회계담당자들도 현금흐름표 작성을 종종 어렵게 생각하지만 재무상태표 작성원리를 활용하면 쉽게 해결할 수 있다. 즉, 기초와 기말의 재무상태를 비교하여 현금을 제외한 나머지 자산이 감소하거나, 부채 또는 자본이 증가하면 결과적으로 그 금액만큼 현금의 증가로 나타난다는 사실이다.

[기초 재무상태]

현금	100	부채	300
자산	400	자본	200
자산총계	500	부채와자본총계	500

[기말 재무상태]

현금	300	부채	360
자산	300	자본	240(당기순이익 40)
자산총계	600	부채와자본총계	600

위에 제시한 기초와 기말의 재무상태표를 비교한 결과 현금을 제외한 나머지 자산의 감소(100)와 부채의 증가(60) 및 자본의 증가(40)로 200만큼의 현금증가를 초래하여, 기말의 현금은 300(=100+200)으로 나타난다. 물론 자산의 증가, 부채의 감소, 자본의 감소는 결과적으로 기말의 현금을 감소시키게 될 것이다.

앞서 설명한 것처럼, 현금흐름표는 [표 13-1]처럼 당기 현금의 증감을 영업, 투자 및 재무활동의 순현금흐름(유입에서 유출을 차감)으로 구분하여 보여주는 표이다. 따라서 먼저 현금흐름표 작성의 최종 목적지인 현금의 증감(이하 증감은 기말금액에서 기초금액을 차감한 값으로 '△'로 표시, 양수이면 증가이고 음수이면 감소를 의미함)을 구하고, 관련 손익과 현금을 제외한 자산, 부채의 증감을 알아야 한다.

표 13-1 현금흐름의 구분

[영업활동 현금흐름]		
영업활동에 따른 현금유입	×××	
영업활동에 따른 현금유출	(×××)	
영업활동 순현금흐름	×××	(A)
[투자활동 현금흐름]		
투자활동에 따른 현금유입	×××	
투자활동에 따른 현금유출	(×××)	
투자활동 순현금흐름	×××	(B)
[재무활동 현금흐름]		
재무활동에 따른 현금유입	×××	
재무활동에 따른 현금유출	(×××)	
재무활동 순현금흐름	×××	(C)
현금및현금성자산의 순증가(감소) [(A)+(B)+(C)=(D)]	×××	(D)

이를 위해서는 기초 및 기말 재무상태표의 자산, 부채, 자본과, 당기의 포괄손익계산서의 정보가 필요하다. 즉 현금흐름표는 '△현금'이라는 답을 이미 알고, 이것이 어떻게 구성되었는지를 세 가지 활동별로 보여주는 표로 기초 및 기말 시점의 재무상태표와 당기의 포괄손익계산서 정보가 필요함을 알 수 있다. 여기서 한가지 미리 알아둘 점은 투자 및 재무활동 현금흐름과 달리 영업활동 현금흐름은 그 정보가 매우 중요하여 '직접법'과 '간접법' 등 두 가지의 계산방법이 있다는 것이다.

3.2 발생기준과 현금기준의 관계

제1장과 같이 재무제표의 요소는 현금기준이 아닌 발생기준으로 작성된다. 이는 현금 증감이 현금 외 다른 자산, 부채의 증감 그리고 손익의 영향과 관련이 있음을 의미한다.

다음과 같이 기말 재무상태표에서 기초 재무상태표의 금액을 차감하여 재무상태표 항목의 증감을 구해보자. 관심 대상인 현금에 집중하기 위하여 총자산을 현금과 현금을 제외한 자산(이하 자산)으로 구분하면, 기초 및 기말의 회계등식을 다음과 같이 단순화할 수 있다. 즉 식 (1), (2)와 같이 기초 및 기말 시점의 총자산(현금과 현금을 제외한 나머지 자산)은 각 시점의 부채 및 자본의 합과 같다.

〈기초〉 기초현금＋기초자산(현금 제외)＝기초부채＋기초자본	식 (1)
〈기말〉 기말현금＋기말자산(현금 제외)＝기말부채＋기말자본	식 (2)

식 (2)에서 식 (1)을 차감하면, 다음과 같이 현금의 증감을 산출할 수 있다.

〈증감, '식(2)-식(1)'〉

△현금 ＋△자산＝△부채＋△자본

→ △현금＝－△자산 (현금 제외)＋△부채＋△자본(＝당기순손익)　　식 (3)

이를 해석하면, 현금의 증가는 자산(현금을 제외한 자산)의 감소와 부채의 증가 및 자본의 증가(당기순이익, 유상증자 등)와 관련되어 있음을 알 수 있다. 계정과목을 이용하여 예를 들면, 당기 중 매출채권 800원을 현금으로 수취한다면 '(차) 현금 800원 (대) 매출채권 800원'으로 회계처리하며, 이는 자산 감소와 현금 증가로 나타난다.

또한 당기 중 고객으로부터 선수금을 100원을 수취하면 '(차) 현금 100원 (대) 선수금 100원'으로 회계처리되어 부채가 증가하며, 관련 현금도 증가한다. 즉, 부호를 기준으로 현금증가(감소)는 자산감소(증가), 부채증가(감소)를 수반한다.

한편 현금기준과 발생기준과의 정확한 관계를 알기 위해서는 식 (3)과 같이 발생기준의 손익을 반영(대표적으로 당기순이익)해야 한다. 주의할 점은 수익은 양수(＋)로 비용은 음수(－)로 부호를 명확히 하여 반영해야 한다는 점이다. 왜냐하면 현금흐름표는 기본적으로 수익만큼 현금의 유입이, 비용만큼 현금의 유출이 있을 것을 가정하고 작성하기 때문이다. 지금까지 설명한 내용을 요약하면, 현금증감은 다음과 같이 계산된다.

△현금=발생기준 손익(수익은 +, 비용은 −)−△자산+△부채   식 (4)

다음의 예제를 통하여 현금기준과 발생기준의 관계를 알아보자.

예제 13-1 매출관련 현금유입과 매입관련 현금유출

다음의 꽃샘(주)의 부분 비교재무상태표와 부분 포괄손익계산서를 이용하여 2×02년도의 매출관련 현금유입과 매입관련 현금유출을 구하시오.

〈부분 재무상태표〉

구분	2×01년말	2×02년말	구분	2×01년말	2×02년말
〈자산〉			〈부채〉		
매출채권	₩10,000	₩8,000	매입채무	₩6,000	₩8,000
선급금	2,000	5,000	선수금	5,000	8,000
재고자산	4,000	3,000	…	…	…
…	…	…			

〈부분 포괄손익계산서〉

구분	2×02년중
매출액	₩10,000
매출원가	(6,000)
…	…

| 풀이 |

1. 매출관련 현금유입액

매출과 관련된 재무상태표의 계정은 매출채권과 선수금이므로, 해당 계정의 증감을 구하여 발생주의 손익인 매출액에 조정하면 매출관련 현금유입액을 다음과 같이 계산할 수 있다.

구분	금액
발생주의 손익(매출액)	₩10,000
매출채권 증가	(2,000)
선수금 증가	3,000
현금유입액	**₩11,000**

2. 매입관련 현금유출액

매출원가와 관련된 재무상태표의 계정은 선급금, 재고자산, 매입채무이다. 해당 계정의 증감을 구하여 발생주의 손익인 매출원가(음수로 표시함에 주의)에 조정하면 매입관련 현금유출액을 다음과 같이 계산할 수 있다.

구분	금액
발생주의 손익(매출원가)	(₩6,000)
선급금 증가	(3,000)
재고자산 감소	1,000
매입채무 증가	2,000
현금유출액	(₩7,000)

3.3 재무상태표를 통한 활동의 구분

앞의 [그림 13-1] 기업의 활동과 재무제표 항목의 관련성 및 [표 13-1] 현금흐름의 구분에서 설명하였듯이 자산의 취득, 처분은 투자활동으로, 부채 및 자본의 조달과 상환은 재무활동으로 나타낼 수 있음을 확인하였다. 그리고 활동의 구분이 비교적 명확한 투자 및 재무활동 이외의 활동은 모두 영업활동으로 인한 현금흐름으로 간주한다. 이에 따라 지금까지 공부한 재무상태표의 계정과목을 중심으로 현금의 증감을 다음의 [표 13-2]와 같이 구분할 수 있다. 그 결과 재무상태표의 자산은 투자 및 영업활동으로, 부채는 재무 및 영업활동으로 구분된다. 또한 해당 활동과 손익도 관련 자산 및 부채의 활동에 관련지어 구분한다. 예를 들면 비품 등 유형자산의 처분과 관련하여 처분손익이 발생한다면, 유형자산은 투자활동과 관련되므로 해당 처분손익 역시 투자활동과 관련된 손익으로 간주한다.

표 13-2 재무상태표를 통한 활동의 구분

재무상태표

자산	활동구분	부채 및 자본	활동구분
[자산]		[부채]	
현금및현금성자산	분석대상		
매출채권	영업활동	매입채무	영업활동
유동자산		유동부채	
• 선급비용, 미수수익, 선수금 등	영업활동	• 선수수익, 미지급비용, 선수금 등	영업활동
재고자산	영업활동	충당부채	영업활동
당기손익금융자산	영업활동	차입금	재무활동
상각후원가금융자산	투자활동	사채	재무활동
기타포괄손익금융자산	투자활동	[자본]	
투자부동산	투자활동	자본금	재무활동
유형자산	투자활동	자본잉여금	재무활동
무형자산	투자활동	이익잉여금	당기순이익은 영업활동 간주
기타비유동자산(장기대여금 등)	투자활동		

개념 Plus 당기손익금융자산은 왜 영업활동 현금흐름으로 간주하나요?

IFRS에서는 현금흐름표 작성시 당기손익금융자산은 재고자산과 유사하게 판매를 목적으로 보유한다고 간주한다. 따라서 단기매매목적으로 보유한 당기손익금융자산은 영업활동으로 분류하는 것이다.

3.4 영업활동 현금흐름(직접법 및 간접법)

영업활동 현금흐름은 재무정보이용자들에게 가장 중요한 정보이므로, 직접법과 간접법의 두 가지로 표시한다. 직접법은 영업활동과 관련한 현금의 유입과 유출을 원천과 용도별로 구분하여 총액으로 표시하는 방법이다. 반면 간접법은 발생기준에 의한 당기순이익을 기초로 하여 영업활동과 관련이 없는 투자 및 재무활동 손익을 제거(즉, 이익은 당기순이익에서 차감하고 손실은 당기순이익에 가산)한 후, 영업활동과 관련된 자산 및 부채의 증감을 간접적으로 조정하는 방식이다.

먼저 직접법은 영업활동과 관련된 활동을 찾아 앞의 식 (4)에 따라 현금 유·출입을 계산하여 합산한다. 일반적으로 직접법에 따른 현금흐름은 재고자산의 판매나 용역제공에 따른 현금유입(매출활동에 따른 현금유입), 재고자산의 용역원가의 구입에 따른 현금유출(공급자에 대한 현금유출), 기타수익에 따른 현금유입, 기타비용에 따른 현금유출 등의 반복된 항목으로 구성된다.

따라서 직접법에서는 [표 13-3]과 같이 기업의 주요 활동을 나누어 해당 원천과 관련된 발생주의 손익에서 출발하여 관련 자산 및 부채의 증감을 반영하면 영업활동 현금흐름을 계산할 수 있다. 이를 [예제 13-2]를 통하여 살펴보기로 하자.

표 13-3 ▌재무상태표를 통한 활동의 구분

관련손익	관련 자산부채의 변동	구분
매출액(+)	매출채권, 손실충당금, 선수금 등	매출활동에 따른 현금유입
매출원가(−)	매입채무, 재고자산, 선급금 등	매입활동에 따른 현금유출
각종 수익(+)	미수수익, 선수수익 등	기타수익에 따른 현금유입
각종 비용(−)	미지급비용, 선급비용 등	기타비용에 따른 현금유출

예제 13-2 직접법에 의한 영업활동 현금흐름과 재무제표 항목의 연계관계

꽃샘(주)의 비교 재무상태표와 포괄손익계산서 자료를 통해 ① 재고자산의 판매나 용역제공에 따른 현금유입 ② 재고자산이나 용역원가의 구입에 따른 현금유출 ③ 종업원 급여를 포함한 판매비와관리비의 지출로 나누어 현금흐름을 산출하고, 이를 종합하여 영업활동 현금흐름을 구하려고 한다.

가. 비교재무상태표

	2×13년 1월 1일	2×13년 12월 31일		2×13년 1월 1일	2×13년 12월 31일
현금	₩15,00	₩7,000	매입채무	₩25,000	₩21,000
매출채권	36,000	62,000	미지급비용	7,000	15,000
(손실충당금)	(14,000)	(32,000)	단기차입금	20,000	71,000
당기손익금융자산	20,000	24,000	장기차입금	35,000	46,000
재고자산	41,000	71,000	자본금	30,000	30,000
(재고자산평가충당금)	(8,000)	(20,000)	이익잉여금	33,000	45,000
선급비용	11,000	7,000			
기계장치	75,000	150,000			
(감가상각누계액)	(26,000)	(41,000)			
합 계	₩150,000	₩228,000	합 계	₩150,000	₩228,000

나. 포괄손익계산서

2×13년 1월 1일 ~ 12월 31일

매출	₩1,800,000
매출원가	1,300,000
판매비와관리비	220,000
손상차손(대손상각비)	(①)
감가상각비	(②)
재고자산평가손실	(③)
당기손익금융자산평가이익	(④)
기타영업비용	110,000
법인세비용	94,000
당기순이익	₩(⑤)

다. 기타사항

- 2×13년중 당기손익인식금융자산의 추가 취득은 없었다.
- 2×13년중 당기순이익중 일부가 배당금지급으로 처분되었다.

[물음 1] 비교재무상태표를 토대로 ①~⑤까지의 손익계산서 관련 항목의 금액을 추정해보시오.

[물음 2] 기초이익잉여금, 당기순이익, 기말이익잉여금을 토대로 당기중 배당금으로 유출된 금액을 추정해보시오.

[물음 3] 매출활동에 따른 현금유입, 매입활동에 따른 현금유출, 판매·관리활동에 따른 현금유출을 계산하시오.

[물음 4] 영업활동 현금흐름을 구하시오.

| 풀이 |

1. ① 기초대비 손실충당금의 증가 ₩18,000(=32,000−14,000)
   ② 기초대비 감가상각누계액의 증가 ₩15,000(=41,000−26,000)
   ③ 재고자산평가충당금의 증가액 ₩12,000
   ④ 당기손익금융자산의 증가액 ₩4,000
   ⑤ 위의 항목들의 금액을 토대로 당기순이익을 계산하면 ₩35,000
2. 기초이익잉여금(33,000)+당기순이익(35,000)−배당금(?)=기말이익잉여금(45,000)
   따라서 배당금으로 유출된 현금은 ₩23,000이다.
3. ▪ 매출활동에 따른 현금유입: 매출(1,800,000)−매출채권의 기초대비 기말잔액의 증가(26,000)=₩1,774,000
   ▪ 매입활동에 따른 현금유출: =매출원가(1,300,000)+재고자산의 증가(30,000)+매입채무의 감소(4,000)=₩1,334,000

- 판매・관리활동에 따른 현금유출: 판매비와관리비(220,000), 기타영업비용(110,000), 법인세비용(94,000) − 선급비용의 감소(4,000) − 미지급비용의 증가(8,000) = ₩412,000

4. 영업활동 현금흐름: 매출활동에 따른 현금유입(1,774,000) − 매입활동에 따른 현금유출(1,334,000) − 판매・관리활동에 따른 현금유출(412,000) = ₩28,000

한편 간접법은 과거부터 실무적으로 사용된 방법으로 손익계산서의 당기순이익을 통하여 영업활동 현금흐름을 간접적으로 도출하는 방법이다. 즉 당기순이익을 먼저 영업활동으로 간주한 후 여기에서 발생기준 손익항목을 조정하고 투자 및 재무활동과 관련된 손익을 제거한다. 발생기준항목, 예를 들면 재고자산평가손실이나 손상차손은 현금의 유출이 수반되지 않는 비용으로 당기순이익을 감소시켜주지만 실제 영업활동 현금흐름을 줄어들게 하지 않았으므로 더해준다. 마찬가지로 당기손익금융자산평가이익은 현금흐름에 영향을 미치지 않고 당기순이익만 증가시켜 주었으므로 차감해준다. 결국 이들 항목의 제거를 위해서는 당기순이익에 이미 가산된 이익은 차감하고, 차감된 비용은 반대로 가산하면 된다.

저자의 Tip 투자 및 재무활동관련이익(예, 배당금수익 등)이 이미 당기순이익에는 포함되어 있으므로 이를 제거해주지 않는다면 영업활동 현금흐름이 과대표시되기 때문이다. 마찬가지로 투자 및 재무활동관련손실(예, 사채상환손실 등)이 이미 당기순이익에는 포함되어 있기 때문에 이를 제거해주지 않으면 영업활동 현금흐름이 과소표시될 것이다.

이후 영업활동과 관련된 자산, 부채의 변동을 자산의 증가(감소)는 차감(가산)하고, 부채의 증가(감소)는 가산(차감)하면 영업활동 현금흐름을 계산할 수 있다. 직접법과 간접법에 따른 영업활동 현금흐름 계산방법에 따른 결과는 당연히 동일하다. 다음의 [예제 13-3]을 통하여 간접법에 의한 영업활동 현금흐름을 학습해보도록 하자.

영업활동 현금흐름(간접법) = 당기순이익 ± 투자 및 재무활동관련손익 ± 관련 자산부채 변동

예제 13-3 간접법에 의한 영업활동 현금흐름과 재무제표 항목의 연계관계

앞의 [예제 13-1]의 자료를 토대로 당기순이익에서 출발하여 간접법으로 영업활동으로 인한 현금흐름을 구하고, 이를 직접법으로 구한 영업활동 현금흐름과 일치하는지 비교해보시오.

| 풀이 |

- 당기순이익(35,000)에 현금의 유입과 유출이 수반되지 않는 수익·비용항목의 조정: 손상차손(18,000) + 감가상각비(15,000) + 재고자산평가손실(12,000) − 당기손익금융자산평가이익(4,00) = ₩41,000
- 영업활동과 관련한 자산과 부채의 변동액: 매출채권의 증가(26,000) − 재고자산의 증가(30,000) − 매입채무의 감소(4,000) + 선급비용의 감소(4,000) + 미지급비용의 증가(8,000) = −₩48,000

따라서 영업활동 현금흐름은 35,000 + 41,000 − 48,000 = ₩28,000. 이 금액은 [예제 13-2]의 직접법에 의해 산출한 금액과 일치된다.

3.5 투자활동 현금흐름 및 재무활동 현금흐름

영업활동 현금흐름과 달리, 투자활동 및 재무활동으로 인한 현금흐름은 투자 및 재무활동과 관련된 자산 및 부채의 증감을 분석하는 과정에서 현금의 유·출입을 산정하는 것이 편리하다. 투자활동 현금흐름은 영업활동으로 분류되지 않는 유형자산 등의 항목의 증감을 추가정보와 함께 분석하여 현금의 유출입을 파악한다. 재무활동 현금흐름 역시 부채 및 자본 중 영업활동과 관련된 부분을 제외한 항목의 증감을 추가적인 정보와 함께 분석하여, 현금의 유·출입액을 도출할 수 있다. 다음의 [예제 13-4]를 통하여 투자 및 재무활동 현금흐름을 계산해보기로 하자.

개념 Plus 투자 및 재무활동 현금흐름은 왜 개별적으로 분석하나요?

이는 해당 거래가 영업활동에 비하여 적고, 감가상각비나 자산재평가와 같이 자산, 부채의 증감은 존재하나 현금의 유출입이 없는 항목이 존재하기 때문이다. 또한, 현금의 유입액과 유출액을 상계하지 않고 모두 총액으로 표시해야 하므로, 정보를 누락 없이 분석하기 위하여 개별 거래에 대한 회계처리 분석이 주로 사용된다.

예제 13-4 투자 및 재무활동 현금흐름분석

꽃샘(주)는 2×01년도 현금흐름표를 작성 중이다. 당기 중 부분 재무상태표와 추가정보는 다음과 같으며, 당기의 모든 취득 및 처분 거래는 현금으로 이루어졌다고 가정한다.

자산	기초	기말	부채 및 자본	기초	기말
…	…	…	…	…	…
기타포괄손익금융자산	₩150,000	₩200,000	단기차입금	₩50,000	₩200,000
토지	200,000	300,000	자본금	200,000	300,000
기계장치	300,000	320,000	자본잉여금	100,000	150,000
(감가상각누계액)	(55,000)	(60,000)	기타포괄손익누계액	55,000	75,000
…	…	…	…	…	…

〈추가정보〉

① 당기 중 기계장치를 ₩100,000에 취득하였고, 포괄손익계산서에는 기계장치 관련 처분이익 ₩5,000과 감가상각비가 ₩35,000으로 보고되었다.

② 토지의 증가에서 ₩30,000은 당기 중 재평가에 의한 것이다.

③ 당기 중 기타포괄손익금융자산의 처분은 없었고, 해당 자산 중 ₩20,000은 공정가치 상승에 따른 기타포괄손익으로 포괄손익계산서에 보고되었다.

④ 당기 중 단기차입금 ₩50,000을 상환하고, 발행가액 ₩150,000(액면은 ₩100,000)의 유상증자를 실시하였다.

[물음] 꽃샘(주)의 2×01년도 〈추가정보〉를 토대로 투자 및 재무활동 현금흐름에 미치는 영향을 분석하시오.

| 풀이 |

1. 투자활동 현금흐름

투자활동 관련 자산의 증감을 추가자료와 함께 회계처리 또는 T계정 증감으로 분석하여 현금 유출입 거래를 도출한다.

(1) 기타포괄손익금융자산

(차) 기타포괄손익금융자산	20,000	(대) 기타포괄손익누계액	20,000
기타포괄손익금융자산	30,000	**현금**	**30,000**

기타포괄손익금융자산의 총증가액(₩50,000) 중 공정가치 평가증(₩20,000) 외의 증가액은 기타포괄손익금융자산의 추가 취득액(₩30,000)으로 분석된다.

(2) 토지

(차)	토지	30,000	(대) 재평가잉여금	30,000
	토지	70,000	**현금**	**40,000**

토지 총증가액(₩100,000) 중 공정가치 평가증(₩30,000) 외의 증가액은 토지의 추가 취득액(₩70,000)이라고 할 수 있다.

(3) 기계장치

(차)	기계장치	100,000	(대) **현금**	**100,000**
	감가상각비	35,000	감가상각누계액	35,000
	현금	**55,000**	기계장치	80,000*
	감가상각누계액	30,000**	유형자산처분이익	5,000

* 처분으로 인한 기계장치 감소액＝300,000＋100,000－320,000(기말)＝₩80,000
** 처분으로 인한 감가상각누계액 감소액＝55,000＋35,000－60,000(기말)＝₩30,000

따라서 투자활동 현금흐름＝기타포괄손익금융자산 취득(－₩30,000)＋토지 취득(－₩70,000)＋기계장치 취득(－₩100,000)＝－₩200,000

2. 재무활동 현금흐름

(1) 단기차입금

(차)	단기차입금	50,000	(대) **현금**	**50,000**
	현금	**200,000**	단기차입금	200,000

(2) 유상증자(자본금 및 자본잉여금)

(차)	**현금**	**150,000**	(대) 자본금	100,000
			자본잉여금	**50,000**

따라서 재무활동 현금흐름＝단기차입금 상환(－₩50,000)＋단기차입금 차입(＋₩200,000)＋유상증자(＋₩150,000)＝₩300,000

제 4 절 현금흐름표 작성 종합예제

제3절의 내용을 바탕으로 현금흐름표 작성을 단계별로 학습해보기로 하자.

- 1단계: 비교표시 재무상태표를 통하여 현금의 증감을 파악하고, 재무상태표 계정을 중심으로 해당 계정이 영업, 투자, 재무활동 중 어느 활동으로 구분되는지를 분석한다.
- 2단계: 영업활동 현금흐름을 직접법 및 간접법으로 작성하고, 두 방법의 금액이 일치하는지를 확인한다. 그리고 포괄손익계산서를 통하여 발생기준 손익항목과 투자 및 재무활동관련 손익을 파악한다.
- 3단계: 투자 및 재무활동으로 인한 현금흐름을 계산한다.
- 4단계: 영업, 투자, 재무활동 현금흐름의 합계가 현금의 증감과 일치하는지를 확인하여 표로 완성한다.

재무상태표 (단위: 천원)

계정과목	2×01년말	2×02년말	계정과목	2×01년말	2×02년말
〈자산〉			〈부채〉		
현금	₩300	₩500	매입채무	₩400	₩500
매출채권	600	700	단기차입금	400	500
재고자산	500	300	기타유동부채	300	300
선급임차료	200	100	장기차입금	800	500
기타유동자산	100	100	사채	800	700
투자자산	300	700	〈자본〉		
유형자산	2,200	2,000	자본금	800	1,000
무형자산	400	500	자본잉여금	200	200
			이익잉여금	900	1,200
총자산	₩4,600	₩4,900	부채와자본	₩4,600	₩4,900

손익계산서

(단위: 천원)

매출		₩5,000
매출원가		
기초재고	500	
당기매입액	3,200	
기말재고	(300)	3,400
매출총이익		1,600
판매비와관리비		
급여	750	
임차료비용	300	
감가상각비	300	1,350
영업이익		250
영업외수익과 비용		
유형자산처분이익	100	
이자비용	(150)	
이자수익	100	50
당기순이익		**₩300**

[추가정보]

1) 이자수익은 투자자산에서 발생한 것이다.

2) 유형자산의 변동내역은 다음과 같다.

기초 유형자산 장부금액	₩2,200
당기 구입액	300
당기중 처분한 유형자산의 장부금액	(200)
당기 감가상각비 증가액	(300)
기말 유형자산 장부금액	₩2,000

■ 1단계: 비교재무상태표항목의 분석

재무상태표를 기준으로 현금의 증감 ₩200을 확인한다. 그리고 투자활동 관련 자산으로 투자자산, 유형자산, 무형자산, 재무활동과 관련한 부채로 단기차입금, 장기차입금, 자본금을 구분하고, 나머지는 영업활동 관련 자산 및 부채로 구분한다.

■ 2단계: 손익계산서항목의 분석과 영업활동 현금흐름 산출

발생기준 손익항목과 투자 및 재무활동 관련손익을 파악한 다음 영업활동 현금흐름을 직접법과 간접법으로 계산하여 일치 여부를 확인한다.

(1) 영업활동 현금흐름(직접법)

영업활동 관련손익 중 매출, 매출원가, 기타비용(급여, 임차료, 이자비용)을 기준으로 직접법에 의한 현금흐름을 계산한다.

구분	금액
매출활동 현금유입	₩5,000(매출액) − ₩100(매출채권 증가) = ₩4,900
매입활동 현금유출	₩3,400(매출원가) − ₩200(재고자산 감소) − ₩100(매입채무 증가) = ₩3,100
기타비용 현금유출	₩750(급여) + ₩300(임차료) − ₩100(선급임차료 감소) + ₩150(이자비용 = ₩1,100
계(직접법)	₩700

(2) 영업활동 현금흐름(간접법)

① 당기순이익: ₩300

② 발생기준 손익항목의 조정: ₩300(감가상각비)

③ 투자 및 재무활동 관련손익의 제거: − ₩100(유형자산처분이익) − ₩100(이자수익)
= − ₩200

④ 영업활동 관련 자산부채 변동: − ₩100(매출채권 증가) + ₩200(재고자산 감소) + ₩100(선급임차료 감소) + ₩100(매입채무 증가) = ₩300

영업활동 현금흐름 = ① + ② + ③ + ④ = ₩300 + ₩300 − ₩200 + ₩300 = ₩700

■ 3단계: 투자활동 및 재무활동 현금흐름

(1) 투자활동 현금흐름

(차)			(대)		
(차)	투자자산	400	(대)	**현금**	**400**
	유형자산	300		**현금**	**300**
	현금	**300**		유형자산	200
				유형자산처분이익	100
	무형자산	100		**현금**	**100**
	현금	**100**		이자수익	100

(2) 재무활동 현금흐름

(차)			(대)		
(차)	**현금**	100	(대)	단기차입금	100
	장기차입금	300		**현금**	**300**
	현금	**200**		자본금	200
	사채	100		**현금**	**100**

■ 4단계: 현금의 증감과 일치여부 확인 후 표로 완성

이를 종합하여 현금흐름표를 작성하면 다음과 같다.

[간접법에 의한 현금흐름표]

1. 영업활동 현금흐름		
당기순이익		₩300
조정항목		
감가상각비	300	
유형자산처분이익	(100)	
이자수익	(100)	
매출채권의 증가	(100)	
재고자산의 감소	200	
선급임차료의 감소	100	
매입채무의 증가	100	400

영업활동 현금흐름 합계	**₩700**
2. 투자활동 현금흐름	
유형자산의 구입	₩(300)
유형자산의 처분*	300
무형자산의 구입	(100)
투자자산의 구입	(400)
이자수익	100
투자활동 현금흐름 합계	**₩(400)**

* 장부상 처분금액과 유형자산처분이익의 합계

3. 재무활동 현금흐름	
주식의 발행	₩200
단기차입금 조달	100
장기차입금 상환	(300)
사채 상환	(100)
재무활동 현금흐름 합계	**(100)**
당기중 현금의 증가	**₩200**

연습문제

서술형

1 현금흐름표를 작성하는 이유 및 목적에 대해 설명하시오.

2 현금흐름표가 재무제표이용자들의 의사결정에 이용되는 경우를 구체적으로 설명하시오.

3 현금흐름표상의 현금이 어떻게 정의되는지 설명하시오.

4 현금흐름의 종류 세 가지를 설명하고 그 중 무엇이 가장 중요한지 그 이유를 설명하시오.

5 영업활동 현금흐름을 계산하는 데 있어 직접법과 간접법의 차이를 설명하시오.

6 간접법에 따른 영업활동 현금흐름의 계산과정에서 감가상각비가 당기순이익에 가산되는 이유를 설명하시오.

7 현금흐름표를 작성할 경우 다음의 항목이 '현금및현금성자산'에 포함되는지 설명해보시오.
(1) 90일만기 받을어음의 수취
(2) 당좌예금
(3) 취득당시 만기가 3개월 이내에 도래하는 상환우선주
(4) 취득당시 3개월 이내에 재매각 예정인 환매채

8 다음의 항목이 투자활동으로 인한 현금흐름계산에 포함되는지 설명해보시오.
(1) 현금의 대여
(2) 유가증권의 취득
(3) 유형자산의 처분
(4) 현금의 차입
(5) 투자자산의 처분
(6) 자기주식의 취득

9 투자활동과 재무활동으로 인한 현금흐름의 계산에 대한 다음의 내용 중 올바르지 않은 것을 지적하고, 그 이유를 설명하시오.
(1) 주식을 할인발행한 경우 액면금액으로 현금유입을 인식한다.
(2) 사채를 할증발행한 경우 사채할증발행차금을 포함한 발행금액으로 현금유입을 인식한다.
(3) 당기손익인식금융자산을 손해를 보고 처분한 경우 처분대가로 받은 금액이 아닌 장부금액으로 현금유입을 인식한다.
(4) 배당금의 지급도 재무활동으로 인한 현금유출로 인식한다.

문제 풀이형

1 현금흐름표 작성

꽃샘(주)의 비교재무상태표와 포괄손익계산서 자료를 통해 물음에 답하시오.

가. 비교재무상태표

	2×13년 1월 1일	2×13년 12월 31일		2×13년 1월 1일	2×13년 12월 31일
현금	₩15,000	₩7,000	매입채무	₩25,000	₩33,000
매출채권	36,000	62,000	미지급비용	7,000	15,000
(손실충당금)	(14,000)	(32,000)	단기차입금	20,000	71,000
당기손익금융자산	20,000	36,000	장기차입금	35,000	46,000
재고자산	41,000	71,000	자본금	30,000	30,000
(재고자산평가충당금)	(8,000)	(20,000)	이익잉여금	33,000	45,000
선급비용	11,000	7,000			
기계장치	75,000	150,000			
(감가상각누계액)	(26,000)	(41,000)			
합 계	**₩150,000**	**₩240,000**	**합 계**	**₩150,000**	**₩240,000**

나. 포괄손익계산서

	2×13년 1월 1일 ~ 12월 31일
매출	₩2,800,000
매출원가	1,900,000
판매비와관리비	320,000
손상차손(대손상각비)	(①)
감가상각비	(②)
재고자산평가손실	(③)
당기손익금융자산평가이익	10,000
기타영업비용	100,000
법인세비용	90,000
당기순이익	₩(④)

다. 기타사항

- 2×13년중 당기손익금융자산평가이익 ₩10,000을 제외한 나머지 증가분은 추가 취득한 것이다.
- 2×13년중 당기순이익 중 일부가 배당금지급으로 처분되었다.

[물음 1] 비교재무상태표를 토대로 ①~④까지의 손익계산서에 관련 항목의 금액을 추정해보시오.

[물음 2] 기초이익잉여금, 당기순이익, 기말이익잉여금을 토대로 당기중 배당금으로 유출된 금액을 추정해보시오.

[물음 3] 간접법에 의한 영업활동 현금흐름을 구하시오.

[물음 4] 현금흐름표를 작성하시오.

2 현금흐름표 작성 종합예제

세기(주)의 다음 재무제표 및 추가 정보를 토대로 아래 물음에 답하시오.

재무상태표

세기(주)

계정과목	2×12년 12월 31일	2×13년 12월 31일
[유동자산]		
현 금	₩6,000	₩7,200
매출채권	6,200	7,800
재고자산	6,000	5,200
선급보험료	1,000	1,500
[비유동자산]		
토 지	36,000	57,000
건 물	77,000	77,000
차감: 감가상각누계액	(16,000)	(23,700)
기계장치	64,000	77,000
차감: 감가상각누계액	(24,000)	(36,800)
투자자산	10,000	10,000
자산총계	**₩166,200**	**₩182,200**
[유동부채]		
매입채무	₩5,700	₩6,200
미지급급여	1,000	1,300
선수금	2,000	1,200
[비유동부채]		
장기차입금	20,000	20,000
사 채	50,000	50,000
차감: 사채할인발행차금	(1,600)	(1,200)
부채총계	**₩77,100**	**₩77,500**
자 본 금	50,000	60,000
자본잉여금	12,000	12,000
이익잉여금	27,100	32,700
자본총계	**₩89,100**	**₩104,700**
부채와자본총계	**₩166,200**	**₩182,200**

손익계산서

(주)세기 2×13년 1월 1일 ~ 2×13년 12월 31일

매출		₩190,000
매출원가		
기초재고	6,000	
당기매입액	139,600	
기말재고	(5,200)	140,400
매출총이익		49,600
판매비와관리비		
급여	12,000	
보험료	8,000	
감가상각비	23,500	43,500
영업이익		6,100
기타수익과 비용		
유형자산처분이익	1,000	
이자비용	(4,500)	
이자수익	3,000	(500)
당기순이익		**₩5,600**

[추가정보]

1) 토지의 변동내역은 당기 구입 ₩30,000과 처분 ₩9,000이다. 처분을 통해 ₩600의 이익이 발생하였다.

2) 기계장치의 변동내역은 다음과 같다.

	기계장치	감가상각누계액
기초 장부금액	₩64,000	₩(24,000)
당기 구입	20,000	
당기 처분*	(7,000)	3,000
당기 감가상각비		(15,800)
기말 장부금액	₩77,000	₩(36,800)

*기계장치의 처분대가는 ₩4,400이었다.

3) 이자수익은 투자자산에서 발생한 것이며, 이자비용의 지급은 K-IFRS 사례 예시에 따라 영업활동으로 가정한다.

4) 사채할인발행차금의 상각은 이자비용으로 처리되었다.

[물음 1] 2×13년도중 매출로부터의 현금유입 금액과 매입으로 인한 현금유출 금액은 얼마인가?

[물음 2] 2×13년도중 현금으로 지급한 급여, 보험료 및 이자비용은 각각 얼마인가?

[물음 3] 단계별 작성절차를 통해 간접법에 따른 2×13년도 현금흐름표를 작성하시오.

[물음 4] 직접법에 따른 영업활동으로부터의 현금유입액은 얼마인가?

Chapter

14 재무분석과 기업가치평가

학 · 습 · 목 · 표

이 장에서는 재무회계를 토대로 산출된 회계정보들이 현실의 세계에서는 어떻게 활용되어 의사결정에 유용성을 가져다 줄 수 있는지 두 가지 측면에서 살펴보고자 한다. 첫째는 재무제표의 관련된 항목들로 재무비율을 산출한 다음, 기업의 재무상황과 영업성과, 그리고 현금흐름에 대한 시사점을 얻도록 하자는 것이다. 둘째는 재무제표에 나타난 항목과 금액들이 기업가치 평가모형을 통해서 주가에 반영되는 과정을 살펴보게 될 것이다.

한편 회계정보를 생산하는 과정에서는 회계기준을 이해하는 것이 중요했지만, 회계정보의 활용은 전적으로 정보이용자들에게 맡겨져 있기 때문에, 재무제표에 나타난 항목과 금액 등의 정보를 잘 디자인하여 원하는 작품, 예컨대 투자의사결정을 이끌어내는 과정과도 같기 때문에, 기업의 재무제표에 대한 분석은 물론 산업계의 전반적인 동향을 주시할 필요가 있다.

제1절 재무분석의 의미와 실행

1.1 재무분석의 의미

지금까지 학습한 내용을 돌이켜보면, 재무제표를 작성하기 위한 과정 곧 회계정보의 생산 측면을 다룬 것이다. 즉, 재무제표를 이용하는 사람들이 의사결정을 보다 잘할 수 있도록 재무제표의 유용성을 지향점으로 어떻게 재무제표를 작성하여야 할지에 대해 학습하였다. 물론 이 과정에서 회계기준과 회계기준의 논리적 배경이 되는 개념체계에 대해서도 다룬 바 있다.

이제부터는 재무제표가 의사결정에 어떻게 유용하게 사용될 수 있는지 재무분석과 기업가치평가를 통해 살펴보도록 한다. 재무회계는 재무제표 작성과 활용이라는 양면성을 갖고 있으며, 회계정보의 생산도 결국은 이 정보를 어떻게 사용할 수 있느냐에 달려 있다고 본다면, 이 장에서 다루게 될 내용은 다른 어떤 장의 내용보다 더 중요하다. 특히 재무제표에는 일정기간 동안 기업이 수행한 경영활동과 의사결정이 반영되어 있기 때문에 이를 잘 분석해보면 기업 내부에 직접 다가갈 수 없는 일반 이용자들이라고 하더라도 기업에서 어떤 일이 일어났는지, 그리고 그러한 일들이 어떤 결과를 초래하게 되었는지를 알아낼 수 있다는 것이 재무분석의 의의라고 할 수 있다.

즉, 기업외부의 투자자나 채권자 등은 재무제표에 나타난 항목과 금액 그리고 주석에 공시된 내용들을 토대로, 기업의 경영활동과 관련하여 어떤 거래가 발생하였는지, 그리고 기업은 이 거래에 대하여 어떤 의사결정과 회계정책을 선택하고 있는지를 역으로 추적해본다면 재무상의 강점과 약점을 도출해 낼 수 있다. 마치 범죄사건 현장을 조사하여 결정적 단서는 물론 범행동기를 찾아내는 것과 같은 이치라고 할 수 있다.

(1) 재무분석과 재무분석가의 역할

그렇다면 재무분석의 과학수사대와 같은 재무분석가는 과연 누구를 말하는 것인가? 그리고 과학수사대가 있음으로 해서 범죄사건이 해결된다면 재무분석가는 어떤 역할을 하고 있을까? 우리가 말하는 자본시장(capital markets)은 경영활동에 필요한 자본을 조달하는 기업과 그러한 자본을 공급하는 투자자로 구성되어 있다. 투자자들은 소위 개미라고 일컬어지는 보통의 투자자로부터 펀드라고 불리는 기관투자자에 걸쳐 다양하다. 이때 투자자들은 기업이 발행한 주식 또는 회사채의 매수를 통해 기업에 직접 투자를 하거나 펀드에 가입하는 등의 방법을 통하여 간접투자를 하기도 한다. 물론 개인으로서 직접 투자를 할 경우에는 이 장에서 배우게 될 재무제표분석과 기업가치평가를 토대로 투자의사결정을 내리겠지만 여기에도 전문화가 이루어져 있다.

(2) 재무분석가와 펀드매니저의 역할 분담

과연 기관투자자들이나 펀드매니저들은 어떻게 투자의사결정을 할까? 안전한 비행을 위하여 항법사의 역할과 조종사의 역할이 나누어져 있는 것처럼 재무분석가로서 애널리스트는 기업의 재무제표와 사업기회를 잘 분석하여 갖가지 투자정보가 담긴 투자지도를 펀드매니저에게 제공한다는 점에서 항법사와 같은 역할을 수행한다. 펀드매니저는 애널리스트의 재무분석 보고서를 토대로 투자대상과 투자금액을 배분하고 나면, 투자수익률에 의해 자신의 투자의사결정에 대한 평가를 받는다. 따라서 애널리스트의 재무분석 결과가 양호하지 않거나 사업전망이 불확실한 프로젝트에는 투자자금이 유입되지 않게 되어 자연스럽게 도태되고 말 것이다. 결국 재무분석가는 자본시장에서 옥석을 가려내주고 자본시장이 원활히 기능하도록 하는 데 중요한 역할을 하고 있으며, 더 나아가 자원의 효율적 배분에도 기여하고 있음을 알 수 있다.

1.2 재무분석의 실행과 접근방법

그렇다면 재무분석을 하기 위한 기업의 재무자료는 어디에서 입수할 수 있을까? 가장 쉬운 방법은 금융감독원의 전자공시시스템(DART: http://dart.fss.or.kr)을 통하여 다양하게 공시되는 자료를 찾아볼 수 있다. 여기에서는 상장법인의 사업보고서 등과 기타 외부감사대상 법인의 감사보고서 등을 입수할 수 있다. 한국은행, 한국산업은행에서 발간하는 기업경영분석 자료에서는 산업평균자료를 입수할 수 있으며, 증권회사나 해당기업의 홈페이지를 통해서도 입수가능하다. 물론 재무분석가들은 기업의 IR(investor relation)미팅에 참석하거나 직접 기업을 방문하여 현장의 정보를 입수하기도 한다.

이렇게 기업의 재무제표 자료를 입수하고 나면 본격적으로 재무분석을 하기 위한 준비가 필요하다. 첫째는 표준화이고, 두 번째는 표준화된 재무제표에서 의미있는 재무비율을 산출해내는 것이며, 세 번째는 재무분석을 위한 접근방법에 대한 이해가 필요하다.

(1) 재무제표의 표준화

실제 기업의 재무제표자료를 입수하여 재무분석을 시작하기 위해서는 각 기업마다 사용하는 계정과목과 양식이 상이할 것이므로 표준화된 형식과 체제로 재무상태표, 포괄손익계산서를 재조정하는 것이 필요하다. 마치 건강진단을 위한 각종 검사에 앞서 환자복을 미리 갈아입는 것과 마찬가지라고 생각하면 된다. 이렇게 표준화를 하고 나면 여러 기업을 동시에 비교분석하는 것도 용이해진다. 물론 표준화된 재무상태표와 포괄손익계산서의 형식과 체제는 따로 정해져 있지 않기 때문에 재무분석가에 맞추어 작성하면 된다. 참고로 아모레퍼시픽(주)의 공시된 재무제표(before)를 토대로 표준화된 재무제표(after)를 [표 14-1]에 예시하였다. 이와 같이 표준화된 재무제표를 만들어내기 위해서 몇 가지 고려해야 할 사항이 있다.

- 자산을 유동자산, 비유동자산으로 구분하되, 유동자산에는 매출채권과 재고자산을 별도의 항목으로 구분·표시한다. 과목에 따라 감가상각누계액, 손상차손누계액 또는 평가충당금 등이 차감된 형식으로 표시된 경우에는 차감 후의 순액으로 한다.
- 부채 역시 유동부채, 비유동부채로 구분하는 것이 중요하며, 유동부채 구분에서도 매입채무는 별도로 표시해두도록 한다. 왜냐하면 매출채권, 재고자산과 함께 영업순환주기를 구하는 데 필요하기 때문이다. 그리고 이자비용이 수반되는 재무부채와 그렇지 않은 영업부채로 구분하는 것도 필요하다.
- 표준화된 포괄손익계산서는 당기순이익이 산출되는 과정을 단계별로 나누어 매출액에서 매출원가를 차감하여 매출총이익을 산출하고, 여기에서 판매비와관리비를 차감하여 영업이익을 표시한다. 나머지 비용에 대해서는 이자비용을 비롯한 재무활동 관련 금융비용과 기타비용으로 수익에 대해서는 이자수익, 배당수익을 비롯한 투자활동 관련 금융수익과 기타수익으로 구분·표시한다.

표 14-1 아모레퍼시픽(주)의 표준화된 비교 재무상태표 (단위: 억원)

구분	2020년	2019년	구분	2020년	2019년
[유동자산]	**13,898**	**13,632**	**[유동부채]**	**3,436**	**4,077**
현금및현금성자산	5,210	4,362	영업부채	3,363	3,835
금융자산	710	685	재무부채	73	242
매출채권	3,356	3,892	**[비유동부채]**	**1,356**	**1,671**
재고자산	2,590	2,747	영업부채	1,247	1,392
기타	2,032	1,946	재무부채	109	279
[비유동자산]	**35,078**	**35,870**	**부채총계**	**4,792**	**5,748**
금융자산	54	51	[자본금]	345	345
유형자산	23,349	23,818	[자본잉여금]	7,134	7,134
무형자산	1,794	1,901	[이익잉여금]	37,723	37,290
투자부동산	4,700	4,696	[기타자본구성요소]	−1,014	-1,014
종속기업주식	3,282	2,828	[기타포괄손익누계액]	−4	−1
기타	1,899	2,576	**자본총계**	**44,184**	**43,754**
자산총계	**48,976**	**49,502**	**부채와자본총계**	**48,976**	**49,502**

아모레퍼시픽(주)의 표준화된 비교 포괄손익계산서 (단위: 억원)

구분	2020년	2019년
매출액	**30,169**	**39,138**
매출원가	9,994	11,653
매출총이익	20,175	27,485
판매비와관리비	18,587	23,080
영업이익	1,588	4,405
기타영업외손익	-558	169
금융수익	116	140
금융비용	34	36
법인세비용차감전순이익	1,112	4,678
법인세비용	67	1,385
당기순이익	**1,045**	**3,293**
기타포괄손익	70	−93
당기총포괄손익	1,115	3,200
기본주당이익	1,524/주	4,795/주

(2) 재무비율

이제 표준화된 재무제표가 입수되었으니 무엇을 가지고 분석할 것인가? 즉, 분석대상을 찾아보자는 것이다. 간단히 생각하면 당기순이익, 영업이익과 같이 재무제표상에 표시된 항목과 금액을 토대로 경영성과와 재무상황에 대한 판단을 할 수 있다. 그렇지만 이같은 원자료를 가공하여 재무비율을 산출하면 보다 의미있는 분석이 가능하다.

요약하면 **비율분석**(ratio analysis)은 의사결정에 보다 유익한 정보를 산출하기 위해 재무상태를 나타내주는 자산, 부채, 자본 항목과 영업성과를 나타내주는 수익, 비용 항목들을 상호 연계시켜 의미있는 재무비율을 산출하고 비교하는 방법이다.

그렇다면 어떤 관점에서 의미있는 비율을 만들어 낼 것인가? 재무분석 목적으로는 여러 가지 비율이 이용되고 있지만, ① 영업성과를 분석하기 위한 **수익성비율** ② 재무상태와 관련되어 단기지급능력을 분석하기 위한 **유동성비율** ③ 장기지급능력과 재무위험을 가늠해보기 위한 **레버리지비율** ④ 투자한 자산이 효율적으로 이용되어 매출에 기여하고 있는지를 분석하고 수익성에 대한 심층분석을 위한 **활동성비율** 등이 재무분석에서 가장 많이 이용되고 있다.

이러한 재무비율을 토대로 다음에 설명하는 접근방법을 통하여 재무분석을 실행하는 과정은 별책 「Study Guide」의 재무비율분석에서 보다 자세히 설명한다. 물론 기업의 현금흐름과 관련된 분석과 성장성, 생산성 그리고 주가상승과 배당금을 더한 총주주수익률(total shareholder return, TSR) 및 배당정책과 관련된 배당수익률, 장기지속성장률 등이 실제의 재무분석에서는 중요하지만, 여기에서는 재무제표에 나타난 항목들의 의미와 금액에 대한 이해를 돕기 위한 것이므로 위의 네 가지 재무비율을 중심으로 분석하였다.

(3) 재무분석을 의한 접근방법: 추세분석과 상호비교분석

■ 추세분석

추세분석(trend analysis)이란 당해 회계연도와 직전년도를 비교하는 형식으로 공시하는 비교재무제표(comparative financial statements)를 토대로 동일 기업의 과거와 현재를 비교재무제표를 통해서 분석하는 것을 말한다. 즉, 과거에 비해 더 좋아지고 있는 추세인지, 아니면 그 반대인지를 분석하고자 하는 것이다. 예컨대 당해 연도인 2×20년의 매출채권이 직전년도인 2×19년에 비해 16% 증가했다는 방식으로 분석하는 방법이다. 이때 유의해야 할 것은 비율의 증감(16%)과 절대금액의 증감을 늘 동시에 챙겨봐야 한다는 것이다.

가령 학생식당의 밥값이 10% 인상된 반면, 푸드코트의 피자가격은 5%밖에 인상되지 않았다고 하자. 이 경우 종전의 학생식당 밥값이 ₩3,000이었다면 ₩3,300으로 ₩300 인상된 반면, 피자가격은 종전 ₩20,000에서 ₩21,000으로 ₩1,000 인상된 것이므로 인상폭은 사실상 더 클 수 있기 때문이다.

한편 추세분석은 분석대상기업의 과거 성과가 저조했거나 음수인 경우 이들 수치를 이용한 분석결과의 해석에는 한계가 있거나 경영자에게 개선의 필요성을 제대로 전달하지 못할 수 있다. 따라서 단순하게 추세를 파악하는 것보다는 분석대상 기업이 속한 산업이라는 큰 틀의 추세와 경쟁기업의 상황을 같이 비교한다면 더 의미있는 분석이 될 수 있다.

■ 요소구성비율분석

한 기업을 대상으로 과거에서 현재에 이르기까지 경영상태가 어떻게 변모되어 왔는지를 알기 위하여 비교재무제표를 펼쳐 놓고 살펴보는 수평적인 분석 접근방법을 앞에서 설명한 대로 추세분석이라고 한다. 반면 어느 한 시점의 재무상태표나 손익계산서 항목들을 상호 연계시켜 의미있는 재무비율을 산출하고 비교하는 방법을 요소구성비율분석 또는 수직적 분석이라고 한다.

이러한 수직적 또는 요소구성비율분석 결과가 의미를 갖기 위해서는 다른 기업과 비교를 통해 양호한 수준인지 그렇지 않은지를 판단할 수 있어야 한다. 이같이 분석대상기업과 비교의 대상이 되는 경쟁기업 또는 그 기업이 속한 산업의 선도기업 또는 산업의 평균수준과 비교해서 어느 정도 수준인지를 가늠해볼 수 있는 분석방법을 상호비교분석법이라고 한다.

■ 상호비교분석

한 기업의 과거와 현재만을 비교해서 분석하기보다는 경쟁업체의 수치나 동종 업종의 선도기업 또는 그 기업이 속한 산업의 평균치 등과 같은 적절한 벤치마크를 병행하여 활용할 필요가 있다. 그 중 산업평균은 대표적인 벤치마크로 이용된다. 산업평균은 한국은행에서 발간하는 기업경영분석 등의 연차보고서에서 찾아볼 수 있다.

이들 벤치마크는 기업성과에 대한 상대평가에 유용한 정보를 제공한다. 기업에 따라 산업평균비율 대신 동종산업 내 선도기업 또는 경쟁기업의 비율을 벤치마킹하여 경영전략을 수립하거나 경영성과를 비교하는 데 이용하기도 한다. 이러한 상호비교분석은 앞에서 다룬 추세분석이나 요소구성비율분석과 병행하여 사용할 때 효과적이다. 가령 아모레퍼시픽(주)의 재무제표 자료를 토대로 2×16년부터 2×20년까지의 추세를 분석하는 경우 2×16년부터 2×20년 동안 아모레퍼시픽(주)가 속한 업종의 평균적인 수준 또는 화장품업계의 선도기업 재무비율의 변화추세와 비교할 때 더 의미있는 결과를 얻을 수 있다는 의미이다.

제2절 기업가치평가

기업의 가치란 무엇을 의미하는가? 재무회계의 관점에서는 재무상태표에 나타난 자산총계를 의미한다고 볼 수 있다. 현실의 세계에서는 재무상태표의 오른쪽인 부채와 자본의 관점에서 생각해볼 필요가 있다. 부채의 가치는 채권자들이 투자한 몫을 의미하며 재무상태표에 계상된 금액과 크게 다르지는 않을 것이다. 대부분의 상장기업의 경우에는 '발행주식수×주가'로 표시된 자기자본의 시장가치가 재무상태표의 자기자본 금액보다 훨씬 크게 나타난다. 따라서 기업가치는 재무상태표의 장부상 총자산 금액보다 훨씬 크다는 것을 알 수 있다.

한편 재무분석을 통하여 기업가치를 잘 구할 수 있다면 여기에서 부채의 가치(재무상태표상에 나타난 부채의 장부금액과 크게 다르지 않을 것이므로)를 차감하면 자기자본의 가치가 된다. 그리고 이를 발행한 주식수로 나누어 주면 1주당 가치를 구할 수 있게 된다. 물론 이렇게 산출한 1주당 가치가 바로 시장에서 거래되는 주가는 아닐지라도 적절한 벤치마크 또는 최소한 기준점은 될 것이다.

그렇다면 기업가치를 어떻게 구할 것인가? 그리고 그 과정에서 재무회계에서 다룬 재무제표의 항목과 금액이 어떻게 기업가치와 연관되어 있는지를 확인해봄으로써 재무회계에서 산출된 정보가 유용하게 사용되는 측면을 학습해보기로 한다.

2.1 현금의 흐름과 자산의 가치

자산은 개별 회계기준서상의 정의에서 살펴본 것처럼 미래 경제적 효익에 해당하는 현금흐름을 가져다 줄 수 있는지 여부가 핵심이며, 자산의 가치는 이 현금흐름을 현재가치로 할인하여 더한 것이다. 가령, '토지' 또는 '주식'이라는 자산의 가치는 이들이 벌어들일 수 있는 현재 및 미래의 현금흐름을 현재가치로 할인하여 더한 것이다.

가령 토지 100평을 보유하고 있는데 향후 10년간 주차장으로 영업활동을 한 뒤 처분할 예정이라면 이 토지의 가치는 ① 주차장 영업으로 인한 세후 현금흐름과 ② 10년뒤 처분으로 인한 세후 현금흐름을 현재가치로 할인한 금액이 될 것이다. 주식의 가치 역시 이와 유사한 논리로 ① 향후 수취할 배당금과 ② 미래시점에서 그 당시의 주가로 주식을 처분하고 수취할 현금흐름을 모두 더하여 현재가치로 할인한 금액이 될 것이다.

결국 기업가치도 이와 동일한 논리로 기업 자신이 벌어들이는 현금흐름을 현재가치로 할인한 것이며, 이때 재무제표를 통해 입수한 정보들이 현금흐름의 시기와 금액, 그리고 확실성 등을 평가하는 데 유용하게 사용됨을 보여주는 것이 바로 기업가치 평가모형이다.

기업가치 평가모형은 구체적으로 어떤 관점에서 접근하는가에 따라 ① 배당할인모형(dividend discount model) ② 현금흐름할인모형(discounted cash flow model) ③ 초과이익모형(residual income valuation model) ④ EVA모형(economic value added model) 등으로 나누어지며, 보다 자세한 내용은 기업가치평가에 관련된 고급과목에서 다루지만, 여기에서는 재무회계정보가 중요한 투입요소로 사용된다는 측면을 요약하여 보여주고자 한다.

2.2 현금흐름할인모형

현금할인모형의 핵심은 기업의 가치란 기업이 벌어들이는 현금흐름을 현재가치로 할인한 것이며, 자기자본(즉, 주식)의 가치는 이렇게 구한 전체 기업가치에서 부채의 가치를 차감하여 구한다는 논리에 입각하고 있다. 여기에서 기업이 벌어들이는 현금을 어떻게 재무제표정보로부터 구할 것인가? 이를 알기 쉽게 이해하기 위하여 기업의 활동을 크게 영업활동 및 영업활동의 기반을 구축하기 위한 영업투자활동과 이를 지원하기 위한 재무활동으로 나누어 생각해보자.

만일 영업활동(즉 생산, 판매활동)에서 현금이 창출되었다면 이를 어떻게 사용할 것인가? 먼저 영업활동을 지속적으로 수행하기 위한 설비확충에 필요한 영업투자활동(유·무형설비자산투자, 연구개발투자 등)에 사용할 것이다. 그렇게 하고도 현금이 남아 있으면 이를 **처분가능현금**(FCF: Free Cash Flow)이라고 한다. 기업에서는 과연 이를 어떻게 할 것인가? 현금인 상태로 남겨두기보다는 ① 금융자산 취득 ② 금융부채의 상환 ③ 이자비용지급 ④ 배당금지급 ⑤ 자기주식취득과 같은 재무활동에 사용하게 될 것이다. 따라서 이를 현금흐름등식으로 나타내면 다음과 같다.

영업활동 현금흐름 − 영업에 대한 투자	⇨	재무활동 현금흐름
[기업이 창출한 Free Cash Flow]		[창출된 Free Cash Flow의 배분]

마치 국민소득에 대한 삼면등가원칙(국민소득을 생산·분배·지출의 세 가지 측면에서 파악)과 마찬가지로 이해하면 될 것이다. 이 경우 '금융자산 취득'을 위해서는 영업활동으로 인한 현금이 사용되므로 현금흐름등식에 부합되는 것을 직관적으로 알 수 있지만 금융자산을 처분한 경우는 어떻게 이해할 것인가? 이는 영업활동으로 인한 현금이 재무활동을 위해 음(−)으로 사용되었다고 보면 된다. 마찬가지로 유상증자인 경우에도 주주들에게 영업현금흐름이 배분되는 대신 오히려 재무활동을 통하여 도움을 받은 것이므로 음(−)으로 사용된 것으로 보면 된다. 금융부채의 조달, 이자수익도 마찬가지로 영업활동 현금흐름이 음(−)으로 사용된 것으로 볼 수 있다. 이제 다음의 예제를 통하여 영업활동에서 창출된 처분가능현금(FCF)이 재무활동에 어떻게 사용되는지 살펴보도록 하자.

예제 14-1 창출 및 배분측면의 처분가능현금(FCF) 계산

다음 자료를 이용하여 창출 및 배분측면에서 각각 처분가능현금(FCF)을 계산하시오.

(단위: 억원)

항목	금액	항목	금액
• 매출로부터의 현금유입	₩850	• 배당금 지급	₩80
• 영업이익에 대한 법인세 지급	50	• 종업원급여 지급	300
• 이자비용 지급(세후)	30	• 영업고정자산 취득	480
• 유상증자 납입	260	• 금융상품 취득	30
• 기초차입금 총액	540	• 기말차입금 총액	400

| 풀이 |

■ **창출측면의 영업활동 현금흐름(FCF):** 500(영업활동 현금흐름) − 480(영업자산에 대한 투자) = ₩20

영업활동 현금흐름: ₩500 = 850 − 50(법인세) − 300(급여)

영업자산에 대한 투자: ₩480

■ **배분측면의 재무활동 현금흐름(FCF):** ₩20

140(차입금 상환) + 30(이자비용) + (−)260(유상증자는 재무활동에 배분해주는 대신 오히려 도움을 받은 것이므로) + 30(금융상품 취득) + 80(배당금 지급) = ₩20

결국 현금할인모형에서 기업의 가치는 기업이 영업활동을 통해 창출한 현금흐름에 좌우되며, 현금흐름은 재무회계를 토대로 작성된 재무제표 항목으로부터 구할 수 있다는 것이 핵심이다. 이를 위해 표준화된 재무상태표를 재구성하여 [표 14-2]와 같이 나타낸 것을 다시 한번 살펴보기로 하자.

표 14-2 재무상태표의 재구성

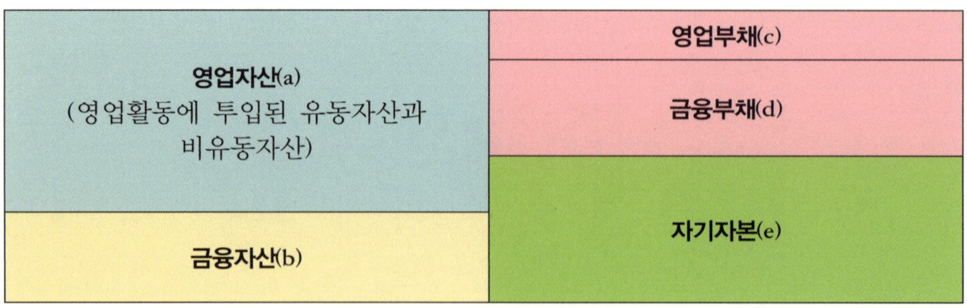

① 위의 재무상태표의 양변에서 영업부채(c)를 차감하면,

영업자산(a) − 영업부채(c) = **영업투하자본**	**금융부채**(d)
금융자산(b)	**자기자본**(e)

② 이 결과를 요약하면 '영업투하자본 + 금융자산' = '금융부채 + 자기자본'이 되며, 이를 증분형식으로 표시하면 다음과 같다.

③ **Δ 영업투하자본 + Δ 금융자산 = Δ 금융부채 + Δ 자기자본**

여기에서 자기자본의 증가(Δ 자기자본)는 당기순이익에서 배당금을 차감한 금액이다. 유상증자가 있는 경우에는 어떻게 될까? 만약 기초자본 1,000, 당기순이익 200, 유상증자 400, 배당금지급 150이라고 한다면, 기말 자기자본은 1,450(= 1,000 + 200 + 400 − 150)이 될 것이다. 이 경우 유상증자는 배당금과는 달리 영업현금흐름이 주주에게 배분되는 것이 아닌 반대의 개념인 음(−)의 배분으로 생각할 수 있다. 이때 배당금과 자기주식취득은 영업현금흐름이 유출된다는 점에서 동일하게 취급되므로, **순배당**은 '배당금 + 자기주식취득 − 유상증자'로 계산된다. 결국 순배당의 개념은 회사에서 주주에게로 빠져나가는 영업현금흐름을 의미한다. 따라서,

④ Δ 자기자본 = 당기순이익 − 순배당; 이를 ③의 식에 대입하면,

⑤ Δ 영업투하자본 + Δ 금융자산 = Δ 금융부채 + 당기순이익 − 순배당; 여기에서 좌우변의 항목들을 정리하면,

⑥ 당기순이익 − Δ 영업투하자본 = Δ 금융자산 − Δ 금융부채 + 순배당; 여기에서 세후순영업이익과 당기순이익의 관계에서,

⑦ 당기순이익 = 세후순영업이익 − 세후순재무비용; 이를 위의 ⑥에 대입하면,

⑧ 세후순영업이익 − 세후순재무비용 − Δ 영업투하자본 = Δ 금융자산 − Δ 금융부채 + 순배당; 이를 영업활동과 재무활동으로 나누어 정리하면

> 세후순영업이익 − Δ 영업투하자본 = 세후순재무비용 + Δ 금융자산 − Δ 금융부채 + 순배당
>
> [영업활동항목(= 창출측면의 FCF)] [재무활동항목(= 배분측면의 FCF)]

결국 손익계산서와 재무상태표를 재구성하여 구할 수 있는 세후순영업이익에서 영업투하자본의 증가분을 차감하면 영업활동에서 창출된 현금흐름을 구할 수 있다.

따라서 기업의 영업활동이 지속되는 경우라면 이렇게 산출한 현재 및 미래의 영업현금흐름을 현재가치로 할인하여 모두 더하면 현금할인모형에 의한 기업가치를 산출할 수 있다. 이렇게 구한 기업가치에서 순재무부채를 차감하면 자기자본의 가치를 구할 수 있고 이를 발행주식수로 나누면 1주당 가치가 산출된다.

예제 14-2 영업활동 및 재무활동 현금흐름

다음은 블루(주)의 재무제표 자료의 일부이다. 영업활동접근법과 재무활동접근법에 의해 처분가능현금(FCF)을 계산해보시오(단, 재무상태표변수에 대해서는 기초금액으로 측정하며, 현금은 영업활동에 필요한 것으로서 영업투하자본을 구성하고 법인세율은 20%를 가정한다).

블루(주) 비교 재무상태표

자산	2×19년초	2×19년말	부채와자본	2×19년초	2×19년말
현 금	₩800	₩1,000	매입채무	₩8,000	₩10,000
당기손익금융자산	10,000	8,000	미지급비용	1,000	1,200
상각후원가금융자산	3,500	4,000	미지급금	500	800
매출채권	7,600	9,000	선수금	3,500	4,200
재고자산	5,400	7,000	단기차입금	5,000	5,500
토 지	15,000	17,000	장기차입금	14,000	17,000
건 물	25,000	23,000	사 채	10,000	9,000
비 품	8,000	12,000	자 본	33,300	33,300
자산총계	₩75,300	₩81,000	**부채와자본총계**	₩75,300	₩81,000

블루(주) 손익계산서 2×19년

비용		수익	
매출원가	₩16,000	매 출	₩24,000
판매비와관리비	5,000	임대료수익	4,000
유형자산처분손실	500	이자수익	2,000
사채상환손실	300	상각후원가금융자산처분이익	1,000
당기손익금융자산처분손실	200		
이자비용	4,000		
법인세비용	1,000		
당기순이익	4,000		
	₩31,000		₩31,000

| 풀이 |

■ 영업활동 현금흐름(FCF)

- 세후순영업이익: (28,000 − 21,500) × (1 − 0.2) = ₩5,200
- 기초영업투하자본: 기초영업자산(800 + 7,600 + 5,400 + 15,000 + 25,000 + 8,000) − 기초영업부채(8,000 + 1,000 + 500 + 3,500) = ₩48,800
- 기말영업투하자본: 기말영업자산(1,000 + 9,000 + 7,000 + 17,000 + 23,000 + 12,000) − 기말영업부채(10,000 + 1,200 + 800 + 4,200) = ₩52,800
- FCF: 세후순영업이익(5,200) − Δ영업투하자본(4,000) = ₩1,200

■ 재무활동접근에 의한 영업활동 현금흐름의 배분

- 세후순재무비용: (4,000 + 300 + 200) − (2,000 + 1,000) = 1,500(= 세전순재무비용)
  1,500 × (1 − 0.2) = ₩1,200
- Δ금융자산: 12,000 − 13,500 = −₩1,500
- Δ금융부채: (5,500 + 17,000 + 9,000) − (5,000 + 14,000 + 10,000) = ₩2,500
- 순배당(순이익 − Δ자기자본): 4,000 − 0 = ₩4,000
- FCF: 세후순재무비용(1,200) + Δ금융자산(−1,500) − Δ금융부채(2,500) + 순배당(4,000) = ₩1,200

2.3 초과이익모형(residual income valuation model)

초과이익모형은 앞서 설명한 자기자본이익률의 의미와 연계되어 있으며, 재무상태표에 나타난 자기자본 장부금액에서 기업가치 평가를 출발한다는 점에서 현금할인모형과는 구분된다. 즉, 재무상태표의 자기자본은 주주들의 몫을 나타내는 장부상의 금액이지만, 주주지분가치는 실제 주식시장에서 형성된 주가로 평가된 '주가×발행주식수'로 나타낼 수 있다. 그렇다면 왜 자기자본의 장부가치 또는 이를 발행주식수로 나눈 1주당 순자산(= 총자산에서 부채를 차감한 자기자본의 장부금액)의 가치와 실제 주가와는 왜 차이가 발생하는 것일까?

바로 **자기자본이익률**$\left(\frac{\text{당기순이익}}{\text{자기자본}}\right)$이 투자자가 기대하는 **최저필수수익률**보다 높을 것으로 예상된다면 초과이익을 거두고 있음을 뜻하며 그만큼이 주가에 반영되기 때문이다. 예를 들면, 자기자본의 장부금액이 100억원이며 비교대상으로 은행의 정기예금 이자율 5%에 주식의 위험을 고려하여 최저필수수익률이 6%라고 하자. 이 경우 실제로

9%의 자기자본이익률을 실현하였다면 3%에 해당하는 3억원의 초과이익(= 100억 ×3%)을 거둔 것이다. 과연 이 초과이익은 누구에게 귀속될 것인가? 바로 주주의 몫으로 돌아갈 것이며 이는 주주지분가치(기업가치)에 반영된다.

따라서 자기자본의 장부금액에 추가하여 현재와 미래기간에 걸쳐 창출될 것으로 예상되는 **초과이익**을 현재가치로 할인하여 모두 더한 총 금액이 주주의 몫으로 귀속되어 주주지분가치를 구성하게 된다. 이와 같이 손익계산서의 당기순이익과 재무상태표의 자기자본의 장부금액을 기초로 직접 주주지분가치를 구할 수 있다는 것이 초과이익모형의 장점이다.

그렇다면 과연 주식가치는 어디까지 상승할까? 이는 초과이익의 크기와 향후 얼마 동안 초과이익을 가져다 줄 수 있는지에 달려 있으며, 이에 관한 정보를 재무제표에서 제공해 줄 수 있다는 점에서 회계정보가 유용성을 갖는다.

예들 들어, 자기자본의 장부금액이 100억원(액면 ₩5,000×2백만주)인 헬스(주)가 생산·판매하는 비타민C가 소비자들에게 큰 호응을 얻어 처음에는 연간 10억원의 초과이익을 얻고 있으나, 차츰 경쟁기업도 출현하고 외국의 수입제품도 시장에 출현하면서, 매년 초과이익이 전년도에 비해 80% 수준으로 줄어든다고 가정해보자. 이때 주주들이 기대하는 최저필수수익률이 6%라고 하면 등비수열의 합을 구하는 식을 이용하여 다음과 같이 주주지분가치와 1주당 가치를 구할 수 있다.

- 헬스(주)의 주식가치=자기자본의 장부가치(100억원)+초과이익의 현재가치 합계
- 초과이익의 현재가치 합계=매년 0.8의 비율로 줄어드는 금액에 6%의 현재가치할인율 적용하여 구한다.
- 초항=(10억원×0.8)×1/(1+0.06), 공비=0.8/(1+0.06)인 등비급수
- 무한등비급수의 합 $S_n = \dfrac{a(\text{초항})}{1-r(\text{공비})}$ = 30.7억원(초과이익의 현재가치 합계)
- 헬스(주)의 주식가치=130.7억원(100억+30.7억원), 이를 2백만주로 나누면 1주당 가치는 ₩6,535

이와 같이 기업가치 또는 주식가치를 재무제표에 나타난 회계정보와 직접 관련시켜 보여주는 올슨(Ohlson)의 초과이익에 의한 기업가치 평가모형은 증권회사의 애널리스트들도 많이 사용하고 있다. 그러나 보다 자세한 내용은 기업가치평가에 관련된 고급과목에서 공부하기 바란다.

제3절 재무정보이용자에게 유용한 회계정보

본 절에서는 제1, 2절의 내용을 바탕으로 주주나 채권자 등 재무정보이용자가 구체적으로 고려할 만한 핵심적인 회계정보가 무엇이 있는지를 간략히 살펴보기로 한다. 예를 들어 여러분이 보유한 여유자금으로 투자대상을 선택할 경우, 지금까지 재무회계에서 배운 내용에 다음의 회계정보 사항을 추가로 참조하여 의사결정에 유용하게 활용할 수 있을 것이다.

(1) 재무비율분석을 통한 재무제표분석

앞의 1.2 재무분석의 실행과 접근방법에서 이미 살펴본 바와 같이, 재무제표 수치를 표준화한 후 수행하는 각종 비율분석(수익성, 유동성, 레버리지, 활동성비율 등), 추세분석 및 상호비교분석을 통하여 여러분은 여러분의 의사결정 목적에 적합하도록 투자나 대여 대상 회사를 선정할 수 있을 것이다. 예를 들어, 안정성을 중시하는 채권투자자라면 단기적인 성장을 추구하는 회사보다는 장·단기 지급능력이 우수하고, 재무위험이 낮은 고유동성 기업을 선호할 것이다. 만약 지금까지 여러분이 배운 회계지식을 이용하여 별책 「Study Guide」에 정리된 상세비율분석 등까지 적절히 활용할 수 있다면, 여러분은 전문투자자 수준으로 회계정보를 활용한다고 볼 수 있다.

(2) 감사보고서의 감사의견 참조

자본주의의 파수꾼이라고 불리는 공인회계사는 특정 기업의 회계처리가 회계기준에 따라 공정하게 표시되어 있는지를 감사하고 그 결과를 감사의견의 형태로 제시한다. 따라서 투자 대상 회사의 감사보고서에 기재되어 있는 감사의견을 반드시 확인할 필요가 있다.

감사의견은 적정의견, 한정의견, 부적정의견, 의견거절 등 4가지가 있다. 적정의견은 회사의 재무제표가 회계처리기준에 따라 중요성의 관점에서 적정할 경우 공인회계사 등 감사인이 제시하는 감사의견이다. 한정의견은 회계처리기준의 위배나 감사범위의 제한이 덜 중요할 경우에 표명되는 의견이고, 부적정의견은 회계처리기준의 위배가 중요할 경우에 표명된다. 의견거절은 감사범위가 제한되어 감사인이 취해야 할 감사절차를 제대로 취하지 못한 경우 표명된다. 결과적으로 공인회계사 등 감사인으로부터 제시받은 감사의견이 적정의견이 아닌 회사에 투자하거나 자금을 대여하는 것은 매우 위험하므로, 이에 각별히 유의하여야 한다.

(3) 감사보고서의 주석(footnote) 활용

국제회계기준은 각 기준서별로 큰 원칙만을 제시할 뿐, 회계처리기준을 강제적인 규율로서 규정하지 않는다. 따라서 회사는 다양한 회계처리방법 중 특정한 회계처리방법을 스스로 선택할 수 있다. 그 결과 동일한 당기순이익을 보고한 회사가 있다고 하더라도, A회사는 재고자산의 평가방법을 선입선출법을, B회사는 이동평균법으로 달리 선택할 수 있다. 또한 A회사는 건물의 감가상각방법을 정률법으로 B회사는 정액법으로 다르게 선택할 수 있다. 따라서 A, B 두 회사에 대한 투자나 대여 등 거래를 검토할 경우 해당 회사의 구체적인 회계처리방법에 대해서도 관심을 가지고 감사보고서의 주석정보를 활용하여 비교·분석할 필요가 있다. 주석정보 역시 재무제표의 일부분이기 때문이다.

(4) 상대적인 가치의 확인

지금까지 회계정보의 중요성을 계속 강조하였지만, 회계정보는 과거의 사건이나 거래가 주로 반영된 정보라고 할 수 있다. 반면 주가는 해당 기업의 미래 성장성, 전망 등이 모두 반영된 정보이다. 그 결과 특히 주식투자자는 관심 대상 회사의 주요 회계정보와 대비하여 주가가 얼마나 높거나 낮게 형성되었는지를 상대적으로 파악할 필요가 있다. 즉 회계정보와 주식가격을 비교하여 그 상대적인 가치를 분석해보는 것이다.

대표적인 예로 **주가수익비율**(PER: Price Earning Ratio), **주가매출비율**(PSR: Price Sales Ratio), **주가순자산비율**(PBR: Price Book-value Ratio) 등을 들 수 있다. 각각 현재의 주가가 그 회사의 주당 이익, 주당 매출, 주당 장부가액의 몇 배 수준으로 형성되어 있는가의 정보를 보여주는 비율이다. 이와 같은 정보는 각각 이익, 매출 및 장부가액 등 회사의 가치에 비하여 현재의 주식가격이 얼마나 고평가, 저평가되었는지에 대한 기본적인 정보를 제공한다. 따라서 이러한 상대적인 가치평가비율을 이용하고, 산업별 평균 등과 비교하여 투자 대상회사의 현재 상태를 확인할 수 있을 것이다.

(5) 현금흐름 및 발생액(accruals) 정보

제13장에서 영업활동 현금흐름의 중요성을 살펴보았다. 아무리 이익을 많이 내는 기업이라도 영업주기에 따라 현금이 제대로 순환되지 않는 경우에는 흑자를 내고도 그 기업이 도산할 수 있다. 따라서 기업의 단기적인 유동성을 확인하기 위하여 재무제표 중 현금흐름표를 반드시 참고해야 한다. 특히 당기순이익에서 영업활동 현금흐름을 차감한 값인 '발생액' 정보는 산업평균 등에 비하여 과도하게 높은 경우에는 이익의 품질이 낮은 지표일 수 있으므로 의사결정시 유의하여야 하는 항목이다.

개념 Plus 기업가치 평가와 주식투자의 지혜

주식 투자의 전설 워런 버핏은 자산이 300억 달러(약 34조 5,000억원)였던 1999년 주주총회 때 "어떻게 하면 당신처럼 300억 달러를 벌 수 있느냐"는 질문을 받았다. 버핏은 서슴지 않고 "나처럼 부자가 되려면"이라며 비결을 밝혔다.

첫째는 오래 투자하라는 것이다. 둘째는 작은 기업에 주목하라는 것이다. 셋째는 자신이 "아는 것과 알지 못하는 것이 무엇인지 파악하라"는 것이다. 넷째는 기회를 잡으면 적극적으로 행동하라는 것이다.

하지만 여기 마지막 다섯째, 반전이 있다.

300억 달러까지 벌 필요는 없다는 것이다. 버핏은 "적정 수준을 벗어난 큰 돈은 인생에 별 다른 차이를 만들지 못한다"며 "내 순자산의 상당한 비율을 몇 년 더 사는 것과 바꾸거나 연장된 시간 동안 내가 원하는 일을 할 수 있는 기회와 바꾸겠느냐고 묻는다면 나는 즉각 그러겠다고 대답할 것"이라고 말했다. **따라서 버핏의 투자 조언 다섯째는 과도한 돈 욕심을 부리지 말라는 것이다.** 자산 규모가 일정 수준을 벗어나면 그 돈이 인생에 그리 큰 의미가 있는 것은 아니라는 설명이다.

(2021년 7월 31일 머니투데이 기사 참조)

연습문제

서술형

1 다음 기업 중 활동성비율이 상대적으로 높게 나타날 것으로 예상되는 기업을 산업의 특성과 관련해서 판단하고, 그 이유를 설명해보시오.

• 한섬(섬유, 의복) • 한미약품(제약) • 현대백화점(유통) • 포스코(제철) • 현대중공업(조선)

2 다음 기업 중 매출액순이익률이 상대적으로 높게 나타날 것으로 예상되는 기업을 산업의 특성과 관련해서 판단하고, 그 이유를 설명해보시오.

• 아모레퍼시픽 • KT • 삼성물산 • 현대자동차 • LG화학 • KT&G • 녹십자

3 위의 문제에 예시한 총 12개 회사에 대해 각 회사별로 영업이익, 영업활동으로 인한 현금흐름, 영업운전자본의 금액을 비교해보고 차이가 많이 난다면 그 원인은 무엇일까? 이러한 원인에 대해 가능한 설명을 제시하고, 이를 토대로 여러분이 애널리스트라면 투자의사결정에 대해 어떻게 조언하겠는가?

4 기계장비의 제조·판매기업인 미래테크(주)의 재무분석을 하는 과정에서 기계장비의 선적시점에서 수익을 인식하는 회계정책으로부터 고객의 주문을 접수하는 시점에서 매출수익을 인식하는 것으로 회계정책을 변경한 것을 발견하였다. 통상 이 업종에 속한 기업들은 기계장비의 선적시점에서 매출수익을 인식한다면, 경쟁기업 또는 산업평균과 상호비교 분석을 할 때 다음의 재무비율 각각에 대해 어떤 고려를 해야 할지 설명하시오.

(1) 1/4분기의 매출채권회수기간과 2/4분기의 매출채권회수기간

(2) 1/4분기의 매출성장률과 2/4분기의 매출성장률

(3) 1/4분기의 매출액순이익률(ROS)과 2/4분기의 매출액순이익률(ROS)

5 여러분이 삼일컨설팅의 애널리스트라면 다음 질문에 어떻게 답하겠는가?

(1) 일반적으로 총자본이익률(ROI)이 자기자본이익률(ROE)보다 낮은 이유는?

(2) 분석대상기업의 유동비율은 산업평균보다 높지만 당좌비율은 산업평균보다 현저히 낮을 경우 어떤 징후를 발견할 수 있는가?

(3) 분석대상기업의 부채비율은 산업평균보다 높지만 이자보상비율은 산업평균보다 현저히 낮은 경우 어떤 징후를 발견할 수 있는가?

(4) 경쟁기업에 비해 총자산영업이익률은 높으나 자기자본순이익률(ROE)이 낮은 경우 어떤 원인이나 징후를 발견할 수 있는가?

(5) 재고자산회전율은 산업평균보다 높지만 유동비율은 산업평균보다 현저히 낮은 경우 어떤 원인이나 징후를 발견할 수 있는가?

문제 풀이형

1 영업순환주기

꽃샘유통(주)는 모든 상품을 외상으로 매입하여 매출원가에 20%의 이익을 가산하여 외상으로 판매한 다음 현금으로 회수하고 있다. 매출채권에 대한 대손이나 재고자산에 대한 재고감모손실, 평가손실 등이 발생하지 않았다고 가정하고 평균 영업순환주기를 구하시오. 단, 1년은 360일로 계산하며, 기초와 기말의 가액을 평균한 평균매출채권, 평균재고자산, 평균매입채무의 가액을 산출하여 이용하되, 재고자산회전기간은 매출원가를 기준으로 산출한다.

구 분	기초잔액	기말잔액
• 매출채권	₩4,000,000	₩5,000,000
• 매입채무	4,500,000	3,500,000
• 재고자산	2,500,000	1,500,000
• 매출원가	40,000,000(연간)	

2 재무비율을 이용한 매출액의 추정

미래유통(주)의 유동자산이 ₩8,000,000, 유동비율 200%, 당좌비율 100%, 재고자산회전율이 8회전(매출원가기준), 그리고 매출총이익률이 20%라고 할 때 이 회사의 매출액은 얼마인가? 단, 이 회사의 유동자산은 당좌자산과 재고자산만으로 구성되어 있다.

3 처분가능현금(FCF)의 산출

다음 자료를 이용하여 창출 및 배분측면에서 각각 처분가능현금(FCF)을 계산하시오.

• 매출로부터의 현금유입	₩1,850	• 배당금 지급	₩80
• 영업이익에 대한 법인세지급	50	• 종업원급여 지급	1,300
• 이자비용 지급(세후)	30	• 영업고정자산 취득	520
• 유상증자 납입	300	• 금융상품 취득	230
• 기초차입금 총액	540	• 기말차입금 총액	600

[물음 1] 창출측면에서의 계산:

• 영업활동 현금흐름=

• 영업자산에 대한 투자=

[물음 2] 배분측면에서의 계산:

4 세후순영업이익과 처분가능현금 계산

2×10년초 한일개발(주)는 5억원의 차입금과 5억원의 자기자본(₩500,000×1,000주)을 조달한다음, 10억원 상당의 토지를 구입하여 주차장 영업을 개시하였다. 2×10년 1년간의 주차료 수익은 2억원이며, 비용은 관리비 등 2천만원과 이자비용 4천만원(세전이자율은 8%)이라고 하며, 전액 현금으로 수수된다. 단, 법인세율은 20%, 자기자본비용은 10%라고 가정한다.

[물음 1] 2×10년도의 영업활동에서 조달된 현금은 얼마인가?

[물음 2] 세후순영업이익은 얼마인가?

[물음 3] 순재무비용은 세전 및 세후 각각 얼마인가?

[물음 4] 가중평균자본비용(세후)은 얼마인가?

[물음 5] 처분가능현금(FCF)은 얼마인가?

5 기업가치평가를 위한 재무제표분석

다음은 클린(주)의 재무제표자료의 일부이다. 아래의 물음에 답하시오(단, 재무상태표의 금액은 기초금액으로 측정하며, 현금은 영업활동에 필요한 것으로 가정하여 영업투하자본에 포함하고, 법인세율은 20%를 가정한다).

클린(주) 비교 재무상태표 (단위: 천원)

자산	2×13년초	2×13년말	부채와자본	2×13년초	2×13년말
현 금	₩800	₩1,000	매입채무	₩8,000	₩10,000
당기손익금융자산	10,000	10,500	미지급비용	1,000	1,200
상가후원가금융자산	3,500	5,500	미지급금	500	800
매출채권	7,600	8,000	선수금	3,500	5,000
재고자산	5,400	6,000	단기차입금	5,000	5,500
토 지	15,000	17,000	장기차입금	14,000	16,200
건 물	25,000	23,000	사 채	13,300	12,300
비 품	8,000	10,000	자 본	30,000	30,000
자산총계	**₩75,300**	**₩ 81,000**	**부채와자본총계**	**₩75,300**	**₩81,000**

*액면 ₩5,000×6,000주

클린(주) 손익계산서 2×13년

비 용		수 익	
매출원가	₩16,000	매 출	₩24,000
판매비와관리비	5,000	임대료수익	4,000
유형자산처분손실	500	이자수익	2,000
사채상환손실	300	상각후원가금융자산처분이익	1,000
당기손익금융자산처분손실	200		
이자비용	4,000		
법인세비용	1,000		
당기순이익	**4,000**		
	₩31,000		₩31,000

[물음 1] 2×13년도의 ROE(기초자본기준)는 얼마인가?

[물음 2] 2×13년도의 영업투하자본(기초영업투하자본기준)은 얼마인가?

[물음 3] 2×13년도의 세후순재무비용은 얼마인가?

[물음 4] 2×13년도의 세후순영업이익은 얼마인가?

[물음 5] 2×13년도의 순금융부채(2×13년초 기준)는 얼마인가?

[물음 6] 2×13년도의 세후차입이자율(세후순재무비용/순금융부채기준)은 얼마인가?

[물음 7] 2×13년도의 순부채비율(2×13년초의 순금융부채와 자본기준)은 얼마인가?

6 재무제표분석을 통한 처분가능현금(FCF)의 산출

위 [문제 5]의 클린(주)의 재무제표자료를 토대로 다음과 같이 영업활동접근법과 재무활동접근법에 의해 처분가능현금(FCF)을 계산해보시오.

〈영업활동접근법〉

(1) 세후순영업이익:

(2) 기초영업투하자본:

(3) 기말영업투하자본:

(4) FCF: 세후순영업이익－Δ영업투하자본

〈재무활동접근법〉

(1) 세후순재무비용

(2) Δ금융자산

(3) Δ금융부채

(4) 순배당(순이익－Δ자기자본)

(5) FCF: 세후순재무비용＋Δ금융자산－Δ금융부채＋순배당

7 기업가치평가 사례연습

[문제 5]의 클린(주)는 기업가치평가를 통하여 2×14년초 1주당 주식가치를 구하고자 한다.

[물음 1] 2×14년~2×18년까지의 처분가능현금(FCF)은 2×13년의 FCF에 비하여 매년 3%씩 증가할 것으로 예상하며, 2×19년부터는 2×18년의 현금흐름과 동일한 금액이 지속될 것이라는 가정하에 현금할인모형을 적용하여 1주당 주식가치를 구하시오. 단, 가중평균자본비용은 8%를 가정한다.

[물음 2] 2×14년~2×18년까지의 초과이익은 2×13년의 초과이익과 동일한 수준으로 기대되는 반면, 2×19년부터는 2×18년의 초과이익에 비해 0.85(즉 초과이익의 지속계수)씩 줄어들면서 지속될 것으로 예상된다는 가정하에 초과이익모형을 적용하여 1주당 주식가치를 구하시오. 단, 자기자본비용은 10%를 가정한다.

개념 Plus 기업 공시 사이트 '다트'만 봐도 주린이 탈출한다

주식 거래를 할 때는 가격뿐 아니라 회사를 지금까지 어떻게 운영했고 향후 전망은 좋은지 등을 종합적으로 봐야 한다. 금융감독원 전자공시시스템(dart.fss.or.kr)만 잘 살펴도 합리적 투자 판단을 내리는 데 도움 되는 정보를 얻을 수 있다.

◇ 투자 전 사업보고서 꼭 살펴보세요.

투자하고자 하는 회사가 있다면 먼저 전자공시시스템 첫 화면에서 그 회사 이름과 검색기간을 입력하여 사업보고서부터 열어보면 된다. 기업의 1년치 실적과 경영 현황이 구체적으로 설명돼있다. 사업보고서 중 'Ⅲ.재무에 관한 사항'을 통해 회사가 어떻게 이익을 내는지, 파산할 가능성은 없는지, 그 외 잠재적 위험은 없는지 등 재무건전성을 파악해볼 수 있다.

특히 'Ⅴ.감사인의 감사 의견 등'은 재무제표가 회계기준에 따라 잘 작성됐는지를 회계법인 등 감사인이 확인한 결과다. 만약 기업이 '적정' 의견을 받지 못했다면 그 근거가 무엇인지 반드시 확인해야 한다. 다만 적정 의견을 받았다고 해도 해당 기업이 꼭 재무적으로 건전한 것은 아니다.

◇ 최대 주주와 이해관계자, 왜 중요할까?

기업들은 앞으로 어떤 사업에 투자할지 배당을 어떻게 할지 등 경영상 판단을 한다. 경영권이 불안하다면 경영권을 가진 최대 주주가 주주 이익이나 회사의 장기 이익보다는 당장 자신의 이익만 좇을 우려가 있다. 사업보고서는 최대 주주와 그 특수 관계인들의 주식 소유 현황, 최대 주주 변동 현황 등을 구체적으로 기재하고 있다.

최대 주주는 특수 관계인의 주식까지 합해 가장 수가 많은 자이다. 가령 A가 회사 주식의 10%, B가 8%를 갖고 있는데 B의 특수 관계인이 주식 3%를 보유하고 있다면 이 회사의 최대 주주는 A가 아니라 B다. 최대 주주와 특수 관계인을 볼 때는 지분율도 중요하지만 그게 누구이고 실체가 분명한 사람인지도 파악해야 한다.

◇ 이사 경영 진단 및 분석 의견도 필독

'Ⅳ.이사의 경영 진단 및 분석 의견'은 사실상 사업보고서의 요약본이다. 주요 사업의 내용 및 실적, 자금의 조달 및 지출, 유동성 그리고 금융 파생상품 투자나 직원 연금 지급 같은 부외거래 등 회사 주요 사항이 총망라돼 있다. 하지만 경영진 시각의 해석이므로 투자할 때는 이를 맹신하지 말고 자율적으로 판단해야 한다.

(주식 초보자가 '다트' 보는 방법, 조선일보 2021년 1월 18일)

부 록

현재가치표

[표 1] 단일금액 1원의 미래가치

[표 2] 단일금액 1원의 현재가치

[표 3] 정상연금 1원의 미래가치

[표 4] 정상연금 1원의 현재가치

[표 1] 단일금액 1원의 미래가치 $FV(n,\ r) = (1+r)^n$ 이자율(r)

기간(n)	1%	2%	3%	4%	5%	6%	7%	8%	9%	10%
1	1.0100	1.0200	1.0300	1.0400	1.0500	1.0600	1.0700	1.0800	1.0900	1.1000
2	1.0201	1.0404	1.0609	1.0816	1.1025	1.1236	1.1449	1.1664	1.1881	1.2100
3	1.0303	1.0612	1.0927	1.1249	1.1576	1.1910	1.2250	1.2597	1.2950	1.3310
4	1.0406	1.0824	1.1255	1.1699	1.2155	1.2625	1.3108	1.3605	1.4116	1.4641
5	1.0510	1.1041	1.1593	1.2167	1.2763	1.3382	1.4026	1.4693	1.5386	1.6105
6	1.0615	1.1262	1.1941	1.2653	1.3401	1.4185	1.5007	1.5869	1.6771	1.7716
7	1.0721	1.1487	1.2299	1.3159	1.4071	1.5036	1.6058	1.7138	1.8280	1.9487
8	1.0829	1.1717	1.2668	1.3686	1.4775	1.5938	1.7182	1.8509	1.9926	2.1436
9	1.0937	1.1951	1.3048	1.4233	1.5513	1.6895	1.8385	1.9990	2.1719	2.3579
10	1.1046	1.2190	1.3439	4.4802	1.6289	1.7908	1.9672	2.1589	2.3674	2.5937
11	1.1157	1.2434	1.3842	1.5395	1.7103	1.8983	2.1049	2.3316	2.5804	2.8531
12	1.1268	1.2682	1.4258	1.6010	1.7959	2.0122	2.2522	2.5182	2.8127	3.1384
13	1.1381	1.2936	1.4685	1.6651	1.8856	2.1329	2.4098	2.7196	3.0658	3.4523
14	1.1495	1.3195	1.5126	1.7317	1.9799	2.2609	2.5785	2.9372	3.3417	3.7975
15	1.1610	1.3459	1.5580	1.8009	2.0789	2.3966	2.7590	3.1722	3.6425	4.1772
16	1.1726	1.3728	1.6047	1.8730	2.1829	2.5404	2.9522	3.4259	3.9703	4.5950
17	1.1843	1.4002	1.6528	1.9479	2.2920	2.6928	3.1588	3.7000	4.3276	5.0545
18	1.1961	1.4282	1.7024	2.0258	2.4066	2.8543	3.3799	3.9960	4.7171	5.5599
19	1.2081	1.4568	1.7535	2.1068	2.5270	3.0256	3.6165	4.3157	5.1417	6.1159
20	1.2202	1.4859	1.8061	2.1911	2.6533	3.2071	3.8697	4.6610	5.6044	6.7275
21	1.2324	1.5157	1.8603	2.2788	2.7860	3.3996	4.1406	5.0338	6.1088	7.4002
22	1.2447	1.5460	1.9161	2.3699	2.9253	3.6035	4.4304	5.4365	6.6586	8.1403
23	1.2572	1.5769	1.9736	2.4647	3.0715	3.8197	4.7405	5.8715	7.2579	8.9543
24	1.2697	1.6084	2.0328	2.5633	3.2251	4.0489	5.0724	6.3412	7.9111	9.8497
25	1.2824	1.6406	2.0938	2.6658	3.3864	4.2919	5.4274	6.8485	8.6231	10.835
26	1.2953	1.6734	2.1566	2.7725	3.5557	4.5494	5.8074	7.3964	9.3992	11.918
27	1.3082	1.7069	2.2213	2.8834	3.7335	4.8223	6.2139	7.9881	10.245	13.110
28	1.3213	1.7410	2.2879	2.9987	3.9201	5.1117	6.6488	8.6271	11.167	14.421
29	1.3345	1.7758	2.3566	3.1187	4.1161	5.4184	7.1143	9.3173	12.172	15.863
30	1.3478	1.8114	2.4273	3.2434	4.3219	5.7435	7.6123	10.063	13.268	17.449
35	1.4166	1.9999	2.8139	3.9461	5.5160	7.6861	10.676	14.785	20.414	28.102
40	1.4889	2.2080	3.2620	4.8010	7.0400	10.286	14.974	21.725	31.409	45.259
45	1.5648	2.4379	3.7816	5.8412	8.9850	13.765	21.002	31.920	48.327	72.891
50	1.6446	2.6916	4.3839	7.1067	11.467	18.420	29.457	46.902	74.358	117.39
60	1.8167	3.2810	5.8916	10.520	18.679	32.988	57.946	101.26	176.03	304.48

이자율(r)

기간(n)	11%	12%	13%	14%	15%	16%	17%	18%	19%	20%
1	1.1100	1.1200	1.1300	1.1400	1.1500	1.1600	1.1700	1.1800	1.1900	1.2000
2	1.2321	1.2544	1.2769	1.2996	1.3225	1.3456	1.3689	1.3924	1.4161	1.4400
3	1.3676	1.4094	1.4429	1.4815	1.5209	1.5609	1.6016	1.6430	1.6852	1.7280
4	1.5180	1.5735	1.6305	1.6890	1.7490	1.8106	1.8739	1.9388	2.0053	2.0736
5	1.6851	1.7623	1.8424	1.9254	2.0114	2.1003	2.1924	2.2878	2.3864	2.4883
6	1.8704	1.9738	2.0820	2.1950	2.3131	2.4364	2.5652	2.6996	2.8398	2.9860
7	2.0762	2.2107	2.3526	2.5023	2.6600	2.8262	3.0012	3.1855	3.3793	3.5832
8	2.3045	2.4760	2.6584	2.8526	3.0590	3.2784	3.5115	3.7589	4.0214	4.2998
9	2.5580	2.7731	3.0040	3.2519	3.5179	3.8030	4.1084	4.4355	4.7854	5.1598
10	2.8394	3.1058	3.3946	3.7072	4.0456	4.4114	4.8068	5.2338	5.6947	6.1917
11	3.1518	3.4785	3.8359	4.2262	4.6524	5.1173	5.6240	6.1759	6.7767	7.4301
12	3.4985	3.8960	4.3345	4.8179	5.3503	5.9360	6.5801	7.2876	8.0642	8.9161
13	3.8833	4.3635	4.8980	5.4924	6.1528	6.8858	7.6987	8.5994	9.5964	10.699
14	4.3104	4.8871	5.5348	6.2613	7.0757	7.9875	9.0075	10.147	11.420	12.839
15	4.7846	5.4736	6.2543	7.1379	8.1371	9.2655	10.539	11.974	13.589	15.407
16	5.3109	6.1304	7.0673	8.1372	9.3576	10.748	12.330	14.129	16.172	18.488
17	5.8951	6.8660	7.9861	9.2765	10.761	12.468	14.427	16.672	19.244	22.186
18	6.5436	7.6900	9.0243	10.575	12.375	14.463	16.879	19.673	22.901	22.623
19	7.2633	8.6128	10.197	12.056	14.232	16.777	19.748	23.214	27.252	31.948
20	8.0623	9.6463	11.523	13.743	16.367	19.461	23.106	27.393	32.429	38.338
21	8.9492	10.804	13.021	15.668	18.822	22.574	27.034	32.324	38.591	46.005
22	9.9336	12.100	14.714	17.861	21.645	26.186	31.629	38.142	45.923	55.206
23	11.026	13.552	16.626	20.362	24.891	30.376	37.006	45.008	54.648	66.247
24	12.239	15.179	18.788	23.212	28.625	35.236	43.297	53.109	65.032	79.497
25	13.586	17.000	21.231	26.462	32.919	40.874	50.658	62.669	77.388	95.396
26	15.080	19.040	23.991	30.167	37.857	47.414	59.270	73.949	92.092	114.48
27	16.738	21.325	27.109	34.390	34.535	55.000	69.345	87.260	109.56	137.37
28	18.580	23.884	30.634	39.204	50.066	63.800	81.134	102.97	130.41	164.84
29	20.624	26.750	34.617	44.693	57.575	74.009	94.927	121.50	155.19	197.81
30	22.892	29.960	39.116	50.950	66.212	85.850	111.06	143.37	184.67	237.38
35	38.575	52.800	72.068	98.100	133.18	180.31	243.56	327.99	440.70	590.67
40	65.001	93.051	132.78	188.88	267.86	378.72	533.86	750.38	1051.6	1469.8
45	109.53	163.99	244.64	363.68	538.77	795.44	1170.5	1716.7	2509.6	3657.3
50	184.56	289.00	450.74	700.23	1083.7	1670.7	2566.2	3927.4	5988.9	9100.4
60	524.06	897.60	1530.1	2595.9	4384.0	7370.2	12335.	20555.	34105.	56347.

[표 2] 단일금액 1원의 현재가치 $PV(n,\ r) = \dfrac{1}{(1+r)^n}$

이자율(r)

기간(n)	1%	2%	3%	4%	5%	6%	7%	8%	9%	10%
1	.9901	.9704	.9709	.9615	.9524	.9434	.9346	.9259	.9174	.9091
2	.9803	.9612	.9426	.9246	.9070	.8900	.8734	.8573	.8417	.8264
3	.9706	.9423	.9151	.8890	.8638	.8396	.8163	.7938	.7722	.7513
4	.9610	.9238	.8885	.8548	.8227	.7921	.7629	.7350	.7084	.6830
5	.9515	.9057	.8626	.8219	.7835	.7473	.7130	.6806	.6499	.6209
6	.9420	.8880	.8375	.7903	.7462	.7050	.6663	.6302	.5963	.5645
7	.9327	.8706	.8131	.7599	.7107	.6651	.6227	.5835	.5470	.5132
8	.9235	.8535	.7894	.7307	.6768	.6274	.5820	.5403	.5019	.4665
9	.9143	.8368	.7664	.7026	.6446	.5919	.5439	.5002	.4604	.4241
10	.9053	.8203	.7441	.6756	.6139	.5584	.5083	.4632	.4224	.3855
11	.8963	.8043	.7224	.6496	.5847	.5268	.4751	.4289	.3875	.3505
12	.8874	.7885	.7014	.6246	.5568	.4970	.4440	.3971	.3555	.3186
13	.8787	.7730	.6810	.6006	.5303	.4688	.4150	.3677	.3262	.2897
14	.8700	.7579	.6611	.5775	.5051	.4423	.3878	.3405	.2992	.2633
15	.8613	.7430	.6419	.5553	.4810	.4173	.3624	.3152	.2745	.2394
16	.8528	.7284	.6232	.5339	.4581	.3936	.3387	.2919	.2519	.2176
17	.8444	.7142	.6052	.5134	.4363	.3714	.3166	.2703	.2311	.1978
18	.8360	.7002	.5874	.4936	.4155	.3503	.2959	.2502	.2120	.1799
19	.8277	.6864	.5703	.4746	.3957	.3305	.2765	.2317	.1945	.1635
20	.8195	.6730	.5537	.4564	.3769	.3118	.2584	.2145	.1784	.1486
21	.8114	.6598	.5375	.4388	.3589	.2942	.2415	.1987	.1637	.1351
22	.8034	.6468	.5219	.4220	.3418	.2775	.2257	.1839	.1502	.1228
23	.7954	.6324	.5067	.4057	.3256	.2618	.2109	.1703	.1378	.1117
24	.7876	.6217	.4919	.3901	.3101	.2470	.1971	.1577	.1264	.1015
25	.7798	.6095	.4776	.3751	.2953	.2330	.1842	.1460	.1160	.0923
26	.7720	.5976	.4637	.3604	.2812	.2198	.1722	.1352	.1064	.0839
27	.7644	.5859	.4502	.3468	.2678	.2074	.1609	.1252	.0976	.0763
28	.7568	.5744	.4371	.3335	.2551	.1956	.1504	.1159	.0895	.0693
29	.7493	.5631	.4243	.3207	.2429	.1846	.1406	.1073	.0822	.0630
30	.7419	.5521	.4120	.3083	.2314	.1741	.1314	.0994	.0754	.0573
35	.7059	.5000	.3554	.2534	.1813	.1301	.0937	.0676	.0490	.0356
40	.6717	.4529	.3066	.2083	.1420	.0972	.0668	.0460	.0318	.0221
45	.6391	.4102	.2644	.1712	.1113	.0727	.0476	.0313	.0207	.0137
50	.6080	.3715	.2281	.1407	.0872	.0543	.0339	.0213	.0134	.0085
60	.5504	.3048	.1697	.0951	.0535	.0303	.0173	.0099	.0057	.0033

이자율(r)

기간(n)	11%	12%	13%	14%	15%	16%	17%	18%	19%	20%
1	.9009	.8929	.8850	.8772	.8696	.8621	.8547	.8475	.8403	.8333
2	.8116	.7972	.7831	.7695	.7561	.7432	.7305	.7182	.7062	.6944
3	.7312	.7118	.6931	.6750	.6575	.6407	.6244	.6086	.5934	.5787
4	.6587	.6355	.6133	.5921	.5718	.5523	.5337	.5158	.4987	.4323
5	.5935	.5674	.5428	.5194	.4972	.4761	.4561	.4371	.4190	.4019
6	.5346	.5066	.4803	.4556	.4323	.4104	.3898	.3704	.3521	.3349
7	.4817	.4523	.4251	.3996	.3759	.3538	.3332	.3139	.2959	.2791
8	.4339	.4039	.3762	.3506	.3269	.3050	.2848	.2660	.2487	.2326
9	.3909	.3606	.3329	.3075	.2843	.2630	.2434	.2255	.2090	.1938
10	.3522	.3220	.2946	.2697	.2472	.2267	.2080	.1911	.1756	.1615
11	.3173	.2875	.2607	.2366	.2149	.1954	.1773	.1619	.1476	.1346
12	.2858	.2567	.2307	.2076	.1869	.1685	.1520	.1372	.1240	.1122
13	.2575	.2292	.2042	.1821	.1625	.1452	.1299	.1163	.1042	.0935
14	.2320	.2046	.1807	.1597	.1413	.1252	.1110	.0985	.0876	.0779
15	.2090	.1827	.1599	.1401	.1229	.1079	.0949	.0835	.0736	.0649
16	.1883	.1631	.1415	.1229	.1069	.0930	.0811	.0708	.0618	.0541
17	.1696	.1456	.1252	.1073	.0929	.0802	.0693	.0600	.0520	.0451
18	.1523	.1300	.1103	.0946	.0803	.0691	.0592	.0508	.0437	.0376
19	.1377	.1161	.0981	.0829	.0703	.0596	.0506	.0431	.0367	.0313
20	.1240	.1037	.0863	.0723	.0611	.0514	.0433	.0365	.0303	.0261
21	.1117	.0926	.0768	.0633	.0531	.0443	.0370	.0309	.0259	.0217
22	.1007	.0326	.0680	.0560	.0462	.0382	.0316	.0262	.0218	.0181
23	.0907	.0738	.0601	.0491	.0402	.0329	.0270	.0222	.0183	.0151
24	.0817	.0659	.0532	.0431	.0349	.0284	.0231	.0188	.0154	.0126
25	.0736	.0588	.0471	.0378	.0304	.0245	.0197	.0160	.0129	.0105
26	.0663	.0525	.0417	.0331	.0264	.0211	.0169	.0135	.0109	.0087
27	.0597	.0469	.0369	.0291	.0230	.0182	.0144	.0115	.0091	.0073
28	.0538	.0419	.0325	.0255	.0200	.0157	.0123	.0097	.0077	.0061
29	.0485	.0374	.0289	.0224	.0174	.0135	.0105	.0082	.0064	.0051
30	.0437	.0334	.0256	.0196	.0151	.0116	.0090	.0070	.0054	.0042
35	.0259	.0189	.0139	.0102	.0075	.0055	.0041	.0030	.0023	.0017
40	.0154	.0107	.0075	.0053	.0037	.0026	.0019	.0013	.0010	.0007
45	.0091	.0061	.0041	.0027	.0019	.0013	.0009	.0006	.0004	.0003
50	.0054	.0035	.0022	.0014	.0009	.0006	.0004	.0003	.0002	.0001
60	.0019	.0011	.0007	.0004	.0002	.0001	.00008	.00005	.00003	.00002

[표 3] 정상연금 1원의 미래가치 $FVA(n,\ r) = \dfrac{(1+r)^n - 1}{r}$

이자율(r)

기간(n)	1%	2%	3%	4%	5%	6%	7%	8%	9%	10%
1	1.0000	1.0000	1.0000	1.0000	1.0000	1.0000	1.0000	1.0000	1.0000	1.0000
2	2.0100	2.0200	2.0300	2.0400	2.0500	2.0600	2.0700	2.0800	2.0900	2.1000
3	3.0301	3.0604	3.0909	3.1216	3.1525	3.1836	3.2149	3.2464	3.2781	3.3100
4	4.0604	4.1216	4.1836	4.2465	4.3101	4.3746	4.4399	4.5061	4.5731	4.6410
5	5.1010	5.2040	5.3091	5.4163	5.5256	5.6371	5.7507	5.8666	5.9847	6.1051
6	6.1520	6.3081	6.4684	6.6330	6.8019	6.9753	7.1533	7.3359	7.5233	7.7156
7	7.2135	7.4343	7.6625	7.8983	8.1420	8.3938	8.6540	8.9228	9.2004	9.4872
8	8.2857	8.5830	8.8923	9.2142	9.5491	9.8975	10.260	10.637	11.028	11.436
9	9.3685	9.7546	10.159	10.583	11.027	11.491	11.978	12.488	13.021	13.579
10	10.462	10.950	11.464	12.006	12.578	13.181	13.816	14.487	15.193	15.937
11	11.567	12.169	12.808	13.486	14.207	14.972	15.784	16.645	17.560	18.531
12	12.683	13.412	14.192	15.026	15.917	16.870	17.888	18.977	20.141	21.384
13	13.809	14.680	15.618	16.627	17.713	18.882	20.141	21.495	22.953	24.523
14	14.947	15.974	17.086	18.292	19.599	21.015	22.550	24.215	26.019	27.975
15	16.097	17.293	18.599	20.024	21.579	23.276	25.129	27.152	29.361	31.772
16	17.258	18.639	20.157	21.825	25.657	25.673	27.888	30.324	33.003	35.950
17	18.430	20.012	21.762	23.698	25.840	28.213	30.840	33.750	36.974	40.545
18	19.615	21.412	23.414	25.645	28.132	30.906	33.999	37.450	41.301	45.599
19	20.811	22.841	25.117	27.671	30.539	33.760	37.379	41.446	46.018	51.159
20	22.019	24.297	26.870	29.778	33.066	36.786	40.995	45.762	51.160	57.275
21	23.239	25.783	28.676	31.969	35.719	39.993	44.865	50.423	56.765	64.002
22	24.472	27.299	30.537	34.248	38.505	43.392	49.006	55.457	62.873	71.403
23	25.716	28.845	32.453	36.618	41.430	46.996	53.436	60.893	69.532	79.543
24	26.973	30.422	34.426	39.083	44.502	50.816	58.177	66.765	76.790	88.497
25	28.243	32.030	36.459	41.646	47.727	54.865	63.249	73.106	84.701	98.347
26	29.526	33.671	38.553	44.312	51.113	59.156	68.676	79.954	93.324	109.18
27	30.821	35.344	40.710	47.084	54.669	63.706	74.484	87.351	102.72	121.10
28	32.129	37.051	42.931	49.968	58.403	68.528	80.698	95.339	112.97	134.21
29	33.450	38.792	45.219	52.966	62.323	73.640	87.347	103.97	124.14	148.63
30	34.785	40.568	47.575	56.085	66.439	79.058	94.461	113.28	136.31	164.49
35	41.660	49.994	60.462	73.652	90.320	111.43	138.24	172.32	215.71	271.02
40	48.886	60.402	75.401	95.026	120.80	154.76	199.64	269.06	337.88	442.59
45	56.481	71.893	92.720	121.03	159.70	212.74	285.75	386.51	525.86	718.90
50	64.463	84.579	112.80	152.67	209.35	290.34	406.53	573.77	815.08	1163.9
60	81.671	114.05	163.05	237.99	353.58	533.13	813.52	1253.2	1944.8	3034.8

이자율(r)

기간(n)	11%	12%	13%	14%	15%	16%	17%	18%	19%	20%
1	1.0000	1.0000	1.0000	1.0000	1.0000	1.0000	1.0000	1.0000	1.0000	1.0000
2	2.1100	2.1200	2.1300	2.1400	2.1500	2.1600	2.1700	2.1800	2.1900	2.2000
3	3.3421	3.3744	3.4069	3.4396	3.4725	3.5056	3.5389	3.5724	3.6061	3.6400
4	4.7097	4.7793	4.8498	4.9211	4.9934	5.0665	5.1405	5.2154	5.2913	5.3680
5	6.2278	6.3528	6.4803	6.6101	6.7424	6.8771	7.0144	7.1542	7.2966	7.4416
6	7.9130	8.1152	8.3230	8.5355	8.7537	8.9775	9.2068	9.4420	9.6830	9.9299
7	9.7830	10.089	10.405	10.730	11.067	11.414	11.772	12.142	12.523	12.916
8	11.859	12.300	12.757	13.233	13.727	14.240	14.773	15.327	15.902	16.499
9	14.163	14.776	15.416	16.085	16.786	17.519	18.285	19.086	19.923	20.799
10	16.722	17.549	18.419	19.337	20.304	21.321	22.393	23.521	24.709	25.959
11	19.561	20.655	21.814	23.045	24.349	25.733	27.199	28.755	30.404	32.150
12	22.713	24.133	25.650	27.271	29.002	30.850	32.823	34.931	37.180	39.581
13	26.211	28.029	29.984	32.089	34.352	36.786	39.404	42.219	45.244	48.497
14	30.095	32.393	34.883	37.581	40.505	43.672	47.103	50.818	54.841	59.196
15	34.405	37.280	40.418	43.842	47.580	51.660	56.110	60.965	66.261	72.035
16	39.199	42.753	46.672	50.980	55.717	60.925	66.649	72.939	79.850	87.442
17	44.501	48.884	53.739	59.118	65.075	71.673	78.979	87.068	96.022	105.93
18	50.396	55.750	61.725	68.394	75.836	84.141	93.406	103.74	115.26	128.12
19	56.939	63.440	70.749	78.969	88.212	98.603	110.29	123.41	138.16	154.74
20	64.203	70.052	80.947	91.025	102.44	115.38	130.03	146.63	165.42	186.69
21	72.265	81.699	92.469	104.77	118.81	134.84	153.14	174.02	197.85	225.03
22	81.214	92.503	105.49	120.44	137.63	157.41	180.17	206.34	236.44	271.03
23	91.148	104.60	120.20	138.30	159.28	183.60	211.80	244.49	282.36	326.24
24	102.17	118.16	136.83	158.66	184.17	213.98	248.81	289.49	337.01	392.48
25	114.41	133.33	155.62	181.87	212.79	249.21	292.10	342.60	402.04	471.98
26	127.99	150.33	176.85	208.33	245.71	290.09	342.76	405.27	497.43	567.38
27	143.08	169.37	200.84	238.50	283.57	337.50	402.03	479.22	571.52	681.85
28	159.82	190.70	227.95	272.89	327.10	392.50	471.38	566.48	681.11	819.22
29	178.39	214.58	258.58	312.09	377.17	456.30	552.51	669.45	811.52	984.07
30	199.02	241.33	293.19	356.79	434.75	530.31	647.44	790.95	966.71	1181.9
35	341.59	431.66	546.68	693.57	881.17	1120.7	1426.4	1816.7	2314.2	2948.3
40	581.83	767.09	1013.7	1342.0	1779.1	2360.8	3134.5	4163.2	5529.8	7343.9
45	986.64	1358.3	1874.2	2590.6	3585.1	4965.3	6879.2	9531.6	13203.	18281.
50	1668.7	2400.0	3459.5	4994.5	7217.7	10436.	15089.	21813.	31515.	45497.
60	4755.1	7471.6	11762.	18535.	29220.	46057.	72555.	114189.	179494.	281737.

[표 4] 정상연금 1원의 현재가치 $PVA(n,\ r) = \dfrac{1-(1+r)^{-n}}{r}$

이자율(r)

기간(n)	1%	2%	3%	4%	5%	6%	7%	8%	9%	10%
1	0.9901	0.9804	0.9616	0.9615	0.9524	0.9434	0.9346	0.9259	0.9174	0.9091
2	1.9704	1.9416	1.9165	1.8861	1.8594	1.8334	1.8080	1.7833	1.7591	1.7355
3	2.9410	2.8839	2.8286	2.7751	2.7232	2.6730	2.6243	2.5771	2.5313	2.4868
4	3.9020	3.8077	3.7171	3.6299	3.5460	3.4651	3.3872	3.3121	3.2397	3.1699
5	4.8534	4.7135	4.5797	4.4518	4.3295	4.2124	4.1002	3.9927	3.8897	3.7908
6	5.7955	5.6014	5.4172	5.2421	5.0757	4.9173	4.7665	4.6229	4.4859	4.3553
7	6.7282	6.4720	6.2303	6.0021	5.7864	5.5824	5.3893	5.2064	5.0330	4.8684
8	7.6517	7.3255	7.0197	6.7327	6.4632	6.2098	5.9713	5.7466	5.5348	5.3349
9	8.5660	8.1622	7.7861	7.4353	7.1078	6.8017	6.5152	6.2469	5.9952	5.7590
10	9.4713	8.9826	8.5302	8.1109	7.7217	7.3601	7.0236	6.7101	6.4177	6.1446
11	10.368	9.7868	9.2526	8.7605	8.3064	7.8869	7.4987	7.1390	6.8052	6.4951
12	11.255	10.575	9.9540	9.3851	8.8633	8.3838	7.9427	7.5361	7.1607	6.8137
13	12.134	11.348	10.635	9.9856	9.3936	8.8527	8.3577	7.9038	7.4869	7.1034
14	13.004	12.106	11.296	10.563	9.8986	9.2950	8.7455	8.2442	7.7862	7.3667
15	13.865	12.849	11.938	11.118	10.380	9.7122	9.1079	8.5595	8.0607	7.6061
16	14.718	13.578	12.561	11.652	10.838	10.106	9.4466	8.8514	8.3136	7.8237
17	15.562	14.292	13.166	12.166	11.274	10.477	9.7632	9.1216	8.5436	8.0216
18	16.398	14.992	13.756	12.659	11.690	10.828	10.059	9.3719	8.7556	8.2014
19	17.226	15.679	14.324	13.134	12.085	11.158	10.336	9.6036	8.9501	8.3649
20	18.046	16.351	14.877	13.590	12.462	11.470	10.594	9.8181	9.1285	8.5136
21	18.857	17.011	15.415	14.029	12.821	11.764	10.835	10.017	9.2922	8.6487
22	19.660	17.658	15.937	14.451	13.163	12.042	11.061	10.201	9.4424	8.7715
23	20.456	18.292	16.444	14.857	13.489	12.303	11.272	10.371	9.5802	8.8832
24	21.243	18.914	16.935	15.247	13.799	12.550	11.469	10.529	9.7066	8.9847
25	22.023	19.524	17.413	15.622	14.094	12.783	11.654	10.675	9.8266	9.0770
26	22.795	21.121	17.877	15.983	14.375	13.003	11.826	10.810	9.9290	9.1609
27	23.560	20.707	18.327	16.330	14.643	13.210	11.987	10.935	10.027	9.2372
28	24.316	21.281	18.764	16.663	14.898	13.406	12.137	11.051	10.116	9.3066
29	25.066	21.844	19.188	16.984	15.141	13.591	12.278	11.158	10.198	9.3696
30	25.808	22.397	19.600	17.292	15.373	13.765	12.409	11.258	10.274	9.4269
35	29.409	24.999	21.487	18.665	16.374	14.498	12.948	11.655	10.567	9.6442
40	32.835	27.356	23.115	19.793	17.159	15.046	13.332	11.925	10.757	9.7791
45	36.095	29.490	24.519	20.720	17.774	15.456	13.605	12.108	10.881	9.8628
50	39.196	31.424	25.730	21.482	18.256	15.762	13.801	12.233	10.962	9.9148
60	44.955	34.761	27.676	22.623	18.929	16.161	14.039	12.376	11.048	9.9671

이자율(r)

기간(n)	11%	12%	13%	14%	15%	16%	17%	18%	19%	20%
1	0.9009	0.8929	0.8850	0.8772	0.8696	0.8621	0.8547	0.8475	0.8403	0.8333
2	1.7125	1.6901	1.6681	1.6467	1.6257	1.6052	1.5852	1.5656	1.5465	1.5278
3	2.4437	2.4018	2.3612	2.3216	2.2832	2.2459	2.2096	2.1743	2.1399	2.1065
4	3.1024	3.0373	2.9745	2.9137	2.8550	2.7982	2.7432	2.6901	2.6386	2.5887
5	3.6959	3.6048	3.5172	3.4331	3.3522	3.2743	3.1993	3.1272	3.0576	2.9906
6	4.2305	4.1114	3.9975	3.8887	3.7845	3.6847	3.5892	3.4976	3.4098	3.3255
7	4.7122	4.5638	4.4226	4.2883	4.1604	4.0386	3.9224	3.8115	3.7057	3.6046
8	5.1461	4.9676	4.7988	4.6389	4.4873	4.3436	4.2072	4.0776	3.9544	3.8372
9	5.5370	5.3282	5.1317	4.9464	4.7716	4.6065	4.4506	4.3030	4.1633	4.0310
10	5.8892	5.6502	5.4262	5.2161	5.0188	4.8332	4.6586	4.4941	4.3389	4.1925
11	6.2065	5.9377	5.6869	5.4527	5.2337	5.0286	4.8364	4.6560	4.4865	4.3271
12	6.4924	6.1944	5.9176	5.6603	5.4206	5.1971	4.9884	4.7932	4.6105	4.4392
13	6.7499	6.4235	6.1218	5.8424	5.5831	5.3423	5.1183	4.9095	4.7147	4.5327
14	6.9819	6.6282	6.3025	6.0021	5.7245	5.4675	5.2293	5.0081	4.8023	4.6106
15	7.1909	6.8109	6.4624	6.1422	5.8474	5.5755	5.3242	5.0916	4.8759	4.6755
16	7.3792	6.9740	6.6039	6.2651	5.9542	5.6685	5.4053	5.1624	4.9377	4.7296
17	7.5488	7.1196	6.7291	6.3729	6.0472	5.7487	5.4746	5.2223	4.9897	4.7746
18	7.7016	7.2497	6.8399	6.4674	6.1280	5.8178	5.5339	5.2732	5.0333	4.8122
19	7.8393	7.3658	6.9380	6.5504	6.1982	5.8775	5.5845	5.3162	5.0700	4.8435
20	7.9633	7.4694	7.0248	6.6231	6.2593	5.9288	5.6278	5.3527	5.1009	4.8696
21	8.0751	7.5620	7.1015	6.6870	6.3125	5.9731	5.6648	5.3837	5.1263	4.8913
22	8.1757	7.6446	7.1695	6.7429	6.3587	6.0113	5.6964	5.4099	5.1486	4.9094
23	8.2664	7.7184	7.2297	6.7921	6.3988	6.0442	5.7234	5.4321	5.1668	4.9245
24	9.3481	7.7843	7.2829	6.8351	6.4338	0.0726	6.7465	5.4509	5.1822	4.9371
25	8.4217	7.8431	7.3300	6.8729	6.4641	6.0971	5.7662	5.4669	5.1951	4.9476
26	8.4881	7.8957	7.3717	6.9061	6.4906	6.1182	5.7831	5.4804	5.2060	4.9563
27	8.5478	7.9426	7.4086	6.9352	6.5135	6.1364	5.7975	5.4919	5.2151	4.9636
28	8.6016	7.9844	7.4412	6.9607	6.5335	6.1520	5.8099	5.5016	5.2223	4.9697
29	8.6501	8.0218	7.4701	6.9830	6.5509	6.1656	5.8024	5.5093	5.2292	4.9747
30	8.6938	8.0552	7.4957	7.0027	6.5660	6.1772	5.8294	5.5168	5.2347	4.9789
35	8.8552	8.1755	7.5856	7.0700	6.6166	6.2153	5.8582	5.5386	5.2512	4.9915
40	8.9511	8.2433	7.6344	7.1050	6.6418	6.2335	5.8713	5.5482	5.2582	4.9966
45	9.0079	8.2825	7.6609	7.1232	6.6543	6.2421	5.8773	5.5523	5.2611	4.9986
50	9.0417	8.3045	7.6572	7.1327	6.6605	6.2463	5.8801	5.5541	5.2623	4.9995
60	9.0736	8.3240	7.6873	7.1401	6.6651	6.2491	5.8819	5.5553	5.2630	4.9999

| 찾 | 아 | 보 | 기 |

| 저자약력 |

김경호(金景浩)

서울대학교 및 퍼듀대학교(경영학박사)
국가회계제도심의위원
(전)한국회계기준위원회 상임위원
(전)한국정부회계학회 회장
공인회계사 시험 출제위원
홍익대학교 경영학부 교수
kimkyh@hongik.ac.kr

윤재원(尹載媛)

고려대학교(경영학박사)
(전)한국회계기준원 선임연구원
미국공인회계사
행정고시 · 세무사 시험 출제위원
홍익대학교 경영학부 교수
jwyoon@hongik.ac.kr

정영기(鄭濚基)

성균관대학교(경영학박사)
공인회계사 · 세무사
(전)증권선물위원회 감리위원
(전)한국세무학회 회장
공인회계사 · 세무사 시험 출제위원
홍익대학교 경영학부 교수
jungyk57@hongik.ac.kr

정남철(丁男澈)

고려대학교(경영학박사)
공인회계사 · 세무사
미국공인회계사
안진회계법인 감사본부 근무
홍익대학교 경영학부 교수
jnc1208@hongik.ac.kr

개념을 알면 쉬운 재무회계(제4판)

2021년 8월 30일 4판 1쇄 발행

저　자 | 김경호 · 윤재원 · 정영기 · 정남철
발행인 | 이수영
발행처 | 도서출판 청람
서울시 마포구 독막로 288(대흥동, 세양상가 109호)
전　화 | 02)3272-2601~2
팩　스 | 02)3272-2603
이메일 | crbooks@daum.net
홈페이지 | http://www.crbooks.co.kr
등　록 | 2000.8.26 제6-0509호

ISBN 978-89-5972-835-0 93320　　[정가 36,000원]